Les pages de garde de cet ouvrage présentent un agrandissement de la célèbre vue de Lyon (fig. 125). Nous avons choisi de l'insérer ici parce que le trait de Salomon étant en général très fin, ce n'est qu'au niveau de l'agrandi qu'on peut apprécier à sa juste valeur son extrême délicatesse. La présence de détails insoupçonnés nous fournit des indications sur la façon de travailler de l'artiste.

Les légendes des illustrations de couverture, des pages de garde et du frontispice se trouvent en page 521.

Travaux
d'Humanisme et Renaissance

N° CD

Saint Antoine et son attribut. Musée des Hospices Civils de Lyon.
Archives de la Charité, E. 162, p. 394, 1549-1551 (agrandissement).

PETER SHARRATT

BERNARD SALOMON

ILLUSTRATEUR LYONNAIS

LIBRAIRIE DROZ S.A.
11, rue Massot
GENÈVE
2005

Ouvrage publié avec le soutien de
The British Academy
The Carnegie Trust for the Universities of Scotland
The University of Edinburgh
(Moray Endowment Fund)

www.droz.org

ISBN: 2-600-01000-9
ISBN-13: 978-2-600-01000-9
ISSN: 0082-6081

A Sylvère Monod
et à la mémoire d'Annie Monod
en reconnaissance affectueuse

AVANT-PROPOS

L'artiste lyonnais, Bernard Salomon, est bien connu par un grand nombre de petits bois gravés où il réussit à camper des scènes très détaillées et mouvementées. Ces gravures se caractérisent par l'élégance, le raffinement et la grâce de leurs personnages, aux membres allongés à la mode de Fontainebleau, et aux gestes expressifs, qui évoluent dans des paysages de mer, de montagne et de forêt, lumineux et spacieux (en dépit de l'échelle réduite), ou bien dans des décors urbains (*palazzi* superbes et immeubles hauts traditionnels) ou campagnards (fermes et moulins). Cet œuvre graphique se distingue aussi par la sûreté, la souplesse, la légèreté et la délicatesse de son trait.

Déjà de son vivant, en 1560, le célèbre éditeur lyonnais, Jean de Tournes, qualifiait Salomon, qui travaillait pour lui en tant qu'illustrateur, de «Peintre autant excellent qu'il y en ayt point en nostre Hemisphere»[1]. Depuis ce jour des appréciations très élogieuses de son travail se sont suivies à travers les siècles. Quelques années plus tard, en 1585, Du Verdier le décrit comme «peintre et tres-excellent tailleur d'histoires» et estime que son renom sera immortel[2]. En 1766 Papillon l'appelait tout simplement «le fameux Bernard Salomon, Peintre et graveur en bois»[3]. Dibdin, en 1817, en faisait un éloge sans bornes, et à la fin du siècle, Natalis Rondot, qui lui a consacré un livre, disait de façon plus mesurée: «Ce petit maître a été, malgré tout, un grand artiste»[4]. En 1978 Trautner dit qu'à l'époque les meilleurs graveurs travaillaient pour Tournes, et que «le meilleur des meilleurs» était Bernard Salomon[5], et Cunnally, écrivant en 1999, le jugeait «le meilleur des artistes graphiques lyonnais», jugement confirmé par une remarque antérieure de Bernadette Pasquier qui l'estime «sans doute le graveur le plus fécond du XVIᵉ siècle»[6]. Il est connu aussi par l'influence forte et durable qu'il a exercée sur l'art. Pour Lucile Golson, ses *Quadrins historiques de la Bible* constituent «l'un des livres français les plus célèbres et les plus influents du seizième siècle» et Panofsky parle des «gravures sur bois d'une influence extraordinaire»[7]. Rensselaer W. Lee qualifiait la publication de la *Metamorphose*

---

[1] Dans Guillaume Guéroult, *Hymnes du temps et de ses parties*, p. 3.

[2] *La Bibliothèque française d'Antoine Du Verdier*, p. 119.

[3] Jean-Michel Papillon, *Traité historique et pratique de la gravure en bois*, p. 206.

[4] T.F. Dibdin, *The Bibliographical Decameron*, t. I, pp. 181-189, Rondot, *Bernard Salomon*, p. 54.

[5] Hans-Joachim Trautner, «Ovidausgaben von Jean I. und Jean II. de Tournes», p. 146.

[6] J. Cunnally, *Images of the Illustrious*, p. 98 (c'est nous qui traduisons), Pasquier, *Virgile illustré de la Renaissance*, p. 107.

[7] Lucile Golson, «Landscape prints and landscapists...», p. 100, Erwin Panofsky, *Problems in Titian*, 1969, p. 152 (c'est nous qui traduisons).

d'Ovide figuree de 1557 d'«un événement de grande portée dans l'histoire de l'art»[8]. Cette influence s'est étendue plus loin que la peinture, aux arts appliqués, surtout la sculpture sur bois et l'ébénisterie, la faïence et la majolique, l'émail, la tapisserie, la verrerie et la bijouterie, à tel point que Henri-Jean Martin déclare que, à travers les artistes qu'il a inspirés et ceux qui sont tributaires de lui, «bien souvent, Bernard Salomon apparaît comme le point de départ et la source d'inspiration de toute une allégorie symbolique qui se prolongera dans l'art parfois jusqu'à la Révolution française»[9].

Papillon trouvait qu'en dépit de son grand renom il était «très-peu ou très-mal connu» et cherchait à remédier à ce manque. Plus de cent trente ans plus tard Rondot a repris les recherches de Papillon et l'ouvrage qui en est résulté, publié en 1897 sous le titre *Bernard Salomon*, constitue la seule monographie sur l'artiste parue jusqu'ici: tout le monde s'y réfère encore. Cet érudit connaissait parfaitement les archives locales, surtout celles relatives aux artistes et artisans, et son livre sur Salomon ainsi que ses nombreuses publications sur l'art et surtout la gravure à Lyon s'en enrichissent. Mais quatre raisons principales nous ont encouragé à entreprendre notre travail: le renouveau et l'expansion des études sur la Renaissance et l'humanisme, l'essor de l'intérêt pour l'histoire du livre, et la discipline relativement récente de l'analyse des rapports entre texte et image, ainsi que la possibilité que nous offre la technologie moderne d'étudier et de comparer les gravures, même à distance. L'ouvrage de Rondot, rappelons-le, était sans illustration. Notre but est donc de situer les œuvres de Bernard Salomon de façon plus exacte dans sa carrière d'artiste et de préciser sa contribution à la culture artistique et littéraire de son milieu et de son époque, pour le faire mieux connaître, et rendre plus clairs certains problèmes le concernant, de fournir, le mieux possible, un catalogue de ses œuvres, et d'encourager d'autres à étendre ces recherches dans les nombreux domaines vers lesquels nos travaux nous ont amené.

En ce qui concerne le catalogue des livres qui contiennent les illustrations de Salomon, les travaux de Firmin-Didot, Rondot, Cartier et Mortimer, sont tous partiels et lacunaires. Tout récemment Robert A. Baron a mis sur Internet un premier brouillon d'une étude sur Salomon, créant un site web en anglais consacré à l'artiste, avec l'intention de reproduire systématiquement tous les recueils de gravures qui lui ont été attribués. Il a étrenné ce site en mars 2002 par la publication des cent gravures des *Fables* d'Ésope de 1547 (mais sans le texte). Nous ne savons pas encore quel sera le rythme de publication de ce catalogue électronique en cours.

On sait d'après des documents de l'époque que Salomon était peintre, terme qui incluait le sens de dessinateur, mais gravait-il ses propres bois? Nous avons été conscient tout au long de cette étude de la très grande difficulté à attribuer une gravure sur bois de cette époque. Comme le dit Rainer Schoch au sujet de

---

[8]   «Ariosto's *Roger and Angelica* in sixteenth-century art...», p. 317.
[9]   *Le Siècle d'or*, p. 107

l'attribution des gravures d'Erhard Schön, cette entreprise est «difficile au mieux et parfois impossible» à cause de la présence en certains cas de plusieurs spécialistes – le dessinateur, celui qui transfère le dessin au bois à graver, le graveur, l'imprimeur et l'éditeur ou marchand. Il est possible qu'une seule personne soit responsable de plusieurs de ces tâches, et même de toutes, et le critère de la qualité de la gravure sur la page ne sert donc pas à grand-chose dans l'attribution[10]. En dépit de toutes ces difficultés et incertitudes, il nous a semblé essentiel d'entreprendre ce travail d'attribution, du dessin et de la gravure, mais pour faciliter la lecture nous reléguerons à une section finale les problèmes de l'attribution de chaque livre individuel; c'est là aussi que le lecteur trouvera la discussion des autres œuvres que divers historiens ont cherché à lui attribuer à travers les siècles, mais qui ne semblent pas être de sa main.

La première section situera Salomon dans le monde de l'édition et de l'art. Le premier chapitre traitera de sa biographie et dressera une liste chronologique sommaire de ses travaux. Nous présenterons dans le deuxième chapitre, à titre de comparaison, l'œuvre du marchand-libraire Guillaume Roville et de son illustrateur Pierre Eskrich, qui lui étaient très étroitement liés, et le chapitre suivant cherchera à établir que Salomon était en effet dessinateur et graveur à la fois. Dans la deuxième section, nous entreprendrons la description détaillée des gravures de Salomon en les classant selon un ordre générique. La première catégorie contiendra les livres d'emblèmes, les livres scientifiques et les œuvres littéraires classiques et en langue vulgaire, la deuxième, en guise d'interlude, comprendra les Entrées royales et princières, la troisième fournira une étude spéciale de son illustration pour la Bible et pour les *Métamorphoses* d'Ovide. Le but de ces trois chapitres sera de présenter à tour de rôle les livres illustrés par Salomon et les situer dans le contexte de l'histoire de l'illustration du livre en question, tout en détaillant les sources qui les ont inspirés et l'utilisation que Salomon en a faite. Dans notre troisième section nous traiterons du style de Salomon, et nous donnerons une vue d'ensemble de son influence sur d'autres artistes. La quatrième section étudiera les rapports entre texte et image, et la cinquième fournira en appendice un catalogue détaillé et raisonné des œuvres qu'on peut lui attribuer.

Il en ressortira que le *corpus* d'œuvres attribué à notre artiste est d'une grande valeur artistique et mérite de retenir l'attention à la fois de l'historien de l'art et de toute personne s'intéressant à la culture de la Renaissance en Europe.

---

[10]   Erhard Schön dans *Hollstein's German Engravings,* 47, éd. Rainer Schoch, pp. vii-x.

REMERCIEMENTS

Tout au long du travail de préparation de ce livre j'ai reçu beaucoup d'aide et d'encouragement de la part d'organismes, de collègues et d'amis. D'un point de vue pratique, je suis doublement reconnaissant à la British Academy qui m'a accordé une bourse pour faciliter un séjour en France et en Suisse dans la poursuite de mes recherches, et a assuré généreusement l'illustration abondante de ce livre. Le «Carnegie Trust for the Universities of Scotland» a accordé une subvention importante afin d'en faciliter la publication. Je suis reconnaissant, aussi, à l'Université d'Edimbourg, pour son aide précieuse (le Moray Endowment Fund, et The Faculty of Arts Research Fund). Je tiens à remercier Max Engammare pour avoir accueilli ce livre dans les *Travaux d'Humanisme et Renaissance* ainsi que pour ses conseils fructueux et son soutien.

Je suis très conscient de ce que je dois aux conservateurs et au personnel de plusieurs bibliothèques: la Bibliothèque nationale de France (sans oublier le service «Gallica» qui a rendu beaucoup plus faciles les recherches picturales), l'Arsenal, la Mazarine, la Bibliothèque Sainte-Geneviève, la Bibliothèque de l'Ecole nationale des Beaux-Arts, la Bibliothèque des Arts et Métiers, la Bibliothèque Municipale de Lyon, la Bibliothèque Publique et Universitaire de Genève et la Bibliothèque d'Art et d'Archéologie de la même ville, la British Library, la National Library of Scotland, et les bibliothèques universitaires d'Edimbourg et de Glasgow (cette dernière s'étant montrée particulièrement généreuse en ce qui concerne les droits de reproduction). Je tiens à remercier aussi les nombreuses personnes qui m'ont aidé et encouragé dans mes recherches au cours des années; il serait trop long de citer tous les noms. Je pense en particulier cependant à Terence Cave et à Richard Cooper qui ont fait avancer ce travail à un moment précis de son évolution par leurs conseils et leur soutien. Deux autres collègues m'ont fourni l'occasion de préciser mon point de vue en m'invitant à parler de Salomon dans des congrès internationaux, Philip Ford à Cambridge (*Intellectual Life in Renaissance Lyon*) et Kees Meerhoff à Amsterdam (*Rhetoric - Rhétoriqueurs - Rederijkers*). Une autre occasion m'a été offerte de parler de Salomon à Zurich par l'Association Internationale pour l'Etude des Rapports entre Texte et Image; mes remerciements vont aux organisateurs de cette Association pour bien d'autres échanges féconds sur ce sujet. Quatre collègues universitaires m'ont rassuré en lisant mon texte d'un œil érudit et amicalement critique, Keith Aspley et Emmanuelle Lacore-Martin (Edimbourg), Alison Saunders (Aberdeen) et Stephen Rawles (Glasgow). Ces deux derniers, avec Alison Adams, m'ont beaucoup aidé au cours des années, par leurs publications et leur participation aux colloques et séminaires sur l'emblématisme, toujours menées dans un esprit de coopération. Qu'ils reçoivent tous ici l'expression de ma reconnaissance. Lorsque ce travail avait déjà acquis sa forme pour ainsi dire définitive, j'ai pris connaissance des travaux, avancés mais non encore publiés, de Robert A. Baron, historien d'art de New York, avec qui j'ai pu entretenir une correspon- dance profitable ; je parlerai de ces travaux au cours du livre.

Dans le domaine familial comme dans celui de l'amitié, j'ai reçu l'aide et le soutien de personnes trop nombreuses pour pouvoir les mentionner toutes ici. Mais je tiens à exprimer ma gratitude à mon frère Michael qui m'a donné des conseils érudits sur plusieurs sujets, à mon frère Barney pour son travail minu- tieux sur les images numérisées, et, *last but by no means least,* je reconnais avec plaisir une dette spéciale envers France Sharratt qui a participé de façon directe à ce travail, en m'aidant à le mener à bon terme par son soutien fidèle et ses critiques pertinentes.

I.

BERNARD SALOMON
ET LE MONDE DE L'IMPRIMERIE

CHAPITRE PREMIER

VIE ET ŒUVRE

On peut suivre de près le cheminement artistique de Bernard Salomon puisque ses bois gravés sont tous datés au moins par le moment de publication du livre qu'ils illustrent. Sa vie et sa personnalité par contre sont restées relativement obscures, car nous ne trouvons mention de lui que dans quelques actes notariés et dans des registres municipaux conservés dans les archives de Lyon; il a laissé peu de traces dans la vie sociale qui éclairciraient ses relations avec ses contemporains, on ne sait presque rien sur sa formation, et aucun écrit ne nous est parvenu de ses théories sur l'art ni sur ses intentions artistiques. Même la date et le lieu de sa naissance et de sa mort nous échappent. Devant une telle pénurie de renseignements, cette étude commencera par une présentation de tout ce qu'on peut savoir de lui en dehors de son œuvre gravé pour pouvoir mieux situer, dans un second temps, son travail d'artiste.

Avant même de chercher à raconter sa vie, il faut savoir comment l'appeler, car il existe, ou plutôt il existait, quelques doutes à ce sujet. De nos jours on l'appelle ordinairement Bernard Salomon; c'est la forme du nom qui paraît dans la plupart des relations officielles des manifestations civiques auxquelles il a participé et c'est le nom qu'il se donnait lui-même. Un témoignage direct de cette forme du nom se trouve dans les Archives Municipales de Lyon dans une supplique que Salomon a adressée «A Messieurs de la Ville» où il indique à la fois comment il se nommait et comment on le surnommait. Ce document, d'une écriture très lisible, datant de la période de sa participation aux fêtes qui célébraient l'Entrée d'Henri II et de Catherine de Médicis dans la ville de Lyon en 1548, commence ainsi: «Supplie très humblement Bernard Salomon, autrement Le Petit Bernard, peintre de Lyon, et vostre simple serviteur» pour ensuite demander la récompense due à ses travaux, «car il est povre des biens de ce monde»[1]. Un témoignage encore plus direct se trouve dans les mêmes Archives: il s'agit d'une quittance pour le dessin de quelques pièces d'orfèvrerie et de costumes qui contient un bel exemple de sa signature, datée du 20 juillet, 1548. La signature se termine par un trait qui se transforme en une étoile à cinq pointes, le pentagramme à signification magique, que Rolle a pu estimer («à tort peut-être», comme il l'avoue) comme la marque personnelle de Salomon, mais puisqu'elle ne figure sur aucune gravure ni nulle part ailleurs il

---

[1]   Archives de Lyon [AML], CC 987, pièce 18; voir Appendice 2, p. 32 *infra*.

faudrait sans doute approuver ses réserves et considérer cette étoile comme un simple paraphe[2].

La forme du nom reste néanmoins très claire. Cependant les historiens et les bibliophiles anciens l'appelaient souvent Salomon Bernard. Lorsque Samuel de Tournes, arrière-petit-fils de Jean Ier de Tournes, pour qui Salomon avait fait la plus grande partie de son travail, publie ses *Icones historicae veteris et novi Testamenti* en 1680, il écrit: «Les Figures que nous te donnons icy sortent de la main d'un excellent Ouvrier, connu en son temps sous le nom de SALOMON BERNARD, dit autrement LE PETIT BERNARD, et ont toûjours été fort estimées de ceux qui se connoissent en cette sorte d'ouvrage». Comme le fait remarquer Rondot, «Quelle étrange chose que Samuel de Tournes ait perdu la notion exacte du nom du graveur qui avait été un des auxiliaires les plus utiles de son bisaïeul!»[3]. On imagine facilement comment cette inversion des nom et prénom a pu se produire: comme le signalait Auguste Bernard (lorsqu'il cherchait à prouver que Geoffroy Tory, sur qui il écrivait, était le miniaturiste Godefroy), parfois encore au seizième siècle on désignait les gens par leur prénom seulement, avec l'ajout du nom du pays dont ils étaient originaires, et d'ailleurs dans des listes et des index, par exemple chez Du Verdier et La Croix du Maine, les noms étaient souvent classés, à l'époque, par ordre alphabétique des prénoms[4]. Pour ceux dont le nom de famille était aussi un prénom, les confusions étaient presque inévitables. Il est vrai que les documents d'archives le mentionnent parfois sous la forme d'autres appellations, «Salomon» et «Maître Bernard»[5], mais cela

---

[2]   AML, CC 982, pièce 8, voir Appendice 2, p. 32 *infra*; Natalis Rondot, *Bernard Salomon*, p. 27 et p. 58 (nous citerons cette œuvre de base sous le nom de son auteur); F. Rolle, *Archives de l'Art Français*, p. 429.

[3]   f. 4v°, Rondot, p. 65. La tradition du nom Salomon Bernard a été continuée par J.-M. Papillon, *Traité historique et pratique de la gravure en bois*, Paris, 1766, p. 207, qui l'avait trouvé dans le *Dictionnaire des monogrammes* de J.-F. Christ qu'il cite, même si Papillon lui-même l'appelle Bernard Salomon; il est suivi par Dibdin, *The Bibliographical Decameron*, t. I, 1817, pp. 181-185, Ambroise Firmin-Didot, *Étude sur Jean Cousin*, p. 7, Georges Duplessis, *Histoire de la gravure en France*, p. 127, et J. Lieure, *La Gravure en France au XVIe Siècle*, *passim* et surtout p. 49; F.-C. Lonchamp, *Manuel du bibliophile français, 1470-1920*, t. I, pp. 173-180; Rondot cite d'autres auteurs qui l'appelaient Salomon Bernard (p. 21).

[4]   Auguste Bernard, *Geoffroy Tory*, p. 190.

[5]   Voir les Appendices 1 et 2 à la fin de ce chapitre.

pourrait être un indice de sa popularité et de toute façon l'existence de sa signature constitue un argument incontournable.

Quelle était l'origine du surnom «Le Petit Bernard», qu'on lui donnait souvent et que Salomon lui-même ne reniait visiblement pas? Etait-ce pour le distinguer d'un autre peintre du même prénom, ou pour montrer l'affection que ses collègues ou son public d'acheteurs ressentaient à son égard? Papillon suggère deux hypothèses: on le surnommait ainsi parce qu'il était tout simplement de petite taille, ou bien parce que «les curieux le placent parmi les petits Maîtres dans le Catalogue des Peintres». C'est précisément ce qu'avait fait l'abbé Michel de Marolles[6]. Pour Firmin-Didot c'était peut-être en effet parce qu'il se faisait connaître par la minutie de son travail que l'on lui donnait ce surnom, hypothèse qui semble moins soutenable que les autres[7]. L'existence de ce surnom a plus d'une fois induit en erreur des historiens qui en concluaient que son nom de famille n'était pas connu, et cherchaient à y voir un personnage tout à fait autre que Bernard Salomon: Marolles, par exemple, croyait que Jean de Tournes lui-même se cachait derrière ce nom emprunté. Certains historiens l'ont désigné sous d'autres noms encore, par exemple le Gentil Bernard, Bernard Gallus, ou même Gallo[8].

Il est impossible, dans l'état actuel de nos connaissances, de savoir quoi que ce soit sur les ascendants de Salomon, et même le nom de ses parents est inconnu. Dans un premier livre, *Les Peintres de Lyon* (1888), Rondot avait commencé par lui assigner une généalogie toute faite; son père Guillaume aurait été ceinturier ainsi que son grand-père Pierre, et son arrière-grand-père Michelet, mais neuf ans plus tard, dans son *Bernard Salomon*, il a été obligé de reconnaître qu'il n'était plus du tout sûr de ces faits et que le lien entre cette famille de ceinturiers et notre artiste n'avait pas été suffisamment établi. Il nous semble que pour le corroborer il lui aurait fallu en savoir plus sur les lieux de résidence de Salomon et de sa famille immédiate (même si Rondot lui-même avait déjà pu fournir quelques précisions de base) et avoir recours à des testaments[9].

6   Marolles, *Catalogue de livres d'estampes et de figures en taille douce*, t. I, n° 356, p. 149.

7   Papillon, *op. cit.*, p. 206; Firmin-Didot, *Essai typographique* [*ET*], col. 256; voir aussi Bliss, *A History of Wood Engraving*, p. 60, et E. Bénézit, *Dictionnaire critique*, s.v.

8   Buisson, cité par Rondot, p. 21; François Brulliot, *Dictionnaire des monogrammes*, t. I, n° 1100 et t. II, n°⁵ 562, 936 et 2464b. Georg-Kaspar Nagler l'appelle «Salomon Bernhard, Bernardus Gallus», mais le décrit comme un graveur sur cuivre, que l'on confond avec Theodor Barentsen qui a fleuri entre 1550 et 1580 (*Neues allgemeines Künstler-Lexicon*, 1844, XIV, p. 219).

9   Rondot, p. 21, et du même auteur, *Les Peintres de Lyon*, n° 373, pp. 97-99. Il existe un petit livre par Albert Choisy sur les Salomon de Genève (*Notice sur la famille Salomon*) qui donne quelques indications sur leurs ancêtres français du seizième siècle, mais en dépit du grand intérêt d'établir un lien entre Bernard Salomon et Genève, pour essayer de trancher sur la question de sa religion, ce livre ne le fournit pas. Rondot, *op. cit.*, p. 23, signale également une famille Salomon à Paris à l'époque (dont Jean Salomon, autrement connu comme Tabarin, le célèbre bouffon, né vers 1582), mais encore une fois il est impossible d'établir un rapport. Salomon semble bien un nom juif mais nous n'avons pas pu trouver de preuves que Le Petit Bernard soit d'origine juive.

Longtemps on a cru qu'il était né vers 1520, mais tout le monde est d'accord maintenant pour le faire naître vers 1506 ou 1508 et c'est l'une ou l'autre de ces dates approximatives qui figure dans tous les ouvrages de référence modernes. La date supposée dépend surtout des premiers faits connus sur lui. Il est mentionné dans les Registres du Consulat au moment des festivités qui ont eu lieu en 1540 pour célébrer l'Entrée dans Lyon du cardinal Hippolyte d'Este, le nouvel archevêque[10]. Cela indiquerait qu'il avait déjà fini à cette date son apprentissage pour devenir maître peintre. Mais, comme le démontre Marianne Grivel, le métier de graveur était un métier «libre» parce qu'il était récent, et ne connaissait pas la réglementation d'une organisation corporative; l'âge de commencement et la durée de l'apprentissage étaient en plus variables[11]. Il est vrai qu'on le mentionne en 1545 sans lui accorder ce titre là où on s'attendrait à le voir, mais en 1548 son nom est parfois cité avec ce titre, parfois sans lui. Il est clair cependant que Salomon jouissait déjà en 1540 d'une assez grande réputation, ce qui implique une certaine maturité et une assez grande expérience pour que l'on ait eu confiance en lui au point de lui passer cette commande. Cette date de 1506 ou 1508 semble pourtant arbitraire. Il aurait donc eu trente-deux ans ou trente-quatre ans au moment de l'Entrée, ce qui est fort possible, mais loin d'être certain: il aurait pu aussi bien en avoir vingt-cinq si c'était un artiste très doué et même moins s'il était vraiment précoce; et par contre il n'est même pas exclu qu'il eût plus de trente-quatre ans au moment de cette commande prestigieuse.

On a pensé autrefois qu'il vécut jusqu'en 1570 ou 1580 et même jusqu'en 1598[12]. C'est peut-être Dibdin qui est responsable d'avoir prolongé sa vie active au-delà de la réalité en écrivant qu'il a travaillé «pendant trente pleines années»[13]. Rondot lui-même admettait une certaine responsabilité: dans *Les Peintres de Lyon* il l'avait fait vivre jusqu'en 1572, se fiant à l'existence d'un autre peintre nommé Bernard, mais dans son *Bernard Salomon* il a reconnu que cet autre se nommait Bernard Hervieu ou Arvieu. Cette confusion initiale a dû induire en erreur d'autres auteurs. Pour Rondot, si certains historiens ont continué à vouloir prolonger sa vie jusqu'en 1580, c'est parce qu'ils ne distinguaient pas entre le travail de Salomon et celui de Pierre Eskrich, artiste dont le nom nous viendra souvent sous la plume[14]. Le consensus moderne semble vouloir le faire mourir en 1561, puisque son dernier livre parut en 1560 et que nous n'en-

---

[10]   AML, CC 934 f. 6v°: «Carnet des fraiz de l'entrée [de] monsgr le Rme cardinal de ferrare... faicte au moys de mai 1540».

[11]   Bibliothèque nationale de France, «Les graveurs en France au XVIe siècle», pp. 38-41. A cela il faudrait ajouter que la ville de Lyon était plus libérale que Paris, voir Zerner, *L'Art de la Renaissance en France*, p. 267.

[12]   Voir par exemple Brulliot, *op. cit.*, t. I, n° 110; Firmin-Didot, *ET*, col. 256, suivi par Rudolph Weigel, *Holzschnitte Berühmter Meister*, p. xxxv; J.-D. Passavent, *Le Peintre-graveur*, t. I, pp. 168-169; Lieure, *op. cit.*, p. 49.

[13]   Dibdin, *op. cit.*, t. I, p. 181.

[14]   Rondot, p. 82, *Les Peintres de Lyon*, p. 97.

tendons plus parler de lui dans les archives après 1561, mais l'argument est loin d'être conclusif. Pour Trautner, qui ne donne pas ses raisons, il serait mort en 1569[15]. Encore une fois il faut être prudent et dire qu'il a bien pu survivre long-temps après avoir cessé d'exercer son métier, et qu'un manque de témoignage conservé ne constitue pas une preuve. Pourtant ce que dit Du Verdier de lui en 1584 laisse supposer qu'il est mort bien avant cette date[16].

On déclare généralement qu'il est né à Lyon (tout le monde ou presque le donne au moins comme hypothèse, et le plus souvent comme certitude) bien que son acte de naissance fasse défaut et qu'il n'y ait aucune autre preuve de ce fait[17]. Sans doute la présence à Lyon de cette famille de ceinturiers, ses parents putatifs, a beaucoup aidé à confirmer cette supposition, comme l'a fait surtout sa propre présence active à Lyon tout au long de sa carrière d'illustrateur. Mais cela n'apporte aucune certitude. Rondot fait remarquer qu'il se décrit dans une lettre aux échevins seulement comme «peintre de Lyon» et non pas comme citoyen. Pourtant dans un autre document on le voit citer comme «Me Bernard Salomon M^e painctre et citoyen de Lyon»[18].

Il convient d'ajouter ici en dernier lieu les seuls autres faits biographiques qui nous soient connus, qui proviennent en grande partie du testament de Salomon, daté du 19 octobre 1559, dont une partie a été publiée par Baudrier[19]. Sa pre-mière femme s'appelait Anne Marmot; d'après Rondot elle n'était pas lyon-naise et il l'aurait épousée avant d'arriver à Lyon. Cela est possible mais il y a beaucoup de suppositions là-dedans. Car même si sa famille n'était pas lyon-naise, ils ont pu s'installer à Lyon bien avant. Ils ont eu deux enfants, Jean et Antoinette, et (toujours d'après Rondot) Jean, qui était peintre, aurait travaillé pour son père en 1548 dans la préparation de l'Entrée d'Henri II à Lyon. Cette hypothèse est peu convaincante: il est dit seulement que celui qui travaillait avec lui, qui par ailleurs n'est pas nommé, était son «garson»[20]. Or ce mot, et son équivalent italien «garzone», avaient le sens latin de «puer» et non pas «filius» et indiquent donc «serviteur» ou bien, comme ce serait le cas ici,

---

[15] Dans *Gutenberg Jahrbuch*, 1978, p. 146.

[16] *La Bibliothèque française d'Antoine Du Verdier*, p. 119. «L'article [...] est important puisqu'il témoigne que l'artiste était mort depuis déjà quelque temps», dit Rolle, *op. cit.*, p. 413.

[17] Conrad de Mandach, dans André Michel, *Histoire de l'art*, t. V, p. 418, est un des rares cri-tiques qui émette des réserves en le qualifiant de «Bernard Salomon, dont l'origine lyonnaise n'est pas certifiée». Il faut pourtant signaler que Papillon cite une source ancienne (Le Conte) qui le désigne comme originaire de Flandre, et ajoute qu'il avait des frères qui étaient, eux aussi, peut-être graveurs (*op. cit.*, p. 208).

[18] Rondot, p. 23; Archives Départementales du Rhône. Fonds de la Sénéchaussée BP 307, 13 octobre, 1558, cité par Guillo, pp. 413-415.

[19] Baudrier, *Bibliographie lyonnaise*, t. II, pp. 53-54 et Rondot, pp. 28-29 qui en donne «une ana-lyse brève mais précise». Pour le texte de son testament, conservé dans les archives de l'étude du notaire Deschalles, voir Appendice 1, p. 31 *infra*.

[20] Rondot, p. 26, qui cite un document des Archives Municipales de Lyon, CC 980, f. 16r°: «Aud. Bernard Salomon, pour cinq journées de son garson qui a travaillé à lad. œuvre, à cinq solz par jour, pour ce, xxv s».

« apprenti »[21]. Il ne faudrait pas non plus se servir de ce « fait » pour établir la date
de ce premier mariage et confirmer ainsi la date supposée de la naissance de Bernard Salomon, comme on a voulu parfois le faire. Rondot donne d'autres renseignements sur un Jean Salomon, peintre à Lyon, et sa descendance, sans que
l'on puisse être sûr qu'il s'agisse de ce fils de Bernard, encore que cela semble
bien probable. Antoinette, la fille de Bernard, a épousé le libraire-imprimeur
parisien Robert Granjon, fondeur et graveur de lettres d'imprimerie, bien
connu à cause de ses éditions musicales et de ses « lettres de civilité » ou « lettres
francaises » qu'il avait dessinées et dont il se servait dans ses publications, muni
d'un privilège de dix ans, daté du 26 décembre 1557. D'abord imprimeur à Paris
où il s'associa avec Michel Fezandat en 1551 et 1552, il était en contact constant
avec les imprimeurs lyonnais et s'installa à Lyon avant 1557, date à laquelle il
figure dans les *Establies* de cette ville; il y est mentionné comme imprimeur en
1560. En 1562 il quitta Lyon pour Rome, avant de retourner à Paris[22]. C'est également par le testament de Salomon que nous apprenons le nom de sa deuxième
femme, Louise Missilieu ou Michelieu.

Rondot nous fournit quelques renseignements sur les maisons où Salomon a
séjourné: « Il habitait: en 1545, le Côté de Fourvière, entre le Pont de Saône et
le Puits de Porcherie; en 1557, le quartier de la Platière, vers la Pêcherie; en
1561, vers les rues Pizay et de l'Arbre-Sec »[23]. Il est intéressant de savoir qu'au
moins à partir de 1557 et sans aucun doute bien avant il habitait le quartier des

---

[21]   Rondot, *Les Peintres lyonnais*, p. 110. Voir Jacques Dupuys, *Dictionnaire françois latin*, Paris,
       1564, s.v. Pour l'acception du terme voir Leon Voet, *The Golden Compasses*, t. I, p. 196, n. 1,
       qui cite un registre d'archive anversois où l'apprenti d'un graveur sur bois est appelé son « gar-
       son ». Voir aussi, à titre d'exemple, Dominique Cordellier et Bernadette Py, *Raphaël, son ate-
       lier, ses copistes*, p. ix, et Salvatore Battaglia, *Grande Dizionario della lingua italiana*, Turin,
       1992. D'après Godefroy il signifiait au Moyen Age « valet » ou bien était un terme d'injure
       (« lâche » ou « misérable »); Littré donne des exemples du dix-septième siècle qui ont le sens
       d'« apprenti » et le mot a dû exister dans cette acception bien avant.

[22]   Rondot, pp. 23-25; voir aussi Baudrier, t. II, pp. 49-64; Cartier, p. 105, n. 24; Audin, *Les Carac-
       tères de civilité de Robert Granjon et les imprimeurs flamands*, 1919; Laurent Guillo, *Les
       Editions musicales de la Renaissance lyonnaise*, pp. 120-125; H. de La Fontaine Verwey, « Les
       Caractères de civilité et la propagande religieuse », pp. 7-27; Boccassini, *La parola riscritta*,
       pp. 70-87; Harry Cartier et H.D.L. Vervliet, *Civilité Types*.

[23]   Rondot, p. 22, donne le texte de quelques documents d'archives qui méritent d'être cités ici:
       (i) « Bernard Sallomon painctre. Du costé de fourvière. – Depuys le pont de Saonne com-
       mençant aux maisons de piochet et manissier tirant au puis de porcherie. La maison monsr
       l'argentier baronnat comprinse Retournant en la grant Rue des changes jusques au carré de la
       maison André de lerban et celle de pierre comte comprins la rue du Garrillan. » (AML, EE
       Chappe IV 198d, 118, Establyes en cas d'effroy, 1545); (ii) « Me Bernard le painctre. Du côté
       du Rosne. – Depuis la porte Chenavier tirant par la Rue de la pescherie et tripperie comprins
       le plastre de la plattière et la Ruelle d'escorchebeuf jusques en l'herberie. » (*ibid.*, 119, 1557);
       (iii) « Me Bernard le painctre. – La part devers le rosne au quartier despuis le carré des maisons
       Me Philibert Aygnet qui furent de carcant, tirant en la rue de l'arbre set et du pizay comprins
       la rue des baronnalz jusques au fourt du saint esperit » (*ibid.*, 120, 1561). Voir Audin, *Diction-
       naire des artistes et ouvriers d'art du Lyonnais*, t. II, pp. 196-197 pour d'autres références, et
       Emile Grangette, *Bernard Salomon*, pp. 210-211.

peintres et graveurs, là où se côtoyaient Corneille de La Haye, Guillaume Le Roy, Jean de Crane, Georges Reverdy, comme l'a signalé Anne Dubois de Groër. C'est dans le même quartier, entre le Rhône et la Saône, qu'habitaient des gens de lettres, comme Louise Labé, ainsi que plusieurs imprimeurs ou libraires, dont Jean de Tournes[24]. La dernière mention de Salomon dans les Archives date de 1561 où il est présent dans la liste de ceux qui portaient des armes[25].

En ce qui concerne son attitude face à la Réforme, l'hypothèse souvent rencontrée, qu'il aurait quitté Lyon pour des raisons religieuses comme tant d'autres à cette époque tourmentée, reste très attirante – cela expliquerait qu'on n'entende plus parler de lui à Lyon après 1561, mais les preuves de son penchant protestant nous manquent. Par ailleurs les termes de son testament sont plus que formels: car non seulement se declare-t-il «testateur, comme bon et fidelle catholique» mais il recommande son âme «à la glorieuse vierge Marie» et «s'en remet à la discretion et bonne volonté de ses héritiers universels» pour tout ce qui concerne «la sépulture de sondict corps, frais funéraires, obsèques, messes, luminaires...» Rondot relève toutes les petites touches soi-disant protestantes qu'il reconnaît dans certaines gravures:

> par exemple, le pape, des moines, des rois, parmi les adorateurs de la Bête aux sept têtes de l'Apocalypse, et il y a eu, dans ce même livre de l'Apocalypse, des expressions aussi violentes de son humeur satirique. Dans le *Pétrarque* de 1547, la tiare et la mitre sont au milieu des objets symboliques épars sur le sol que les traits de l'Amour ont atteints.

Mais, comme Rondot le démontre bien, Salomon ne faisait que suivre une mode de l'illustration, comme le faisaient Cousin et Duvet, et maints autres, et il n'y voit donc que des boutades[26].

La même obscurité entoure son éducation et sa formation professionnelle. A première vue on pourrait imaginer qu'il soit resté à Lyon (si toutefois il y était déjà!) et qu'il s'y soit formé, car on connaît d'après les recherches de Rondot le grand nombre de peintres et graveurs lyonnais qui y travaillaient à l'époque[27], et il y avait sans aucun doute toute une vie d'ateliers dont il aurait pu profiter. Plusieurs auteurs pourtant, se fondant sur son statut d'artiste demandé, ou bien sur la grande qualité de son travail artistique, sont convaincus qu'il a fait ses

---

[24] Dubois de Groër, *Corneille de La Haye*, p. 16, p. 24.

[25] «Me Bernard le painctre [était] garny d'une acqubouze et picque», AML, EE Visite des armes. Voir Rondot, p. 27.

[26] Rondot se montre plutôt sceptique à l'égard de son protestantisme supposé et accepte littéralement ce que dit le testament (pp. 30-33); un article récent de Betsy Rosasco suggère en revanche que le milieu où il travaillait et son choix de sujets bibliques à illustrer indiquent une tendance protestante («A Sixteenth-Century Enamel *Tazza*...», pp. 237-238), et Robert Baron, dans «Emblem and Narrative in Bernard Salomon's Illustrations to the Old Testament...» en voit la confirmation dans ses illustrations au livre de Josué, tout en admettant que d'autres recherches sont nécessaires.

[27] Voir, entre autres, *Graveurs sur bois à Lyon au 16ᵉ siècle*, Paris, 1898.

études à Paris. Mégret, par exemple, dit de lui, «Il dut naître vers 1508 et passer
sa jeunesse à Paris» (avec peut-être une ambiguïté supplémentaire sur le lieu de
naissance). Rondot aussi pense qu'il a sans doute «séjourné à Paris dans ses
jeunes années»[28]. Le séjour supposé à Paris coïnciderait aussi avec la théorie qui
fait de lui un élève de Jean Cousin. Déjà au dix-huitième siècle Papillon disait à
son sujet: «Il étoit, je crois, natif de Lyon, et élève de Jean Cousin, car son goût
de Dessein est semblable à celui de ce grand Peintre.» Firmin-Didot, dans sa
monographie sur Cousin, déclare que Salomon a été son élève. Rondot pour sa
part pensait qu'il ne l'avait pas été, mais qu'ils utilisaient tous les deux des
sources communes[29]. Devant l'absence de témoignages contemporains on ne
peut pas être sûr, mais il y a certainement un rapport stylistique entre Salomon
et Jean Cousin.

Parfois cependant la question s'est posée de savoir s'il avait illustré des livres
pour d'autres éditeurs parisiens ou lyonnais avant de passer son contrat avec
Tournes. On n'a pas réussi à trouver, dans des livres parus avant 1545, des
exemples précis qui ressemblent assez à ce qu'il faisait, même juste après cette
date-là, pour pouvoir y discerner ses premiers efforts dans ce domaine. Il n'est
pas totalement impossible cependant qu'il ait fait un stage chez les éditeurs de
Cousin, c'est-à-dire, Denis Janot et ses successeurs, sa veuve Jeanne de Marnef et
Etienne Groulleau qu'elle a épousé en secondes noces[30]. Il a bien pu travailler
dans d'autres ateliers et y passer son apprentissage avant d'aller chez Tournes et
il serait normal qu'il y ait fait quelques tentatives de dessin ou de gravure, ou
participé au travail d'autres artistes. Il a reçu forcément une formation quelque
part. Il se peut aussi que certaines gravures publiées antérieurement soient bel et
bien de lui et que l'apprenti artiste ait tout simplement changé de style depuis,
par exemple sous l'influence d'un nouveau maître, à un moment où il voulait se
mettre au goût du jour en se convertissant à la mode italianisante de Fontainebleau. La question d'un stage dans l'atelier de Cousin, et même d'un séjour à
Paris, doit donc rester ouverte.

On se demande s'il a entrepris d'autres voyages pour compléter sa formation
professionnelle. Grangette situe au début de 1548 un voyage hypothétique à
Paris (et peut-être même en Italie) pour expliquer le maniérisme de certaines
planches. Henri-Jean Martin le fait voyager bien plus loin que Paris: «On peut

[28] Mégret, «Jean de Tournes Imprimeur lyonnais», p. 300, Rondot, p. 23.
[29] Papillon, *op. cit.*, p. 206; Firmin-Didot, *Jean Cousin*, pp. 126-127, p. 293, mais voir *ET*,
       col. 256, où il semble moins certain; Rondot, pp. 34-36. Pour Trautner, *art. cit.*, p. 146, il était
       simplement «Ein Schüler von Jean Cousin». Calot *et. al.* considéraient que cette théorie rele-
       vait de «la pure hypothèse», *L'Art du livre en France*, p. 88, et Brun la rejettait rondement, *Le
       Livre français illustré de la Renaissance*, p. 77.
[30] D'après Firmin-Didot les premières gravures de Cousin dans un ouvrage daté sont celles des
       Harmoniae Evangelicae, publiées à Paris en 1544 par Denis Janot qui allait par la suite publier
       d'autres gravures de lui (*Jean Cousin*, p. 126); ailleurs dans le même livre il attribue à Cousin
       des ouvrages illustrés parus vers 1540 (p. 147), à un moment où Salomon était déjà à Lyon.
       Pour une évaluation moderne et surtout plus critique de l'œuvre de Cousin, voir Zerner,
       L'Art de la Renaissance en France, pp. 227-265.

penser, à en juger par son style, qu'apprenti peintre il voyagea à la manière de son temps, sans doute en Allemagne et dans les Flandres, assurément en Italie.»[31] Cette hypothèse est très tentante. On peut faire une suggestion plus précise: il n'est pas impossible que Salomon, profitant de ses relations supposées avec Hippolyte d'Este, ait fait avec lui le voyage de Rome et l'ait accompagné dans son domaine de Tivoli. Salomon est l'auteur d'une vue de Tivoli (fig. 71) qui suggère qu'il avait visité le site avant de le dessiner comme il l'a visiblement fait pour sa première vue de Lyon (fig. 70).

Nous allons bientôt parler de lui comme illustrateur (dessinateur ou graveur) et ce sera le sujet essentiel de notre travail. Cependant Salomon fut d'abord connu comme peintre, et bien qu'aucune des nombreuses toiles dont parlent des témoins contemporains n'ait été identifiée, il jouissait de son vivant d'une assez grande réputation dans ce domaine. En 1540, lors de l'Entrée de l'archevêque, il travaillait à la décoration de quelques «mistères et eschaffaulx»[32]; en 1548 pour l'Entrée royale sa participation comme peintre était encore plus importante puisque là il est appelé «conducteur de l'euvre de la painctrerie»[33]. Qui plus est, il y eut encore d'autres «triomphes» ou commandes officielles pour lesquels Salomon a travaillé qui sont moins bien connus. En 1550 il peignit deux «tableaux», l'un mythologique et l'autre historique, destinés à décorer l'Entrée à Lyon du nouveau gouverneur Jacques d'Albon[34]. Toujours en 1550, il fut employé par le Consulat pour préparer les plans de certaines villes: Brignais, Saint-Andéol, Givors, Saint-Genis-Laval, qui serviraient comme preuves au cours d'un procès qui concernait le paiement des tailles[35]. Ce ne sont sans doute pas des peintures (le texte parle du «trait et copie des figures accordées») mais cela sert à indiquer son statut d'artiste presque officiel auquel le Consulat n'hésite pas à faire appel pour fournir des documents graphiques. Ensuite, trois ans plus tard, en 1553, il fut employé pour décorer l'Entrée à Carpentras du cardinal Farnèse. Rondot signale aussi un dessin de Salomon de la même époque pour un «coffre d'argent doré taillé et neellé garny de médailles faictes à l'antique» acheté en 1554 par Henri II à l'orfèvre et joaillier Simon Cotières[36]. Finalement en 1559, il participa à un autre triomphe, non pas une Entrée royale ou princière, mais plutôt une manifestation publique de réjouissances, au moment de la paix de Cateau-Cambrésis. Salomon fut responsable de la peinture d'un «échafaud» tri-

---

[31]   Grangette, *Bernard Salomon*, p. 80; Henri-Jean Martin, *Le Siècle d'or de l'imprimerie lyonnaise*, p. 106; Rondot, pp. 23-24, semble moins favorable à cette idée d'un voyage en Italie ou ailleurs.

[32]   *Carnet des Fraiz*, AML, BB 58 f. 71v°.

[33]   AML, BB 67 f. 211v°; CC 982 n° 1, Guigue, pp. 154-155; BB 68, f. 108 r° et v°.

[34]   AML, BB 71, f. 202 v°, 17 avril 1550 (Actes consulaires); CC 990, f. 26v°, CC 1000, f. 53v°; voir Rondot, pp. 61-62.

[35]   AML, BB 71, f. 175; mandement du 29 mai 1550; voir aussi Audin, *Dictionnaire des peintres lyonnais*, citant BB 70 f. 261 v°.

[36]   Archives nationales, Comptes royaux et J 961 f. 254, et Rondot, p. 49.

angulaire, érigé sur la place des Cordeliers à Lyon, dont les côtés étaient couverts de toiles représentant des scènes ovidiennes[37]. De tout cela, il émerge que le choix de Salomon comme peintre a dû s'imposer pour illustrer la plupart des grandes manifestations publiques qui eurent lieu à Lyon entre 1540 et 1560. La seule exception de taille était la nomination de l'architecte Serlio pour orchestrer l'arrivée du cardinal de Tournon en 1552[38].

Malheureusement tous ces tableaux et dessins ont disparu. Certaines de ces créations artistiques furent remployées, par exemple pour servir d'illustration à plus d'une Entrée ou récupérées comme objets d'art ou de décoration par des citoyens amateurs, mais en règle générale elles étaient de nature éphémère et destinées à disparaître tôt ou tard. Une seule fois, en 1559, le Consulat, voulant pérenniser les événements de façon plus sûre et plus adéquate, commanda des tableaux pour orner les salles municipales, et il est fort probable que Salomon en était l'auteur, mais depuis le seizième siècle on ne sait pas ce qu'ils sont devenus. L'Entrée d'Henri II à Lyon et celle du cardinal Farnèse à Carpentras par contre ont été immortalisées à l'époque par des récits imprimés et ornés de bois, ce qui donne une petite idée de ce qu'auraient été ses peintures perdues; pour les autres manifestations les descriptions verbales des registres fournissent des indices utiles.

On sait aussi qu'il a peint de nombreuses fresques sur les murs de maisons lyonnaises, mais tous les témoignages portés sur ces fresques sont anciens et elles ont dû disparaître, elles aussi, il y a longtemps. En 1861 Rolle dressa une liste de toutes les références qu'il avait trouvées aux œuvres peintes de Salomon: la première d'entre elles est de la plume d'Antoine du Verdier qui en 1585 mentionne «les belles figures de la Bible, que de son invention il a pourtraict et taillé» ainsi qu'«infinies autres figures et pourtraictures, peintures et tableaux sortis de sa main, qui se voient encores de luy à Lyon», et même s'il pensait surtout, comme sa phrase le laisse entendre, aux bois gravés, il signale aussi la présence de nombreux tableaux. Rolle cite en même temps la *Recherche des curiosités et antiquités de la ville de Lyon* de Jacob Spon (1673) qui parle d'«une peinture à fresque du Petit Bernard» qui se répandait sur la façade entière d'une maison à Lyon mais dont «on peut dire qu'il n'en reste plus maintenant que des ombres bien légères»; et finalement, l'abbé Pernetty, qui dans son livre sur les *Lyonnais dignes de mémoire* (1757) «témoigne que l'on se souvenait encore à Lyon de sa qualité de peintre, en parlant de peintures extérieures à la façon italienne: 'Il a fait des frises en camaïeux sur des façades de maisons; le temps les a presque entièrement effacées; il n'en reste qu'une un peu conservée sur une maison de Bourgneuf.'»[39]

Toutes ces fresques semblent perdues à jamais, à moins que la restauration du vieux Lyon n'en fasse réapparaître une. Quelques découvertes assez récentes

---

[37]   Benoist Troncy, *Le Discours du grand Triomphe*, pp. 7-9.

[38]   Rondot, *L'Art et les artistes*, p. 249.

[39]   Rolle, *op. cit.*, pp. 413-414; Spon, *op. cit.*, p. 114, Pernetty, *op. cit.*, t. I, pp. 360-361, Rondot, p. 63; Du Verdier, *loc. cit.*

nous permettent de penser que cela n'est pas totalement impossible. Il existe pourtant une seule peinture, d'une autre sorte, que l'on peut lui attribuer avec une certaine confiance. Il s'agit d'une miniature (voir frontispice), une grande lettre initiale historiée qui orne un livre de comptes conservé aux Archives hospitalières de Lyon. Cette initiale ouvre le *Compte de recettes et de dépenses*, rendu par le receveur et trésorier de l'Aumône générale en 1549-1551. Le Catalogue imprimé des Archives de la Charité dont il fait partie la décrit ainsi :

> Lettre historiée - C -, dorée, se détachant sur un fond rouge, semée d'arabesques d'or, et au centre de laquelle se trouve *Saint-Antoine et son compagnon*, debout, sur un tertre vert. Précieuse miniature, évidemment de la main d'un maître[40].

D'après Rondot, «il a le costume des Antonins, chanoines réguliers de Saint-Augustin, de la congrégation de saint-Antoine de Viennois.»[41] L'auteur du Catalogue se retient de nommer l'artiste. Une assez longue tradition cependant, et qui va en se renforçant, l'attribue à Salomon. Il y avait certes d'autres maîtres à Lyon dans les années 1549 à 1551 capables de produire une telle peinture[42]; elle a été par ailleurs plus d'une fois attribuée à Jean Perréal, autrement appelé Jean de Paris, qui est pourtant mort en 1530. Cependant elle est tout à fait dans le style de Salomon.

Si de son temps Salomon jouissait surtout d'une réputation de peintre, c'est comme illustrateur de livres qu'il a fait florès et est passé à la postérité et c'est vers cette partie de son œuvre qu'il faut maintenant se tourner. L'œuvre gravé de Salomon (ou les gravures qui reproduisent les dessins de cet artiste) tel qu'il nous est connu s'étend donc sur une période de quinze ou peut-être seize ans, commençant cinq ans après l'exécution des peintures qu'il avait faites en 1540 pour l'Entrée d'Hippolyte d'Este et allant jusqu'en 1560. Le premier livre dont l'on puisse lui attribuer l'illustration sans grand danger de se méprendre est *Le Theatre des bons engins auquel sont contenuz cent emblemes moraulx*, par Guillaume de La Perrière, que Tournes publia pour la première fois en 1545[43]. Ce livre de format in-seize est orné de cent petites gravures sur bois, présentées selon la tradition naissante des livres d'emblèmes, avec sa composition tripartite : image, poème, devise, disposées ici chacune sur une nouvelle page, au-dessus des vers de La Perrière. L'année suivante, en 1546, Tournes publia la *Paraphrase de l'Astrolabe* par Jacques Focard avec trente-deux gravures sur bois (y compris deux volvelles) qui sont attribuables à Salomon, et les *Opuscules* de Plutarque qui en contiennent trois. En 1547 notre artiste commençait à

---

[40]   Comptes de Anthoine de la Doy commis à la recepte des deniers de l'Aulmosne géneralle de Lyon, Archives de la Charité, E. 162, p. 394; voir *Catalogue des noms de mess. les recteurs et administrateurs de l'hôpital général de la Charité et Aumône générale de Lyon depuis son institution*, Lyon, Aimé Delaroche, 1742; voir *infra*, n° 56, pp. 318-320.

[41]   Rondot, pp. 63-64.

[42]   Voir Rondot, *Les Peintres de Lyon*, pp. 210-211, «Les enlumineurs de Lyon».

[43]   Pour tous les détails de ces livres voir notre *Catalogue, infra*, p. 265.

s'installer dans son métier d'illustrateur attitré de Tournes: d'abord il illustra la célèbre édition des *Fables* d'Esope, dans la traduction de Gilles Corrozet, toujours selon la présentation structurée en trois parties du livre d'emblèmes, avec de nouveau cent petites gravures (chiffre rond et arbitraire sans doute demandé par le contrat); cette œuvre fut souvent rééditée en français, ou bien en latin et grec, mais avec un nombre variable d'illustrations. Au cours de la même année Tournes fit paraître ses *Emblèmes* d'Alciat, également célèbres, avec 113 gravures de Salomon. L'illustrateur et l'éditeur ne semblent pas avoir eu de mal à s'inscrire dans cette tradition typographique emblématique et à s'y imposer tout de suite.

Toujours en 1547 parurent quatre œuvres littéraires en langue vulgaire (dont trois contemporaines) qui, sans être aussi abondamment illustrées que l'Esope ou l'Alciat, contiennent néanmoins de belles gravures de Salomon. L'illustration de livres vernaculaires, assez répandue dans la période précédente, allait devenir plutôt rare à l'époque de la Pléiade, dans les années 1550; Salomon se trouvait à la charnière de cette évolution dans l'histoire de l'impression. Dans les *Marguerites de la Marguerite des princesses* par la reine de Navarre, la deuxième partie (la *Suyte des Marguerites*) était décorée de onze gravures dont une réapparut dans *La Saulsaye* de Maurice Scève avec une seule autre gravure. *Il Petrarca* contenait dix gravures, surtout les sept jolies images qui ornent les *Trionfi*. Le *Petit traité de Arnalte et Lucenda*, par Diego de San Pedro, traduit par Nicolas de Herberay, Seigneur des Essarts, en contenait quatre. En 1548 Salomon ne publia rien, sans doute en raison du travail acharné qu'il devait mener pour les préparatifs de l'Entrée royale à l'automne de cette année, et ensuite pour la création des belles images de plus grand format destinées à illustrer le récit des événements, *La Magnificence de la superbe et triumphante entree*, publiée en 1549 en français et, séparément, en italien, par Guillaume Roville, et non pas directement par Tournes, bien qu'il y fût sans doute associé pour l'impression du livre. De la même année, mais de nouveau chez Tournes, date la *Chiromance et Physiognomie par le regard des membres de Lhomme* par Jean de Hayn (Joannes ab Indagine), dans la traduction d'Antoine du Moulin, où se trouvait réunie une bonne collection d'études physiognomoniques de têtes. Egalement en 1549 parut un petit livre in-seize, les *Œuvres* de Clément Marot, avec vingt-deux gravures pour illustrer une traduction partielle d'Ovide, qui constituaient les premières tentatives de Salomon dans l'illustration ovidienne, prémices de la superbe édition qui paraîtrait quelques années plus tard. En 1550 Tournes publia *Les Angoisses et remèdes d'Amour* de Jean Bouchet avec huit gravures de Salomon.

L'année suivante Tournes fit paraître une édition de la *Sainte Bible*, où dix-huit gravures illustrent les livres de l'Exode et des Rois, un premier coup d'essai dans l'illustration de la Bible par celui qui allait bientôt consacrer une grande partie de ses énergies à ce vaste projet. Toujours en 1551, un autre livre vit le jour, tout à fait dans la tradition des emblèmes, les *Devises heroïques* de Claude Paradin, agrémentées de 118 gravures, et enrichies en 1557 pour recueillir une suite de 182 gravures. *Les quatre premiers livres de l'Eneïde*, dans la traduction de

Louis des Masures, parurent en 1552, et contenaient quatre grandes images de Salomon, auxquelles s'ajouteraient en 1560 huit autres dans le même style mais sans doute en partie d'une autre main. Au cours de la même année 1552 Tournes publia le *De Architectura libri decem* de Vitruve dont l'illustration est au moins en grande partie de Salomon, qui s'intéressait beaucoup à la représentation de l'architecture. Toujours en 1552 le *Premier livre des Figures et pourtraitz des villes*, de la plume de Guillaume Guéroult, et publié chez Balthazar Arnoullet, contenait un plan de Paris, et une vue de Naples, attribuables à Salomon; l'année suivante une nouvelle édition de ce livre contenait, entre autres, des vues urbaines de Lyon et de Tivoli, qui doivent lui être attribuées. Une deuxième Entrée triomphale, *La Magnifique et triumphante Entrée de Carpentras* du cardinal Alexandre Farnèse, publiée à Avignon en 1553, par Macé Bonhomme, contenait quinze vignettes attribuées à Salomon. *La Metamorphose, autrement, l'asne d'or de L. Apulee* date aussi de 1553; la traduction était de Georges de la Bouthière et il y avait soixante-quatre bois du dessin de Salomon, mais de gravure médiocre. La même année parut *Le premier et second livre de la première décade de Tite-Live*, traduits par Jacques Gohorry, et accompagnés de cinq gravures.

Arrivé alors au zénith de ses pouvoirs artistiques Salomon s'engagea dans deux grands projets, d'abord l'illustration poussée de la Bible, et ensuite celle d'Ovide, projets qu'il avait déjà sans doute envisagés et même entamés au moins depuis 1549 pour l'Ovide et 1551 pour la Bible. Les illustrations de la Bible parurent dans plusieurs formats, et dans des séries de gravures à nombre variable selon le public escompté: notamment les *Quadrins historiques de la Bible* (en réalité du livre de Genèse), ornés de soixante-quatorze bois, chacun sur une page différente, avec un quatrain de Claude Paradin, selon la formule emblématique; ensuite les *Quadrins historiques de l'Exode* (en réalité il s'agissait du reste de l'Ancien Testament, mais surtout de l'Exode), ornés de 125 bois, complétés par les *Figures du Nouveau Testament* avec quatre-vingt-quinze bois. Toute cette série de gravures allait reparaître en plusieurs autres éditions, en d'autres langues modernes, ainsi qu'en latin. Avant de parler du deuxième grand projet du milieu de cette décennie, l'illustration d'Ovide, il convient de maintenir ici l'ordre chronologique et parler en premier lieu de trois autres livres parus entretemps. Tournes fit appel à Salomon pour illustrer le livre *Des Prodiges* de Jules Obséquent, d'abord en 1554 dans une version italienne de Damiano Maraffi, et ensuite en 1555 dans la version française de La Bouthière, l'ensemble assez médiocrement gravé. *La Cosmographie de Levant*, par André Thevet, date de 1554, avec vingt-cinq gravures illustrant le texte, le tout augmenté en 1556 de neuf gravures nouvelles. Il y a aussi un curieux recueil qui vit le jour en 1556, réédité en 1557, au départ sans titre et ensuite intitulé *Pourtraits divers*; il contenait soixante-deux petites gravures, chacune sur une page blanche, fournissant, peut-être, une sorte d'échantillon du travail de Salomon et de la maison Tournes. Les bois venaient de quelques-uns des livres que nous venons de décrire, et d'autres livres déjà publiés; il y avait aussi une série de bois inédite, figurant des scènes de théâtre. Ensuite parut en 1557 le livre qui, avec la Bible, constitue le haut point du travail d'illustrateur de Salomon sinon de toute l'histoire de l'illustration du livre à Lyon, *La Metamorphose d'Ovide figuree*, orné de 178 gravures délicates, toujours disposées dans le format emblématique, avec titre, gravure et huitain, entourées d'une bordure très soignée. Ce livre fut édité de nouveau en 1559, dans la version italienne de Gabriel Simeoni, avec quelques gravures nouvelles. En dernier lieu en 1560 parurent aux presses de Tournes les *Hymnes du temps et de ses parties*, dont l'auteur était Guillaume Guéroult; c'est dans ce livre que, pour la première et seule fois de sa vie, attribution fut faite dans la préface à celui qui était responsable de l'illustration, le célèbre artiste Bernard Salomon. Il faut ajouter que Salomon était également responsable d'une série de beaux encadrements qui ornent certaines publications de Jean de Tournes, ainsi que d'autres éléments typographiques moins importants[44].

Avant de quitter ce bilan des livres illustrés par Salomon, et de le situer mieux dans le monde de l'édition lyonnaise il est nécessaire de mentionner en dernier lieu un livre perdu mais qui aurait été d'une très grande importance s'il avait survécu. Laissons la parole à Du Verdier:

> Je regrette grandement la perte de quelque beau Livre, quand, par la nonchalance des heritiers ou successeurs d'un auteur, lesquels d'ailleurs et aucunes fois se rencontrent ignorans, son œuvre demeure ensevelie ez perpetuelles tenebres de l'oubly, comme si jamais elle n'avoit esté, et que l'on ayme mieux la laisser ronger aux rats et à la vermine, ou bien l'exposer à la poussiere et aux goutieres d'un grenier, que de la conserver precieusement, à tout le moins en tenir quelque compte, autre qu'on [n']a faict d'un excellent Livre de feu Maistre Bernard Salomon, traictant de Perspective, qui s'est perdu de cette façon apres son deces[45].

Cet ouvrage nous aurait beaucoup appris sur les intentions et les connaissances de Salomon et aurait sans doute beaucoup ajouté à notre compréhension des attitudes de l'époque devant la théorie de la perspective; il aurait pris sa place dans une petite série de livres qui inclut le *De artificiali perspectiva* de Jean Pèlerin (Toul, 1505), *Le Second Livre de Perspective* de Serlio dans la traduction de Jean Martin (1545), et le *Livre de Perspective de Jean Cousin, Senonois, maistre Painctre à Paris*, que Jean le Royer publia à Paris en 1560. Mais il nous aurait surtout fourni les éléments d'un traité sur l'art et nous aurait renseignés sur sa façon de concevoir le dessin et la composition de l'image. Devant l'absence de toute formulation de ses théories sur l'art nous allons être obligés de les reconstituer le mieux possible d'après les seules données qui nous soient accessibles, les gravures telles qu'elles paraissent dans les livres qu'il a illustrés.

---

[44]   Voir *infra*, pp. 60-62 et pp. 306-308.

[45]   Du Verdier, *loc. cit.*

Appendice 1

19 octobre 1559. Testament de Bernard Sallomon, painctre. Au nom de Dieu [...]
personnellement estably honneste homme Bernard Sallomon, peinctre demeurant
audit Lyon, lequel de son bon gré et certaine science, étant sain de ses personne, sens,
mémoire et entendement, la Dieu grâce, néantmoings icelluy Sallomon considérant et
bien acertain qu'il n'est rien de si certain que la mort ni chose plus incertaine que l'heure
d'icelle [...] a testé, disposé et ordonné [...] comme s'ensuyt:

Pt ledict Bernard Sallomon testateur, comme bon et fidelle catholicque a faict le
signe de la croix disant: In nomine Patris et Filii et Spiritus sancti. Amen [...] Item
ordonne et donne son âme à Dieu le créateur et icelle a recommandé à la glorieuse
vierge Marie [...] Item a esleu et eslit sa sépulture au lieu que bon semblera à ses héritiers
universels après nommés. Item, quant à la sépulture de sondict corps, frais funéraires,
obsèques, messes, luminaires [...] s'en remet à la discrétion et bonne volonté de ses héritiers universels après nommés. Item le susdit testateur donne et lègue à Anthoinette
Salomon, sa fille naturelle et légitime en premières nopces, et à présent femme de honneste personne Robert Granjon, maistre imprimeur, citoyen de Lyon, la somme de
5 sols tournois, pour une foys tant seullement, payable incontinent après le décès [...] et
en oultre et pardessus ce que ledit testateur a donné à ladite Anthoinette en contractant
mariage avec ledit Robert Granjon et ce pour tous droits, noms, raisons, actions [...]
qu'elle pourroit prétendre sur les biens dudict testateur et de feue Anne Marmot, jadis
femme d'icelluy testateur en premières nopces et mère de ladite Anthoinette. Item
donne et prélegue [...] à honneste femme Loyse Misselieu, sa chière femme en
deuxièmes nopces, tous et chascun ses habillemens, bagues et joyaux pour par elle en
disposer à son plaisir. Item donne et par droict d'inst^{on} à ses parents et amis prétandans
droicts à chascun 5 sols [...] Au reste et résidu [...] institue pour ses héritiers universels
assavoir ladicte Loyse Missilieu, sa chière femme, en deuxièmes nopces, et Jehan
Salomon, son fils naturel et légitime en premières nopces, chascun d'eux par esgalle por-
tion. Faict à Lyon, en la maison d'habitation dudit testateur, le jeudi 19e jour du moys
d'octobre 1559. Témoins: Jehan Frecon [ou Fricon], Gaspart Mérot, painctres [etc].
[*Deschalles, not.*][46]

Appendice 2

« Messrs de Montisseu, Hyérosme Guerrier, et Jehan de la Porte, payez à m^e Bernard,
painctre, la somme de dix livres tournois qui luy a esté accordée pour aucuns pourtraictz qu'il ha faictz, tant pour les habillemens des enfans de la ville que pour le présent
qu'il convient faire au roy et à la royne, et de laquelle somme de xl.t. vous sera tenu
compte par mess^{rs} les conseilliers et eschevins de la ville de Lyon, rapportant seulement
la présente et quictance dud. m^e Bernard. Faict à Lyon le xxe jour de juillet l'an mil cinq
cens quarante huict.

F. ROUSSELOT, L. DE GABIANO, G. DE BOURG. »

---

[46] Deschalles, E.3910, f. 10v°. Baudrier, t. II, pp. 53-54, Rondot, pp. 28-29, Grangette, *op. cit.*,
pp. 226-227.

« Je soubzsigné cognoys et confesse avoir reçeu de Jhérosme Garrier et Jehan de la
Porte, conseilliers, la somme de dix livres t. pour cause des pourtraictz tant pour le présent du roy que pour les habillemens de mess[rs] les enfans de la ville de Lyon, tesmoing
mon seing manuel, l'an et jour susd. Bernard Salomon. »[47]

Nous y joignons aussi sa dernière demande et son dernier reçu :

« A Messieurs de la ville.
Supplie très humblement Bernard Salomon, autrement Le Petit Bernard, peintre de
Lyon et vostre simple serviteur, que comme il est sorty au moindre deshonneur qui luy
ha esté possible de la besongne et charge que luy aviez baillée, vous plaise avoir esgard
aux veillées et aux patrons qu'il ha faitz outre sa besongne ordinaire, et aussi soit vostre
bon plaisir avoir souvenance de la récompense qui luy fut promise au commencement
de l'œuvre, tesmoins monsieur de Vourles, monsieur de Lapardieu, monsieur Gonin de
Bourg, monsieur de Saint Martin, monsieur Ymbert de Massou et monsieur de la Porte,
trestous disans qu'il se reposast sur telle promesse, par quoy de rechef, vous supplie, le
susdit vostre serviteur, qu'il plaise à voz bonnes grâces et preudhommies l'avoir pour
recommandé, car il est povre des biens de ce monde, et en ce faisant ferez bien et luy
accroistrez le courage de bien et loyaument vous servir quand aurez besoin de son peu
de savoir.
Le Créateur vous maintienne tous en sa bonne grâce.
A esté ordonné aud. supplian xiii livres x s.t. par le consulat L. DE GABIANO,
HUMBERT DE MASSO, G. DE BOURG. »[48]

« Bernard Salomon, painctre de Lyon, de son bon gré, a confessé avoir eu et reçeu de
hon. Hommes Jehan de La Porte et Jhérosme Guerrier, conseilliers de la ville de Lyon,
absens, par le mains de hon. homme Hymbert de Masso, bourgeois et marchant dud.
Lyon, présent, la somme de six escuz d'or en or au soleil, bons et de poix, réalement, en
présence, et ce pour payement de tout ce qui pouuoit rester à payer de toutes besoignes
qu'il a faictes dernièrement pour l'entrée du roy et de la royne en ceste ville de Lyon, de
laquelle somme de six escuz d'or en or au soleil, bons et de poix, led. Salomon s'en est
tenu et tient pour contant et bien payé et en a quicté et quicte lesd. s[rs] conseilliers, de
Masso et tous autres avec pact et clauses nécessaires, Faict et donné à Lyon en la bou-
tique du notaire royal soubzsigné, le mardi quinziesme jour du moys de janvier l'an mil
cinq cens quarante huict, présens à ce Philibert Oby et Françoys Blanchon, affaneurs,
demeurans aud. Lyon, tesmoings. BRUEIL. »[49]

[47]   AML, CC 982 n° 8, Guigue, pp. 302-3, Rondot, p. 58, Grangette, *op. cit.*, pp. 218-219.
[48]   AML, CC 987 n° 18, Guigue, p. 303, Rondot, pp. 59-60.
[49]   AML, CC 987 n° 28, Guigue, *loc. cit.*, Rondot, *loc. cit.*

CHAPITRE II

LES ŒUVRES CROISÉES :
TOURNES/SALOMON : ROVILLE/ESKRICH

L'imprimeur habituel de Salomon, Jean Ier de Tournes, était à peu près son contemporain. Né en 1504 à Lyon, il a commencé sa carrière dans l'imprimerie en travaillant pour Gaspard et Melchior Trechsel (c'est Samuel de Tournes qui a fourni ce renseignement)[1], et ensuite vers 1531 il passa dans l'officine de Sébastien Gryphe comme il l'affirme lui-même dans son épître dédicatoire à Maurice Scève dans le *Petrarca* de 1545[2]. Comme le dit Vial :

> Lorsqu'il eut appris de lui son métier, Jean I demeura longtemps au service de son maître et Gryphe le fit peut-être voyager pour ses affaires avant de lui confier l'impression de quelques-uns de ses livres. Mais il n'en est pas moins étrange que, de 1532 à 1542, le nom de Jean de Tournes compagnon imprimeur, ne figure sur aucun des documents administratifs conservés aux archives de Lyon[3].

Ce silence correspond en grande partie à celui qui entoure le nom de Salomon. Mais en dépit de cette formation chez Gryphe, A.F. Johnson considère que Tournes doit plus aux presses parisiennes qu'à celles de Lyon, ses caractères romains étant ceux de l'école de Garamond, et ses italiques étant sans doute l'œuvre de Granjon, le futur gendre de Salomon[4]. En 1539 naquit son fils Jean II et en 1542 Tournes s'installa comme imprimeur à son propre compte[5]. En 1547 il prit comme associé son gendre Guillaume Gazeau (dont le nom apparaît sur l'Alciat et l'Esope de cette année); en 1559 il fut nommé «imprimeur du roi

---

[1] Rondot, *ibid.*, Vial, p. 120. Pourtant dans la *Revue du Lyonnais*, 1901, p. 248, Rondot estime que la preuve qu'il ait travaillé chez les Trechsel n'est pas acquise; Audin, «Les Jean de Tournes, imprimeurs lyonnais», p. 15.

[2] «Gia dodeci anni sono e piu, Signor mio, che, da prima, conminciai a praticar nelle casa dil. S. Gryphio, e dal principio, fui un di quelli compositori che aiutono a comporre, insu la stampa, le divine opere di Messer Luigi Alamani».

[3] Vial, dans Cartier, p. 120.

[4] A.F. Johnson, «A short history of printing in the sixteenth century», p. 66; voir aussi Updike, *Printing Types. Their History, Forms and Use*, t. I, p. 204, qui mentionne «the delicate silvery italic of Robert Granjon».

[5] Audin, dans Cartier, p. 6; Rondot, p. 81, date de 1540 ses débuts à son propre compte.

à Lyon», et en 1564 il s'en alla à Genève pour des raisons religieuses; il y mourut de la peste le 7 septembre de cette année.

Dès le commencement de sa carrière Tournes faisait preuve d'ouverture d'esprit en matière de religion, au point même de se faire mal voir de temps en
temps par la Sorbonne, par exemple, avec la publication du *Chevalier Chrestien*
d'Erasme en 1542, et jusqu'en 1550 quand il fit paraître le *Miroir du Penitent.*
Psal. L, livre de piété populaire, qui sentait l'hérésie mais échappa à la censure[6].
Cependant en dépit de tout cela Tournes semble avoir gardé sa foi catholique
intacte jusqu'à ses dernières années, pour se convertir «après de longues hésitations»[7] au protestantisme un peu avant sa mort. Son fils Jean II lui succéda à
Lyon, héritant aussi du titre d'imprimeur du roi. En 1567 il fut emprisonné pendant deux mois et son atelier fut détruit. Le 13 novembre 1585 il quitta Lyon
pour aller s'installer à Genève où il mourut en 1615[8].

On a dit parfois que Salomon a travaillé exclusivement, ou presque exclusivement, pour ce grand imprimeur-marchand libraire, mais nous avons déjà eu
l'occasion de montrer que ce n'est pas le cas[9]; et on ne peut pas dire non plus
avec Audin qu'il était sans doute « l'illustrateur presque exclusif» de Tournes[10],
puisque, sans compter un bon nombre de petits maîtres, vignettistes et portrai-
tistes inconnus[11], il y avait Georges Reverdy qui fit, par exemple, trois illustrations pour *Le livre de vraye et parfaicte oraison,* publié en 1542, Jean Duvet, qui
a produit ses célèbres gravures sur cuivre, pour illustrer la grande et belle *Apocalypse* de 1561, et le mystérieux « Maître à la Capeline» (dont l'identité même
est contestée) à qui on attribue entre autres le *Calendrier historial* de 1563. Mais
presque tous ces livres ont vu le jour en dehors de la période où Salomon a travaillé pour Tournes, encore qu'il faille admettre que l'*Apocalypse* de Duvet fut
commandée et achevée dix ans avant sa publication, au moment où Salomon
était à son apogée et travaillait dans la maison.

---

[6]   Pour les détails des éditions et des condamnations voir Francis Higman, *Censorship and the
      Sorbonne*, p. 89, p. 98 et p. 103.

[7]   Rondot, p. 32, cite son affirmation dans les *Figures du Nouveau Testament* de 1554, qu'il «a fait
      dresser ce présent livret de figures, prinses sur les histoires du nouveau Testament, et concer-
      nans les principaus articles, mystères et poins de notre salut, et sainte Foy Chrétienne et Cato-
      lique», déclaration qu'il a laissée telle quelle en 1559.

[8]   Audin, «Les Jean de Tournes, imprimeurs lyonnais», que nous suivons de près.

[9]   Rondot, p. 66, semble très hésitant à accepter la collaboration de Salomon avec d'autres édi-
      teurs: «Bernard Salomon a travaillé, probablement exclusivement pour Jean de Tournes; il
      lui a été fidèle (c'était rare alors). Le contrat qui les a liés, s'il y a eu contrat, doit avoir été fait
      en 1546» et d'ajouter en note, «Il est possible, à en juger d'après un certain nombre de
      planches, que le petit Bernard ait donné quelques dessins à d'autres imprimeurs que Jean de
      Tournes, entre autres à Roville et à Mathieu Bonhomme; on ne peut rien affirmer, sauf pour
      la relation de l'entrée d'Henri II en 1548.»

[10] Audin *Histoire de l'imprimerie*, p. 142.

[11] Citons, comme exemples, l'artiste qui a fait les médaillons gravés pour *La Vie des XII Cesars* de
      Suétone, publié en 1556 (Cartier, n° 347), et celui qui a dessiné les blasons héraldiques qui
      paraissent dans la *Chronique de Savoye* par Guillaume Paradin, publié en 1561 (Cartier, n° 483).

Il ne semble guère fructueux d'essayer de répartir le mérite de la réussite de cette collaboration entre Tournes et Salomon, comme, par exemple le fait Mégret, qui trouvait que Tournes était sans doute un plus grand artiste que Salomon, et MacRobert, qui attribue à Tournes le succès de son style particulier de l'illustration et de la mise en page, tout en admettant que la responsabilité de ses éléments revient à l'artiste[12]. C'est plutôt le bonheur de cette rencontre et de cette collaboration et un goût commun qui ont produit ces joyaux de la typographie. Prenons comme exemple de cette collaboration une bible magnifique que l'imprimeur a voulu offrir au roi probablement lors de sa nomination au poste d'imprimeur royal en 1559. Il s'agit d'un bel exemplaire réglé des bois bibliques de Salomon, imprimé sur vélin et colorié à l'époque (comme on peut le voir pour d'autres livres luxueux offerts à des personnages royaux ou aristocratiques): *La Sainte Bible*, publiée en trois volumes in-folio en 1557[13]. Ce livre superbe, relié en maroquin rouge de l'époque, est orné de 337 miniatures enluminées, c'est-à-dire 291 bois de Salomon auxquels s'ajoutent des lettres majuscules gravées (dont certaines sans doute de lui), avec, à chaque page, des bordures décoratives en or et en couleurs, chacune différente des autres[14]. Le titre, ainsi que la phrase «Lyon Par Jan de Tournes MDLVII», sont rehaussés en or. La page de titre du premier tome inclut une peinture supplémentaire qui représente un masque, des fleurs et des oiseaux exotiques, deux griffons, une chenille; le cadre est formé de grandes arabesques qui ne sont pas de la même main que les autres éléments décoratifs. Chaque page est contenue dans une bordure souvent enluminée de façon grossière et quelquefois assez mal dessinée. En revanche, les arabesques présentent parfois un travail très fin. Dans certains cas l'enluminure d'une majuscule efface les arabesques de la décoration d'origine, comme au feuillet a2 r° où l'initiale de la phrase «I'ay receu» cède la place à un fond en or et à un dessin plus simplifié de fraisiers.

Mais ce qui nous intéresse le plus ce sont les bois de Salomon rehaussés par la couleur. Là le travail a été exécuté d'une main très experte, sans doute celle d'un miniaturiste professionnel. Il est tentant de chercher à faire la comparaison entre ces bois coloriés et la miniature des Archives de la Charité, mais il n'y a aucune raison d'imaginer que ce soit Salomon lui-même qui, vers la fin de sa vie, ou au moins de sa carrière de graveur, ait entrepris ce grand chantier, et d'ailleurs le travail est moins finement exécuté ici que dans la miniature de La Charité (voir frontispice). La première page inclut parmi ses illustrations de la marge de droite le monogramme d'Henri II et de Catherine de Médicis et cela se répète souvent ailleurs dans le livre. Il n'est pas impossible que cet exemplaire de luxe soit le premier à être sorti des presses puisque l'impression sur vélin a dû demander un travail spécial. Qu'est-ce qui a pu décider Tournes à l'offrir au roi?

---

[12] Mégret, *op. cit.*, p. 300; MacRobert, *loc. cit.*

[13] BnF Rés Vélins 92-94; DH, n° 373.

[14] Voir *Catalogue de livres imprimés sur vélin qui se trouvent dans des bibliothèques tant publiques que particulières*, Paris, 1824, p. 29; *Catalogue des livres rares et précieux de la bibliothèque de feu M. le Conte de Mac Carthy Reagh*, Paris, 1825, p. 16, n° 101.

Sans doute considérait-il qu'elle représentait mieux que tous ses autres livres ses qualités professionnelles à cause de sa taille et du grand nombre des gravures. En choisissant d'offrir cette bible en français Tournes voulait peut-être aussi justifier sa position religieuse par l'importance qu'il attachait à l'Ecriture sainte en langue vulgaire. Cartier explique bien qu'il s'agit ici d'une bible « protestante » dans le sens que son texte est celui des bibles dites de Genève, qu'il inclut les notes de la version genevoise et l'Indice des matières, même s'il supprime la préface de Calvin, ne distingue pas entre les apocryphes et les livres canoniques et inclut certains documents liminaires traditionnels dans les bibles catholiques[15]. On ne sait si ce livre est vraiment venu dans les mains du roi ou même entré dans sa bibliothèque. La reliure ne porte pas les armures royales et il n'y aucune dédicace précise et personnelle. Il existe par ailleurs toute une série de livres, sortant des presses tournésiennes et rovilliennes, et reliés à l'effigie d'Henri II (l'avers et le revers d'une médaille), dont un exemplaire de la *Biblia Sacra*, publié en 1556[16]. Dans le cas des trois volumes enluminés dont il s'agit, Tournes aurait-il décidé à la dernière minute que cette édition n'était pas assez orthodoxe? En tout cas cet exemplaire précieux symbolise les rapports entre l'art de l'imprimeur (Tournes) et celui du dessinateur et graveur (Salomon) ainsi que celui du miniaturiste (anonyme) et la qualité de l'ensemble artistique souligne le rôle important du livre illustré pour le mouvement humaniste dans ses rapports avec le pouvoir de l'Etat.

Tout au long de la carrière de Tournes et de celle de Salomon il y avait à Lyon un autre éditeur avec son illustrateur attitré qui leur faisaient concurrence. Guillaume Roville (ou Rouillé)[17], né en 1518 à Dolus près de Loches, n'a jamais été, à ce qu'il paraît, imprimeur, comme Tournes, sauf au début, et peut-être à la fin de sa vie, mais seulement marchand-libraire, c'est-à-dire, éditeur de livres[18]. Il n'avait ni presses ni atelier d'imprimerie, et quant au matériel, il ne possédait que des alphabets décoratifs et des bois et des planches en cuivre, et fai-

[15] Cartier, p. 364.
[16] BnF Rés A 187 *bis*; voir F. Dupuigrenet Desroussilles, *Dieu et son royaume*, p. 44, et A. Hobson, *Humanist Bookbinders*, n° 97.
[17] Déjà au milieu du dix-neuvième siècle Steyert se demandait si l'on devait l'appeler Roville, Rouvile, Rouille ou Rouillé, se décidant en faveur de Roville; Baudrier, se fondant sur la prononciation et l'orthographe contemporaines et la coutume, estimait qu'il fallait l'appeler Rouillé, mais Rondot préférait la forme Roville qu'il trouvait plus correcte, parce qu'il était mieux connu sous ce nom à l'époque où il écrivait (Steyert, «Note sur Perrissin, Tortorel et quelques autres... », p. 194; Baudrier, t. IX, pp. 14-17; Rondot, p. 76 n. 2). Depuis, les historiens ont vacillé entre les appellations, mais Roville semble avoir prévalu, au moins dans des ouvrages en français.
[18] Firmin-Didot, *ET*, col. 243 et col. 248; Baudrier, t. IX, pp. 13-411. Voir Natalie Zemon Davis, «Le monde de l'imprimerie humaniste: Lyon», pp. 256-260, et «Publisher Guillaume Rouillé, businessman and humanist», pp. 72-112, que nous suivons de près; voir aussi Père Colonia, *Histoire littéraire de la ville de Lyon*, t. II, pp. 609-610; John Manning, introduction à l'édition des *Emblemata* d'Alciat, pp. xii-xvii.

sait appel à des imprimeurs comme Macé Bonhomme, Thibaud Payen, Gabriele Giolito de' Ferrari et même Jean de Tournes. Il a pourtant une place très importante dans l'histoire de l'imprimerie, puisque sa production de livres dépassait, comme le dit Natalie Zemon Davis «celle de Robert Estienne, de Gryphe et de Tournes»[19]. C'était en effet un des grands éditeurs français de l'époque qui rivalisait avec Tournes tout en collaborant par moments avec lui. On a quelquefois tendance à croire que la concurrence entre ces deux éditeurs était hostile, mais déjà en 1863 Firmin-Didot avait suggéré que cela n'était pas forcément vrai, et Baudrier parlait d'une «lutte courtoise»[20].

Roville avait appris son métier à Paris; il travailla ensuite à Venise chez Giovanni Giolito et son fils Gabriele, ce qui, selon son propre aveu, explique en partie la raison pour laquelle il tenait tant à publier des livres en italien[21]; il arriva vers 1543 à Lyon où il commença à travailler à son propre compte en 1545, c'est-à-dire trois ans seulement après l'arrivée de Tournes. Roville prit part à la vie civique et à l'administration municipale de Lyon en devenant trois fois échevin et fut nommé recteur de l'Hôtel-Dieu de cette ville. Il épousa Madeleine, la fille de l'éditeur italien Portunari. Comme éditeur Roville était prolifique: selon Audin, c'était «un éditeur fécond, un véritable 'animateur', comme on dirait aujourd'hui»[22], et un excellent homme d'affaires; au cours de ses quarante-cinq ans de métier il publia huit cent trente éditions dans beaucoup de domaines différents, surtout le droit, la médecine, l'histoire, la Bible, la littérature et les emblèmes; ses livres sont souvent fournis d'images, et il faisait travailler plusieurs dessinateurs et graveurs. Il est mort en 1589.

Comme Tournes il était humaniste, et comme lui grand amateur et propagateur de la Bible, et, toujours comme lui, plutôt modéré en religion. D'après Davis ce n'est pas seulement la conviction humaniste mais la prudence qui le rendait modéré; d'après elle il avait un penchant protestant avant 1561, et a fini en catholique mais non fanatique; d'autres, comme Rondot, l'estiment plus catholique, et Eisler le décrit comme un des rares imprimeurs connu pour la solidité de son catholicisme[23].

Les intérêts communs de ces deux hommes du métier, Tournes et Roville, ont suscité une concurrence professionnelle qui se reflète dans l'émulation entre leurs illustrateurs respectifs, à tel point que la carrière et l'œuvre de Bernard

[19]   Davis, *art. cit.*, pp. 72-73.
[20]   Firmin-Didot, *loc. cit.*, «Rien ne prouve d'ailleurs que cette concurrence si active ait eu aucun caractère hostile»; Baudrier, t. IX, p. 43. Amielle, *Recherches sur des traductions françaises des Métamorphoses d'Ovide*, p. 187, les voit plutôt comme collègues.
[21]   La préface du *Petrarca*, adressée à Luca Antonio Ridolfi, déclare que c'est le succès de son livret italien sur l'Entrée royale d'Henri II dans la ville de Lyon, publié en 1549, et la confiance que lui ont donnée les nombreuses années qu'il a passées en Italie dans sa jeunesse, qui l'ont encouragé à entreprendre la publication de livres en italien.
[22]   *Impressions de Louis Perrin*, p. 48.
[23]   Davis, *art. cit.*, pp. 91-95; Rondot, *Graveurs sur bois à Lyon au 16ᵉ siècle*, p. 39; Colin Eisler, *The Master of the Unicorn*, p. 22.

Salomon sont étroitement liés à celles de Pierre Eskrich[24]. Il y a toujours eu beaucoup de confusion autour de ce dernier, et cela principalement pour deux raisons,
d'abord parce qu'il est connu sous plusieurs noms différents, et ensuite parce
qu'on n'a pas toujours su distinguer entre son travail et celui de Salomon. Si
de nos jours on l'appelle Eskrich, il était autrefois connu aussi sous le nom
d'Eskreich, de Pierre Vase, ou du Vase (on peut identifier une partie de son œuvre
grâce à ses initiales, PV), ou bien de Pierre Cruche ou Krug; pour compliquer
encore plus les choses, Mariette, suivi par Papillon et Firmin-Didot, semble avoir
inventé un graveur du nom de Moni à qui il attribuait une bonne partie des bois
d'Eskrich, et d'autres ont attribué certaines de ses gravures au «Maître à la Capeline»[25]. Il reste toujours une certaine confusion, mais on s'accorde maintenant
pour reconnaître son style personnel et lui attribuer un corpus de gravures parues
surtout dans les éditions rovilliennes, même si parfois il est effectivement très
difficile de distinguer entre une gravure de Salomon et une copie due à la main
d'Eskrich. La rivalité entre Eskrich et Salomon n'est peut-être pas plus hostile
qu'entre Roville et Tournes. Car Eskrich était un imitateur né et il n'hésitait pas
à se servir de ce qu'il avait sous la main, c'est-à-dire les gravures de Salomon, au
fur et à mesure qu'elles sortaient des presses tournésiennes. Baudrier signale qu'il
imitait non seulement les compositions de Salomon mais encore qu'il s'en appro-
pria «le faire dans sa seconde manière». On a même pu suggérer qu'il a travaillé
dans l'atelier de Salomon, en collaboration étroite avec lui, et cette hypothèse est
loin d'être absurde[26]. Reste la question de savoir si lui aussi était à la fois dessinateur et graveur. Le seul indice que nous ayons trouvé, et que nous ne nous proposons pas de discuter en détail, est un témoignage de Barthélemy Honorat en
1582 qui distingue nettement entre le dessinateur et les graveurs des Actes des
Apôtres des *Figures de la Bible déclarées par stances* par Gabriel Chappuys[27].

Il était né vers 1530 sans doute à Paris, fils de Jacob Eskrich, un graveur sur
bois originaire de Fribourg-en-Brisgau[28]. La période de sa première jeunesse à

---

[24]   Sur Eskrich voir Rondot, *Graveurs*, p. 23, pp. 108-109; et, du même auteur, «Pierre Eskrich,
       peintre et tailleur d'histoires à Lyon au XVIe siècle», *Revue du Lyonnais*, 31, (1901), pp. 241-
       261 et pp. 321-354: cette œuvre posthume de Rondot, a été préparée par l'auteur pour l'im-
       pression, que Cartier a surveillée; Marius Audin et Eugène Vial, *Dictionnaire des artistes et
       ouvriers de la France. Le Lyonnais*, t. I, p. 321; A. Linzeler, *Bibliothèque nationale. Département
       des Estampes. Inventaire du fonds français. Graveurs du XVIe siècle*, t. I, pp. 353-356; R. Brun,
       Le Livre français illustré de la Renaissance, 1969, pp. 81-83 et *passim*; *Dictionnaire de biographie
       française*; Alison Saunders, *The Sixteenth-Century French Emblem Book*, pp. 271-274 et p. 371;
       Dictionnaire historique et biographique de la Suisse, s.v. Cruche; Bénézit, *op. cit.*, s.v. Eskrich.
       Pour toutes les indications bibliographiques de ses œuvres nous renvoyons à Baudrier, t. IX,
       p. 45 et *passim*, et t. X, pp. 178-270. On consultera aussi avec profit l'étude de Maurice Audin,
       Les peintres en bois et les tailleurs d'histoires, qui n'est pas paginée.

[25]   Rondot, p. 82, Rondot, *Graveurs*, p. 16.

[26]   Baudrier, t. IX, p. 46; Lieure, *L'Ecole française de gravure*, p. 120.

[27]   Voir *infra*, pp. 43-44. Il faudrait une étude détaillée pour établir quels artistes ont participé à
       cette belle suite de gravures.

[28]   Rondot le fait naître à Paris probablement vers 1518-1520 et décrit son père comme un gra-
       veur sur métal ou de jetons, *art. cit.*, p. 243.

Paris reste totalement obscur, mais on sait qu'il arriva à Lyon en 1548, soit peu après Roville, qu'il y resta seulement trois ou quatre ans, pour passer à Genève en 1552 et y séjourner jusqu'en 1565, à cause de ses convictions religieuses (avec sans doute des visites à Lyon entre 1562 et 1564). Il épousa une protestante, Jeanne Berthet, dont il eut dix enfants. Rondot cependant signale l'ambiguïté de son attitude religieuse : « Calviniste à Genève, Eskrich faisait à Lyon profession de la religion catholique. Il travaillait pour Roville, catholique très ferme. »[29] Pour Davis il était tout simplement Huguenot[30]. Audin le voit comme le successeur immédiat de Salomon même auprès de Tournes[31] et il est vrai qu'après 1560, à la disparition de Salomon, les artistes de l'atelier de Roville prennent le relais, avec Eskrich comme chef d'école. Pourtant Rondot a sûrement raison de faire remarquer que Roville ne procédait pas comme Tournes : il avait recours à plusieurs dessinateurs et graveurs différents, et non pas à une toute petite équipe, et se servait parfois de bois anciens. En plus ses artistes copiaient très souvent le travail de leurs contemporains, et en premier lieu celui de Bernard Salomon. Cette pratique de l'imitation était courante à l'époque, et Salomon lui-même la suivait comme un autre, surtout en ce qui concernait les publications de l'atelier de Janot. D'après Rondot, Eskrich s'installa définitivement à Lyon en 1565 pour y rester jusqu'en 1590. On l'y retrouve en 1572 comme peintre et brodeur, travaillant pour le gouverneur de Mandelot, et plus tard au service du Consulat ; c'est lui qui eut la charge de décorer le bateau d'Henri III lors de son passage à Lyon au retour de la Pologne[32]. Il s'absenta souvent, se rendant à Genève pour travailler avec des imprimeurs, et une fois en 1584 à Aix-en-Provence. Il fut reçu bourgeois à Genève en 1590 tout en restant très pauvre[33].

Il n'est pas facile de caractériser son œuvre ni même de l'identifier avec confiance[34]. Toutefois le rapport étroit entre son travail et celui de Salomon nous pousse à dresser une liste sommaire des livres publiés par Roville et Bonhomme, parfois en collaboration, qui sont ornés de gravures que l'on attribue d'habitude à Eskrich. Nous n'avons pas cherché à établir l'authenticité de l'attribution, ce qui exigerait un autre livre, mais simplement à fournir quelques indices sur les œuvres principales qu'on lui attribue, surtout qu'une confusion existe toujours entre l'œuvre d'Eskrich, celui de l'hypothétique Moni, et de l'aussi hypothétique « Maître à la Capeline », et qu'il n'y a aucun consensus dans l'attribution de certains des livres dont nous allons parler.

---

[29] Rondot, *Graveurs*, p. 39

[30] *Op. cit.*, p. 102.

[31] Audin, dans Cartier, p. 21.

[32] Rondot, *art. cit.*, p. 329.

[33] *Ibid.*, p. 256 ; Rondot, *Graveurs*, p. 103 ; *Dictionnaire de biographie française*. Nous ne cherchons pas à dissimuler le fait qu'il y a une grande confusion sur les dates de ses séjours à Lyon et à Genève.

[34] Voir l'étude succincte de Max Engammare, « *Figures de la Bible* lyonnaises à la Renaissance », pp. 32-33.

Son premier travail daté est contenu dans les *Horae in laudem Beatissimae Virginis Mariae ad usum Lugduni* (1548) : les quinze gravures sont signées I. F., mais c'est Eskrich qui a signé les encadrements (PV)[35]. Plus tard dans la même année un livre intitulé *Heures en françoys et latin à l'usage de Rome*, publié par Roville et imprimé par Macé Bonhomme, contient une nouvelle série de quatorze gravures signées PV. Ce genre de livre sera souvent réimprimé en latin, français et espagnol. Les *Emblemata* d'Alciat datent de la même année, imprimés en deux formats différents par Bonhomme pour Roville, et réédités en 1549 (version française et commentaire de Barthélemy Aneau) avec l'ajout de trente-trois encadrements (dont plus de la moitié signés PV ou VP), suivis de nombreuses autres éditions en latin et en français, ainsi qu'en espagnol et en italien ; Eskrich imitait les gravures de Salomon mais en ajoutait d'autres pour suppléer à celles qui manquaient chez Salomon, se servant comme modèle de l'édition aldine de 1546 entre autres[36]. (En 1548 il y avait 165 gravures, dont sept répétées, et en 1551 le nombre de gravures atteindra 211, ce qui indique l'effort et l'originalité d'Eskrich et de son atelier.) L'édition rovillienne de 1557 (en latin) et celle de 1558 (en français) s'inspirent de l'édition tournésienne de 1556[37].

Les Marguerites parurent en 1549, chez Roville et ses associés Thibaud Payen et Pierre de Tours, contenant des copies des gravures de Salomon[38]. On attribue aussi à Eskrich l'illustration de l'*Orlando furioso* en traduction espagnole de 1550 (il s'agirait de copies des gravures publiées par Giolito de' Ferrari en 1542)[39]. En 1550 parut aussi la première des nombreuses éditions de la traduction des deux premiers livres des *Métamorphoses* d'Ovide par Clément Marot où Eskrich suivait de près le travail de Salomon. Le *Petrarca con nuove et brevi dichiarationi*, qui date également de 1550, contient six gravures et des portraits, d'Eskrich « ou d'un dessinateur de son école » comme le dit prudemment Baudrier, plus détaillées que celles de Salomon et plus redevables aux illustrateurs de Giolito (1543) qu'à notre artiste ; Eskrich ne lui doit peut-être que la forme ovale et les petites bordures légèrement décorées de torsades et d'autres ornements. Mortimer trouve que les portraits aussi sont proches de ceux de Salomon, plus en 1550 qu'en 1558 ; cette édition a été suivie par d'autres dont la chronologie exacte est difficile à déterminer, d'autant plus que Roville s'est mis à falsifier les dates de ses éditions, ce qui « a singulièrement embrouillé les

---

[35] Baudrier, t. IX, p. 145, pp. 412-417 ; voir Rondot, *Graveurs*, pp. 106-107.

[36] Voir Manning, *loc. cit.*, p. xviii ; Alison Adams, Stephen Rawles et Alison Saunders, *A Bibliography of French Emblem Books*, (*BFEB*) ; Alison Saunders, « The sixteenth-century French emblem book : writers and printers », p. 179, p. 189, qui donne la liste des nombreuses éditions de l'Alciat de Roville, et *The Sixteenth-Century French Emblem Book*, pp. 103-105 ; Mortimer, n° 15 (édition de 1549).

[37] Voir Adams, *et. al., op. cit.*, p. 1 ; sur les encadrements, voir Anne Anninger, *Parisian Book Illustration : 1530-1560*, pp. 188-190.

[38] « une suite de dix vignettes, dont sept petites paraissent se modeler sur la facture de celles dessinées par Bernard Salomon », Baudrier, t. IX, p. 47 et voir p. 168 ; Mortimer, n° 365.

[39] Steyert, *Revue du Lyonnais*, 1868, p. 186, Baudrier, t. IX, p. 51 et p. 177 ; mais voir Eisler, *op. cit.*, p. 7, pour un avis contraire.

recherches des bibliographes futurs» comme le précise Baudrier[40]. Eskrich allait redessiner les illustrations pour le Pétrarque en 1564. Ce qui est clair c'est que, comme il est arrivé plusieurs fois, Roville a commencé par suivre Tournes, pour ensuite le dépasser, au moins sur le plan commercial. Il y a peut-être eu par contre une influence réciproque entre les diverses éditions de Roville et celles de Giolito, son collègue et ami. Le livre de Roville a connu un meilleur sort que celui de Tournes, au moins du point de vue du commerce et de la rentabilité, puisque l'on peut en compter huit éditions différentes et deux séries distinctes de gravures. Il est possible que la réussite immédiate de ce livre de Roville ait poussé Tournes à faire paraître une dernière édition de son *Petrarca* au cours de 1550, et qu'ensuite il ait laissé le champ libre à son concurrent à un moment où de toute façon il avait sur le chantier plusieurs autres projets de beaucoup plus grande envergure. On voit le monogramme d'Eskrich (PVO) dans une planche du *Livre extraordinaire de Architecture* de Serlio que Tournes publia en 1551, ainsi que dans une *Biblia sacra*, publiée la même année par Jacques de Millis. Ensuite vient *Le Decaméron* de Boccace: il faudrait faire observer qu'Eskrich a fait deux séries distinctes de dix gravures pour ce livre, en 1551 et en 1558[41]. Toujours en 1551 Eskrich a fait les trois gravures qui illustrent un petit *Dante*, publié par Roville qui ressemble par son format et son allure au *Dante* publié par Tournes en 1547, mais sans illustration. On a coutume maintenant de classer l'*Imagination poétique* et *Picta poesis*, de la plume de Barthélemy Aneau, parues toutes les deux à Lyon en 1552 chez Macé Bonhomme, et longtemps attribuées à Bernard Salomon, parmi les meilleures œuvres d'Eskrich, en dépit du fait que quelques bois portent les initiales IF[42]. Mais même Rondot pensait que Salomon était responsable de la plus grande partie de l'illustration puisqu'il dit que ce livre «ne nous paraît pas être en toutes ses vignettes l'œuvre de Salomon», tout en précisant les vignettes «dont le dessin et la taille diffèrent, à notre avis, de ceux de ce maître», et Steyert, pour qui l'illustration était d'Eskrich, disait qu'«il ne s'y trouve qu'une seule pièce de Bernard Salomon», mais sans l'identifier[43].

Les 800 portraits en médaillon du *Promptuarium iconum insigniorum a saeculo hominum* ainsi que de sa version française, *Promptuaire des medailles des plus renommées personnes* (1553) et d'une autre en italien, sont difficiles à attribuer: ils pourraient être de Georges Reverdy qui aurait gravé des compositions de

---

[40] Mortimer, n° 429; Baudrier, t. IX, p. 176.

[41] Cartier, n° 205, Baudrier, t. IX, p. 192 et pp. 248-249; Firmin-Didot, *Catalogue*, n°s 501-502, attribue la première version à Salomon, mais avec un point d'interrogation.

[42] Dans son *ET*, Firmin-Didot préfère les exclure du canon salomonien, mais au moment de publication de son *Catalogue*, il a changé d'avis et les inclut parmi les publications illustrées par Salomon, *ET*, col. 232, *Catalogue* n°s 518-520; Brun note la présence de plusieurs provenances et peut-être de plusieurs artistes (1969, p. 111); Mortimer, n° 25; Murray, t. II, n° 610, et Baudrier, t. IX, pp. 225-227.

[43] Rondot, p. 81, Steyert, «Note sur Perrissin, Tortorel et quelques autres artistes lyonnais du XVIᵉ siècle», p. 185. Voir *infra*, p. 117 pour une identification possible de cette gravure.

Corneille de la Haye, d'Eskrich, et aussi d'autres artistes inconnus; les images des Césars et sans doute d'autres sont des copies de celles qui paraissent dans un livre de Huttich, *Imperatorum et Caesarum vitae* (1534), et les autres copient des pièces anciennes[44]. On attribue à Eskrich le *Pegma* (et, en français, le *Pegme*) de Pierre Coustau, publiés par Bonhomme en 1555. En ce qui concerne le *Discours sur la castrametation et discipline militaire des anciens Romains* (1555) par Guillaume du Choul, traduit par Simeoni, et son *Discours de la religion des Anciens Romains* (1556), il est également possible qu'ils soient de cet artiste en dépit de la difficulté d'attribution[45]. Eskrich, déjà responsable de l'illustration des deux premiers livres d'Ovide, a préparé aussi celle du troisième livre traduit par Aneau, et publié en 1556 avec les deux premiers par Roville et Bonhomme, sous le titre *Trois premiers livres de la Metamorphose d'Ovide*[46]. En 1559, comme il le faisait si souvent, Roville a suivi Tournes de nouveau en faisant paraître *Le Imprese heroiche e morali ritrovate* (par Gabriel Simeoni), et en traduction française les *Devises ou emblemes heroïques et moralles* qui puisent abondamment dans les *Devises héroïques* de Paradin[47]. En 1560 parut le *Dialogo pio et speculativo* de Simeoni, suivi en 1561 par la traduction en français par Antoine Chappuys sous le titre de la *Description de la Limagne d'Auvergne* que Baudrier attribue en partie à Eskrich et en partie au «Maître à la Capeline»[48].

Eskrich est responsable de deux séries d'illustrations bibliques. Roville s'était mis très tôt en association avec Thibaud Payen à l'illustration de la Bible, mais en se servant au début d'images anciennes et d'autres exécutées par un «maître archaïsant» que Baudrier identifie avec Georges Reverdy, par exemple, dans *La Bible en françoys* (1547)[49]. Il a attendu 1562 avant de demander à Eskrich de lui fournir des illustrations bibliques, presque dix ans donc après la publication des premiers bois célèbres de Salomon. C'est au cours de cette année que parut la *Biblia sacra*, in-octavo, qui contient 269 gravures d'Eskrich, qui accusent l'influence de Salomon (fig. 201). Mortimer fait observer que ce ne sont pas

---

[44] D'après La Croix du Maine ces portraits seraient l'œuvre de Georges Reverdy (cité par Audin dans *Impressions de Louis Perrin*, pp. 48-49); Firmin-Didot (*op. cit.*, p. 244) et Baudrier (t. IX, p. 50) y décernent plusieurs mains; Rondot (pp. 76-77), suivi par Lonchamp (p. 184), dit que Reverdy grave d'après des originaux de Claude Corneille; Seznec, «Erudits et graveurs au XVIᵉ siècle», p. 123, signale que cette attribution est fondée sur une remarque de Brantôme; voir Cunnally, *Images of the Illustrious*, pp. 99-101; voir *infra*, pp. 331-332.

[45] Baudrier, t. IX, p. 51; Mortimer cite l'attribution partielle par Baudrier à Eskrich (Baudrier, t. IX, p. 58, Mortimer, n° 180); Renucci, *Un Aventurier des lettres au XVIᵉ siècle*, nᵒˢ 8, 15 et 15a; (voir *infra*, p. 329.)

[46] Baudrier, t. IX, pp. 236-237; voir surtout l'édition de Jean-Claude Moisan. La difficulté de décider sur l'antériorité des illustrations ovidiennes d'Eskrich ou de Salomon vient sans doute du fait que Firmin-Didot attribue l'illustration de ce livre à Salomon, *Catalogue*, n° 521, et que beaucoup d'auteurs l'ont suivi.

[47] Baudrier, t. IX, p. 260.

[48] *Ibid.*, pp. 266-268, Mortimer, n° 498, Renucci, nᵒˢ 20b et 21 (voir *infra*, pp. 332).

[49] Pour les bibles illustrées de Roville voir Engammare, «*Figures de la Bible* lyonnaises à la Renaissance», pp. 32-33, et *Bibles imprimées...* de Delaveau et Hillard.

toutes des imitations fidèles mais qu'une comparaison de la composition montre qu'Eskrich connaissait bien l'œuvre de notre artiste. Une certaine inégalité dans la gravure accuse la présence de plusieurs graveurs[50]. Au même moment Roville donna aussi un Nouveau Testament illustré de gravures plus petites par Eskrich, entre autres, qui sont encore plus proches de Salomon (figs 203 et 204)[51]. En 1564 parurent les *Figures de la Bible illustrées de huictains françoys, pour l'interpretation et intelligence d'icelles*, in-8°, qui contiennent cette première grande série de bois bibliques d'Eskrich. Roville s'est servi de ces bois dans plusieurs autres éditions jusqu'en 1588.

Déjà, en 1566, il avait demandé à Eskrich de refaire intégralement l'illustration du Nouveau Testament pour qu'elle soit plus conforme à celle de l'Ancien, mais ce projet a dû attendre trois ans à cause de la peste qui sévissait alors et le livre ne vit le jour qu'en 1569[52]. Cette *Biblia sacra*, ainsi que *Les Figures du Nouveau Testament illustrées de huictains francoys* par Claude de Pontoux, de 1570, et une version italienne de Simeoni, contiennent cette nouvelle série de bois pour le Nouveau Testament (fig. 202).

La deuxième série de bois bibliques attribués à Eskrich paraît dans une autre maison chez les héritiers de Jacques Junte. L'illustration de l'*Histoire de Fl. Josèphe sacrificateur hébrieu*, publiée en 1569 par Pierre Roussin sous la direction de Philippe Tinghi, et souvent attribuée à Salomon, même par Cartier, n'est pas de lui mais d'Eskrich[53]. (Il ne faut pas confondre ce livre avec l'*Histoire de Fl. Josephe, Sacrificateur Hebrieu* [...] *nouvellement traduite en François*. par François *Bourgoing*, Lyon, Les héritiers de Jacques Junte, 1562, qui contient la série de bois que Salomon avait faite pour les *Quadrins historiques*, ni avec les *Antiquités judaïques* de 1566, publiées par le même éditeur, qui contient d'autres imitations de Salomon, notamment de la main de Woeiriot.)[54] Les bois de l'édition de 1569 dont nous venons d'attribuer le dessin à Eskrich sont des copies très fidèles de Salomon, gravés au moins en partie par un autre artiste (figs 205, 206 et 207). En 1578 Tinghi a vendu ces 131 bois à Barthélemy Honorat qui en a fait faire d'autres par Rosset, et les a publiés dans *La Sainte Bible* de la même année[55], qu'il a rééditée sous divers formats en 1580, 1581 (avec Etienne Michel), 1582, 1583, et 1585, et en 1582, en association avec l'imprimeur Basile Bouquet, *Les Figures*

---

50 Mortimer, n° 92, Rondot, pp. 82-88, *Graveurs*, pp. 66-87, chapitre intitulé «Les Bibles illustrées à Lyon dans la seconde moitié du XVIᵉ siècle», et *art. cit.*, p. 346, Audin dans Cartier, p. 21; voir aussi, W. Deonna, *Anciens bois de l'imprimerie Fick à Genève*, pp. 127-129, qui signale la réapparition des bois d'Eskrich dans la *Prosopographie* de Du Verdier (B. Honorat, 1573).

51 Baudrier, t. IX, p. 287 et pp. 290-291; les bois pour le Nouveau Testament de 1562 seront présents aussi, avec d'autres venus d'ailleurs, dans le *Missale Romanum* publié par Roville en 1578, *ibid.* pp. 364-367.

52 Baudrier, t. IX, pp. 320-321; Renucci, n°ˢ 21-24 et 27.

53 Baudrier, t. VI, pp. 330-331. Cette série a parfois été attribuée au «Maître à la Capeline».

54 *Ibid.*, pp. 305-307; BnF Rés H 11, Bibliothèque municipale de Lyon, Rés 167 003, et Baudrier, t. IX, pp. 317-320.

55 Baudrier, t. IV, p. 114 et p. 143; DH, n° 418, BnF Résac A 324,.

de la Bible declarees par stances, par Gabriel Chappuys, édition partagée avec Etienne Michel, qui inclut notamment une grande planche intitulée «Marche des Israëlites dans le désert» (t. I, p. 145) et une suite remarquable pour illustrer les *Actes des Apôtres*[56]. Ces bois bibliques d'Eskrich seront copiés par Pierre et Nicolas le Sueur, dans l'*Histoire de l'Ancien et du Nouveau Testament* de Jean-Thomas Hérissant, qui ne sera publiée qu'en 1771; il en reste même quelques traces dans *L'Histoire du Vieux et du Nouveau Testament* imprimée par L. J. Prudhomme en 1802 à Saint-Brieuc, ce qui montre la longévité de son influence[57].

Eskrich est responsable de quelques cartes pour illustrer la Bible qui ont été exécutées dans les années 1560, et qui seront imitées plusieurs fois par la suite. Deux versions différentes d'une carte qui figure le partage de Canaan portent sa signature et trois autres lui sont attribuables par comparaison, bien qu'une d'entre elles porte la signature du cartographe Antoine du Pinet et la date de 1564, l'année même où ce dernier a sorti *Plantz, pourtraitz et descriptions de plusieurs Villes et Forteresses*[58]. Ces cartes sont parues dans plusieurs bibles publiées à Genève par Perrin (1566), et par J. Lertout (1580), et à Lyon par Frellon (1566, 1567 et 1568), J. Pillehotte (1585) et Barthélemy Honorat en 1582 et 1585, et dans plusieurs autres éditions, et par J. du Puys à Paris en 1587. D'autres cartes, parues dans la bible in-quarto que Tournes a publiée en 1561 lui ont été attribuées par quelques historiens mais elles sont peut-être à attribuer à Salomon; elles ont été copiées dans la bible in-folio publiée à Lyon en 1565 et 1566 par Sébastien Honorat. Eskrich serait-il responsable de ces copies[59]?

Les cartouches du *Grand Plan de Lyon* s'inspirent des encadrements qu'Eskrich avait dessinés pour les *Emblèmes* de 1549, mais il n'y a aucune raison de lui attribuer le plan lui-même[60]. A Genève en 1564, Eskrich grava une *Vue de Genève* pour l'amiral Coligny. Pendant la même année il aurait travaillé comme directeur des spectacles pour l'Entrée de Charles IX[61].

---

[56] Baudrier, t. IV, pp. 139-140 et pp. 152-153, voir aussi Audin, *Histoire de l'imprimerie*, p. 154; Maurice Audin, «Bernard Salomon et la collection des bois gravés du Musée de l'Imprimerie à Lyon»; *Les peintres en bois et les tailleurs d'Histoires*; Brun, 1969, p. 228; Paulette Choné, *Emblèmes et pensée symbolique en Lorraine (1525-1633)*, pp. 564-568; Engammare, «Les Figures de la Bible... », p. 580: Pierre Le Sueur «a retouché certains bois de la série copiée sur les chablons de Bernard Salomon en 1578». Il s'agit, par exemple, de «Joseph et la femme de Putiphar» où la gravure est rendue plus chaste (BnF Rés A 7639); voir, du même auteur, «*Figures de la Bible* lyonnaises à la Renaissance», pp. 28-29; voir aussi F. Dupuigrenet Desroussilles, *Dieu et son Royaume*, p. 108.

[57] Voir Maurice Audin, *Les Peintres en bois et les tailleurs d'histoires*, n. p., et Engammare, *loc. cit.*

[58] Voir *infra*, p. 325.

[59] Rondot, *art. cit.*, p. 336, Delano-Smith, *Maps in Bibles*, p. 33, p. 55, pp. 58-61 et pp. 102-104; Voir Linzeler, *Inventaire du Fonds français*, t. I, pp. 353-356; voir *infra*, p. 303.

[60] Gérard Bruyère en donne la paternité à Georges Reverdy dans «Notes sur les ornements du Plan de Lyon au 16ᵉ siècle» pp. 54-56, attribution déjà proposée il y a un siècle par Rondot dans *Graveurs*, p. 17.

[61] *Ibid.*, p. 47.

Une copie du *Plan de Paris* de Salomon, parue dans *La Cosmographie universelle* de François de Belleforest, Paris, Michel Sonnius, 1575, porte la signature
d'Eskrich (Cruche); Rondot lui donne également les *Icones* de Théodore de
Bèze (1580) et l'illustration des *Œuvres* de Guillaume de Salluste, sieur du Bartas
(1581)[62].

Sa signature («Cruche in.») paraît aussi sur une grande planche des *Fune-
railles, et diverses manieres d'ensevelir des Rommains, Grecs, et autres nations, tant
anciennes que modernes*, de Claude Guichard, que publia Jean II de Tournes à
Lyon en 1581[63]. Audin déclare que l'«on sait aussi qu'il dessina huit figures pour
l'édition des *Quadrins historiques* de 1583», mais il ne les identifie pas. Il s'agirait
sans doute de celles dont l'attribution est le plus contestée[64].

On lui attribue aussi «La Mappe-Monde Nouvelle Papistique» qui accompagne *L'Histoire de la Mappe-Monde Papistique* par Jean-Baptiste Trento, livre
publié à Genève en 1566. Il s'agit d'une «gigantesque carte murale gravée sur
bois et coloriée à la main» qui a survécu en deux exemplaires, dont l'une conservée à la Bibliothèque de l'Université de Wrocław et l'autre, en vingt-six feuilles
séparées, à la British Library (c.160.c.7)[65]. Et enfin, d'après Rondot, on a fait
appel à lui pour illustrer le livre de polémique anti-catholique de Simon du
Rosier, *Antithesis de praeclaris Christi et indignis Papae facinoribus*, publié par
Zacharie Durant en 1558[66]. Et en dernier lieu il faut mentionner le fait qu'on lui
attribue plusieurs pages de titre de livres parus chez Roville et d'autres éditeurs.

Cet aperçu de l'œuvre de son collègue aide aussi à mettre en valeur les
exploits de notre artiste. Eskrich et Salomon connaissaient bien chacun le travail de l'autre, et bien que le plus souvent ce fût Eskrich qui s'inspirait de Salomon, celui-ci était conscient de la présence de son émule à ses côtés et lui a
emprunté quelques idées. L'émulation entre les deux éditeurs, si vigoureuse tout
au long de leurs carrières, et entre leurs deux artistes, a certainement contribué
beaucoup aux progrès de l'art typographique et à l'histoire de l'illustration du
livre.

---

[62] Rondot, *art. cit.*, p. 37.

[63] p. 179; Cartier, n° 616; Audin, *op. cit.*, p. 21. Ce livre contient en plus (pp. 199-200) quatre gravures du Cirque qu'on décrit toujours comme des réimpressions des gravures de Salomon;
elles sont en effet presque identiques à celles que nous attribuons à Salomon, déjà parues dans
le *De architectura* de Vitruve et dans l'*Illustratione* de Simeoni, mais ce sont des copies; le graveur l'a-t-il recopié de très près ou simplement retravaillé le bois? Une fêlure dans l'un des
bois suggère que la deuxième hypothèse est la bonne.

[64] Audin, *ibid.* Voir *infra*, n° 9b, pp. 333-334.

[65] Papillon, *op. cit.*, pp. 240-241; Krystyna Szykula, «Une mappe-monde pseudo-médiévale de
1566» et Frank Lestringant, «Une cartographie iconoclaste: 'La Mappe-Monde Nouvelle
Papistique' de Pierre Eskrich et Jean-Baptiste Trento (1566-1567)»; voir aussi Bruyère, *op. cit.*,
p. 55 qui donne une bibliographie de travaux à ce sujet.

[66] Rondot, *art. cit.*, p. 345.

CHAPITRE III

DESSINATEUR ET GRAVEUR :
UN SEUL MÉTIER OU BIEN DEUX ?

Quel était le vrai métier de Salomon, dessinateur, graveur, ou les deux à la fois ? C'est le problème que ce chapitre va essayer de résoudre. Qu'il soit dit dès l'abord, il n'existe plus, à notre connaissance, d'exemple de dessin original de Salomon, à l'exception possible de celui conservé à l'Ashmolean Museum à Oxford[1]. Cela peut surprendre, mais cette situation est tout à fait normale chez quelqu'un qui travaillait principalement à la gravure sur bois. Au seizième siècle il y avait normalement deux ou trois étapes dans la création d'une gravure sur bois : le dessin, le transfert de ce dessin au bois, soit directement, soit par réduction (sauf quand l'artiste dessinait directement sur le bois comme il arrivait souvent), et la taille du bois. Reste à savoir combien d'artistes se mettaient au travail dans l'illustration d'un livre, car la pratique variait selon les artistes et les ateliers[2]. Le dessin disparaissait dans le procédé technique de la taille, et dans d'autres cas, si l'artiste dessinait sur papier, ce dessin ne servait plus à rien après le transfert sur le bois. Adhémar estime qu'en ce qui concerne le dessin français du seizième siècle il n'existait qu'à peu près 1000 portraits originaux (trois fois cela si l'on compte les copies) et moins de 1000 dessins de peintres, souvent des fonds d'atelier, et 300 dessins décoratifs. Et même si ces estimations, faites il y a presque un demi-siècle, sont trop basses, il est certain qu'il en reste relativement peu[3].

Deux grands problèmes préalables se présentent effectivement à celui qui entreprend des recherches sur Bernard Salomon : d'abord comment décider avec certitude ce qui doit lui être attribué, et ensuite comment connaître le rapport qui existe entre le dessinateur et le graveur ? Même si on peut trouver une solution plus ou moins satisfaisante au premier de ces deux problèmes en se fondant sur les données stylistiques, cette solution dépend en partie de la façon dont on résout le deuxième. Devant le manque relatif de témoignages contem-

---

[1] Yvonne Hackenbroch, *Renaissance Jewellery*, pp. 100-101 et illustr. 225. Il s'agit d'un dessin pour un pendentif dont le sujet est Bacchus et les marins qu'il transforme en dauphins, très proche d'une scène de la *Metamorphose* de Salomon. Voir cependant notre Appendice 3.

[2] Voir Michel Pastoureau, « L'illustration du livre : comprendre ou rêver ? », p. 509.

[3] Adhémar, *Le Dessin français du XVIᵉ siècle*, 1954, p. xxviii ; sur le dessin en général voir surtout Emmanuelle Brugerolles et David Guillet (éds.), *Le Dessin en France au XVIᵉ siècle*.

porains (le cas de la préface de ses *Hymnes du temps* et celui du témoignage de Du Verdier constituant des exceptions notables), il faudrait examiner la question de la signature de ses œuvres.

La plupart des bois gravés français du seizième siècle paraissaient sans aucune signature d'artiste. Il est vrai que l'on peut reconnaître sur certaines gravures de l'époque la présence d'une signature, soit du dessinateur soit du graveur, en forme d'initiales ou de monogrammes; c'est le cas, par exemple, de Pierre Eskrich, Pierre Woeiriot, et quelques artistes qui travaillaient chez Gryphe ou chez Regnault. Mais ces signatures sont loin d'être nombreuses et en règle générale la gravure de l'époque est anonyme. Les bois de Salomon appartiennent pour la plus grande partie à cette dernière catégorie. Examinons brièvement l'évidence. Il y a deux œuvres où certains historiens ont cru déceler les initiales de Salomon: d'abord Rondot voulait voir son monogramme dans la scène de la Nativité, à gauche, en bas, du *Nouveau Testament* (fig. 179), mais nous sommes contraint d'avouer que nous ne la distinguons pas parmi les cailloux. D'ailleurs, les monogrammatistes professionnels, toujours soucieux de trouver des exemples de monogrammes, ne mentionnent pas cette gravure dans leurs dictionnaires[4]. Ensuite, dans les *Hymnes du temps* (1560), dans l'illustration pour le mois de septembre, Rondot a cru voir le monogramme BS dans les plateaux de la balance que porte la déesse sur ses épaules (fig. 44): d'après cette théorie on peut voir un B à l'envers dans le plateau inférieur et un S dans celui du haut[5]. Cependant les traits que l'on suppose être le B et le S correspondent plutôt à deux trous par lesquels passe la corde ou la chaîne de la balance, et le S ressemble plutôt à un 3. Pourquoi d'ailleurs Salomon aurait-il cherché à mettre le B à l'envers? Et en dernier lieu, pourquoi choisir cette gravure précise, et pourquoi, s'il voulait vraiment signer son œuvre, le faire de cette façon discrète et indirecte? Les monogrammatistes, est-il nécessaire d'ajouter, ne signalent pas plus ce livre que l'autre. Il faudrait ajouter en dernier lieu que Papillon avait discerné les initiales de Salomon sur le livre *De la Diversité des Termes*, publié à Lyon par Jean Marcorelle en 1572, racontant qu'au dixième Terme «il y a un Ange ou plutôt un Génie qui grave sur un écusson, et qui a déjà fait la première lettre du nom propre de B. Salomon qui est une S.» Mais personne ne pense plus attribuer ce livre à notre artiste. Le dessinateur est en réalité Hugues Sambin de Dijon[6].

Il existe tout de même quatre témoignages extérieurs de valeur inégale dont un du vivant de Salomon et un autre datant d'une vingtaine d'années après sa mort, un troisième du début du dix-septième siècle et un autre qui date de plus d'un siècle après sa mort mais est néanmoins très important. Le témoignage

---

[4]   Brulliot (*Dictionnaire des monogrammes, s.v.*) lui assigne trois monogrammes distincts, un B avec un S à l'envers, un DB et un GB: le premier lui avait été attribué par plusieurs auteurs, et le deuxième par Malpé et Florent le Comte. Brulliot dit que bien qu'il ait vu plusieurs ouvrages de cet artiste il n'en a jamais vu avec un de ces monogrammes.

[5]   «Hymne de Septembre» dans *Les Hymnes du temps et de ses parties*, p. 70; Rondot, p. 69; Audin, dans Cartier, pp. 15-17; Adhémar, n° 21, Brun, 1969, p. 205.

[6]   Papillon, *op. cit.*, p. 215; voir notre n° 8b, *infra*, p. 333.

contemporain, celui de Jean de Tournes lui-même dans la lettre qu'il adresse
« Au lecteur » dans les *Hymnes du temps* est formel : « J'espère que tu y prendras
quelque delectation, pour estre le tout sorti de bonne main : car l'invention est
de M. Bernard Salomon Peintre autant excellent qu'il y en ayt point en nostre
Hemisphere, la lettre de M. Guillaume Gueroult. » Cette attestation nous assure
qu'au moins « l'invention », c'est-à-dire le dessin, est de Salomon (sans exclure
que la gravure aussi soit de lui). Il existe un autre témoignage qui, sans être strictement contemporain de Salomon, n'est postérieur que de vingt-quatre ans à
l'année présumée de sa mort. Il s'agit de la remarque déjà citée d'Antoine du
Verdier dans sa *Bibliothèque française*, précisant que Salomon était « peintre et
tres-excellent tailleur d'histoires », célèbre pour « les belles figures de la Bible,
que de son invention il a pourtraict et taillé »[7]. Du Verdier fournit directement
l'information qui manquait dans la lettre « Au lecteur » de Tournes. Salomon
était à la fois le dessinateur et le graveur des bois qui ont servi à l'illustration de
la Bible. Cependant, bien que Du Verdier eût vécu à Lyon, et comme le rappelle
Rondot, qu'il dût savoir de quoi il parlait[8], son témoignage est un peu tardif et
il n'a pas réussi à convaincre tout le monde. Le troisième témoignage, très explicite, est de Guillaume Colletet. Dans sa vie de Guillaume Guéroult, lorsqu'il
parle de « l'Hymne du temps », il déclare que l'auteur « y fait d'abord une
héroïque et nouvelle peinture du temps, suivant en cela l'invention de Bernard
Salomon, peintre excellent de son siècle, qui en avait imaginé et gravé les
tableaux »[9]. Le quatrième témoignage, encore plus tardif, certes, mais de grand
poids, est le commentaire fait par Samuel de Tournes, arrière-petit-fils de Jean I,
en 1680, qui, en attribuant les figures des *Icones* à Salomon, les classe parmi
« divers beaux Ouvrages en bois et en cuivre, pour bien representer les histoires
de la Bible », où l'on trouve « quelquefois de beaux desseins »[10]. Ce qui est dit sur
la distribution du travail n'est pas clair, mais Salomon est désigné au moins
comme l'auteur des dessins[11].

Herta Schubart est sceptique à l'égard du témoignage de Du Verdier et préfère revenir aux témoignages de Jean et de Samuel de Tournes pour parler de
Salomon comme « l'inventeur des bois » (*Der Erfinder der Schnitte*), et elle
trouve douteux qu'il ait travaillé lui-même le bois. Pour elle, la grande variété
dans la qualité d'exécution des bois s'inscrit en faux contre l'idée qu'ils soient

---

[7] *La Bibliothèque française d'Antoine Du Verdier*, 1585, p. 119 ; voir aussi pp. 480-481, où il parle
de Guillaume Guéroult.

[8] Rondot, p. 65.

[9] Cité par De Vaux de Lancey dans son édition du *Premier livre des emblemes*, Appendice, p. 4.

[10] f. 5r°-v° (BnF Est. Ra 20 4°).

[11] Nous tenons à ajouter deux témoignages tardifs, une attribution manuscrite au « Petit
Bernard Lyonnois » qui doit dater des environs de 1690, sur la page de titre d'un exemplaire
des *Pourtraits divers* conservé à la National Library of Scotland, voir *infra*, p. 301, et la liste
pionnière de Claudine Bouzonnet Stella, également des années 1690, pp. 66-67, qui renforcent
l'attribution à Salomon sans trancher sur le problème de son métier.

l'œuvre d'un seul homme, surtout d'un artiste aussi doué que Salomon[12].
Quelques autres historiens ont partagé ce scepticisme; par exemple, Marius
Audin semble adopter ce même point de vue, tout en le nuançant un peu:
«B. Salomon a été un illustrateur fécond, et il ne semble pas qu'il ait gravé ou
du moins qu'il ait pratiqué ordinairement le métier de graveur»[13].

La plupart des historiens pourtant ont choisi de suivre la remarque de
Du Verdier (et implicitement celui de Colletet, que presque personne ne cite)
plutôt que les textes plus réducteurs de Jean et de Samuel de Tournes, tout en le
modérant précisément pour prendre en compte le problème de la qualité inégale
des gravures. Au dix-huitième siècle, l'abbé de Marolles, lorsqu'il parlait des
peintres, évoquait Salomon «si délicat en bois», réunissant ainsi les deux
métiers[14]. A la même époque, Papillon, homme du métier (s'en tenant sans doute
à une tradition orale qui remontait très loin par la voie de son père et de son
grand-père, graveurs eux aussi)[15] déclarait avec insistance en 1766 que Salomon
était à la fois peintre (ce qui dans le contexte voulait dire dessinateur) et graveur,
«Je commence ce chapitre par le fameux Bernard Salomon, peintre et Graveur
en bois, très-peu ou très-mal connu»[16]. Pour Georges Duplessis «Cet artiste dessine et grave facilement»[17]. Après quelques hésitations devant le manque de
preuves précises, Firmin-Didot se rallie à l'opinion que Salomon gravait ses
propres bois. Déjà dans l'*Essai typographique* (où il dit que «rien ne prouve qu'il
ait gravé lui-même») il envisage cette possibilité qu'il accepte comme certaine
dans son livre sur Jean Cousin, où il l'appelle «habile graveur sur bois, qui consa-
cra son talent à l'ornementation des livres à Lyon»; il y mentionne aussi «les gravures de Salomon Bernard» et déclare: «C'est donc à Jean Cousin que la gravure
sur bois doit en France son plus grand éclat, aussi bien à Paris qu'à Lyon, puisque
le Petit Bernard, son élève, y devint son émule.»[18] A la fin du dix-neuvième siècle
Rondot, qui commence par insister sur le manque de preuves documentaires
mais finit par croire que Salomon est «dessinateur et inventeur», considère
comme probable qu'il a dirigé un atelier, et estime, lui aussi, qu'il a été en même
temps graveur: «Peintre aussi Bernard Salomon; peintre, dessinateur et tailleur
d'histoires, c'est le compositeur, le dessinateur et le graveur pour les livres qui a
fait sa célébrité.» Ailleurs, il parle du «crayon et de l'outil» de Salomon[19].

---

[12]   Schubart, *op. cit.*, p. 8, n. 1.

[13]   *Dictionnaire des artistes et ouvriers d'art du Lyonnais*, p. 196.

[14]   Marolles, *Le livre des peintres et graveurs*, éd. Georges Duplessis, Paris, 1872, p. 34.

[15]   Mais voir Zerner, *L'Art de la Renaissance en France*, p. 231, qui se montre sceptique à cette suggestion de Firmin-Didot.

[16]   Papillon, *op. cit.*, p. 206; et lorsqu'il parle de la bible in-folio, publiée par Sébastien Honorat
en 1561, il dit qu'elle est «ornée de plusieurs belles figures dessinées et gravées en bois avec
soin par Bernard Salomon» (p. 216).

[17]   *Histoire de la gravure*, p. 27.

[18]   *ET*, cols 256-261; *Jean Cousin*, p. 7, p. 126, p. 127.

[19]   Rondot, pp. 72-73, voir aussi, *ibid.*, p. 21, p. 47, pp. 66-67, *L'Art et les artistes*, p. 14, et *Les
Peintres de Lyon*, p. 98.

Dans la *Bibliographie* de Cartier, Salomon apparaît d'abord comme dessinateur et peintre, mais son rôle de graveur en ressort moins clairement. Marius Audin, dans son introduction, affirme (contredisant ce qu'il dit ailleurs) que «Jean de Tournes [...] avait autour de lui maints graveurs excellents, et près de lui le plus excellent de tous, Bernard Salomon, ce Petit Bernard, au talent si vivant.... »[20], mais, dans ses articles sur les différents livres de Tournes, Cartier déclare que cet imprimeur donnait souvent ses dessins à des graveurs professionnels de compétence inégale pour réaliser leur exécution sur bois. C'est la même voie que suit Ruth Mortimer. La présence de cette inégalité, qu'il s'agisse de l'illustration intégrale d'un livre ou de quelques gravures seulement à l'intérieur d'un recueil, peut suggérer soit que plusieurs artistes avaient participé à l'illustration, comme il arrivait souvent à l'époque, soit que le métier de dessinateur et celui de graveur étaient complètement distincts, comme certains le voudraient, et que plusieurs graveurs ont exécuté le dessin d'un seul artiste. Il n'y aurait rien d'étonnant dans le fait que Salomon ait donné au moins parfois ses dessins à graver par d'autres. Voici ce qu'en dit Rondot:

> Le nombre est grand des livres ornés de gravures publiés par le célèbre imprimeur, et il n'est pas possible matériellement qu'un seul homme ait accompli, pour toutes ces vignettes, les lentes et pénibles opérations de la coupe du bois. Le petit Bernard, à en juger par le trait rapide de son dessin, la vivacité et la fécondité de son talent, n'a pas pu s'astreindre à exercer sans répit ce métier ingrat. De plus l'examen des planches montre de telles dissemblances dans la taille qu'on est assuré que la gravure a été faite dans plusieurs ateliers ou par plusieurs tailleurs[21].

Certains historiens du livre, dont Firmin-Didot, croient voir une évolution dans la pratique de Salomon, concluant qu'au début de sa carrière il avait gravé lui-même ses dessins et qu'après avoir formé une équipe de graveurs, il avait abandonné cette pratique à un moment où il devenait évident qu'il avait trop de travail à faire. Mégret cherche même à y mettre des dates:

> A défaut de quelques documents précis qui manquent, ne pourrait-on tirer quelque lumière d'un examen attentif de son œuvre, en choisissant par exemple les *Portraits divers* de 1556 qui nous offrent côte à côte un choix de ses meilleures vignettes? Et ne pourrait-on admettre qu'il grava d'abord lui-même et que, débordé de travail, il dut y renoncer vers 1554, à l'époque de la publication des *Quadrins historiques de la Bible*?[22]

Il serait normal que la pratique de Salomon ait évolué, mais le raisonnement de Mégret est fautif. Une étude des *Pourtraits divers* ne pourrait aucunement fournir les preuves escomptées, et la date de 1554 n'est pas convaincante parce

---

[20] Audin, dans Cartier, p. 11, p. 105, n. 23.

[21] Rondot, p. 67.

[22] *ET*, col. 260; voir Rondot, pp. 66-67, Lieure, *L'Ecole française de gravure*, p. 117, Mégret, p. 301.

que Salomon était alors en plein travail sur le chef-d'œuvre qu'est son Ovide. Mégret, faut-il le préciser, n'estime pas beaucoup cet ouvrage. On pourrait peut-être en rester là, mais, à cause de l'importance de l'enjeu, et devant les différents points de vue et les hésitations des historiens, il est nécessaire de regarder d'un peu plus près le métier de graveur sur bois, les techniques et la pratique de l'époque, pour essayer de trouver la confirmation de l'opinion qu'il est plus probable que Salomon exerçait le double métier de dessinateur et graveur[23].

Certains historiens de la gravure ont pu déclarer que les artistes de la fin du quinzième siècle et du début du seizième ne gravaient jamais ou rarement leurs propres dessins. D.P. Bliss ne voit aucune preuve évidente du fait que les artistes de cette époque dont les noms nous sont connus travaillaient comme graveurs sur bois. Bersier est du même avis: «Aucun des artistes de la Renaissance n'a gravé lui-même les bois sur lesquels il se contentait de dessiner son sujet; les graveurs sur bois formaient alors une corporation artisanale jalouse de ses prérogatives.»[24] Ces jugements semblent cependant péremptoires et trop dogmatiques, sauf dans le cas des grands maîtres de la peinture.

Les graveurs sur cuivre gravaient souvent leurs propres dessins, comme c'était le cas de Dürer lorsqu'il se servait de cette technique, ou de Pieter van der Borcht[25]. Dans le milieu immédiat de Salomon, Pierre Woeiriot déclare à plusieurs reprises dans son *Pinax Iconicus* de 1556, qu'il a dessiné et ensuite gravé lui-même ses dessins, par exemple:

> Pierre Woeiriot, dessinateur et graveur de figures très adroit [...] qui a d'abord tracé les lignes des images avant de les graver sur cuivre, artiste à double talent [...] il les a gravées si habilement que le spectateur voit clairement la chose devant ses yeux[26].

Le privilège accordé à cet artiste en 1566 pour l'illustration des *Emblemes, ou devises chrestiennes* de Georgette de Montenay est très révélateur: «est permis à Pierre Woeriot sculpteur du duc de Lorraine, de pourtraire, graver et tailler en cuivre et taille douce les figures desdicts emblemes» (f. a1 v°). Il se présente de la même façon dans la lettre qu'il adresse au duc de Lorraine en 1580 pour accom-

---

[23]   M. Grivel, «La Réglementation du travail des graveurs en France au XVIᵉ siècle», pp. 9-27; Bart A. Rosier, «The woodcut and the tradition of bible illustration», dans *The Bible in Print*, t. I, pp. 123-128; Maurice Audin, *Les peintres en bois et les tailleurs d'histoire*; Leon Voet, *The Golden Compasses*, t. I, pp. 194-232, *passim*; Brun, 1969, pp. 9-11; A.M. Hind, *Introduction to a History of Woodcuts*, pp. 90-92.

[24]   Bliss, *A History of Wood Engraving*, pp. 2-3; Bersier, *La Gravure: les procédés, l'histoire*, p. 133; voir aussi, Brun, *loc. cit.*, et surtout Michel Pastoureau, *loc. cit.* Zerner fait observer pourtant que Lyon était moins protectionniste que Paris, *L'Art de la Renaissance en France*, p. 267.

[25]   K.A. Knappe, *Dürer: The Complete Engravings, Etchings and Woodcuts*, p. xii; Leon Voet, *op. cit.*, t. I, p. 196.

[26]   «*PETRVS VOERIO iconum artificiossimus delineator idemque exarator*» (f. C3ro); «*qui primas duxit imaginum lineas, easdemque mistus artifex aere sculpsit [...] adeo artificiosè exculpsit, ut in plano rem extantem spectator videat.*» (f. C 4r°-v°).

pagner ses *Icones xxxvi ad sacrae historiae fidem compositae et exsculptae*, où il parle de «ces tables agreables, les traits desquelles j'ai inventés, desseignés, sculptés et appropriés à l'histoire des saintes lettres». On sait par contre que ce n'est pas Serlio lui-même qui a fait les gravures sur cuivre pour son *Livre extraordinaire* que Tournes publia en 1551, puisque l'on y voit la «signature» des deux C enlacés, d'un maître connu mais non pas identifié, et le monogramme PVO de Pierre Eskrich[27].

Pour ce qui est de la gravure sur bois, les informations sont contradictoires. Dans le cas de Dürer il existe quelques témoignages anciens qui ont encouragé les historiens à croire qu'il participait à la taille de ses dessins, surtout au début de sa carrière, le temps de former d'autres graveurs. K.-A. Knappe estime que la qualité magistrale de l'exécution des gravures pour l'Apocalypse suggère qu'elles sont dues à la main du maître, mais que là comme ailleurs les doutes subsistent, et qu'après la publication de la *Vie de la Vierge* il n'a pas gravé ses propres bois, à supposer qu'il l'ait fait auparavant; on connaît le nom de son meilleur graveur de cette époque tardive, Hieronymus Andreae[28]. Knappe mentionne plusieurs autres graveurs qui gravaient ses dessins vers la fin de sa carrière, Hans Springingklee, les frères Beham et George Pencz[29]. C'est ici que l'on voit l'utilité de la distinction faite par A.V. Wurzbach dans le Catalogue de gravures néerlandaises entre les bois originaux (*Holzschnitte*) et les bois gravés par les hommes du métier (*Formschnitte*)[30]. Firmin-Didot, suivant Heller, avait déjà bien expliqué que Dürer «ne se bornait pas à dessiner sur bois les sujets livrés ensuite au couteau du graveur, mais qu'il découpait le contour des parties les plus délicates, telles que les têtes et les extrémités, et les *cernait au canif*, laissant aux tailleurs en bois le soin de creuser ce qu'il avait ainsi indiqué», et cela à cause de la précision requise et de son «sentiment du dessin». Cet auteur rappelle en outre que Dürer lui-même a signalé que certains de ses dessins ont été bien ou mal gravés, pour conclure:

> Ainsi s'expliquent les contrastes que l'on remarque dans l'exécution d'œuvres composées par le même maître, et qui sont quelquefois tellement apparents que l'on a cru reconnaître quatre mains différentes dans les diverses planches de la *Petite Passion* de Dürer, et au moins autant dans les charmantes gravures d'Holbein, *Les Simulachres de la mort* et *les Figures de l'Ancien Testament*, ce qui prouve que les maîtres livraient leurs planches à des artistes de profession qui en reproduisaient plus ou moins exactement le dessin[31].

Quelques témoignages contemporains de Salomon et presque de son milieu démontrent une division du travail qui semble courante: (i) La préface de la

---

[27]   Zerner, «Du mot à l'image», p. 283.

[28]   Knappe, *op. cit.*, p. xxi et p. xxxiv.

[29]   *Ibid.*, p. xlvi; Ivins, *Prints and Visual Communication*, p. 46; Rondot, p. 10.

[30]   Cité par Jacobowitz, *The Prints of Lucas van Leyden and his contemporaries*, p. 28.

[31]   Firmin-Didot, *ET*, cols 8 et 22.

Description anatomique du corps humain par Charles Estienne (Paris, 1545-1546) dit que les illustrations ont été dessinées par Etienne de la Rivière, mais, comme le fait remarquer Firmin-Didot, elles portent le nom de Jollat, ou bien de Jollat et de Geoffroy Tory[32]. (ii) Brun fait observer que lorsque Jean Goujon préparait les illustrations pour l'Entrée d'Henri II à Paris en 1549, les comptes nous apprennent qu'il avait « tracé de sa main sur tables de bois les figures destinées à être gravées »[33]. (iii) Jacques Strada annonce dans la préface à son *Epitome du thresor des antiquitéz*, imprimé par Tournes en 1553, qu'il a lui-même fait les dessins et qu'il a été mal servi par son graveur[34]. (iv) En 1555, lors de la publication du *Solitaire second* de Pontus de Tyard, Tournes a remarqué que certaines illustrations scientifiques avaient été reproduites à une échelle réduite pour pouvoir les accommoder à la page, ce qui a faussé les proportions à tel point qu'il a fallu les regraver. Cela indique clairement que ce n'est pas le dessinateur qui était responsable de la gravure[35]. (v) Par rapport à la publication du *Dialogo dell'imprese militari et amorose* de Paul Jove, Roville parle dans sa lettre-préface de tous ses graveurs et dessinateurs (« *tutti'i miei intagliatori e pittori* ») qui travaillaient au même moment à un autre livre. Il y avait donc dans ce cas une séparation évidente du travail[36]. (vi) Le cas de Jean Cousin est très instructif. Dans la préface à son *Livre de perspective* (1560), l'imprimeur Jean le Royer met les choses au clair en décrivant ainsi la division du travail. Cousin lui avait proposé

> un livre de la pratique de Perspective, par luy composé, et les figures pour l'intelligence d'iceluy nécessaires, portraittes de sa main sus planches de bois : j'ay accepté la ditte offre, et ay taillé la tres grand'part desdites figures, et quelques unes qui au paravant estoient encommencees par maistre Aubin Olivier, mon beau-frere, les ay parachevees, et mises en perfection, selon l'intention dudit Autheur[37].

Dans ce cas, c'est l'imprimeur, non l'auteur-dessinateur qui fit le travail de graveur.

Il est utile d'ajouter deux autres exemples, déjà signalés par Firmin-Didot, qui dépassent légèrement les limites chronologiques de la vie de Salomon mais qui peuvent aider à établir les pratiques du seizième siècle. D'abord il cite un poème de Hans Spach sur des bois de Jost Amman, publiés par Feyerabend en 1568 :

> Je suis un bon graveur en bois, et je coupe si bien avec mon canif tout trait sur mes blocs, que quand ils sont imprimés sur une feuille de papier blanc, vous voyez clairement les propres formes que l'artiste a tracées ; son dessin, qu'il soit grossier ou qu'il soit fin, est exactement copié trait pour trait.

---

[32] *Ibid.*, col. 19.

[33] Brun, p. 54

[34] Voir *infra*, n° 3b, pp. 327-329.

[35] Cartier, p. 405 ; voir aussi l'édition du *Solitaire second* par Cathy M. Yandell, qui cite cette « Note de l'imprimeur », p. 257.

[36] Voir la réimpression moderne en fac-similé de l'édition de 1574, p. 3, f. a2 r°.

[37] Jean Cousin, *Livre de Perspective*, f. A3v° ; voir Firmin-Didot, *Jean Cousin*, p. 133.

Le commentaire sur la finesse ou la grossièreté du trait indique que le graveur ne se cache pas derrière le terme « artiste » : il s'agit dans ce cas de deux métiers ou au moins de deux fonctions distinctes. Et en second lieu, l'éditeur Barthélemy Honorat, dans son « Avis au lecteur » des *Figures de la Bible déclarées par stances* par Gabriel Chappuys Tourangeau qu'illustra Eskrich (1582), écrit :

> Vous ne sçauriez voir chose plus belle ni mieux faicte que sont les figures des Actes des Apostres, esquelles le peintre a monstré la grande industrie qui est en luy, veritablement digne d'estre à jamais prisée, et les tailleurs employé toute peine et diligence à ce que leur ouvrage fust correspondant à celuy du peintre ingenieux[38].

Ces témoignages se voient confirmer par la pratique de la maison plantinienne où les artistes exerçaient normalement deux métiers distincts, le dessin ou bien la taille du bois[39].

Les cas particuliers sont donc très convaincants, mais a-t-on le droit d'en tirer des conclusions plus générales ? Les historiens des dix-huitième et dix-neuvième siècles avaient tendance à croire que le dessinateur et le graveur étaient souvent une seule personne. Pour Firmin-Didot, le titre d'« Imagier » sous lequel Jean Cousin était désigné dans les comptes des bâtiments à Fontainebleau (1540-1550) couvrait beaucoup de métiers différents (sculpture, peinture, enluminure, et « plus particulièrement la gravure d'estampes sur bois et la miniature des manuscrits ») ; et en outre, il était sans aucun doute illustrateur de livres, à la fois responsable des dessins et des gravures : « Celui qui maniait le ciseau de sculpteur aussi bien que le burin du graveur en taille-douce, savait aussi bien manier le canif du graveur en bois. »[40] Il s'avère donc que ce que dit l'imprimeur de Cousin dans la préface au *Livre de perspective* n'indique pas forcément une pratique universelle. De la même manière que Firmin-Didot voulait attribuer à Jean Cousin beaucoup de métiers différents, Auguste Bernard cherche à montrer que Geoffroy Tory était non seulement peintre-dessinateur mais aussi graveur, se fondant sur l'argument que « l'artiste était alors un être complet, embrassant toutes les spécialités de sa profession »[41]. Et même si le livre de Bernard est sujet à caution, cela concerne surtout sa tentative de faire de Tory

---

[38] Firmin-Didot, *ET*, cols 19, 22, 248.

[39] Voet, *op. cit.*, t. II, p. 196.

[40] Firmin-Didot, *Jean Cousin*, p. 130. La critique récente, plus réservée, lui accorde « plusieurs gravures – planches isolées et illustrations d'ouvrages », Brugerolles et Guillet, *Le Dessin en France au XVIᵉ siècle*, p. 154. Un point de vue également modéré est émis par le catalogue de l'exposition sur la gravure de la Bibliothèque nationale de France (1995) : « Deux gravures signées *Jean Cousin* paraissent avoir été exécutées par lui et quelques autres lui ont été attribuées. Plusieurs autres graveurs, tel Maître NH, ont publié ses compositions. », Bibliothèque nationale de France, *La Gravure française à la Renaissance*, p. 468 ; voir aussi pp. 348-350. Encore une fois, Zerner conseille la prudence par rapport aux hypothèses trop accommodantes et nationalistes de Firmin-Didot, *L'Art de la Renaissance en France*, pp. 231-233.

[41] Auguste Bernard, *Geoffroy Tory*, p. 187 ; Geoffroy Tory, *Champ Fleury*, f. 3v° ; voir pourtant Anninger, *op. cit.*, pp. 63-64, pour un point de vue plus modéré.

un grand peintre français, et un exécutant dans des domaines où il était seulement dessinateur ou concepteur[42], et encore une fois le scepticisme sur la pratique supposée universelle de la séparation des tâches particulières de dessin et de gravure est permis sinon recommandé[43]. Les quelques cas que nous avons mentionnés montrent justement des différences de pratique et il n'y a pas vraiment moyen de savoir s'il y avait une pratique normale. De toute façon il n'y avait visiblement pas de pratique invariable.

Pour en revenir à Salomon, on sait que c'était un homme qui, comme Cousin et beaucoup d'autres artistes, avait exercé plusieurs métiers: peintre (fresquiste, miniaturiste, et décorateur d'Entrées), dessinateur, «inventeur» ou concepteur, organisateur artistique de fêtes publiques, sans parler du métier d'écrivain, et qu'à l'époque il était normal qu'un artiste s'applique aux différentes activités attenant à ces métiers. Peut-on accepter l'argument de Firmin-Didot sur Cousin et d'Auguste Bernard sur Tory et en conclure, en se fondant sur son talent multiple, que Salomon était donc aussi graveur? Il est vrai qu'il y a là assertions plutôt que preuves, mais il y a aussi d'autres éléments de persuasion, et Salomon peut bien rejoindre ses deux devanciers nanti de son propre talent multiple. Nous écartons évidemment sans vouloir même chercher à en montrer la fausseté, l'opinion de Nagler et de quelques autres que Salomon était uniquement graveur et non pas dessinateur[44].

Faudrait-il donc admettre avec Mégret et d'autres que «la question est encore pendante»[45] ou peut-on être plus ferme? Traitons d'abord le problème de la qualité inégale des illustrations dans les livres attribués à Salomon et de la présence facilement discernable de plus d'un artiste dans le même livre. En premier lieu, rien n'oblige à croire que toutes les illustrations d'un volume, même petit, soient de la même main, qu'il s'agisse du dessinateur ou du graveur, ni que Tournes et Salomon aient toujours suivi la même pratique. Chez d'autres éditeurs que Tournes on peut trouver maints exemples de livres auxquels deux ou plusieurs artistes ont manifestement participé (voir par exemple, *L'Hecatomgraphie* de Corrozet ou *Le Theatre des bons engins* de La Perrière, publiés par Janot). On trouve facilement aussi des recueils de gravures d'un artiste connu, par exemple, Dürer, où on reconnaît sans trop de mal la main de plusieurs graveurs. Cela dit, Tournes donne l'impression de s'être targué de l'unité esthétique de ses publications et d'autre part il y avait une sorte de fidélité réciproque entre lui et Salomon, qui aurait sans doute exclu (à quelques exceptions près) une dispersion de l'effort artistique à l'intérieur d'un volume. Cela ne veut tout de même pas dire qu'il refusait de faire appel de temps en temps à d'autres dessinateurs et à d'autres graveurs, avec l'accord, si ce n'était à l'instigation, du maître. Il est

---

[42] Voir Zerner, *op. cit.*, pp. 233-235.

[43] Voir Brun, 1969, p. 35.

[44] Nagler, *Monogrammisten*, n° 1854, pp. 799-800; voir aussi J. Renouvier, *Des types et des manières des maîtres graveurs*, pp. 200-204, cité par Rondot, *Les peintres de Lyon*, p. 99.

[45] Mégret, *op. cit.*, p. 301; voir aussi Calot *et. al.*, *L'Art du livre en France*, p. 88.

naturellement possible que de temps en temps ces dessinateurs ou graveurs aient été moins compétents que lui. Il n'est pas exclu non plus d'admettre que Salomon lui-même ait parfois gravé, ou même dessiné, de façon moins correcte, et que les erreurs que l'on peut déceler soient tout simplement le résultat de sa propre négligence. Il ne serait pas correct de n'attribuer à Salomon que ce qui est techniquement et esthétiquement réussi mais non les lourdeurs et les maladresses qui paraissent de temps à autre dans ses illustrations. Nous ne sommes pas d'accord avec les historiens qui résolvent ce problème de façon abrupte en refusant de croire que le maître puisse faire une œuvre qui soit indigne de son talent, et d'attribuer donc à d'autres graveurs tout ce qui n'est pas à son niveau. Mais parfois l'inégalité est tellement frappante que force est d'admettre la présence de plusieurs graveurs et même de plus d'un dessinateur. D'autres ont précisé que cela se produisait surtout au début de sa carrière quand il n'avait pas encore eu le temps de former une équipe de graveurs compétents, et peut-être aussi à la fin quand il était débordé de travail ou bien parce que son talent (ou sa vue?) avait commencé à baisser. Une fois encore les preuves manquent.

Nous revenons à l'objection que Salomon n'a pas pu être à la fois dessinateur et graveur pour la simple raison qu'un seul artiste n'aurait pas pu faire tout ce travail dans l'espace relativement court de quinze ans. Mais cela est-il si évident? Certes, il aurait fallu une grande diligence pour pouvoir achever tant de travail et d'une telle perfection en si peu de temps. Pourtant l'exemple d'autres dessinateurs peut montrer que pour un maître expérimenté et qui sait ce qu'il cherche à faire, le dessin peut se créer très vite. Nous pensons aux 20,000 dessins de Turner et à la grande facilité de Matisse et de Picasso. D'ailleurs on a même reproché à Salomon sa trop grande facilité dans ce domaine. Mais ce n'est peut-être pas tant la difficulté du dessin que celle de la gravure qui inquiète ceux qui estiment qu'il n'a pas eu le temps d'exercer deux métiers. Bien entendu, il n'est pas question de chercher à minuter ce genre de travail puisque tout artiste travaille à son propre rythme; il reste néanmoins une partie mécanique et habituelle dans la besogne où l'expérience et le doigté comptent autant que le talent artistique. Si les renseignements manquent pour la maison des Tournes, les archives de la maison de Plantin à Anvers fournissent beaucoup de détails sur la quantité de travail que l'éditeur pouvait exiger d'un graveur. Par exemple, Plantin demande à Nicolai, un de ses graveurs sur bois, de lui tailler 150 emblèmes de Sambucus à raison de trois par jour, et il réclame à Cornelis Muller neuf gravures par semaine[46]. Par ailleurs, il est difficile de savoir comment l'époque évaluait le travail du graveur par rapport à celui du dessinateur. Parfois on se fie à une évidence supposée, que le dessinateur était un artiste et le graveur seulement un artisan et un simple copiste, pour en conclure que le graveur recevait forcément un salaire inférieur et jouissait de moins de respect professionnel. Comme le dit Rondot,

---

[46] Voet, *op. cit.*, t. I, p. 221, qui cependant se demande si ces normes n'étaient pas théoriques plutôt que réelles.

Il ne faut pas d'ailleurs oublier quelle était à cette époque la position du tailleur en bois; elle était autre que celle du peintre, c'est-à-dire du dessinateur. Le tailleur était le plus souvent un ouvrier, un manœuvre, un auxiliaire du peintre et de l'imprimeur, toujours obscur et oublié[47].

Pourtant Audin, tout en admettant qu'il n'est pas possible de connaître le montant exact des gages du graveur ou du dessinateur, se sert de quelques indices fournis par les archives de la maison des Plantin pour conclure: «Je suis sûr, tout au moins que l'on sera fort surpris d'apprendre que le graveur, le 'tailleur d'histoires' était beaucoup plus payé que le dessinateur à qui l'on demandait la 'pourtraicture'»[48]. Par là-même, lorsque Denis Janot écrivait au Prévost de Paris pour demander l'octroi d'un privilège pour son *Theatre des bons engins* (f. a1v°), il cherchait à renforcer sa demande en disant qu'il avait «fraié et déboursé plusieurs deniers à la taille des figures et pourtraictz d'icelles, et que encores il luy convient faire pour les impressions»: serait-il possible qu'il ait mis la taille avant le dessin parce qu'elle était plus onéreuse? Sans doute cette hiérarchie professionnelle et cette différence de rémunération s'appliquent-elles aussi chez Tournes. Cependant la question se complique lorsque le dessin et la gravure sont le travail d'un seul homme, comme nous pensons avoir été le cas de Salomon.

L'œuvre de Salomon comprend plus de 1600 gravures à tout compter et s'étend sur quinze ou seize ans, ce qui revient à dire qu'il a dû produire entre cent et cent trente illustrations par an, ou à peu près deux par semaine. Cette moyenne ne prend aucun compte des moments où il devait se donner à d'autres travaux, comme la préparation de fêtes et d'Entrées, ni de toute autre commande officielle ou privée, ni du fait que certaines périodes ont dû être nettement plus chargées que d'autres. Mais même avec toutes ces réserves, est-il vraiment impossible qu'il ait dessiné toutes ces images, qu'il les ait transférées sur le bois, et les ait gravées ensuite? Cela reste fort possible et c'est la théorie que nous proposons. Plusieurs historiens ont cru que ce surcroît supposé de travail implique nécessairement un atelier de gravure que Salomon aurait fondé avec d'autres graveurs (et peut-être même d'autres dessinateurs) qui auraient travaillé avec lui dans la préparation du travail et nous nous rallions volontiers à cette hypothèse. D'abord, même en dehors des problèmes pratiques que nous venons de soulever, il aurait été tout à fait naturel que Salomon, comme tant d'autres artistes, fonde un atelier. On sait qu'à Anvers l'atelier de l'officine Plantin fleurissait, et on peut même citer les noms des différents dessinateurs et graveurs[49]. Chez Tournes ces renseignements manquent mais cet atelier a dû exister. Si le travail du graveur exige une certaine solitude et beaucoup de concentration, il y a d'autres parties du travail que peut faciliter la présence d'autres artistes: la

[47]   Rondot, p. 67.

[48]   Audin, *Impressions de Louis Perrin*, 1923, p. 51; pour une corroboration de cet avis d'Audin voir Voet, *op. cit.*, p. 223.

[49]   Voet, *op. cit.*, t. II, p. 196 et pp. 233-237.

recherche de modèles à imiter, la préparation des bois (découpage, polissage), l'entretien des presses, le choix du papier, les essais d'encrage. Il y a en outre toute une vie d'atelier qui peut aider l'artiste et le graveur dans leur choix de matériaux et d'outils et même dans celui de sources iconographiques, pour ne pas parler de l'encouragement et de la stimulation intellectuelle que peut fournir un travail en équipe. Il est très probable, même si les documents manquent, que cet atelier était associé étroitement à l'officine de Tournes et qu'il était situé dans les mêmes bâtiments que ses presses; il a dû y avoir toute une bibliothèque de livres illustrés anciens et modernes (par exemple ceux de Janot et de Gryphe et ceux des concurrents ou collègues, dont surtout Guillaume Roville), et de cartons d'estampes, réservés aux besoins de ces artistes et en premier lieu de Salomon. Quoi de plus naturel encore que Salomon ait fondé non seulement cet atelier, mais aussi une école de gravure? On sait que ces métiers ne payaient pas bien; Salomon n'aurait-il pas fait comme maint artiste depuis la nuit des temps en donnant des leçons de dessin et de gravure et peut-être dans les autres domaines où il exerçait? Et cela implique presque nécessairement ou du moins très probablement qu'il associait ses disciples à son propre travail et même qu'il leur confiait certains travaux plus ingrats ou plus mécaniques. Il n'est pas du tout nécessaire d'exclure la collaboration d'autres graveurs et même d'autres dessinateurs dans l'illustration des livres dont il était responsable. Le résultat final aurait été proprement son travail à lui: il n'aurait pas existé sans lui, tout dépendait de ses conseils et de ses ordres, et de toute façon ni lui ni le disciple ne se serait inquiété de la propriété artistique de l'image. (Le dessin de l'élève que corrige le maître de dessin reste le travail de l'élève: dans le sens inverse, là où l'élève participe au travail du maître sous sa surveillance, il nous semble encore plus évident que le travail est celui du maître.)

On pourrait donc conclure que Salomon était non seulement peintre et dessinateur mais aussi graveur; en revanche il n'est guère possible de faire autrement que de suivre tous les historiens qui se sont penchés sur ce sujet et de dire qu'il n'a pas toujours gravé ses propres bois, ni même tous les bois à l'intérieur d'un recueil. Cette position est à prendre non pas à cause de la difficulté qu'il aurait eue à achever tout ce travail dans le temps qui lui était disponible, mais à cause des grandes différences de compétence dans l'exécution du travail.

Dans la dernière section de ce livre, nous passerons en revue tous les recueils de gravures qui lui ont été attribués et nous chercherons à poser les jalons pour l'établissement d'un *corpus* salomonien.

Appendice 1: Les encadrements

Nous avons choisi de traiter ici un des grands éléments de l'œuvre graphique de Salomon puisqu'il s'agit là en premier lieu de son métier, non seulement celui de dessinateur et de graveur mais aussi celui d'illustrateur de livres, une qualité qui constitue un des signes les plus frappants de son professionnalisme.

Les encadrements attribués à Salomon, qui ornent plusieurs des livres de Jean de Tournes, ont souvent suscité l'admiration des bibliophiles et typographes (figs 208, 209, 213 et 224). Francis Meynell, par exemple, typographe de la Nonesuch Press, estimait que la *Metamorphose d'Ovide figuree* était « le livre à arabesques le plus beau du monde », et que c'était précisément dans ce domaine que Salomon atteignait son expression la plus exquise, et Stanley Morison juge l'apport de notre artiste comme une innovation esthétique de toute première importance pour l'histoire de l'imprimerie[50]. Cela fait partie en effet de ce qu'André Chastel a appelé l'*ornementique*, c'est-à-dire « le système complet des éléments et des structures para-iconiques ou non-iconiques de l'art », qui devient donc aussi important que l'œuvre qu'il décore[51].

Salomon se sert de ce genre d'ornement pour la première fois dans les « grands fleurons flottants » des *Marguerites*, comme le dit Morison ; ils apparaissent ensuite comme encadrements dans les *Opuscula juvenilia* de Jérôme de Monteux (1556, cinq seulement) et dans les différentes versions de la *Metamorphose d'Ovide figuree* (française, italienne et flamande) disposés de façon variable de sorte qu'ils n'accompagnent pas toujours les mêmes gravures, et reparaissent dans les *Icones* de 1559 et le *Thesaurus amicorum*, ainsi que dans les *Pseaumes mis en rime françoise* de 1563, et sur quelques pages de titre d'autres éditions tournésiennes.

Dans la *Bibliographie des éditions des de Tournes*, c'est Audin qui les reproduit et les classe d'après les notes d'Alfred Cartier, énumérant les différents encadrements historiés (parfois avec des grotesques et d'autres motifs « rabelaisiens ») et les encadrements d'arabesques, en noir sur blanc ou blanc sur noir. Morison complète cette étude dans le même livre en classant les bandeaux et les fleurons[52].

Si on cherche à connaître l'inspiration de ces encadrements, on se rend compte que ce genre d'ornementation a une longue histoire, trouvant ses origines lointaines dans l'art romain ancien[53], ou dans les arabesques ou « mauresques » (c'est le nom ancien) de l'art oriental des quinzième et seizième siècles, et son inspiration proche dans la Renaissance italienne, alors en train de s'enraciner en France. D'origine italienne aussi sont les grotesques inspirés de ceux de Domenico Ricoveri, et de la décoration des Loges du Vatican (œuvre de Raphaël, transmise par Raimondi et d'autres) et de livres illustrés à Venise ; de plus près, l'influence des « cuirs » de la Galerie François Ier et les fresques de

---

50   Cité par Bliss, *A History of Wood Engraving*, p. 60 ; Morison, *The Typographical Book*, p. 39 ; pour une étude générale du sujet, voir Peter Fuhring, « Estampes d'ornement de la Renaissance », pp. 153-168.

51   A. Chastel, *Fontainebleau. Formes et Symboles*, p. 31.

52   Audin dans Cartier, pp. 64-101 ; Morison, *ibid.*, pp. 111-112, Brun, p. 4.

53   Dans l'art antique Fuhring signale les ornements architecturaux tels que les ordres, rinceaux de feuillage, entrelacs, et les éléments autonomes tels que les trophées, termes et vases et les grotesques de la *Domus aurea* de Néron découvertes en 1488 (*art. cit.*, p. 156) ; on peut ajouter la décoration de certains sarcophages, par exemple, celui présenté dans le *Speculum Romanae magnificentiae* de Lafréry, dont la gravure date de 1553.

Rosso et Primatice ont une importance capitale[54], une influence diffusée à partir de 1543 par la gravure, surtout de Domenico Barbiere et de René Boyvin[55], et par le livre d'Antonio Fantuzzi, *Patrons et Pourtraicts en façon de grotesques à l'usage des peintres*. On signale aussi des livres sur la dentelle, parus à Venise et à Lyon dans les trente années précédentes, ainsi que des œuvres damasquinées (dessins au filet incrusté dans le métal)[56], par exemple Claude Nourry, *La fleur des patrons de lingerie*, Lyon, vers 1532-1533, publié en plusieurs éditions, et surtout le livre de Francesco Pellegrino, *La Fleur de la science de portraicture et patrons de broderie façon arabique et ytalique*, Paris, 1530. Et, comme le signale Anne Anninger, dans les années 1520 et 1530, la typographie bâloise a exercé une influence sur le livre parisien surtout en ce qui concerne les bordures d'Urs Graf et de Holbein, une influence qui s'est étendue jusqu'aux encadrements de Tournes et de Roville[57]. On parle aussi souvent à ce sujet des *moresques* auparavant attribuées à Jean de Gourmont, et celles de Simon de Colines avec un fond criblé, parues à Paris dans les années 1540, ainsi que des livres de Jean de Gourmont, les *Petites grotesques* (1550) et les *Grandes grotesques* (1566)[58]. Nous pensons utile de répéter ici que plusieurs des figures de l'encadrement dit «Aux Nains» se retrouvent dans la *Noce* de Michaud Crouppière et dans *Les Songes drolatiques de Pantagruel*, Paris, Richard Breton, 1565[59].

On ne peut pas savoir pourtant si Salomon est responsable de tous les autres éléments typographiques qui constituent la décoration des livres qu'il a illustrés. Rondot lui attribue beaucoup de ces ornements mais sans essayer d'en justifier l'attribution, parce qu'ils «n'ajoutent rien à ce qu'on sait des procédés de composition et de travail de ce maître.» Il s'agit de fleurons, de lettrines (parfois se détachant en blanc sur un fond noir criblé) – c'est-à-dire lettres historiées ou «fleuries» contenant non seulement des fleurs et des feuillages, mais des chimères et des mascarons, les frontispices fondés sur les encadrements, les marques d'imprimeur: «les vipères», «le semeur» (voir couverture), «le lac d'amour», «l'ange» et «les chimères»[60]. Nous aimerions aussi lui attribuer la marque du serpent de son gendre Robert Granjon, par exemple dans *Le premier livre des narrations fabuleuses* de Paléphate, traduit par Guillaume Guéroult (Lyon, Robert Granjon, 1558, in-octavo)[61]. D'après Gusman, il a dessiné «des lettres d'alphabets, des frises, des culs-de-lampe, qui forment souvent la seule parure de certains livres». MacRobert pensait cependant que c'était sans doute Granjon qui était responsable de toutes les fontes de Tournes[62]. Nous ne reviendrons pas sur ces beaux encadrements, sauf dans

---

[54] Rondot, p. 52, Brun, p. 77n; voir aussi Bibliothèque nationale de France, *La Gravure française à la Renaissance*, pp. 361-364 (surtout par rapport aux grotesques d'Etienne Delaune); voir aussi André Chastel, *La Grottesque*, et Philippe Morel, *Les Grotesques*...

[55] Félix Herbert, *Les Graveurs de l'Ecole de Fontainebleau*, et Henri Zerner, *Ecole de Fontainebleau*, et *Italian Artists of the Sixteenth-century. School of Fontainebleau*, ainsi que *L'Art de la Renaissance en France*, pp. 137-139.

[56] Brun, p. 4.

[57] Anninger, *op. cit.*, pp. 140-148.

[58] Voir Rondot, *Graveurs*, pp. 106-107.

[59] Mortimer n° 403 et n° 499 qui parle du travail «d'une imagination comparable».

[60] Rondot, p. 80, Gusman, *op. cit.*, p. 186, MacRobert, «Jean de Tournes», pp. 10-11.

[61] Baudrier, t. II, pp. 59-60, Mortimer n° 406.

[62] Gusman, *op. cit.*, p. 187, MacRobert, *ibid.*; Grangette, *op. cit.*, pp. 162-163.

notre *Catalogue*[63] pour justifier leur attribution à notre artiste, mais ils fournissent un complément merveilleux de ses vignettes là où ils les accompagnent et témoignent de la délicatesse de sa touche et de sa vision de l'ensemble du livre.

Appendice 2 : Les bois

Par un heureux hasard certains des bois gravés de Salomon (c'est-à-dire les planches de bois elles-mêmes), au nombre de quatre-vingt-cinq, nous sont parvenus à travers les siècles et sont aujourd'hui conservés au Musée d'Art et d'Histoire de Genève : ils viennent surtout de la Bible, d'Ovide, d'Alciat et d'Esope. Cartier les a appelés « ces précieuses reliques, cette merveilleuse série d'ornements typographiques, et cette suite de planches, chefs-d'œuvre de la gravure sur bois du XVIe siècle »[64]. Ces bois ont déjà été signalés en 1855 par E.H. Gaullieur[65], et publiés, mais sans commentaire ni description, par Jules-Guillaume Fick dans *Anciens bois de l'imprimerie Fick à Genève* dans un tirage restreint à soixante-quinze exemplaires[66]; Rondot ne semble pas les avoir connus et Cartier, qui les avait eus en main, n'a pas pu leur consacrer l'étude qu'il aurait souhaité faire[67]; Audin, dans son introduction à la *Bibliographie* de Cartier, en parle pourtant brièvement[68]. En 1936 Deonna les a publiés de nouveau, les présentant, en identifiant la plupart et indiquant les éditions où ils se trouvent. En 1969 lorsque Renée Loche a préparé une nouvelle édition des illustrations de Salomon pour l'Ancien Testament, un ouvrage composite, publié seulement en 400 exemplaires, qui contient le texte français de *La Sainte Bible* de 1554, le texte latin de la *Biblia sacra* de la même année, et 248 bois venant de plusieurs éditions différentes, elle leur a ajouté le tirage d'une série de quarante bois de l'Ancien Testament tirés sur papier chine, en se servant des bois originaux conservés à Genève[69]. L'étude la plus récente des bois est celle qu'a faite M. John Sebastian Sattentau, conservateur au Cabinet des Estampes du Musée de Genève, qui a continué les recherches de Deonna en dressant une liste plus détaillée et plus complète des bois. Cette liste n'était pas destinée à la publication mais elle est consultable au Cabinet des Estampes. En plus, en 1987 M. Sattentau a dirigé et surveillé l'impression de tous les bois conservés au Musée qui provenaient de l'imprimerie Fick en un grand et beau volume in-folio, tiré seulement à quatre

---

[63]   Voir *infra*, n° 40, pp. 306-308.

[64]   *Nos Anciens*, 1902, p. 43, cité par W. Deonna, « Bois gravés de l'ancienne imprimerie de Tournes à Genève », dans *Genava*, 14, 1936, p. 114; cet important article, paru dans la revue du Musée de Genève, n'a pas connu le retentissement qu'il méritait, au point où il semble être resté inconnu de la plupart de ceux qui ont écrit sur Tournes et Salomon. Cette collection de bois du seizième siècle est à comparer à celles du Musée de l'Imprimerie à Lyon et du Musée Plantin-Moretus à Anvers. Voir aussi Maurice Audin, *Les peintres en bois et les tailleurs d'histoires*; Leon Voet, *The Golden Compasses*, t. I, pp. 33-34.

[65]   « Etudes sur la typographie genevoise », p. 181.

[66]   Genève, Fick, 1863.

[67]   *Art. cit.*, p. 53; Deonna, *art. cit.*, pp. 114-115.

[68]   « Une série de ces bois se trouve encore à Genève, entre les mains de M. Choisy, notaire; ce n'est pas sans une vive émotion que j'ai pu voir, admirer, palper et identifier ces précieuses reliques d'un passé qui m'est cher; j'ai fait mieux : j'ai obtenu de leur possesseur d'en reproduire ici huit pris parmi les meilleurs » (p. 11).

[69]   Au moment où nous avons examiné les bois deux d'entre ceux publiés par Loche étaient introuvables : *Les ulcères* et *Daniel dans la fosse aux lions*.

exemplaires, pour les besoins des collections du Cabinet des Estampes. Les bois se présentent sur la page dans un espacement généreux et sans autre écriture que leur numéro d'identification, marqué discrètement au crayon au verso de la feuille.

D'après les recherches de Deonna que nous utilisons ici, c'est Jean II de Tournes, fils de Jean I, qui a emporté les bois avec lui de Lyon à Genève en 1585 quand il s'y est réfugié pour des raisons de religion; il a continué à s'en servir, comme d'ailleurs allaient le faire ses successeurs, d'abord son propre fils, Jean III et ses petits-fils Jean-Antoine et Samuel de Tournes[70]. D'après les apparences, une grande partie du matériel qui est venu de Lyon est restée dans les placards des Tournes jusqu'au moment où les derniers membres de la famille, les frères Samuel et Jean ont vendu l'imprimerie en 1775. A ce fonds s'est ajouté du matériel qui leur était venu de l'imprimerie des frères Chouet qui elle-même avait acheté le matériel de l'imprimerie Paul Estienne en 1616. Tout cela est presque certain et bien documenté; ce qui l'est moins c'est la suite de l'histoire. D'après les recherches de Deonna, il semble que les bois ont passé d'abord à l'imprimerie Bonnant, et ensuite à la maison Fick, qui, elle, fut achetée par Albert Choisy, qui a vendu 321 bois au Musée de Genève[71].

Ceux parmi eux qui sont l'œuvre de Salomon sont les suivants: dix bois de la Petite Suite pour l'Ancien Testament, quarante bois de la Grande Suite et dix-neuf pour le Nouveau Testament; il y a en plus cinq bois illustrant le mobilier du culte judaïque, qui paraissent dans plusieurs bibles des Tournes, mais en dimensions différentes, qui sont à attribuer à Salomon. La collection comprend en outre sept bois pour les *Fables* d'Esope, neuf pour les *Emblèmes* d'Alciat, dix pour les *Métamorphoses* d'Ovide, dont deux déjà parus dans le Marot de 1549 et l'image d'Héro et de Léandre qui vient également du Marot, cinq provenant du *Theatre des bons engins*, six des *Prodiges* de Jules Obséquent, deux qui viennent des *Pourtraits divers*, une planche de l'*Enéide* de Virgile, et une image qui représente une vieille dame pêchant à la ligne qui appartient aux *Hymnes des Vertus*.

Il n'est pas impossible que d'autres bois de Salomon existent ailleurs. Dibdin, par exemple, écrivant en 1817, dit que son ami M. Douce possédait des impressions des gravures de la *Chiromance*, tirées des bois originaux, moins bien faites que dans l'exemplaire du livre dont il se servait[72]. On ne peut pas savoir de quand dataient ces impressions des bois originaux, mais il se peut qu'ils aient survécu quelque part.

Ces planches de bois nous mettent directement en contact avec le travail artistique de Salomon, et une étude minutieuse nous apprendrait beaucoup sur ses techniques de gravure.

Appendice 3: Quelques dessins récemment attribués à Salomon

Une vente récente chez Christie's à Londres[73] incluait 40 dessins attribués à Salomon. Nous en avons eu connaissance trop tard pour pouvoir en tenir compte de façon adéquate, mais nous voulons simplement signaler au lecteur l'existence de ces des-

---

[70] *Art. cit.*, pp. 115-116.

[71] *Ibid.*, pp. 118-119.

[72] T.F. Dibdin, *The Bibliographical Decameron*, t. I, p. 151.

[73] N° 6926, *Old Master and Nineteenth Century Drawings*, le 6 juillet 2004; c'est Max Engammare qui a attiré notre attention à cette vente et nous l'en remercions. Notre reconnaissance va aussi à M. Nicolas Schwed de Christie's in France pour sa coopération.

sins et souligner l'importance de cette attribution. Un premier examen des illustrations qui paraissent dans le Catalogue de Christie's nous permet de faire quelques remarques. Il s'agit de scènes bibliques, tirées de Genèse et d'Exode, faits à la craie et à l'encre et, pour la plupart d'entre eux, au lavis brun: ces dessins, légèrement plus grands que les gravures des *Quadrins* de Salomon, leur correspondent de très près. Ils comportent néanmoins quelques différences d'avec les gravures, de composition, de pose, et de détail, surtout en ce qu'ils sont souvent plus sommaires, simplifiés, ou parfois avec des éléments ajoutés. Le tout est de savoir si les auteurs du Catalogue ont raison de les attribuer à Salomon et de les considérer donc comme des travaux préparatoires que Salomon (ou un autre) aurait redessinés sur le bois. On peut d'emblée se poser une question importante: si ces dessins sont vraiment de lui, comment se fait-il qu'ils soient les seuls à avoir survécu parmi les quelques 1600 dessins qui ont dû précéder les gravures qu'on lui attribue? Nous nous trouvons en fait devant un problème insolite: selon quels critères attribuer des dessins à un artiste connu jusqu'ici seulement par des gravures? Et sont-ils de nature à nous fournir des preuves pour ou contre l'argument que Salomon était à la fois dessinateur et graveur? On pourrait expliquer les différences entre les dessins et les gravures par le fait que Salomon établissait d'abord la composition de son sujet, tout en finissant quelques parties en détail et qu'ensuite il redessinait son image en plus petit sur le bois en inversant l'image; à la prochaine étape, le graveur aurait ajouté tous les détails d'ombre par une technique de hachures. Cela ne prouverait pas que ce graveur était forcément un autre artiste que Salomon, mais il ne semble pas pensable que ce dernier confie à un autre une telle liberté d'interprétation et le droit d'ajouter des animaux ou des personnages qui changent la composition et même le sens de l'image. Tout cela suggère que c'était lui qui a fait le transfert du dessin au bois et qui a réalisé la gravure. Il reste, bien sûr, une deuxième possibilité, celle que ces dessins ne sont pas de la main de Salomon mais sont des copies de ses gravures, faites à l'époque par un autre artiste, comme Eskrich, qui les aurait ensuite retravaillés pour en faire des gravures, mais il se peut aussi qu'ils aient été copiés par un autre artiste dans un but moins direct, comme ceux du British Museum dans lesquels Delaune imite Salomon[74]. Le fait que l'un des quarante dessins de Christie's ait été mis au carreau démontre qu'il y a eu imitation dans un sens ou dans l'autre mais rien de plus. Il est impossible dans l'état actuel de nos connaissances de trancher sur cette question. Mais c'est un élément important à verser au dossier de l'œuvre de Salomon et il faudra en faire une étude détaillée. Il nous semble que la gravure qui représente *Les Tenebres* sera centrale à cette discussion puisque le dessin fait ressortir les personnages et le décor que l'on aperçoit à peine dans la gravure[75].

---

[74] Voir Brugerolles et Guillet, *Le Dessin en France au XVIᵉ siècle*, p. 228, et *infra*, p. 178.

[75] Nous venons d'apprendre qu'à cette vente de Christie's huit dessins ont été acquis par la Bibliothèque municipale de Lyon et que d'autres ont été achetés par le Musée du Louvre, la bibliothèque de Harvard et le Musée Boymans d'Amsterdam. Nous tenons cette information de M. Yves Jocteur Montrozier, conservateur en chef de la BM de Lyon, à qui nous tenons à exprimer notre gratitude.

II.

LES SOURCES

CHAPITRE IV

LIVRES D'EMBLÈMES,
ŒUVRES SCIENTIFIQUES ET DOCUMENTAIRES,
LITTÉRATURE

Dans ses premiers travaux Salomon a suivi la pratique courante d'imiter de près des ouvrages déjà parus. Tournes lui-même l'y encourageait en choisissant de copier fidèlement la structure et la présentation de livres illustrés publiés par d'autres éditeurs, mais sans enfreindre apparemment les contraintes qu'impo-saient les privilèges accordés. Il peut sembler curieux que les éditeurs puissent ainsi s'emprunter des idées de façon si flagrante, mais le phénomène était bien répandu à l'époque: l'explication est à chercher dans une autre attitude devant la tradition iconographique et une autre conception de la valeur de l'originalité.

Même dans ces premiers livres Salomon témoigne de son propre tempéra-ment artistique et on peut constater que son propre style est formé presque dès le départ. Il y a dans sa carrière d'illustrateur une évolution vers une originalité croissante, mais il ne faudrait pas chercher à construire des cloisons étanches entre ses différents ouvrages ni à établir une périodisation trop stricte, d'autant plus qu'il ne s'agit que d'un laps de temps très court.

Nous commencerons par ses premiers essais dans la littérature embléma-tique et l'illustration de livres scientifiques et littéraires. Les livres d'emblèmes ainsi que certains livres qui leur sont apparentés jalonnent la carrière de Salomon et incluent sa première aussi bien que sa dernière publication connues[1]. Cette mode florissante, cette paralittérature en vogue, provenant d'une longue tradition qui remontait aux hiéroglyphes égyptiens, à l'*Anthologie grecque*, à la médaillerie classique, et aux bestiaires et herbiers médiévaux[2], se

---

[1] Ces dernières années l'étude des emblèmes a pris un grand essor et les travaux et les éditions ont foisonné. Pour la France, voir surtout Daniel S. Russell, *The Emblem and Device in France, Emblematic Structures in Renaissance French Culture*, et «Directions in French emblem studies»; Alison Saunders, *The Sixteenth-Century French Emblem Book. A Decorative and Useful Genre, The Seventeenth-Century French Emblem: a Study in Diversity*, et de très nombreux articles du même auteur qui figurent dans notre bibliographie; Yves Giraud, (éd.), *L'Emblème à la Renaissance*, Jean-Marc Chatelain, *Livres d'emblèmes et de devises. Une antholo-gie (1531-1735)*, Alison Adams, *et. al., BFEB*, Laurence Grove et Daniel Russell, *The French Emblem. Bibliography of Secondary Sources*, surtout pp. 114-119, «Alciati en France».

[2] Saunders, *The Sixteenth-Century French Emblem Book*, pp. 71-95.

nourrissant aussi de la littérature proverbiale, a connu une vraie croissance précisément pendant la jeunesse de Salomon et de Tournes, à Paris et à Lyon, grâce surtout à la publication du petit livre célèbre d'Alciat.

Le premier livre d'emblèmes français, *Le Theatre des bons engins*, de Guillaume de la Perrière, est paru d'abord chez Denis Janot en 1540,[3] et chez Tournes en 1545. La Perrière nous parle des origines littéraires et même artistiques de son propre livre, mentionnant, dans sa lettre-préface à Marguerite de Navarre (ff. A3v°-A4r°), les «figures Hieroglyphicques» décrites par Caerémon, Horapollon, Lucain, le *Songe de Poliphile* de Francesco Colonna, les commentaires de Caelius Rhodiginus, c'est-à-dire l'humaniste, Lodovico Ricchieri, et les *Emblèmes* d'Alciat.

En ce qui concerne la présentation, Janot situe l'image, entourée d'un encadrement, sur la page de gauche (fig. 9), et le poème, également encadré, sur celle de droite, mais ne fournit pas de titres. Les titres ne font leur apparition qu'en 1545, dans l'édition publiée par Tournes[4]. Cette édition illustrée par Salomon (voir notre *Catalogue*, n° 1, p. 268) allait être souvent réimprimée; elle contient 100 gravures sur bois de petit format et la page se présente sous forme emblématique, c'est-à-dire, rappelons-le, qu'il y a une image par page, surmontée de son titre et suivie par un dizain, mais dans ce cas, sans encadrement. C'est le livre de Janot qui a fourni l'inspiration directe pour cette première œuvre de Salomon. Le nom des illustrateurs de l'atelier de Janot n'est pas connu; Firmin-Didot en attribuait l'illustration à Jean Cousin[5], mais on peut y reconnaître plus d'une main. (Il n'est même pas impossible que La Perrière lui-même soit également parmi les artistes responsables des images puisqu'il parle d'«avoir bien employé et colloqué les bonnes heures à l'invention et illustration de nosdictz presens Emblemes», f. A4r°.) La ressemblance entre l'illustration des deux livres se remarque d'abord dans le choix de sujets qui est identique, puisque le livre de Tournes était calqué sur l'édition de Janot (et lui empruntait même le dernier état de son texte, c'est-à-dire celui de la troisième édition)[6], mais aussi dans la composition; les mêmes éléments individuels, le plus souvent inversés, se retrouvent dans les deux livres à quelques exceptions près, disposés dans les mêmes rapports spatiaux. Il arrive que Salomon fasse des variations sur l'image d'origine, par exemple dans le n° 12 (*Experience corrige l'homme*, figs 2 et 7) qui représente un jeune homme téméraire, debout, brandissant son épée et un

---

[3]   Il existe deux reproductions modernes d'éditions différentes du *Theatre des bons engins*, éditées par Alison Saunders; sur La Perrière voir aussi Greta Dexter, «Guillaume de la Perrière», pp. 56-73, et Mortimer, pp. 431-434.

[4]   Alison Adams et Stephen Rawles, «Jean de Tournes and the *Theatre des bons engins*», pp. 21-51; Saunders, *«Picta poesis*: the relationship between figure and text in the sixteenth-century French emblem book», p. 630; Saunders signale ailleurs, dans «The sixteenth-century French emblem book: writers and printers», p. 187, que l'ajout du titre moralisateur chez Tournes le rend conforme à l'Alciat et le situe donc dans la tradition emblématique.

[5]   Firmin-Didot, *ET*, p. 160, *Etude sur Jean Cousin*, p. 147.

[6]   Saunders, *The Sixteenth-Century French Emblem Book*, p. 151, n. 11.

vieillard, assis, se réchauffant devant un feu : Salomon transpose la scène qui, dans son modèle, se passe en plein air pour la mettre à l'intérieur d'une maison, comme il le fait plus d'une fois (4, 53, 79), dans la cour d'un palais (64), ou bien dans un décor urbain (73, figs 6 et 8), ce qui témoigne au moins de sa maîtrise technique, et de son maniement de l'espace, mais peut-être aussi d'une intention esthétique ou bien sociale. Dans d'autres gravures il transforme la composition, par exemple dans le n° 18 (figs 3 et 9), là où l'artiste de Janot présente la femme prudente debout et déshabillée, avec les cheveux défaits et flottants, Salomon la montre assise, habillée et coiffée. Salomon avait devant les yeux non seulement le dessin mais aussi le texte et il n'hésite pas à corriger ce qui lui semble être une erreur graphique, par exemple dans le n° 28 son dessin de la tortue est beaucoup plus ressemblant que celui de l'illustrateur de Janot. En général il dessine mieux les animaux que les artistes qui travaillaient chez Janot : des singes (47), un lièvre (61).

Plusieurs fois Tournes et Salomon allaient collaborer pour refaire un livre sorti déjà chez Janot ou ses successeurs. Ces gravures du tout début de la carrière d'illustrateur de livres de notre artiste peuvent décevoir, et par moments elles semblent artistiquement inférieures à celles de l'édition de Janot, dont beaucoup font preuve d'une clarté, d'une élégance et d'une maturité remarquables. Néanmoins, dès 1545 il se montra capable de produire une série de gravures, non pas certes entièrement de sa propre « invention », mais qui apportaient quelques améliorations au livre qui les avait inspirées, et qui font preuve d'une certaine originalité et surtout, dans l'ensemble, portent la marque du style qui deviendrait le sien, déjà tout à fait conscient de l'italianisme de Fontainebleau.

Après cette première percée dans la littérature emblématique, Tournes demanda à Salomon d'illustrer l'œuvre fondamentale de cette tradition, les *Emblèmes* d'Alciat. En 1547 il en publia en association avec Guillaume Gazeau une édition in-seize en latin, *Clarissimi viri D. Andreae Alciati emblematum libri duo*, contenant 113 emblèmes illustrés dans le premier livre, et 86 emblèmes sans illustration dans le second (*Catalogue*, n° 4); c'était la première d'une longue série d'éditions tournésiennes de ce livre en latin ou en français. Dans cette première édition les images paraissent au rythme d'une par page, accompagnées chacune de son titre et de son poème latin.

C'est à Augsbourg en 1531 qu'Heinrich Steyner, le premier éditeur d'Alciat, avait publié son *Alciati emblematum liber*, avec 98 gravures sur bois et 104 emblèmes en tout[7]. La première édition parisienne, celle de Chrestien Wechel, datant de 1534, contenait 113 emblèmes, tous ornés de gravures, dont Cartier a attribué la paternité à « un maître anonyme de l'école de Holbein »: elles sont peut-être de Mercure Jollat, qui doit quelque chose à son illustre prédécesseur[8]. En 1544 Jacques Moderne publia à Lyon une édition qui imitait de près les gravures de Wechel, et en 1546 Alde publia à Venise une édition agrandie de

---

[7]   Saunders, *The Sixteenth-Century French Emblem Book*, pp. 97-99; pour une description détaillée de toutes ces éditions voir Adams, *et. al.*, *BFEB*, t. I, pp. 2-4, F.015-016,.

[8]   Cartier, pp. 218-219; Saunders, *op. cit.*, p. 103.

89 emblèmes. L'histoire de la publication des *Emblèmes* s'enrichira de nouveau en 1548 lorsque Roville et Bonhomme inaugureront une nouvelle série d'éditions en plusieurs langues, ornées des gravures d'Eskrich[9].

En 1547 Tournes ne faisait donc que suivre une voie déjà bien tracée par d'autres, et Salomon, lui aussi, suivait de très près l'illustrateur de l'édition wechelienne, dans le choix de sujets et dans la composition de ses dessins, où très souvent il invertit la scène. Stylistiquement, bien sûr, Salomon s'éloigne de l'illustrateur de Wechel, qui, tout en adoptant plusieurs éléments du nouveau style renaissant (l'époque est de transition) au moins dans la façon de concevoir les images présentées (architecture, objets d'art, costumes), reste néanmoins encore médiéval et gothique dans le dessin des personnages. Mais la nouveauté de Salomon se discerne non seulement dans la différence du trait, et l'apparence générale, mais aussi dans plusieurs détails des images. Comme dans *Le Theatre des bons engins*, il dessine mieux les animaux, par exemple, l'éléphant (36, fig. 14), que son ou ses prédécesseurs, même si son dessin n'est pas toujours parfait. Ce qui frappe surtout chez lui c'est son talent de paysagiste; il en est presque toujours conscient, soit lorsqu'il transforme le paysage de l'édition de Wechel, par exemple dans le n° 28 (*Quae supra nos, nihil ad nos*, fig. 13), l'histoire de Prométhée, où Salomon corrige deux erreurs de l'édition Wechel, en faisant attacher le personnage à un rocher, et non pas à un arbre, et en supprimant un château perché et d'autres bâtiments, soit qu'il ajoute un paysage (21) soit qu'il le renforce (18, 52, 68). L'attention aux détails réalistes et quotidiens se montre dans le dessin d'un moulin à eau (10, 60), d'un moulin à vent et d'une petite maison dont la cheminée fume (68), d'une scène urbaine (26, fig. 12). En plus de ces détails un peu aléatoires Salomon ajoute souvent des éléments qui modifient complètement l'orientation et l'apport de l'image: dans le n° 64, *In temerarios* (figs 16 et 17), en supprimant le paysage, il attire le regard sur la chute de Phaéton et le désarroi des chevaux tout en rendant la scène beaucoup plus dramatique, et dans le n° 3, *In Silentium*, qui représente un homme dans son cabinet de travail, l'illustrateur de Wechel nous fait voir à travers fenêtres et porte des gens à l'extérieur, tandis que Salomon montre une pièce close, sans fenêtre ni porte, pour concentrer notre attention sur la scène intérieure (voir fig. 119 pour une autre utilisation de ce bois). La composition est différente: chez Wechel on voit un homme debout, devant un lutrin, en train de lire; chez Salomon il est assis. Et si Salomon y ajoute quelques détails: les bibliothèques le long des murs, la plume dans son encrier, il garde quelques touches de la conception d'origine: doigts portés à la bouche, ainsi que des papiers fourrés dans un étui en cuir attaché au mur. Parfois Salomon habille des personnages que l'illustrateur de Wechel avait représentés nus (comme il l'avait déjà fait pour la femme prudente du *Theatre des bons engins*), par exemple, Vénus (89), des femmes (71) et même la Vérité qui devrait d'ailleurs être nue! (95). Bien que parfois, inventant son image de toutes pièces, par exemple, *In parasitos* (26, fig. 12), il ne suive pas du

---

9   Saunders, *op. cit.*, pp. 99-100; Baudrier, t. IX, pp. 143-144.

tout l'édition de Wechel, il n'est pas nécessaire de chercher plus loin que l'édition wechelienne pour trouver la source dont Salomon s'inspire[10]. On constate un grand progrès artistique entre le *Theatre des bons engins* et les *Emblèmes*. Le dessin est perfectionné, Salomon a acquis une certaine virtuosité et une originalité dans les détails, et son propre style est d'ores et déjà établi.

La même virtuosité se révèle dans le troisième livre de cette catégorie, l'édition originale des *Fables d'Esope Phrygien,* publiée à Lyon, également en 1547, par Tournes et Gazeau, avec la traduction en vers de Gilles Corrozet (*Catalogue,* n° 5). Ce livre contient 100 fables accompagnées d'autant de gravures qui se trouvent sur la page de gauche avec la devise en haut et le quatrain moralisateur en bas, la fable se trouvant sur la page qui lui fait face. La structure emblématique est donc très évidente et les historiens ont eu raison de traiter ce petit livre, paru la même année que l'Alciat, comme s'il appartenait à ce genre de littérature ; il nous a semblé plus logique de l'inclure ici plutôt que de le placer avec les autres livres de l'antiquité classique qui en sont beaucoup plus loin[11]. Nous rencontrerons ailleurs le nom de Corrozet (1510-1568), libraire et éditeur, emblématiste, traducteur, historien qui avait travaillé pour Janot, auteur entre autres des *Blasons domestiques* et des *Historiarum veteris testamenti icones* (1539), de l'*Hecatomgraphie* (1540) et de la *Tapisserie de l'eglise chrestienne et catholique* (après 1545)[12]. La rareté de cette édition d'Esope a fait que les premiers auteurs qui s'en sont occupés ont dû se contenter d'autres éditions plus tardives, ce qui a un peu faussé l'histoire du développement de ces éditions et de leur illustration. Cette histoire est en effet plutôt compliquée, puisque le nombre de bois varie d'une édition à l'autre ; de plus, l'ordre subit des variations et les titres choisis ne sont pas invariablement les mêmes[13].

La popularité des *Fables* d'Esope tout au long du Moyen Age et de la Renaissance n'est pas à démontrer[14]. L'existence de tant d'éditions imprimées, aux quinzième et seizième siècles, souvent accompagnées d'un commentaire scolastique et moral, surtout sous le titre *Auctores octo* (voir la liste, pourtant très incomplète, dressée dans l'*Index Aureliensis,* et celle de Christian Küster), suffi-

---

[10] Ruth Mortimer a suggéré qu'il suivait l'édition de Wechel par l'intermédiaire de celle de Jacques Moderne, mais cette hypothèse semble superflue (n° 17).

[11] Saunders, «The sixteenth-century French emblem-book: writers and printers», p. 179 et p. 184.

[12] Sur Corrozet voir Saunders, *op. cit.,* pp. 45-55, et Adams (éd.), *L'Hecatongraphie (1544), et les Emblemes du* Tableau de Cebes *(1543),* pp. ix-xviii, et C. Dalbanne, *Livres à gravures imprimés à Lyon au XVe siècle,* pp. 108-121.

[13] Voir Christian Küster, *Illustrierte Ausgabe des 15. und 16. Jahrhunderts,* et Robert A. Baron, *Bernard Salomon Project,* qui reproduit en ligne toutes les images de cette rarissime édition originale.

[14] Voir Corrozet, *Les Fables du tres-ancien Esope,* éd. Auguste-Henry-Edouard Queux de Saint-Hilaire ; Küster, *op. cit.* ; *Le Second Livre des fables d'Esope,* Gilles Corrozet, introd. Paola Cifarelli, et du même auteur, *Catalogue thématique des fables ésopiques françaises du XVIe siècle* ; voir aussi C. Dalbanne, *op. cit.* ; voir aussi, D.G. Hale, «Aesop in Renaissance England», et Baron, *loc. cit.*

rait à le prouver. La présence dans son propre milieu de beaucoup d'éditions contemporaines a dû encourager Tournes dans sa propre entreprise: à Paris, Robert Estienne publia plusieurs éditions à partir de 1527, et à Lyon Sébastien Gryphe fit paraître au moins huit éditions entre 1528 et 1544, et plusieurs autres éditeurs lyonnais suivirent le mouvement: Thibaud Payen (1533), Jacques Junte (1535), les héritiers de S. Vincent (1537), Jean Barbou (1539), Gilles et Jacques Huguetan (1540), François et Claude Marchant (1547), Jean Frellon (1548), et Balthazar Arnoullet (1554).

Mais, une fois encore, la source initiale et l'inspiration immédiate de Salomon sont à chercher dans l'édition publiée par Janot, comme pour le *Theatre des bons engins*. Il s'agit de la première édition de la traduction de Corrozet, *Les Fables du tresancien esope Phrigien premierement escriptes en Grec, et depuis mises en rithme françoise*, qui parut en 1542 et, dans une édition corrigée, en 1544; Corrozet en publia un deuxième livre en 1548 chez Groulleau. Dans le livre de Janot on voit sur la page de gauche une petite image, au-dessus d'un quatrain, le tout surmonté d'un titre et situé dans un encadrement architectural, et sur la page de droite, une traduction en vers de la fable; Tournes imite cette structure sauf qu'il remplace les encadrements de Janot par des fleurons de tête[15]. Janot lui-même se situe dans une tradition qui remonte très loin; Küster a suggéré l'influence exercée sur lui par plusieurs éditions anciennes: celles de Johann Zainer, Ulm, 1476-7, d'Heinrich Knobluchtzer, Strasbourg, 1482, de Johann Faber, Freiburg, 1531, ou des ré-éditions de ces livres, et surtout *Esopi apologi sive mythologi*, que Jakob Wolff von Pforzheim a publié à Bâle en 1501. Il est vrai que la mise-en-page de certains de ces livres a pu influencer Janot, là où l'on trouve une grande illustration en haut de la page, le titre de la fable, un poème latin, une paraphrase en prose du texte et un commentaire moral en deux lignes; autrement dit, dans l'ensemble, la présentation générale de Janot et donc de Tournes n'est guère différente de celle de ce prédécesseur ancien. Mais cela se réduit à la présentation et d'ailleurs ne correspond pas à toutes les différentes formes successives de mise-en-page dans les nombreuses éditions de Tournes. On peut tout de même admettre la présence de certaines ressemblances dans la composition et même dans les détails de l'illustration[16].

Tournes suivait de près le texte de l'édition de 1542 et on peut dire sans hésitation que Salomon travaillait à partir des illustrations de l'artiste employé par Janot: d'abord, comme il l'avait fait pour le *Theatre*, dans le choix de sujets qui, sans être identiques, sont très proches, et ensuite, toujours comme avant, pour la composition générale qui est le plus souvent très ressemblante dans les deux livres, bien que souvent inversée; plus précisément il suit la présence et la position des divers éléments qui composent l'image (eux-mêmes parfois inversés), plutôt que l'ensemble de l'image. Parmi les images ressemblantes on peut citer: *Du Loup et de la Grue* (figs 19 et 21), *Du Chien et du Boucher* (figs 18 et 20), *De la*

---

[15]   «*type ornament headpieces*», Mortimer, p. 7.
[16]   Küster, *op. cit.*, p. 96, p. 137.

Vache et du Bœuf, De l'Enfant et de Fortune, De la Mustelle et des Souris. Dans cette dernière gravure pourtant il y a des différences de détail, par exemple dans l'aspect de la pièce et dans la forme d'un meuble. En plus, les souris de Salomon sont beaucoup plus réalistes (ou simplement mieux dessinées); on peut voir encore une fois cette supériorité graphique dans le dessin des animaux de la fable *Du Singe et de ses Enfans*, où l'artiste de Janot les fait ressembler plutôt à des hommes, peut-être exprès puisque ce sont après tout, dans la tradition des fabliaux, des animaux qui parlent et non de vrais animaux. Salomon, excellent dessinateur animalier, a su les rendre plus vraisemblables. Il est vrai, comme le dit Grangette, qu'il y a parfois des inexactitudes dans son dessin des animaux, mais on ne peut nier la puissance de son observation et la tentative de les représenter de la façon la plus naturelle possible[17].

Les paysages de Salomon sont beaucoup plus convaincants que ceux de l'artiste de Janot. Par ailleurs, Salomon transpose quatre fois une scène extérieure pour la situer à l'intérieur, comme dans le *Theatre* et dans les *Emblèmes*. Pour certaines illustrations cependant il n'y a pas la moindre ressemblance de composition entre les deux séries.

Le rapport entre la tradition des fables et celle des emblèmes est évident non seulement dans la façon dont Esope est parfois présenté, mais aussi dans l'utilisation qu'ont faite de lui et d'autres fabulistes, les emblématistes français, Corrozet, La Perrière et Guéroult, et aussi dans le fait que certains bois de l'*Esope* viennent du *Theatre des bons engins* ou bien de l'*Alciat*[18].

Dans le livre de Claude Paradin, intitulé *Devises heroïques*, paru en 1551 et 1557 (*Catalogue*, nᵒˢ 16 et 41) la «devise», dans le sens de figure accompagnée d'une légende, et non pas dans le sens de la légende toute seule (mot, *motto*), se rapproche de l'emblème, au point que l'on a pu parfois les confondre. L'emblème se reconnaît le plus souvent par les trois parties intégrantes (*inscriptio, pictura, subscriptio*); la «devise», en revanche, comporte normalement une image qui représente, caractérise ou symbolise quelqu'un, et est accompagnée de mots qui ont le même but; c'est plutôt un symbole particulier, qui appartient à un individu, tandis que l'emblème a une portée plus générale. On peut prendre comme exemples le crocodile de César, les colonnes de Charles V ou le souci de Marguerite de Navarre (figs 36, 32, 33). La devise est très souvent énigmatique, en contraste avec la clarté de l'emblème[19].

Claude Paradin était chanoine de l'église collégiale de Beaujeu et auteur également des *Quadrins historiques* de 1553 et des *Alliances genealogiques des roys et*

---

[17] Voir *ibid.*, p. 103, pour d'autres «corrections» ou plutôt précisions; Grangette, *op. cit.*, pp. 67-68.

[18] Voir Barbara Tiemann, *Fabel und Emblem*, et Saunders, «The sixteenth-century French emblem book: writers and printers», p. 185.

[19] Russell, *Emblem and Device*, ch. 3, pp. 142-160; Saunders *The Sixteenth-Century French Emblem Book*, pp. 7-21; et, «When is it a device and when is it an emblem...»; voir aussi, Giraud, *op. cit.*, p. 8 et Chatelain, *op. cit.*, p. 52.

princes de Gaule, publié par Tournes en 1561[20]. Le livre des *Devises* parut pour la
première fois en 1551 chez Tournes, avec 118 devises, c'est-à-dire des gravures
surmontées d'une «inscription», mais sans texte pour les expliquer. Six ans plus
tard Tournes publia une édition augmentée, contenant 182 gravures, toujours
avec le titre latin, ainsi que des explications en prose française de Paradin, ce qui
allie le livre encore plus étroitement au genre emblématique. On est assez bien
renseigné sur les origines littéraires de certaines images du livre de Paradin, puisqu'il cite ses propres sources (classiques, bibliques, historiques et autres) là où il
le peut, par exemple, la devise du cardinal de Tournon représente la manne qui
tombe du ciel (*Exode* 16, fig. 34), préfiguration du Saint Sacrement, et la grenouille de la devise de Mécène est explicitée par des textes de Dion. Caton, Pline
et Eutrope[21]. Cependant on ne connaît pas de source précise des gravures de
Salomon. Saunders parle de la tradition médiévale des bestiaires, ce qui semble
juste, mais une filiation exacte n'a pas encore été repérée. Salomon a dû
connaître les armoiries et devises qui se voyaient partout en France, dans les
châteaux royaux et autres (écussons sculptés, fresques, stucs et tapisseries, soit
in situ soit par l'intermédiaire des estampes) et dans les églises (vitraux), dans les
tournois et les Entrées, sur les carrosses et la livrée des familles nobles, et en
temps de guerre sur les étendards et les armures. Sa grande expérience dans l'organisation artistique des Entrées lui venait en aide quand il fallait illustrer les
devises. Il a sûrement été influencé en plus par des œuvres d'art plastiques:
sculptures, pièces de monnaie et médailles antiques, ainsi que des ouvrages de
numismatique. En outre Salomon a dû puiser dans ses propres images car beaucoup des illustrations dans ce livre rappellent d'autres images déjà parues, dans
les *Emblèmes* d'Alciat, et les *Fables* d'Esope, ou les premières gravures ovidiennes qui accompagnaient la traduction de Marot. Pour résumer donc, à part
les sources générales d'inspiration suggérées par Saunders, nous n'avons pas
trouvé de source plus directe, seulement un mélange de souvenirs de ses propres
dessins, avec un avant-goût de gravures à paraître dans la *Bible* et la *Metamorphose d'Ovide figuree.* Leur qualité exceptionnelle annonce bien les meilleures
gravures de sa maturité artistique.

Nous ajoutons en guise de coda le dernier livre illustré par Salomon, les
Hymnes du temps et de ses parties, paru chez Tournes en 1560, mais muni d'un
privilège portant la date du 22 mars 1558, c'est-à-dire 1559 (*Catalogue,* n° 48).
Les vers et les commentaires qui accompagnent ces illustrations emblématiques
sont de la plume de Guillaume Guéroult (1507-1569). (Ce dernier était médecin
à Caen, musicologue et poète; il est connu comme l'auteur des *Chansons spiri-
tuelles* (1548), du *Premier livre des Emblemes* et du *Second livre de la Description
des Animaux contenant le blason des oyseaux* (1550), de l'*Epitome de la Corographie d'Europe* (1552-3), du *Premier Livre des Pseaumes* (1554), des *Figures de la*

---

[20]   Sur Paradin voir les éditions en fac-similé des *Devises* par Christopher Smith, 1971, et par
        Saunders, 1989.
[21]   Saunders, *éd. cit.,* p. 2, pp. 7-8.

Bible (Roville, 1564) et de plusieurs traductions.)[22] Alison Saunders a déjà bien situé ce livre, qu'elle appelle «un livre d'emblèmes philosophique»[23], dans la lignée de livres à format emblématique avec titre, figure dans un panneau ovale, et hymne moralisateur qui cherchait à imiter Ronsard ou Belleau, – Colletet, peut-on ajouter, avait déjà fait le rapprochement avec l'«Hymne des Heures» et un poème de ce dernier – le tout inséré dans un encadrement, «des Passe-partous quarrées d'ornemens de même gravure» comme Papillon les appelle, et accompagné par une *énarration* explicative en prose[24]. Voici la liste des sujets: le Temps (fig. 38), Lucifer (l'Aurore, fig. 39) le Jour (fig. 40), la Nuit (fig. 41), les Heures (fig. 42) (ces cinq premières images étant horizontales), et ensuite les douze Mois accompagnés par les signes du Zodiaque (images verticales, figs 43 et 44).

Le sujet de la représentation des douze mois, d'origine médiévale, continuait à inspirer les éditeurs et les artistes du siècle de la Renaissance, par exemple une série qui parut dans l'*Officium Beatae Mariae Virginis*, publié par Jacques Kerver, avec ses «douze compositions en ovale où l'on ne peut méconnaître la main de Jean Cousin»[25]. On peut consulter aussi l'*Enchiridion preclare ecclesie Sarum* publié en 1528 à Paris, également par Kerver[26]. Cette tradition sera continuée par les deux séries des *Mois* gravées par Etienne Delaune[27]. Pourtant, il n'est pas facile de trouver une source directe et immédiate pour le travail de Salomon; pour le thème central (et même peut-être pour le rapport entre le texte et l'image) il faudrait remonter, comme le suggère Saunders, au *Kalendrier des bergiers* datant de la fin du quinzième siècle, et surtout au *Compost et Kalendrier des bergeres* de la même époque, qui contient des illustrations pour les tâches du mois et deux signes du Zodiaque pour chaque mois (tandis que dans le *Kalendrier des bergiers* seul le mois de janvier était illustré). Cette tradition n'était pas inconnue à Lyon comme témoignent les éditions de Nourry et de Huguetan dans le premier tiers du seizième siècle, et, plus proche de Salomon, *Le grand calendrier et compost des bergiers*, publié par Cantarel en 1551[28]. Les

---

[22] Saunders, *The Sixteenth-Century Blason Poétique*, p. 163, p. 190; *The Sixteenth-Century French Emblem Book*, pp. 55-57. Voir l'ouvrage de Daniela Boccassini, *La parola riscritta*, et M. Provost *et al.*, *Dictionnaire de biographie française* (16), 1985; voir aussi *Le Premier livre des emblèmes*, éd. De Vaux de Lancey, p. xvii.

[23] Saunders, *Blason*, p. 190; voir aussi, du même auteur, un article à paraître, «Which is male and which is female?: allegorical representations in Guéroult's *Hymnes du temps* and *Hymnes des vertus*»; Colletet, *Vie de Guéroult*, cité par De Vaux de Lancey, *éd. cit.*, p. 4.

[24] Papillon, *op. cit.*, pp. 208-209; Mégret, *op. cit.*, p. 301.

[25] Firmin-Didot, *Jean Cousin*, p. 75, p. 177; voir aussi Brun, 1969, Pl. IIb; «Le mois de juillet» des *Heures* de Kerver, 1522, qui présente des vers et une image ovale dans un encadrement architectural.

[26] Voir Auguste Bernard, *Geoffroy Tory*, pp. 257-258, qui signale que les illustrations sont proportionnellement trop grandes pour le livre, ce qui indiquerait qu'elles n'avaient pas été faites pour lui.

[27] BnF Ed 4a Rés et Td 24, t. 13, voir *La Gravure française à la Renaissance*, nᵒˢ 106-109.

[28] Mortimer, nᵒ 126.

illustrations que présentent Dal et Skårup montrent que Tournes a pris la forme ovale de l'encadrement et la présence des signes du Zodiaque chez les éditeurs parisiens du *Calendrier*, mais que Salomon n'a choisi d'illustrer ni le thème des âges de l'homme ni celui des travaux des saisons[29]. L'illustration de ce livre est tributaire en outre des sources générales que nous avons signalées pour les *Devises heroïques* (sculptures, fresques, pièces de monnaie).

Dans sa préface au lecteur des *Hymnes du temps*, Tournes avait annoncé qu'il projetait la publication d'autres livres dans le même genre. Un seul vit le jour, les *Hymnes des Vertus, representees au vif par belles et delicates figures*, que Jean II de Tournes publia à Genève, mais en 1605 seulement, avec vingt gravures sur bois dont certaines illustrent bien des travaux ménagers. On peut avoir de sérieuses réserves concernant l'attribution, mais nous le plaçons ici parce qu'il présente des liens étroits avec les *Hymnes du temps et de ses parties*, paru quarante-cinq ans plus tôt, et que d'autres personnes l'attribuent sans hésitation à Salomon. Dans ce livre il n'y a plus l'énarration qui existe dans les *Hymnes du temps*, mais seulement le titre de chaque hymne, la gravure, qui est entourée d'un encadrement, et le poème qui lui correspond. Il n'est fait mention nulle part de l'auteur des vers; Alison Saunders fait remarquer qu'ils sont du style de Guéroult dans les *Hymnes du temps*, mais ne viennent pas de sa plume et doivent dater des années 1580[30]. Voici la liste des vertus traitées: Modération, Magnanimité, Patience (fig. 45), Societé, Parsimonie, Promptitude (fig. 47), Vigilance, Assiduité, Diligence, Sollicitude, Perseverance, Providence, Experience (fig. 46), Fidelité, Concorde, Victoire, Renommée, et trois entités qui n'ont rien de vertueux: Vanité, Detraction, Astuce. Pour une description de chaque image dont certaines sont ovales et d'autres oblongues, on peut se référer à la *Bibliographie* de Cartier[31]. Nous n'avons pas trouvé de sources proprement dites pour les *Hymnes des Vertus* à part celles déjà signalées pour les *Devises* et pour les *Hymnes du temps*; par ailleurs le sujet se retrouve dans l'imagerie populaire des allégories religieuses et morales[32].

Le livre d'emblèmes, au sens étroit et au sens large, intéressait beaucoup Tournes, et c'est un genre où Salomon se trouvait bien à son aise, d'autant plus que certaines autres de leurs productions communes y sont apparentées. L'important pour le développement artistique de Salomon c'est que son imitation des livres de Janot (le *Theatre* et les *Fables*) et de Wechel (les *Emblèmes*) lui a donné la possibilité de perfectionner ses propres techniques et de trouver son propre style dans des œuvres plus tardives, les *Devises* et les *Hymnes*.

---

[29]   Saunders, *The Sixteenth-Century French Emblem-Book*, pp. 33-35; Erik Dal et Povl Skårup, *The Ages of Man and the Months of the Year*, pp. 12-20; *Le Grant Kalendrier et Compost des Bergiers*, éd. Pierre Champion.

[30]   *Op. cit.*, p. 66, n. 65, et «Which is male and which is female?»; le Catalogue en ligne de la British Library les attribue à Francesco Maria Emanuele e Gaetani!

[31]   Cartier, pp. 668-669; voir aussi fig. 48.

[32]   Voir Grivel, «Les graveurs en France au XVIe siècle», p. 50.

Au cours de ces mêmes années Salomon s'adonnait à l'illustration d'autres sortes de livres, notamment les ouvrages scientifiques ou quasi-scientifiques et les œuvres littéraires. Le premier en date est la *Paraphrase de l'Astrolabe* de Jacques Focard de Montpellier, sortie des presses de Tournes en 1546 (*Catalogue*, n° 2). Ce livre contient plusieurs figures géométriques et astrologiques, et vingt et un bois gravés, y compris six circulaires, dont la Sphère armillaire (p. 15), la face de l'astrolabe (p. 30, répétée p. 181, fig. 51), l'Aranea (p. 32, fig. 52) («la tierce partie de la face est un cercle, ou roue mouvante, approchant à la forme d'un Filé, à ceste cause est appellé Rete, Volvellum, ou Aranea: pource qu'à la manuelle version il demonstre le mouvement circulaire de la Sphere celeste, & congnoissance des heures egales & inegales, & autres choses» (p. 30)); et la mappemonde («speculum cosmographicum, Mape, ou Miroir du Monde» (pp. 33-34)), ainsi que quinze bois rectangulaires qui correspondent à des opérations pour mesurer l'altitude (figs 50, 53 et 54). Au verso de la page de titre se voit une gravure contenant des armoiries, sans doute celles de l'auteur.

Dans la préparation de ses gravures Salomon trouva son inspiration dans *L'Usaige de l'Astrolabe avec un traicté de la Sphere*, de Dominique Jacquinot de Champagne, publié à Paris par Jean Barbé en 1545[33], mais, malgré l'assertion de Brun que «Cette illustration est identique à celle de l'*Usaige de l'Astrolabe* de Jacquinot», il ne faudrait pas exagérer l'utilisation qu'il fit de cette source[34]. Certains des dessins géométriques et des tables ainsi que quelques-unes des planches rondes, par exemple le «Dos de l'Astrolabe», ou l'Aranea, portent des ressemblances avec les dessins de l'édition de Jacquinot, mais Salomon a enrichi son dessin par l'ajout de plusieurs détails. Pour les planches rectangulaires, si l'édition antérieure est plus schématique, moins détaillée, certaines des planches de Salomon en sont proches par leur composition, par exemple l'illustration intitulée *Pour sçavoir la haulteur d'une Tour, ou autre chose, par l'umbre d'icelle* (figs 49 et 50)[35]. Tout en inversant l'image, Salomon a gardé la disposition d'ensemble, avec le soleil qui surplombe une tour et un homme qui mesure les distances, mais la tour est totalement différente (une tour carrée à trois étages et à toit plat, porte à fronton triangulaire, frise et corniche mais fenêtre à meneaux, contre une tour ronde médiévale avec pinacle). Par ailleurs, Salomon insère dans cette gravure des mots explicatifs. Plusieurs gravures ont en commun le sujet et quelques détails, mais le dessin de Salomon est dans chaque cas plus riche; d'autres ont le même sujet mais sans ressemblance, et d'autres encore choisissent un sujet différent à illustrer. Il y a toutefois une belle gravure dans l'édition antérieure que Salomon ne cherche pas à imiter: une tour carrée avec pinacle et girouette, un escalier rond intégré à l'angle, des fenêtres à arc arrondi, et une horloge qui surmonte un porche d'entrée à fronton triangulaire ouvrant sur une salle voûtée dont le plafond est soutenu par une rangée de colonnes

---

[33] BnF Rés p V 705.
[34] Brun, 1969, p. 191.
[35] P. 22v°, Jacquinot, p. 11v°; p. 84v°, p. 19r°; p. 111, p. 73.

(p. 79). L'illustrateur de Jacquinot, lui aussi, mélangeait des éléments de l'architecture médiévale et de celle de la Renaissance, ce qui n'a rien d'étonnant dans cette période de transition. Pourtant, le travail de Salomon est supérieur en général, et la chose la plus frappante c'est que les meilleures images de Salomon ne trouvent tout simplement pas leur équivalent dans l'édition de Jacquinot, ce qui souligne sa grande maîtrise ainsi que son originalité. Il a dessiné plusieurs images beaucoup moins schématiques que celles de son prédécesseur, dans lesquelles, au lieu de présenter l'homme qui prend les mesures dans un décor à peine esquissé en laissant un grand espace en blanc, il le situe dans un lieu réel, par exemple une place d'église, bordée de maisons à plusieurs étages où se promènent hommes et chiens (fig. 53), ou devant une rivière à pentes boisées (fig. 54) ou bien devant des temples ronds, un colisée en ruines, des pyramides et obélisques[36].

En 1549 parut chez Tournes un livre quasi scientifique, la *Chiromance et physiognomie par le regard des membres de l'homme* de Jean de Hayn (Joannes de Indagine) dans la traduction d'Antoine du Moulin, et avec des illustrations de notre artiste (*Catalogue*, n° 11)[37]. L'illustration comporte 82 gravures: les sept planètes (représentées par des dieux et des déesses) (figs 57-61), 11 paires de têtes, (figs 55 et 56), 37 images de mains, et 27 diagrammes pour l'astrologie naturelle.

On connaît la source de l'illustration: l'édition latine de Barthélemy Coclès, publiée à Strasbourg en 1522, par l'intermédiaire d'une édition parisienne de 1543, dont étaient responsables Regnault et Drouart[38]. Une comparaison des gravures qui représentent Diane (figs 61 et 62) démontre que Salomon doit à l'artiste parisien la plus grande partie de sa composition; il ajoute un arc et un carquois ainsi que des nuages sombres, remplissant de la sorte un espace que son devancier avait laissé vide. Salomon a copié fidèlement les robes des suivantes qui tirent le char mais a donné à Diane une parure plus raffinée. Ruth Mortimer fait remarquer que Salomon (en réalité elle se réfère aux «artistes de Tournes»)

---

[36]   Il est utile de mentionner quelques autres livres sur l'Astrolabe parus à Paris et à Lyon à l'époque: avant Jacquinot il y avait, entre autres, Johannes Dryander (Eichmann), *Novi Annuli astronomici... canones atque explicatio*, Marpurg, 1536 (BnF Rés V 949), ensuite, *Joannis Martini Poblacion, de usu astrolabii compendium*, Paris, 1545, Jean Corbon (BnF V 20815), où le manque d'illustration est presque total, et *Astrolabii Declaratio, ejusdemque usus mire jucundus... A Jacobo Koebelio... edita*, Paris, Guillaume Cavellat, 1552 (BnF V 20816), dont l'illustration sommaire ne semble rien devoir à Salomon; voir aussi V 20817, une édition tardive de 1585 par Marnef et la veuve Cavellat, qui copie celle de 1552. Voir aussi un article d'Isabelle Pantin, qui montre les liens entre les différents livres sur l'astrolabe et la correction progressive des erreurs survenues dans les illustrations, «Les problèmes de l'édition des livres scientifiques: l'exemple de Guillaume Cavellat», pp. 246-247.

[37]   Du Moulin allait publier en 1550 une traduction de certains philosophes anciens sous le titre *Physionomie naturelle*, dédiée à Maurice Scève. Dans sa préface il écrivait que Scève avait parlé sérieusement de cette science utile à l'homme (Cartier n° 165, voir p. 291); sur Du Moulin voir aussi *infra*, p. 156.

[38]   Ruth Mortimer, n°s 324 et 325; Brun, 1969, p. 225. Ce sujet aussi était à la mode, en Allemagne, et, un peu plus tard, en Angleterre, voir Luborsky, «Connections and disconnections... », p. 77.

a dû connaître les deux éditions antérieures, puisque les têtes dépendent en partie de l'édition parisienne (n°s 1, 2, 7) et en partie de l'édition strasbourgeoise (n°s 3 à 6, 8 à 11). Le dieu-soleil est un ajout mais un sujet semblable existait à un autre endroit dans l'édition de Strasbourg. D'après notre comparaison détaillée de ces éditions nous concluons que Salomon est beaucoup plus proche de l'édition parisienne que de la strasbourgeoise.

Dans un autre domaine, relevant de la technique autant que de la science, se trouve le *De Architectura* de Vitruve que Tournes publia en 1552 (*Catalogue*, n° 20) avec les annotations de Guillaume Philandrier[39], et des gravures de Salomon, comportant des plans et des dessins architecturaux ainsi que des gravures montrant des machines (par exemple, un cabestan et un treuil, pp. 408-409). Philandrier (1505-65), un ami de Rabelais[40], avait fait le voyage de Venise et de Rome comme secrétaire de Georges d'Armagnac, évêque de Rodez, et avait étudié sous Serlio; c'est à Rome en 1541 qu'il prépara ses commentaires sur Vitruve, avec l'aide de Serlio et de Bramante; ils parurent dans la même ville en 1544 chez Giovanni Andrea Dossena. Il existe un très bel exemplaire de ce livre à la Bibliothèque nationale de France, imprimé sur papier bleu et relié aux armoiries de François Ier, à qui le livre est dédié[41]. A Paris Michel Fezandat reprit cette édition en 1545, en association avec Jacques Kerver, avec la même illustration dont au moins certains bois semblent avoir été retaillés[42]. Philandrier retravailla son commentaire en 1552 pour Jean de Tournes, comme il l'explique dans sa préface à Georges d'Armagnac, devenu depuis cardinal[43]: «J'ai remanié le livre entier, changeant beaucoup de choses et en ajoutant beaucoup, et rendant le tout un peu plus correct». Cette nouvelle édition a été augmentée du tiers avec l'ajout du texte intégral de Vitruve. Frédérique Lemerle a démontré que Philandrier n'est pas responsable du texte, mais que l'on peut le considérer comme l'«éditeur virtuel» de Vitruve à cause de ses corrections inédites. Elle signale que les listes de temples, de forums, de cirques et d'autres éléments architecturaux viennent d'un livre de Fabricius, *Roma, sive liber utilissimus de veteribus Romae situ, regionibus, templis et aliis aedificiis*, publié à Bâle en 1550. Bien que l'illustration de Vitruve remonte à 1486, et qu'il y ait eu deux autres éditions italiennes en 1511 et 1521 qui ont influencé une édition parue à Paris

---

[39] Cartier, p. 341; Mortimer, n° 550; voir Frédérique Lemerle, *Les Annotations de Guillaume Philandrier sur le De Architectura de Vitruve*. Voir aussi, du même auteur, «Philandrier et le Texte de Vitruve», pp. 517-529.

[40] «Nostre grand amy et seigneur Monsieur Philander», dans «Briefve Declaration», *Quart Livre*, éd. Robert Marichal, ch. xliv, p. 281.

[41] BnF Rés V 2266.

[42] Cartier suggère que Philandrier s'est servi de l'édition publiée à Florence par Philippe de Junte en 1513, avec le texte de Fra Giocondo; ni l'illustration de 1544-1545 ni celle de Salomon pourtant ne semble rien devoir à cette édition. Le texte de l'édition que Georges Messerschmidt (Machaeropoeus) a publié à Strasbourg en 1550 renferme d'autres illustrations, empruntées aux éditions de Fra Giocondo et de Cesariano (Lemerle, *art. cit.*, p. 522).

[43] «Opus prope totum interpolavi: mutata pleraque, addita plurima, aliquanto tersiora omnia», f. A1 v°.

en 1536 chez Colines[44], la source de l'illustration de Salomon est à chercher plus près, c'est-à-dire dans l'édition romaine de 1544 ou la parisienne de 1545 : il suit exactement le choix de sujets à illustrer, avec quelques ajouts, et copie directement certaines illustrations schématiques (colonnes, chapiteaux et socles, et surtout la sonnette, p. 92, fig. 63). Parfois il transforme la gravure d'origine en ajoutant des personnages, ou en lui donnant plus de profondeur et de contraste, par exemple « Lateranensis et Mutinensium marmorum formae » (Tournes, p. 235, figs 66 et 67, Fezandat, p. 187, fig. 68), que Cartier décrit comme « trois bois représentant des triclinia d'après les marbres de Latran et de Modène »[45], ou bien en faisant preuve de meilleures connaissances de l'architecture, par exemple un dôme bramantesque (p. 269) qui remplace un dessin bulbeux (p. 211), bien que parfois, comme le fait observer Lemerle, il fasse des erreurs dans la transcription des ordres. En outre, Salomon ajoute plusieurs gravures, par exemple pour illustrer des façades de bâtiments (pp. 143-145), ou des Bains (pp. 208-9), et surtout quatre gravures du Cirque (« Metarum et obelisci deformatio », dans le chapitre « De theatro ejusque salubri constitutione » pp. 178-179, figs 64 et 65) qu'accompagne un feuillet plié contenant une longue inscription (après p. 184). Par la qualité du travail, ces gravures, qui représentent des cirques ou colisées où se démènent des gladiateurs, à pied où à cheval, se battant contre des fauves, et des chars qui contournent des obélisques, sont d'une importance capitale.

Or le texte de Philandrier nous renseigne sur la source de ces dernières images. Elles trouvent leur inspiration dans certaines pièces de monnaie de l'empire romain, de Caracalla, de Trajan, et d'Aurélien que lui avait fournies dans ce but son ami Pirro Ligorio, « peintre non négligeable, et amateur d'antiquités »[46]. On reproche parfois à Ligorio une tendance à corrompre l'évidence archéologique en complétant dans ses dessins des statues fragmentaires ou des bâtiments en ruine, et même en faussant des pièces de monnaie et des médailles (reproche par ailleurs que l'on a fait à Du Choul et à Strada entre autres), mais ses quarante volumes de manuscrits, seuls restes d'une production beaucoup plus vaste, attestent de ses profondes connaissances et de ses compétences numismatologiques. Très peu de son travail est sorti de son vivant : son *Libro delle Antichità di Roma, nel quale si tratta de' Circi, Theatri, Anfitheatri*, avec ses *Paradosse* qui expliquent sa méthode archéologique, publié par Michele Tramezzino à Venise en 1553, et un ouvrage sur les Bains de Dioclétien publié en 1558. C'est justement son travail sur les cirques qui nous concerne. Il est à noter que dans son *Libro delle*

---

[44]   Anninger, *op. cit.*, p. 10, p. 232.

[45]   Cartier, p. 341 ; ces bois sont à comparer avec celui qui paraîtra en 1553 dans les *Illustres observations antiques* de Simeoni (p. 51) pour illustrer un autre triclinium conservé dans une maison particulière à Rome. Selon Renucci (*Un Aventurier des lettres...*, p. 296) Salomon l'aurait exécuté d'après des esquisses fournies par Simeoni, mais nous ne pensons pas le lui attribuer.

[46]   « Ea mihi numismata utenda dedit Pyrrhus Ligor noster, pictor non contemnendus, et antiquitatis studiosus », p. 177. Sur Ligorio voir surtout D.R. Coffin, *The Villa d'Este at Tivoli*, Erna Mandowsky et Charles Mitchell, *Pirro Ligorio's Roman Antiquities*, et Robert W. Gaston, éd., *Pirro Ligorio, Artist and Antiquarian*.

Antichità Ligorio mentionne à propos de cirques et de bornes «nostro libro delle Medaglie», mais ce dernier est resté à l'état manuscrit[47]. Le livre sur les antiquités n'est pas illustré, mais Ligorio avait publié à part quelques gravures, qui devaient l'accompagner, pour en faire la publicité, ou bien annoncer un travail de plus grande envergure. Il s'agit de deux petits plans de Rome (Michele Tramezzino, 1552 et 1553) avant-coureurs du grand plan célèbre, *Antiquae Urbis Imago* en quinze feuilles de 1561 (Michele et Francesco Tramezzino), et de deux gravures du Circus Maximus (Tramezzino, 1552) qui sont basées sur des pièces de monnaie impériales. On sait donc d'après ce que dit Philandrier que Ligorio lui avait fourni des pièces et on imagine facilement qu'il les avait passées à Tournes ou même directement à Salomon, et il est plus que probable qu'il lui avait fourni aussi en même temps un exemplaire des gravures de cirques qui venaient tout juste de sortir[48]. Philandrier nous apprend que ses connaissances à lui viennent de ses lectures et aussi de ce qu'il a pu voir lors de ses voyages, et il faut supposer qu'il a communiqué à Salomon les fruits de cette expérience, soit par moyen d'esquisses soit par une description détaillée. Il est possible que Tournes ait été influencé dans sa décision de publier Vitruve par le succès évident de la belle édition de Vitruve, *Architecture ou Art de bien bastir*, publiée à Paris en 1547 par Jacques Gazeau, dans la traduction de Jean Martin. Salomon ne semble pas pourtant s'être servi des gravures dont la plupart sont de la main de Jean Goujon qui copie les illustrations de deux éditions italiennes (1511 et 1521)[49].

Il faudrait aussi classer parmi les livres scientifiques et documentaires les illustrations d'ordre topographique que Salomon a dessinées, qu'il s'agisse de vues panoramiques de villes ou bien de cartes et plans. Ces gravures paraissent d'abord en 1552 chez Balthazar Arnoullet dans le *Premier livre des Figures et pourtraitz des villes...* de Guillaume Guéroult, le futur auteur des *Hymnes du temps*, et ensuite, en 1553, dans une édition augmentée, l'*Epitome de la Corographie d'Europe* (*Catalogue*, n° 22). Ce livre fut publié à nouveau chez Bonhomme en 1557, avant de faire une troisième apparition en 1564 dans un recueil intitulé *Plantz, pourtraictz et descriptions de plusieurs Villes et Forteresses*, paru chez Jean d'Ogerolles (*Catalogue*, n° 5a). Dès l'édition originale on trouve un plan gravé de Paris (p. 7, fig. 69) qui est de la main de Salomon. Quant aux sources de cette image, le premier plan gravé de cette ville (sans compter quelques vues imaginaires de la fin du quinzième siècle), qui date de 1530 environ, paru dans *La*

---

[47] P. 9v°; le manuscrit se trouve à Naples (XIIIB.1); Mandowsky et Mitchell le datent de 1553.

[48] Pour des reproductions de ces pièces voir Mattingly, *Coins of the Roman Empire in the British Museum*, t. III, Pl. 32, 2 et 3, t. V, Pl. 75, 2 et 3; Mattingly et Sydenham, *The Roman Imperial Coinage*, t. II, Pl. X, 187, et t. IV, Pl. XV, 3, et Gaston, *op. cit.*, pp. 72-73, qui ajoute des gravures de cirque. Mandowsky et Mitchell reproduisent les trois plans de Rome, Pl. 73-75, voir aussi pp. 40-41. Richard Cooper signale un dessin de Du Choul qui reproduit un sesterce de Caracalla représentant le Circus Maximus («Collectors of Coins and Numismatic Scholarship...», p. 16).

[49] Voir Mortimer, n° 549; sur Jean Martin, voir *Jean Martin, un traducteur au temps de François Ier et Henri II*, Zerner, *L'Art de la Renaissance en France*, pp. 174-176, et Anninger, *op. cit.*, pp. 232-235.

Complaincte de la cité crestienne de Pierre Gringoire, est assez sommaire et contient peu de monuments reconnaissables[50]. Ce plan gravé a été sans doute précédé par un grand plan manuscrit, maintenant perdu, qui aurait influencé un autre plan, préparé vers 1540 et colorié à la gouache qui a été détruit lors de l'incendie de l'Hôtel de Ville en 1871 et survit seulement dans une série de photographies[51]. Mais c'est dans les années 1550 que la cartographie de Paris a connu un vrai essor, avec la parution d'abord de deux plans célèbres, indépendants, mais très proches l'un de l'autre, le plan dit de Saint-Victor, gravé sur cuivre en 1552, et le plan dit de Bâle, gravé sur bois et publié par O. Truschet et G. Hoyau vers 1553, et ensuite de celui qui constitue la source directe de Salomon, contenu dans la *Cosmographia universalis* de Münster[52]. L'humaniste cartographe a publié d'abord son livre en allemand en 1544, chez Heinrich Petri à Bâle, et ensuite en plusieurs éditions différentes, notamment celle de 1550, l'année de sa mort, en allemand et en latin, en y ajoutant des plans et vues de villes. Ce livre sera réédité en 1552 en français, et, souvent par la suite, en d'autres langues encore, par le même éditeur, qui était son gendre. C'est dans les éditions parues à partir de 1550 que l'on voit la célèbre représentation de Paris qui a servi de modèle à Salomon. Ce plan, signé HR MD, est l'œuvre de Hans Rudolf Manuel, qui était responsable aussi des plans de Genève, de Berne et (avec Christoph Stimmer) de Bâle. On a pu suggérer que c'est le plan de Salomon[53] qui est le premier, mais il est certain que c'est Salomon qui a copié le plan de Münster, et non pas l'inverse: l'écusson de droite existe déjà dans Münster, mais Salomon a ajouté un ange pour le tenir et un bateau pour symboliser Paris, en le déplaçant sur le plan de sorte qu'il a été obligé de supprimer le quartier de Saint-Marceau, tout en substituant le nom de Saint-Marceau à la place de celui des Cordeliers. Puisque les deux plans se répondent sur presque tous les détails il est impensable que le graveur qui a copié le plan d'un autre ait pensé à supprimer l'écusson et à ajouter les quelques rues qui manquaient. Le plan de Salomon étant plus petit, notre artiste a dû supprimer quelques noms de rues, et, encore une fois, la suppression d'un élément semble beaucoup plus probable que son ajout. Il est à signaler qu'en 1552 Thomas Teixier, rue Saint-Jacques aux Trois Brochets, a gravé ou fait graver sur bois neuf représentations de villes dont sept correspondent aux sujets d'Arnoullet, auxquels il ajoute Venise et Lyon[54].

---

50   Jean Boutier, *et. al.*, *Les Plans de Paris des origines (1493) à la fin du XVIIIe siècle* (Boutier, n° 3). Voir aussi, Jean-Pierre Babelon, *Nouvelle Histoire de Paris. Paris au XVIe siècle;* Valentin Dufour, *Munster, Du Pinet et Braun;* Jean Dérens, *Images de Paris au XVIe siècle.*

51   Boutier, n° 4.

52   Boutier, n°s 8, 7 et n° 5, pp. 79-83; sur Münster voir Viktor Hantzsch, *Sebastian Münster...*, et Karl Heinz Burmeister, *Sebastian Münster: Eine Bibliographie;* voir MapForum.com, Issue 10.

53   Boutier, n° 6. Pour l'historique de ce débat à la fin du dix-neuvième siècle, voir Boutier, *op. cit.*, p. 79. Voir aussi Juergen Schultz, «Jacopo de' Barbari's View of Venice», p. 442; d'après cet auteur la gravure qu'accompagne le texte de Guéroult porte la date de 1548, mais nous ne l'y avons pas trouvée.

54   Marianne Grivel, «Les graveurs en France au XVIe siècle», p. 44, qui cite un document du Minutier Central, dans Catherine Grodecki, *Histoire de l'Art au XVIe siècle.*

Dans l'édition de 1553 se trouve une vue de Lyon (après la p. 12, fig. 70), prise de la colline de la Croix-Rousse (plus strictement de la colline Saint-Sébastien, anciennement la Montée de la Grande Côte). La source directe de cette image de Salomon est la vue de Lyon faite par Jacques Androuet Du Cerceau en 1548 qui a survécu en un seul exemplaire[55]. Dans son recensement des plans et vues de Lyon, paru en 1891, Grisard attire l'attention sur ce document important, mais semble avoir ignoré cette gravure de Salomon. Cela fausse un peu l'étude excellente de Grisard puisqu'il attribue à l'influence directe de Du Cerceau plutôt qu'à celle de Salomon, qui a connu une diffusion beaucoup plus grande, les adaptations qui sont venues ensuite[56]. Le plan de Du Cerceau a été copié (agrandi de moitié) par Balthasar Bos (Balthazar van den Bosch) et imprimé par Hieronymus Cock «aux Quatre Vents» à Anvers en 1550. Il est toujours possible que Salomon ait connu cette copie, ou bien que la gravure de Thomas Teixier, maintenant perdue, dont nous venons de parler, ait servi d'intermédiaire.

La vue de Tivoli (p. 36, fig. 71), publiée en 1553, n'existe pas chez Münster, et nous n'en avons pas trouvé qui soit plus ancienne que celle-ci. La gravure publiée par Etienne Dupérac, dans le *Speculum Romanae magnificentiae* de Lafréry d'après un dessin de 1571, ne date que du 8 avril de la même année. Elle représente d'ailleurs non pas l'ensemble du site, mais seulement une des fontaines, avec les statues de la Sibylle tiburtine et de son fils Helicerte, et de neuf nymphes qui portent des urnes versant de l'eau, et les deux fleuves, Erculaneo et Aniene. Il n'est pas impossible pourtant que Salomon ait eu accès à un dessin inconnu, par exemple de la main de Pirro Ligorio. Depuis 1549 Ligorio était au service d'Hippolyte d'Este qui fut nommé gouverneur de Tivoli en 1550. Ligorio était sans doute responsable des grands travaux de reconstruction des bâtiments, de la formation de la villa et de l'aménagement des jardins de plaisance; il était certainement directeur des fouilles archéologiques au site de la villa d'Hadrien[57]. Il a dû faire, dans les jardins de Tivoli, maints dessins, maintenant perdus comme d'ailleurs la plupart de ses dessins. C'est au cours de ces mêmes années qu'il s'activait à produire ses nombreux plans de Rome dont le premier date justement de 1552[58]. En tout cas cette gravure semble avoir été dessinée sur le site lui-même. Cette vue de Naples (fig. 72) peut aussi appartenir à Salomon. Aurait-il poursuivi son voyage supposé jusque-là? La gravure de Dupérac que

---

[55]   BnF Estampes AA5 Rés., fac-similé dans *Revue du Lyonnais*, 8 (1889), p. 313.

[56]   J.-J. Grisard, *Notice sur les plans et vues de la ville de Lyon...*, pp. 10-24. Voir aussi Marius Audin, *Bibliographie iconographique du Lyonnais*, II, t. 2, Fasc. 1, *Plans et Vues Générales*. D'après Audin, la marque d'imprimeur de Thomas Soubron figure une représentation de la ville de Lyon qui, est «servilement copié[e] sur la vue d'Androuet du Cerceau, et plus probablement encore sur celle que le Petit Bernard dessina pour la *Corographie d'Europe*, de Balthazar Arnoullet, en 1552.» (*Impressions de Louis Perrin*, p. 47).

[57]   Mandowsky et Mitchell, *op. cit.*, p. 2; voir aussi les livres signalés dans la n. 46.

[58]   Voir Christian Hülsen, *Saggio di Bibliografia Ragionata delle Piante Iconografiche e prospettiche di Roma...*, p. 41 et ss.

publie Lafréry est datée de 1566; celle que publie Münster en 1567 est très différente de celle de l'édition lyonnaise, mais en 1572 le graveur de Münster imite
cette dernière[59].

Il est important de noter que, si plusieurs bois dans le recueil de Guéroult
dérivent de la *Cosmographia universalis* de Münster, le seul bois de ce livre imité
par Salomon est celui qui représente Paris. La vue de Lyon vient d'ailleurs, étant
une copie d'une gravure de Du Cerceau. Tous les autres bois que nous attribuons à Salomon sont soit originaux soit imités de gravures inconnues, et ils ne
font leur entrée dans le livre de Münster qu'en 1572.

Salomon a probablement dessiné en plus quelques cartes bibliques dont
quatre ont été publiées dans la bible in-quarto de 1561 (*Catalogue*, n° 49). Elles
appartiennent à une tradition dont la source lointaine est à chercher dans les
bibles luthériennes des années 1520 et la source directe et immédiate dans une
bible en français que Barbier et Courteau ont publiée à Genève en 1559 et qui a
dominé en France pendant plus de quarante ans[60]. De toute évidence ces cartes,
comme les plans de Paris et de Lyon, suivent leur source de près, comme il fallait s'y attendre. Les vues de Tivoli et de Naples, en revanche, si vraiment,
comme nous le supposons, elles n'ont pas d'antécédent, non seulement soulignent le fait que Salomon savait travailler en plein air, ce qui n'était pas habituel
à l'époque, mais accusent déjà une grande originalité.

En dernier lieu, la *Cosmographie de Levant* d'André Thevet, livre en partie
scientifique, en partie littéraire, et avec un côté emblématique, parut chez
Tournes en 1554, ornée de 25 gravures, des armes de la Rochefoucauld et d'un
portrait de Thevet (fig. 227), et, de nouveau, avec neuf gravures de plus, en 1556
(*Catalogue*, n°ˢ 33 et 36). Ces gravures relèvent de plusieurs domaines différents:
anecdote, légende, histoire, archéologie, sociologie, architecture, zoologie,
botanique[61]. Le voyage au Moyen-Orient de Thevet que décrit ce livre eut lieu
entre 1549 et 1552; le livre est donc fondé sur une expérience vécue récente,
mais on peut discerner aussi plusieurs sources littéraires dans la composition du
récit, qui est l'œuvre de son scribe François de Belleforest: par exemple, le *Poly-
histor* de Solin, ou bien *Le Grant Voyage de Jherusalem* de Bernhard von Brey-
denbach (en latin, 1486, en français 1517)[62]. Cependant Salomon n'avait pas fait
le voyage lui-même; ses informations à lui venaient donc du texte du livre, des
précisions que Thevet a pu lui donner dans leurs conversations privées, et, par
un autre côté, de livres illustrés déjà existants. Seulement, puisque le livre de
Thevet rendait compte de son voyage personnel, Salomon n'avait pas de

---

[59]   Voir Di Mauro, «La 'gran mutatione' di Napoli», pp. 85-86; cette gravure de 1567 imiterait
       une gravure inconnue du Quattrocento.
[60]   Chambers, n° 253; voir Catherine Delano-Smith, et Elizabeth Morley Ingram, *Maps in Bibles
       1500-1600*, p. 160; ces auteurs pourtant donnent des raisons pour les attribuer à Eskrich; voir
       infra, p. 314.
[61]   Voir l'édition de ce livre par Frank Lestringant. Pour une liste détaillée des planches voir
       Cartier, p. 377 et p. 430
[62]   Pour les sources littéraires, voir Lestringant, pp. xlv-lx.

modèle évident à suivre. Lestringant indique quelques sources possibles pour certaines gravures, par exemple, la représentation du palmier, ajoutée en 1556, ressemblerait beaucoup à un bois gravé du livre *Navigationi et Viaggi* de J.-B. Ramusio traduit par Jean Temporal sous le titre *L'historiale description de l'Afrique* (t. II, p. 381); pour Lestringant ce bois et l'image du crocodile (p. 140, fig. 74), sortent du même atelier. (Ce crocodile a par ailleurs un petit air de famille avec celui des *Devises* (fig. 36))[63]. On peut ajouter que Salomon ne semble pas s'être servi de l'*Historia animalium* de Conrad Gesner[64].

Sous la rubrique de cette section nous avons examiné une série de livres dont le but est entièrement ou en grande partie documentaire, qu'il s'agisse de la compréhension et ensuite de l'utilisation d'instruments scientifiques, de l'étude du caractère par la physionomie, de la description d'éléments architecturaux, de la présentation de la faune et de la flore de pays exotiques, de la topographie et de l'aspect de vues urbaines, ou bien de la cartographie. Tous ces livres scientifiques nous présentent la même évolution rapide que dans les livres d'emblèmes. Salomon s'empare d'une source de base pour s'en affranchir dès que l'occasion se présente, et les gravures qu'il produit ensuite s'imprègnent de ses propres idées artistiques, ou bien il travaille sans l'intermédiaire d'un document et son originalité est encore plus évidente. Il ne saurait y avoir meilleur exemple que la Vue de Tivoli qui annonce déjà le style de sa maturité.

Il existe en même temps d'autres publications illustrées par Salomon dans les premières années de sa carrière où il s'est montré capable de faire une utilisation plutôt discrète de ses sources ou de s'en passer complètement. Il s'agit d'œuvres littéraires de l'époque classique ou de sa propre époque. En ce qui concerne la littérature classique en traduction française, nous consacrerons un chapitre entier à l'illustration d'Ovide qui représente le haut point de son travail d'illustrateur et de son originalité. Dans la première partie de sa carrière d'artiste il s'est fait la main en illustrant d'autres livres latins, dont deux dans lesquels les illustrations sont peu importantes, les *Opuscules* de Plutarque (1546) et les deux premiers livres de la première *Décade* de Tite-Live (1553), et trois qu'il a illustrés de façon plus substantielle, l'*Eneïde de Virgile*, l'*Asne d'Or* d'Apulée et les *Prodiges* de Jules Obséquent (tous parus entre 1552 et 1554).

Les *Opuscules* de Plutarque, traduits par Etienne Pasquier (*Catalogue*, n° 3), ne renferment que trois gravures qui représentent les interlocuteurs des trois dialogues, dont les noms se lisent sur des banderolles, accompagnés d'animaux (figs 77-79). La préface qu'Etienne Pasquier adresse à Antoine du Moulin explique ce qui l'a incité à traduire certains dialogues de cet auteur. Le premier texte doit sa traduction à une discussion qui a eu lieu au moment de Noël entre amis humanistes au sujet du pouvoir de raisonnement des animaux, lors duquel Jean Brunet sort de sa poche le dialogue de Plutarque qui raconte l'histoire.

---

[63] Lestringant, p. 302, n. 138, 2.
[64] Ce livre est paru en quatre tomes chez Christoph Froschauer à Zurich en 1555 mais le premier tome sur les mammifères date de 1551.

Pasquier a entrepris la traduction de ce dialogue en français «par le commande-
ment de Jean de Tournes maistre Imprimeur de Lyon» (f. a2v°). Sa préface à
Pierre Sarazin, docteur en médecine, en tête du deuxième texte, «Dialogue de
Plutarche Cheronee, du Moyen de garder sa santé», décrit de façon très similaire l'origine de la traduction de ce dialogue: au cours d'une longue maladie
Pasquier avait eu recours au dialogue de Plutarque sur le «moyen de garder
santé» et encore une fois celui qui l'avait encouragé à le traduire, c'était Jean de
Tournes, «lequel, comme un chascun peult cognoistre, ne s'espargne jamais à
mettre en lumière les choses qu'il congnoit estre utiles et prouffitables» (ff. d4r°-
v°). En revanche, nous n'avons pas pu trouver de source des illustrations. Il y a
eu une autre édition de ce livre, *Cinq opuscules de Plutarque Cheronée*, parue à
Paris au cours de la même année chez Jeanne de Marnef, mais puisque le privilège de l'édition publiée par Tournes est daté du 4 janvier 1546, elle est antérieure à l'édition parisienne. Cela se voit confirmer par la reprise par Jeanne de
Marnef du paratexte tournésien pour les trois dialogues publiés par Tournes,
absent des deux autres dialogues qu'elle publiait dans son édition à elle. Cette
édition parisienne ne comportait pas d'illustration. Du même ordre sont les
quatre illustrations (figs 80-83) (sur cinq en tout) que Salomon a produites pour
Le premier et second livre de la première décade de Tite-Live (1553) (*Catalogue*,
n° 28), dans la traduction de Jacques Gohorry. Nous n'avons pas trouvé de
source, là non plus, pour cette illustration minimale. Le sujet était à la mode:
Cécile Scailliérez a décrit un manuscrit du Musée Condé (vers 1555) qui
contient neuf scènes qui étaient peut-être destinées à illustrer un épitomé de son
Histoire romaine; elle signale aussi une édition des *Concions et Harengues de Tite-
Live* que Jean de Hamelin dédia à Henri II en 1554. On pourrait y ajouter une
édition de cet auteur parue à Paris en 1553 aux presses de Jean Petit et de ses
associés. Mais nous n'avons pas pu établir de liens précis entre ces documents[65].

Le cas de l'*Enéide* représentait une commande d'illustration beaucoup plus
conséquente. Lorsqu'en 1552 Tournes publia *Les quatre premiers livres de
l'Eneïde* de Virgile, in-quarto, avec quatre grands bois gravés de Bernard Salomon (*Catalogue*, n° 19), paraissant en tête de chaque livre, il s'inscrivait dans une
longue tradition de traduction et d'illustration du poète latin. Ce qui caractérise
cette traduction de Louis Des Masures, mieux connu comme auteur de trois
pièces de théâtre au sujet de David, c'est qu'il la publia au fur et à mesure qu'il
achevait son travail. D'abord Chrestien Wechel à Paris fit paraître les deux premiers livres de sa traduction en 1547, mais sans illustration. Après la parution
de l'édition lyonnaise de Tournes, L'Angelier publia à Paris ces quatre premiers
livres (également sans illustration) en 1554, 1555 et 1556, ce qui montre l'intérêt
qu'a dû susciter cette traduction. Tournes, pour sa part, publia, en 1557, en association avec Gazeau, les livres 5 à 8, sous le titre *Le cinquiesme livre de l'Enéide*

---

[65]   Voir l'article de Scailliérez dans Valérie Auclair, *L'Art du manuscrit en France*, n° 14, pp. 64-67;
       pour l'illustration de Tite-Live, voir aussi, Anna Rosa Gentilini, «Edizioni della Storia
       Romana... », dans Gentilini (éd.), *L'Istoriato...*, pp. 52-85 et Jean-Marc Chatelain et Laurent
       Pinon «L'intervention de l'image et ses rapports avec le texte à la Renaissance», pp. 244-248.

de Vergile, mais cette fois-ci sans gravures. Ce n'est qu'en 1560 que Tournes publia la traduction intégrale de l'*Énéide*, œuvre du même traducteur, et ornée de douze planches gravées, dont huit nouvelles (*Catalogue*, n° 47). Ces dernières ne semblent pas être toutes de la main de Salomon, ou du moins ne semblent pas être entièrement de lui, mais il est préférable de parler de cette suite de gravures comme d'un ensemble. Le privilège de l'auteur est daté du 22 juillet, 1557, ce qui pourrait indiquer que le texte était prêt alors mais non pas les gravures, et parmi les textes liminaires se trouvent des poèmes en latin et en français, de la plume de Georges de la Patrière, suivis par une lettre, datée de 1551, et des poèmes que Des Masures adresse à Charles, duc de Lorraine.

La tradition d'illustrer Virgile, qui remonte au cinquième siècle, et a bien fleuri au Moyen Age, fait un nouveau départ avec l'avènement du livre imprimé[66]. Il existe deux incunables vénitiens (Bernadinus Celerius et Caesar Parmensis, 1486 (un bois), et Simon Bevilaqua, après 1490 (trois bois)[67], mais l'édition la plus complète, et celle qui a eu incontestablement le plus d'influence, c'est *Publii Virgilii Maronis Opera*, éditée à Strasbourg en 1502, par Sébastien Brant, et publiée par Johann Reinhard, connu sous le nom de Grüninger ; cet in-folio contient 217 bois (dont trois répétés) gravés par plusieurs mains différentes. Les deux-tiers de ces bois accompagnent l'*Enéide* ; les dessins préparatoires au moins seraient de la main de Brant lui-même, et les graveurs ont été influencés par la *Chronique* de Schedel et surtout par l'*Apocalypse* de Dürer[68]. Il y a une autre tradition d'illustration, inaugurée par Stagnino et Egnazio en 1507, édition indépendante, mais non sans référence à l'édition de 1502[69]. Ce livre fut copié plusieurs fois à Venise entre 1510 et le milieu du siècle et, à partir de cette date, il aurait eu plus d'influence que l'édition de Brant, et cela en France aussi bien qu'en Italie. Pasquier estime que chez Salomon « L'influence italienne est toujours apparente »[70], mais à y regarder de près il nous semble que cette influence reste d'ordre plutôt général. Quant à l'utilisation qu'il a pu faire de Brant, très souvent le sujet que choisit l'artiste pour résumer chacun des douze livres est celui que Brant met en tête de livre ; Salomon pourtant y ajoute d'autres scènes. Il est possible que l'idée de se restreindre à douze

---

[66] Voir Craig Kallendorf, *A Bibliography of Venetian Editions of Virgil, 1470-1599*, et, du même auteur, *A Bibliography of Renaissance Italian Translations of Virgil* ; voir aussi Martin Davies et John Goldfinch, *Vergil : A Census of Printed Editions 1469-1500* ; Bernadette Pasquier, *Virgile illustré de la Renaissance à nos jours en France et en Italie*.

[67] Pasquier, *op. cit.*, pp. 3-22.

[68] *Grüninger. La Gravure d'illustration en Alsace au XVI* siècle, p. 5 et p. 23. ; Pasquier, *op. cit.*, pp. 99-103 ; Rondot, pp. 11-12. L'édition de 1502 se trouve à la BnF (Rés g Yc 1052) ; nous avons utilisé celle de 1517 (BnF Rés g Yc 310) dont les bois sont identiques (c'est-à-dire qu'il s'agit de réimpressions à partir des mêmes bois, non pas de copies).

[69] Pasquier, *op. cit.*, p. 103 et ss. ; voir T.K. Rabb, « Sebastian Brant and the first illustrated Edition of Vergil », pp. 187-199 ; Max Sander, *Le livre à figures italiens depuis 1467 jusqu'à 1530*. Pour une autre édition lyonnaise de Virgile avant celle de Salomon voir celle de Jacques Saccon (1517 et 1527).

[70] Pasquier, *op. cit.*, p. 106.

images liminaires, tout à fait traditionnelle dans les éditions illustrées de Virgile du début du siècle, mais abandonnée par certains éditeurs depuis, lui soit venue de Brant ou de la traduction publiée par Galliot Du Pré à Paris en 1529.

Encore une fois on peut se demander si Salomon ne s'est pas servi de l'édition qu'a fait paraître Janot, sans date, mais après le 8 mars 1542 : *Virgile: Les quatre premiers livres des Eneydes*, traduits par Hélisenne de Crenne. Par exemple, pour la première scène (fig. 84) l'illustrateur de Janot figure Neptune et Enée dans des bateaux et Eolus et Junon sur la plage à gauche et il représente aussi le vent qui souffle. Tout cela est très sommaire, mais chaque élément reparaît chez Salomon qui ajoute la ville de Carthage (fig. 85). Les gravures qui ornent ce livre sont de format relativement petit (ce sont des bois oblongs horizontaux) mais il est possible que Salomon y ait pris le détail des scènes individuelles pour les incorporer dans ses images plus grandes. L'illustrateur de Janot ne lui aurait donc pas suggéré la composition de la scène mais lui aurait indiqué plutôt des incidents à illustrer. En partie ces illustrations transcrivent en image les petits résumés que Janot met en forme d'épigraphe à chaque chapitre, par exemple, «La requeste tres affectueuse faitte par la déesse Juno au moderateur des ventz Eolus, lequel elle instigue d'estre nuysible au profuge Troyen Enée» qui introduit le premier livre. Cependant il y en a beaucoup que Salomon laisse de côté.

L'année suivante, Tournes demanda à Salomon de faire l'illustration du livre d'Apulée le plus souvent connu sous le titre de *L'Âne d'or*, mais qu'il intitula la *Metamorphose*, et qu'il fit paraître en association avec Guillaume Gazeau (*Catalogue*, n° 23). Ce livre n'a survécu qu'en quelques rares exemplaires bien dispersés. La traduction de La Bouthière ne respecte pas très bien le texte original : il ne s'agit ni d'incompétence ni de négligence mais d'une décision éditoriale qui relève d'un parti pris linguistique et culturel, comme le traducteur le dit dans son avis aux lecteurs :

> En quelle entreprise ne me suis voulu assujettir de le rendre mot à mot, ni clause à clause, comme font daucuns, defraudans en ce, nostre riche langue de sa naïve grace, celebre copiosité, & douce mignardise : ains selon lexigence de la matiere, et que le lieu le requeroit, m'accommodant aux affections jay usé de Phrases & circonlocutions qui m'ont semblé plus propres & convenables : sans interrompre toutefois & discontinuer lordre & vray fil du sujet : ni en rien l'imminuer & changer, fors en ce qui sest trouvé totalement indigne et aborrant de toute lecture[71].

Nous reviendrons dans un instant à cette censure des sujets inconvenants. Plus important est le fait que La Bouthière supprime le dernier livre de l'*Ane d'or* d'Apulée et le remplace par la fin du roman grec *Lucius ou l'Ane*, inclus dans les œuvres de Lucien.

L'édition *princeps* du texte latin d'Apulée fut publiée à Rome en 1469 par Conrad Sweynheym et Arnold Pannartz et ce livre fut souvent réédité, à Venise

---

[71]   P. 12.

et à Florence. Tacuino le publia à Venise orné de deux séries différentes de gravures : d'abord dans son édition du texte latin, parue en 1516[72] et ensuite en
1520, mais en imitant de près une série de trente-deux nouvelles gravures
publiées par Zoppino et Vincenzo di Paolo en 1518, et augmentées jusqu'au
nombre de soixante-quatre gravures en 1519[73]. L'illustration de cette dernière
édition fut adaptée en 1544, toujours à Venise, dans *L. Apulegio Tradotto in Volgare dal Conte Matteo Maria Boiardo Historiato*, publié aux presses de «Bartholomeo detto l'Imperadore, et Francesco Vinitiano». Deux éditions italiennes
sans illustration ont dû renforcer cette popularité : *Apuleio dell'Asino d'Oro.
Tradotto per M. Agnolo Firenzuola Fiorentino*, Florence, Giunti, 1549, et
Venise, Gabriele Giolito de' Ferrari, 1550.

L'abondance des éditions italiennes a exercé une influence sur le monde de
l'édition parisien et lyonnais. Dans une traduction française, parue à Paris en
1518 chez Galliot Du Pré et en 1522 avec deux marques d'imprimeur différentes, celle de Philippe Le Noir, et celle de Jean Janot, l'illustration se réduit à
deux gravures d'ordre plus général, celle de la page de titre qui présente l'image
d'un âne caparaçonné, portant de petites clochettes et des plumes, mené par un
singe qui joue de la flûte, et une autre qui représente un homme en train d'écrire
devant un pupitre, pour introduire un commentaire sur le texte «Sens nouvel
sur les livres de Lucius Apuleius de Lasne dore» (f. clvi v°). En 1536 Simon de
Colines publia une édition en latin, avec les commentaires de Beroaldo (parus
pour la première fois en 1500 à Bologne) mais sans illustrations. En 1553, l'année même où parut l'édition de Tournes illustrée par Salomon, une nouvelle
traduction, de la main de Jean Louveau, plus fidèle cette fois-ci, parut à Lyon,
aux presses de Jean Temporal, et fut souvent rééditée par la suite, pour faire
concurrence à la traduction de Georges de La Bouthière[74]. Ce livre est illustré de
plusieurs gravures sur bois, en moins grand nombre pourtant que celles de Salomon, et d'un choix de sujets et d'un esprit tout à fait autres. Le traducteur
connaissait le travail de La Bouthière et le trouvait à juste titre inadéquat, le
décrivant ainsi : «Plustot nouveau Apulee que traduction» (f. A3v°) à la fois
dans les ajouts qu'il a cru bon de faire au texte, et dans la substitution qu'il a pra-
tiquée à la fin du livre, en remplaçant le texte d'Apulée par le résumé de Lucien.
L'«Advertisement» précise de façon plutôt sèche et péremptoire : «Et quant est
des figures, il y en a ce qui faisoit besoin» (f. A4r°). Le livre de Temporal est postérieur à celui de Tournes, et il n'y a guère de ressemblances entre les deux séries
de gravures. Papillon voulait les attribuer à Salomon ; Brunet le suit, et Baudrier
le cite sans autre commentaire que de dire qu'elles «paraissent avoir été gravées

---

[72]   *Apuleius cum commento Beroaldi et figuris noviter additis*. [col.] *Lucii Apulei in asinum aureum
opus explicit*, Venise, Tacuino, 1516 (BL 12403.h.9).

[73]   Pour l'illustration du livre d'Apulée en Italie, voir Mortimer, n°⁵ 31-34 et *Italian Sixteenth-
Century Books*, n°⁵ 24 et 25.

[74]   La préface, datée de Lyon du 10 mai 1553, s'adresse au «Seigneur Claude Laurencin, seigneur
et Baron de Rivirie en Lyonnois», Capitaine à pied lors de l'Entrée d'Henri II (voir *infra*
p. 116).

par plusieurs artistes et sont loin d'avoir la même valeur», mais l'attribution à Salomon est irrecevable[75].

Une partie de cette œuvre d'Apulée a mérité une édition à part, les chapitres où il raconte l'histoire de Psyché et de Cupidon (livres V et VI); cette partie du livre a été publiée dans une très belle édition procurée en 1546 par Jeanne de Marnef, *L'amour de Cupido et de Psiché*[76], agrémentée de trente-deux gravures attribuées parfois à Jean Cousin (fig. 91), d'après des dessins de Michel Coxie que Raimondi avait gravés sur cuivre[77]. L'illustration de ce livre aussi a parfois été attribuée à Salomon. Certains détails de composition, surtout la pose des personnages, suggèrent en effet que Salomon a bien connu cette édition de Jeanne de Marnef, et que nous pouvons la considérer comme une source partielle. Le sujet était à la mode comme en témoignent les vitraux peints en 1541-1542 pour orner le château d'Ecouen, et remontés maintenant à Chantilly[78].

Salomon a connu l'édition vénitienne récente (de 1544 ou bien de 1549), à moins que ce ne soit une des éditions plus anciennes de Zoppino et di Paolo ou celle de Tacuino, ce qui est toutefois moins probable pour la raison très simple qu'une édition plus récente aurait été beaucoup plus accessible. Mais l'utilisation qu'il en a faite est loin d'être servile: une comparaison des deux séries d'illustrations démontre que s'il y en a une bonne douzaine où le choix des sujets est identique, il y en a douze autres, où, bien que le sujet soit très proche, il s'agit d'une autre étape dans la même histoire, et il y en a presque autant où Salomon laisse de côté un sujet illustré par ses prédécesseurs, en exerçant la censure dont nous avons parlé; par exemple, il rejette l'image de deux femmes en train d'uriner sur le narrateur (p. 4v°), ainsi que celle de la femme qui tend à quelqu'un une ceinture pour qu'il la fouette (p. 19v°), sans doute parce que le goût lyonnais du milieu des années 1550 ne correspondait plus à cet humour populaire. Ceci se voit confirmer par «l'Avis aux lecteurs» qui justifie certains des changements que le traducteur a effectués dans le texte – et là on reprend la suite du passage que nous venons de citer:

> Suivant en ce le vertueux & pudiq conseil de Marc Cicero, qui en ses Offices nous enhorte & conseille ne parler aucunement, non pas seulement nommer les choses que nature ha voulu estre celees, occultes, et cachees: tant s'en faut que nous devions exprimer par paroles et affections celles que totalement elle rejette, & ha grandement en detestation & horreur. (p. 12)

---

[75] Papillon, p. 215, Brunet, t. I, col. 367, Baudrier, t. IV, p. 382.

[76] Ruth Calder a édité de nouveau l'édition de 1586, voir Mortimer, n° 34.

[77] Firmin-Didot, *Jean Cousin*, pp. 153-154, Mortimer, n° 33; voir Brun, 1969, p. 113; voir Zerner, *L'Art de la Renaissance en France*, pp. 396-397 qui cite comme source directe les gravures au burin d'Agostino Veneziano.

[78] Jean-Pierre Babelon, *Chantilly*, Editions Scala, Chantilly, 1999, p. 212; voir aussi Anninger, *op. cit.*, p. 182, qui décrit les vitraux comme l'origine de ce livre; voir aussi Zerner, *L'Art de la Renaissance en France, loc. cit.*

Pourtant Salomon a gardé l'image de l'âne qui défèque sur ceux qui le battent, tout en consignant cette scène au dernier plan d'une image composite (p. 157, fig. 92, ital. p. 25v°). Il n'a pas non plus hésité à reproduire une scène érotique violente du Livre X qui figure une histoire bien complexe d'amour, de jalousie et d'inceste, où l'on voit une femme qui enlève un anneau du doigt de son mari, la même qui déshabille brutalement la sœur de son mari, pour ensuite lui mettre un tison ardent entre les cuisses (p. 611, ital. p. 95v°, fig. 94). Dans cette scène, le geste de la personne qui tire la femme par les cheveux, déjà double dans l'édition vénitienne, où il s'agissait d'un homme et non pas d'une femme, est directement copié par Salomon. Par ailleurs, à côté de ces quelques omissions, causées par l'autocensure, il y a beaucoup plus d'illustrations où Salomon lui-même a ajouté de nouveaux sujets, en particulier dans la suite de belles images qui illustre directement l'histoire de Psyché et de Cupidon (p. 199, p. 209, p. 220, p. 245, fig. 90). Parfois la composition est très proche dans les deux séries, par exemple dans la scène du Livre X où l'on voit des gens en train d'espionner l'âne qui se goinfre de nourriture (p. 597, ital. p. 91r°); à la ressemblance de composition s'ajoute ici une conformité de détails, comme dans le dessin d'un gros morceau de viande. En dehors de toutes ces gravures où il enrichit l'original en incluant d'autres scènes, Salomon ajoute très souvent des détails puisés dans le texte qui ne figurent pas chez ses prédécesseurs, par exemple dans la première gravure où le narrateur rejoint deux autres voyageurs (p. 2; p. 1r°, figs 88 et 89), il ajoute d'autres personnages, ou bien dans la scène qui montre les deux ânes chargés, là où l'édition vénitienne se contente de donner comme tout chargement un mouton ou une chèvre, Salomon suit le texte de plus près, et présente des poules en cage, des femmes et des bébés (p. 445). Mais le plus souvent, même quand le choix de sujet est identique ou presque, la composition est partiellement, ou même totalement, différente.

L'année même où Tournes publia *L'Ane d'or* d'Apulée, il fit paraître, toujours en association avec Gazeau, une édition en latin des *Prodiges* de Jules Obséquent (Julius Obsequens) et de Polydore Vergile (Polidoro Vergilio) mais d'abord sans illustration[79]. Obséquent jouissait alors d'une grande popularité: l'attrait de son livre est prouvé par le nombre d'éditions (quinze en tout) qu'il connut, depuis l'édition *princeps*, parue chez Alde en 1508 (dans le même volume que les lettres et quelques opuscules de Pline, et le *De claris grammaticis* de Suétone), à celle de Jean de Tournes. En 1554 cette popularité a dû inciter Tournes à passer à Salomon la commande de l'illustration d'une nouvelle édition des *Prodiges,* dans la traduction italienne de Damiano Maraffi, qui contient aussi le *De Ostentis* de Joachim Camérarius (*Catalogue,* n° 32). En 1555 il le publia à nouveau dans une traduction française de Georges de La Bouthière avec trois livres de Polydore Vergile mais sans le *De Ostentis*, destiné, comme la version italienne, à un public plus large et moins savant (*Catalogue,* n° 34).

---

[79] *Julii Obsequentis Prodigiorum Liber... per Conradum Lycostenem Rubeaquensem, integritati suae restitutus,* 1553, in-16° (Cartier, n° 256).

Jean Céard, dans son étude sur les prodiges au seizième siècle, a bien vu l'intérêt du livre d'Obséquent pour son propre sujet, mais la question de l'illustration, non sans regrets, ne retenait pas son attention[80]. Pour sa part il montre clairement que tout le monde à l'époque n'était pas d'accord sur le parti à prendre devant ce foisonnement de récits : «Ils y trouvaient sous la plume de Polydore Vergile, une vive réfutation de la croyance aux prodiges, puis, de la part de Camérarius, un chaleureux plaidoyer en leur faveur»; La Bouthière, d'ailleurs, se rendit compte du danger, et traduisit ces deux livres afin de démontrer le jugement divin sur l'aveuglement des anciens, et inciter à la louange de Dieu : «j'ay bien voulu mettre la main à ce Traité des Prodiges, et le traduire, comme estant un vray miroir du jugement de Dieu sur telles gens, pour le mespris et contentement de sa connoissance.» Et la préface ajoute que Polydore Vergile a été inclus pour montrer la faveur de Dieu à notre égard[81]. Pour Georges de La Bouthière, qui voit autour de lui l'évidence de croyances superstitieuses, ce livre semble témoigner du jugement divin sur l'aveuglement des Anciens[82]. Il serait en outre intéressant de savoir jusqu'à quel point Salomon considérait les prodiges comme réels, si jamais il se posait la question.

Le choix de sujets à illustrer peut paraître facile et évident au premier abord puisque les chapitres de ce livre ne dépassent que rarement quelques lignes, mais Salomon devait quand même faire un choix puisque chaque section du texte, toute courte qu'elle soit, peut contenir le récit de plusieurs prodiges, et que souvent les prodiges se ressemblent. Il s'est bien sûr inspiré d'abord du texte d'Obséquent mais on peut signaler une autre édition illustrée, légèrement antérieure à celle de Tournes, qu'il a utilisée. Il s'agit de l'édition publiée en 1552 chez Oporin à Bâle par Conrad Wollfhardt (Lycosthène), professeur à Bâle, qui contient aussi les *Prodiges* de Polydore Vergile et le *De Ostentis* de Camérarius[83]. Salomon ne retient pas la même sélection de sujets à illustrer que l'artiste bâlois. D'abord, il n'illustre pas tous les prodiges : l'édition de Bâle répète plusieurs fois la même image pour illustrer des prodiges qui, il faut l'avouer, eux aussi se répètent. L'illustration de l'édition de Bâle est sommaire. Son illustrateur isole souvent un élément d'un prodige à multiples effets : pour dépeindre, par exemple, la peste qui sévit sous un ciel en feu, il ne montre ni bestiaux ni êtres humains, sauf une seule personne qui lève les bras à l'extérieur d'une ville, tandis que Salomon représente à la fois cet individu, ainsi que deux groupes de deux hommes, des cadavres d'hommes et d'animaux par terre (fig. 97), et pour illustrer l'histoire du bœuf qui parle, il se concentre sur l'animal tandis que Salomon inclut dans la même scène des flammes dans le ciel et les oiseaux qui cherchent à se nourrir de la pluie de chair (figs 103 et 104)[84]. Il y a parfois des ressemblances de

---

[80]   Voir Céard, *La Nature et les prodiges*, p. xiii.

[81]   Préface «Le Traducteur aux Lecteurs», f. A3 v°.

[82]   Céard, *op. cit.*, p. 163, pp. 174-175, p. 186.

[83]   *Julii Obsequentis Prodigiorum Liber, per CONRADUM LYCOSTHENEM Rubeaquensem, integritati suae restitutus*, Bâle, 1552; Cartier, p. 355 et Céard, *op. cit.*, p. 162.

[84]   Edition bâloise, p. 11, p. 53, Tournes, édition italienne, p. 13, p. 21.

composition, ce qui montre que Salomon avait cette édition entre les mains ; pourtant il ne lui emprunte que peu de choses, et la plupart des images qu'il illustre en commun avec l'autre graveur soulignent surtout son originalité. Il y a une histoire, par exemple, qui raconte que dans le Picénum il y eut un grand tremblement de terre, et qu'en la Place de la Cité « quatre Chevaux enlevez et dorez, conduisans un char furent vuz suer, mesmes jusques aux piez » (p. 104, fig. 102). L'artiste bâlois (p. 97) s'est contenté de représenter les maisons et églises qui s'effondrent lors du tremblement de terre. Salomon par contre dessine un beau groupe de statuaire sur un spacieux socle Renaissance devant un grand temple rond et plusieurs groupes de personnes. Serait-il possible qu'il ait pensé au groupe équestre du Capitole (dont la représentation par Lafréry ne date pourtant que de 1560) ?

L'édition bâloise répète une bonne douzaine des bois, dont un quatre fois, et un autre qui paraît sur une page et se retrouve sur la page suivante. Le choix qu'a fait Salomon, en revanche, dans les incidents à illustrer, réussit à bien rendre l'atmosphère du livre d'Obséquent sans toutefois attirer trop l'attention sur son côté répétitif, et sans trop surcharger le livre, et il capte bien le style abrupt et simplifié du texte.

Les *Opuscules de Plutarque* et la *Décade* de Tite-Live constituent de petits travaux sans grande importance, disparus presque sans laisser de trace ; l'*Énéide*, un beau livre, illustré de façon sobre et élégante, une fois complet, n'a pas été réédité, et *L'Asne d'or* se présente comme un livre populaire, traité avec verve, mais réédité une seule fois. Les *Prodiges* en revanche, répondant à un besoin ponctuel, pour satisfaire à la mode du monstrueux, ont connu un plus grand rayonnement. Ces cinq livres de la littérature classique sont marqués par une variété d'approche et de style, caractéristique de notre artiste, témoignant de sa capacité de faire son propre choix dans l'illustration qui existait déjà, de se l'approprier et de passer outre en façonnant sa propre manière d'œuvrer. Cette originalité s'avère encore plus évidente dans ses illustrations pour la littérature de la Renaissance, et cela dès le début de sa carrière.

A trois reprises en 1547 il illustra la littérature contemporaine en français (la *Suyte des Marguerites* de Marguerite de Navarre, la *Saulsaye* de Maurice Scève et le *Petit traité de Arnalte et Lucenda* de San Pedro), et une autre fois au cours de la même année Pétrarque, auteur de langue vulgaire, non pas contemporain certes ni français, mais moderne et dans le vent. Cette mode italianisante, et surtout la mode pétrarquisante, lancées dès la fin du quinzième siècle, s'affirmaient au cours du premier tiers du seizième siècle pour connaître leur apogée entre 1540 et 1560, avec le rayonnement du sonnet nouvellement importé et déjà en vogue depuis une bonne décennie, imitation directe de Pétrarque et surtout de ses épigones, et avec les liens artistiques noués à Fontainebleau, dans la vallée de la Loire, à Avignon et ailleurs. La ville de Lyon, par sa position géographique, et sa longue tradition de relations personnelles avec l'Italie, en commerce, littérature, et art, était au centre de ces échanges. Les grands éditeurs, imprimeurs ou marchands-libraires comme Jean de Tournes et Guillaume Roville participèrent activement à ce mouvement de renouveau culturel, en fournissant les moyens

matériels alors indispensables pour la communication rapide des idées, s'y donnant par grande conviction et avec enthousiasme. L'intérêt commercial jouait
aussi son rôle, bien sûr, mais ces publications témoignent surtout de la faveur
que trouvait auprès du public français tout ce qui venait d'Italie.

Commençons par Pétrarque à la fois par souci chronologique et à cause de
sa grande importance. La tradition pétrarquisante remonte bien entendu beaucoup plus loin que le seizième siècle. Il faudrait même la faire commencer par le
séjour de Pétrarque à Avignon et en voir la continuation dans les nombreux
manuscrits de ses œuvres, et ensuite dans une série importante de livres imprimés, souvent illustrés, qui transmirent le contenu de ces manuscrits à la postérité. Il est essentiel de garder en vue cette tradition et cette présence pour comprendre où se situent Tournes et Salomon par rapport à la présentation et à
l'illustration de Pétrarque.

Lorsque Tournes se mit à le publier, il s'agissait d'une vulgarisation, d'une
tentative de le mettre à la portée d'un public grandissant de lecteurs, comme
d'ailleurs l'avait déjà fait Janot. C'est dans ce but que Tournes habilla le poète
italien de cette parure simple et élégante qui était caractéristique de son art de
typographe. La première édition tournésienne de Pétrarque date de 1545. Ce
très joli petit livre in-16° (« avec la charmante italique que de Tournes avait fait
graver spécialement pour les poètes italiens »[85]) est devenu rare. *Il Petrarca*
contient une épître en italien adressée à Maurice Scève, « A non men virtuoso,
che dotto M. Mauritio Scaeva, Giovan di Tournes suo affettionatissimo », datée
du 25 août, 1545, ainsi que le sonnet que Scève croyait avoir trouvé dans le tombeau de Laure[86]. Le livre renferme quelques illustrations hors texte, mais qui ne
sont pas de la main de Salomon[87]. Ce n'est que deux ans plus tard que l'on voit
le travail de notre artiste, lorsque Tournes publie une nouvelle édition du
Pétrarque dans le même format, plus richement illustrée (*Catalogue*, n° 6); il
contient non seulement une version modifiée des illustrations liminaires de
l'édition de 1545 (fig. 105) (que Ruth Mortimer appelle des « copies sommaires »), mais aussi sept gravures entièrement nouvelles pour orner les
Triomphes. La tradition voulait que le *Canzionere* parût sans images (ce qui peut
sembler bien curieux mais en dit long sur les habitudes de l'illustration au
Moyen Age et à la Renaissance), réservant l'illustration aux *Triomphes*. Très souvent chacun des six Triomphes était accompagné par une gravure d'ordre général que l'on plaçait en tête de chaque partie. Salomon en ajouta une pour introduire la série: cette première gravure inhabituelle symbolise la victoire, et sert
d'introduction à tous les autres *Triomphes*.

Dans la gravure liminaire de forme carrée (fig. 106), devant un paysage bien
salomonien un char traîné par deux chevaux, dont le harnachement est à remarquer, transporte deux captifs, attachés ensemble derrière le dos à une colonne

---

[85]   Cartier, p. 240.

[86]   Saulnier, *Maurice Scève*, t. I, pp. 38-45.

[87]   La page de titre avec son portrait serait tributaire des miniatures laurentiennes, voir Morti-
       mer, n° 427 ; voir notre *Catalogue*, n° 1b, *infra*, p. 326.

surmontée d'une victoire avec guirlande triomphale, dans un foisonnement de
trophées de guerre (cuirasses, étendards, faisceaux). La page qui lui fait face
contient un médaillon en ovale (fig. 106), présenté verticalement, comme c'est
le cas de toutes les gravures suivantes, et dans une bordure décorée. Cette
deuxième gravure introduit le Triomphe de l'Amour. Dans un nuage d'où pleu-
vent des langues de feu, Cupidon ailé tire une flèche vers la terre visant un
amoncellement d'objets militaires et religieux: tambour, casque, tiare, livre,
couronne (ou mitre) avec croix, globe avec croix[88]. Ce symbolisme, qui figure
une puissance qui prend le dessus sur la puissance précédente, sera celui de
toutes les autres gravures. La troisième gravure représente le Triomphe de la
Chasteté (fig. 108), et montre cette vertu, couronnée de laurier, qui tient une
palme de la main gauche, et un sceptre ou bâton de la main droite, en train de
vaincre tous les emblèmes de l'amour, dominant Cupidon gisant par terre,
endormi ou mort, avec une flèche cassée en deux, la corde de son arc brisée et
son carquois à l'envers et déversant ses flèches. Dans la quatrième gravure, qui
illustre le Triomphe de la Mort (fig. 109), cette dernière, figurée par un squelette
vêtu seulement d'un grand pagne et d'un voile[89] et portant sa faux sur l'épaule
et un bident de la main gauche, domine la chasteté, dont la palme est défraîchie
et en morceaux, le sceptre brisé, et la couronne défaite. Dans la cinquième gravure, le Triomphe de la Renommée (fig. 110), la Mort, s'affaissant contre un
rocher, sa faux cassée et sa lame ébréchée, cède la place à la Renommée ailée qui
tient un livre ouvert et joue d'une longue trompette romaine. Dans la gravure
qui représente le Triomphe du Temps (fig. 111), on voit un vieillard, ailé lui
aussi, avec des béquilles, portant un sablier et un cadran d'horloge ou cadran
solaire, et la Renommée, par terre, sa trompette en morceaux, avec des chapiteaux ou pans de corniches ouvragés tout à l'entour. En dernier lieu, dans le
Triomphe de la Divinité (fig. 112), celle-ci triomphe de tout: la tête divine, tricéphale, émet des rayons de lumière dans une grande auréole de têtes d'anges,
tout cela dans un ovale à l'intérieur du médaillon ovale, et par terre le vieillard
éploré qui représente le Temps, ses béquilles brisées[90].

La tradition de l'illustration de Pétrarque est bien documentée, après les travaux d'Essling et Müntz, et aussi de Fowler, histoire dont Carnicelli a donné
plus récemment un excellent résumé[91], et l'on s'aperçoit facilement que
Salomon se situe dans la tradition de l'illustration pétrarquienne avec son iconographie déjà bien établie, qui exigeait une gravure en tête de chaque triom-

---

[88] Cette gravure est à comparer avec l'emblème *Vis Amoris* (Alciati, n° 73).

[89] A comparer avec une illustration de l'Esope, *Du Vieillard appelant la Mort*, n° 80, fig. 23.

[90] Voir Tervarent, *Attributs*, pp. 448-449. Pour toute cette iconographie, ses origines et son histoire, surtout au dernier tiers du quinzième siècle et dans la première moitié du seizième siècle, voir Tervarent, *passim* et sous le vocable «Char». Voir aussi Baron, «Bernard Salomon's Emblems for the *Triumphs* of Petrarch... ».

[91] Essling et Müntz, *Pétrarque. Ses études d'art*; M. Fowler, *Catalogue of the Petrarch Collection bequeathed by Willard Fiske*; D.D. Carnicelli, *Lord Morley's* «Tryumphes of Fraunces Petrarcke».

phe. Les *Trionfi* connurent une grande circulation sous forme manuscrite avant la publication de l'édition princeps de Pétrarque en 1470; dès les premiers commentaires, les lecteurs considèrent ce livre comme une allégorie des progrès de l'âme, surtout selon l'explication de Bernardo Lapini qu'allaient suivre beaucoup de commentateurs italiens dans la première moitié du seizième siècle, notamment Alessandro Velutello (1525) et Giovanni Andrea Gesualdo (1541). Mortimer a continué cette histoire en ce qui concerne l'illustration dans le livre imprimé, signalant deux éditions vénitiennes, dont la première est celle de Bernadino Rizo, publiée en 1488, la première édition illustrée, suivie par celle de Petrus de Plasiis en 1490, qui sont à l'origine de deux lignées différentes d'éditions. Ensuite, en passant par d'autres éditions vénitiennes, surtout celles de Bartolomeo de' Zanni, 1497, 1500 et 1508, on arrive aux éditions publiées, toujours à Venise, par Bernadino Bindoni en 1541 et notamment celles des frères Giolito de' Ferrari, dont la première date de 1544[92]. Giovanni Giolito se passionnait pour Pétrarque; il s'était mis à le publier dès 1538, et son frère Gabriele partageait cet intérêt en le publiant sous plusieurs formes différentes, soit avec les commentaires de Velutello ou de Gesualdo, soit avec les corrections de Lodovico Dolce. Il y avait ajouté non moins de trois séries différentes de gravures sur bois. La tradition pétrarquisante s'étendait bien sûr à toute l'Europe, et, pour la France, Carnicelli rappelle qu'il y a eu à l'époque quatre traductions en français des *Trionfi*, mais que vers le milieu du siècle c'est le *Canzoniere* qui prit le dessus.

Comme c'était souvent le cas, l'inspiration générale de l'œuvre de Salomon dans ses débuts venait non pas de l'Italie mais de plus près, de la maison Janot à Paris. En 1538 ce dernier fit paraître *Les Triumphes Petrarcque* avec la traduction en prose, déjà ancienne, de Georges de la Forge, et l'année suivante une autre édition de la même traduction, ainsi qu'une traduction en vers, avec une suite de nombreuses petites gravures qui illustrent les histoires et personnages contenus dans le livre, mais sans référence explicite à l'idée de triomphe[93]. Il y manque la gravure habituelle à la tête de chaque partie, mais en revanche chaque Triomphe est précédé d'une page de titre individuelle, gravée d'un symbole ou emblème schématique[94]. La première gravure (f. A1r°, fig. 107), représentant le Triomphe de l'Amour, est un peu plus générale que les autres puisqu'elle sert d'illustration préliminaire. On y voit: flammes, ailes, carquois et arc, et en dessous, tiare, sceptre, épée, et casque, et bien que cette fois-ci tous ces objets soient intacts, et non pas brisés, comme dans le dessin de Salomon, il est très probable que c'est là que Salomon a puisé l'idée principale pour sa gravure introductive

---

[92]   Mortimer, *Italian Books*, pp. 539-545, surtout n°ˢ 373-375.

[93]   Voir la thèse de Rawles pour une description plus détaillée et la localisation d'exemplaires de ces éditions.

[94]   Voir Baron, *art. cit.*, qui montre la filiation entre les éditions de Janot et la tradition manuscrite française à partir de la fin du XVᵉ siècle, et notamment les illustrations qui accompagnaient les résumés de Jean Robertet. Pour Baron cela constitue une étape importante de l'«emblématisation» de cette tradition.

et pour sa propre présentation où chaque nouveau personnage allégorique triomphe de celui qui le précède. Dans le livre de Janot les autres Triomphes se succèdent sous la même forme. Le Triomphe de Chasteté (f. 53r°) est représenté par des flèches, carquois, ailes (pour symboliser Cupidon) et fleurs, surmontés par les colombes de Vénus, palmes entrecroisées en courbe, et un flambeau; dans la gravure suivante (f. 85r°), flambeaux et palmes se retrouvent brisés par la Mort, reconnaissable à sa faux et à une pelle, qui côtoient un cercueil et une tête de mort. Dans le Triomphe de Renommée (f. 125r°) des trompettes romaines et un livre prennent le dessus sur la faux et la pelle cassée et un crâne en train de se désintégrer. Dans le Triomphe du Temps (f. 193r°) les signes caractéristiques de la Renommée cèdent la place au sablier et au cadran d'horloge, et des fleurs poussent pour montrer le retour permanent de la nature. La dernière gravure (Triomphe de Divinité, f. 201r°) montre un ciel plein de nuages dont émanent des rayons et où brillent des étoiles, mais sans la présence de têtes d'anges, le tout au-dessus d'un sablier et d'un cadran cassés. Le style des petits bois qui illustrent les différentes histoires que raconte Pétrarque (ainsi que du grand bois qui représente le roi David et occupe presque toute la page, f. 158v°), est essentiellement gothique; le dessinateur ou les dessinateurs ont fait un grand effort pour illustrer un grand nombre d'histoires, mais rien de cela ne réapparaît chez Salomon. Le seul rapport que l'on puisse établir entre lui et le dessinateur de Janot serait donc la présentation symbolique et la façon d'indiquer triomphe et défaite. Tout cela nous incite à conclure que le livre de Janot ne fournit à Salomon qu'une inspiration de base et que ses dessins sont plutôt originaux.

Le choix qu'a fait Salomon de n'inclure que les sept gravures principales, laissant ainsi de côté toute autre possibilité d'illustrer le récit en détail, indique, peut-être, qu'il se servait en partie d'autres sources que de Janot. Il se peut par ailleurs que ce choix lui fût imposé par son éditeur. On pourrait penser à certaines éditions italiennes, par exemple celle de Bindoni qui se limite à six gravures[95]. Ce livre contient un mélange de scènes triomphales et d'emblèmes ou symboles statiques; Salomon y emprunte peut-être le côté emblématique, mais en dehors de cela rien de très précis. Et en ce qui concerne les éditions de Giolito, en dépit de leur nombre et de leur importance au moment où Tournes commençait à publier Pétrarque, il n'y a pas de liens de parenté directe entre elles et les éditions de Tournes. Il est possible cependant que l'éditeur lyonnais ait trouvé la confirmation de son entreprise dans les livres de Giolito et qu'il ait été convaincu par leur popularité évidente et peut-être aussi par leur réussite commerciale. Les gravures, de forme oblongue, sont plus grandes que celles de Salomon, plus chargées et plus détaillées tandis que ces dernières sont plus schématiques, ayant plus la force de symboles, d'emblèmes serait-on tenté de dire. Ce qui ressort en fin de compte de cette petite série de gravures de Salomon,

---

[95] *Il Petrarcha*, 1541. Dans la gravure qui représente le Triomphe de la Divinité (f. 177v°, z1v°) on voit des anges, le pape, des cardinaux et des évêques regardant le Christ qui tient un globe que surmonte une croix. Cela relie deux des gravures de Salomon.

c'est l'imagination de notre artiste, car tout en s'inscrivant dans la grande tradition de l'illustration de Pétrarque qui se restreint aux Triomphes, il ne semble pas qu'il ait imité de près des gravures qui existaient déjà.

Toujours au cours de cette année 1547 Tournes fit paraître les *Marguerites de la Marguerite* et sa *Suyte*, deux tomes conçus comme un ensemble bien que la pagination en fût indépendante (*Catalogue*, n° 7). C'est dans la deuxième partie seulement qu'on trouve les bois de Salomon, au nombre de onze (figs 113 à 118), et leur originalité est encore plus frappante. La question de leur origine a été étudiée plus d'une fois, notamment par Robert Marichal[96] qui signale l'existence de cinq manuscrits de *La Coche* dont deux sont agrémentés de onze miniatures (Chantilly, Ms 522 et Oxford Bodléienne, XIV B 31); les trois autres ont, à la place des miniatures, une description verbale qui correspond à ces illustrations. Marichal a montré que Salomon ne cherchait pas à imiter les miniatures (ce qui aurait peut-être été plus normal) mais à reproduire sous forme graphique la description écrite fournie par la reine, qui constituait ses instructions formelles d'après lesquelles les miniaturistes avaient fait leur travail. C'est donc cette description qui est la vraie source des gravures de Salomon qui ne cherche pas plus à illustrer le poème qu'à imiter les miniatures. Son but reste pourtant celui des miniaturistes puisque ses sujets sont identiques aux leurs, à ceci près qu'il omet l'hommage de l'auteur à la duchesse d'Etampes qui vient à la fin du livre et n'a donc que dix gravures pour illustrer *La Coche*, la onzième étant celle de «L'Histoire des Satyres et Nymphes de Dyane», le premier poème dans la *Suyte des Marguerites* (fig. 114)[97]. Marichal fait aussi observer que le style des gravures de Salomon est très différent de celui des miniatures et que toute ressemblance dans les détails est due au fait qu'elles suivent les légendes des manuscrits. Il est possible que Salomon ait connu ces manuscrits enluminés, surtout si c'est Marguerite en personne qui lui avait passé la commande de l'illustration et qui en avait donc discuté avec lui, mais cela n'est pas nécessaire ni même très probable. Et même s'il les a vus, il ne s'en est pas servi directement dans la préparation de ses dessins[98].

[96]   *La Coche*, éd. Robert Marichal; du même auteur, «'La Coche' de Marguerite de Navarre», pp. 37-99 et pp. 247-296, et «Texte ou image?» pp. 426-434; voir aussi *La Coche*, éd. Schneegans, *Suyte des Marguerites*, éd. Ruth Thomas, et *L'Heptaméron* de Marguerite de Navarre par Nicole Cazauran, 1977, ainsi qu'un article plus récent de Myra D. Orth, «Manuscrits pour Marguerite», pp. 85-105, qui abonde dans le sens de Marichal, tout en ajoutant quelques précisions et rectificatifs sur l'identité des artistes et copistes; voir un autre article de Myra Orth dans Valérie Auclair (éd.) *L'Art du manuscrit à la Renaissance*, Catalogue, n° 11, pp. 50-55, qui donne trois illustrations du manuscrit de Chantilly.

[97]   Tournes publia au même moment le récit des Satyres et Nymphes de Diane, paru déjà en 1543 et 1545, dans un autre recueil, *La Fable du faux cuyder, Contenant l'Histoire des Nymphes de Diane, transmuees en Saules*, mais sans illustration (Cartier, n° 104).

[98]   *La Coche*, pp. 79-81, où Marichal se sert de la présence ou de l'absence d'un arbre, du soleil couchant, ou de l'identité ou la position des dames pour démontrer que Salomon se sert uniquement des légendes. Nous le suivons en gros dans cette argumentation, sous la réserve que Salomon change souvent le point de vue d'où on regarde la scène et qu'il ne se croit évidemment pas obligé de suivre littéralement les consignes royales.

Dans un article plus récent Marichal est revenu à ce sujet : « C'est Jean de la Haye, valet de chambre de la reine, qui en a assuré l'impression, mais il est certain que celle-ci ne s'en est pas désintéressée. » Que Salomon ait dû suivre les indications données par la reine « confirme l'importance qu'elle y attachait [...] mais il serait surprenant que la reine eût été indifférente au choix du graveur comme de celui du caractère, l'italique »[99]. Dans son édition de *La Coche*, s'interrogeant sur les modalités de l'illustration et de la publication du livre, Marichal émet l'hypothèse suivante :

> elle a donné l'ordre de faire graver les « hystoires » de *La Coche* – il a bien fallu payer le graveur, ce n'est certainement pas Jean de la Haye qui l'a fait de sa bourse, ce n'est probablement pas Jean de Tournes – pour le reste elle a fait confiance à ses deux collaborateurs[100].

A notre avis il est beaucoup plus probable que ce soit Tournes qui ait payé le dessinateur et le graveur, mais nous sommes tout à fait d'accord sur le rapport étroit et exceptionnel entre l'auteur et son illustrateur.

Par ailleurs, les *Marguerites* comportent des antécédents littéraires connus, par exemple, le *Livre des quatre Dames* d'Alain Chartier ; et, de plus, au moment de la composition de son poème, la reine a dû avoir à l'esprit une miniature déjà existante d'un manuscrit de ce livre qui donne le même paysage. Elle a donc aperçu un paysage à travers ses propres souvenirs littéraires et artistiques[101].

Reste la onzième gravure qui orne « L'Histoire des Satyres ». L'origine littéraire de cette métamorphose est « ovidienne » dans un sens large : on a signalé comme œuvre parallèle, la métamorphose de Daphné en laurier et de Syrinx en roseau (deux scènes d'ailleurs que Salomon allait bientôt illustrer dans son Ovide, figs 212 et 213)[102], mais la source littéraire est à chercher plutôt dans les *Eglogues* de Virgile et dans les *Salices* et l'*Arcadie* de Sannazar, ainsi que dans la littérature anti-aulique. Il n'y a pas de source graphique évidente.

Par la parenté de son sujet (une histoire d'amour) et du style de ses gravures, un autre petit livre trouve sa place ici, le *Petit traité de Arnalte et Lucenda,* de Diego de San Pedro, traduit par le Seigneur des Essarts, Nicolas de Herberay[103], publié par Tournes en 1547 (*Catalogue*, n° 9). La source de trois des quatre gravures qui ornent ce récit est à chercher dans une édition du même livre publiée à Paris un an plus tôt par Jeanne de Marnef qui contient dix-neuf gravures dont trois répétées[104]. Tournes a dû commander une illustration réduite et Salomon

---

[99] « Texte ou image ? », p. 434 ; voir *La Coche*, pp. 133-138.

[100] *Ed. cit.*, pp. 135-136

[101] Marichal, *éd. cit.*, p. 14, signalant Arsenal, Ms n° 2940.

[102] Ovide, *Métamorphoses*, 1, vv. 452-567, et vv. 689-712.

[103] Herberay est mieux connu comme l'adaptateur principal de l'*Amadis de Gaule* d'origine espagnole ; voir Anninger, *op. cit.*, pp. 216-225.

[104] *Petit traité de Arnalte et Lucenda*, 1546 (BnF Rés Y² 2344). Voir un ouvrage très récent de Véronique Duché-Gavet, une édition du *Petit Traité* qui fournit une liste de toutes les éditions anciennes ainsi que des reproductions des gravures de Janot et de Tournes.

a fait un choix de quatre gravures. La première, qui représente un homme lisant, correspond à la première gravure de l'édition parisienne (figs 119 et 120) mais sans lui devoir grand-chose; la deuxième vient d'ailleurs; la troisième (deux femmes, fig. 121),) se réfère à celle du f. B8r° et la dernière, une scène de tournoi (fig. 122), rappelle celle du f. K3v°. Salomon a donc connu ce livre, mais l'utilisation qu'il en a faite est très restreinte.

La dernière de ces publications littéraires de 1547 ne contient que deux gravures, mais l'une d'entre elles est d'une grande originalité. Depuis au moins 1540, comme nous l'avons vu, Salomon connaissait Maurice Scève, le dédicataire du Pétrarque (et qui avait contribué par un poème aux *Marguerites* et par un autre à la *Suyte*), et allait travailler de nouveau avec lui en 1548 pour l'Entrée d'Henri II et de Catherine. Scève appréciait sans doute leur première collaboration artistique et il était donc tout à fait normal que l'invitation à illustrer *Saulsaye. Eglogue de la vie solitaire* (1547) (*Catalogue*, n° 8), dont le texte doit beaucoup à l'influence de Marguerite de Navarre, lui soit adressée[105]. Salomon s'acquitta bien de ce nouveau travail en commun. *Saulsaye* constitue une idylle pastorale, un débat sur la vie rustique et un petit récit mythologique, et l'édition originale est ornée de deux jolies gravures de Salomon: une scène pastorale de deux bergers devant une vue de Lyon (fig. 125), et une scène mythologique, la métamorphose en saules des nymphes de Diane dont nous venons de parler. La vue de Lyon est la première image réaliste de cette ville (malgré la présence fantaisiste des deux pasteurs décrits par Scève) n'ayant ni source ni antécédent[106]. La vue supposée de Lyon publiée dans la *Chronique de Nuremberg* (1493) était entièrement idéalisée et donc imaginaire. La petite gravure de Salomon a été, de toute évidence, dessinée, ou au moins étudiée et esquissée en plein air; elle représente la colline de Fourvière aperçue de l'autre côté de la Sâone avec les maisons qui bordent le fleuve, la cathédrale Saint-Jean et, éparpillées sur les pentes, quelques villas, comme celle de Pierre Sala, l'«Antiquaille», et tout en haut l'église de Notre-Dame.

Nous n'avons pas trouvé de source directe pour la gravure qui orne la page de titre du dialogue *De l'Amour* de Leone Ebreo, paru en 1551 (*Catalogue*, n° 17, fig. 124), ni pour les huit gravures des *Angoisses et remedes d'Amours* de Jean Bouchet (1550, réédité en 1556) (*Catalogue*, n° 14, figs 126-131). On notera que l'édition publiée à Poitiers en 1536, *Les angoysses et remedes d'amour*, contient une seule gravure mais sans rapport avec Salomon.

Voici donc une série de quatre petits livres qui sont liés par le fait qu'ils sont tous en langue vulgaire et sont parus au cours de la même année. L'origine et la source de leur illustration sont pourtant très différentes. Le *Petrarca* appartient à une longue tradition iconographique, au sein de laquelle les publications de

---

[105] Marcel Françon (éd.), *Saulsaye*; Saulnier, t. I, pp. 317-322; Enzo Giudici, *Le Opere minori di Maurice Scève*, pp. 285-536, pp. 743-750.

[106] Marius Audin, *Bibliographie iconographique du Lyonnais* II, 2, t. 2, Fasc. I: n° 17: «Vue de Bernard Salomon. Le principal intérêt de cette pièce, d'ailleurs, est dans son antériorité: c'est le premier document iconographique sérieux sur notre ville.»

Janot ne représentent que l'étape la plus récente; le livre des *Marguerites* doit tout son programme à une description verbale, la «Vue de Lyon» dépend entièrement de ce que l'artiste voit devant lui et de sa manière de le représenter, et le *Petit Traité* s'inspire d'un livre publié par Jeanne de Marnef, héritière de Janot. Tout en se servant de sources imprimées là où elles existaient, Salomon s'est montré tout à fait capable de créer un schéma d'illustration nouveau pour les livres d'imagination que Tournes lui confiait.

La littérature d'imagination, surtout en langue vulgaire, lui a donné l'occasion dès le début de sa carrière d'illustrateur, d'exercer sa propre imagination et donner des preuves d'une grande originalité. Il est vrai que son illustration de certains ouvrages emblématiques et scientifiques suit fidèlement celle du modèle choisi, mais même là il a su imposer, par son graphisme personnel, l'empreinte de sa propre vision du monde. Dans les cinq ou six années qui ont suivi la publication de son premier ouvrage en 1545, non seulement son propre style s'est affirmé et s'est renforcé, mais aussi sa liberté d'action par rapport à la tradition et sa capacité d'inventer un programme d'illustration personnel.

CHAPITRE V

INTERLUDE 1:
FÊTES ET RÉJOUISSANCES

La participation des artistes aux Entrées royales et princières à Lyon était traditionnelle; on pense à celle de Jean Perréal à l'Entrée de Charles VIII en 1489, de Guillaume II Le Roy «peintre de la ville», à celle de François Ier en 1515, et de Serlio en 1552 lors de l'Entrée du cardinal de Tournon. Les cinq manifestations civiques auxquelles Salomon a participé jalonnent sa vie et sa carrière d'artiste. Deux seulement parmi ces fêtes ont été commemorées par la publication d'un livret illustré de gravures, mais ces ouvrages donnent un aperçu de ce qu'a dû être sa contribution aux trois autres, et soulignent l'originalité de sa participation; ces illustrations confirment de plus ce que nous savons de lui à cette époque, qui voyait la consolidation de ses dons artistiques et son épanouissement dans d'autres domaines. Nous allons traiter en détail de toutes ces activités pour en dégager son rôle artistique et démontrer que l'illustration de livres ne constituait qu'une partie, tout importante qu'elle fût, de sa vie professionnelle.

L'Entrée solennelle dans Lyon en 1540 d'Hippolyte d'Este, cardinal de Ferrare et nouvel archevêque de Lyon, est moins bien connue que d'autres dont le récit fut publié à l'époque, mais on n'est pas dépourvu de documents à ce sujet car cette Entrée figure abondamment dans les registres archivaux. Il y a en effet une relation manuscrite des événements dans les *Extraits des Registres du Consulat* de Lyon et surtout aussi un «Carnet des Fraiz»[1]. Dans les Actes consulaires de Lyon on lit que Guillaume Mellier et Maurice Scève, docteurs, ont reçu la charge de «faire un gect et forme des ystoires qu'il conviendra faire pour l'Entrée de monsr. l'arcevesque conte de Lion»[2]. Mais qu'est-ce qu'ils étaient censés faire, au juste? Voici ce qu'en dit Saulnier:

> Sur le rôle de Scève, en particulier: il n'est qu'indiqué. Hors du plan administratif, sur le plan esthétique, il paraît se réduire, au fond, à l'invention de

---

[1] Courboin & Roux, t. II, p. 482; Claude de Rubys, *Histoire véritable de la Ville de Lyon*, p. 370; F. Rolle, «Bernard Salomon (le Petit Bernard), peintre et graveur sur bois», pp. 413-436; voir aussi J. Guéraud, *La Chronique lyonnaise*; V.-L. Saulnier, *Maurice Scève*, t. I, pp. 201-202, t. II, Annexe, pp. 267-279.

[2] Extraits des Registres du Consulat, Archives Communales de Lyon, AML, BB 58 f. 60v°; Saulnier, t. II, p. 269. Voir également F. Rolle *et. al.*, *Collection des inventaires-sommaires...*

tableaux vivants, de scènes animées destinées à égayer le parcours du cortège ;
nous les pouvons mieux imaginer d'après ceux qu'il fit pour Henri II. Une
seule chose reste sûre : ce qu'il fit pour l'Archevêque avait plu, puisque,
quelques années plus tard, c'est toute la surintendance des Entrées qu'on lui
confiera[3].

Il n'y a aucun indice de la répartition des rôles entre Scève et Mellier, mais
Saulnier fait remarquer que l'un des frères de Vauzelles avait contribué à dresser
le devis des « histoires » et semble donc avoir remplacé Mellier[4]. Quant à Salomon, on apprend d'après les Registres qu'il travailla à la préparation artistique
de cette fête avec neuf autres peintres sous les ordres de l'artiste florentin maître
Benedicto, c'est-à-dire Benedetto (ou Bettino) del Bene, dit Bénédict d'Albeyne.
Cet artiste, que Vasari mentionne comme un élève de Giovan Antonio Sogliani,
travaillait déjà à Lyon en 1532 ; il venait d'arriver en France dans la compagnie
d'Antonio Mini, un disciple de Michel-Ange[5]. Le nom de Salomon figure parmi
les « Maistres paintres, lesquelz ont vacqué à journées, au feur de dix solz par
jour, à paindre les mistères et eschaffaulx » : il reçut trois livres et Jean Levyn
deux livres dix sols[6]. Del Bene, lui, reçut un don de douze écus d'or au soleil et
tous les frais nécessaires à la direction des travaux artistiques. Il n'est pas facile
non plus de démêler les rôles respectifs de Del Bene et de Scève : Saulnier considère que le premier « semble avoir été le surintendant des Fêtes, avec Scève pour
bras droit »[7], ce qui diminue un peu le rôle de Scève comme « inventeur » et
directeur artistique, mais il faudrait penser à une vraie collaboration culturelle
et administrative, où le rôle de Salomon était moins important que celui des
deux autres. En même temps sa participation était très active.

Mais il est nécessaire d'abord de s'arrêter quelques instants pour parler du
cardinal Hippolyte d'Este parce qu'il a joué un rôle important dans la vie professionnelle de Salomon. Ce prélat (1509-72) était le deuxième fils d'Alphonse
Ier, Duc de Ferrare, et de Lucrèce Borgia, fille du pape Alexandre VI, et neveu
du cardinal Hippolyte Ier ainsi que de César Borgia. Déjà en 1519 son oncle le
cardinal lui avait cédé l'archevêché de Milan ; il allait cumuler plusieurs autres
diocèses en France par la suite (Lyon, Autun, Auch, Orléans, Saint-Jean-de-
Maurienne), et en 1538 il fut élevé au cardinalat par Paul III. La même année il
fut nommé en outre archevêque de Lyon après la démission de Jean, cardinal de
Lorraine. Entre 1544 et 1556 on le trouve à Fontainebleau. En 1550 il fit une
Entrée triomphale à Tivoli ; en 1551 il démissionna lui-même du diocèse de
Lyon, en l'échangeant avec le cardinal de Tournon contre le diocèse d'Auch,
tout en se réservant le droit de le reprendre à la mort de son successeur. En avril

---

3   *Op. cit.*, p. 202.
4   *Ibid.*, t. II, p. 98, n. 63.
5   Voir E. Bénézit, *Dictionnaire critique*, et *Enciclopedio Bolaffi dei Pittori e degli incisori italiani*,
    s.v. Bene.
6   Saulnier, *op. cit.*, t. II, p. 274 et p. 279, n. 41. Voir aussi le *Carnet des Fraiz* (AML, BB 58 f. 71v°).
7   T. II, p. 98, n. 63.

1562 Este retourna donc à Lyon pour exercer son droit à cet évêché (sa *régie*), mais le moment était mal choisi puisque le soldat protestant Des Adrets dirigeait alors la destruction de la ville, et Este décida de se retirer à Tivoli pour y vivre, surtout en été, et travailler à la création des célèbres jardins, jusqu'à sa mort, qui eut lieu à Rome, en 1572. Hippolyte II d'Este était un grand mécène qui avait une place privilégiée à la cour de France, qu'il fréquentait depuis 1536, en partie à cause du mariage de son frère Hercule II avec Renée de France; il était très étroitement lié avec Benvenuto Cellini qui le cite souvent dans ses *Mémoires*, et d'après Venturi (traduit par Dimier), «presque toute l'année 1540 [il] ne vaqua qu'à son service». Le cardinal, que Venturi présente comme «un conseiller de François Ier en matière d'art», servait d'intermédiaire entre ce dernier et Cellini. Grand collectionneur aussi, surtout de bronzes et de médailles antiques, il possédait des tapisseries représentant des sujets tirés d'Ovide et de Virgile ainsi que des *Triomphes* de Pétrarque, que Salomon a bien pu connaître. Este avait aussi le titre de Protecteur de France en Cour de Rome, et en 1548 il fit le voyage du Piémont avec Henri II avant d'assister avec lui à l'Entrée royale dans la ville de Lyon, dont nous allons bientôt parler[8].

Pour en revenir à l'Entrée d'Hippolyte d'Este en 1540, l'apport artistique consistait surtout en «plusieurs moralités representés en la place du Puispelu, en la grand rüe de la Grenette, à la place de l'Herberie, et à la place des Changes»[9]. Il y eut trois «ystoires» (tableaux vivants) à la porte du Pont du Rhône: c'est là que Me Daniel Decrane avait peint un grand aigle en toile sur un «échafaud», au carré de la Grenette vers la Tête d'or, là que Pierre de Lalande avait fait «ung esgle voullant, montant et descendant», et au Change. Seules les deux dernières «ystoires» figuraient des personnages[10].

Puisqu'il s'agit des premières œuvres connues de Salomon, il est bien dommage qu'aucun livret imprimé ne nous soit parvenu qui contienne un récit détaillé et illustré, et que l'on n'ait donc pas d'autres précisions sur toutes les peintures et tapisseries que Salomon a dû exécuter pour cette Entrée solennelle. Pourtant le fait de sa participation à la cérémonie, comme artiste officiel, est très

---

[8]   Sur Hippolyte d'Este voir V. Pacifici, *Ippolito II d'Este, cardinale di Ferrara*; A. Péricaud, *Notice sur Hippolyte d'Este*; L. Dimier, «Les Beaux-Arts et la maison d'Este...»; Jean Tricou, «Un Archevêque de Lyon au XVIe siècle. Hippolyte d'Este», et *Dictionnaire d'histoire et de géographie ecclésiastiques*, 1967, 15, 1050; M. Varille, *Antiquaires lyonnais de la Renaissance*, p. 461; R.D. Coffin, *The Villa d'Este at Tivoli*. Nous n'avons pas pu consulter l'Archivio Estense dans les Archives d'Etat de Modène qui contient entre autres les *Libri di spesa*, mais Venturi, qui connaissait bien les archives de Modène et les cite tout au long de son article, ne mentionne pas l'Entrée de Lyon. La devise du cardinal de Ferrare figure dans les *Devises heroïques* illustrées par Salomon (1557, p. 57).

[9]   Rubys, *op. cit.*, p. 370.

[10] Saulnier, t. II, p. 269, pp. 274-275; Richard Cooper, pp. 4-6 (voir n. 16 ci-dessous); Daniel (Gaultier) Decrane, ou Crane, appartenait à une famille de peintres établie à Lyon au XVe et XVIe siècles; il travailla pour des Entrées en 1518, 1533 et 1540. Son frère Jean Decrane, qui a collaboré lui aussi, à cette Entrée, et à d'autres, occupait en 1555 le poste de peintre de l'église Saint-Jean (voir E. Bénézit, *Dictionnaire critique*, *s.v.* Crane).

révélateur: en 1540 il semble qu'il était déjà «maître peintre» et assez compétent pour mériter cet emploi officiel. Il est également significatif qu'il travaillait
pour un artiste italien, à une période où la première école de Fontainebleau était
en plein essor et cela expliquerait en partie son orientation italianisante et bellifontaine dans les années à venir. La collaboration avec Maurice Scève, qui avec
Mellier établissait les grandes lignes du programme littéraire et du déroulement
des événements, ainsi que le choix des allégories et des inscriptions, ont dû aussi
influencer très profondément le développement futur de Salomon. Pour lui ce
travail en commun était précieux et il allait en profiter à fond quelques années
plus tard en 1548 quand il fut promu lui-même au poste qu'avait occupé Del
Bene en 1540, mais Scève exerça sûrement une grande influence aussi sur ses
connaissances littéraires et culturelles. On aimerait beaucoup savoir si c'est lors
de cette première Entrée en 1540 que Salomon fit la connaissance de Scève ou
s'il le connaissait déjà. Par exemple, participa-t-il, comme Scève, aux fêtes baso-
chiennes de 1537 ou au pèlerinage de 1539 à l'Ile-Barbe[11]? Existait-il déjà une
amitié entre Scève et Salomon? De toute façon, en 1540 Salomon put faire la
connaissance du grand prélat, et même si Este rejoignit ensuite la cour plutôt
que de rester dans son diocèse, cela devait avoir un effet sur la carrière de notre
artiste. Este avait amené avec lui en France Luigi Alamanni et Benvenuto Cellini[12], et il est probable que Salomon ait profité plus tard de ces relations littéraires et artistiques. Il a dû en outre subir l'influence des artistes avec qui il travaillait: parmi les peintres mentionnés spécifiquement pour les travaux détaillés
dans le *Carnet de fraiz*, on peut relever le nom de Jean Decrane qui a fait des
armoiries sur toile, et «une Cherité, qui fut myse à l'ospital», et on trouve
d'autres artisans qui sont payés pour la construction et le fonctionnement de
l'aigle volant[13]. Dans son illustration de livres Salomon allait plus tard peindre
des armoiries et des allégories et représenter souvent des aigles[14] qu'il savait très
bien dessiner, sans doute sous l'influence de Decrane et de ses autres collègues
peintres.

En outre Saulnier signale, parmi les «amusements spectaculaires» auxquels
se livraient les Lyonnais au cours de ces années-là, «une comédie en langue tos-
quane dedans le cloystre de St Jehan à la grand salle où ils font la cour, laquelle
salle estoit accoustrée tant magnifiquement et exellement qu'il estoit possible
du plus, tant en paintures, tapisserie, antiques, médailles, que flambeaux, le tout
par l'ordonnance de Me Benedict Florentin»[15]. On peut peut-être y déceler la
présence de Salomon qui travaillait sous la direction de l'artiste italien.

La deuxième Entrée triomphale à laquelle Salomon participa, celle d'Henri
II et de Catherine de Médicis à Lyon en 1548, est de loin la plus importante, à la

---

[11]   Saulnier, t. II, pp. 195-201

[12]   *Ibid.*, p. 268.

[13]   *Ibid.*, p. 274.

[14]   Par exemple, Esope, *De la Tortue et de l'Aigle* (fig. 28), et *Devises*, p. 194, *Coelo imperium Iouis
       extulit ales.*

[15]   Saulnier, t. I, p. 194, t. II, p. 93, citant *Chronique de Jean Guéraud*, éd. Tricou, 1929, p. 34.

fois par le nombre de personnes qui y ont pris part, par le nombre d'artistes et
d'ouvriers et les grands frais que cela a exigés, et par le beau livre qui en a gardé
le souvenir vivant. A cause de son importance et de son intérêt intellectuel et
culturel, ainsi que de ce souvenir littéraire, l'Entrée d'Henri et de Catherine a
attiré souvent l'attention d'historiens et de critiques littéraires[16].

Henri revenait de Turin après un voyage d'inspection militaire au Piémont. La
visite qu'il se proposait de faire à la ville de Lyon avait plusieurs buts, surtout honorer le roi lui-même et aussi la ville par la confirmation de ses privilèges, et en même
temps célébrer le mariage du duc de Vendôme et celui de François de Lorraine, duc
d'Aumale[17]; les autorités lyonnaises ont dû elles aussi comprendre la nature mixte
du projet et se sont montrées enthousiastes mais sous quelques réserves. De toute
évidence, ils rechignaient devant les grandes dépenses inévitables, à un moment où
leurs coffres étaient vides. Comme le dit Doucet: « Ces fêtes, glorieuses pour le
Consulat et pour les érudits, étaient onéreuses pour les finances et fastidieuses pour
le peuple à cause des 'insolences et fascheryes que les gens de Cour avoient faict' »
– la citation est du chroniqueur contemporain Jean Guéraud[18].

L'Entrée de 1548 est très bien documentée: on peut se référer non seulement
aux richissimes archives communales de Lyon, et à quelques sources historiques
extérieures et indépendantes, mais aussi au récit officiel des événements, préparé par le directeur des festivités, Maurice Scève, sous le contrôle du Consulat.
Ce récit parut sans nom d'auteur chez Guillaume Roville en deux versions distinctes en 1549, en français et en italien; la version française porte le titre *La
Magnificence de la superbe et triumphante entree de la noble et antique cité de Lyon*.
Une étude du récit officiel et des documents d'archives montre clairement qui
avait été responsable de l'organisation des fêtes: Maurice Scève, épaulé de certains autres poètes et humanistes, et Bernard Salomon en tant qu'artiste; en ce
qui concerne le livret, il s'avère que Scève en est l'auteur et, bien qu'on n'en
trouve nul témoignage écrit, que Salomon est responsable des gravures.

Un an après la mort de François Ier, le 10 mai 1548, Jean d'Albon, maréchal
de Saint-André, gouverneur de Lyon et du Lyonnais, qui avait la charge administrative d'organiser l'Entrée royale, appela les échevins pour leur annoncer
l'arrivée imminente du nouveau roi dans leur ville, et pour leur montrer la
nécessité de préparer une réception digne du souverain et de la ville de Lyon[19].

---

[16] Voir l'édition de cette Entrée par Richard Cooper, qui remplace l'édition limitée procurée par
Georges Guigue, publiée seulement en 120 exemplaires; voir aussi, F. Rolle, « Bernard Salomon (le Petit Bernard), peintre et graveur sur bois », Rondot, pp. 56-61; Saulnier, t. I, pp. 328-
370 et t. II, pp. 143-155; Baudrier, t. IX, p. 48, pp. 76-80 et pp. 161-165, Brun, p. 179; Janet
Marion Brook, *Documents concerning the Entry of Henry II of France into Lyon, 1548*; Saunders, *The Sixteenth-Century French Emblem Book*, pp. 279-292; P. Sharratt, « The imaginary
city of Bernard Salomon », pp. 33-48; Brigitte Biot, *Barthélemy Aneau*, pp. 162-171. Les documents des archives sont abondamment cités par Guigue et Saulnier et commentés par Cooper.

[17] Ce dernier mariage se vit pourtant reporter à Paris, Cooper, p. 1.

[18] R. Doucet, « Des origines à 1595 », dans Kleinclausz, *Histoire de Lyon*, t. I, p. 389.

[19] Corneille de la Haye a peint le portrait de Jean d'Albon: voir Dubois de Groër, *Corneille de
La Haye*, catalogue n° 33, pp. 139-144.

A l'origine l'Entrée devait avoir lieu à la fin du mois de juin, mais pour diverses raisons elle fut retardée et ne put avoir lieu qu'à la fin de septembre, ce qui fait que les Lyonnais ont eu en fin de compte une assez longue période de préparation.

L'Entrée s'est déroulée de la façon suivante. Le roi arriva officiellement le 21 septembre 1548 à Ainay où la reine se trouvait déjà. Le dimanche matin il alla par la rivière en bateau au faubourg de Vaise pour commencer son Entrée solennelle. Au logis du Mouton il reçut l'hommage des «nations estranges», des Enfants de la ville, et du clergé. Ensuite eut lieu un grand défilé: les gens des métiers (les confréries, y compris les arquebusiers), les représentants des Nations (des Italiens et des Allemands), les officiers publics, les familles lyonnaises (Notables, Enfants à pied, Enfants à cheval), des musiciens, le corps municipal, et les gens de la Cour, environ sept mille hommes en tout s'étendant sur trois kilomètres[20]. Ensuite le roi se joignit au défilé avec les princes du sang et se dirigea d'abord vers le château de Pierre-Scize, où s'érigeait un obélisque pyramidal, et, tout près, un bosquet nouvellement planté où Diane, entourée de ses nymphes, chassait cerfs, biches et chevreuils (en partie des animaux vivants, en partie des acteurs déguisés en animaux), et où finalement apparut un «lion» qu'elle présenta au roi. Le cortège se poursuivait au portail de Pierre-Scize, et ensuite à la porte de Bourgneuf où se dressaient des représentations allégoriques, et c'est là que le roi fut reçu par les conseillers de la ville et conduit sous baldaquin vers l'Archevêché. Au Griffon, au Port Saint-Paul, et surtout au Change le roi pouvait admirer d'autres scènes allégoriques. Ensuite il passa près du Grand Palais et à Porte-Froc et après un arrêt à la cathédrale Saint-Jean pour prier, atteignit l'Archevêché devant lequel eurent lieu des joutes nautiques[21]. Le lendemain la reine fit sa propre Entrée solennelle dans la ville, suivant à peu près le même chemin, et alors commença une semaine de festivités qui incluaient une naumachie et une représentation théâtrale en italien, *La Calandre*.

On sait, d'après les documents d'archives, quel était le rôle de Scève: il s'était vu attribuer la surintendance des festivités sous le titre de «conducteur et ordinateur des ystoires et triumphes»[22], c'est-à-dire qu'il était chargé de la direction générale de toute l'Entrée y compris de la peinture, et de tous les autres travaux artistiques (dessin et décoration des «échafauds»), un travail à la fois administratif et créateur, puisqu'il était aussi personnellement responsable de la composition des inscriptions et poèmes prononcés. Mais, même au niveau de l'organisation littéraire, il ne travaillait pas seul, puisque d'autres noms paraissent à côté du sien dans ce contexte, surtout ceux de Barthélemy Aneau et de Guillaume Du Choul. D'après Saulnier ces derniers n'étaient en réalité que des

---

[20] Saulnier, t. I, pp. 341-345, Cooper, pp. 31-44.

[21] Saulnier, *ibid.*, pp. 346-351, Cooper, pp. 44-62.

[22] Saulnier, *ibid.*, p. 330, Guigue, pp. 177-178; Archives communales, BB 67, f. 250, 68, f. 168, CC 981, n° 11.

concurrents qui cherchaient à présenter leurs propres projets individuels, et c'est Scève qui gagna le concours: «Scève fut le meneur de jeu. Son inspiration est partout; il fut l'ordonnateur en chef de tout ce qu'il y eut ici de spectaculaire et de littéraire.» La critique plus récente cependant insiste plus sur une vraie collaboration et valorise plus le rôle d'Aneau et de Du Choul (et peut-être aussi de Taillemont)[23].

Puisque c'était Scève qui devait «faire besogner les painctres»[24], il est clair que Salomon travaillait sous lui, tout en gardant une certaine indépendance: Scève a reçu en tout cinquante livres de salaire et Salomon trente-sept. Dans les «Comptes Hebdomadaires de l'Atelier des Augustins», Salomon est nommé plus d'une fois «m^e painctre, conduicteur de l'euvre de la painctrerie», rémunéré à «vingt sols par jour»[25]; (ils étaient quatre à jouir de ce tarif, Salomon, deux menuisiers et un charpentier). Il travaillait aussi le dimanche et même au moins une fois toute la nuit, et il figure régulièrement dans les comptes du 15 juin au 30 septembre. On apprend tout particulièrement qu'il était responsable, parmi tous ses autres travaux, de la préparation de trois grands éléments décoratifs: «au devant St-Héloy, ung grand théaltre à deux faces où estoient les termes: au Change, où estoit Nectune [sic] et Immortalité avec une grande prospective; et au Grand Palaix, où estoit la Fortune»[26]. Salomon reçut en plus une commande de l'archevêque qui avait «par Peintres excellens faict peindre à frais [à fresque] dedans et dehors» les jardins de sa maison de Rontalon[27]. Hippolyte d'Este a pensé de nouveau à donner du travail à celui qui avait travaillé pour sa propre Entrée huit ans plus tôt, ce qui a dû bien faciliter sa participation aux événements.

Notre artiste était également responsable de quelques tapisseries, broderies et de toiles d'or et d'argent[28], ainsi que des costumes des Enfants de la ville[29] et du dessin de deux pièces d'orfèvrerie allégoriques, sculptées par Jean Delabarre et offertes au roi et à la reine: «ung Roy assis en une chaire, au devant duquel sont des Vertuz dressées debout, qui présentent au Roy un lyon d'or» mené par deux déesses, le tout accompagné d'une inscription *Fidei libertatis publice,* et «une basse en tryangle, sur laquelle il y a une reyne assize en une chaire, portant

---

[23] Saulnier, t. I, p. 330 et t. II, p. 144, n. 28-29, Cooper, p. 18; Biot, *op. cit.*, pp. 80-81, pp. 162-164.

[24] Saulnier, *loc. cit.*, Guigue, p. 179, AML, BB 67 f. 251, BB 68 f. 169 v°.

[25] Rondot, pp. 56-57, Guigue, pp. 219-302, Saulnier, t. I, pp. 335-336.

[26] 17 au 30 septembre, Guigue, p. 293; il est à noter pourtant qu'il n'a pas modelé lui-même cette statue de la Fortune; elle était l'œuvre de Claude Chambéry, tailleur d'images (c'est-à-dire, en l'occurrence, sculpteur) et elle fut peinte par Antoine Tourvéon et Etienne Charnier. Salomon était donc responsable du décor et de la mise-en-scène (Rondot, p. 57). Cette statue a eu son succès, puisqu'à la fin des événements officiels le Consulat l'a vendue à l'élu Grollier pour orner sa maison (Guigue, p. 189, 12 janvier, 1550).

[27] *La Magnificence,* f. K2r°.

[28] Cooper parle des tapisseries et d'autres décorations que le cardinal destinait à la salle Saint-Jean (pp. 28-29, et pp. 103-106).

[29] *Ibid.*, pp. 37-39.

deux cornetz d'abondance, et au devant d'icelle ung lyon»; avec l'inscription, *Semper honos nomenque tuum laudesque manebunt*[30]. (Pour le choix des «devises» poétiques qui accompagnaient ces cadeaux on avait consulté Scève, Du Choul et Aneau.) Nous nous demandons si Salomon n'était pas responsable aussi de la carte de France dont parle Conegrani et même des représentations des cités italiennes, lui qui commençait à s'exercer un peu dans la cartographie et les plans de ville.

Une Entrée de cette importance méritait d'être commémorée par écrit (comme celles qui allaient avoir lieu à Paris en 1549 et à Rouen en 1550)[31]. Il avait été prévu dès le début que Scève s'occuperait du récit officiel des événements: une partie de son travail était de «faire marché avec celluy qui en fera meilleur compte et marché.»[32] Le privilège du livre officiel, daté du 25 janvier 1549, cherche à faire connaître l'autorité de cette publication en signalant qu'il y avait déjà eu «plusieurs Livres et Cayers de l'Entrée du Roy et de la Royne» qui ont paru de façon illégale et anonyme et ont donné une idée erronée de ce qui s'était passé, «taisant en plusieurs endroictz ce qui ha esté faict, et d'aultres pervertissant l'ordre desdictes Entrées, et abusant par ce moyen les lecteurs de fables et mensonges au grand desavantaige de ladicte ville, et de ceux qui ont faict leur debvoir». Par contre, grâce à Scève, le volume de Roville s'enorgueillissait de sa vérité et de son exactitude ainsi que de sa légalité[33].

On sait d'après les archives que le 21 décembre 1548, trois mois après les fêtes, Scève avait déjà rédigé son manuscrit et nous apprenons qu'il était prêt à l'envoyer et à le faire imprimer si le consulat assumait les frais nécessaires «pour faire tailler les ystoires et figures». Il aurait été relativement facile pour Scève de composer ce récit officiel: on ne peut pas imaginer que des fêtes tellement bien organisées et réussies se soient déroulées sans qu'il y ait eu une description détaillée préparée à l'avance, surtout quand il s'agissait d'événements en grande partie littéraires dans leurs aspects descriptifs et mythologiques, et il n'aurait pas été trop difficile de transformer ce «scénario» en une narration historique. L'illustration en revanche posait d'autres problèmes spécifiques. Le Consulat mentionne les «fraiz desd. ystoires qu'il fera tailler», ce qui laisse supposer qu'à cette date du 21 décembre le travail de la gravure sur bois n'était pas encore terminé ni même peut-être commencé[34]. Ce que dit Scève laisse ouverte la question

[30] *Ibid.*, p. 16, pp. 89-92; voir aussi Rondot, p. 49; AML, BB 68 f. 108, CC 982.
[31] Voir I.D. McFarlane (éd.), *The Entry of Henri II into Paris 16 June 1549*; M.M. McGowan (éd.), *L'Entrée d'Henri II à Rouen 1550*.
[32] 11 mai 1548, Guigue, p. 149.
[33] AML, BB 68 f. 269, 22 nov. 1548, Baudrier, t. IX, p. 79, Guigue, p. 187, Saulnier, t. I, pp. 339-341; voir Cooper, pp. 128-143, pour une étude de tous ces récits, des éditions pirates parisiennes aussi bien que de quelques nouvelles sources manuscrites de témoins contemporains: l'ambassadeur mantuan, Giorgio Conegrani, l'ambassadeur ferrarais Giulio Alvarotto, l'envoyé vénitien Francesco Giustiniano, et l'agent florentin Bartolommeo Panciatichi, dont Cooper donne les textes en appendice, ainsi que celui de Jean Guéraud.
[34] AML, BB 68, f. 287 v°; BB 69 f. 54 v°, cité par Saulnier, t. I, p. 339; Guigue, pp. 188-189; Cooper, pp. 130-31.

de savoir si les illustrations étaient prévues dès le début; il n'est pas impossible qu'il ait envisagé de faire paraître un récit purement littéraire, mais cela est peu probable: il avait eu l'expérience récente de faire publier sa *Délie* (par Antoine Constantin chez Sulpice Sabon, 1544), livre orné de cinquante bois emblématiques, mais d'un autre graveur, et lors de l'Entrée royale il venait de collaborer de façon étroite avec Salomon. Il est impensable que Scève n'ait pas cherché à associer cet illustrateur célèbre dès le départ à la préparation du livre. Il ne faut pas oublier non plus que la *Saulsaye* de Scève, parue encore plus récemment que la *Délie*, était agrémentée de deux gravures de Salomon. On peut en conclure que la participation de Salomon au livret de l'Entrée avait été prévue au moins par Scève et peut-être aussi par Guillaume Roville[35]. Salomon avait déjà préparé des dessins pour servir aux tableaux et aux scènes de théâtre qui ont décoré Lyon au cours des journées de fête. Il a dû exécuter, non seulement les dessins pour les quinze sujets qui paraissent dans le livre mais en plus des dizaines d'esquisses et de dessins pour les «échafauds» et «ystoires», et pour les petites histoires jouées par les participants. Nous ne savons rien de la forme ni de la grandeur de ces projets originaux, mais le travail de préparation des dessins qui allaient servir pour la taille des quinze bois est très différent, parce que leur but était tout à fait autre. Cooper fait observer que l'illustration de ce livre constitue une grande innovation dans les récits d'Entrées; elle a fait école puisque la formule a été reprise par des éditeurs des Entrées qui devaient suivre, celles de Paris, Anvers et Rouen[36].

Le travail artistique de Salomon s'étalait tout au long du défilé royal et il est possible de le suivre à travers le récit, puisque les gravures dont le livret est orné en rappellent les arrêts et les événements principaux. Elles représentent quelques monuments dressés le long de la route, des tableaux mythologiques ou allégoriques, et à la fin quelques bateaux qui avaient figuré dans les combats nautiques qui eurent lieu. Le grand obélisque dressé en bas du château de Pierre-Scize (f. D4r°) (fig. 134) contient sur le piédestal la représentation d'une scène de bataille. Au portail de Pierre-Scize on pouvait voir une allégorie de la fidélité et de l'obéissance (f. E2r°) (derrière elle se trouvait une représentation d'Androclès et de son lion qui n'est pas illustrée dans le livret), et à Bourgneuf plusieurs allégories reliées par le thème de la guerre et la paix (f. E4v°, fig. 135). Au Griffon se trouvait une grande colonne surmontée d'une statue de la France, entourée en bas de deux figures représentant le Temps et la Renommée, et deux autres un peu à l'écart, qui symbolisaient la Vertu et l'Immortalité (f. F3r°). Le double arc

---

[35]   Cooper s'interroge sur le choix de Roville comme éditeur et suggère comme raisons son bilinguisme, son désir croissant de publier des livres en langue étrangère, et le fait qu'il avait déjà publié Aneau (*ibid.*, p. 134). Pourtant Tournes avait déjà publié la *Saulsaye* de Scève et lui avait dédié les *Trionfi* de Pétrarque ainsi qu'un petit *Dante*, avec d'élégantes lettres-préfaces; il écrivait bien l'italien, et lui aussi commençait donc à publier des livres en langue étrangère, ce qui amènerait à chercher autre part les raisons de ce choix. N'oublions pas non plus qu'il n'est pas impossible que ce soit Tournes qui ait imprimé ce livre.

[36]   AML, CC 987 n° 29, Guigue, pp. 303-304, Saulnier, t. I, p. 339, Cooper, p. 134.

du Port Saint-Paul présente une image de l'union de la Saône et du Rhône
(f. F4v°, fig. 136). Au Porcelet se trouvait l'arc du Temple d'Honneur et de
Vertu (f. G3r°, fig. 137). Le tableau le plus important se trouvait, comme souvent dans ces Entrées royales lyonnaises, Place du Change, grand centre financier. On y voyait une perspective de ville où se jouait une scène mythologique
du conflit entre Pallas (Minerve) et Neptune (f. G4r°, fig. 138). Une statue de
l'Occasion était dressée sur la Place du Grand Palais (f. H2r°, fig. 139), et une
colonne de la Victoire sur la Place de l'Archevêché (f. H3v°, fig. 140). La gravure
suivante représente l'embarcadère du Port de l'Archevêché (f. I1r°, fig. 141), et
les trois dernières représentent le spectacle nautique : on voit la galère blanche,
noire et rouge (f. L1v°, fig. 142), la galère blanche et verte (c'étaient les couleurs
de la reine) (f. L2r°, fig. 143), et le bucentaure avec une grande salle richement
tapissée (f. L2v°).

La vraie « source » immédiate et directe de ces gravures est l'Entrée royale
qu'elles dépeignent. Car même si tout est forcément schématique et sommaire,
il y a toujours un monument ou un événement réel auquel correspond la gravure. Or la chose se complique dans le sens que c'était Salomon lui-même qui
était en partie responsable du choix des images pour l'Entrée et donc de l'iconographie. C'est lui en plus qui les avait dessinées et qui avait surveillé leur mise
en œuvre sur les lieux. Dans la préparation de l'Entrée il a certainement étudié
le déroulement d'autres Entrées imprimées, tout en étant plutôt pionnier dans
le domaine de l'illustration[37].

Une source générale possible vient tout de suite à l'esprit, l'*Hypnerotomachia
Poliphili* (*Songe de Poliphile*) de Francesco Colonna dans la traduction de Jean
Martin, publiée à Paris trois ans avant, par Jacques Kerver[38]. Par exemple, si l'on
compare la gravure qui figure l'Arc de Bourgneuf avec celle de l'arc qui paraît
au feuillet 13v° (fig. 144) de ce livre, on peut voir une certaine ressemblance de
forme puisqu'il s'agit d'un arc simple avec un plafond à caissons ; sur le devant
l'on voit le même agencement de deux paires de colonnes qui soutiennent une
grande frise à panneaux et un fronton qui contient une scène mythologique. Il
y a d'autres parallèles : les socles sont décorés de scènes dans les deux cas et la
figure de la Renommée qui se trouvait sous l'arc correspond à un aigle dans
l'autre gravure. Mais les différences sont grandes : les niches avec figures entre
les colonnes et la grande inscription de la gravure de Salomon sont absentes
dans l'autre, qui est d'ailleurs plus pure dans son ordre dorique (plutôt que
corinthien) et son manque d'arabesques. En outre, la cuve de la fontaine que
nous voyons au Port Saint-Paul doit peut-être quelque chose aux fontaines du
Poliphile (f. 30v°, f. 35r°, f. 38v°), et il n'est pas impossible que les obélisques et
le temple rond de ce livre (f. 5r°, f. 44r°, f. 72r°) aient influencé indirectement

---

[37] Cooper souligne l'originalité du décor de cette Entrée qui doit peu de choses aux Entrées précédentes (p. 17), tout en donnant *passim* quelques sources littéraires et artistiques.
[38] L'édition originale est parue à Venise chez Alde en 1499.

Salomon[39]. Mais à part cela nous n'y trouvons pas d'emprunts directs, et ce livre, qui a influencé profondément d'autres Entrées de l'époque, ne constitue pour lui qu'une inspiration lointaine et un encouragement.

Il y a en revanche une forte influence de quelques traités d'architecture comme ceux de Vitruve et de Serlio, dans le style et les détails des dessins architecturaux. Serlio a séjourné à Lyon à partir de 1547, et même si la date de publication de son *Livre extraordinaire*, que Tournes publia en 1551, exclut toute influence directe sur Salomon pour l'Entrée dont nous traitons, notre artiste a bien pu faire la connaissance de l'architecte italien dès son arrivée. Sans compter la représentation générale d'arcs de triomphe, certains éléments architecturaux sont très intéressants à cet égard: primo, les colonnes corinthiennes torses d'allure baroque que l'on voit au Portail de Pierre-Scize, et que l'on désignait comme d'ordre «salomonique»[40]; secundo, la perspective de la Place du Change, qui rappelle certaines gravures que Serlio a faites pour représenter le théâtre comique et le théâtre tragique[41]. Dans le cas de la perspective de la Place du Change on peut penser aussi à la bible publiée par Robert Estienne en 1540 que Salomon allait imiter de près en 1551: dans l'illustration de la cour du temple (fig. 152) la composition est semblable, avec une fontaine dans la même position, et deux personnages à sa droite, des tentes tout à l'entour qui rappellent les maisons qui bordent la Place, et l'Arche qui correspond au temple rond. Et tertio, l'escalier du Port de l'Archevêché et la colonnade qui le surmontait rappellent l'exèdre que Bramante avait construite au Belvédère du Vatican (comme le signalait déjà le livret italien de l'Entrée, mais non pas le texte français de Scève), et Salomon semble s'être servi de l'illustration que Serlio en avait faite[42]. Certains historiens vont jusqu'à attribuer à Serlio le dessin de l'embarcadère qui avait été construit pour cette Entrée royale mais les récits contemporains n'auraient pas passé sous silence le nom d'un collaborateur aussi prestigieux. Et par ailleurs il n'y aurait eu nul besoin de faire appel à Serlio: Scève, très féru d'architecture, était bien capable de concevoir cet embarcadère, et Salomon, non moins enthousiaste, de le dessiner et de le faire construire.

Un autre parallèle est à signaler: la colonnade de l'embarcadère rappelle le porche de l'église Saint-Nizier à Lyon qui se situe de l'autre côté de la rivière. Là, dans une façade gothique, construite en partie de pierres romaines recyclées,

[39] Mino Gabriele a étudié les sources de la pyramide de l'*Hypnerotomachia* (dans l'édition italienne de ce livre) et rappelle l'existence à l'époque de l'obélisque du Vatican, le tombeau supposé de Jules-César: voir «La grande construction pyramidale de l'*Hypnerotomachia Poliphili...* ».

[40] Jean Ehrmann fait remarquer que «le prototype [en] était attribué au temple de Salomon et que l'on [le] retrouve déjà dans les miniatures de Fouquet, chez Raphaël, Jules Romain et tant d'autres», *Antoine Caron*, p. 132; pour ces arcs et ces colonnes on peut se référer aussi au *Speculum Romanae magnificentiae* de Lafréry dont certaines gravures pertinentes datent de 1548.

[41] Serlio, *The Five Books of Architecture*, Livre 2, Chapitre 3, éd. de 1611, ff. 25r° et v°; sur Serlio, voir Zerner, *L'Art de la Renaissance en France*, pp. 103-106.

[42] *Ibid.*, Livre 3, chapitre 4, f. 69r°.

s'inscrit un grand portique constituant une colonnade en demi-cercle, coiffée d'une voûte à caissons. L'entablement ressemble de près à celui de Salomon mais en plus orné. Si l'on penche maintenant plutôt pour Philibert de l'Orme comme architecte de cet ensemble, certains pensaient jadis que Serlio en était responsable. En tout cas Salomon l'a bien connu et s'en est servi[43].

Pour l'inspiration d'autres éléments architecturaux et de certains détails archéologiques et nautiques, on consultera avec grand profit le livre de Richard Cooper qui signale quelques sources manuscrites peu connues, surtout le manuscrit du *Des Antiquités romaines* de Guillaume Du Choul (l'obélisque s'inspirerait de celui de l'Entrée de 1533 combiné avec celui du Vatican), le Temple d'Honneur et de Vertu rappellerait celui de Rome et du Mausolée d'Hadrien et celui du *De re nautica* du même auteur ainsi que ses études sur l'armure antique (qu'il allait publier dans son *Discours sur la castrametation des Romains,* Lyon, Roville, 1556). Cooper signale aussi l'influence générale des gravures romaines récentes d'Antoine Lafréry, et en particulier la Colonne de Victoire qu'il compare avec la colonne Trajane[44]. A cela on peut ajouter l'inspiration du tableau qui représente Androclès à l'intérieur du Portail de Pierre-Scize: l'auteur dit de cette figure « comme elle est taillée en marbre à Rome » (f. E2v°).

Une Entrée fait très souvent appel à une illustration « emblématique » dans son utilisation de devises héraldiques, et c'est le cas de celle qui nous occupe, non seulement dans la pléthore d'armoiries que l'on y voit, mais aussi dans la présence de nombreuses figures allégoriques, reconnaissables par leurs attributs traditionnels et accompagnées parfois de petites inscriptions[45]. Ces mêmes figures sont apparentées à celles que l'on voit dans les *Trionfi* de Pétrarque, et bien que Salomon n'utilise pas ses propres illustrations (par exemple, pour figurer la Renommée), il y a tout de même une similitude dans le dessin qui constitue une sorte d'autocitation.

Parmi les sources littéraires (Virgile, Ovide, Apollodore) et artistiques (Du Choul) que Cooper donne pour la scène de la Place du Change se trouve une gravure de Fantuzzi d'après Rosso. Il est possible que Scève ait connu cette illustration, et il a été suggéré qu'elle ait inspiré sa propre gravure, mais après comparaison des deux images nous ne sommes pas convaincu que Salomon s'en soit servi dans son travail[46]. On pourrait ajouter d'autres sources ou plutôt d'autres allusions littéraires: par exemple, le thème de l'union de la Saône et du Rhône avait déjà été exploité par Scève dans la *Délie,* et celui du Temple d'Honneur et

---

[43]   Voir Sharratt, « The imaginary city of Bernard Salomon », p. 40; voir aussi, F.-R. Cottin, « Philibert de l'Orme et le portail de l'église de Saint-Nizier de Lyon ».

[44]   Cooper, p. 136.

[45]   Cooper signale quelques parallèles précis avec les livres d'emblèmes (p. 53). La statue d'Occasion doit sans doute aussi quelque chose à l'illustration emblématique, voir Saunders, *The Sixteenth-Century French Emblem Book,* p. 92.

[46]   Cooper, p. 83 qui cite *L'Ecole de Fontainebleau,* p. 265, n° 312, mais sans illustration; voir cependant Zerner, *Ecole de Fontainebleau,* Paris, Antonio Fantuzzi, n° 32.

de Vertu était bien évidemment adapté aux Entrées royales et figurait souvent dans la poésie de l'époque, dans la tradition établie par Lemaire de Belges[47].

Cette Entrée royale constitue le point culminant du travail de Salomon dans le domaine civique et devait consolider ses liens avec les milieux humanistes et littéraires et peut-être même lui procurer d'autres commandes de peinture que nous ne connaissons pas et encourager Jean de Tournes à compter encore plus sur lui pour l'illustration de livres.

La troisième Entrée triomphale pour laquelle Salomon a travaillé n'est connue que par les registres municipaux de Lyon. Il s'agit de l'Entrée dans la ville de Lyon en juillet 1550 du gouverneur du Lyonnais, Jacques d'Albon, maréchal de Saint-André, lorsqu'il succéda à son père, Jean d'Albon, mort le 28 décembre, 1549[48]. Le nouveau gouverneur insista d'abord auprès des responsables des villes qui relevaient de son gouvernement, pour qu'ils assurent des funérailles dignes de son illustre père, et chercha à se faire valoir lui-même en exigeant qu'on prépare en son propre honneur une grande Entrée triomphale. Les procès-verbaux des délibérations consulaires cependant détaillent les objections que les conseillers municipaux opposèrent aux demandes que leur faisait parvenir Saint-André, en signalant que celles-ci étaient peu conformes à la coutume qui prévoyait un simple accueil avec offrande, mais la vraie raison de leur manque d'enthousiasme était d'ordre financier puisque la ville était déjà fortement endettée. Le contre-argument, fondé sur l'intérêt et l'avantage qu'il y aurait pour eux à l'avenir à ne pas froisser un protecteur aussi puissant, prévalut, et, un peu à contre-cœur, le consulat donna son accord et emprunta les crédits nécessaires. Les préparatifs furent très rapidement terminés, en deux mois, entre juin et août.

Le 24 août 1550 l'Entrée se déroula de manière fastueuse, comportant un cortège des «enfans de la ville en bon esquipaige, bien montez, habillez de casaquin de vellours» et de plus de mille hommes à pied représentant les différents métiers, ainsi que les conseillers, les bourgeois notables, les gens de Justice et «messieurs de nations estranges». Il y avait des feux d'artifice sur la Saône, préparés par les nochers de Saint-Vincent-du-Temple[49]. Le programme artistique était naturellement moins important que pour l'Entrée d'Henri et Catherine deux ans plus tôt; il se résumait à la décoration de deux constructions «avec des ystoires et dictons» qui se situaient à la porte de Bourgneuf et au Change. Barthélemy Aneau s'occupait de nouveau du contenu littéraire, et c'est à Salomon

---

[47] Voir Sharratt, «The imaginary city of Bernard Salomon», et «The image of the temple: Bernard Salomon, rhetoric and the visual arts»; pour Lemaire de Belges, consulter surtout, *La Concorde des deux langages*, éd. Jean Frappier, et *Le Temple d'Honneur et de Vertus*, éd. Henri Hornik.

[48] Claude Le Laboureur, *Les Masures de l'abbaye royale de l'Isle-Barbe*; P. Clerjon, *Histoire de Lyon*, 1832, t. V, pp. 44-47; Rondot, p. 61; Lucien Romier, *La Carrière d'un favori. Jacques d'Albon de Saint-André*, pp. 250-256, pp. 415-417. Voir les sources archivales: AML, BB71, ff. 177-181, f. 202v°, 17 août 1550, CC 990, f. 26v°, CC 1000 f. 53v°.

[49] Voir Romier, *op. cit.*, dont nous suivons le récit.

que fut dévolue la responsabilité des peintures. Le choix de celui qui devait prendre en charge le programme littéraire s'est sans doute décidé sans beaucoup de discussions. Aneau avait déjà collaboré avec Scève et Salomon. Il n'est pas difficile de trouver des raisons pour lesquelles Scève ne se serait pas associé à ce nouveau projet, qui n'était sans doute pas d'assez grande envergure pour le maître et doyen des poètes lyonnais. Salomon par contre devait sûrement sa nomination comme peintre au bon travail qu'il avait fait deux ans auparavant, à sa réputation et à ses relations. Par ailleurs, cette commande est venue à un moment où ses deux grands projets, l'illustration de la Bible et des *Métamorphoses* d'Ovide, n'avaient pas encore retenu toute son attention.

Voici comment le programme artistique s'annonçait: sur un échafaud dressé devant Saint-Eloi

> sera faite l'histoire d'Ephestion, d'Alexandre le Grand, et de la femme et les deux filles du roi Darie; lesquelles femme et filles du roi Darie étant prisonnières se seroient adressées à Ephestion pour faire la révérence, pensant que ce fut Alexandre; et étant adverties que ce n'étoit Alexandre et qu'Alexandre étoit auprès dudit Ephestion, se voulant excuser envers ledit Alexandre, icelui avoit répondu: *Et hic Alexander est*, démontrant que l'honneur qu'elles avoient fait audit Ephestion, il l'estimoit autant qu'à lui-même, pour faire apercevoir que l'honneur que l'on fait audit seigneur de Saint-André, le roi l'estimera autant qu'à lui-même, pour l'amitié et faveur qu'il porte audit seigneur de Saint-André[50].

Un autre petit tableau vivant était prévu pour la porte de Bourgneuf: une représentation de l'histoire d'Androclès. Le sieur de Riverie, Claude Laurencin[51], ferait une harangue devant le gouverneur «lui offrant corps et biens tant en général que ceux en particulier, prêts à obéir à tout ce qu'il lui plaira commander, le suppliant d'avoir les affaires de la ville toujours pour recommandées envers le roi et Messieurs de son conseil».

Barthélemy Aneau avait composé des poèmes en l'honneur de Saint-André en se servant de cette légende d'Androclès et du lion (qui figurait déjà dans le *Lion marchant* d'Aneau de 1541, et avait déjà été représentée en 1548 à la porte Pierre-Scize) ce qui invitait bien sûr le jeu de mots habituel sur la ville de Lyon (lion fidèle) que d'Albon avait conquise par sa bonté à son égard[52]. On peut citer dans ce contexte un poème d'Aneau, publié deux ans plus tard, dans l'*Imagination poétique* accompagnant une gravure qui figure Hanno en train de caresser le lion:

---

[50] Cité par Clerjon, pp. 45-46.

[51] Ne s'agirait-il pas de Claude Raveyrie, dit Dijon, qui avait été élu Capitaine à pied en 1548? (voir, *supra*, p. 89).

[52] Voir Cooper, p. 148 et aussi p. 47 où il signale un manuscrit de Du Choul portant sur ce sujet, et Marie Madeleine Fontaine, édition d'*Alector ou le Coq* d'Aneau, pp. 876-877; Brigitte Biot, *Barthélemy Aneau, régent de la Renaissance lyonnaise*, 1996, pp. 165-167.

> Hannon premier prudent duc de Chartage [*sic*]
> Tracta en main doucement sans outrage,
> Un seul Lyon, la plus fiere des bestes.
> Mais combien plus d'honneur est d'avantage
> Au sieur D'Albon, moderer d'esprit sage
> Lyon, ayant plusieurs humaines testes?[53]

Le titre qu'Aneau donne à ce poème dans l'*Imagination poétique*, «Sur la magnifique Entrée de Monseigneur de S. André, Gouverneur de Lyon», suggère que c'est bien là un des poèmes qu'il avait composés pour accompagner une des «ystoires» de l'Entrée de 1550. Au siècle suivant Claude Le Laboureur a commenté en paraphrasant la version latine du même sujet (qui paraît dans *Picta poesis* sous le titre «In adventum Herois Sanctandraei Lugduni Gubernatoris»):

> Barthélemy Aneau, natif de Bourges, Principal de l'ancien College de Lyon, qui l'élève au dessus de Hanno Général de Carthage, de qui un Lyon honora jadis la vertu, s'estant laissé approcher et caresser de ce Brave comme auroit fait un mouton. Ce qui arriva à nostre Mareschal avec bien plus d'avantage, lors que toute une grande Cité remplie de Lyons en valeur et en courage, se soumît humblement à son obéissance et à ses loix[54].

On peut s'interroger sur la gravure de l'*Imagination poétique* dont nous venons de parler. Est-il possible que ce soit une copie d'une illustration de Salomon ou même son propre travail[55]?

Les deux poèmes de l'Entrée de 1550 ont dû se présenter de la même façon et il est probable que le poème sur Hanno y figurait également en français ou en latin. Le rôle de Salomon était de peindre les deux scènes mythologiques d'Héphestion et d'Androclès sur des toiles tendues sur les échafauds et sur des arcs triomphaux[56]. Pour l'histoire d'Androclès, il est possible qu'il ait repris la toile qu'il avait peinte trois ans plus tôt, mais il a pu aussi bien repeindre le sujet. La source littéraire de ces deux images peintes se trouve respectivement dans Quinte-Curce et Aulu-Gelle. Ce que Salomon illustre dans les deux cas c'est une allégorie de la fidélité de la ville de Lyon. Cette fois-ci il émerge non pas comme l'illustrateur d'un texte imprimé transmettant ces événements civiques à la postérité, mais comme un peintre de l'éphémère, comme il l'avait été en 1540 lors de l'Entrée d'Hippolyte d'Este. Et puisque ces illustrations ne nous sont pas parvenues, nous ne savons rien sur leurs sources artistiques. La préparation de bois gravés et d'un texte imprimé aurait constitué une charge supplémentaire assez onéreuse pour les citoyens. Les registres rapportent les sommes modestes versées aux artistes: Aneau a touché six écus d'or soleil, «à peu près autant que le valet du valet d'un grand Seigneur», comme le dit Clerjon, et Salomon

---

[53] *Imagination poétique*, p. 15; voir aussi Biot, *op. cit.*, pp. 167-168.

[54] *Picta poesis*, p. 13; Claude Le Labourer, *op. cit.*, pp. 176-177.

[55] Serait-ce celle dont parle Steyert? Voir *supra*, p. 41.

[56] Romier, *op. cit.*, p. 254; AML, BB 71, f. 187, f. 196 et f. 213 v°.

quatre-vingt-dix livres[57]. Mais même s'il n'y a pas eu de livret officiel, le consulat a tenu à garder un souvenir tangible de l'obéissance des citoyens et de la réponse positive qu'ils avaient faite aux demandes du gouverneur en commandant «des pièces painctes en la grant salle du consulat». Il n'est dit nulle part que ces toiles soient de la main du maître-peintre, Bernard Salomon, mais tout nous encourage à le supposer[58].

La quatrième Entrée à laquelle Salomon a participé est celle d'Alexandre Farnèse, «Cardinal, Legat d'Avignon, Vichancelier du S. Siege Apostolique» dans la ville de Carpentras en 1553, lorsqu'il voulait en prendre possession et remplir son rôle de légat[59]. Si l'on a moins de renseignements au sujet de cette Entrée que sur celle d'Henri II et de Catherine à Lyon cinq ans plus tôt, on est tout de même mieux renseigné que sur l'Entrée de Jacques d'Albon, car deux livrets ont été publiés contenant le récit des événements: le premier en vers français par Antoine Blégier de La Salle, juriste toulousain et carpentrassien d'adoption, *La Magnifique... Entrée de Carpentras*, et l'autre en prose, en italien, par Jean-Baptiste de Centenar, juge à Carpentras, originaire de Crémone, *L'Intrata dell' Illustris. Cardinal Farnese fatta in Carpentrasso*, tous deux publiés à Avignon en 1553 par Macé Bonhomme, bien que le texte français porte l'indication «imprimé à Lyon».

Cette Entrée n'a pas attiré l'attention des historiens et il est nécessaire de fournir quelques explications sur son contexte historique. Alexandre Farnèse le jeune (1520-1589), surnommé «Il Gran Cardinale», était le fils de Pier Luigi Farnèse, et petit-fils d'un autre Alexandre, mieux connu sous le nom du pape Paul III (1534-1549), fondateur d'une dynastie d'hommes politiques puissants et de princes de l'Eglise. C'est ce dernier qui a élevé notre Alexandre au cardinalat à l'âge de quatorze ans et un an après au poste de vice-chancelier à vie du Saint Siège Apostolique, honneur qui le plaçait en seconde position après le pape. Il réussit à cumuler treize évêchés et de nombreux autres bénéfices, dont Avignon, charge qu'il détint de 1535 à 1551 et de 1560 à 1566. Il méritait bien son surnom à cause de ses activités politiques en faveur de Paul III dont il servait les intérêts auprès de François Ier et de Charles Quint, à cause aussi de ses interventions auprès d'Henri II en faveur de Jules III et de sa propre famille, et de son rôle de grand mécène qui commandait des tableaux à Vasari et au Titien (auteur de deux portraits de lui), collectionnait les médailles et les sculptures antiques, et dirigeait les travaux de la Villa Farnese à Caprarola et de l'église du Gesù à Rome. Alexandre Farnèse était un des plus riches et des plus grands princes de la Renaissance.

---

[57] Clerjon, *op. cit.*, p. 47.

[58] AML, CC 1007.

[59] Voir Baudrier, t. X, p. 191 et pp. 232-235; *Dictionnaire d'histoire et de géographie ecclésiastiques*, 1967, 16, pp. 608-615. Giovanni Drei, *I Farnese. Grandezza e decadenza di una dinastia italiana*; *Dizionario Biografico degli Italiani*, Rome, 1995, 45, pp. 52-70; Claire Robertson, *'Il Gran Cardinale'...*; voir aussi Iris Marzik, *Das Bildprogramm der Galleria Farnese in Rom*, pp. 37-40.

Après la mort de son grand-père en 1549 et la frustration des plans de ce dernier qui voulait qu'il lui succède, Alexandre a passé beaucoup de temps en France, en partie pour chercher à gagner la faveur d'Henri II pour la cause des Farnèse en Italie, et en partie pour arranger le mariage de son frère Orazio avec Diane d'Angoulême, fille naturelle du roi. Ce mariage a eu lieu en février 1553 et tout de suite après Alexandre a annoncé qu'il voulait faire une Entrée solennelle dans la ville d'Avignon à laquelle il avait été nommé Légat. Ce n'est qu'après cette première Entrée qu'il a annoncé sa volonté de faire une deuxième Entrée, à Carpentras.

Lorsque le Sénat de la ville de Carpentras se trouva dans l'obligation d'accéder aux désirs de Farnèse, il dut chercher quelqu'un qui fût capable à la fois d'organiser et de mener à bon terme des festivités adéquates et ensuite d'en assurer l'immortalité sous la forme permanente d'un imprimé. Malheureusement on ne dispose pas dans le cas de cette Entrée de la même abondance de registres archivaux qu'à Lyon[60], et il est donc difficile de préciser quelle a été la collaboration de Salomon dans ce projet. A-t-il vraiment aidé à la préparation de la fête ? Nous savons d'après les pièces liminaires du livret italien, et d'après le texte francais, que Centenar a pris part à son élaboration, surtout à la construction d'un théâtre, à l'érection d'une statue équestre, et à la composition de quelques textes latins. Il n'y a nulle part mention du nom de l'artiste.

Il n'est guère possible au départ de déterminer comment Salomon, travaillant à Lyon pendant toute cette période et d'ailleurs justement au cours de ces années très pris par le travail, puisque la Bible a dû lui prendre alors presque tout son temps, a pu accepter cette commande et en réaliser l'exécution. Mais si l'on se rappelle qu'il y n'avait pas de presses à Carpentras à cette époque, il semble tout à fait naturel que les autorités aient fait appel à un imprimeur de la ville voisine d'Avignon pour entreprendre la besogne. Il y avait en effet un imprimeur lyonnais qui entretenait des relations commerciales avec Avignon depuis 1542, Macé Bonhomme, qui venait de passer un marché avec son frère cadet Barthélemy et de lui confier une presse dans cette ville[61]. Macé Bonhomme, sans être un grand imprimeur de la taille de Jean de Tournes ou un grand marchand comme Guillaume Roville, était très compétent et s'intéressait même à l'illustration, quoique de façon un peu négligente, s'adressant à l'occasion à de grands illustrateurs comme Georges Reverdy, et surtout à Pierre Eskrich. Est-ce que c'est Bonhomme qui eut l'idée de passer la commande à

---

[60] Dans une lettre adressée à «Jo. Antonio Capisucco», incluse dans le livret italien, Jean-Baptiste Centenar nous fait savoir qu'un récit officiel existait au moment où il écrivait : «Sed ne dum volo hujusmodi laudum praedicationem commemorare, videar hîc eodem, quae in publico hujus civitatis apparatu scripta sunt repetere, finem facio».

[61] Baudrier, t. X, pp. 185-270 ; P. Pansier, *Histoire du livre et de l'imprimerie à Avignon*, pp. 109-118. Bonhomme a travaillé comme imprimeur à Lyon entre 1535 et 1540 pour les libraires Antoine Vincent et Jacques Junte, et ensuite à son propre compte à Vienne entre 1541 et 1542 et à Lyon entre 1542 et 1567 ; au milieu de cette période son frère Barthélemy a exercé le métier d'imprimeur à Avignon (1553-7). A partir de 1548 Macé s'était associé avec Guillaume Roville jusqu'en 1561.

Salomon? Cela est très plausible: la ville de Carpentras aurait fait appel à cet imprimeur lyonnais récemment installé à Avignon, et lui à son tour aurait pensé à l'illustrateur le plus en vue à Lyon, car c'est alors que la carrière de Salomon commence à prendre essor. D'abord c'est lui qui avait fourni les quinze beaux dessins pour orner le récit de l'Entrée royale à Lyon (le même nombre que pour l'Entrée de Carpentras et ce n'est peut-être pas sans signification), et ensuite, en dehors de toutes ses autres illustrations, il venait de compléter une série d'illustrations pour la Bible, ce qui a dû le recommander fortement aux autorités et surtout aux autorités religieuses. On pourrait presque dire que le choix de Salomon s'imposait. Il est vrai que normalement il était retenu par Tournes, mais il avait déjà travaillé pour Roville, l'associé de Macé Bonhomme. Mais en même temps il faudrait se demander pourquoi Bonhomme ne s'adressa pas à Reverdy ou bien à Eskrich, et on peut suggérer que c'était parce que ces artistes n'avaient ni la même expérience ni la même compétence que Salomon dans l'organisation de ce genre de fête.

Les événements se déroulèrent de la façon suivante. Le cardinal Farnèse arriva à Avignon plus rapidement que prévu, et les Consuls durent le faire patienter quelques jours au Pont de Sorgues. Le 16 mars 1553 il fit son Entrée triomphale dans la ville, dont le récit, de la plume d'Honoré Henry, a été publié par Macé Bonhomme, seulement trois semaines plus tard[62]. Ensuite il accepta l'invitation des Consuls de Carpentras (invitation qu'il leur avait imposée) de visiter la ville à partir du 16 avril. Ce jour-là il quitta Avignon en compagnie de Monseigneur Camillo Mentuato, évêque de Satriano, vice-légat d'Avignon, Théodore Jean de Clermont, évêque de Sénez, le successeur du vice-légat, l'évêque de Castres, Claude d'Auraison, Monsieur de Saint-André de Villeneuve, les Consuls d'Avignon et leurs suivants, enfin beaucoup d'autres personnes, en tout deux cents personnes à cheval. Aux confins d'Avignon et de Carpentras ils rejoignirent le Protonotaire Monseigneur André Récupérat, Gouverneur de cette province, accompagné de beaucoup de gentilshommes et

---

[62] Honoré Henry, *La Magnifique Entree, du Reverendissime, Et Tresillustre Seigneur, Monseigneur, Alexandre, Cardinal de Farnez, Vichancellier du Sainct Siege Apostolique, et Legat de la Ville, et Cité d'Avignon, faicte en icelle, le xvi mars. 1553...* (BnF Lk7 645, Baudrier, t. X, pp. 235-236). Ce récit n'est pas pourvu d'illustrations; il commence par la description de toutes les personnes qui ont participé à l'accueil du cardinal, avant de parler des arcs triomphaux, des tableaux vivants (un vase d'or dont est sortie une jeune demoiselle), un théâtre à trois arcades et un autre orné d'une perspective en quadrangle, ainsi que d'autres «plans» ou tableaux peints, emblématiques, allégoriques, mythologiques ou religieux, et finalement un palais à deux ordres. Mais faute de gravures on ne peut pas savoir quel artiste était responsable de cette illustration, dont l'iconographie est tout à fait dans l'esprit des autres Entrées de la Renaissance, mais peut-être avec un léger retard. Il se peut que celui qui s'est occupé de l'aspect artistique de l'Entrée du cardinal dans la ville voisine de Carpentras ait eu sa part à la préparation de celle d'Avignon. La description verbale du moins rappelle certaines gravures de Salomon. Voir *Bibliotheca Bibliographica Aureliana*, 6e livraison, n° 14, sous «Mathieu (Macé) et Barthélemy Bonhomme. 1553-1556». Voir aussi P. Pansier, *loc. cit.*, qui se réfère aux Archives de la Ville (CC, pièces justificatives des comptes, 1552-1553, mandat 77), et signale un achevé d'imprimer du 7 avril.

des principaux magistrats du Conté. Ils passèrent la matinée dans le couvent des Observantines à Monteux. Dans un bois près de la ville, le Capitaine de la Ville, Antonio Pauli, vint à leur rencontre, avec quatre cents fantassins et bon nombre de citoyens notables. A l'église Notre-Dame le cardinal reçut les offrandes habituelles et revêtit sa robe écarlate. Devant la ville se trouvait une plaine surélevée avec un rempart de planches peintes en forme de forteresse, d'où perçaient des canons, derrière lequel se trouvait la vraie artillerie qui se mit à tirer joyeusement de grandes salves de canon dès l'arrivée du Légat. Une gravure montre schématiquement cette première construction (édition en français, f. D2r°, fig. 146). Sur le pont à l'Entrée de la ville se trouvaient deux jeunes garçons, habillés en nymphes, montés sur des piédestaux, représentant l'Obéissance et la Libéralité et lui offrant les clefs de la ville, ce que représente une gravure. Le défilé continua, à travers une série d'arcs de triomphe, jusqu'à l'Hôtel de Ville où se dressait une grande statue équestre, faite en plâtre mais imitant le bronze qui portait un cavalier vivant simulant une statue (f. D3r°) (fig. 151)[63]. Le Légat passa ensuite à la cathédrale pour prier et au palais pour dîner, et après le dîner il assista à un concert de chants et de farces jouées en français et en italien. Le lendemain il reçut la délégation des trois Etats et écouta un discours en latin et un dialogue prononcé par des jeunes gens érudits, en hébreu, grec et latin, avant d'assister à un spectacle de lutte à main plate sur la place. Le troisième jour il visita la ville et ses environs et repartit pour Avignon.

Une question reste à résoudre. Dans le cas de l'Entrée royale nous sommes parti du fait que Salomon avait dirigé le programme artistique, pour arriver à la conclusion qu'il était responsable de l'illustration du livre, ce qui se voit confirmer par une étude stylistique des gravures. Dans le cas de l'Entrée de Carpentras nous devons suivre le chemin inverse. Nous commençons par une étude stylistique qui nous suggère que Salomon était au moins celui qui a dessiné les illustrations du livret pour arriver à l'hypothèse qu'il était sans doute aussi responsable de l'organisation artistique des fêtes, bien que des renseignements positifs nous fassent défaut. Quoi de plus évident que de s'adresser à celui qui avait déjà participé à trois Entrées et qui avait surtout joué le rôle tellement central d'organisateur artistique dans l'Entrée royale à Lyon ? Il n'est pas impossible que le choix de Salomon ait été en plus soutenu par le cardinal lui-même. Salomon entretenait sûrement des connaissances dans les milieux du haut clergé, et même si les relations entre les Farnèse et la famille d'Este étaient plutôt brouillées, l'évêque de Carpentras, Paul Sadolet, était lui-même en bons termes avec Alexandre Farnèse et Hippolyte d'Este.

Le livre qui raconte l'Entrée du cardinal de Farnèse dans Carpentras nous est connu seulement par trois exemplaires dont un incomplet. Le précieux exemplaire de la Bibliothèque municipale d'Avignon, qui contient le texte italien et le texte français, est en bon état. L'exemplaire de la Bibliothèque municipale de Carpentras, en bon état aussi, ne contient que le texte italien, mais c'est dans la

---

[63] Le texte dit « di rileno » qui doit être une erreur pour « ril[i]evo ».

version italienne que nous pouvons lire le meilleur témoignage des événements, tandis que les vers français brodent poétiquement et prétentieusement autour d'eux. Néanmoins, leur auteur, qui se voulait et se croyait grand poète, mérite mieux que l'oubli où il est tombé[64]. L'inspiration des gravures vient en premier lieu des dessins et des tableaux exécutés pour l'Entrée elle-même, qui, eux, doivent beaucoup aux autres Entrées récentes et surtout à celle de Lyon. Certains sujets rappellent des gravures que Salomon avait déjà faites pour d'autres livres: par exemple, une scène virgilienne (Didon et Enée, avec une inscription virgilienne explicative «Post tot discrimina rerum hic tibi sit requies», f. E4r°), renvoie aux gravures de Salomon pour l'*Enéide*, une autre qui figure Orphée et Sisyphe (f. F4r°) rappelle l'illustration pour Ovide, et une troisième représente Portumnus, dieu fluvial, qui regarde Alexandre (f. F1v°, fig. 147), et fait penser à la présence de Portumnus au Port de l'Archevêché en 1548. D'autres représentations d'Alexandre répètent un des thèmes au moins de l'Entrée d'Henri II: Alexandre devant Apollon et la prêtresse de l'oracle de Delphes (f. Fdr°, fig. 148), Alexandre, en présence soit de Porus roi de l'Inde, soit d'un soldat moribond qu'il réchauffait et installait sur son trône à lui (f. F2r°, f. G3r°, f. D4r°)[65].

On peut s'interroger surtout sur la représentation du cavalier. Comme le texte italien le signale, elle imite la statue célèbre de Marc-Aurèle qui se trouve au Capitole; il n'est pas impossible que Salomon l'ait vue de ses propres yeux, mais il a pu aussi en voir une gravure, par exemple celle de Hieronymus Cock ou celle de Lafréry[66]. Le cheval se discerne clairement sur le plan de Rome, publié par Arnoullet dès 1552, d'après le plan de Münster; nous ne pensons pas attribuer ce plan à Salomon mais il l'a sûrement connu puisqu'il en avait fait d'autres pour le même recueil. Serait-il possible qu'il ait vu à Fontainebleau le moulage qu'en avait fait Primatice, celui qui devait plus tard donner son nom à la cour du Cheval Blanc[67]?

Une cinquième et dernière fois, au début d'avril 1559, à l'occasion du traité de paix de Cateau-Cambrésis entre Henri II et Philippe II d'Espagne, Salomon participe activement à des réjouissances publiques lyonnaises organisées de nouveau par Barthélemy Aneau[68]. Il ne s'agit pas d'une Entrée royale ou princière,

[64]   Blégier était également l'auteur d'un curieux livre de prodiges, *Bref discours de quelques pluyes de sang advenues au Conté de Venaissin*, Lyon, Jean Patrasson, 1574, où il est décrit comme «docteur mathematicien, astrophile et poésiphile». Voir aussi Robert Caillet, *Spectacles à Carpentras*.

[65]   Primatice a peint une série d'épisodes de la vie d'Alexandre pour la chambre de Madame d'Etampes à Fontainebleau (1541-1544) ce qui explique la présence de ce personnage dans les fêtes civiques dont nous parlons et l'identification avec lui de leurs protoganistes; voir Zerner, *L'Art de la Renaissance en France*, p. 78; voir aussi *Primatice, maître de Fontainebleau (1504-1570)*.

[66]   Riggs, n° 115 «Le Capitole» qui daterait de 1548-1549; Lafréry, *op. cit.*, (sans date); Ehrmann, *Antoine Caron*, cite plusieurs gravures comme source possible de la représentation de ce sujet dans les *Massacres du Triumvirat*, p. 32, pl. 12, p. 49, mais il faut préciser qu'aucune ne fournit un modèle exact de celle de Salomon.

[67]   Voir Zerner, *op. cit.*, p. 116.

[68]   Voir Aneau, *Alector ou le Coq*, éd. Marie Madeleine Fontaine, pp. 380-382 et p. 913; Brigitte Biot, *op. cit.*, pp. 168-172; voir aussi Guillaume Paradin, *Mémoires de l'Histoire de Lyon*, 1573, pp. 358-362.

mais de festivités dans le cadre desquelles il y a eu des «triomphes». Aneau et Salomon y travaillèrent pour ériger à toute vitesse des arcs et des échafauds. Cette fois-ci, non plus, il n'y a eu de livret illustré destiné à commémorer les événements, mais il y a eu tout de même quelques textes descriptifs et qui nous sont parvenus. On peut citer entre autres un récit intitulé *Le Discours du Grand Triomphe fait en la ville de Lyon, Pour la Paix faicte et accordee entre Henry second, Roy de France Treschretien, et Philippe Roy des Espagnes, et leurs aliez,* publié à Lyon aux presses de Jean Saugrain en 1559, ainsi que la *Suyte de la Description des Grands Triomphes faicts à Lyon après la publication de la Paix,* Lyon, J. Saugrain, 1559[69].

L'auteur, Benoist Troncy, qui dédie son livret «A Monseigneur, Monseigneur Buatier, Vicaire General de Monseigneur le Reverendissime Cardinal de Tournon, Archevesque et Comte de Lyon» (f. A2r°, p.3), déclare que puisque d'autres ont déjà publié des commentaires sur la publication de la paix, il lui reste à décrire les triomphes eux-mêmes sans faire de plus long discours. Nous nous proposons de donner de grands extraits de ce texte parce qu'il est beaucoup moins bien connu que les autres récits concernant ces activités civiques et artistiques de Salomon.

Troncy commence par décrire le cortège qui est parti de Saint-Jean pour aller à Saint-Bonaventure, et il se met à parler longuement et avec émotion de la présence importante des «pauvres de l'aumone general, que je veux mettre en premier rang, pour estre les membres de Jesuchrist», hommes, femmes et enfants, que suivent le clergé, et les notables et princes[70]. Ces triomphes ont été caractérisés par des illuminations, des feux de joie, et des coups de canon, tirés à partir de Fourvière et d'autres collines, et par des spectacles nautiques. Sur le pont de Saône, dit l'auteur,

> a esté enlevee une pyramide quarree fort haute faite de toile remplie de fagots et de paille, au dessus de laquelle il y avoit une grosse pomme doree, qui à mon jugement estoit pour sinifier le sepulchre du Dieu Mars. Sur la corniche dicelle y avoit quatre vases pleins de feux artificielz pour recevoir les cendres des magnanimes et excellents capitaines qui sont morts aux batailles et factions d'iceluy dieu. Et à l'esguille de ladite piramide pour letres hieroglifiques estoient peints un morrion qui denote les chefs de guerre ou les hauts faits, et apres l'escu de Palas signifiant la force, la caducee de Mercure representant paix, deux colombes s'entrebaisants denotants concorde, et au dessoubz la couronne de laurier pour vertu.

Toujours pas de mention de Salomon, il est vrai – son nom viendra plus tard – mais même s'il n'a pas mis la main à toutes les constructions et décorations, on peut imaginer qu'il avait un beau rôle dans l'affaire, étant donné la position

---

[69] Baudrier, t. IV, p. 109 et pp. 325-327; voir F. Rolle, *Archives de l'art français*, p. 413; Bréghot du Lut, *Mélanges*, Lyon, 1825, t. I, p. 227.

[70] Nous rappelons que Salomon avait déjà travaillé pour l'Aumône Générale de Lyon en faisant une miniature pour leur livre de Comptes.

éminente qu'il occupait à la fin des années 1550. L'aspect emblématique et allégorique a été d'ailleurs tout à fait dans son genre tout au long de sa carrière. Le
récit continue sur le même ton :

> Au devant de la maison de la ville a esté enlevé un autre feu fait en forme de
> colonne entrelassee de laurier representant la colonne de vertu, au dessus de
> laquelle estoit representé le pellican se tuant pour ses petis, qui est le vray sim-
> bole d'une maison de ville, les recteurs de laquelle ne s'y doivent enrichir,
> mais se doivent tuer, c'est à dire metre leurs propres richesses pour leur
> peuple duquel ilz sont tuteurs[71].

Et c'est là qu'on en arrive à Salomon :

> En ladite grand place de saint Bonaventure a esté pareillement erigé aux fraiz
> des Alemans un eschafaut triangulaire, fait toutefoys par tel artifice, et par
> l'industrie grande de l'excellent peintre Bernard, que le voyant de tous cotez
> lon le jugeoit quarré. Sur cet eschafaut environné de toile peinte representant
> la fulmination des geants mis au plus bas des enfers descrite par le poete
> Ovide en sa metamorfose, les troys furies infernales estoient enlevees statues
> grandes comme geandes [sic] qui sembloient vouloir metre le feu par toutes
> les parties du monde par leurs flambeaux qu'elles avoient à leurs mains. A
> leurs piedz estoient representez leurs messagers ayant visage d'enfants,
> jambes de grifons, et tout le reste du corps estoit serpentin comme harpies.
> Dessus ces trois furies et bien haut estoit enlevé un Pluton assis sur son chien
> Cerberus luy servant de monture, tenant en main sa fourche infernale jettant
> feu artificiel sur le septentrion, et pour l'ornement de sa couronne n'avoit
> autre chose que force feu artificiel, pour son ordre et brassalz force pette-
> reaux, et pour diademe et pavillon roues à feu à quantité, les dits feuz estoient
> tellement dressez que les uns voltigeoient en l'air, comme une roue, et les
> autres demeuroient stables[72].

On reconnaît bien le Salomon de la *Metamorphose d'Ovide figuree* au moins
en ce qui concerne le sujet et la composition, et même celui qui savait bien travailler avec les constructeurs d'automates comme nous l'avons vu dans l'Entrée
d'Henri et de Catherine. Il a dû aussi travailler déjà avec des artificiers pour
créer des tableaux et des sculptures dynamiques et mobiles. La description de
ces échafauds se termine ainsi :

> Tout cela avec une douzaine de tonneaux enlevez en la dite place par reng et
> par distance et intervale assez grande peints à masques de geants jettans pet-
> tereaux et feux de tous cotez ne peut sinifier à mon advis autre chose que
> ladite fulmination des geants faite par ce don de paix, le portrait de laquelle
> en fait en forme de tableau estoit haut enlevé du coté de l'occident jettant son
> regard sur ladite place ou estoient lesdits eschaffaut et tonneaux. Ceste dame
> tant desiree tenoit comme souz sa protection les armoiries de France, d'Es-

---

[71]   Paradin (*op. cit.*, p. 359) y voit un symbole ou présage de la mort imminente d'Henri.
[72]   Pp. 7-9.

pagne, d'Angleterre, de Lorraine et de Savoye. Celles de France estoient au milieu comme à l'estomac d'elle, à sa dextre celles d'Espagne, et plus bas de L'orraine, et à la gauche celles d'Angleterre, et au dessouz celles de Savoye. Par dessouz ces armoiries qui seulles estoient haut enlevees avec ledit tableau de paix estoient de reng les armoiries des sept illustres villes imperiales de la Germanie, comme d'Ausperg, Nuremberg, Strasbourg, VVormes, Francfort, Constance et Memings. Pres lesdites armoiries y avoit un eschafaut ou estoient affustees grande quantité de arquebouses à Croc et certaines legieres pièces d'artillerie, et au dessoubz un autre eschafaut pour recevoir les dames et mettre les trompetes et violons qui sonnoient pendant le triomphe.

Un autre récit sur le même sujet, anonyme cette fois-ci, fut publié à Paris la même année, par Fédéric Morel: *Triomphes, Pompes et Magnificences faicts a Lyon, pour la paix*. Ce texte, plus court, qui situe l'échafaud triangulaire «A la place des Cordeliers», corrobore la description de Troncy[73].

On ne sait pas combien de tout cela fut peint de la main de Salomon, mais encore une fois il a dû au moins en assurer la direction générale, car à l'évidence la scène a été conçue comme un ensemble artistique. L'aspect symbolique et emblématique de ces tableaux ressort bien du texte explicatif; on peut voir les rapports entre l'emblématisme et l'art héraldique d'un côté, avec toutes ces armoiries, et de l'autre côté les hiéroglyphes. Par ailleurs, tout cela rappelle très clairement le Salomon des *Devises heroïques*.

On finit par mettre feu au Pélican lui-même et à quelques autres décorations. Une dernière manifestation eut lieu le jeudi suivant (19 avril):

les compagnons Imprimeurs eleverent en la grand place de confort un dieu Mars en forme de colosse armé de toutes armes tenant entre ses jambes une Minerve assize sur un rocher au pied duquel y avoit une fontaine pissant vin et eau et representant le mont Parnassus et la fontaine Cabaline de laquelle lon voyoit sortir le cheval Pegasus. Au devant de ce Mars y avoit deux escha-faux pour recevoir les dames et les trompetes, violons et hauboys qui son-noient incessamment. Une Compagnie des dis Compagnons imprimeurs Scloppetiers bravement armes avec grand bruit de tabourins comme gardes du corps de ceste Deesse voltigeoit en forme de limason par la bonne conduite dudit capitaine general de la ville à lentour de ladite figure de Mars laquelle on voyait brusler et se consumer par tel artifice que lors qu'elle tumba en cendres, esbranla tellement ladite Minerve si long temps endormie, et parce toute estourdie, que l'on la jugeoit estre renverse ce qu'elle ne se trouva: mais toute blanche en son entier.

La *Suyte* raconte la continuation des événements à partir du dimanche 30 avril, une fête plus populaire que les Entrées traditionnelles. Il y eut un défilé militaire et la représentation d'une allégorie qui montrait le triomphe de l'Eglise sur l'Antéchrist, un château fort carré avec quatre tours aux angles sur-montées d'une grande tour centrale au-dessus de laquelle se trouvait un monstre

73   F. A2v°-f. A3v°.

tué par saint Georges, ainsi que d'autres dessins et constructions emblématiques. Les citoyens purent admirer des joutes, un bateau en forme de baleine, une grosse pomme couverte de pommes de pin remplies de pétards (*pettereaux*) d'où émergea le jour de la Pentecôte une colombe pour signifier le Saint-Esprit. Aneau s'occupa de quelques ballets nautiques (les organisateurs voulant montrer qu'ils savaient aussi bien maîtriser le Rhône que la Saône) avec des bateaux en forme d'hippopotame (dont la description correspond pourtant plus au crocodile), de dauphin et de lion, avec d'autres personnages et animaux fictifs et allégoriques. Lorsque l'on mit le feu à l'hippopotame, qui symbolisait la cruauté et le mal, les autres animaux se mirent à s'embrasser pour symboliser l'union de la justice (le lion) et de la paix (le dauphin)[74].

Pour Brigitte Biot «Ce spectacle fut tout entier 'l'œuvre et la chose' d'Aneau, entouré sans doute de bons techniciens». Cela est sans doute vrai mais à notre avis il ne faut pas minimiser l'apport de Bernard Salomon: il est probable qu'il fut directeur artistique et responsable de toute la peinture et même en partie des spectacles. Nous y voyons une vraie collaboration entre Aneau et Salomon et nous suggérons que l'apport de ce dernier était considérable. Cette fête de 1559 contient par ailleurs quelques souvenirs de celle de 1548[75].

Le texte publié à Paris par Fédéric Morel fournit des précisions sur la taille gigantesque de Mars: «estant de la haulteur de trente pieds, de grosseur à l'equipollent, merveilleusement bien proportionné» (encore que les dimensions données semblent le démentir!) ainsi que sur Minerve: «Au dedans de Mars estoit cachee Minerve Deesse de Sapience et de tous les Arts liberaux, accompagnee des neuf Muses, sur le mont de Parnasse», expliquant aussi la survie de Minerve après que Mars fut brûlé: «Le feu saisit après le dieu Mars d'une sorte, que d'autant que son corps se diminuoit, Minerve se monstroit petit à petit, tellement qu'elle demeura tout entiere, saine et sauve avec sa compagnie: cela demonstrant, que la mort de Mars, est resurrection et vie de Minerve». Le mouvement des machines et les allégories qu'elles présentent rappellent l'Entrée d'Henri II, surtout ce que l'on voyait à la place du Change, le conflit entre Pallas et Neptune.

Nous sommes entré dans le détail de ces constructions et de leur explication allégorique pour montrer la grande différence entre la conception de ces triomphes et celle des événements de 1548 qui constituaient le haut point de la participation professionnelle de Salomon dans ces événements politiques. Aneau s'est libéré des allégories classiques de l'Entrée royale, en mettant en scène des animaux fantastiques, comme l'a bien vu Brigitte Biot[76].

Malgré le grand intérêt de toutes ces manifestations officielles pour une appréciation de l'ensemble de l'œuvre artistique de Salomon (fresques, portraits, costumes, tapisseries, scènes de théâtre), nous avons été obligé de nous

---

[74]   Pour les détails de cette allégorie voir Biot, *op. cit.*, pp. 169-170.
[75]   Biot, *ibid.*, Cooper, p. 148.
[76]   P. 171.

contenter, dans notre recherche de ses sources, des deux Entrées dont un texte commémoratif nous est parvenu. L'origine principale des deux livrets, celui de 1549 et celui de 1553, est, bien sûr, constituée par les événements ou les tableaux statiques qu'ils relatent, eux aussi conçus et dessinés par lui. A des souvenirs livresques (l'*Hypnerotomachie*, les traités d'architecture) et littéraires (Virgile, Scève, Lemaire de Belges) s'ajoutent des éléments puisés dans l'art ancien et moderne (archéologie, architecture, héraldique, numismatique); dans les deux cas, en outre, on découvre une certaine autocitation de la part de Salomon. Pourtant, ce qui frappe c'est plutôt la grande originalité de ces fêtes et de leur transcription visuelle qui, tout en s'insérant dans une tradition politique et iconographique, a réussi à ouvrir des horizons, à faire école, et produire une œuvre esthétiquement satisfaisante.

CHAPITRE VI

LA BIBLE
ET LES *MÉTAMORPHOSES* D'OVIDE

1. LA BIBLE

Plusieurs critiques et bibliophiles estiment que les illustrations bibliques de Salomon constituent son chef-d'œuvre, tandis que pour d'autres c'est la *Metamorphose d'Ovide figuree* de 1557 qui remporte la palme. Ces deux programmes d'illustration commencent par un projet limité, s'insèrent dans une tradition iconographique très ancienne, et s'inspirent, au moins au début, de quelques séries de gravures bien connues qu'ils dépassent rapidement, et finissent par constituer des exemples éclatants de sa maîtrise technique et de son travail le plus original.

La première commande biblique que Tournes passa à Salomon n'annonçait pas vraiment celles qui allaient venir où il chercherait à illustrer la Bible complète, car elle ne comprenait que dix-huit grandes planches[1]. Elles étaient destinées à illustrer une bible in-folio, *La Saincte Bible. Avec les figures et pourtraits du Tabernacle de Moyse, et du Temple de Salomon, et Maison du Liban* (1551), et Tournes les réutilisa dans plusieurs autres bibles de ce grand format. Ces bois, illustrant l'*Exode* et les *Rois*, donnent des images du Temple de Salomon et de son ameublement, du Tabernacle (fig. 152) et de l'Arche d'Alliance, et de la parure vestimentaire du Grand Sacrificateur[2].

Dès la parution de ces premières gravures bibliques en grand format, Salomon a dû se mettre à la préparation de l'illustration intégrale de la Bible. Il dessina deux autres séries en petit format qui occupèrent une bonne partie de ses énergies sur plusieurs années. Il y a d'abord ce que l'on a appelé la Petite Suite dont les gravures étaient effectivement plus petites que celles, mieux connues,

---

[1]   Le livre de Cartier reste l'œuvre de base pour l'historique et les détails bibliographiques des éditions de la Bible publiées par Tournes et illustrées par Salomon; on trouvera d'autres informations utiles dans le livre de Bettye T. Chambers, *Bibliography of French Bibles*; voir aussi Delaveau et Hillard, *Bibles imprimées...* pour la description détaillée et la localisation d'exemplaires des bibles dont nous traitons ici; il faut aussi signaler la thèse de Herta Schubart, *Die Bibelillustration des Bernard Salomon*. Le lecteur trouvera d'autres précisions bibliographiques sur l'illustration de la Bible, *infra*, p. 134, n. 11 et p. 247.

[2]   DH, n° 359; voir Engammare, «Cinquante ans de révision de la traduction biblique d'Olivétan...», pp. 369-371.

qui allaient suivre ; elles étaient moins nombreuses que celles-ci et ne parurent que dans deux éditions, devenues rares : *La Sainte Bible* en français en quatre volumes in-seize, publiée en 1553, et *La Sainte Bible* in-quarto de 1561. La Petite Suite (figs 153-159), restreinte à l'Ancien Testament, contenait à l'origine soixante-quinze gravures, avec quelques ajouts en 1561, et bien que ces gravures n'eussent connu que ces deux éditions, il ne faudrait pas considérer ce projet comme un échec, mais plutôt comme une étape essentielle dans l'évolution de la collaboration heureuse entre Tournes et Salomon. (Un processus identique sera à remarquer dans la publication de l'Ovide : Tournes demandera à Salomon quelques illustrations pour la traduction d'Ovide par Marot et il finira par lui demander l'illustration intégrale des *Métamorphoses*.) La bible in-seize est antérieure à toutes les autres bibles illustrées par Salomon et imprimées par Tournes (à part la bible in-folio de 1551). Ensuite vient une troisième série de gravures que nous proposons d'appeler la Grande Suite (figs 160-192), en précisant bien toutefois qu'elle est grande par rapport à la Petite Suite et par la quantité de bois qu'elle contient et n'est pas à confondre avec la première suite de dix-huit planches de grand format.

Cette troisième série, plus complète et beaucoup mieux connue que les deux autres à cause des nombreuses éditions dans lesquelles elle figure, couvre à la fois l'Ancien et le Nouveau Testament. Toujours en 1553, l'année de publication de l'édition originale de la Petite Suite, Tournes publia les *Quadrins historiques de la Bible*, in-octavo, avec soixante-quatorze gravures pour illustrer le livre de la Genèse (en dépit de ce que le titre du livre laisse entendre), le tout présenté en forme emblématique au rythme d'une gravure par page, accompagnée d'un quatrain composé par Claude Paradin[3], et surmontée de la référence biblique (fig. 160). Ce petit volume se trouvait complété par les *Quadrins historiques d'Exode* qui contient 125 gravures, pour illustrer non seulement le livre biblique qui porte ce titre, mais tout le reste de l'Ancien Testament, toujours selon le même principe emblématique. Les *Quadrins historiques* parurent d'abord, comme il était naturel, dans cette version française de Paradin. Cependant, pour des raisons religieuses ou idéologiques, Tournes tenait beaucoup à populariser la Bible (et du coup rentabiliser les grands frais que comportait tout travail d'illustration) et pour cette raison non seulement réédita-t-il les *Quadrins* en français en 1555, 1558 et 1560 (et en 1583 Jean II allait les ressortir augmentées de seize nouvelles figures), mais, visant le marché étranger, il fit paraître des textes en cinq autres langues. Il publia une version anglaise *The true and lyvely historyke purtreatures of the Vvoll Bible*, ornée de 194 gravures et accompagnée d'un texte de Peter Derendel,[4] et une version espagnole *Quadernos ystoricos de la Biblia* avec

---

[3]   Claude Paradin était le frère de Guillaume Paradin, auteur des *Devises heroïques*; de ces quatrains Alison Saunders dit « Voici la seule tentative poétique de Paradin et il faut admettre que ses efforts sont médiocres, par contraste avec les bois animés que fournissait Salomon pour ce livre » (édition des *Devises*, p. 5, c'est nous qui traduisons).

[4]   D'origine française, Peter Derendel avait été élevé en Angleterre, et avait dédié sa traduction des quatrains de Paradin à sir William Pickering, ambassadeur d'Edouard VI en France, de 1550 à 1553 (Cartier, p. 348).

142 gravures pour la *Genèse* et l'*Exode* et une Epître de Jean de Tournes, dédiée
« a su singular amico, Bastian de Marquina ». Il y a en plus une version allemande
Wol gerissnen vnd geschnidten Figuren Ausz der Bibel, parue en 1554, avec 149
gravures et une épître signée de Kaspar Scheit de Worms, et une version italienne avec des huitains de Damiano Maraffi, *Figure del Vecchio Testamento, con
versi Toscani*, avec 228 gravures. En 1557 parut une édition flamande, *Ghesneden
Figueren vuyten ouden testamente naer tleuene met huerlier bedietsele*, ornée de
231 gravures de Salomon, et contenant des quatrains de Guillaume Borluyt ; et
en dernier lieu une version latine en deux parties, *Historiarum memorabilium ex
Genesi descriptio*, avec deux distiques latins de Guillaume Paradin pour accompagner chacune des quatre-vingt-quatre gravures, qui vit le jour en 1558, et *Historiarum memorabilium ex Exodo, sequentibusque libris descriptio* paru également
en 1558, avec une suite de 136 gravures et deux distiques latins de Guillaume
Borluyt pour chaque gravure[5]. Il faudrait aussi mentionner *La Vie de Moïse
représentée par figures*, publiée dans une édition in-quarto en 1560 avec soixante-
dix-sept gravures pour l'*Exode* provenant des *Quadrins historiques*, accompagnées par les quatrains de Paradin, imprimés en plus gros caractères et entourées
d'encadrements, et *La Vie de Joseph* qui contient quarante-deux de ces gravures.
En même temps toutes ces gravures resservirent dans d'autres éditions avec le
texte intégral de la Bible en prose : une *Biblia sacra* in-octavo (1554, réimprimée
en 1558 et 1567), parue également in-folio, en 1556 et 1566. En français aussi il
y eut plusieurs éditions différentes : *La Sainte Bible* de 1554, en trois volumes in-
folio, ornée de 181 gravures pour l'Ancien Testament, mais sans gravures pour
le Nouveau Testament (réimprimée en 1557 et 1559).

   Tout cela pour l'Ancien Testament. En ce qui concerne le Nouveau, la première édition illustrée des gravures de la Grande Suite est celle qui parut en
1553 : *Le Nouveau Testament de nostre Seigneur Jesus Christ*, pour faire pendant à
l'Ancien Testament en quatre volumes in-seize qui contenait la série de
soixante-quinze gravures de la Petite Suite. Ce Nouveau Testament contient 107
bois en tout dont quatre-vingt-six seulement sont différents. Tournes publia
aussi, en 1556 (en collaboration avec Guillaume Gazeau), un Nouveau Testament en italien : *Il Nuovo ed eterno Testamento di Giesu Christo*, dans une
traduction de Massimo Theophilo, qui se base sur la traduction de Brucioli
(Venise, 1532) avec des corrections stylistiques[6].

   Comme il l'avait fait pour l'Ancien Testament, Tournes publia également
d'autres éditions populaires du Nouveau Testament avec des poèmes pour

---

[5]   Nous tenons à signaler en dernier lieu un autre texte apparenté à ces *Quadrins historiques*, une
      version écossaise de ces petites bibles populaires publiées aux presses de Tournes ; il ne com-
      porte pas les illustrations et ne concerne donc pas Salomon de façon directe, mais il sort du
      même milieu et son auteur s'est certainement servi de l'édition illustré : il s'agit d'une version
      contemporaine en moyen écossais préparée par George Mackeson, mais qui est restée à l'état
      manuscrit jusqu'en 1966 ; voir Hans Heinrich Meier, « A Pre-reformation Biblical para-
      phrase ».

[6]   Cartier, p. 412

accompagner les gravures, à commencer par *Les Figures du Nouveau Testament* de 1554 qui comportent des sixains de Charles Fontaine et quatre-vingt-quinze gravures. Encore une fois il voyait l'intérêt de faire paraître des versions en d'autres langues : les *Figure del Nuovo Testamento, Illustrate da versi vulgari Italiani* parurent également en 1554 avec des huitains de Damiano Maraffi qui avait été responsable de l'Ancien Testament en italien ; les *Ghesneden Figueren vuyten nieuwen testamente naer tleuene met huerlier bedietsele* en 1557 avec des sixains en flamand par Guillaume Borluyt ; et les *Wol gerissnen und geschnidten figuren Ausz der neuwen Testament*, en 1564 avec des sixains en allemand de Kaspar Scheit.

Une comparaison entre la Petite Suite et la Grande Suite s'impose. On peut imaginer que Tournes avait demandé d'emblée à Salomon l'illustration de la Bible entière, mais en lui commandant un nombre relativement restreint de gravures. Petit à petit, il a dû se rendre compte du grand intérêt de ce que faisait son illustrateur et lui demander d'agrandir le projet. Mais on a du mal à s'expliquer l'existence de deux séries parallèles de gravures. S'agissait-il tout simplement d'exigences techniques qui faisaient que la première série, moins ambitieuse, était déjà sous presse en 1553 et que les bois n'étaient donc pas accessibles au moment où Tournes se mit à son projet plus copieux et plus grandiose de l'illustration plus extensive de la Bible sous plusieurs formes et dans plusieurs formats ? Max Engammare y voit une motivation plus précise, commentant ainsi cette nouvelle orientation : «C'est donc bien la réutilisation de bois dans un livre à gravures, bois destinés dans un premier temps à une bible illustrée, qui a conduit l'éditeur à changer leur format.»[7]

D'après Cartier, «Ces petites planches, dont quelques-unes sont de vrais chefs-d'œuvre, ont été certainement faites sur les mêmes dessins que la suite qui a paru dans les *Quadrins historiques* et dans les Bibles tournésiennes in-folio et in-octavo»[8]. La facture des deux séries est de la même main ; Salomon fit tout simplement deux dessins différents pour chaque gravure. Cartier a cherché à expliquer ainsi la différence entre les deux séries : «Les unes diffèrent par quelques changements de détail, d'autres sont très différentes quoique inspirées par le même motif, d'autres identiques quoique retournées, quelques-unes absolument identiques, enfin 2 ou 3 sans rapport». Cette comparaison est judicieuse dans l'ensemble à ceci près qu'à notre avis les images ne sont jamais strictement identiques (bien que certaines en soient très proches) ; il ne s'agit pas d'images copiées servilement sur une gravure et inversées lors de l'impression sur la page comme il arrive très souvent ailleurs. L'inversion n'est pas dans l'ensemble de la gravure mais plutôt dans les détails, par exemple les personnages dans *Jacob et Esau* (*Genèse* 27, 1553, p. 82).

Après la série des dix-huit grandes planches de 1551, la Petite Suite représente les premiers essais bibliques de Salomon qu'il allait perfectionner plus tard

[7]   Max Engammare, «*Figures de la Bible* lyonnaises à la Renaissance... », p. 28.
[8]   Cartier, p. 344.

dans la Grande Suite: par exemple, dans *La Création d'Eve* (Petite Suite, 1553, p. 4, fig. 153, *Quadrins historiques*, f. A7r°, fig. 163), la pose d'Adam et Eve est presque identique et le geste de Dieu est semblable dans les deux suites mais les personnages sont plus trapus dans la Petite Suite et plus finement dessinés dans la Grande; dans l'illustration de cette même scène il y a des différences dans le choix d'animaux: la Petite Suite montre un cygne en bas à gauche, un éléphant et d'autres animaux plus loin, tandis que la Grande Suite présente un chat, des lapins, des chèvres, un renard ou un loup. Certaines images sont dans l'ensemble plus réussies dans la Grande Suite même si quelques détails sont meilleurs dans la Petite: par exemple, dans la scène de la *Tentation* (figs 154 et 164), Adam se tient assis sur le tertre plus naturellement que dans la Grande Suite; dans la Petite, Eve est assise tandis qu'elle est debout dans l'autre; Adam semble moins prêt à coopérer dans la Petite Suite – à moins qu'il ne s'agisse d'une étape antérieure de la narration. Il y a d'autres changements de détail: dans la Petite Suite on voit à gauche un singe qui tient une pomme, une chèvre derrière Adam et Eve, un lapin à droite, et d'autres petits animaux dans le fond, tandis que dans la Grande les animaux sont plus imposants: un lion, un cerf, un chameau; pour la représentation du serpent, la Grande Suite lui a ajouté le buste d'une femme, tandis que la Petite se contente de lui donner une crête. De façon plus importante il y a par moments une surabondance de détails dans la Petite Suite là où la Grande crée une impression d'espace et d'ouverture. Cette recherche dans les détails suggère que Salomon n'aimait pas se répéter.

Il n'est pas facile de déterminer les intentions de l'éditeur ou du dessinateur. On peut tout de même soupçonner un engagement progressif: Tournes se fit la main avec la bible in-folio de 1551 avec un nombre très limité de gravures qui suivent l'illustration d'Estienne, et ensuite, changeant de cap, il a dû, comme tant d'autres imprimeurs parisiens et lyonnais (tels Régnault, Gryphe, Frellon et Roville), avoir l'ambition de publier une édition de la Bible qui serait abondamment illustrée. Mais Tournes semble avoir voulu faire mieux en commandant des images entièrement nouvelles et dans le style renaissant, et c'était sans doute la présence de Salomon dans son officine qui l'encouragea à entreprendre cette édition intégrale. Il ne semble pas y avoir pensé tout au début de sa carrière à Lyon, mais il a dû être très satisfait de la qualité du travail de celui qu'il avait engagé comme illustrateur, et qui surpassait tous ses prédécesseurs et concurrents. Le résultat était d'abord la série de bibles à figures et ensuite la première bible française illustrée selon les nouvelles normes esthétiques; elle ferait école et allait avoir un grand rayonnement et une grande influence.

On a beaucoup discuté pour savoir, devant ce foisonnement de bibles, en plusieurs langues, et en plusieurs formats différents, jusqu'à quel point on peut les qualifier de catholiques ou de protestants, et on en conclut normalement que Tournes donnait des textes protestants mais astucieusement habillés de préfaces et d'autres paratextes catholiques. On a constaté aussi une évolution générale (en dépit des exceptions) vers le protestantisme dans les bibles in-folio; déjà l'édition de 1551 est de tendance protestante. Tournes se servit comme texte de base de l'édition dite de l'Epée, publiée à Genève en 1540 par J. Gérard (mais non pas de la révision calvinienne de 1546 publiée chez le même éditeur). En ce qui concerne l'illustration, la réduction de l'illustration biblique à un choix de sujets cultuels est caractéristique des bibles protestantes, mais c'était loin d'être une préoccupation urgente de Tournes qui publiait au cours de ces mêmes années beaucoup d'autres bibles moins austèrement illustrées, et même mélangeait ces gravures avec d'autres plus traditionnellement catholiques[9]. La version française de 1554, tout en gardant le texte de Genève et incluant un index des sujets, est plutôt catholique que protestante puisqu'elle contient les préfaces de saint Jérôme, ne fait pas de différence entre les livres canoniques et les apocryphes et omet la préface de Calvin[10]. En revanche, celle de 1564 constitue, comme le dit Cartier, la première bible franchement protestante publiée par Tournes. De toute évidence ce dernier suivait quelques principes de base. Il se donna à la vulgarisation de la Bible, mais dans de très belles éditions, esthétiquement conçues et soigneusement œuvrées. Ces éditions emblématiques avec de belles illustrations, une typographie charmante, et des vers en plusieurs langues différentes et à la portée de tout le monde, en fournissent la preuve concluante. Tournes était un excellent homme d'affaires, bien sûr, mais en même temps il tenait à la diffusion de la parole de Dieu, et ne craignait pas les grandes dépenses exigées par des bibles en tant de formats différents, destinées à divers groupes sociaux.

Le problème des sources dont s'est servi Salomon dans son illustration biblique est assez difficile à résoudre, mais on peut avoir à la fois quelques certitudes d'ordre général et d'autres qui sont fondées sur une comparaison détaillée des bois salomoniens avec ceux de ses prédécesseurs. La question est pourtant très complexe, étant donné le grand nombre d'éditions de la Bible publiées à l'époque, contenant des milliers de gravures différentes, et la difficulté de comparer des livres dont certains sont devenus très rares[11].

Mais avant de commencer à étudier les sources des gravures bien connues de Salomon, il est nécessaire de parler des illustrations en grand format qu'il prépara pour la Bible in-folio de 1551 (fig. 152): elles sont de nature très différente et leur source immédiate est la bible latine de Robert Estienne, parue entre 1538 (Nouveau Testament) et 1540 (Ancien Testament)[12]. Dans son épître « au lecteur chrétien » Estienne parle du rôle de l'hébraïsant, François Vatable, professeur royal, « in architectonice non vulgariter exercitatus » (extraordinairement bien qualifié en architecture) qui a fourni les précisions nécessaires pour que l'imprimeur puisse mettre devant les yeux du lecteur ces images qui éclairciront les obscurités et difficultés de la construction du Temple. Au premier abord l'on

---

[9]   Cartier p. 307; Rondot, *Graveurs*, p. 69; Chambers, n° 153.

[10]   Cartier, p. 364

[11]   Voir Chambers et surtout Engammare, « Les Figures de la Bible... », et « Les représentations de l'Ecriture dans les Bibles illustrées du XVIᵉ siècle... »; voir aussi Rosier, *The Bible in Print*, surtout pp. 84-91, « Visual Traditions ».

[12]   *Biblia Hebraea, Chaldaea, Graeca et Latina*, Paris, Robert Estienne (DH, n° 840). Robert Estienne a réédité le livre en 1546, et Henri Estienne en 1565.

pourrait imaginer, d'après le texte, que c'est Vatable qui était responsable des dessins, ce qui est peu probable. Mais il a bien pu fournir à l'artiste une description verbale très détaillée, avec toutes les mesures requises, et même surveiller, et ensuite approuver, les dessins qui en résultèrent. L'illustration de la bible d'Estienne a été attribuée à deux artistes différents. En 1766 Papillon assigna ces planches à Pierre Woeiriot (qui pourtant était né en 1532), et Auguste Bernard, cent ans plus tard, avec une certaine hésitation, envisagea la possibilité qu'elles fussent le travail de Geoffroy Tory, qui était certainement, d'après lui, responsable des lettres fleuries de ce livre; curieusement, dans les deux cas, c'est la présence de la croix de Lorraine sur la grande planche du camp d'Israël comme marque de signature qui en aurait indiqué l'artiste, bien que Bernard ajoute: «je n'ose, sur cet indice, lui attribuer toutes les autres gravures»[13]. Mais cette croix, tout en étant le signe personnel de Tory, est loin d'être sa prérogative, se trouvant souvent ailleurs. La croix de Lorraine peut être la signature de presque n'importe quel graveur ayant travaillé dans son atelier, et même d'artistes d'un tout autre atelier, apparaissant un peu partout, et longtemps après la mort de Tory (et même de Woeiriot)[14]. Si l'on cherche les origines plus lointaines des gravures qui ornent la bible d'Estienne, on peut constater que l'illustration du Tabernacle dans le Temple se voit déjà dans les bibles manuscrites du quatorzième siècle et du début du quinzième[15]. Comme l'indique Auguste Bernard, les planches de la bible d'Estienne furent copiées non seulement par Salomon pour Jean de Tournes, mais, plus ou moins au même moment par plusieurs imprimeurs à Lyon, entre autres Sébastien Honorat, en 1550, et Jean Frellon en 1551, sans que l'on puisse savoir à coup sûr quelle édition est sortie la première. Il se peut que les ressemblances relèvent entièrement de la source commune mais cela n'est pas certain.

Pour en revenir aux deux recueils de gravures salomoniennes de format plus petit, nous commencerons par parler de l'illustration allemande, mais nous ne nous y attarderons pas, parce qu'elle nous semble un peu loin du travail de Salomon et qu'il existe des sources intermédiaires plus proches. Qu'il suffise de mentionner deux manifestations importantes au quinzième siècle, la bible de Heinrich Quentell, publiée à Cologne en 1478 et celles de Niccolò de Mallermi de 1490 et de 1493, publiées par Giovanni Ragazzo pour Lucantonio di Giunta, dont la première contient 386 bois gravés, en partie tributaires de la bible allemande[16]. Rosier signale la présence de cette tradition à Lyon au début du seizième siècle dans les illustrations qui ornent les bibles de Jacques

13 Papillon, *op.cit.*, p. 200, Auguste Bernard, *Geoffroy Tory*, p. 277; Rondot rejette l'attribution à Tory, *Graveurs*, p. 53 et p. 69.

14 Gusman, *op. cit.*, p. 170, démontre l'existence de cette croix avant 1521, et fait observer que la première édition illustrée par Tory date de 1529; la croix d'ailleurs a continué à servir jusqu'au XVIIᵉ siècle. Voir Audin «La croix de Lorraine dans les bois de la Renaissance».

15 Mortimer, nº 83, Chambers, p. 196, Strachan, *Early Bible Illustration*, pp. 16-24; voir aussi Francis Higman, «'Without great effort, and with pleasure'...».

16 Rosier, t. I, p. 84; D.P. Bliss, *A History of Wood Engraving*, p. 75.

Saccon (1512-1518, par l'intermédiaire de la Vulgate de Lucantonio di Giunta, 1511); après cette date, ce serait Erhard Schön qui aurait illustré les bibles de Saccon (1518-21)[17].

Parfois on croit trouver une source possible, chez un graveur du quinzième siècle, par exemple dans l'œuvre de Martin Schongauer, qui, d'après Alan Shestack, était «de loin le graveur le plus accompli du quinzième siècle»[18], et identifier certaines gravures qui présentent des ressemblances avec celles de notre artiste: dans *Le Portement de croix* (Shestack, n° 12) la façon dont la tête du Christ est encadrée par la croix et la position de sa main sur le rocher; *La Couronne d'épines* (Shestack, n° 28) tordue et resserrée avec un bâton; les portraits des Evangélistes et auteurs d'Epîtres, et même jusqu'aux ressemblances de traits de saint Pierre et saint Paul. Cependant il ne s'agit là que d'échos et il n'est guère possible de savoir si l'influence est directe ou si elle ne passe pas plutôt à travers les imitateurs allemands ou italiens de Schongauer. Il faut en outre se rendre compte que la longue tradition iconographique était à la fois unie et très variée et que l'artiste était ouvert à toutes sortes d'influences. D'où Salomon a-t-il pris, par exemple, l'image du soldat avec sa lance dans la gravure de la Tour de Babel (figs 155 et 160), image qui figure dans des miniatures flamandes et tourangelles[19]?

Mais à la fin du quinzième siècle, et au début du siècle suivant, l'artiste le plus important dans le domaine de l'illustration biblique est incontestablement Albert Dürer. Ce dernier a fait publier à Nuremberg ses grands bois pour l'Apocalypse dans *Die Heimlich Offenbarung Johannis* en 1497-8 et dans une édition latine, *Apocalipsis cum Figuris*, qui sera rééditée en 1511. En outre, il s'intéressait vivement à la représentation de la Passion du Christ, produisant non moins de cinq versions de ce sujet, dont surtout la *Grande Passion* de 1497-8 (*Passio domini nostri Jesu*), et la Petite Passion (*Passio Christi*) publiées toutes les deux à Nuremberg en 1511. Ces trois séries düreriennes sont en partie basées sur les illustrations de la bible de Quentell. Salomon ne semble pas s'être servi directement de Dürer: il y a sans doute un rapport un peu ténu entre la Petite Passion et certains bois de Salomon, par exemple *La Flagellation*, mais il est probable que celui-ci a connu Dürer plutôt à travers l'œuvre d'un de ses nombreux imitateurs.

Dans les années 1520 et 1530 trois artistes surtout, Lucas Cranach, Hans Holbein et Hans Sebald Beham, se sont mis à illustrer la bible de Luther. Mais, bien avant cette date, les gravures que Cranach a consacrées à la Passion sont parues, sans doute à Wittenberg, en 1509, sous le titre *Passio D. N. Jesu Christi venustissimis imaginibus eleganter expressa*. On lui a attribué aussi le *Passional Christi et Antichristi* de 1521 bien que cette attribution ait été contestée, comme l'a été aussi sa contribution au Nouveau Testament de Luther, *Das Neue Testa-*

---

[17]   Rosier, *ibid.*

[18]   Alan Shestack, *The Complete Engravings of Martin Schongauer*, p. v.

[19]   Voir Helmut Minkowski, *Aus dem Nebel der Vergangenheit steigt der Turm zu Babel...*

ment, deutsch, publié par Melchior Lother (ou Lotter) à Wittenberg en septembre 1522 («Septembertestament») et de nouveau, avec de légères modifications qui suppriment tout caractère satirique et anti-catholique, en décembre («Dezembertestament»). Ces illustrations, pour l'Apocalypse seulement, suivent de près celles de Dürer, tout en faisant plusieurs innovations et transformations. Les gravures qui ornent certaines parties de l'Ancien Testament dans la bible de Luther de 1523-4, *Das Alte Testament deutsch,* sont au moins de l'atelier de Cranach.

A la fin de 1523 Thomas Wolff fit paraître à Bâle onze illustrations de Holbein, gravées par Hans Lützelberger, dans *Das Allt Testament,* une petite série, dont certaines ont resservi, mais seulement dans trois autres bibles, ainsi que *Das Gantz Neüw Testament,* orné de vingt et une gravures sur bois pour l'Apocalypse dont six avaient été exécutées par Hans Hermann et quinze par Hans Lützelberger d'après les dessins de Holbein. Cette série fut souvent réutilisée et souvent imitée[20]. Quelques autres dessins de Holbein, gravés par Lützelberger, paraissent dans d'autres éditions de l'Ancien Testament publiées à Bâle par Adam Petri vers la fin de 1523[21].

Au cours des années 1520, Beham s'activait à Nuremberg dans l'illustration de la Bible: il produisit huit gravures pour la Passion (1521, 1522), et, en 1526, 169 gravures pour accompagner le livre de la *Genèse,* publiées par Hans Hergott dans son *Altes Testament,* et 265 bois pour le Nouveau Testament de Luther. Ensuite, la série qu'il avait dessinée pour Christian Egenholff (Egenolphus), parut en plusieurs éditions à Francfort à partir de 1533, sous le titre *Biblische Historien,* ou bien en latin sous le titre *Biblicae Historiae* (1537, 1539), avec le sous-titre *Typi* ou *Imagines in Apocalypsi Joannis depicti,* suivies entre 1540 et 1560 par plusieurs éditions parisiennes et lyonnaises. Il est probable que Salomon a connu certaines de ces illustrations de Beham pour l'Ancien Testament. Quelques petits détails le suggèrent («Les trois hommes dans la fournaise», la forme du bateau dans l'histoire de Jonas et la baleine), mais cette influence est peu importante. En ce qui concerne l'*Apocalypse,* on peut détecter dans l'œuvre de Salomon certaines ressemblances avec celle de Beham, bien qu'en général les gravures de Salomon soient plus claires, moins chargées que celles de Beham (par exemple, l'image de saint Jean qui mange le livre, *Apocalypse* 10, figs 192 et 194). Dans la gravure figurant le deuxième ange qui sonne de la trompette, le dessin du bateau principal est très proche de celui de Beham (la forme du mât, les trois hublots ou sabords) (*Apocalypse* 8); la Vision de la Nouvelle Jérusalem est aussi très proche chez les deux artistes (*Apocalypse* 22). Il y a par contre beaucoup de différences dans les deux séries. La première gravure est très différente:

---

[20] Engammare, «Les Figures de la Bible... », p. 556, pp. 562-563; Dieter Koepplin et Tilman Falk, *Lukas Cranach...* «Illustrationen zur Lutherbibel 1522 bis 1524», pp. 331-343; voir aussi, Falk, éd., *The Illustrated Bartsch,* t. XI, et K.G. Boon et R.W. Scheller, *Hollstein's German Engravings,* t. III (Beham); voir aussi Tilman Falk et Robert Zijlma, *Hollstein's German Engravings, Etchings and Woodcuts,* t. XIVa (Holbein), pp. 73-78.

[21] *Ibid.,* p. 121, pp. 143-147; Rosier, t. I, p. 59.

chez Salomon, saint Jean est à genoux et non pas allongé, et c'est la poignée de l'épée et non pas la pointe qui entre dans la bouche du Fils de l'Homme (*Apocalypse* 1, fig. 189); les deux artistes ont représenté *La Chute de Babylone* de façon différente (*Apocalypse* 14). Salomon a certainement connu Beham directement, mais aussi par l'intermédiaire de ses imitateurs, comme nous le verrons.

Ensuite il y a un nouveau départ. Les quatre-vingt-quatorze illustrations de Holbein apparurent à Lyon en 1538 et 1539[22]. Cependant, en dépit de quelques ressemblances superficielles, il ne s'agit pas des gravures que Holbein avait fait paraître au cours des années vingt, bien que certains critiques suggèrent qu'il préparait déjà à cette époque la série dont nous parlons maintenant[23]. L'édition originale de cette série, qui contenait quatre-vingt-douze bois, portait le titre *Historiarum veteris Instrumenti icones ad vivum expressae*, sortie aux presses des frères Gaspard et Melchior Trechsel pour les Frellon[24] (qui éditèrent également *Les Simulachres et hystoriées faces de la mort* de Jean de Vauzelles), et contenait sur chaque page la référence biblique, l'image et un texte latin. L'année suivante le livre fut réédité, avec deux gravures de plus, sous le titre *Historiarum Veteris Testamenti Icones* et incluait aussi des poèmes français de Gilles Corrozet (que nous avons déjà rencontré comme traducteur des *Fables* d'Esope)[25]. Les Frellon, ayant succédé aux Trechsel, produisirent d'autres éditions, y compris des versions en espagnol et en anglais.

Les gravures se succèdent au rythme d'une par page; elles se trouvent au milieu de la page, surmontées par une phrase ou deux en latin indiquant le sujet, avec la référence biblique; les quatrains de Corrozet se trouvent sous l'image: ils suivent d'assez près le texte latin au point qu'Engammare se demande si ce ne serait pas «un aveu implicite qu'il en était l'auteur»[26]. A la fin du livre il y a un dernier petit poème d'envoi de la part de l'auteur.

Les quatre premiers bois des *Icones* viennent des *Simulachres de la Mort*, les premiers bois originaux des *Icones* ayant sans doute été déjà perdus. Le premier bois de Holbein représente la création d'Eve. Il aurait été beaucoup plus normal

---

[22]   Rosier signale l'influence très nette pour le choix des sujets, et parfois pour la composition, des gravures de Schön qui ornaient la bible de Saccon de 1519, qui fournissait en plus cependant des illustrations pour les livres apocryphes et les prophètes (t. I, p. 85); voir aussi Saunders, *The Sixteenth-Century French Emblem Book*, pp. 44-47.

[23]   Michael Marqusee, (éd.) *Images from the Old Testament. Historiarum Veteris Testamenti Icones. By Hans Holbein*, p. 13.

[24]   Voir Duplessis, *Essai bibliographique sur les différentes éditions des «Icones Veteris Testamenti» d'Holbein*, et Kästner, *Die Icones Hans Holbeins des Jüngeren*. Ces gravures avaient déjà fait une apparition partielle à Zürich en 1531, parmi d'autres. En 1538 elles parurent aussi dans la *Biblia Utriusque Testamenti juxta vulgatam translationem*, imprimée pour les frères Trechsel par Hugues de la Porte. Elles furent copiées dès 1539 à Paris, et ensuite à Anvers et Francfort. (Voir Engammare, «Les Figures de la Bible... », p. 552, et «*Figures de la Bible* lyonnaises à la Renaissance... », pp. 30-31, et p. 36, n. 31 pour d'autres indications bibliographiques.)

[25]   BnF Rés A 3618 et Estampes Ra 14 Rés.; voir Saunders, «The sixteenth-century French emblem-book: writers and printers», p. 178.

[26]   «Les Figures de la Bible... », p. 567.

de commencer par la création de la terre et ensuite par la création d'Adam. Ce qui nous fait penser qu'encore d'autres bois ont peut-être été perdus qui ne trouvaient pas leur contrepartie dans les *Simulachres*.

Si nous comparons les bois de Holbein avec ceux de Salomon, plusieurs choses nous frappent : en premier lieu ceux de Holbein sont plus petits, mais en cela ils sont plus près des bois de la Petite Suite de Salomon et sont en hauteur tandis que ceux de Salomon sont en longueur. Ensuite, le style est évidemment très différent. Là où les personnages de Holbein sont ramassés et parfois un peu lourds (en dépit de la précision, l'élégance même de l'ensemble), ceux de Salomon sont allongés et beaucoup plus fins.

La comparaison des deux premières gravures, par exemple, servira pour établir s'il y une parenté étroite entre Holbein et Salomon. Dans la scène de la Création d'Eve (*Genèse* 2, figs 195 et 163) il n'y a pas de vrai parallèle de composition entre le bois de Salomon et celui de Holbein. Chez celui-ci Dieu est penché, presque agenouillé, chez Salomon Il est debout. Chez Holbein, Adam est couché, la tête appuyée sur la main gauche, tandis que chez Salomon il est moitié couché, moitié assis, dans une belle pose, plus naturelle que dans la gravure « bâloise ». L'Eve bâloise est plus petite que la lyonnaise, presque enfantine. Les gravures se différencient aussi dans leurs détails : chez Holbein Dieu porte une sorte de tiare ou mitre surmontée d'une croix, chez Salomon Il porte une couronne rayonnée ; chez Holbein le ciel est très chargé avec soleil, lune, étoiles et vents sur fond sombre ; chez Salomon il est dégagé sauf pour des oiseaux qui le rendent plus spacieux, et de rares hachures ; chez Holbein la rivière est soulignée par la présence de poissons, chez Salomon par un animal qui s'abreuve. Il est possible que Salomon se soit servi ailleurs dans d'autres dessins de quelques détails holbeiniens en les transposant, mais on ne peut pas dire qu'il se soit inspiré de cette première gravure, ni qu'il l'ait imitée, dans sa propre illustration du livre de la Genèse, pour la création de son Eve. La deuxième gravure (*La Tentation d'Eve, Genèse* 3, figs 196 et 164) présente la même différence de composition et de détail, et les écarts stylistiques sont encore plus marqués. Chez Holbein, Adam est debout et semble cueillir un fruit dans l'arbre et regarder le serpent avec méfiance. Eve est plus ou moins assise et lui tend une pomme. Le serpent, à grande tête de femme, prend une pose acrobatique, se retenant par la queue. Chez Salomon, Adam assis sur un tertre, accepte la pomme qu'Eve, debout, lui offre sous le regard d'un serpent plutôt gracieux (toujours à tête de femme) ; en ce qui concerne les animaux, chez Holbein ils sont plus présents : surtout la licorne, qui se cabre et hennit, et le singe, à droite, suggèrent l'animalité, la sensualité, la passion, tandis que chez Salomon ils sont plus exotiques, plus idylliques, et même la licorne semble moins importante. Chez Holbein la tête d'Adam est disproportionnée, et Eve est opulente, tandis que chez Salomon sa beauté gracieuse est celle des nymphes de Fontainebleau. Autrement dit Salomon n'a pas puisé chez Holbein ici non plus. Par contre, il y a quelques bois où la composition des deux artistes semble assez proche, par exemple, *Jacob et ses deux fils* (*Genèse* 48), *Le buisson ardent* (*Exode* 3), et *Moïse et Aaron devant Pharaon* (*Exode* 5), sans pour autant que l'on puisse parler d'une vraie imitation.

Pourtant il ne faut pas exclure une influence directe de Holbein sur Salomon dans la présentation générale de l'image (plutôt que dans la composition). Il est presque certain que son éditeur Tournes fut influencé par la structure et le format de ce livre, et il est même possible que Salomon aussi y ait trouvé une certaine inspiration de départ, une approche générale. Il n'est pas impossible non plus qu'il ait été influencé par le choix des sujets (les histoires à illustrer) ainsi que par les divisions structurales à l'intérieur d'un sujet. Cependant il ne faut pas exagérer cet accord de sujets: pour la plus grande partie de son œuvre il n'a pas eu de gravure de Holbein sous les yeux. Si l'on peut discerner une différence d'approche dans le choix de sujets, ce sera que Holbein s'intéressait plus que Salomon à la loi, au cérémonial, au rituel, à l'enseignement moral, à la majesté de Dieu. Il arrive parfois que quelques détails descriptifs de Holbein réapparaissent chez Salomon: par exemple, un arbre dans l'eau dans la scène du Déluge (*Genèse* 7, fig. 166), les poulies des constructeurs dans *La Tour de Babel* (*Genèse* 11, fig. 160), et, dans *Jacob usurpe la bénédiction d'Esaü* (*Genèse* 27), la main velue d'Esau, et le geste de sa mère Rebecca qui pose sa main droite sur son fils et fait signe de l'autre. Ces éléments pourtant se trouvent aussi ailleurs dans la tradition iconographique. Mais si le style des deux livres est très différent, c'est peut-être en partie à Holbein que Salomon emprunte la position des personnages et d'autres éléments dans l'espace (même si son espace à lui est beaucoup plus vaste, par exemple dans *Abraham et les Anges*, *Genèse* 18), l'utilisation de différentes techniques pour donner l'illusion de l'espace, et son attention à l'expressivité de quelques visages[27].

On a parfois exagéré l'influence de Holbein sur notre artiste en simplifiant les choses et sans avoir étudié d'autres intermédiaires. Car ses illustrations bibliques sont le point de départ de beaucoup d'autres qui les copièrent et d'autres encore qui en subirent l'influence. En dépit de l'influence sous-jacente et indirecte de Dürer, et de la présence de Cranach et de Beham, Holbein domine l'illustration de la Bible dans la première moitié du seizième siècle. Dans le cas de Salomon cependant l'influence reste d'ordre général et indirect avec quelques ressemblances de détail sans grande importance. Mais tous ces illustrateurs allemands et bâlois du premier tiers du seizième siècle eurent sans aucun doute une influence sur lui dans l'établissement ou bien la transmission d'une tradition et d'une iconographie, qui constituaient une étape dans une évolution remontant très loin dans le temps, dans le choix de scènes à illustrer, et dans le fait même de choisir d'illustrer la Bible, alors que beaucoup d'autres livres se passaient d'illustrations. Le lien entre la tradition bâloise et celle de Lyon se fait facilement puisque c'est à Lyon que parut l'édition originale des *Icones*, comme nous venons de le voir. Cependant il ne faudrait pas imaginer qu'un seul livre puisse transformer tout seul la pratique ou le goût d'une génération entière d'éditeurs et d'illustrateurs. Il faudrait donc essayer de situer le livre de Holbein dans la tradition française et le monde de l'édition de l'époque pour voir la complexité des influences qui entraient en jeu.

---

[27]   Voir Marqusee, *éd. cit.*, pp. 16-17.

L'essor de l'illustration biblique en Allemagne, ainsi qu'en Suisse, dans les années 1520 et 1530, peut s'expliquer par l'avènement du protestantisme, en dépit de tout ce que l'on a pu écrire sur l'aversion des protestants à l'égard de l'image, l'illustration allant parfois de pair avec la popularisation de la Bible. Le même phénomène se produisait aux Pays-Bas. (Il est possible par ailleurs que Salomon ait connu l'œuvre de Lucas de Leyde, comme témoignent leurs illustrations respectives pour le *Baptême du Christ*.) Mais en France au cours de ces années-là cela ne se produisit pas de la même façon ; on peut observer seulement une continuité et une évolution lente. A la fin du quinzième siècle, vers 1498, Antoine Vérard[28] imprima une bible illustrée qui continuait la tradition médiévale de la Bible historiée (révision par Jean de Rély de la version de Guyart des Moulins) basée sur l'*Historia scholastica* de Petrus Comestor (Pierre le Mangeur). On a signalé une filiation entre cette bible, une autre édition parue chez Vérard en 1517, et une édition publiée par Jean Petit en 1520 dont la plupart des bois furent repris par François Regnault en 1529. Il est important de savoir que cette filiation existe, parce qu'on a souvent dit qu'au contraire de ce qui s'est passé en Allemagne l'illustration de la Bible à Paris a connu un creux entre la fin du quinzième siècle et le début des années 1540[29]. Il est vrai qu'à partir de cette date-ci il y eut un accroissement dans le nombre de bibles illustrées qui sortirent des presses de Regnault et de Gryphe, mais dans ce pays catholique il n'y avait pas eu de rupture dans la tradition au cours des années précédentes. Pourrait-on attribuer ce renouveau d'intérêt dans l'illustration biblique à un retour à la piété traditionnelle et populaire ? Cela est possible, mais, comme le dit bien Engammare,

> Il faut donc insister sur la distance conceptuelle qui éloigne à jamais les *Bibliae pauperum* des *Figures de la Bible*, malgré le titre donné aux derniers exemplaires des bibles des pauvres publiées au XVIe siècle. Les *Figures de la Bible*, qui vont fleurir à partir des années 1530, ne trouvent donc pas leur origine dans les *Bibliae pauperum*, mais dans une production médiévale certainement oubliée, mais qui partage avec elles, du moins à l'origine, une organisation élémentaire visant un public laïc.

Engammare démontre que les *Bibliae pauperum* s'adressaient plutôt à un public instruit, citant à l'appui une préface typologique et christocentrique d'une des dernières bibles de cette tradition, parue en 1520, qu'il oppose à une autre tradition d'illustration plus populaire qui remonte au XIIe siècle[30].

A.F. Johnson a tracé l'histoire des bibles publiées par deux maisons d'édition parisiennes, celle de Regnault et celle de Gryphe, qui sont liées au moins par le fait que certains graveurs semblent avoir travaillé pour toutes les deux, et que les éditeurs donnent l'impression d'avoir possédé des bois en commun ou de se les

---

28   Voir Mary Beth Winn, *Anthoine Vérard, Parisian Publisher 1485-1512*.

29   Chambers dit par exemple qu'il n'y a rien de neuf dans l'illustration de la Bible en France entre l'édition de Vérard et 1540 (p. xiii).

30   Engammare, « Figures de la Bible... »., p. 561.

être passés[31]. Il est à noter que ces deux éditeurs sont tout à fait dans la lignée des éditions de Vérard et de Petit mais que leurs illustrateurs ont pris connaissance de la nouvelle tradition allemande et bâloise en imitant Cranach, Beham et surtout la seconde série de gravures de Holbein. En 1537, à Paris, François Gryphe, frère de l'imprimeur lyonnais Sébastien Gryphe, publia un Nouveau Testament en latin, *Novum Testamentum. Additis picturis in Acta Apost. et Apocalypsin*, réimprimé en 1539, qui contenait une nouvelle série de bois (ou peut-être de gravures sur métal) pour illustrer les Actes des Apôtres et l'Apocalypse, basés sur ceux de Holbein. En 1539 le même éditeur publia à Lyon un Nouveau Testament avec illustration intégrale, *Novum Testamentum illustratum insignium rerum simulachris*, réédité en 1540, 1541 et 1542, et une Bible latine pareille: *Biblia insignium Historiarum simulachris, cum venustati, tum veritati accommodis illustrata*, Paris, 1541 et 1542. Les bois, de la main de plusieurs artistes, auraient été copiés sur la série qu'avait dessinée Hans Sebald Beham. Il est curieux de noter que les deux premiers provenaient des *Simulachres* de Holbein[32]. Le privilège de Gryphe, daté du 16 novembre 1537, dit que le livre fut illustré par lui-même («illustratum a Gryphio») dans l'édition latine de 1539; mais il est peu probable que Gryphe fût vraiment dessinateur ou graveur.

La maison Gryphe n'était pas la seule à Paris à s'intéresser à l'illustration biblique, se faisant concurrencer par la maison Regnault. Déjà en 1537 et 1538 Antoine Bonnemere publia à Paris une bible contenant de nombreuses illustrations signées F.R. et attribuées à François Regnault, ainsi que d'autres signés BV qui provenaient d'un *Livre d'Heures* du quinzième siècle[33]. En 1540 Pierre Regnault, fils de François, fit paraître sa *Biblia Picturis illustrata* «sub scuto Coloniensi, in vico Jacobaeo», dans la tradition de la Bible abrégée et la Bible Historiée; la maison Regnault publia en 1543 deux bibles en français: *La Bible translatee de latin en français* qui était une édition de la Bible abrégée et une autre (*Le premier [-second] volume de la Bible en Français*), une édition de la Bible historiale, avec des bois inspirés de Holbein, signés IF ou PR, ainsi qu'une troisième sous le nom de «Magdaleine Boursete veufve de feu Françoys Regnault», cette dernière édition comportant une illustration sommaire. La bible de 1543 contient aussi des gravures nouvelles de forme étroite pour l'Ancien Testament. Toujours en 1543 parut chez Regnault à Paris une *Biblia Veteris et Novi Testamenti*. Cette bible fut rééditée en 1544 sous le titre *Historiarum Veteris Testamenti Icones*, ce qui prête à une certaine confusion puisque ce livre reprenait non seulement le titre mais aussi les textes liminaires de l'édition de Trechsel et de Frellon parue à Lyon en 1539. Les gravures sont de forme différente pour l'Ancien et le Nouveau Testament, celles de l'Ancien Testament (qui imitent

---

[31]   A.F. Johnson, «Some French Bible illustrations, sixteenth century», pp. 190-192; nous suivons les grandes lignes de son exposition en y ajoutant d'autres renseignements; voir aussi ce qu'en dit Ruth Mortimer ainsi que Chambers, n°s 69, 90, et 280.

[32]   A.F. Johnson, *art. cit.*

[33]   Chambers, n° 71; Johnson, *art. cit.*, p. 190.

celles de Holbein) étant de forme oblongue et signées PR ou IF ou les deux à la fois (ces signatures paraissant dans plusieurs de ces éditions) et celles du Nouveau Testament verticales et de forme étroite dont une (*La Décollation de saint Jean*) est signée IF. PR dénote sans doute Pierre Regnault qui était peut-être le propriétaire principal des gravures, et IF le dessinateur ou le graveur. Johnson suggère qu'il s'agit de Jacques Le Fèvre de Lorraine (Jakob Faber) qui travaillait aussi chez Gryphe (à moins que ces initiales ne désignent à la fois le dessinateur et le graveur). Il est à noter pourtant que l'on a proposé bien d'autres identifications pour les initiales IF qui désignent par ailleurs sans doute plus d'un artiste. Ces bois furent utilisés par trois imprimeurs différents et il est donc difficile de savoir à coup sûr à qui ils appartenaient. On pense que Le Fèvre a taillé sur métal les dessins d'autres artistes, mais aussi qu'il a lui-même dessiné pour Gryphe à Lyon[34].

Il était nécessaire de présenter dans toute la complexité de leur imbrication, ces éditions qui parurent juste avant que Salomon ne se mît à préparer sa propre illustration de la Bible, pour démontrer qu'il se situait fermement dans une tradition française vivante d'illustration biblique, et souligner que dans de nombreux cas les gravures semblent avoir été reprises par plusieurs éditeurs. Mais quelle utilisation fit-il de cette série d'éditions parisiennes? Rondot parle de l'édition de Regnault de 1540 et Schubart de celle de 1544 (imitant Holbein mais dans un style plus libre et plus moderne et faisant des emprunts à l'œuvre de Beham), qui servit d'intermédiaire entre Holbein et Salomon. Mortimer signale l'influence sur Salomon de la seconde série de gravures (sur métal) pour le Nouveau Testament que Jacques Lefèvre avait exécutées pour François Gryphe à Paris[35]. Tout cela est bien possible, mais il est plus probable que Salomon se soit servi de plus d'une des éditions de Gryphe ou de Regnault, bien qu'il soit presque impossible de démêler les rapports entre les différentes séries de gravures qui ornent toutes les éditions de ces deux éditeurs et d'établir l'identité des dessinateurs et des graveurs et même parfois de décider lesquelles sont sur bois et lesquelles sur cuivre. On pourrait cependant suggérer encore une édition précise de Gryphe dont se serait servi Salomon: une comparaison entre la *Testamenti Novi editio vulgata*, publiée par Sébastien Gryphe en 1542 et les bois que Salomon dessina pour le Nouveau Testament, est très révélatrice: on peut en tirer quelques conclusions et en premier lieu que Salomon connaissait sans aucun doute cette édition de Gryphe. La composition de plusieurs gravures l'indique clairement, par exemple la célèbre image du *Semeur* (Mat. 13, figs 197 et 183), qui allait par ailleurs devenir dans des formats différents une des marques typographiques préférées de la maison des Tournes (voir couverture), sans doute à cause de leurs tendances, et ensuite leurs convictions, protestantes. Dans d'autres gravures la composition, sans être identique, suggère fortement une influence précise (par exemple, *La multiplication des pains*

---

[34] *Ibid.*, p. 192; Mortimer, p. 109 et n° 90; voir aussi, Brun, 1969, pp. 46-47 et p. 126.
[35] Schubart, p. 14, Rondot, p. 55, Mortimer, n° 81.

(Mat. 15), *La transfiguration* (Mat. 17)). Mais s'il y a un domaine où Salomon semble avoir suivi ce *Testamentum* de Gryphe ce serait dans le choix de scènes à illustrer. Pour l'illustration de l'Evangile selon saint Matthieu, bien qu'il soit vrai qu'il omet certaines scènes que le graveur de chez Gryphe illustra, et qu'il en inclut d'autres qui ne figurent pas dans le livre antérieur, la comparaison des deux livres montre que Salomon s'approprie en gros le choix de son prédécesseur, à quelques exceptions près, dont la plus importante est que le graveur de Gryphe, selon une autre spiritualité, suivant la tradition médiévale d'illustration et de dévotion populaire, plutôt qu'intellectuelle et sophistiquée, accorde plus d'espace aux événements de la Passion de Jésus-Christ puisqu'il en a une dizaine que l'on ne retrouve pas chez Salomon. Une autre différence, plus superficielle, c'est que Gryphe répète plusieurs scènes, surtout justement ces scènes de la Passion, dans l'illustration de chacun des Evangélistes. L'Evangile de saint Marc est traité de façon différente par les deux illustrateurs: Salomon a quatre gravures pour représenter la vie publique du Christ, le graveur de Gryphe n'en a aucune, tandis que ce dernier en donne sept pour la Passion et la Résurrection. Pour l'évangile de saint Luc, les deux illustrateurs ont plusieurs scènes en commun, mais encore une fois le graveur de Gryphe donne en double huit scènes de la Passion et Salomon se contente de cinq gravures dont deux correspondent à celles de Gryphe. En dernier lieu, pour saint Jean, le choix des scènes est de nouveau très proche, pour la vie du Christ, et même pour la Passion, où ils ont cinq scènes en commun, tandis que Gryphe en a cinq de plus et Salomon deux. L'illustration des *Actes des Apôtres* suit à peu près le même modèle: ils ont trois scènes en commun, mais chacun a quelques scènes qui ne figurent pas dans l'autre. En ce qui concerne les portraits des auteurs des Epîtres, saint Paul, saint Jacques, saint Pierre, saint Jean et saint Jude, ils sont tous présents dans les deux livres.

Salomon a donc pu tirer un grand profit de ces éditions parisiennes et lyonnaises de Regnault, de Gryphe et de Frellon. Le choix de sujets à illustrer est normalement très proche; mais si Salomon répète une grande partie des sujets traités que présentent ces éditeurs, cela n'est que conforme à la tradition iconographique; et il ajoute beaucoup d'autres sujets de son propre gré. Les répétitions habituelles des éditions anciennes sont peu en évidence, mais cela était plutôt du ressort de Jean de Tournes que de Salomon. Parfois il y a une ressemblance très marquée dans la composition, surtout dans la division de l'image en champs de traitement; mais en dehors de cela Salomon ne semble pas avoir imité de près les illustrations de ces livres.

Comme le résume pertinemment Renée Loche: Jean de Tournes «fait un apprentissage de typographe chez Melchior et Gaspard Trechsel, qui lui révèlent les figures d'Holbein destinées à la Bible, avant d'entrer dans l'imprimerie de Sébastien Gryphe et de s'établir enfin comme maître imprimeur» (p. x). S'il ne les avait pas découvertes lui-même plus directement, c'est sans doute par l'intermédiaire de Jean de Tournes que Salomon aurait eu connaissance de ses deux sources pour l'illustration de la Bible.

S'il est difficile d'être certain de l'influence exacte et détaillée que les gravures contenues dans les différentes éditions de Regnault et de Gryphe ont exercée sur Salomon, on peut être plus sûr dans le cas de deux petits livrets plus populaires qu'il connaissait sans aucun doute et utilisa à fond: il s'agit d'abord de *La Tapisserie de l'Eglise chrestienne et catholique*, publiée par Etienne Groulleau. Ce livre est paru sans date, mais il est postérieur à 1545, date à laquelle Groulleau a succédé à Janot, dont il avait épousé la veuve, Jeanne de Marnef. Le texte des 186 huitains est de Gilles Corrozet. D'après Firmin-Didot les illustrations sont de la main de Jean Cousin[36].

L'autre livret, faisant suite à *La Tapisserie*, parut chez le même éditeur en deux parties, avec pour titre *Les Figures de l'Apocalipse de Saint Jan, Apostre*, et contenant aussi les *Dix Histoires du Nouveau Testament*, paru d'abord en 1547 chez Etienne Groulleau en deux états différents, et de nouveau en 1552[37]. La préface est signée par «Le Petit Angevin», autrement dit Jean Maugin, qui fait savoir que si le livre a du succès et s'il a le temps il publiera une édition pareille de l'Ancien Testament[38]. Ce livre n'est jamais paru. *Les Figures* se présentent de la façon suivante: la page de gauche contient l'image surmontant le texte latin de l'Apocalypse dans un encadrement, et la page de droite contient le poème en français en dix ou douze vers. On a parfois dit que les images des *Figures* s'inspirent de Dürer ou de Holbein, mais ce sont plutôt des copies réduites des gravures de Beham qui illustrent les *Typi in Apocalypsim Joannis depicti* de 1539, mais avec quelques détails qui viennent d'ailleurs[39]. Les *Dix histoires* suivent la même disposition bien que les poèmes soient de longueur variable.

Herta Schubart a signalé déjà en 1932 le rapport entre ces petits livres et l'illustration de Salomon pour le Nouveau Testament et Mortimer l'a suivie. Plusieurs chercheurs sont arrivés récemment à la même conclusion, signalant que Salomon fait ici ce qu'il a fait tellement souvent, c'est-à-dire imiter des bois sortis de la maison de Janot (ou dans ce cas de son successeur). Alison Saunders les a examinés et a indiqué clairement l'influence qu'ils ont eue sur notre artiste[40].

---

[36] Rés A 7636; voir Saunders, «The sixteenth-century French emblem book: writers and printers», p. 177 (qui signale que la plupart des bois de la *Tapisserie* viennent de la *Doctrine des Chrestiens*, 1543), et *The Sixteenth-Century French Emblem Book*, pp. 47-48; voir aussi Firmin-Didot, *Etude sur Jean Cousin*, pp. 148-150. Rawles fait remarquer que Janot n'a pas publié lui-même une édition de ce livre, mais estime qu'il l'avait peut-être projetée (*Denis Janot*, III, Appendix, p. lxi).

[37] 1547, BnF Smith-Lesouëf Rés 225, Rothschild IV. 8. 70, (DH, n° 1260); 1552, BnF Rés A 12329, A 17991 (1-2) (DH, n° 1268), Beaux-Arts, Masson 233.

[38] f. Eii r°; il existe une édition des *Figures* (BnF Rés A 17858) avec les images seulement et un texte français ajouté à la main qui constitue une méditation sur le texte français d'origine. Dans ce contexte on peut signaler en plus *Les Figures et visions de l'apocalipse*, Paris, Nicolas Buffet, 1548, avec texte français et 23 gravures en pleine page (BnF Rés 8-Z-Don 594 375(3)).

[39] Mortimer, n° 75; Huguette Brunet (voir n. 45, *infra*) nous signale des emprunts à l'édition parisienne de François Regnault (1538).

[40] Schubart, *op. cit.*, pp. 17-18; Mortimer, n° 75; Saunders, *art. cit.*, p. 186.

Commençons par un examen détaillé de *La Tapisserie* et de ses rapports avec les bois de Salomon pour le Nouveau Testament. Il y a évidemment une parenté étroite entre ce livre et l'œuvre de Salomon. En premier lieu, la présentation générale des *Figures du Nouveau Testament* de Salomon et leurs analogues dans d'autres langues, et le principe même de ces livres, sont presque identiques, et Tournes s'inscrit visiblement dans la même tradition de cette littérature dite «emblématique». En outre il y a une vraie ressemblance stylistique qui semble devoir plus à une imitation consciente qu'à la couleur du temps et qui explique, mais sans la justifier, l'attribution ancienne de ces bois à Salomon, par Georges Duplessis, entre autres[41]. Si Salomon a travaillé chez Janot, et surtout si c'était sous la direction de Jean Cousin, comme certains le voudraient, ses propres bois bibliques seraient plutôt sortis d'une collaboration ancienne d'atelier que d'une imitation stricte de l'œuvre d'un autre artiste[42].

Quoi qu'il en soit, pour le choix de sujets, les deux artistes sont souvent très proches l'un de l'autre. Une tradition longue de quelques siècles avait établi quelles scènes bibliques étaient à représenter et le public devait s'y attendre. Néanmoins le choix dans ces deux livres est loin d'être identique car l'illustrateur de chez Janot a gravé plusieurs bois que Salomon ne cherche pas à inclure (par exemple, la naissance et la circoncision de saint Jean Baptiste); et là où la *Tapisserie* consacre deux ou trois images à la même histoire, Salomon parfois n'en donne qu'une seule. Il est vrai aussi que les bois sont moins nombreux chez Salomon (cent un au maximum) que dans *La Tapisserie* où il y a 150 bois pour le Nouveau Testament, vingt-deux pour la section intitulée «La passion de nostre seigneur et redempteur Jesus Christ, selon les quatre Evangelistes» (f. L1r°), douze pour la «Resurrection de nostre Sauveur Redempteur Jesus Christ» (f. M5r°), et deux autres, ce qui fait un total de 186 bois dont quelques doubles. Mais d'autre part Salomon en a ajouté beaucoup de sa propre invention. Chez Janot il y a plus de bois qui représentent les miracles ainsi que les paraboles du Christ, même si ces deux sujets ne font pas défaut chez Salomon; cette approche relève sans doute de la spiritualité et de la piété de la période de transition entre le Moyen Age et la Renaissance. Dans quelques images Salomon reproduit plus ou moins exactement la composition de la *Tapisserie*. Alison Saunders a eu raison de signaler surtout la composition dans l'illustration pour *Les Noces de Cana* (Mat. 21, f. C1r°, figs 181 et 199) puisque la position du Christ et de sa mère est la même, que le dessin des cruches est identique, et que même si les fenêtres sont très différentes dans les deux cas, on peut dire que Salomon a simplement copié la scène en changeant quelques détails[43]. (Cette image n'est pas très différente de celle de Regnault où on voit les mêmes éléments: les fenêtres au fond, les cruches devant, le pain, le plat et les vaisseaux sur la table; le Christ se trouve du côté opposé mais sert à encadrer la scène de la même manière.)[44] D'autres illustrations font preuve du

---

[41]   *Histoire de la gravure*, p. 28.

[42]   Voir *supra*, p. 24.

[43]   Saunders, *art. cit.*, p. 186.

[44]   BnF A5853, lxxxviii (édition de 1543).

même esprit: *La Tentation du Christ* (Mat. 4, f. B7r°); *La pêche miraculeuse* (Luc 5, f. C4v°) – voir le groupe du Christ et de saint Pierre dans le bateau, les foules sur le bord du lac, et la position du filet dans le bateau (inversée), *La paille et la poutre* (Luc 6, f. C7r°) où la position de la poutre est identique; dans la scène où les Apôtres demandent au Christ qui est le plus grand parmi eux, la composition est encore une fois très proche: la position du Christ et du petit enfant ainsi que celle des gens qui écoutent, et même le détail de la marche sur laquelle le Christ est assis paraît dans les deux images (Mat. 18, f. G5v°); pour l'illustration du fils prodigue (Luc 15, f. H2r°) les deux artistes ont combiné la scène où le fils garde les cochons et celle où il embrasse son père; pour la parabole de Lazare, *Le mauvais riche et le pauvre* (Luc 16, f. H6v°, figs 200 et 185), la composition est encore une fois très proche et l'image de deux chiens qui lèchent les plaies de l'homme pauvre est pareille dans les deux cas; stylistiquement ce dernier bois est très proche de celui de Salomon et pourrait presque être de sa main; on notera que certains éléments viennent sans doute de l'édition de Gryphe, par exemple le bâton dans la main du serviteur et la présence de la femme de l'homme riche (p. 206, fig. 198). On peut par ailleurs discerner des ressemblances de détail qui suggèrent que Salomon gardait *La Tapisserie* devant lui pendant qu'il travaillait mais sans vouloir copier une image entière (par exemple dans les portraits des Evangélistes la chaire de saint Marc (f. A4v°) ressemble à la chaire de saint Mathieu chez Salomon, mais il n'y a aucune ressemblance dans la représentation du lion).

Passons maintenant à la comparaison des *Figures de l'Apocalypse* avec les bois pour l'Apocalypse qui paraissent dans les bibles illustrées par Salomon[45]. Saunders a signalé la filiation très étroite entre ces deux séries d'images, démontrant clairement que Salomon a connu le livre de Groulleau[46]. Les ressemblances en effet sont grandes: par exemple, dans la scène des sept anges qui sonnent de la trompette, les éclairs qui sortent des nuages sont très proches dans les deux séries bien que Salomon ait redessiné complètement la ville médiévale fortifiée (*Les sept Anges*, Apocalypse 8, f. B3v°). Dans l'ensemble de ces gravures, mise à part la composition, souvent très proche et quelquefois identique, il y a beaucoup de détails qui se retrouvent chez Salomon: par exemple, les flammes que l'on voit par terre (*La première trompette*, Apocalypse 8, f. B4 v°), une proue de bateau et la charpente d'un autre (*La deuxième trompette*, Apocalpyse 8, f. B5v°), le puits et l'étoile au centre de la flamme, ainsi qu'un tout petit bateau (*La troisième trompette*, Apocalypse 8, f. B6v°). Mais il y a aussi des différences (en

---

[45] Pour l'illustration de l'Apocalypse, voir Eisler, *Master of the Unicorn*, pp. 71-101; cet auteur démontre l'importance de l'Apocalypse comme sujet d'illustration au cours du seizième siècle: le premier cycle français imprimé qui figure dans un *Livre d'Heures* (Paris, 1510), un foisonnement de publications allemandes aux années 1520, surtout les bois de Lemberger pour la bible de Wittenberg de 1524, et les illustrations de Hans Sebald Beham, parues en 1539. Nous avons pu profiter de la lecture d'un livre d'Huguette Brunet, non encore publié, sur l'illustration de l'Apocalypse dans le livre français, dont nous tenons à la remercier.

[46] *Loc. cit.*

dehors du fait que les encadrements gravés des *Figures* manquent chez Salomon, bien qu'il en eût inclus pour le reste de son Nouveau Testament), dans les détails, par exemple, *Les âmes des martyrs* (Apocalypse 4, f. A8v°) ont été ajoutées par Salomon, et de toute façon ce dernier a redessiné le tout pour lui donner son cachet stylistique personnel. Nous avons déjà fait remarquer qu'il s'est aussi servi directement de l'œuvre de Beham, et il y a aussi des raisons de croire qu'il connaissait une copie fidèle de l'Apocalypse de Beham publiée dans un Nouveau Testament paru à Lyon en 1548 chez Jean Frellon[47].

En ce qui concerne les *Dix histoires du Nouveau Testament*, tirées des Actes des Apôtres et des Epîtres, qui terminent le volume, il y a peu de ressemblances avec les bois de Salomon pour les mêmes sujets, sauf peut-être pour le drap qui contient les animaux descendant du ciel (Actes 10, f. E6v°). *La Tapisserie* et *Les Figures* pourtant constituent une source capitale pour l'illustration de Salomon. Nous tenons à signaler en outre dans le même domaine une autre source possible de Salomon : les *Harmoniae Evangelicae Libri Quatuor* d'Osiander, publié par Janot en 1544. On peut constater un accord général dans le choix des gravures entre ce livre et la *Tapisserie* qui en contient pourtant plus. Par contraste et de façon négative on peut constater qu'il n'y a aucun lien de parenté entre deux livres publiés à Lyon pendant les années où Salomon se consacrait à ce travail, *La Bible en Françoys* de Georges Reverdy (1551), et les superbes grandes planches gravées sur métal que Jean Duvet avait commencées en 1546 mais qui ne virent pas le jour avant 1561, peut-être après la mort de Salomon (bien que les feuilles aient été distribuées séparément avant publication). Les lettrines appartenaient à Jean de Tournes, mais l'imprimeur était sans doute Jean Marcorelle[48].

Venons-en maintenant à une autre source possible de l'illustration biblique de notre artiste. On a souvent parlé de l'influence exercée sur lui par la peinture de Raphaël, sans doute à travers les gravures, surtout de Raimondi, sans que cette filiation soit jamais précisée. Il s'agirait des fresques qui ornent les Loges du Vatican, créées par Raphaël en 1517 et exécutées par d'autres artistes, dont Gianfrancesco Penni et Jules Romain, comportant quarante-huit scènes de l'Ancien Testament et quatre de la vie du Christ. Cette influence se réduit pourtant à quelques ressemblances mineures, surtout dans la composition de quatre scènes de la vie de Moïse. On sait qu'à Anvers Bos a publié en 1548 des gravures de l'ornementation des Loges que Salomon a pu connaître.

En revanche nous avons découvert un exemple remarquable d'un tableau où Salomon imite Raphaël de près : la gravure qui figure *La délivrance de saint Pierre* (Actes 12, 4-10, fig. 188) est tirée d'une fresque de la Chambre d'Hélio-

---

[47] DH, n° 4009, BnF Rés 17957 ; nous remercions Huguette Brunet, qui estime l'influence de Frellon plus importante que celle de Groulleau, de nous avoir signalé cette édition.

[48] *Lapocalypse figuree, Par maistre Jehan Duvet, jadis Orfevre des Rois*, Lyon, 1561. In-fol., BnF Rés. A 1587. Cartier, n° 476, DH, n° 1290, reproductions en facsimilé : Lyon, 1962 ; éd. Michael Marqusee, Londres, 1976.

dore au Vatican (fig. 258)[49]. Les ressemblances sont frappantes : la forme arrondie de la grille, et les deux gardes qui encadrent les personnages principaux, l'ange (inversé), un bras étendu en haut et l'autre qui touche saint Pierre pour le réveiller, dont le dessin est une copie fidèle de Raphaël. D'après Louis Réau ce sujet, ainsi que celui du *Châtiment d'Héliodore*, étaient d'actualité, puisqu'ils constituaient une « préfigure de la délivrance des papes assiégés dans leur bastille du château Saint-Ange », et c'est cela qui a poussé Léon X à demander à Raphaël de peindre la scène. Dans les manifestations de ce sujet que fournit Réau, le tableau de Raphaël est, avec le Bréviaire Grimoni de la bibliothèque Marcienne, le seul à représenter le seizième siècle[50]. Il est intéressant pourtant de remarquer un vitrail du treizième siècle de la cathédrale de Lyon qui a pu suggérer à Salomon au moins son sujet. Il est à noter aussi que ce sujet a bien retenu l'attention de Pierre Eskrich qui consacre six gravures au chapitre 12 des Actes dont trois reprennent la porte grillée de la prison (de la même manière que Raphaël avait accordé plusieurs images à cet épisode). Les seules gravures de la fresque de Raphaël que nous ayons pu consulter datent du dix-huitième siècle. La fidélité de l'imitation suggère la présence d'une copie ou d'un dessin original. Salomon a donc dû copier une reproduction maintenant perdue. Ou serait-il possible qu'il ait travaillé sur place ? Il est vrai que cette fresque se trouve au-dessus de la fenêtre qui ouvre sur le Belvédère qu'il a peut-être vu de ses propres yeux. Dans un autre tableau de cette salle, *Trois anges chassant Héliodore du Temple* on peut discerner quelques ressemblances avec le bois de Salomon sur le même sujet, surtout la posture du cheval (*Maccabées* 2, 3, fig. 176)).

Nous avons trouvé peu de traces dans l'œuvre de Salomon des estampes de Fontainebleau traitant de sujets bibliques (mise à part pour l'instant toute parenté stylistique) mais on aperçoit certaines affinités, par exemple, dans l'œuvre gravé de Parmigianino ; nous pensons plus précisément à deux images, la scène de la Resurrection, où le dessin des jambes et de la main droite du Christ, ainsi que la pose du soldat qui se protège la vue avec son bouclier, ne peuvent pas résulter de la coïncidence, un épisode des *Actes des Apôtres* (*L'impotent à la porte du temple*, chapitre 3), en particulier la façon dont saint Pierre et le malade se regardent, et se prennent par la main[51].

Il convient de mentionner en dernier lieu certaines miniatures qui paraissent dans des manuscrits enluminés de la Renaissance. Il y a toute une série de ces volumes qui s'échelonnent des années 1520 jusqu'aux années 1550, et qui se servent souvent des mêmes modèles. Les réelles ressemblances que l'on a décelées entre certaines de ces miniatures et les gravures de Salomon, par exemple *Le*

---

[49]   Voir Dominique Cordellier et Bernadette Py, (éds.), *Raphaël, son atelier, ses copistes*, pp. 236-237, qui donne un dessin copié d'après cette composition. Le rôle exact de Raphaël dans cette peinture est discuté et il est possible que même si le *modello* conservé à Florence est bien de lui, Jules Romain soit responsable de la plus grande partie de la fresque.

[50]   Voir Louis Réau, *Iconographie de l'art chrétien*. 3, *Iconographie des Saints*, t. III P-Z. Répertoires, pp. 1092-3.

[51]   Voir Zerner, *The Illustrated Bartsch*, t. XXXII, n°s 6 et 7.

Sacrifice d'Abraham (des *Heures Montmorency*) ou *L'Arrestation du Christ* (Le Christ au Jardin des Oliviers) (miniature des *Heures Dinteville*) pourraient venir d'une source commune, ou bien ce serait Salomon qui aurait connu l'un ou l'autre de ces beaux livres, imprimés ou manuscrits, et les aurait utilisés dans la préparation de ses propres illustrations[52]. Mais la datation de ces manuscrits n'est pas certaine et il est possible que ce soient les miniaturistes qui se soient servi des bois de Salomon.

Dans cette première partie du chapitre nous avons essayé de dégager les grandes lignes de l'illustration biblique dans la première moitié du seizième siècle pour montrer comment Salomon a pu transformer la tradition dans laquelle s'inscrit son œuvre d'illustrateur pour assumer pleinement son propre style. Les sources de son inspiration sont multiples, d'abord la bible in-folio d'Estienne qu'il copie très fidèlement dans sa bible de 1551, et ensuite le recueil de Holbein, surtout pour le choix de sujets et la présentation de l'image sur la page, les éditions parisiennes de Gryphe et de Regnault, et les jolis petits livres publiés par Groulleau, la *Tapisserie de l'Eglise* et les *Figures de l'Apocalipse* (sans oublier dans le contexte de ce livre de la bible l'œuvre de Beham), ainsi que quelques gravures italiennes ou françaises. Pourtant, à l'exception des grandes planches de sa première bible illustrée, et de quelques gravures de Groulleau qu'il a suivies d'assez près, cette inspiration ne devient jamais une imitation servile. La transformation qu'il pratique ne se restreint pas aux petits détails de l'image puisqu'elle embrasse à la fois la conception et la composition de chaque image, sa disposition sur la page et sa place dans l'ensemble du recueil et dans la narration biblique. C'est là que se manifeste son originalité et c'est pour cela qu'il s'est fait tellement imiter à travers les siècles.

2. LES *MÉTAMORPHOSES* D'OVIDE

Ovide, on le sait, est l'un des auteurs de l'Antiquité latine les mieux connus au Moyen Age, n'ayant jamais vraiment été perdu de vue, et il a souvent été illustré dans les manuscrits et les premiers livres imprimés. La Renaissance continua vigoureusement cette tradition en la renouvelant, puisant d'abord largement dans un fonds de sujets et d'images plusieurs fois séculaires et le transmettant à travers la grande époque du classicisme et du romantisme jusqu'à nos jours où Ovide continue à susciter l'intérêt d'écrivains, de peintres et d'illustrateurs. Salomon appartient fermement à cette tradition, y apportant une imagination créatrice et formatrice. Encore plus que dans le cas de son illustration biblique, en entreprenant l'illustration intégrale d'Ovide, Salomon s'est montré capable d'assumer sa propre place dans la tradition, s'inspirant d'abord d'images

---

[52] Voir surtout Myra Orth, *Livres d'Heures royaux: la peinture de manuscrits à la cour de France au temps de Henri II*, p. 26, and J. Backhouse, *Renaisssance Painting in Manuscripts* (pour une reproduction d'un Christ au Jardin des Oliviers, voir pl. xxxii).

connues pour passer rapidement à la création de ses propres images de haute qualité et d'une grande originalité.

Le seizième siècle voit une évolution dans la présentation et la compréhension d'Ovide remplaçant l'approche moralisante et allégorisante du Moyen Age par une appréciation à la fois littérale et hédoniste. On a pu le louer non seulement pour sa qualité esthétique mais aussi pour son importance culturelle : comme le dit Lamarque,

> On peut dater de la disparition de l'*Art d'aimer* et des *Remèdes à l'amour* la fin d'une ère gothique dans l'édition ovidienne, de même que la publication en 1557 de la *Métamorphose figurée* marque la mainmise du siècle de la Renaissance sur une œuvre aussi conforme à ses goûts que la *Métamorphose moralisée* l'avait été aux aspirations des XIVᵉ et XVᵉ siècles. C'est précisément entre 1550 et 1560 que la diffusion des œuvres d'Ovide atteint son apogée, après une évolution caractérisée par une acceptation de plus en plus libérale, de plus en plus sereine des aspects controversés[53].

Dans cette seconde partie du chapitre, la *Metamorphose d'Ovide figuree* constituera la plus grande partie de notre étude, mais puisque Salomon s'était déjà mis à l'illustration d'Ovide dans la traduction de Marot, avant 1557, il est nécessaire de parler d'abord de ce travail préparatoire et partiel, que l'on pourrait considérer comme la « Petite Suite » de son illustration ovidienne, puisqu'elle remplit un rôle analogue à la Petite Suite des dessins bibliques. La seule différence dans le cas de l'Ovide, ce sera qu'il ne s'agit pas d'une autre série de dessins, mais de gravures qui vont resservir telles quelles dans la Grande Suite de la *Metamorphose*.

Clément Marot, à sa mort en 1544, laissait inachevée la traduction des *Métamorphoses* d'Ovide qu'il avait commencée en 1526 ou un peu après, et dont il avait lu quelques fragments devant le roi François Iᵉʳ vers 1530. Le premier livre fut terminé avant 1531 et publié en 1534 avec dédicace au roi ; le deuxième date de la fin de sa vie et fut publié en 1543. Marot avait eu l'intention de traduire le troisième livre mais n'eut pas le temps de mener ce projet à son terme[54].

En 1538 Janot avait publié *Le premier livre de la Metamorphose d'Ovide*, dans la traduction de Clément Marot, orné de trentre-trois bois, auquel vint s'ajouter en 1544 la traduction du deuxième livre[55]. En 1546 Tournes publia en format

---

[53] H. Lamarque, « L'Edition des œuvres d'Ovide dans la Renaissance française », dans H. Lamarque, et A. Baïche, *Ovide en France dans la Renaissance*, pp. 13-40 (ici p. 40). Sur le rôle d'Ovide à la Renaissance voir aussi : Georges Duplessis, *Essai bibliographique sur les différentes éditions des œuvres d'Ovide ornées de planches publiées au XVᵉ et XVIᵉ siècles*; M.D. Henkel, « Illustrierte Ausgaben von Ovids Metamorphosen im XV., XVI., und XVII. Jahrhundert »; Ann Moss, *Ovid in Renaissance France...* et, du même auteur, *Poetry and Fable...*; Ghislaine Amielle, *Les Traductions françaises des* Métamorphoses *d'Ovide*.

[54] Voir C.A. Mayer, *Bibliographie des éditions de Clément Marot publiées au XVIᵉ siècle*; Amielle, p. 137 ; Clément Marot, *Œuvres poétiques*, éd. G. Defaux, t. II, pp. 403-515 et pp. 1188-1190.

[55] Rawles, *Denis Janot*, nᵒˢ 83 et 216.

in-seize *Les Œuvres de Clement Marot* avec *Les Traductions* où figuraient les deux premiers livres des *Métamorphoses* d'Ovide, mais sans illustration. Lors de sa réédition en 1549 cette édition sera ornée de vingt-deux gravures sur bois de la main de Salomon, quatorze dans le premier livre et sept dans le second et une autre dans l'Histoire de Léander et Héro, «figures assez jolyment taillees,» comme dit Tournes dans sa préface. Voilà donc les premiers indices de l'intérêt que montrait Tournes pour la publication et l'illustration d'Ovide. C'est sans doute la présence de cette traduction d'Ovide dans l'œuvre de Marot qui lui donna par la suite l'idée d'un projet beaucoup plus ambitieux, une traduction intégrale des *Métamorphoses* abondamment illustrée. Par un autre côté la popularité de Marot aida peut-être à créer une demande pour Ovide: le livre de Tournes allait connaître neuf autres éditions, même en face de la concurrence d'autres éditions du poète latin en français publiées dans le milieu lyonnais chez Guillaume Roville.

Il est important d'établir clairement les différentes étapes dans la publication lyonnaise de cette traduction d'Ovide, d'une part parce que c'est là que parurent pour la première fois les illustrations qui devaient servir plus tard dans la *Metamorphose* et d'autre part parce que la confusion qui existe entre le travail de Salomon et celui de Pierre Eskrich fait que parfois les gravures de l'un se voient attribuées à l'autre, et surtout que Salomon ne reçoit pas toujours l'honneur qui lui est dû pour avoir eu l'initiative du projet. Le sujet de leurs œuvres croisées, on l'a vu, est en effet plutôt complexe mais une chose reste évidente: si Eskrich imita abondamment Salomon, l'inverse ne se produisit que rarement.

Il n'est guère possible de savoir exactement ce que Tournes avait à l'esprit entre 1546 et 1549; on ne sait pas pourquoi l'édition de 1546 ne comportait pas d'illustration, ni pourquoi en 1549 l'illustration de Marot devait se restreindre à la partie consacrée à la traduction des deux livres d'Ovide. Nous avons déjà vu qu'en 1547 Tournes avait publié quatre œuvres littéraires en langue vulgaire ornées de bois de Salomon, et la poésie de Marot aurait pu se prêter à une illustration pareille ou même encore plus riche. On ne sait pas non plus à quel moment exact Tournes a commencé à envisager l'illustration intégrale des *Métamorphoses*. Son but principal et immédiat était sans doute tout simplement la publication des *Œuvres* de Marot. Pourtant ce n'est pas pour illustrer tout le livre de Marot qu'il avait fait appel à Salomon, mais uniquement pour la partie consacrée à Ovide, l'édition de Marot ne fournissant donc peut-être qu'un prétexte.

L'année même où Tournes réédita les deux premiers livres d'Ovide dans la traduction de Marot, François Habert fit paraître sa traduction en vers des *Six Livres de la Metamorphose d'Ovide*, c'est-à-dire les livres III à VIII, chez Michel Fezendat à Paris, qu'il allait compléter et publier en 1557 chez Etienne Groulleau[56].

---

56   Voir Amielle, pp. 244-254, et en particulier p. 245 pour les nombreuses réimpressions de cette traduction.

La popularité d'Ovide à l'époque se voit confirmée par le fait qu'en 1550 Roville publia lui aussi une édition de ces deux premiers livres toujours dans la traduction de Marot et ornée de gravures de Pierre Eskrich, qu'il allait publier de nouveau en 1551 et ensuite en plusieurs autres éditions[57], dont certaines gravures accusent l'influence de Salomon. En 1552 Macé Bonhomme se resservit d'une partie de ses propres bois pour l'illustration de deux livres de Barthélemy Aneau, *Picta poesis*, et sa traduction en français, l'*Imagination poétique*. Aneau s'est permis une certaine mystification sur l'utilisation qu'il fit des bois qui ornent ces deux livres. D'après lui, son rôle aurait été de fournir des poèmes pour accompagner des bois qui n'avaient jamais servi et qui traînaient inutilement chez l'imprimeur. Mais, et lui et son éditeur savaient parfaitement bien qu'une bonne partie de ces bois avaient déjà vu le jour dans le Marot de Roville. Saunders a suggéré la possibilité que les quarante-cinq bois qu'elle n'a pas pu identifier soient ceux qui n'avaient jamais servi[58]. En 1553 Roville publia une nouvelle édition de Marot en faisant quelques changements au texte et à la présentation, et lorsque Tournes réédita son propre Marot au cours de la même année, il connaissait sans doute cette nouvelle édition.

Ensuite il y eut, en 1556, une étape très importante: Roville prit de l'avance sur Tournes en publiant avec Macé Bonhomme *Trois premiers livres de la Metamorphose d'Ovide*, qui ajoutait, aux deux premiers livres traduits par Marot, le troisième livre traduit par Aneau[59]. Dans l'illustration de ce livre Eskrich a imité les gravures de Salomon, comme nous l'avons vu, pour les deux premiers livres, mais l'illustration du troisième livre lui appartient en propre, puisque Tournes continuait à publier seulement les deux premiers livres traduits par Marot et illustrés par Salomon. Ce joli petit livre de Roville a attiré l'attention des amateurs et chercheurs, surtout Amielle et Moisan. Dans le passé on en parlait comme si tout l'honneur de l'antériorité de l'illustration des trois livres, et non seulement la responsabilité pour le troisième, revenait à Eskrich (ce qui impliquerait en outre que la *Metamorphose* de 1557 fût nettement moins originale si elle imitait, de façon conséquente, des bois dessinés par un autre). Tout le monde ne s'est pas rendu compte que c'était Salomon qui en 1549 y avait mis la main le premier[60]. Néanmoins Roville y montra une certaine indépendance

---

[57] Voir Saunders, *The Sixteenth-Century Blason Poétique*, p. 175, *The Sixteenth-Century French Emblem Book*, pp. 67-68.

[58] *Ibid.*, et « The influence of Ovid on a sixteenth-century emblem book... ».

[59] Baudrier, t. X, pp. 236-237 et p. 252; Amielle, *op. cit.*, pp. 137-197; Biot, *Barthélemy Aneau*, pp. 276-283; *Trois premiers livres de la Metamorphose d'Ovide*, édités par Jean-Claude Moisan.

[60] Brun, dans son édition en fac-similé de la *Metamorphose d'Ovide figuree* en 1933, mentionne certes l'édition de Marot publiée par Tournes, mais donne à penser que c'était Roville et Bonhomme qui avaient la priorité; Henkel parle de l'édition d'Eskrich (1556) comme si ce dernier était le dessinateur original des trois livres d'Ovide et donc il attribue par moments à Eskrich la conception dans les trois premiers livres, bien que ce soit seulement dans le troisième qu'il a fait un travail original. En réalité, en 1556, Eskrich imite les bois publiés par Salomon en 1549, à l'exception de ceux du troisième livre. Françoise Bardon aussi donne à entendre qu'en 1557 Tournes « cherche à concurrencer » le livre de 1556 de Bonhomme et

d'esprit et avec Eskrich il contribua de façon non négligeable à l'évolution de l'illustration d'Ovide. Les travaux de Salomon pour l'illustration intégrale d'Ovide devaient être bien avancés sinon presque achevés au moment où ce livre est paru, et on peut être certain qu'il l'a eu entre les mains. Cette activité de Roville eut d'ailleurs une influence plus générale sur les plans de Tournes, car elle le poussa à avancer ses préparatifs et à faire paraître son Ovide plus rapidement qu'il ne l'avait prévu.

Egalement en 1556 Tournes publia un tout autre livre d'Ovide, en collaboration avec Guillaume Gazeau, *Les XXI epistres d'Ovide*, qui contient une petite série de gravures de Salomon, déjà publiée, mais augmentée d'autres qui sont plutôt le travail d'un disciple. Cette édition, qui contient la traduction de Charles Fontaine pour les dix premières épîtres et celles d'Octavien de Saint-Gelais et de Saint-Romat, revues par Charles Fontaine, pour les autres[61], témoigne de nouveau de la popularité d'Ovide à l'époque. Il s'agit en chaque cas du «portrait», comportant toute une scène narrative, de l'auteur de la lettre.

En 1557 Salomon fit paraître sa célèbre *Metamorphose d'Ovide figuree* ornée de 178 gravures disposées au rythme d'une seule par page, chacune surmontée d'un titre, et accompagnée d'un huitain anonyme, mais que l'on a attribué à Barthélemy Aneau[62]. Le tout est entouré d'un encadrement magnifique, soit historié soit en arabesques, qui est aussi attribuable à Salomon, lequel serait donc responsable de toute la conception artistique et de la mise-en-page.

L'année même de la publication de la *Metamorphose* parut également à Lyon une version flamande en huitains de Guillaume Borluyt sous le titre *Excellente figueren ghesneden vuyten uppersten Poëte Ovidius vuyt vyfthien boucken der veranderinghe met huerlier bedietsele*, in-octavo; l'illustration comportait les mêmes 178 gravures. Cette version flamande parut sans doute exactement au même moment que l'édition originale en français puisque la préface est datée du 3 septembre 1557 tandis que celle de l'édition en français date du 20 août. On y retrouve les mêmes encadrements en arabesques et grotesques mais disposés dans un ordre différent, ce qui fait que l'allure générale de la page, tout en étant très proche de celle de l'édition française, ne lui est jamais identique, et cette variété rend encore plus intéressantes les différentes éditions de ces bois de Salomon. Une troisième édition, plus importante que la flamande, vit le jour deux

Roville, apparemment sans se rendre compte que c'était Roville qui avait suivi l'initiative de Tournes (dans «Les *Métamorphoses* d'Ovide et l'expression emblématique», pp. 80-81); voir aussi Grangette, *op. cit.*, pp. 134-135, et Maria Teresa Caracciolo, «Les *Métamorphoses* d'Ovide publiées à Lyon au XVIᵉ siècle», p. 42.

61 Trautner, «Ovidausgaben von Jean I. und Jean II. de Tournes», p. 148; Mortimer, nº 402.

62 Picot, dans le *Catalogue Rothschild*, l'attribue à Jean de Vauzelles (traducteur des *Simulachres et historiees faces de la mort* de 1538), et d'autres à Charles Fontaine. Brun l'attribue à Barthélemy Aneau «qui venait de traduire pour Roville le tiers livre des *Métamorphoses* – à cause de l'analogie de style avec les vers qui accompagnent son *Imagination poétique* de 1552», *Metamorphose d'Ovide figuree*, 1933, voir aussi Brun, 1969, p. 111. Amielle dit que les huitains sont généralement attribués à Aneau (p. 21), et Moisan donne son appui à cette attribution (*éd. cit.*, p. lxvi); Françoise Bardon de même, *art. cit.*, p. 88.

ans plus tard, en 1559, *La Vita et Metamorfoseo d'Ovidio, figurato & abbreviato in forma d'Epigrammi da M. Gabriello Symeoni*, in-octavo. Ce livre contient neuf gravures nouvelles pour les *Métamorphoses* (mais six bois ont disparu et deux bois ont été remplacés)[63]. Une deuxième édition française parut en 1564, identique à la première sauf que la production matérielle en est plutôt médiocre, et une troisième en 1583, suivie d'une nouvelle édition italienne en 1584. Il faudrait aussi signaler la traduction intégrale en prose qui parut en 1582, chez Jean II de Tournes, et fut rééditée en 1597 et 1609: *Olympe, ou Metamorphose d'Ovide. Traduction nouvelle, conferee avec le Latin, et enrichie de plusieurs figures. Avec une belle description du Chaos par le S. du Bartas.*

Après cette vue d'ensemble de l'histoire de ces publications, à savoir des traductions en prose et de l'édition en huitains, nous pouvons revenir au problème de l'intention de Tournes. Ni les préfaces des traductions de Marot, ni celles des différentes versions des *Métamorphoses* à leur première parution, ne nous apprennent grand-chose là-dessus, et il faut attendre la publication en 1582 de la traduction intégrale pour trouver des renseignements sur la conception ou la fabrication du livre et de ses figures. Cette préface, de Jean II de Tournes, est effectivement très révélatrice et pourtant difficile d'interprétation:

> I.D.T.A.L.T. Son singulier ami S. Je chan[g]eray donc de propos, et vous diray pourquoy j'ay si long temps attendu à l'imprimer. Il y a environ trente ans que feu mon pere en fit pourtraire les figures par le plus excellent ouvrier qui fust en France. Comme la taille en estoit bien avancee, il pria un nostre ami, et qui n'avoit jamais faict traict de plume que pour nous, de mettre le livre en nostre langue: ce qu'il accepta, et eust accompli si la mort ne l'eust prevenu. Mon pere lors, voyant que son premier desseing estoit eslongué, en faveur des peinctres, et autres qui se servent ou prennent plaisir à la poesie, fist voir ces figures au public avec des huictains au dessous comprenans succintement le sommaire de l'histoire. Il fut esbahi au bout de quelque temps qu'il recongnut qu'on luy avoit contrefaict et poché ses figures. Mais tant s'en faut qu'il s'en voulust ressentir, que, mesmes il delaya de vouloir imprimer le livre, voulant attendre que l'impression des autres fust vendue. Tost apres Dieu le retira hors de ce monde. Ainsi ce povre livre fust deux ou trois fois accusé lors qu'il pensoit estre mis en lumiere. Les jours passés, tant pour ne laisser point mes figures oisives, que aussi pour complaire à plusieurs de mes amis, qui ne se consentoyent point des premiers traductions, je le fis mettre derechef en nostre langue, et maintenant je l'ay imprimé, et vous en ay adressé l'édition. Je m'asseure que vous la recevrez comme l'on a accoustumé de recevoir les dons des amis. Je prie Dieu qu'il luy plaise vouloir mettre une fin aux estranges metamorphoses, legeretés et inconstances que nous avons veue avoir par tant d'années la vogue, et vous doint, et à toute votre famille, en santé et longue vie l'heur et le contentement que je vous desire. De Lyon ce 19. May 1582[64].

---

[63] Cartier, n° 446, Mortimer, n° 405, pp. 506-507, Amielle, pp. 201-207.

[64] *Olympe, ou Metamorphose d'Ovide. Traduction nouvelle, conferee avec le Latin, et enrichie de plusieurs figures. Avec une belle description du Chaos par le S. du Bartas.* M.D.XCVII. Par Jean de Tournes, f. o//3rᵒ-vᵒ (Cartier, n° 698).

La lecture de cette préface nous apprend plusieurs choses sur l'histoire de cette publication : Tournes avait eu l'intention de publier une traduction intégrale d'Ovide ornée des bois de Salomon pour remplacer la traduction partielle de Marot, et il avait engagé son illustrateur avant d'avoir trouvé un traducteur ; il n'avait pas prévu de publier l'Ovide figuré mais y est venu seulement après l'échec de son projet afin d'utiliser les bois de Salomon. Dans un second temps, apprenant l'existence d'une édition pirate, il a reporté la publication de la traduction intégrale. Cela soulève deux questions importantes. D'abord, qui était le premier traducteur à qui Tournes avait fait appel ? L'on sait que c'était un ami de la maison, un humaniste érudit, et qui publiait exclusivement chez les Tournes. Curieusement dans la *Bibliographie* ni Audin ni Cartier ne cherche à l'identifier. Cependant, bien que personne n'en parle plus, Cartier avait déjà étudié la question pour conclure, avec des arguments entièrement convaincants, que le traducteur était Antoine Du Moulin. Celui-ci en effet a travaillé uniquement chez Jean de Tournes entre 1544 et 1551, l'année de sa mort, l'aidant dans le choix de livres à publier, et dans la rédaction, et entreprenant plusieurs fois lui-même la traduction de textes grecs et latins (par exemple, Épictète, Plutarque, et la *Chiromance* de Jean de Hayn). Du Moulin était de plus un homme savant et cultivé et un ami intime de Tournes, chez qui, semble-t-il, il habitait[65]. Ensuite, qui était l'éditeur de la contrefaçon ? Jusqu'ici on l'a cherché du côté français, mais sans succès, puisqu'on ne connaît pas de contrefaçon qui soit parue en France entre 1557 et 1564, date de la mort de Jean I de Tournes. Duplessis avait suggéré les *Metamorphoses Ovidii* de Marnef et Cavellat, parues en 1570, ce qui est trop tard (c'est même le cas de l'édition française de 1566), et Audin proposait les *Trois premiers livres de la Métamorphose d'Ovide*, illustrés par Eskrich et publiés par Roville et Macé Bonhomme en 1556, ce qui est trop tôt (comme il l'avoue lui-même)[66]. Mais si on se met à rechercher au-delà des frontières de la France, il devient vite évident que Tournes fils parle de l'édition des *Metamorphoses Ovidii* de Virgile Solis, livre publié à Francfort-sur-le-Main en 1563 qui imite les gravures de Salomon de très près, et qui est paru peu avant la mort de Jean Ier de Tournes[67].

Lorsque l'on essaie de situer Salomon dans la tradition des illustrations d'Ovide et d'étudier les sources de son inspiration dans les éditions dont il a pu se servir en préparant son œuvre, on voit s'ouvrir un vaste champ. Une première liste des Ovide illustrés fut dressée il y a plus d'un siècle par Georges

---

[65]   Alfred Cartier et Adolphe Chenevière, « Antoine Du Moulin, Valet de Chambre de la Reine de Navarre ».

[66]   Duplessis, n° 525, Audin, dans Cartier, p. 105, n. 25. Brunet, suivi par Duplessis, signale une édition publiée chez Marnef et Cavellat en 1566 (Brunet, t. IV, col. 276, Duplessis, n° 108) ; il s'agirait de l'exemplaire perdu de la Bibliothèque de l'Arsenal, voir Isabelle Pantin, *Imprimeurs et libraires parisiens du XVIe siècle*, n° 230. Un exemplaire en français de ce livre rarissime vient de refaire surface (voir le catalogue 1362 de Maggs Bros, Londres, 2004). C'est sans doute la même édition que donne Firmin-Didot sous la date (impossible) de 1556, *ET*, col. 240.

[67]   Voir *infra*, pp. 186-187.

Duplessis, et, depuis, d'autres érudits, comme Henkel, Lamarque, Moss, et Amielle, ont perfectionné son travail[68]. Il est peu probable que Salomon se soit beaucoup inspiré d'éditions datant du tout début de l'imprimerie, presque un siècle avant son temps, d'abord à cause de leur rareté à l'époque où il travaillait (il serait par ailleurs très instructif de savoir quelles connaissances avaient les hommes et les femmes des années 1550 de ces premiers incunables et l'utilisation qu'ils en faisaient), ensuite parce qu'il existait des livres plus récents et plus accessibles qui avaient subi l'influence et continué la tradition des livres plus anciens, et enfin parce que le style et l'art de ces derniers étaient trop ceux d'une ère révolue pour inspirer les nouveaux artistes. Il est utile cependant de mentionner l'existence de quelques éditions anciennes parues surtout à Paris et à Lyon pendant sa jeunesse parce qu'elles le touchèrent peut-être de plus près et jouèrent un rôle au moins indirect dans son développement.

Il faut commencer par l'édition de l'*Ovide moralisé* attribuée à Thomas Wallis (ou Walleys), publiée à Bruges par Colard Mansion en 1484, le premier Ovide illustré. Ensuite *La Bible des poetes, methamorphoze*, publiée en 1493 par Antoine Vérard, contient quinze grandes planches introduisant chacun des livres d'Ovide, et d'autres plus petites représentant les divinités[69], gravures imitées de celles de 1484 et reproduites par Vérard en 1498 dans une traduction de Boccace. Ces livres continuent une longue tradition manuscrite de la présentation et de l'illustration d'Ovide, comme le fait une édition publiée à Venise en 1497 (et réimprimée en 1501) par Zoane Rosso pour Lucantonio Giunta, *Ovidio metamorphoseos vulgare*, qui contient cinquante-trois planches. Il existe un autre livre, publié à Lyon en 1510, que Salomon a pu connaître: il s'agit de *P. Ovidii Nasonis Metamorphoseos libri moralizati cum pulcherrimis fabularum principalium figuris*, publié par Claude Davost pour Stéphane Gueynard avec un commentaire «tropologique» par Pierre Lavigne. Ces seize bois sont des copies réduites par Guillaume Le Roy de bois italiens provenant de l'édition vénitienne de 1497 ou de celle, enrichie de six planches, publiée à Parme en 1505. Philippe Lenoir a continué la tradition en publiant à Paris en 1531 *La Bible des poetes, métamorphoze*.

Si Salomon fut influencé par quelques détails de composition dans ces éditions anciennes d'Ovide parues entre 1484 et 1523, cette influence n'est sûrement pas très grande. L'on remarquera à première vue quelques affinités générales entre les gravures de 1497 et 1505 et celles de Salomon: la scène de la création (page de titre, avec une répétition, f. 1r°) contient les mêmes éléments que les deux scènes de la création chez Salomon (dans la Bible et dans la *Metamorphose*) avec Dieu le créateur au centre entouré du soleil, de la lune, des étoiles, des vents (éléments traduits chez Salomon par des nuages et des traits horizontaux), des plantes, des animaux et des poissons, mais tout cela est

[68] Voir Henkel, *art. cit.*, surtout pp. 72-82; Amielle, *passim*, et surtout pp. 235-240; voir aussi Bardon, *art. cit.*

[69] Voir Amielle, p. 14 et p. 36 n.10 pour les éditions de l'*Ovidius moralizatus*; voir aussi Duplessis, n° 7, et Mary Beth Winn, *Anthoine Vérard, Parisian Publisher 1485-1512*.

imposé par une longue tradition iconographique (la seule ressemblance de détail se réduit à un oiseau placé à droite de l'image); l'image de *Phaéton dans le palais du Soleil* (f. 31v°) n'est pas sans analogie avec celle qu'a dessinée Salomon, le fils agenouillé se trouvant à peu près dans la même position (fig. 214).

On peut détecter quelques autres ressemblances entre l'édition de 1497 et le travail de Salomon (à moins que cela ne soit filtré par quelque édition intermédiaire, ce qui est très probable), par exemple dans la planche représentant Apollon qui poursuit Daphné (voir la façon dont il pose la main gauche sur elle); la gravure de Salomon (fig. 211) simplifie la scène, qui, en 1497 s'étalait sur trois images, ou bien dans la charrue tirée par des bœufs dans *L'aage d'Argent* (fig. 209) (bien que l'illustration de 1497 soit composite et contienne en plus *La creacion de l'Homme* et *L'aage de Fer*, f. a2r°, f. a4v°), et *Mercure espris de la belle Hersé* (f. 102v°, f. c3r°)[70]. Il y a d'autres éléments que l'on peut retrouver maintes fois ailleurs, dans des contextes ovidiens et non-ovidiens, et il n'est guère besoin de les regarder de plus près. On peut donc conclure que Salomon connaissait ces éditions, mais à quelques exceptions près il n'en garda en mémoire que des échos un peu banals et sans portée réelle sur son art. On ne peut guère non plus parler d'une influence dans le choix de sujets à illustrer puisqu'il y en a ici relativement peu. Plus proche de lui peut-être est une édition vénitienne, *P. Ovidii Metamorphosis cum luculentissimis Raphaelis Regii enarrationibus apud Benacum*, publiée par Alessandro de' Paganini en 1526, une nouvelle édition de celle de Tacuino de 1513; il contient pourtant beaucoup de scènes qui ne figurent pas dans l'édition de Tournes, et Salomon en inclut bien d'autres qui ne figurent pas ici. En outre, la composition et le style sont tout à fait différents de ceux de notre illustrateur. Cependant l'abondance de l'illustration et quelques détails annoncent son travail[71].

Mais, comme dans le cas de son illustration biblique, il existe une source plus évidente et plus proche de lui, une publication de la maison Janot. A la fin du premier tiers du seizième siècle en France, les *Métamorphoses* étaient surtout connues sous le titre du *Grand Olympe*[72]. Ce livre, constituant un remaniement de la *Bible des Poètes*, publiée par Antoine Vérard, en 1493, parut d'abord à Lyon chez Denis de Harsy en 1532, pour Romain Morin, sous le titre *Le grand Olympe des histoires poëtiques du prince de poësie Ovide Naso en sa Metamorphose*, avec des illustrations dont certaines sont tout à fait gothiques. Il y a en tout 183 vignettes (dont beaucoup répétées et vingt seulement se référant aux *Métamorphoses*); Amielle en donne la description, la classification et les sources. Salomon lui a fait peut-être quelques emprunts, par exemple pour *Le combat d'Acheloüs*,

---

[70]   Voir aussi Amielle, p. 237.

[71]   La tradition qu'incarne cette édition dont nous venons de parler se perpétue, par exemple, dans *Metamorphoseos libri XV,* Venise, «per Bernadinum de Bindonibus» en 1540, et dans *Metamorphoseon Pub. Ovidii Nasonis Sulmonensis Libri xv,* Venetiis apud Hieronymum Scotum, 1553. Voir Mortimer, *Italian Sixteenth-Century Books,* n° 340.

[72]   Voir Duplessis, et Moss, *passim*; Amielle consacre un long chapitre à l'étude de trois éditions du *Grand Olympe*, celles de 1532, 1539, 1570, pp. 78 à 135.

mais on ne peut pas encore parler d'une grande influence sur lui[73]. Cette influence directe ne s'exerce que sept ans plus tard avec la publication en 1539 par Janot d'une édition importante du *Grand Olympe, Les xv. livres de la Metamorphose D'Ovide*. Ce livre renferme 258 gravures sur bois, dont presque la moitié sont répétées et trente-six seulement illustrent directement le texte d'Ovide; elles sont de plusieurs mains différentes[74]. Salomon fit une plus grande utilisation de ce recueil de Janot que de tous ses prédécesseurs. Etienne Groulleau, le successeur de Janot, en publia une édition en 1554, et il est possible que ce soit cette édition dont Salomon s'est servi en préparant l'édition de 1557[75]. On sait pourtant que déjà en 1549, ou avant, lorsqu'il préparait ses illustrations pour la traduction par Marot des deux premiers livres, il connaissait non seulement l'édition de 1539 mais aussi l'édition partielle de 1538 qui contenait trente-trois bois dont quatorze sujets reparaissent chez Salomon; néanmoins, dans l'ensemble, il lui a fait peu d'emprunts. Le livre de Janot a sans doute été en partie à l'origine du choix de sujets à illustrer. Certains sujets traditionnels traités par les illustrateurs de Janot ne paraissent pas chez Salomon, notamment toute une série sur Hector et Achille; et il retient des sujets qui ne figurent pas dans le livre de son prédécesseur. Mais il reste néanmoins une grande affinité entre les deux livres à l'égard des sujets.

Sans vouloir en rien minimiser le nouveau départ que représente ce joli petit livre de Janot, on peut admettre que cette sélection ne faisait que répéter ou prolonger et augmenter l'ancienne tradition iconographique qui allait toujours en s'enrichissant; et Salomon, lui aussi, en le suivant, a aidé à la transmettre. Cependant la comparaison entre ce livre et celui que publia Tournes montre nettement la supériorité de Salomon. En dehors du choix des sujets, et de quelques emprunts directs, Salomon doit peu aux illustrateurs de chez Janot. La première chose que l'on remarquera en faisant cette comparaison c'est que Salomon supprime la répétition si chère aux graveurs du quinzième siècle et du début du seizième qui visaient une économie de travail et d'argent par ce double et même multiple emploi de bois, et qui en plus avaient une théorie de l'illustration plus fondée sur le symbolisme et l'universalité que sur le réalisme. De tous les dessinateurs qui avaient travaillé chez Janot, Salomon s'inspira, comme il fallait s'y attendre, d'un artiste dont le style est plus gagné à l'esprit de la Renaissance; il l'imita non seulement du point de vue esthétique, mais aussi en choisissant de lui emprunter la composition des gravures pour lesquelles il ressentait une sympathie artistique. En ce qui concerne des emprunts directs Amielle conseille la prudence puisqu'il peut toujours s'agir d'une source commune. Cependant elle signale plusieurs exemples, souvent inversés[76].

---

[73] Amielle, p. 17, p. 101.

[74] Rawles, n° 105, et t. I, pp. 29-30; Amielle, p. 18, pp. 118-129; Mortimer, n° 399.

[75] Ce livre contient le même nombre de gravures qu'en 1539 mais elles ne sont pas identiques. Pour d'autres éditions du *Grand Olympe*, voir Duplessis, pp. 65-73.

[76] Amielle, pp. 126-128.

Quant au format et à la structure du livre, s'il est vrai que Tournes n'avait pas de modèle à suivre pour la *Metamorphose* (comme il en avait pour l'Esope, par exemple) Tournes a pu être influencé par les *L'Amour de Cupido et de Psiché*, publié en 1546 par Jeanne de Marnef[77].

Irving Lavin a été le premier à remarquer une erreur qui fournit une autre preuve conclusive que Salomon connaissait le *Grand Olympe* (mais pas forcément cette édition): dans son illustration de l'histoire de *Céphale et Procris* il répète une erreur d'interprétation qui vient de cette version française, où les chiens sont transformés en arbres et non pas en statues (marbres) comme le voulait Ovide (fig. 223)[78]. Cette erreur paraît à la fois dans le texte du *Grand Olympe*, et dans les gravures, mais il est probable que Salomon lisait le texte en même temps qu'il regardait les gravures. En outre, en quelques autres endroits on peut discerner la présence du *Grand Olympe*, que ce soit un écho du texte ou bien de l'illustration (sans pour autant pouvoir identifier l'édition dont il s'agit). Un exemple frappant est fourni par le dessin pour *L'Ericthone dens la corbeille* où le texte d'Ovide (2, vv. 560-561), raconte que lorsqu'Aglauros défait les nœuds du panier pour l'ouvrir, elle trouve l'enfant avec un serpent. Salomon par contre a dessiné une créature mi-enfant, mi-serpent; or le texte du *Grand Olympe* (il n'y a pas d'image) dit justement que quand Pallas refuse les avances amoureuses de Vulcain

> Si s'espandit son germe, dont s'engendra en la terre ung filz nommé Erichthonius, qui avoit corps d'homme et pied de serpent. Cestuy enfant mist en une boyte ma dame Pallas, et le bailla à garder en Athenes auz troys filles du Roy Cecrops.

L'erreur s'explique par le fait qu'Ovide décrit Cécrops lui-même comme étant «mi-humain, mi-serpent»[79].

Steadman signale une image où Salomon est tributaire de la tradition de l'Ovide moralisé: la représentation de Persée sur Pégase (fig. 221) qui viendrait d'une contamination avec Bellérophon dans le texte (mais non pas dans l'illustration) de la tradition populaire (voir 1539, f. 71r°, f. I7r°). Amielle en ajoute d'autres: l'histoire des sirènes (la présence du bateau), et celle de la naissance de l'aconit (deux guerriers contre Cerbère par contamination avec Thésée et Pirithoüs (2, f. 31r°, f. DD7r°; f2v°))[80]. On pourrait ajouter en plus que la scène où l'on voit *Euridice morse du Serpent* (f. h5r°) ne se trouve pas chez Ovide mais vient du *Grand Olympe*:

---

[77] BnF Rés Ye 95; Saunders, «The sixteenth-century French emblem book: writers and printers», p. 184; nous pouvons affirmer en plus que Salomon a connu ce livre. Voir p. 90.

[78] Irving Lavin, «Cephalus and Procris: transformations of an Ovidian myth»; voir Amielle, p. 237. Ce sujet a été beaucoup interprété à l'époque, par exemple dans une gravure célèbre de Giorgio Ghisi d'après Jules Romain.

[79] * 1539 f. 29v°, f. D5v°. Amielle, p. 238; *Métamorphoses*, 2, 555.

[80] «Perseus upon Pegasus and *Ovid moralized*», pp. 407-410; Amielle, p. 239; voir aussi ce que nous disons sur Persée et Pégase et les commentaires de R.W. Lee, *infra*, p. 192.

Au printemps s'en alloit l'espouse nouvelle, esbatant ung jour nudz piedz en ung pré plein d'herbes verdoyans, et illec ung pasteur bel et gaillard nommé Aristeus veit la belle, laquelle il requist tantost de son amour, Mais icelle á luy ne se voulut accorder n'habandonner : pour priere ne requeste qu'il luy sceut faire, Car trop et de bon cueur aymoit son nouvel espoux Orpheus, ains pour de luy eschapper se mist á la fuite et celluy la suyvoit, mais ainsi que la belle Euridice fuyoit, elle marcha dessus un serpent venimeux, qui la mordit environ le talon dont elle mourut[81].

De façon plus négative, on peut dire que la représentation du temple profané par les amours d'Hippomène et Atalante dans *Hippomene en Lyon* (2, f. 95v°, f. i3v°) ne correspond pas du tout au texte détaillé d'Ovide mais s'inspire plutôt du récit sommaire du *Grand Olympe* : « Si trouverent en une lande le temple de Cybeles la déesse en un vert regret loing de la voye » (f. 100r°, f. NN4r°). Salomon a choisi d'omettre la forêt profonde et la grotte sombre cachée sous un rocher qui abritait des statues en bois des dieux anciens.

Notre artiste a donc bien connu et les images et le texte du *Grand Olympe* et les avait sous les yeux en travaillant, mais ce n'était pas sa seule inspiration. Il ajoute parfois des détails qui manquaient dans le *Grand Olympe*, ce qui prouve qu'il ne se servait pas uniquement de cette édition populaire, mais a dû avoir recours au texte d'Ovide dans une autre version, peut-être latine, ou bien la traduction de Marot : par exemple, dans *Fin du Deluge* (f. a7v°), le détail donné par Ovide du Triton qui souffle sur sa conque pour faire signe aux rivières de se retirer, ne se trouve pas dans le *Grand Olympe*.

Salomon connaissait certainement l'édition des *Trois premiers livres* publiée par Roville en 1556. Dans les deux premiers livres il ne semble pas avoir subi l'influence d'Eskrich en ce qui concerne les sujets que ce dernier avait ajoutés à ceux que Salomon avait traités en 1549, mais dans le troisième livre il lui fait quelques emprunts directs, par exemple, son bois pour *Cadme occit le serpent* porte une ressemblance nette de composition avec celle d'Eskrich (f. c5 v°; p.191), comme le fait son *Narcisse épris de sa propre beauté* (f. c8 r°; p. 233). Il y a par ailleurs d'autres gravures où Salomon semble s'être inspiré des bois d'Eskrich : dans la gravure qui représente la naissance de Bacchus, Eskrich montre l'enfant en train de naître de la cuisse de Jupiter, tandis que Salomon figure à la fois Sémélé et Jupiter, mais chez Eskrich Sémélé a la même pose que Jupiter et Salomon semble y faire référence ; et pour *Les Mariniers de Bacchus* il y a assez de ressemblances dans la composition pour dire que Salomon a connu le travail d'Eskrich, à moins qu'ils n'aient eu tous les deux une source commune[82].

Il y a un autre livre qui est souvent cité comme source de l'illustration de la *Metamorphose* de Salomon, l'*Hypnerotomachie* de Francesco Colonna[83]. Les deux livres sont apparentés par leur côté humaniste et leur riche sensualité, mais

---

[81] 1539 f. 82v°, f. LL2v°; f. 83 r°, f. LL3v°.

[82] *Trois premiers livres*, p. 221 et p. 258

[83] Par exemple, par D. Stone, « La *Métamorphose figurée* de Bernard Salomon : quelques sources ».

une comparaison plus approfondie ne suggère pas que Salomon ait pris grand-chose pour son Ovide chez son devancier. Certaines transformations en arbres sont assez proches, et on trouve les mêmes éléments architecturaux (arcs, temples) mais sans que l'on puisse vraiment parler de parallèles. Dans l'image d'*Europe ravie* (f. 13v°, f. c4 v°, p. 184, figs 145 et 217) il y a des ressemblances certaines, dans la composition et le choix d'éléments : (le taureau dans l'eau avec Europe, un groupe de deux jeunes filles) et dans le dessin du paysage (les deux collines du fond avec une ville ou forteresse), mais il y a des différences surtout dans la pose et les gestes d'Europe, et la présence chez Salomon de deux vaches plutôt qu'une seule vache tenue par une jeune fille. Dans la représentation de Pomone et de Vertumne la tonnelle est similaire dans les deux cas. Peu de choses donc en fin de compte[84].

C'est dans *La Metamorphose d'Ovide figuree* que Salomon s'est imprégné le plus de l'art bellifontain, mais les rapports directs avec les fresques ou les estampes manquent. Il est curieux que là où un sujet ovidien a retenu l'attention des aquafortistes de Fontainebleau, par exemple les filles de Minyas, ou Meléagre et le sanglier, Salomon a rarement cherché à les imiter. On peut voir pourtant une réminiscence (peut-être par l'intermédiaire d'une gravure inconnue) d'une composition de Primatice, *Les Cyclopes dans la forge de Vulcain*[85]; la figure centrale de Vulcain qui lève son marteau de la main droite devant une grande niche dans le mur du fond, correspond à la gravure de Salomon *Tetis et Vulcan* (f. k6 v°) où on voit le forgeron devant une fenêtre arrondie faisant le même geste (mais de la main gauche à cause de l'inversion du dessin).

Donald Stone a signalé, comme source d'*Acteon mué en cerf* (c6v°, fig. 218), une gravure de Jean Mignon (vers 1545) d'après un dessin de Luca Penni. Ce rapprochement est exact : la position d'Actéon, déjà transformé en cerf, mais debout et se tenant comme un être humain, par rapport à Diane et ses servantes, la présence d'une fontaine en pierre ou marbre qui sert de baignoire (absente du texte), le groupement des femmes dans la baignoire, surtout la giclée d'eau lancée par Diane, et même le masque d'où sort l'eau sur le côté de la fontaine[86]. Pourtant il n'est pas impossible que ce soit le bois d'Eskrich dans *Les trois premiers livres* de 1556 (p. 203) qui lui ait donné l'idée d'inclure les deux chiens qui suivent Actéon de près et s'étonnent au changement qui a lieu, encore que cet élément fût assez banal. Il faudrait aussi signaler l'évolution continue dans la tradition iconographique : tous ces éléments étaient déjà présents dans la gravure de l'édition de Janot : Actéon debout, avec une tête de cerf, une fontaine en pierre, les chiens (f. 42 r°), et on peut suggérer même que chez Janot la pose

---

84   *Metamorphose*, n°s 168 et 34, *Hypnerotomachie*, f. 54r° et f. 49v°.

85   *L'Ecole de Fontainebleau. Exposition au Grand Palais*, n° 150, p. 141.

86   Stone, *op. cit.*; Zerner, n° 60; cf also Zerner, *L'Art de la Renaissance en France*, p. 143 et *Italian Artists of the Sixteenth-Century. School of Fontainebleau*, t. II, gravure anonyme d'après Penni, p. 348; Grunwald, *La gravure française de la Renaissance*, n° 62; Marot et Aneau, *Les trois premiers livres*, p. 20.

d'Actéon vient d'une gravure bien antérieure, par exemple, celle de Giovanni Battista Palumba[87].

Toujours à la recherche des sources de Salomon il est nécessaire d'examiner l'édition italienne d'Ovide publiée à Venise en 1553 par Gabriele Giolito de' Ferrari et ses frères, sous deux formes différentes, et rééditée en 1555 et 1557 : *Le Trasformationi di M. Lodovico Dolce*[88]. Il est possible que l'éditeur ou l'illustrateur ait connu le Marot que Tournes avait publié en 1549, comme certains le suggèrent, mais les preuves manquent ; il est vrai que la plupart des sujets traités par l'illustrateur de Giolito dans les deux premiers livres figuraient déjà dans le Marot, mais cela peut être fortuit. Pourtant la beauté, l'élégance et la réussite évidente de l'édition vénitienne durent confirmer et encourager Tournes dans son projet de compléter son Ovide comme il avait toujours cherché à le faire. Et il n'est pas exclu qu'il y ait eu une autre influence indirecte par l'intermédiaire de Roville qui connaissait personnellement cette famille d'éditeurs et avait travaillé pour eux et avec eux. Il est clair que Giolito était au courant de tout l'intérêt que suscitait Ovide dans la France contemporaine et des projets de publication qui étaient en l'air. Son livre se voit munir de deux préfaces qui concernent la France. D'abord, il s'adresse à Antoine Perrenot de Granvelle, évêque d'Arras et ensuite cardinal et archevêque de Malines, en disant que celui qui voudrait regarder attentivement trouverait quelles étaient les intentions des premiers inventeurs des récits mythologiques et saurait que « sotto la scorza di tali piacevoli fingimenti contenersi tutto il sugo della morale e divina Filosofia.»[89] Ensuite, parmi d'autres privilèges (papal, impérial, ducal) il y en a un pour six ans d'Henri II de France qui raconte que Giolito aurait bien voulu imprimer ce livre ainsi que les *Dialoghi d'honore* de Giovanni Battista Possevino,

> Mais il doubte que apres qu'il aura faict les fraiz et employé grand somme de deniers pour la correction papier et impression desdicts livres, et pour les figures qu'il conviendra faire tailler, Autres libraires ou Imprimeurs de nostre Royaume, les voulsissent semblablement Imprimer, ou faire Imprimer, vendre, et distribuer sur ses copies et corrections. Et parce moien le frustrer de ses merites, labeurs, fraiz, et despenses, s'il ne luy estoit par nous pourveu de nostre grace et remede convenable, humblement requerant icelle. Pourquoy nous ces choses considerees, desirans que tous bons livres viennent en evidence et lumiere, pour l'augmentacion, illustracion, et decoracion des bonnes lettres. Et affin quelles soient plus facillement et certainement entendues par ceulx qui les ayment et rechiercent ; pour donner aussi moien audict Iollitto de recovrer le merite et loyer de son labeur, fraiz, et impenses[90].

---

[87] Reproduite dans Cunnally, *Images of the Illustrious*, p. 70.

[88] Mortimer, n° 342.

[89] Edition de 1558, f. *2v°.

[90] Le texte est celui de la cinquième édition corrigée, *Le Transformationi di M. Lodovico Dolce*, publiée à Venise par Giolito de' Ferrari en 1558 ; Mortimer, *Italian Sixteenth-Century Books*, n° 342.

Stylistiquement le livre de Giolito se situe bien loin de l'édition lyonnaise. Les troncs d'arbre sont massifs et les branches commencent très haut; les bâtiments ont une allure gothique, avec de temps en temps une flèche d'église du quinzième siècle; les paysages marins sont indiqués par des traits ondulants; les étangs se caractérisent par leurs bords profonds. Les deux artistes traitent de la même façon le fond de l'image avec une technique de perspective semblable, mais cela ne veut pas nécessairement dire que l'un d'entre eux ait influencé l'autre. En 1557 Salomon ne suit l'artiste italien ni dans le choix de sujets, qui est souvent très différent, ni dans la composition. Le livre de Giolito n'a pas encore le format emblématique de la *Metamorphose* de 1557, car les illustrations sont enchâssées dans le texte et s'étendent sur les deux colonnes de la page, ce qui fait penser plutôt à la bible latine que Tournes publia en 1554. Il s'agit donc d'une parenté et non pas d'une influence dans un sens ou dans l'autre, mais cela souligne l'immédiateté de la présence des *Métamorphoses* dans la sensibilité de l'époque.

En ce qui concerne *Les XXI epistres d'Ovide* (dont l'attribution à Salomon n'est pas certaine), il existe plusieurs éditions dont l'illustrateur aurait pu se servir; sans parler des éditions anciennes qui ne contenaient qu'une planche ou deux, il faut signaler l'édition de Jean Trepperel, 1505, celle qu'Olivier Arnoullet a imprimée pour Jean Besson, Lyon, 1522, celle qu'Antoine Blanchard a imprimée à Lyon pour Simon Vincent (1526) et qu'Estienne Maillet y a publiée en 1528, en copiant les bois, avec de légères variations; à Paris on peut signaler l'édition de Pierre Vidoue pour Galliot Du Pré (Paris, 1528). Dans ces éditions, il y avait normalement une illustration de dédicace au début de chaque épître, et Salomon a donc suivi une tradition bien établie. Mais tout ce qu'il a emprunté à cette tradition, c'est le principe de l'illustration et la définition du sujet. Une source beaucoup plus probable serait, comme d'habitude, l'édition procurée par Denis Janot en 1541[91]. Mortimer signale simplement que l'artiste de Tournes a choisi de ne pas suivre la division tripartite de chaque scène que l'on voit dans les éditions vénitiennes du début du siècle, à commencer par celle que fit paraître Giovanni Tacuino en 1501, tradition continuée au moins jusqu'à l'édition des *Amatoria* publiée à Paris en 1542 par Pierre Regnault[92]. D'autres éditions qui n'ont pas eu d'influence discernable sur cette œuvre, par exemple l'édition parisienne de Guillaume de Bossozel, avec 21 gravures (dont plusieurs répétées) d'un style archaïque, publiée en 1553, ou celle procurée par Jean Temporal en 1552, qui n'est pas illustrée, ont néanmoins contribué à la popularité de cet aspect de l'œuvre ovidien, et il est possible que Tournes leur ait pris l'idée de publier et d'illustrer ce livre.

Salomon et Tournes se sont beaucoup démenés pour l'illustration d'Ovide, que ce soit dans la traduction de Marot, ou dans la version poétique d'Aneau et les versions parallèles de Borluyt et de Simeoni, sans oublier *Les XXI epistres* et la traduction intégrale de 1582. Dans toutes ces éditions l'illustrateur s'est appa-

[91]   Rawles, n° 156, exemplaires à Munich et à Vienne.
[92]   Mortimer, n° 400.

remment fié en premier lieu à sa source habituelle, les livres illustrés de la maison Janot, mais il a compulsé de plus d'autres éditions du texte d'Ovide, enrichissant son illustration par la citation visuelle de plusieurs autres livres ou gravures, par exemple l'*Hypnerotomachie* et quelques estampes de Fontaine-bleau, pour créer une œuvre originale et personnelle.

III.

STYLE ET INFLUENCE

CHAPITRE VII

QUESTIONS DE STYLE

L'œuvre de Bernard Salomon lui est attribué en grande partie d'après des jugements d'ordre stylistique; il est maintenant temps de dégager les caractéristiques de ce style et de situer Salomon dans l'histoire artistique de son époque. Car il est bien de son époque, littéralement des années 1530 à 1560, qui en France ont vu naître, croître, s'épanouir et se transformer l'art de la première école de Fontainebleau, après l'arrivée de Rosso en 1530 et de Primatice en 1532. En peinture Jean Cousin peignait *Eva prima Pandora* (1540-1560) et les Clouet leur grande série de portraits; Philibert de l'Orme à Anet et Pierre Lescot au Louvre naturalisaient l'architecture italienne en France, et Jean Goujon, Jean Cousin et Germain Pilon en faisaient de même pour la sculpture.

C'était aussi, on s'en souviendra, l'âge d'or de la littérature lyonnaise: du *Pantagruel* du docteur François Rabelais, qui séjournait et travaillait dans la ville, aux autres livres de son grand roman, de la *Délie* de Maurice Scève, parue en 1544, à l'*Alector* de Barthélemy Aneau (1560) et au *Microcosme* de Scève (1562), en passant par les *Rimes* de Pernette du Guillet (1545) et les *Œuvres* de Louise Labé (1555). A Paris, et dans la Vallée de la Loire, c'était la belle époque de la Pléiade: les premiers poèmes de Ronsard et de Du Bellay virent le jour dans un recueil de poèmes de Jacques Peletier du Mans en 1547, et deux ans plus tard Du Bellay publia en son propre nom leur manifeste commun, *La Deffense et illustration de la langue françoise*. Les dix ans qui suivirent témoignent du renouvellement et de l'essor de la poésie française: la première poésie érotique de Ronsard (les poèmes à Cassandre, Marie, Sinope), ses *Odes*, ses *Hymnes* philosophiques et cosmiques et certains de ses *Discours* religieux et politiques; et de ces mêmes années date tout l'œuvre de Du Bellay, en allant de l'*Olive* et *La Deffense* de 1549 aux *Antiquitez* et *Regrets* de 1558. Dans le sillon du manifeste de Du Bellay parut un foisonnement de traités sur la théorie littéraire et culturelle, surtout ceux de Peletier et de Ronsard. Ce fut aussi le moment de la naissance du théâtre classique français avec la représentation de *Cléopatre captive* d'Etienne Jodelle (1552).

Salomon devait être sensible à toute cette activité artistique et intellectuelle, et même si les arts de poésie ne touchaient qu'indirectement à la théorie de l'art pictural (il est curieux de noter qu'il n'existe aucun traité de théorie artistique en France à l'époque à part les traités d'architecture), il a dû profiter pleinement de l'excitation soulevée par tout ce mouvement créateur et par le contact avec poètes, musiciens, architectes, peintres, érudits et éditeurs, dans les cénacles lyonnais. Les rapports précis entre art et littérature sont notoirement difficiles à déterminer, mais le contact personnel et le brassage d'idées entre artistes et gens de lettres, pour ne parler que d'eux, ont dû avoir un profond effet sur notre illustrateur. En l'absence d'œuvres théoriques sur l'art il y a peut-être beaucoup à apprendre dans les manifestes littéraires, au moins en ce qui concerne l'imitation, la vraisemblance, les rapports entre l'art et la nature, l'invention et la composition[1].

Pour essayer de cerner le problème du style de Salomon nous entamerons notre analyse par le choix du sujet. Ce dernier est certes en très grande partie dicté par la commande, par la nature du livre à illustrer : pour Salomon il s'agit surtout de sujets narratifs (scènes bibliques, mythologiques, fictives), de dessins scientifiques, de portraits, de sujets commémoratifs et emblématiques plus conceptuels, et d'encadrements décoratifs parfois historiés, parfois plus abstraits. Mais à l'intérieur de cette obligation, et des exigences iconographiques qu'elle lui impose, c'est lui qui choisit ou assume les scènes précises à inclure et les éléments de la composition. Nous commencerons donc par une description de ses préférences et parlerons d'abord des personnages humains ou divins, ensuite du cadre architectural où ils évoluent, et enfin du cadre naturel.

En ouvrant un livre illustré par Salomon, on est tout de suite frappé par les personnages qu'il met en scène, soit seuls, soit par petits groupes, soit en foule. Ses personnages sont bien vivants grâce à leurs poses et leurs gestes expressifs. Mais l'artiste ne recherche pas le réalisme anatomique : ici l'anatomie est délibérement faussée et les corps sont allongés et effilés, et souvent tordus. Cette torsion pourtant n'enlève rien à la précision et à la délicatesse des gestes. Les personnages de Salomon ont souvent une petite tête au profil droit surmontant un long cou ; le visage aussi est allongé et quelquefois expressif.

Les vêtements sont traités avec beaucoup d'attention : les robes des dieux et des déesses ainsi que des monarques et des nobles, qui sont tous, là où il le faut, vêtus à l'antique, reflètent la splendeur luxueuse des palais et des cours ; le détail de la parure (broderies, coiffure) surtout dans les portraits est bien sûr souvent de son époque. Les voiles des femmes, pris par le vent, s'arrondissent, et ajoutent au mouvement et à la légèreté[2]. (On dit parfois par ailleurs qu'il réussit moins le nu féminin.) Salomon se montra aussi capable de représenter ce qu'il connaissait bien, dépeignant les gens ordinaires, citadins ou paysans, habillés de façon plus sobre.

De splendides bâtiments fournissent le décor aux allées et venues de tous ces êtres : Salomon se plaît à dessiner palais, temples, et places publiques, ornés de

---

[1]   Grahame Castor, *Pléiade Poetics*, Cambridge, 1964 ; Kees Meerhoff, *Rhétorique et poétique en France au XVIᵉ siècle* ; Philip J. Ford, *Ronsard's Hymnes. A Literary and Iconographical Study* ; F. Goyet, (éd.), *Traités de poétique et de rhétorique de la Renaissance* ; Perrine Galand-Hallyn et Fernand Hallyn (éds), *Poétiques de la Renaissance*, 2001.

[2]   Cette caractéristique se retrouve ailleurs, par exemple dans les gravures du Maître F. P. (voir Zerner, *The Illustrated Bartsch*, t. XXXII. *Italian Artists of the Sixteenth Century. School of Fontainebleau*, nᵒˢ 21-23.

statues, pyramides et obélisques, souvent à l'état de ruines, tout comme dans les fresques, tapisseries et estampes de l'Ecole de Fontainebleau, et c'est là que se tiennent ces nobles personnages. Les autres, par contre, se déplacent dans un cadre architectural plus simple. Il ne dédaigne pas le monde contemporain et l'architecture «vernaculaire» lyonnaise : immeubles hauts de la ville et fermes et moulins de la campagne. Il aime bien aussi dessiner des groupes de gens et capte bien le mouvement et les interactions personnelles, et semble se plaire particulièrement à dessiner des scènes de foule, notamment des batailles, dont la Bible fournit plusieurs exemples[3]. Il a en outre un don pour la représentation des animaux, qu'il s'agisse des scènes de la création dans la Bible et dans la *Metamorphose*, des bêtes qui parlent dans les *Fables* d'Esope, dont le dessin est néanmoins réaliste, des symboles héraldiques des *Devises*, des fauves exotiques de la *Cosmographie* de Thevet ou des créatures mythiques ou légendaires que l'on trouve dans les *Prodiges* et ailleurs. L'observation de Salomon est presque toujours juste et son attention aux détails de la pose donne souvent à l'image une grande expressivité.

Il est en plus particulièrement doué pour l'évocation du paysage : montagnes et vallées reculées, plages maritimes et rives de fleuves ou de lacs, étendues d'eau où surgissent quelquefois des îlots, paraissent partout mais ne se répètent guère ; et le paysage implique souvent l'horizon qui le définit et le ciel qui le surplombe en lui donnant son ouverture et sa clarté, et dont la vastitude est soulignée par des nuages et des vols d'oiseaux. Un des motifs les plus frappants dans son œuvre c'est la présence d'arbres souvent aux troncs noueux et aux branches effilées qui pendent. C'est là un élément constitutif de bon nombre de ses paysages. Il faudrait aussi attirer l'attention sur l'utilisation de la pluie pour renforcer l'effet atmosphérique et comme élément de la composition, par exemple dans la scène du Déluge (*Genèse* 7, fig. 166), ou celle du coche sous la pluie dans la *Suyte des Marguerites* (p. 308, fig. 117)[4].

Maintenant que nous avons vu les sujets préférés de Salomon nous sommes en mesure d'examiner les caractéristiques principales de son style de représentation : la luminosité, la liquidité, l'effet spatial, le mouvement, l'expressivité, l'exquisité.

Salomon est un maître de la lumière. La vue de Lyon «si blonde de clarté» (fig. 125), pour reprendre la phrase des auteurs de l'*Art du livre en France*[5], en est un excellent exemple, et la gravure qui représente Phaéton devant Apollon

---

[3] Papillon, *op. cit.*, p. 211, distingue la gravure qui représente «Les Israëlites combattans les Amalécites [*Exode* 17] ; c'est une des plus belles, et que je conseille de bien examiner, d'autant que les batailles sont très-difficiles à traiter dans notre Gravure, et qu'on embrouille ordinairement les figures, ce qui n'est point dans cette Estampe». On peut penser aussi à *La Mort d'Abimélech* (*Juges* 9), à *Saul se tue* (1 *Rois* 31) ou à *Zambri et le siège de Thiersé* (3 *Rois* 16).

[4] Voir Henkel, p. 80, Golson, pp. 100-104, Mégret, p. 300. Brugerolles et Guillet, dans *Le Dessin en France au XVIᵉ siècle* (p. 226), disent que ces paysages sont «manifestement d'inspiration allemande».

[5] Calot, *et. al.*, *L'Art du livre en France*, p. 89.

(*Metamorphose*, f. b4v°, fig. 214) en est un autre. Parfois, c'est par la concentration sur ce qui est essentiel que Salomon arrive à créer cet effet de lumière, comme dans une gravure de *L'Asne d'or* (f. N7v°, p. 574). Mais il est tout aussi bien un maître de la représentation de l'obscurité. Il suffit de penser à la scène de pluie de la *Suyte des Marguerites* et à certaines scènes des fléaux bibliques (par exemple, *Les Ténèbres, Exode* 10, fig. 173) ou bien à cette gravure des *Prodiges* d'Obséquent où une image presque complètement noire représente la fondation d'un temple à Junon Moneta (mère des muses), sous une pluie de rochers qui amène l'obscurité en plein jour, où l'on distingue Junon et ses adorateurs au fond du temple (p. 34, fig. 98). Et s'il sait dépeindre la lumière et les ténèbres, il est aussi un maître du clair-obscur et des contrastes, par exemple dans la scène de l'*Exode* ou celle qui figure Phaéton, dont une partie est presque entièrement noire et une autre très lumineuse, ou une scène de nuit des *Marguerites*, dans laquelle l'obscurité du fond fait contraste avec la lumière jetée sur les personnages et le carrosse (p. 319, fig. 118). Ce jeu de contrastes figure très largement dans l'œuvre de Salomon. Dans les *Prodiges* d'Obséquent on trouve une image surprenante: sous un ciel en feu d'où tombe une pluie de chair aussitôt avalée par des oiseaux de toutes sortes, un bœuf parle avec une voix humaine; cette image contient d'ailleurs tous les effets que Salomon sait tirer d'une scène de pluie (p. 15, fig. 103). Dans les *Hymnes du temps* l'image de Lucifer (fig. 39), tenant une étoile contre sa poitrine, armé d'un fouet pour chasser la nuit (des oiseaux de nuit et des étoiles) présente une gradation subtile de lumière et d'obscurité et un beau sens du mouvement, grâce à son jeu sur les rayures (p. 12, f. B2v°).

Lieure, qui dit de l'Ange exterminateur (*Exode* 12, fig. 174) que c'est «un essai de clair-obscur», discerne par ailleurs dans l'Apocalypse une technique de gravure légèrement différente, en partie parce que le dessin est plus sûr et en partie parce que «malgré la simplicité des moyens, le graveur obtient des profondeurs et des reliefs extraordinaires. La perspective est complètement rendue». Gusman est du même avis sur l'ensemble de l'œuvre de Salomon: «La facture des bois est irréprochable, surtout dans ceux à traits gras, expressifs et souples, et leur blonde tonalité offre un juste milieu entre les bois italiens et les bois allemands». Cet auteur, graveur et illustrateur lui-même, explique que Salomon réussit ces contrastes sans le besoin de se servir souvent du procédé des tailles croisées, «lesquelles ne sont qu'un recours pour donner plus de relief»[6]. La seule exception à cette belle unanimité, et elle est de taille, est Papillon qui non seulement regrette que dans certains cas l'impression d'un bois n'ait pas été plus noire, par exemple, les ténèbres en Egypte, ou l'Arche couverte d'une flamme

---

[6]   Lieure, *La Gravure en France*, pp. 13-14; Gusman, p. 186. On peut prendre comme exemples supplémentaires de la critique presque unanime le jugement de Firmin-Didot, qui dit de Salomon qu'il «travaille beaucoup ses bois et les charge d'ombres, fort éloigné sous ce rapport de la spirituelle réserve de Jean Cousin et des bons graveurs de Paris», et celui de Rondot qui dit de lui que «la distribution fort adroite des ombres est un des caractères du travail», *ET*, col. 258; Rondot, p. 47.

pendant la nuit, mais aussi reproche à Salomon un manque relatif de variété dans la tonalité de ses dessins, ce qui à son avis revient à un défaut de technique. En parlant de ses illustrations de la Bible, il écrit :

> La gravure est fort belle, excepté qu'elle manque de clair obscur, parce que les tailles sont presque toutes de la même teinte, ce qui fait que les lointains ne fuyent pas assez. C'est le seul défaut des gravures de Bernard Salomon, ce qui lui a été commun avec plus de quarante autres Graveurs en bois de son temps[7].

Tout en respectant le point de vue de l'homme de métier qu'était Papillon et la rigueur de son jugement nous sommes convaincu que Salomon réussissait bien la variation dans les tons. On peut même avancer que c'est ainsi qu'il cherchait à suppléer au manque de couleur. Car le graveur sur bois est obligé de produire tous les effets recherchés sans la possibilité d'avoir recours à la couleur. (Très rarement, il est vrai, à l'époque, une gravure recevait après l'impression le rehaussement de la couleur.) Cela est très important dans les livrets commémoratifs des Entrées puisque la couleur faisait partie intégrante d'une Entrée pour des raisons héraldiques et pour la splendeur des costumes et des tentures. Peintre par sa profession Salomon semble chercher par d'autres procédés dans ses bois gravés les effets produits par la couleur, ou bien il veut y substituer d'autres effets pour ajouter à la richesse de l'image et à la puissance de persuasion. Michel Pastoureau a consacré à ce sujet peu étudié un article, «La Couleur en noir et blanc». Tout en soulignant que la couleur ne se restreint pas à la coloration, il constate qu'elle est «aussi de la lumière, de la brillance, de la densité, de la texture, du contraste, du rythme». Il est vrai que la gravure en noir et blanc peut traduire toutes ces qualités et c'est ce que fait Salomon, en se servant de la grande variété des traits en eux-mêmes et en combinaison avec d'autres, comme le suggère Pastoureau[8]. Par exemple, on peut voir une différence de coloration dans les deux galères de l'Entrée royale: d'abord la galère blanche, noire et rouge (fig. 142) présente une gradation dans le coloris qui correspond sûrement à ces trois couleurs, et la galère blanche et verte (fig. 143), beaucoup plus claire, est plus simple dans ses contrastes (f. L1v°, f. L2 r°).

C'est Amielle qui attire l'attention sur la deuxième caractéristique du style de Salomon, la liquidité des gravures: «Toutes les illustrations des *mutationes* en élément liquide attestent la fécondité de l'inspiration du peintre»; et il est vrai que, bien qu'appelée souvent par le texte d'Ovide, la présence de l'eau dans un grand nombre de ses gravures correspond à un intérêt réel de l'artiste pour ce sujet. Dans son traitement si riche et varié de toutes les métamorphoses différentes décrites par Ovide, Salomon montre qu'il appartient bien au mouvement artistique qui a trouvé sa meilleure expression à Fontainebleau, où l'eau est un élément très important, surtout dans l'appartement des Bains (le bain de Vénus,

---

[7] Papillon, *op. cit.*, pp. 209-211.
[8] Dans Frédéric Barbier, éd., *Le Livre et l'historien*, pp. 197-207.

le bain de Diane) et dans les fontaines, où la fable a d'ailleurs sa place privilégiée, et où il y a une vraie rencontre de poètes et d'artistes[9].

La troisième caractéristique de l'œuvre de Salomon est sa maîtrise de l'espace, comme l'indiquent l'agencement des plans de chaque image et la perspective des personnages dans leur cadre, technique que Henkel appelle «l'effet spatial fort»[10]. Papillon disait au sujet de la variété des plans que «ceux du milieu comme les plus éloignés, occupés par des cités ou des campagnes, ont chacun sa proportion relative, son caractère et sa juste apparence». Rondot entre plus dans le détail:

> Pour les vues et les paysages, l'entente du pittoresque est remarquable, et le relief est extraordinaire, grâce à une distribution savante des travaux et de la lumière. Le petit Bernard a été un fort habile metteur en scène; dans un champ très étroit, il a fait entrer des premiers plans très chargés, des horizons très étendus, des foules en mouvement et des actions très animées se produisant sans confusion[11].

Pour lui cet effet est dû en partie au moins à la disposition des ombres: «Les ombres, diminuent progressivement depuis le premier plan jusqu'à l'horizon, et les plans à l'horizon faiblement indiqués paraissent d'autant plus éloignés qu'ils sont en pleine clarté. La perspective gagne à cet artifice.»[12] Mégret explique bien le procédé technique dont se sert Salomon pour atteindre ces effets: «la décroissance de l'épaisseur des tailles selon l'éloignement des plans et la mise en place presque stéréoscopique de ces derniers.»[13] Ce sont les personnages qui scandent le rythme de ces différents plans, les reliant entre eux: la scène principale se joue naturellement au premier plan, mais là où Salomon donne plusieurs étapes d'une histoire, les autres scènes sont reléguées aux plans successifs, comme le dit bien Alpers, pour indiquer l'intervention divine[14].

Salomon se sert parfois de ces effets spatiaux à la fois pour indiquer l'importance du lieu lui-même qui se précise d'une vignette à l'autre et pour introduire une théâtralité. La série d'images qu'il dessine pour illustrer *La Suyte des Marguerites*, par exemple, fait preuve d'un sens très fort du lieu (de façon cinématographique, la deuxième reproduit une partie de la première en gros plan), et du théâtre (espace, gestes, groupements, et rapports des personnages avec les arbres ou les bâtiments) (fig. 115); le bois magistral du coche sous la pluie (fig. 117) souligne le drame et capte l'atmosphère de la narration, pour faire contraste avec

---

[9]   Amielle, p. 228; Chastel, *Fontainebleau: formes et symboles*, pp. 24-25.

[10] Henkel, «Illustrierte Ausgaben von Ovids Metamorphosen... », p. 79.

[11] Papillon, *op. cit.*, p. 209, Rondot, pp. 46-47

[12] Rondot, p. 47; voir aussi Loche, p. xii.

[13] Mégret, p. 301

[14] *The Decoration of the Torre de la Parada*, p. 84; Pasquier, pour sa part, fait remarquer que cela «impose un ordre de lecture de l'image. Cette lecture doit se pratiquer de droite à gauche dans presque tous les cas», *op. cit.*, pp. 106-107.

l'idéalisme de la paisible scène d'ouverture. L'image qui figure l'arrivée nocturne de la coche dans une cour (fig. 118) forme, elle aussi, un contraste avec la scène du début par son réalisme où l'architecture classique ou renaissante (arche, frontons, arcades) côtoie un bâtiment médiéval, et où la nuit est indiquée par les traits du ciel et par la lumière qui s'explique par la présence du porte-flambeau. La grande réussite de cette scène, purement théâtrale, dépend en partie de l'ordonnancement de l'espace.

Le mouvement que Salomon a su donner à ses petits tableaux constitue la quatrième caractéristique de son style, mouvement d'abord de chaque personnage et ensuite du groupe, mais (à l'exception de quelques scènes moins réussies) sans la moindre confusion, même lorsqu'il représente une scène de bataille. On pourrait ajouter des scènes du livre d'Obséquent où plusieurs groupes de personnages sont saisis de panique devant les prodiges, par exemple, un serpent effrayant, et les jeunes aigles attaqués par les Avoltoi près du palais de Tarquin le Superbe (p. 8, fig. 96). Ce mouvement des personnages fait de chaque scène une action dramatique. On pourrait appliquer à ces personnages ce qu'Ehrmann dit de ceux d'Antoine Caron : à savoir qu'ils ont «des allures dansantes»[15]. Ce sens théâtral est souvent présent à la fois dans le choix d'événements à reproduire et dans la composition elle-même. La fougue peut devenir théâtralité et rhétorique et fait penser à Primatice. Pourtant Salomon arrive normalement à maîtriser ces effets, et sa façon d'exprimer le caractère par le geste reste une de ses techniques les plus efficaces.

Une certaine exagération est même presque de rigueur pour arriver à créer l'expressivité par le geste, selon l'optique maniériste[16], et c'est cela que nous estimons être la cinquième caractéristique du style de Salomon, et qui compense le manque relatif de l'expressivité du visage. On a souvent dit que l'exiguïté de l'espace dont dispose cet artiste ne permet pas toujours des subtilités d'expression faciale. Henkel fait remarquer que l'expressivité gestuelle des personnages contraste avec les têtes qui sont moins individualisées, attribuant cette similarité dans les visages à leur petitesse qui empêche, à quelques exceptions près, de refléter la vie intérieure[17]. Cela est vrai en ce qui concerne les figurants que Salomon met en scène, et même en d'autres cas, lorsque l'échelle le permet, les visages sont parfois simplement couverts de hachures et ne montrent aucun trait physionomique. Néanmoins, les traits des acteurs principaux sont souvent bel et bien différenciés, par exemple, dans l'emblème «In fidem uxoriam» (n° 61, fig. 15), quoique Marius Audin exagère en disant : «Les images de Salomon sont de charmants tableautins où s'agite tout un petit monde de person-

[15]   Ehrmann, *Antoine Caron*, p. 12

[16]   *Ibid.*

[17]   Henkel, p. 79; Rondot, p. 47, Gusman, p. 186; Dibdin, *Bibliographical Decameron*, t. I, p. 185, qui estime que les personnages de Salomon sont inférieurs à ceux de Holbein «dans leur caractère individuel et dans l'attitude des figures»; Estelle Leutrat pense que ses personnages sont «dénués de toute préoccupation psychologique», «Bernard Salomon et la majolique», p. 70.

nages dont chacun a sa physionomie propre»[18]. Il est évident par ailleurs que le travail sur bois était moins susceptible que le travail sur cuivre de capter la finesse des détails. Schubart explique le rapport entre geste et expression en le mettant sur un plan plus général: ce qui compte pour elle, c'est l'ordonnance rythmique de toute l'image, et non pas la mimésis; elle pense donc que l'expressivité vient uniquement du mouvement des lignes. Ce qui en résulte, c'est que l'émotion est suggérée sur le visage, mais sans que les visages soient différenciés[19]. Dans son étude sur Virgile au seizième siècle, Bernadette Pasquier fait ressortir «l'importance accordée aux échanges humains marqués par le jeu très fréquent des gestes» chez Salomon et d'autres illustrateurs contemporains où la main est plus expressive que le visage. Selon elle, cela se voit surtout dans des scènes de départ et d'adieu et des scènes d'arrivée et d'accueil, ce qui souligne l'idée de voyage[20]. Nous avons déjà parlé de l'expressivité dans la représentation des animaux qui, elle aussi, dépend plutôt des gestes, bien qu'elle soit souvent apparente dans le faciès et surtout dans le regard.

Et ne pourrait-on pas ajouter que dans sa préférence pour le geste aux dépens de l'expressivité du visage, Salomon démontre son appartenance à l'école de Fontainebleau? Comme le dit André Chastel,

> La force de l'art bellifontain n'est pas dans le portrait. Il est aussi peu chargé que possible de préoccupations psychologiques. Il n'interroge pas des visages réels, il invente des situations et des types qui n'existent pas [...] S'il doit y avoir un portrait bellifontain, il sera donc allégorique, transposé, surprenant[21].

Nous venons de parler de la petitesse de l'échelle et de la facture exquise des bois de Salomon, louant la maîtrise technique qui rend possible une pléthore de détails dans un si petit espace, et cette exquisité ou finesse est la sixième caractéristique de son œuvre. Espezel, pour sa part, attire l'attention sur le contraste entre la gravure et son contenu: «Surtout, il possède l'art de faire tenir des scènes immenses – et qui paraissent telles – dans le cadre exigu qu'il s'est assigné (quatre à cinq sur six à sept centimètres!).» Pour lui cette réduction est particulièrement réussie:

> *Adam, Eve et le Serpent en conversation* composent un tableau intime qui n'avait pas besoin du champ à lui accordé, mais «réduire» à ce point, sans ridicule, en donnant l'impression de l'étendue et de la profondeur: *l'Arche*

---

[18] Audin, dans Cartier, *Bibliographie*, p. 12; voir aussi Grangette, p. 60, qui parle de «la variété des attitudes, et des expressions de tous les visages».

[19] Schubart, p. 26; Leutrat signale la difficulté éprouvée par ceux qui cherchaient à transposer les gravures sur la majolique, due en grande partie au fait que «Plus qu'à l'expressivité des visages, Salomon s'attache au langage théâtral du geste» («Deux majoliques d'après Bernard Salomon au Musée des Beaux-Arts de Lyon», p. 26).

[20] Pasquier, *op. cit.*, p. 105, p. 154, p. 155.

[21] André Chastel, *Fontainebleau: formes et symboles*, pp. 30-31.

recevant ses hôtes; Les Hébreux mis au travail par les Egyptiens ou la *Vision de la Jérusalem celeste par saint Jean*, quel tour de force![22]

La petitesse des personnages qui se promènent dans un espace très grand se trouve, bien sûr, ailleurs dans l'art de Fontainebleau; il suffit de penser à Jean Cousin et Antoine Caron[23].

Une septième caractéristique du style de Salomon relève plutôt de la technique: il y a une façon de graver («le noir en teinte(s) plate(s)») – marquée par la présence d'un pan solide de noir – que l'on retrouve souvent chez Salomon, par exemple dans la *Metamorphose, Venus et Pluton* (f. e2r°, fig. 222), *Pluton et Proserpine* (f. e2v°) qui présentent Pluton dans son char, tiré par deux chevaux noirs, ce qui est suggéré par la grande bête noire que Janot inclut dans la même scène[24]. Le bois originel de Salomon existe encore à Genève et le caractère parfaitement lisse de la surface indique bien comment Salomon a pu produire le résultat qu'il escomptait. D'autres exemples se trouvent dans le *Theatre des bons engins*, les *Emblèmes* d'Alciat, les *Fables* d'Esope et les *Devises* de Paradin: des corbeaux (*Theatre*, n° 45 et 56, figs 4 et 5; *Fables, Du Regnard et du Corbeau, Devises*, p. 106, *Ingenii largitor* (fig. 37); *L'Aigle Esployé ou à deux têtes* (*Praepete penna*) p. 173, une devise qui symbolise la division de l'empire (du temps soit de Constantin soit de Charlemagne); des rats ou des souris (*Fables, Des deux Ratz*, n° 9, *De la Mustelle et des Souris*, n° 61).

Ruth Mortimer a eu raison de discerner dans cette technique l'influence stylistique de Geoffroy Tory, par exemple dans l'image de la Mort montée sur un cheval noir dans les *Horae Beatae Mariae Virginis* de 1527, influence que Salomon a pu subir soit directement, soit justement par l'intermédiaire de l'atelier de Janot[25].

Toutes ces caractéristiques du style de Salomon aident à définir son art et à nous confirmer dans l'identification de ses œuvres. Tout en étant innovateur Salomon est bel et bien de son temps. Il n'est pas étonnant que l'on ait voulu lui attribuer des œuvres d'autres artistes de son époque mais qui doivent leur similarité tout simplement à l'air du temps. Parfois, en lisant la description de ce qui «caractérise» le travail d'un dessinateur du seizième siècle – Cousin, Reverdy, Du Cerceau, Eskrich – on croirait lire une description de l'œuvre de Salomon, par exemple lorsque Firmin-Didot parle de Cousin:

> Là, comme dans toutes les compositions de ce maître, on remarquera la richesse des fonds où il se plaît à multiplier les obélisques de forme pyramidale ayant un caractère particulier, des arceaux brisés ou inachevés, des édi-

---

[22] *Les Illustrateurs français de la Bible*, pp. 13-14; voir Brun, 1933; MacRobert a raison de le comparer à Thomas Bewick, grand maître du dessin en miniature (bien que celui-ci travaillait sur bois de bout et non sur bois de fil), *Motif*, 2, p. 11.

[23] Voir Zerner, *L'Art de la Renaissance en France*, pp. 151-153.

[24] Mortimer, n° 403, p. 505; voir aussi n° 399.

[25] *Idem*, n° 304.

fices affectant une courbe, détails qui se reproduisent presque partout identiques[26].

ou bien lorsque Conrad de Mandach parle de Reverdy:

> Ses premières estampes sont généralement de format assez grand et pénétrées
> d'influences italiennes. Plus tard il s'adonne à un genre que d'autres Lyonnais
> adoptent avec lui et dont les qualités distinctives peuvent se résumer ainsi:
> format restreint fréquemment arrondi, architectures classiques, colonnades,
> portiques, édifices en ruines; perspectives lointaines; figures menues, présen-
> tées souvent en raccourci; tendance à établir un contraste entre la grandeur
> du décor et la petitesse des personnages; exécution minutieuse, répartition
> systématique des tailles fines et denses; tonalité sombre[27].

A l'exception de quelques détails, tout cela montre que dans le monde étroit
de l'illustration du livre, au moins à l'époque qui nous concerne, il est très
difficile de distinguer l'œuvre d'un artiste de celle d'un autre, qu'il s'agisse du
dessinateur ou du graveur. Pourtant les caractéristiques que nous avons analy-
sées, surtout lorsqu'elles sont présentes ensemble, peuvent nous convaincre de
l'authenticité d'une gravure ou d'un recueil.

La question se pose de savoir si, comme quelques critiques le prétendent, il y
a eu une évolution dans le style de Salomon qui correspondrait à celle que nous
avons trouvée dans sa façon d'utiliser ses sources. D'après quelques auteurs
Salomon aurait fait son meilleur travail en début de carrière, non pas peut-être
dès 1545, car il est vrai que certains personnages du *Theatre des bons engins,* sont
moins souples et plus ramassés que ceux qui vont suivre, mais au moins dès
1547, par exemple dans les *Emblèmes* d'Alciat, les *Marguerites de la Marguerite,*
les *Triomphes* de Pétrarque, et la vue de Lyon que l'on trouve dans la *Saulsaye*
(fig. 125). Ensuite, vers la fin de sa carrière artistique, il aurait cédé à la tentation
de la facilité, se fiant aux techniques du métier, à l'artifice, et surtout à la décoration pure, à l'académisme routinier et au superficiel. Mais tout le monde n'est
pas d'accord pour dater les étapes de cette décadence supposée: certains l'ont
trouvée dans quelques planches de la Bible, et surtout dans la *Metamorphose
d'Ovide figuree.* Comme explication on a avancé l'hypothèse d'une surcharge de
travail ou d'une baisse de talent[28]. Mais à notre avis l'originalité et l'élan créateur sont plus en évidence que la facilité et la virtuosité.

Tout le monde remarque l'élégance, la grâce, la délicatesse, la légèreté, le raffinement, des gravures de Salomon. Et on ne peut nier la qualité du dessin, dans
le sens du trait que fait l'artiste sur le papier (ou directement sur le bois) qui est

---

[26]   Firmin-Didot, *Etude sur Jean Cousin,* p. 134, voir aussi pp. 32-33, p. 174, et p. 15, où il ajoute
        «un feuillage en pendentif»; voir aussi, Vasselin, «L'Antique dans le paysage de l'Ecole de
        Fontainebleau», p. 285, Lieure, 1928, p. 88, et Audin qui trouve que son signe particulier est
        l'allongement des personnages (*Impressions de Louis Perrin,* p. 45).

[27]   Conrad de Mandach, «La gravure à l'époque de la Renaissance», p. 415.

[28]   Pour une discussion de ce sujet voir Mégret, pp. 300-301; Lieure, *La Gravure en France au
        XVIᵉ siècle,* p. 49; Henri-Jean Martin, dans *Le Siècle d'or,* p. 108.

caractérisé par sa justesse, sa pureté, sa souplesse, sa liberté[29]. On peut admettre pourtant d'une part que parfois il surchargeait son travail de traits inutiles, et d'autre part que le raffinement devient vite une facilité qui conduit au pittoresque, à cette «afféterie italienne à la Primatice» dont parlait Rondot, et qu'il y a un aspect efféminé dans son œuvre[30]. Il faudrait ajouter à cette dernière remarque la suggestion que même certains personnages masculins ont des allures de femme[31].

L'élégance et les autres qualités des vignettes de Salomon se voient reflétées à merveille dans les bordures qui parfois les entourent. Ces encadrements ajoutent beaucoup aux images qu'ils renferment et il faut maintenant les examiner du point de vue stylistique. On a dit de Salomon qu'il était un «ornemaniste de génie»[32] et c'est dans ses encadrements que l'on voit le mieux cette caractéristique. Nous rappelons au lecteur le jugement de Francis Meynell que l'Ovide était «le livre à arabesques le plus beau du monde»; Bliss, pour sa part, de qui nous tenons cette citation, après une classification et une description enthousiaste, donne à savoir qu'il préfère même les encadrements aux vignettes qu'ils entourent[33]. Adhémar par ailleurs trouve plus d'originalité dans ses cadres grotesques (ainsi que dans ses paysages pittoresques) que dans ses imitations de Beham, Holbein et d'autres[34]. Nous n'irons pas aussi loin dans ce sens que ces critiques, mais il est vrai que les cadres de Salomon sont pleins de variété en eux-mêmes et l'imprimeur, suivant les conseils de son typographe d'art, les place de façon savante dans les livres, variant leur disposition selon une esthétique très sûre.

Le rapprochement avec l'art italien, filtré par l'art de Fontainebleau et le maniérisme français, est indéniable. Salomon a dû le connaître à la fois par l'architecture qui l'entourait et à travers les estampes[35]. Même si les techniques de la gravure sur cuivre étaient très différentes de celles de la gravure sur bois, il suffisait de faire l'ajustement nécessaire et l'estampe pouvait fournir une inspiration précieuse à un graveur sur bois comme Salomon, bien qu'il existe peu d'analogies précises entre les estampes de Fontainebleau et son œuvre. Par

---

[29] Rondot, «dessinateur au trait correct et sûr», p. 20; Martin, *op. cit.*, p.107, Conrad de Mandach, pp. 418-419; Dibdin, cité par Rondot, p. 19; Audin, *Impressions de Louis Perrin*, p. 45.

[30] Rondot, p. 37, p. 46, p. 71.

[31] Audin, *Histoire de l'Imprimerie*, p. 152: «une certaine contorsion du buste qui leur donne une apparence féminine».

[32] Audin, *Impressions de Louis Perrin*, p. 45.

[33] Voir *supra*, p. 60; *A History of Wood Engraving*, p. 60.

[34] *Inventaire du fonds français*, p. 96.

[35] Sur l'estampe à Fontainebleau, voir Henri Zerner, *Ecole de Fontainebleau*, Paris, Arts et Métiers Graphiques, 1969; *Italian Artists of the Sixteenth Century School of Fontainebleau*, 1979, *L'Art de la Renaissance en France*, 1996; voir aussi *Fontainebleau. L'Art en France 1528-1610*, Ottawa, 1973; Sylvie Béguin, *L'Ecole de Fontainebleau*, Paris, 1972; Bibliothèque nationale de France, *La Gravure française à la Renaissance*, 1995; Brugerolles et Gulliet (éds), *Le Dessin en France au XVIᵉ siècle*, 1995.

contre, nous n'avons trouvé aucun indice certain qu'il connaissait la gravure flamande contemporaine, par exemple l'œuvre du célèbre Hieronymus Cock à
Anvers[36].

Le style de Salomon est en fait un amalgame de plusieurs éléments différents,
surtout, une «synthèse du naturalisme d'Holbein et de l'idéalisme italien épuré
par le crayon de Cousin»[37]. Le résultat, selon Rondot et Lieure, entre autres,
aurait été, surtout au début, un art tout à fait français[38]. Mais Rondot s'est plaint
du fait que Salomon, abandonnant ses origines françaises, se soit trop italianisé,
ajoutant qu'«il n'est plus revenu au sens de l'art français, de cet art qui est fait
d'exactitude, de raison, de sagacité et de finesse, qui a gardé quelque peu de l'empreinte flamande». L'art «simple, sobre, français» a disparu et l'art italien, plein
de charme excessif et d'exagération, a pris sa place, – une critique qui s'applique
sans doute à tout l'art français de la Renaissance[39]. Il y a tout de même une certaine confusion ici puisque les exemples que cite Rondot viennent à la fois du
début, du milieu et de la fin de sa carrière d'artiste et il est donc impossible d'établir ainsi l'évolution de cette supposée déchéance.

D'autres critiques, par contre, estiment qu'il est trop «allemand» ou
«bâlois» à cause de l'influence qu'ont exercée sur lui Dürer, Hans Sebald
Beham, et Holbein. Cette influence pourtant est rarement très proche, et n'est
pas d'ordre stylistique mais relève plutôt de l'iconographie; d'ailleurs, à la fois
Salomon témoigne d'une réaction contre l'Allemagne et la Suisse. En tout cas
c'est cet amalgame (quelle que soit la proportion de ses éléments constitutifs)
qui caractérise son propre style, maniériste certes, mais sur le point de devenir
classique et français.

---

[36]   Voir Riggs, *Hieronymus Cock*, 1977; ce livre contient une excellente étude du style et des techniques dans la gravure.
[37]   Calot, *et al., op. cit.*, p. 88.
[38]   Lieure, *L'Ecole française de gravure*, p. 72; Rondot, pp. 42-43.
[39]   *Ibid.*, p. 44.

CHAPITRE VIII

INFLUENCE SUR L'ART

Salomon a exercé une influence dans trois domaines: la gravure sur bois, la peinture, et les arts appliqués. De façon générale d'abord, ses illustrations ont grandement contribué à la diffusion de l'art de Fontainebleau. Leur popularité et leur accessibilité leur ont même peut-être assuré un rayonnement encore plus important que les œuvres des grands maîtres de l'estampe. Tout se passe presque comme si les artistes de tous ces domaines différents avaient pris à cœur ce que disait Corrozet dans l'*Hecatongraphie* de 1540: «Aussy pourront Ymagers et Tailleurs/ Painctres, Brodeurs, Orfevres, Esmailleurs,/ Prendre en ce livre aulcune fantasie,/ Comme ilz feroient d'une tapisserie»[1]. Cependant il n'est pas toujours possible de distinguer le rôle de Salomon de l'influence générale de Fontainebleau. Nous nous contenterons donc de traiter ici des cas où son influence est indéniable.

En matière de gravure, la première et la plus grande influence qu'il ait eue est sans aucun doute celle qu'il a exercée sur les gens de son entourage, et d'abord de son atelier, mais puisque l'on ne connaît pas leurs noms, et que l'on distingue mal parfois le travail des disciples de celui du maître (à l'exception des exemples de dessin ou de gravure malhabiles que l'on attribue, peut-être abusivement, à des apprentis ou associés incompétents), il n'y a rien à en dire. Mais Salomon a directement «influencé» l'histoire de la gravure au seizième siècle dans le sens où il a souvent été copié plus ou moins servilement par d'autres graveurs, travaillant pour d'autres éditeurs, principalement Roville et Bonhomme à Lyon, Marnef à Paris, et Plantin à Anvers. Parfois l'imitation est tellement fidèle que l'on ne peut pas vraiment parler d'influence, mais il est utile de mentionner ce phénomène parce qu'il témoigne de l'estime dont jouissait notre artiste aux yeux de ses contemporains. Certains éditeurs de l'époque semblent même avoir pris l'habitude de suivre les publications de Tournes et d'y faire un choix de livres à copier, comme ce dernier l'avait fait lui-même avec Denis Janot. Nous avons déjà parlé longuement de Roville et de Bonhomme et de la collaboration d'Eskrich, leur illustrateur attitré, qui aidait à garantir la réussite de leurs publications. Pendant au moins dix ans du vivant de Salomon, cet artiste a imité ses bois souvent et de façon systématique, presque au moment où ils sortaient des

---

[1]   Voir Gilles Corrozet, *L'Hecatongraphie (1544) et Les Emblemes du Tableau de Cebes (1543)*, éd. Alison Adams, f. A3v°.

presses, et il a continué dans cette voie après la mort de notre artiste. Il serait
superflu de détailler ici de nouveau tous ces livres et nous renvoyons le lecteur
au chapitre 2 : c'est dans l'œuvre d'Eskrich que l'on voit au mieux l'influence
que Salomon a pu avoir sur un autre artiste et sur ceux qui l'ont suivi.

Jérôme de Marnef, quant à lui, soit seul, soit en association avec Guillaume
Cavellat (ou, à partir de 1577, avec sa veuve) a fait sortir à Paris plusieurs livres
dans lesquels son ou ses artistes (dont sans doute Jean Cousin, fils, 1522-1594),
ont imité les gravures de Salomon de la même façon qu'Eskrich l'avait fait à
Lyon[2]. La liste inclut une série de livres in-16° ou in-8° : les *Fabulae* d'Esope, en
latin et en français, publiées en 1560, et rééditées au moins huit fois avant 1585,
contenaient 205 gravures (dont 117 différentes) copiées de très près sur les gravures de Salomon[3]. Firmin-Didot cherche à montrer qu'il y a quarante-huit gravures originales des éditions de Marnef qui ont été copiées par la maison de
Tournes, mais d'après Cartier cette assertion est à rejeter : en effet, si Firmin-
Didot avait pu consulter une série complète des éditions tournésiennes, il aurait
pu mieux établir la première parution de chaque gravure[4]. Il convient de mentionner ici trois autres maisons d'édition à Lyon, qui ont publié les *Fables* avec
des bois qui imitent ceux de Salomon, Balthazar Arnoullet en 1554, les héritiers
de Jacques Junte en 1569, et, moins fidèlement, Symphorien Béraud et Etienne
Michel en 1586 ; et on peut y ajouter les copies retournées en taille-douce des
gravures de Salomon qui paraissent à Paris en 1622 aux presses de Robert Bou-
tonné[5]. Marnef a publié les *Emblèmes* d'Alciat en 1561 au même moment que
son Esope, comme Tournes l'avait fait, avec le texte en latin et français, et de
nouveau, agrandi, en 1573 et 1574, avec 80 gravures qui ne paraissent pas dans
l'édition de 1561 ; son illustrateur imite les bois de Salomon et, pour les
emblèmes que Salomon n'a pas illustrés, il suit les images de l'édition de Bonhomme et Roville, comme d'ailleurs il le fait pour le texte et l'ordre à suivre.
Saunders signale que l'édition que Marnef a publiée en 1583 renferme une nouvelle série de gravures toute différente empruntée à une édition plantinienne[6].
Marnef et Cavellat ont publié aussi la *Testamenti novi editio vulgata*, 1563, in-16°
(que Firmin-Didot attribue à Jean Cousin), et *Les Figures du Nouveau Testament*
de Charles Fontaine, in-8° (sans date, mais après 1563), qui contiennent 89 bois

---

[2]   Pour se renseigner sur toutes les éditions publiées par Cavellat et Marnef, le livre d'Isabelle
      Pantin est indispensable : *Imprimeurs et libraires parisiens du XVIᵉ siècle* ; voir aussi Firmin-
      Didot, *Etude sur Jean Cousin*, pp. 167-176 ; et surtout Zerner, *L'Art de la Renaissance en France*,
      pp. 227-265 ; voir aussi *Index Aureliensis*.

[3]   D'après Mortimer, 99 d'entre elles proviennent de l'édition tournésienne de 1547, quatre de
      l'édition de 1551 et quatorze de l'Alciat (p. 19, nᵒˢ 5, 6 et 8) ; voir Cartier, pp. 673-674 ; Firmin-
      Didot, *Catalogue*, p. 223, p. 243, p. 276.

[4]   Firmin-Didot, *op. cit.*, pp. 172-173, et voir *Catalogue Didot*, 1882, nᵒ 422 ; Cartier, nᵒ 728,
      pp. 672-674 ; Mortimer, nᵒ 6.

[5]   Brun, p. 184 (1930, p. 198), Baudrier, t. X, pp. 144-145, et Mortimer, nᵒ 7.

[6]   Pantin, *éd. cit.*, et Adams, *et al.*, *BFEB*, p. 7 et nᵒˢ F. 041, 051, 052 ; pour l'édition de 1583
      (F. 057) voir aussi Saunders, *The Sixteenth-Century French Emblem Book*, p. 104.

imitant de très près ceux de Salomon[7], ainsi que *La Metamorphose d'Ovide figu-*
ree (1566, 1572, 1573, 1574, 1580 et 1586) avec 178 gravures qui imitent celles de
Salomon, et les *Metamorphoseos Ovidii argumentis, enarrationibus et allegoriis*
expositae (les commentaires sont de Johann Spreng), 1570, in-16° (et de nouveau
en 1575, 1583 et 1586)[8]. Toujours dans le sillage de Tournes, Marnef et Cavellat
ont publié *Les XXI Epitres d'Ovide* en 1571; le livre sera réédité en 1574 et 1580,
mais dans ce cas l'illustrateur ne doit pas grand-chose à Salomon à part quelques
ressemblances de composition: (*Briseis escrit à Achille*, p. 48, f. C8v°) et quelques
échos vagues de la *Metamorphose* de 1557 (*Le Ravissement de Proserpine*, p. 420,
f. DD2v°). Mortimer y voit le style de Jean Cousin[9]. Nous ne voulons pas trop
insister cependant sur le travail que Cousin a pu faire pour Marnef et Cavellat,
face à toutes les incertitudes qui entourent sa participation à ces publications.

Dans un autre domaine, en 1558, Cavellat a publié à Paris, sous la direction
de l'Ecossais Jacques Bassantin, une nouvelle édition de *L'Usaige de l'Astrolabe*
avec un traicté de la Sphere (1545) de Jacquinot: certaines des gravures ont été
redessinées pour ajouter quelques détails et une explication verbale plus abondante; il y en a de nouvelles, certes, mais dans un style plus ancien. On constate
en outre que le graveur s'est plus d'une fois servi du travail de Salomon, surtout
dans les grandes planches rectangulaires; par exemple, la planche intitulée «Sçavoir la hauteur par la ligne visuelle» (p. 68v°) reprend exactement la tour hexa-
gonale de Salomon, omettant seulement les termes explicatifs. La belle image de
la tour de l'horloge a pourtant disparu. D'après cette nouvelle édition de Jacquinot par Bassantin nous apprenons que celui-là n'avait pas pu contrôler
l'illustration de son livre en 1545. Dans sa préface de 1558 il dit que «les figures
qui avoient esté faictes et colloquées mal à propos, contre le gré dudict Jaquinot,
ont esté redressées & mises en bon ordre, suivant l'intention de l'auteur, & le
discours de la matiere qui se presente». Bassantin s'inquiète de la possibilité
d'autres erreurs, «car l'impression allait aussi tost que leur correction»[10]. Il
semble évident en outre que la restructuration, en 1558, de l'illustration du livre
doit beaucoup à Salomon.

Au cours des années qui ont suivi la mort de ce dernier, Christophe Plantin
et ses héritiers firent paraître à Anvers, comme Marnef l'avait fait à Paris,
quelques livres dont les illustrations étaient des copies de celles de notre artiste:
les *Fables* d'Esope, les *Emblèmes* d'Alciat, et les *Devises* de Paradin[11]. Dans *Aesopi*

---

[7]   DH, n°s 4432 et 1291.

[8]   Nous avons déjà parlé de l'édition latine, maintenant perdue, de 1566; voir p. 156, n. 66.

[9]   Mortimer, n° 402.

[10] Ff. a3r°-v°.

[11] Sur Plantin voir Max Rooses, *Christophe Plantin, Imprimeur anversois* (surtout le chapitre
      XII, «Dessinateurs et Graveurs employés par Plantin»), Colin Clair, *Christopher Plantin*,
      Leon Voet, *The Golden Compasses*, 1969-1972, et du même auteur en collaboration avec
      J. Voet-Grisolle, *The Plantin Press. 1555-1589. A Bibliography*: ce dernier livre est indispensable
      pour l'identification de toutes les éditions plantiniennes dont nous traitons; voir aussi, Alison
      Saunders, «Franco-Dutch Publishing Relations... ».

Phrygis, et aliorum fabulae, iconibus illustratae, 1565, in-16°, on voit 76 gravures, copiées sur l'édition tournésienne de 1556 (l'édition plantinienne de 1560 n'est pas illustrée); il faut pourtant distinguer cette édition d'une autre édition planti-nienne d'Esope, *Fabulae aliquot Aesopicae*, 1566, rééditée en 1567 et 1586, dont l'illustration n'imite pas celle de Salomon, mais a été conçue par Pieter van der Borcht de Malines (1545-1608)[12]. Les *Emblematum clarissimi viri D. Andreae Alciati libri II*, 1565, contiennent 112 bois gravés par Arnold Nicolai et Gerard Janssen van Kampen qui suivent de très près les gravures de Salomon[13]. En 1566 et 1567 parut une édition augmentée de 24 bois dessinés par Godefroi Ballain et gravés par Arnold Nicolai, et en 1573, sous le titre *Omnia emblemata*, avec de nouvelles gravures dans le même style. En 1577, il y eut un nouveau départ avec la publication de bois plus grands au nombre de 196, tous différents. Il y a eu par la suite plusieurs rééditions des *Emblèmes* procurées par les successeurs de Plantin. En dernier lieu on trouve l'édition plantinienne des *Devises heroiques, De M. Claude Paradin... Du Signeur Gabriel Symeon, et autres Aucteurs*, 1561, 1562 et 1567, in-16°, qui contiennent 216 gravures, dont 179 illustrent Paradin et 37 Simeoni. Les gravures exécutées pour Paradin sont des copies de celles des édi-tions de Jean de Tournes (1557) et les illustrations pour Simeoni imitent celles de Roville. La même illustration se retrouve dans *Heroica M. Claudii Paradini... et Gabrielis Symeoni, Symbola*, 1562 et *Symbola Heroica*, 1567, 1583, 1584 et 1600. A Anvers, on remarque l'existence en 1563 de deux éditions du même livre publiées par la veuve de Joannes Steelsius qui imitent sans doute les gravures plantiniennes. La tradition des livres d'emblèmes qui s'est établie chez Plantin allait influencer l'histoire de l'emblème dans plusieurs pays, en particulier en Angleterre et aux Pays-Bas, et sur plusieurs décennies; Saunders a résumé l'histoire des éditions hol-landaises, anglaises et françaises qui ont continué la tradition de Paradin jusqu'au dix-septième siècle, notamment le livre de Geoffrey Whitney, *Choice of Emblemes*, publié à Leyde en 1586 par Frans Raphelengien, qui utilise les bois plantiniens et a eu beaucoup d'influence, ainsi que des éditions parisiennes avec le commentaire de François d'Amboise et des illustrations en taille-douce[14].

Plantin ne publia pas d'Ovide illustré mais l'encadrement de la page de titre des *Metamorphoseon libri XV* de 1561 imite Salomon de près. Après la mort de

---

[12] On peut se référer à Küster, *Illustrierte Aesop-Ausgaben*, pp. 93-114, pour d'autres renseigne-ments au sujet de l'influence directe des illustrations lyonnaises sur Marnef, Plantin et d'autres éditeurs en France, et leur influence indirecte aux Pays-Bas et en Italie.

[13] Nous ne savons pas trop comment interpréter la remarque de Voet (*op. cit.*, p. 22) lorsqu'il dit que Plantin a dû se baser sur une édition tournésienne de 1563 ou 1564, bien que l'on ne connaisse pas l'existence de copies de cette édition; il cite en appui la date de la préface de Stockhammer – Coïmbre, Ier mars, 1563. Cependant chez Tournes la préface est datée de la même ville, le Ier mars, 1552 (édition de 1556), et Cartier signale bien une édition de 1564 (p. 410) sans pourtant la décrire dans son catalogue.

[14] Saunders, *loc. cit.*, signale que pour l'édition de 1577 Plantin a fait faire une nouvelle série de bois plus indépendante. Mortimer suggère que les *Devises* de Tournes ont probablement servi de modèle pour quelques marques d'imprimeur, entre autres celles d'Olivier de Harsy à Paris et de Barthélemy Honorat à Lyon (n° 409). Voir aussi *BFEB*, n°s 462-469.

Plantin pourtant la maison a fait paraître en 1608 une édition en hollandais qui imite les gravures lyonnaises, mais inversées[15]. Rosier décrit une bible publiée en 1599 par Moretus pour laquelle l'illustrateur français, Geoffroy Ballain, avait fait des copies de quelques gravures bibliques de Salomon : les illustrations pour l'Ancien Testament imitent le travail de Beham et d'autres artistes, tandis que les Evangiles et les Actes des Apôtres contiennent une cinquantaine de petites gravures qui copient Salomon de façon exacte[16]. Pieter van der Borcht a copié les 178 illustrations de la *Metamorphose* de Salomon dans un livre publié en 1591, à Amsterdam, et à Anvers par la veuve de Plantin et Joannes Moretus, *P. Ovidii Nasonis Metamorphoses... una cum vivis singularum Transformationum iconibus in aes incisis.* Ce petit livre oblong présente l'image sur la page de droite et l'*Argumentum* en latin sur celle de gauche. Les gravures sur cuivre, inversées, possèdent une finesse de détail absente des gravures sur bois.

D'autres éditeurs aussi ont vu l'attrait esthétique et la valeur commerciale des bois de Salomon. En Italie on peut signaler les *Figure del Vecchio Testamento,* et les *Figure del Nuovo Testamento* (1574), avec des poèmes de Simeoni, publiées à Venise par les héritiers de Niccolò Bevilaqua et leurs associés et qui accusent l'influence de Holbein, Eskrich et Salomon ; c'est surtout dans le Nouveau Testament et plus précisément dans l'Apocalypse que l'on découvre la présence de notre artiste[17]. Un siècle plus tard, en France, l'éditeur Robert de la Caille, dans une nouvelle édition de *L'Art des emblèmes* de Claude-François Menestrier, reprend plusieurs copies anciennes des bois de Salomon, surtout ses illustrations pour Ovide, mais aussi quelques bois de l'Alciat et de l'Esope.

Salomon a exercé aussi une influence considérable par les illustrations qu'il a faites pour l'Entrée du roi et de la reine dans Lyon en 1548. En premier lieu, la publication de cette Entrée en a inspiré d'autres, publiées à Paris, Anvers et ailleurs. Comme le signale Richard Cooper, jusque-là les livrets commémoratifs de ce genre étaient de petit format et presque entièrement dépourvus d'illustrations. L'initiative de Roville (et de Salomon) a été suivie par d'autres. En outre, ce livre a eu une influence plus précise puisque certains éléments graphiques ont été repris ailleurs : les images des deux capitaines réapparaissent à Paris[18], la frise du triomphe d'Alexandre fut imitée dans celle d'*Heureuse fortune* de l'Entrée à Rouen, et l'arc à une seule ouverture bordée de deux colonnes de chaque côté, figure de nouveau à Paris ; la représentation de la Saône et du Rhône au Port Saint-Paul correspond à l'image de la Seine et de la Marne, et la Perspective de la Place du Change réapparaît à Paris dans les loggia dédiées à Lutetia. En 1600 encore on trouve dans l'*Entrée de la reine à Lyon* une imitation de la colonnade qui avait été érigée en 1548 au Port de l'Arche-

---

[15]   Voir Held, *The Oil Sketches of Peter Paul Rubens. A Critical Catalogue,* p. 254.
[16]   Rosier t. I, p. 4, p. 49 et figs 337-339.
[17]   DH, n° 1301.
[18]   Brun, 1969, p. 56.

vêché, avec des statues dans les niches (mais avec un escalier simple concave)[19]. A cela on peut ajouter l'influence générale de la gravure qui représente la Perspective du Change sur une série de gravures et de peintures des *Massacres du Triumvirat*, parues à partir de 1555 et qui ont donc précédé le célèbre tableau d'Antoine Caron (celui de 1562, Musée de Beauvais); cela se distingue dans le temple rond de l'arrière-plan avec une flèche derrière, les arcades du centre gauche qui abritent des personnages, quelques détails du fenêtrage et des balustrades. Ces images s'imitent, il est vrai, et il n'est guère possible de les mettre par ordre chronologique, et si la source indirecte est Serlio, la gravure de Salomon a certainement été prise en compte[20].

L'influence de Salomon s'étend à plusieurs autres livres illustrés qu'il serait impossible de recenser en détail et de classer. Prenons comme exemple l'édition de *La Chiromance* de Jean de Hayn publiée à Rouen par Pierre L'Oyseleur en 1583 et qui contient des imitations un peu grossières de ses gravures. Cette tradition a continué au dix-septième siècle et on trouve même une édition de 1948 ornée de gravures représentant les dieux et les déesses qui s'inspirent visiblement de notre artiste[21].

Après avoir passé en revue quelques éditeurs qui ont plus ou moins systématiquement confié la commande d'illustrations imitées de Salomon à des artistes anonymes ou mal connus, nous abordons maintenant l'œuvre des graveurs célèbres qui ont pris l'initiative dans l'imitation de ses images.

Le premier en date est Cornelis Bos (c. 1510-1556) qui a gravé sur cuivre une série de douze planches (70 x 80) qui imitent Salomon de près; la première est datée de 1555 et on peut supposer que c'est la date de toute la série[22]. Ensuite vient un illustrateur très connu, Virgile Solis de Nuremberg (1514-1562), qui a été un grand imitateur de Salomon. Bien que ses deux éditions de la Bible: *Biblische Figuren dess Alten und Neuwen Testaments* (1560-1562 et ensuite plusieurs autres éditions), parues chez Sigmund Feyerabend (Sigismond Feuerabend) à Francfort-sur-le-Main, ne semblent, curieusement, rien devoir à Salomon, il est possible de détecter quelques ressemblances dans une autre série de gravures du même artiste, *Newe Figuren des newen Testaments* (1565), par exemple celle qui représente le Christ et les apôtres sur le chemin d'Emmaüs. L'inspiration de Salomon se révèle encore dans quelques autres bois bibliques de Solis publiés dans un livre de prières en 1568 (*Betbuchlein*). Le fils de Solis, Nicolas, a lui aussi imité les gravures bibliques de Salomon dans certaines de ses estampes. Mais dans les *Metamorphoses Ovidii* (1563 et plusieurs autres éditions) qui contiennent 178 gravures accompagnées de quatrains en latin et en allemand par Johannes Posthius de Germersheim, Solis s'est servi copieusement et

---

[19]   Bibliothèque municipale de Lyon, Rés 355 891; voir Cooper, pp. 134-145.

[20]   Pour la reproduction de certaines de ces images voir Jean Erhmann, *Antoine Caron, peintre à la cour des Valois, 1521-1599*, pp. 22-26 et pp. 221-222.

[21]   BnF Rés p V 1056; l'édition de 1948 est sortie chez 'Glm' (BnF 16° V 1751).

[22]   Voir Sune Schéle, *Cornelis Bos. A Study of the Netherland Grotesque*, figs 2-13.

méthodiquement des 178 bois de Salomon[23]. Cette influence se prolonge à travers quelques estampes mythologiques sur cuivre qui représentent les sept planètes : là on voit au centre un personnage divin et, de chaque côté, une scène, ou partie de scène, tirée de la *Metamorphose d'Ovide figuree* de Salomon. C'est aussi à Francfort que Solis a publié un Esope : *Aesopi Phrygis Fabulae, Elegantissimis eiconibus veras animalium species ad vivum adumbrantes*, accompagnées de poèmes de Posthius (1566) dont certaines gravures imitent Salomon de près tout en ajoutant beaucoup de détails de paysage et d'architecture ; en 1567 il a publié son Alciat au même endroit. Il faut aussi signaler les *Emblemata* de Nicolas Reusner (1569) qui renferment des gravures prises dans plusieurs livres différents de Solis (*La Bible*, Ovide, Esope.) Il est bien possible d'ailleurs que les nombreuses « mauresques » de Solis s'inspirent des entrelacs de notre artiste. Solis, à son tour, a beaucoup influencé d'autres artistes, et l'influence de Salomon s'est répandue encore plus loin à travers lui. On peut prendre comme exemple une série de tapisseries du Museo civico di Corregio[24].

Salomon a exercé une influence directe sur quelques graveurs français de son époque, par exemple Jean Cousin *fils*, Antoine Caron, Pierre Woeiriot et Etienne Delaune et, dans les années qui ont suivi, en France et à l'étranger, par exemple Pieter van der Borcht, Antonio Tempesta, Crispin van de Passe, ainsi que Le Clerc et Chauveau[25]. Et comme toujours l'influence de Salomon s'étend encore plus loin dans le travail de tous ceux qui ont imité ces artistes. Il y a surtout des ressemblances entre certaines gravures de Salomon et celles qui ornent le *Livre de perspective* (1560) de Jean Cousin, père ; serait-ce à dire que Cousin a imité notre artiste, ou bien Salomon avait-il imité des gravures plus anciennes de Cousin (amphithéâtres, bâtiments ronds, obélisques)[26]?

Notre artiste devait bien connaître l'œuvre de Pierre Woeiriot (1532-après 1589), un orfèvre et graveur lorrain qui a séjourné dans les années 1550 et 1560 à Lyon où il a fait paraître son *Pinax Iconicus*, chez Clément Baudin en 1556, sans doute avec la collaboration de son ami proche, Barthélemy Aneau, qui avait été pour lui « une sorte de guide spirituel » (Fontaine)[27]. Il est bien possible que Salomon ait fait sa connaissance par l'intermédiaire d'Aneau à qui ce gra-

---

[23] Voir Duplessis, *Essai bibliographique sur les différentes éditions des œuvres d'Ovide...*; Ilse O'Dell-Franke, *Kupferstiche und Radierungen aus der Werkstatt Des Virgil Solis*; Jane S. Peters, (éd.), *German Masters: 1550-1600. Virgil Solis: Intaglio Prints and Woodcuts*.

[24] *Catalogo Piantina* < http:www.rcs.re.it/corregio/ museo/capitoli/c4d.htm >

[25] Voir Henkel, pp. 77-79.

[26] Sur Cousin voir Firmin-Didot, *Etude sur Jean Cousin*, pp. 167-176 ; Bibliothèque nationale de France, *La Gravure française à la Renaissance*, p. 468 et n° 98.

[27] A.P.F. Robert-Dumesnil, *Le Peintre graveur français*, 11 tomes Paris, 1835-1871: t. VII (1844) pp. 53-140 et t. XI (1871) pp. 332-343, traitent de Woeiriot ; Firmin-Didot, « Notice sur Pierre Woeiriot de Bouzey » dans *Etude sur Jean Cousin*, pp. 279-303 ; Marie Madeleine Fontaine, édition d'*Alector*, pp. xcvii-xcviii ; voir surtout Paulette Choné, *op. cit.*, pp. 543-660, et Mizué Iwaï, *L'Œuvre de Pierre Woeiriot (1532-1599)* ; voir aussi Bibliothèque nationale de France, *La Gravure française à la Renaissance*, p. 479 et n°s 140 et 141.

veur a dédié son *Libro d'annella d'orefici*, un recueil de gravures en taille-douce publié par Roville en 1561[28]. En tant que portraitiste Salomon a sûrement admiré les portraits qu'il avait faits, entre autres celui, célèbre, de Louise Labé, et ceux de Charles Fontaine, de Louis Des Masures, et de François Duaren, et sans doute d'autres encore.Woeiriot s'est inspiré en partie de l'œuvre de Salomon dans les onze planches qu'il a faites en 1566 pour les *Antiquités judaïques*, publiées par Philippe Tinghi, directeur des héritiers de Jacques Junte[29], mais ses illustrations pour *Les Emblemes ou devises chrestiennes* de Georgette de Montenay, publié par Jean Marcorelle à Lyon, en 1567, ne doivent rien à Salomon[30]. Son influence n'est pas très évidente non plus dans les *Icones xxxvi ad sacrae historiae fidem compositae* du même artiste, accompagnés de vers latins et français composés par un secrétaire du duc de Lorraine, et publiés en 1580 par Antoine God à Novéant-sur-Moselle, mais commencés une vingtaine d'années plus tôt[31].

Etienne Delaune (1518-1583) est un autre graveur célèbre qui s'est inspiré en partie des gravures de Salomon pour ses propres compositions, en dessin, en gravure aussi bien que dans les arts du métal[32]. Brugerolles et Guillet signalent une série de dessins de lui conservés au British Museum qui imitent les gravures bibliques de Salomon[33]. Dans une gravure intitulée *Melchizedec redeuntes e bello humaniter excipit: cui dat Abraham primitias*, Delaune imite Salomon en mettant l'offrande du pain au centre de l'image (bien que la scène soit inversée); cette gravure de Salomon sera imitée souvent par d'autres artistes[34]. Dans un autre recueil des gravures de cet artiste, il y a une série qui représente les signes du Zodiaque dont une vignette représente Vénus tenant une balance qui ressemble de très près à la gravure salomonienne pour *L'Hymne de Septembre* (fig. 44)[35]. Ce même recueil contient une gravure représentant Diane lançant un jet d'eau à Actéon dont la tête s'est déjà transformée en celle d'un cerf, sans doute inspirée de Salomon. Mais Salomon l'a peut-être prise chez Penni, et il est donc possible qu'ils aient imité tous les deux la même source[36]. En tout cas il y a une parenté certaine entre ces deux artistes; comme disait Mariette dans son *Abécédario*, «Luy et le petit Bernard dessinoient, ce me semble, à peu près dans la mesme manière»[37].

---

[28]   *Livre d'aneaux d'orfèvrerie*, éd. en fac-similé par Diana Scarisbrick, Oxford, Ashmolean Museum, 1978.

[29]   BnF Rés H 409, Est. Ed. 5. c Rés, Baudrier, t. VI, pp. 317-320.

[30]   Adams, *et. al.*, *BFEB*, t. I, n° 437.

[31]   Estampes Ed. 5c Rés; Linzeler *Inventaire du fonds français. Graveurs du seizième siècle*, 1938, p. 172, n° 58; Pierre Marot, «L'Edition des *Icones xxxvi ad sacrae historiae fidem compositae*».

[32]   Voir Bibliothèque nationale de France, *La Gravure française à la Renaissance*, p. 469 et n°s 101-117; Brugerolles et Guillet, *Le Dessin en France au XVIᵉ siècle*, n°s 63-67.

[33]   *ibid.*, p. 228; BM Inv. n° 35659 / 1/3 et 35659/ 1/4.

[34]   Ed 4 + pet. In-fol. (p. 50).

[35]   BnF Estampes, Ed. 4a Rés., p. 85.

[36]   Voir *supra*, p. 154.

[37]   T. III, p. 79.

Si on passe de France en Italie, le nom d'Antonio Tempesta vient tout de suite à l'esprit[38]. Ce peintre et graveur (1555-1630) fut responsable de 220 illustrations pour l'Ancien Testament, qui ne semblent pas devoir grand-chose à Salomon ; cependant (tout à fait comme dans le cas de Solis) ses 150 eaux-fortes pour les *Métamorphoses* (*Metamorphoseon sive transformationum Ovidianarum libri quindecim*), publiées à Anvers en 1606 par Pierre de Jode, s'inspirent directement de lui. Ces images, plus grandes que celles de Salomon (97 x 115) et inversées, suivent en gros son choix de sujet, avec plusieurs omissions et quelques ajouts. Elles reprennent souvent la composition générale de l'artiste lyonnais, soit en l'imitant de très près, par exemple, dans *La Chute de Phaéton* (12), *La Chute d'Icare* (75) et *Actéon dévoré par ses chiens* (26), soit en en reprenant les éléments principaux pour les transformer ensuite, par exemple, dans *La Création de l'homme* (2) (Dieu et l'homme y occupent la même place mais ont des expressions faciales et des gestes tout à fait différents), ou dans *Perseus combatant pour Andromeda* (40), où Persée arrive sur Pégase (ce qui n'est pas dans le texte – nous allons en reparler) mais trouve Andromède presque assise plutôt que debout, ou bien dans *Acteon mué en cerf* (25), où l'artiste a supprimé la fontaine Renaissance et le jet d'eau lancé par Diane. D'autres gravures n'ont rien à voir avec Salomon : *L'Age de fer* (6) ne représente que deux cavaliers en train de se battre, et il arrive que Tempesta subsitue un autre aspect de l'histoire, par exemple au lieu de *Theseus et Ariadne* il représente Thésée se battant contre le Minotaure (74). Parfois Tempesta prend jusqu'au titre même de Salomon, par exemple, *Reparatio generis humani* (8) pour l'histoire de Deucalion et de Pyrrha (qu'il imite d'ailleurs de près). Parfois il perpétue des «erreurs», trouvées dans sa source, par exemple, il représente Erichthon (14) avec une queue de serpent (erreur provenant du *Grand Olympe*)[39]. Quelquefois il s'agit seulement d'un personnage ou d'un détail de l'illustration qui est imité de près, par exemple, Phaéton qui se présente en suppliant devant Apollon (11) (bien que la scène se passe dans les nuages et non pas à l'intérieur du palais du Soleil), Europa (21), ainsi que le hibou dans l'histoire d'Ascalaphe (49). En ce qui concerne l'histoire de Leucothoé (35), où son dessin est très différent de celui de Salomon, son choix de titre suggère qu'il s'est servi de l'édition italienne et non de la française.

Tempesta s'est inspiré de nouveau de Salomon dans un des plus grands de ses *Paysages avec des sujets mythologiques*, là où il dépeint l'histoire de Syrinx qu'il n'avait pas incluse dans la série de 1606[40].

Le recueil de Crispin van de Passe (1564-1637), *Metamorphoseon Ovidianarum typi aliquot artificiosissime delineati*, (1602), est caractérisé par sa finesse qui se voit surtout dans le détail réaliste, par exemple, des maisons locales. Ce livre, de forme oblongue lui aussi, présente la gravure avec un quatrain en latin sur la

---

[38] Sebastian Buffa *The Illustrated Bartsch*, t. XXXVI. *Italian Masters of the Sixteenth Century*, pp. 110-119.

[39] Voir p. 160.

[40] Ed. Sebastian Buffa, *op. cit.*, p. 118.

page de droite, laissant blanche la page de gauche. L'influence de Salomon est très nette mais l'artiste a été moins fidèle au modèle que Borcht. Ilja Veldman souligne pourtant la difficulté de précision en ce qui concerne ses sources puisqu'il doit beaucoup aussi à Martin de Vos, à Tempesta et à Borcht. En dépit de la date qui figure à la page de titre, l'exemplaire que nous avons consulté renferme une gravure sur laquelle se lit l'inscription «Coloniae Agrippin. Anno Domini 1604». Normalement il n'y a pas d'inscription mais il y a quelques rares cas de signature: «Crispan [sic] de Passe inventor excudit», «Martin de Voss inventor. Crispin de Passe fecit», «Crispin de Passe imprimit». L'influence de Salomon se révèle aussi dans quelques-unes des cinquante-neuf gravures sur cuivre de son *Liber Genesis*, publié en 1612. Par contre, nous n'avons pas trouvé d'influence précise de Salomon sur ses illustrations virgiliennes, *Compendium Operum Virgilianum*, de la même année, bien qu'il y ait une certaine ressemblance dans les sujets[41].

Pasquier signale une édition de Virgile, publiée à Paris en 1626, contenant des gravures de J. de Combes dont certaines imitent les gravures virgiliennes de Salomon, mais présentées verticalement plutôt qu'horizontalement, parfois simplifiant la gravure d'origine, parfois omettant des détails[42].

Il convient aussi de signaler le livre de Leclerc, *Plusieurs et diverses histoires tant du Vieil que Nouveau Testament*, in-4° oblong, publié à Paris en 1595, et en 1596 sous le titre *Figures de la Saincte Bible*, et en plusieurs autres éditions par la suite. Certains bois de cette bible illustrée, parfois attribuée à Jean Cousin, ou à son école, accusent aussi l'influence de Salomon et d'Eskrich, mais les sources sont multiples et on peut déceler la main de plusieurs graveurs[43]. Cette influence ne s'arrête pas là: on peut relever, entre autres, trois éditions rouennaises illustrées du *Nouveau Testament* qui imitent Salomon de près, celles de Pierre Calles, 1603, Jean Crevel, 1609, et Clément Malassis, 1641, et *La Sainte Bible*, publiée à Paris, par Gérard Jollain en 1703[44].

Matthäus Greuter a réalisé une série de six gravures pour les *Triomphes* de Pétrarque, publiées par Balthasar Caymox de Nuremberg en 1596, qui accusent l'influence de Salomon. Ce graveur, originaire de Strasbourg, travaillait à Lyon et à Avignon vers cette époque. Ce qu'il doit à Salomon, c'est l'idée d'abandonner la convention qui voulait que l'artiste représente les triomphes par des défilés de chars et d'y substituer un dessin sur deux registres, un personnage allégorique au ciel et un autre sur la terre. Il lui prend en plus quelques éléments iconographiques tout en en inventant d'autres de son propre gré. Trois de ces gravures lui doivent peut-être quelque chose de plus: *Le Triomphe de la Chasteté* représente une grande salle dans un palais qui s'ouvre sur une pièce attenante

---

[41]   Voir Ilja M. Veldman, *Profit and Pleasure. Print Books of Crispijn de Passe*, pp. 63-69 et 73-79, et voir Hollstein, *Dutch and Flemish Engravings*, t. XV et t. XVI.

[42]   Pasquier, *op. cit.*, p. 107.

[43]   Mortimer, n° 101, DH, n°s 1310 et 1311.

[44]   DH, n°s 4061, 4065 et 4080; nous tenons à remercier Huguette Brunet de nous avoir signalé ces exemples tardifs de l'influence de Salomon.

pour révéler la scène de Joseph et la femme de Putiphar, qui ressemble tout à fait à la gravure de Salomon dans les *Quadrins historiques* (ou peut-être plutôt dans la *Petite Suite*), et *Le Triomphe de la Renommée* inclut une Tour de Babel du même genre. La dernière gravure, *Le Triomphe de la Divinité* (ici *Aeternitas*) lui emprunte les têtes ailées qui entourent la trinité tricéphale, tout en ajoutant les douze anciens, et, comme le dit bien Edith Wyss, substitue à la tête *trifrons*, une image plus traditionnelle et moins hérétique des trois personnes divines[45].

En dernier lieu nous mentionnons un recueil qui traduit en gravure une série de tapisseries. Simone Collin-Roset a signalé cette magnifique suite de tapisseries, figurant *La pompe funèbre de Charles III*, maintenant conservées à Vienne, mais qui se trouvaient à l'origine dans la salle d'honneur du palais des ducs de Lorraine. Un livre publié à Nancy par Claude de la Ruelle en 1609 ou 1610 sous le même titre contient trois grandes planches gravées par F. Brentel qui fournissent un souvenir de l'installation des tapisseries. Il semblerait que Brentel n'ait pas travaillé d'après nature dans sa représentation de ces tapisseries (dont la source est à chercher chez Raphaël et Jules Romain) mais d'après les *Quadrins historiques* de Salomon[46].

Pour conclure cette section nous rappelons que l'influence de Salomon sur la gravure est facile à détecter: il s'agit de recueils imprimés d'images, paraissant souvent chez les mêmes éditeurs, qui reprennent le choix de sujets de notre artiste et imitent fidèlement sa composition.

Lorsque l'on se retourne pourtant vers la peinture, ce côté systématique fait évidemment défaut, mais l'influence de Salomon reste très importante. En parlant de l'influence exercée sur la peinture par les *Quadrins historiques*, Brugerolles et Guillet démontrent l'utilisation générale que l'on pouvait faire de ce genre d'illustration:

> Le contexte religieux de l'époque concourt donc à l'exceptionnelle notoriété de ces images destinées à marquer les esprits, mais leur succès ne fut pas moindre auprès des artisans et des artistes. Elles jouent notamment un rôle essentiel dans la formation au sein des ateliers et sont citées comme «pourtraicts en papier servans au mestier de painctre» ou « patrons sur papiers de diverses histoires» dans nombre d'inventaires après décès de peintres et sculpteurs[47].

L'influence de Salomon sur la peinture est un sujet trop vaste et trop éparpillé pour être traité ici de façon adéquate; nous ne cherchons donc qu'à poser des jalons, indiquant quelques rapprochements certains en nous fondant en grande partie sur des parallèles déjà signalés, afin d'encourager d'autres recherches plus approfondies.

---

[45] Voir Edith Wyss, «Matthäus Greuter's engravings for Petrarch's Triumphs».

[46] Simone Collin-Roset, «Emprunts lorrains à Bernard Salomon, dessinateur et graveur lyonnais du XVIᵉ siècle». Voir aussi Pierre Marot, *Recherches sur les pompes funèbres des ducs de Lorraine*, pp. 99-100.

[47] *Le Dessin en France au XVIᵉ siècle*, p. 226.

Panofsky affirme l'importance générale de Salomon pour la peinture indiquant plus précisément quelques tableaux mythologiques de Titien où il se serait servi de la *Metamorphose d'Ovide figuree*: Diane et Actéon (la pose d'Actéon et le bassin en pierre qui n'est pas dans Ovide (157)), la mort d'Actéon (163), l'Enlèvement d'Europe (surtout le paysage) (165), Andromède (le remodelage des bras d'Andromède après 1559, et Persée porté par Pégase plutôt que volant de ses propres ailes, 166)[48].

Le sujet de la libération d'Andromède a beaucoup fait parler la critique; la gravure de Salomon, *Perseüs combatant pour Andromeda* (fig. 221), est d'une importance capitale dans l'histoire et il faut s'attarder un moment pour tracer cette filiation. Rensselaar W. Lee a écrit une étude importante sur l'évolution du traitement de cet épisode dans l'art, établissant la combinaison du thème de l'hippogriffe, monture de Roger qui délivre Angelique (dans l'*Orlando furioso* d'Arioste), avec l'histoire de Bellérophon et avec celle de Persée sur Pégase. Lee suggère comme source possible de Salomon les illustrations au Canto X d'Arioste, soit dans l'édition publiée à Venise en 1542 par Gabriele Giolito, soit dans une des éditions lyonnaises, par exemple celle d'Honorat qui reprend les gravures italiennes, soit celle de Roville, parues en 1556, mais il fait observer que l'association de Persée avec Pégase avait déjà été faite au quinzième siècle, par exemple dans certaines miniatures de l'école du Nord et dans l'édition des *Métamorphoses*, publiée à Venise en 1497[49]. Philippe Morel a signalé en revanche une autre source possible, un texte de G.A. Dell'Anguillara qui travaillait justement à Lyon sur le même sujet à cette époque (bien que ce livre ne date que de 1561)[50]. A cela on pourrait ajouter que ce thème figure dans le *Grand Olympe*, que Salomon connaissait bien.

Annibal Carrache a trouvé dans la même gravure de Salomon l'inspiration d'une des fresques qu'il a desssinées et en partie peintes dans la Galerie Farnèse à Rome, commencée en 1604 (figs 259 et 221). Ce que le peintre doit à l'illustrateur de la *Metamorphose* c'est non seulement la conception de sa toile (un grand rocher central auquel Andromède est attachée, un monstre marin à gauche que survole Persée, et à droite un groupe de spectateurs) mais la représentation de Persée qui vole non pas de ses propres pieds ailés comme on le représentait de coutume et comme le texte d'Ovide le demande, mais chevau-

---

[48]   *Problems in Titian*, 1969, p. 152; le bien-fondé de cet argument dépend de la datation des toiles en question et, d'après des recherches plus récentes, il semblerait que les tableaux de Titien soient antérieurs aux gravures de Salomon ou au moins contemporains de ces dernières. Pourtant les ressemblances réelles ne peuvent guère relever de la coïncidence et on est alors obligé de supposer que Salomon a connu très tôt l'œuvre de Titien ou bien qu'ils se sont servis d'une source commune. Voir aussi Catherine Loisel-Legrand, «De l'imitation à la recherche du naturel: l'*Andromède* d'Annibale Carracci», p. 90.

[49]   R.W. Lee, «Ariosto's *Roger and Angelica* in sixteenth-century art: some facts and hypotheses»; voir aussi *supra*, p. 160.

[50]   Philippe Morel, «La chair d'Andromède et le sang de Méduse... », p. 62, pp. 71-72.

chant Pégase, comme dans le tableau de Titien[51]. Il ne faudrait pas penser pourtant que c'était la seule façon de peindre cette scène à l'époque: on peut par
exemple le voir volant comme Ovide le décrit dans deux gravures de Giovanni
Battista Fontana et dans plusieurs tableaux[52]. Le lecteur qui voudra en savoir
plus sur la représentation d'Andromède à travers les âges se référera aux études
approfondies réunies par Françoise Siguret et Alain Laframboise[53]. Nous
reviendrons au cas de Rubens et à quelques autres exemples dans les arts appliqués. Laissons là le sujet d'Andromède pour passer à d'autres artistes et à
d'autres thèmes.

D'après Ehrmann, Antoine Caron (1521-1599), qui d'ailleurs a peut-être fait
des dessins en vue d'une édition des *Métamorphoses* d'Ovide, aurait fait des gravures en imitation de Salomon. On peut aussi discerner l'influence de notre
artiste dans un de ses dessins, *La Flagellation*, où le groupe central, surtout le
Christ, ressemble au bois de Salomon. En ce qui concerne *Les Massacres du
Triumvirat* dont nous venons de parler, l'influence de Salomon n'est que très
indirecte[54]. Mais dans un autre tableau Caron s'est inspiré directement de lui
pour un groupe central de la composition, *Abraham et Melchisédech*, peint vers
1590; cette gravure de notre artiste allait avoir par ailleurs une grande influence
sur la peinture et les arts appliqués[55]. Ehrmann fait remarquer que la composition suit celle de l'*Enfant prodigue* de Lucas de Leyde, et ajoute que « c'est le seul
cas où l'on surprend Caron à copier littéralement la composition d'un autre
maître, peut-être pour se prévaloir du parrainage d'un artiste nordique dont la
renommée était, de son temps, universelle »[56]. Il ajoute le nom de quelques
autres graveurs, dont Salomon, qui ont directement inspiré Caron, mais de
façon générale, et non pas par rapport à ce tableau. Pourtant l'influence de Salomon se voit clairement dans plusieurs éléments du groupe d'Abraham et de
Melchisédech et de leurs suivants. La pose et les gestes des deux personnages
principaux, le rapport entre eux et la façon dont ils sont vêtus, sont presque
identiques; un tissu fin est tendu sous les trois pains dans les deux images; cette
similitude s'étend à leurs suivants, les porteurs de vin derrière le roi de Salem, et

---

[51] J.R. Martin, *The Farnese Gallery*, p. 129 et figs 77 et 284; voir aussi Iris Marzik, *Das Bildprogramm der Galleria Farnese in Rom*; Steadman, «Perseus upon Pegasus and Ovid moralized»,
pp. 407-410; Catherine Loisel-Legrand, *art. cit.*, pp. 88-90, et Stéphane Loire, «Le mythe de
Persée et d'Andromède dans la peinture italienne du XVIIe siècle», p. 118.

[52] Voir Ursula Härting, *Frans Francken der Jüngere (1581-1642)*: Catalogue, n° 341, et pp. 126-
129; Zerner, *Italian Artists of the Sixteenth Century. School of Fontainebleau*, t. I, pp. 373-374;

[53] *Andromède, ou, le héros à l'épreuve de la beauté*, surtout les articles, déjà cités, de Philippe
Morel, de Catherine Loisel-Legrand, et de Stéphane Loire, ainsi que celui de Colette Nativel,
«Andromède aux rivages du Nord, *Persée délivrant Andromède* de Joachim Wtewael». Voir
aussi un article de Françoise Siguret, «La figure d'Andromède, du manièrisme au baroque.
Problématique d'un corpus».

[54] Dessin conservé au Musée du Louvre, cabinet des dessins; Antoine Ehrmann, *op. cit.*, pl. 2,
p. 16, p. 138, voir aussi p. 180.

[55] Voir la reproduction, Erhmann, *op. cit.*, pl. 131.

[56] *Ibid.*, p. 137.

le soldat à gauche d'Abraham. Ehrmann explique en détail une allégorie politique concernant le cardinal de Bourbon dans le tableau de Caron, absent, bien sûr de la gravure de Salomon qui, par ailleurs, ne contient que cette seule scène, tandis que le tableau représente aussi Loth et sa famille. Mais certains éléments de son explication, surtout la représentation d'Abraham en grand roi et en vieillard, sont déjà présents dans la gravure.

John E. Schloder démontre de façon convaincante un rapport étroit entre un dessin de Toussaint Dubreuil, peintre de la deuxième Ecole de Fontainebleau, et la gravure qui illustre l'histoire de Myrrha, la fille du roi Cinyras de Chypre dans la *Metamorphose d'Ovide figuree*. Tous les éléments de notre dessin s'y retrouvent: la juxtaposition de deux épisodes d'une même histoire, l'intérieur avec son lit à baldaquin, la femme âgée vêtue d'un ample costume drapé, la jeune fille prostrée, habillée à l'antique. Mais ils sont traités de façon différente. Le dessin de Dubreuil montre beaucoup de liberté et d'originalité par rapport à la gravure, à la fois par le style et l'interprétation du sujet dont certains détails, comme la façon de présenter le mur «en escalier» pour laisser apparaître la scène d'extérieur, sont pleins de pittoresque[57].

Nicole Dacos a signalé l'influence de Salomon sur une série de treize dessins, datant de 1563-1567, de Peeter de Kempeneer (1503-1580) qui imite librement des gravures pour l'Ancien Testament (huit de la *Genèse*, trois de l'*Exode*, une du livre des *Juges* et une autre du livre des *Rois*). Elle suggère que ces dessins, qu'elle reproduit en entier, étaient destinés à être gravés[58]. Par ailleurs, Salomon a influencé directement ou indirectement, d'autres dessinateurs[59].

Abel Grimmer, pour sa part, s'est servi des bois bibliques de Salomon, dans son tableau *Jésus chez Marthe et Marie* (1614, Musée de Bruxelles), comme l'a bien démontré Françoise Roberts-Jones; là on voit accrochés aux murs six petits tableaux en couleur dont cinq sont tirés des illustrations bibliques de Salomon[60]. Mais on peut aller beaucoup plus loin que ne le fait Roberts-Jones: l'influence de Salomon sur Grimmer ne se restreint pas à ce tableau qu'elle analyse. D'abord l'utilisation de la mise en abyme que constituent ces six tableaux se répète dans deux autres tableaux de Grimmer où réapparaissent les mêmes scènes d'après Salomon. D'ailleurs Grimmer revient plus d'une fois au sujet d'une des illustrations bibliques que l'on y voit, *La Tour de Babel*: on remar-

---

[57]   John E. Schloder, « A propos d'un dessin de Toussaint Dubreuil »; le dessin (Inv. 26262) figure dans Sylvie Béguin (éd.), *L'Ecole de Fontainebleau*, Grand Palais, 1972-3, n° 107, et dans *Fontainebleau. L'art en France, 1528-1610*, t. I, illustr. 187 et 2, n° 107. Schloder signale un autre exemple contemporain de ce sujet (BnF Est. 5b 7a), lui aussi influencé par Salomon, ainsi que deux fresques inspirées de la gravure de Myrrha (1557).

[58]   «Peeter de Kempeneer/Pedro Campaña as a draughtsman», cité par Maria Teresa Caracciolo Arizzoli dans «Pour l'Estampe au XVIᵉ siècle», p. 193.

[59]   Voir Maria Teresa Caracciolo Arizzoli, «Les *Métamorphoses* d'Ovide publiées à Lyon au XVIᵉ siècle», p. 42 et p. 65.

[60]   Françoise Roberts-Jones, «Quelques sources iconographiques d'Abel Grimmer»; et Reine de Bertier de Sauvigny, *Jacob et Abel Grimmer. Catalogue raisonné*, pl. 20, p. 46; voir Ursula Härting, *op. cit.*, Catalogue, n° 140.

quera surtout la présence au premier plan d'un soldat de garde tenant une lance qui est très en évidence chez Salomon[61]. En outre dans *Les disciples d'Emmaüs* (thème favori d'Abel et J. Grimmer) le groupe de Jésus avec les deux pèlerins vient directement d'une gravure de Salomon, la composition en est très proche ainsi que la pose et les gestes des personnages. Bien que l'influence ne s'étende pas au reste du tableau, Grimmer a eu recours à Salomon pour son sujet princi-pal[62]. A cela il faudrait ajouter le personnage du Semeur dans la parabole du même nom. Il n'est peut-être pas sans signification que dans tous ces cas l'in-fluence se révèle dans les personnages, élément sujet à caution dans l'œuvre de Grimmer puisqu'il faisait souvent appel à d'autres artistes pour compléter ses tableaux par l'ajout de personnages. Dans les tableaux de Grimmer ces person-nages sont souvent attribués à Frans Francken le Jeune et l'on peut se demander si ce dernier n'a pas subi l'influence de Salomon dans d'autres tableaux. Il reprend, par exemple, le motif de Persée chevauchant Pégase (Anvers, Rubens-huis, 1610-1615), comme dans le tableau de Titien que nous venons d'évoquer, et son *Abraham et Melchisédech* (Madrid, Prado, milieu des années 1620) repré-sente les deux personnages et les pains ronds au milieu de la scène, exactement comme dans la gravure de Salomon[63].

Deux tableaux, au moins, de Velázquez, accusent une influence très pronon-cée de Bernard Salomon. La composition de *La Reddition de Bréda (Les Lances)* (fig. 257), datant de 1634-1635 et conservée au Prado, a été en partie empruntée à la gravure qui illustre la rencontre d'Abraham et de Melchisédech (fig. 167). Velázquez emprunte à Salomon les deux personnages principaux au centre du tableau (le Général espagnol qui reçoit les clefs de la forteresse des mains du gou-verneur hollandais), le groupe de soldats armés de lances à droite de l'image et un groupe plus petit de soldats en deuxième plan, derrière les deux chefs. Un autre bois gravé de Salomon a influencé le tableau *Jacob recevant la tunique de Joseph* qui date de 1630 et est conservé à l'Escorial[64].

En 1635 Rubens a reçu du roi d'Espagne la commande de décorer la Torre de la Parada (somptueux pavillon de chasse, maintenant détruit, près de Madrid), sans doute sous la direction de Velázquez et avec la collaboration de Snyders. La contribution de Rubens (qui a préparé des esquisses et peint au moins en partie un certain nombre des toiles), une soixantaine de tableaux, dont quarante s'ins-pirent des *Métamorphoses*, constitue un «Ovide illustré» comme le dit Svetlana

[61] Reine de Bertier de Sauvigny, *op. cit.*, pl. 11, p. 37.
[62] *Ibid.*, pl. 76, p. 333, pl. 102, p. 358.
[63] Härting, *op. cit.*, n° 16.
[64] Voir José López-Rey, *Velázquez. Catalogue raisonné*, 1996, 1, pp. 93-96, 2, p. 102 et pp. 180-183; Stephen N. Orso, *Velázquez, Los Borrachos and painting at the Court of Philip IV*, 1933, p. 26, p. 188. (Held, suivant Kubber-Soria, signale l'influence possible d'une gravure de Mar-tin de Vos.) Voir deux articles antérieurs pour la première signalisation de ces comparaisons: Paul Jamot, «Shakespeare et Velázquez», et Martin S. Soria, «Some Flemish Sources of Baroque Painting in Spain».

Alpers, imité souvent de Salomon, et de Tempesta entre autres. Alpers, ainsi que Held, ont analysé les emprunts de Rubens à notre artiste. Il y a quelques scènes où cette influence, directe ou indirecte, est presque certaine, bien qu'à des degrés différents. On peut se référer aux catalogues d'Alpers et de Held pour le détail de tous ces emprunts et l'utilisation qu'en fait Rubens et ses peintres. Il y a en tout une vingtaine de tableaux qui accusent l'influence de gravures de notre artiste, notamment *Apollon et Daphné* (A 1a, H 168) où, dans son esquisse, Rubens réunit les deux scènes de Salomon, *L'Enlèvement d'Europe* (A 21a, H 187, figs 256 et 217) qui la représente tenant les cornes du taureau, *Persée et Andromède* (A 49, H 209), bien que Persée vole de ses propres « ailes » et non pas sur Pégase, *La Chute d'Icare* (A 33a, H 198) dont la composition est très proche, et *L'Apothéose d'Hercule* (A 28a, H 195). Il y en a d'autres où Rubens lui prend un détail, comme le métier à tisser dans *Arachné et Minerve* (A 3a, H 170) ou la barrière dans *Atalante et Hippomène* (A 4a, H 171). Mais il y a souvent des sources intermédiaires, comme l'indiquent et Alpers (notamment *Metamorphoseon Libri XV* publié à Leipzig en 1582) et Held (l'édition plantinienne de 1608)[65]. Held a signalé ailleurs le rôle décisif joué par une gravure de Salomon dans la conception du *Banquet des Dieux* de Rubens (et chez Jacob Jordaens qui suit Salomon d'encore plus près)[66]. Il est possible également de voir l'influence indirecte de Salomon dans les tableaux de Rubens qui figurent la rencontre d'Abraham et Melchisédech, mais les seuls points de comparaison semblent être la représentation de l'offrande (et même là il s'agit de deux pains au lieu de trois), et la forme d'une anse de vase[67]. Par ailleurs, Dieter Beaujean a signalé un exemple antérieur où Rubens a bien imité une gravure biblique de Salomon dans le groupe d'Adam et Eve autour de l'arbre dans un tableau conservé au Mauritshuis ; il y a certes des différences importantes (Eve ne tient pas une deuxième pomme dans sa main gauche comme chez Salomon mais tend le bras pour la cueillir, et Adam ne s'appuie pas sur le bras gauche mais le tend devant lui), mais il est clair que Rubens s'est servi de la composition salomonienne et de quelques détails de la pose[68].

Tervarent a attiré l'attention sur l'influence de Salomon sur le *Paysage au Serpent* de Poussin qui, lui, reprend le dessin pour l'histoire de Cadme et le serpent, et Anthony Blunt fait remarquer que cet artiste s'était servi des graveurs qui avaient illustré les *Métamorphoses* d'Ovide, signalant par exemple l'influence de Salomon (et de Goltzius) dans son *Mercure et Argus*, mais estime que c'est la fraîcheur et la nouveauté qui dominent dans ses dessins[69].

[65] Svetlana Alpers, *The Decoration of the Torre de la Parada*, chapitre 2 et *passim*; Julius S. Held, *The Oil Sketches of Peter Paul Rubens*, pp. 251-301.

[66] Held, « Achelous' Banquet »; il s'agit de la gravure du Livre 8, *Une fille muee en Isle*.

[67] Nora de Poorter, *The Eucharist Series*, t. I, pp. 282-294, et t. II, pl. 122, et Julius S. Held, *op. cit.*, t. I, pp. 139-166, t. II, pl. 92.

[68] Dieter Beaujean, « Jan Brueghel d'Ä., Peter Paul Rubens und Bernard Salomon.... ».

[69] Guy de Tervarent, « Le véritable sujet du *Paysage au Serpent* de Poussin... »; Anthony Blunt, *Nicolas Poussin*.

La diffusion de l'influence de Salomon se discerne dans une série d'au moins dix tableaux du peintre crétois, Theodoro Pulakis (1622-vers 1692). Harula Economopoulos rapporte que cette série sur l'histoire de Joseph est maintenant dispersée: quatre tableaux sont conservés au Museo del Palazzo à Venise, et quatre dans la collection de Cleopatra Kaftantzoglu à Athènes. Les lacunes dans l'histoire de Joseph suggèrent que d'autres tableaux devaient compléter la suite. L'inspiration est composite et Economopoulos y voit l'influence de Jan Sadeler I, Martin de Vos et Salomon (la Bible et les *Emblèmes* d'Alciat)[70].

L'influence de Salomon sur la peinture s'est étendue aux peintures murales ou de plafond. Pierre Arizzoli-Clémentel a décrit une boiserie peinte qui se trouve au Musée des Arts Décoratifs de Lyon, et qui a été aménagée depuis en *studiolo* ou cabinet de retraite, dit de Bernard Salomon, d'après les vingt-six panneaux octogonaux du début du XVIIᵉ siècle, nouvellement acquis en 1990, qui le décorent. Ces panneaux, déjà décrits par Emile Grangette et Anne Sauvy, sont marqués par un agglomérat d'influences (y compris Antonio Tempesta et Virgile Solis) et témoignent donc d'une imitation indirecte de Salomon[71]. L'auteur de l'article compare cette nouvelle installation à celle du *studiolo* de Guy de Daillon au château du Lude dans la Sarthe dont le décor (du dernier quart du XVIᵉ siècle, d'après Dominique Bozo) s'inspire des *Quadrins historiques* de Salomon et d'un manuscrit des *Triomphes* de Pétrarque conservé à l'Arsenal. Quatre peintures sont tributaires du manuscrit; une grande peinture, l'arche de Noé, et sept des huit petites scènes qui racontent l'histoire de Joseph, dans les tympans, accompagnées du texte de Paradin dans les écoinçons, s'inspirent des *Quadrins historiques*[72].

Au château de Montbras dans la Meuse on peut voir le plafond voûté d'une salle d'apparat, qui contient trente tableaux peints à l'huile (tout ce qui reste des cinquante-six tableaux d'origine, maintenant en mauvais état). La source de ces peintures (qui datent de 1598-1609) est la *Metamorphose d'Ovide figuree* de Salomon, soit directement soit par un intermédiaire. Simone Collin-Roset suggère qu'ils sont peut-être du pinceau de Jacques Bellange. Comme dans la *Metamorphose*, ces images sont accompagnées de huitains[73]. Au château de Pibrac (Haute-Garonne) se trouve un «Cabinet des Quatrains» qui contient un lambris sculpté surmonté d'une voûte et des lunettes peintes de scènes ovidiennes, tirées du premier livre des *Métamorphoses*. Le décor des parois comporte les histoires suivantes: Jupiter dans le conseil des dieux annonçant le Déluge, Apollon à côté du Python qu'il vient de tuer, la transformation de Daphné en laurier, Junon, Io et Jupiter, Argus décapité, Junon et le paon, et Mercure et les géants. Bruno Tol-

---

[70] Harula Economopoulos, «Un ciclo di dipinti con le storie di Giuseppe di Theodoro Pulakis».

[71] Emile Grangette et Anne Sauvy, «A propos des influences de Bernard Salomon... »; Pierre Arizzoli-Clémentel, «Une Boiserie peinte et dorée du début du XVIIᵉ siècle au Musée des Arts Décoratifs de Lyon»; voir aussi *Ville de Lyon. Exposition du Bimillénaire*, pp. 101-105.

[72] Dominique Bozo, «Les peintures murales du chateau du Lude»; J.-P. Babelon, *Châteaux de France au siècle de la Renaissance*, pp. 139-142.

[73] *Art. cit.*, pp. 310-314.

lon, dont nous suivons ici l'étude, a démontré que ces images, à l'exception de celle qui met en scène l'assemblée des dieux, viennent directement des gravures de Salomon. L'ensemble pictural a été commandé par le poète Guy du Faur et constituerait un programme allégorique et politique au sujet du pouvoir, et sans doute aussi moral et religieux[74]. Il est nécessaire de signaler deux autres séries de peintures murales. Celles du château de Chareil-Cintrat (1560), dépeignant la *Naissance d'Adonis* et le *Repos à la chasse avec Vénus*, sont tributaires des gravures ovidiennes de Salomon, et, ce qui est plus exceptionnel, le plafond imite les sept planches planétaires de la *Chiromance*. Les peintures du château de Villeneuve-Lembron (1582, Puy-de-Dôme) qui leur sont apparentées, s'inspirent également de la *Metamorphose d'Ovide figuree*: les deux scènes de Pyrame et Thisbé qui ornent la grande salle reprennent deux gravures de Salomon, et au rez-de-chaussée une représentation de Persée et d'Andromède se substitue à deux gravures salomoniennes[75]. Il convient de signaler ici des images en camaïeu doré qui se trouvent sur un meuble conservé au château d'Ecouen puisqu'elles relèvent de la peinture plutôt que du mobilier. Il s'agit d'une armoire provenant de Thoisy-la-Berchère[76], qui, en plus d'un décor richement sculpté, produit probablement par l'atelier d'Hugues Sambin, contient des panneaux bombés insérés dans des niches. Ces quatre camaïeux figurent des scènes de la *Genèse*: la naissance d'Esaü et Jacob, Esaü vendant son droit d'aînesse à Jacob, la naissance de Joseph, et Joseph jeté dans le puits par ses frères aînés. L'inspiration de ces images est à chercher dans les *Quadrins historiques de la Bible* de Salomon (ou peut-être, comme le suggère Alain Prévet, dans les *Figures de la Bible déclarées par Stances* de 1582 avec les gravures d'Eskrich).

L'influence de Salomon s'étendait aussi à la sculpture. Simone Collin-Roset a signalé quelques sculptures en pierre qui décorent la cour d'honneur du château de Louppy-sur-Loison dans la Meuse (1620-1633) dont la source est à chercher dans les illustrations que Salomon a exécutées pour son Ovide ou bien dans des gravures qui en dérivent. Il s'agit d'abord d'un haut-relief figurant *Mercure espris de la belle Hersé*, qui remplit un tympan, et de trois autres sculptures qui ornent le grand portail: la première, qui symbolise le feu et représente deux scènes de l'histoire d'Hercule: sa mort et son triomphe; la deuxième, qui symbolise l'air, figure la déification d'Enée; et la troisième représente Persée combattant pour Andromède, comme symbole de l'eau[77]. Il existe par ailleurs une belle suite de bois sculptés provenant du décor de stalles de l'église abbatiale de Saint-Vaast d'Arras (1623), remontés depuis 1845 dans l'église Sainte-Elisabeth,

[74] Bruno Tollon, «Ovide dans le 'cabinet de quatrains': un décor peint identifié dans le château de Pibrac».

[75] François Enaud, «Peintures murales de la seconde moitié du XVIᵉ siècle découvertes au château de Villeneuve-Lembron (Puy-de-Dôme)»; l'auteur de cet article cite avec approbation un travail de Mlle A. Regond sur Chareil-Cintrat.

[76] Voir Alain Prévet, «Œuvre authentique. Œuvre hypothétique... », dans Alain Erlande-Brandenburg, *Hugues Sambin: un créateur au XVIᵉ siècle*, pp. 101-106.

[77] Simone Collin-Roset, *op. cit.*, p. 316.

rue du Temple, à Paris. Jacqueline Langlois, qui en a fait l'analyse, démontre que ces cent bas-reliefs en bois de chêne sont installés en deux registres, où les scènes du Nouveau Testament répondent à des scènes de l'Ancien. Elle a pu identifier la source de certains de ces panneaux (un quart environ): pour le Nouveau Testament il s'agirait de gravures de Marc-Antoine Raimondi (réalisées d'après Dürer) et de graveurs flamands (d'après De Vos); pour l'Ancien Testament c'est en grande partie à Salomon que le sculpteur sur bois a fait appel, soit directement, soit par l'intermédiaire d'une bible dont l'illustrateur a imité le graveur lyonnais, par exemple les *Figures de la Saincte Bible accompagnées de briefs discours*, publiée par Leclerc[78]. Langlois attire l'attention sur la simplification ou l'adaptation de certaines scènes (la Naissance d'Isaac se substitue à celle d'Esaü et de Jacob, et le nombre d'assistants diminue). Il nous a semblé qu'une vingtaine de ces panneaux accusent l'influence de notre artiste.

L'influence qu'a exercée Salomon dans le domaine de la sculpture sur bois s'étend au mobilier où elle est trés répandue. Rondot signale le grand nombre de menuisiers qui travaillaient à Lyon à l'époque: leur bois préféré était le noyer, qu'ils ornaient simplement mais abondamment: «Les masques, les cariatides, les rinceaux et les guirlandes de fruits, les entrelacs et les arabesques surtout...»[79] ce qui rappelle évidemment Salomon. Mais il y a beaucoup plus, puisque certains menuisiers ajoutaient des panneaux sculptés, inspirés de gravures de Salomon. Il est important de noter que cette influence s'est étendue à d'autres régions de France. Jacques Thirion a présenté des exemples provenant du Musée d'Ecouen (anciennement au Musée de Cluny) et du Musée des Beaux-Arts de Dijon ainsi que de quelques collections privées, tout en signalant que ces meubles ne sortent pas d'un atelier lyonnais. L'inspiration de ces panneaux se trouve dans les gravures qui ornent les *Quadrins historiques* et la *Metamorphose d'Ovide figuree*, mais les sculpteurs sur bois en simplifient le dessin, en supprimant les paysages du fond et en se concentrant sur les personnages. Parmi les sujets que l'on rencontre se trouvent les suivants: La Création (connue par un panneau seulement), La Rencontre d'Abraham et de Melchisédech, dont un exemple au Musée d'Ecouen (qui, d'après Thirion proviendrait d'une armoire languedocienne) et un autre au Musée de Picardie à Amiens, L'Histoire de Loth (collection privée), le Sacrifice d'Abraham (collection privée, adaptation au Musée de Dijon), l'Histoire d'Isaac (collection privée), Joseph et la femme de Putiphar (Musée de Louviers et collection privée), Judith remettant la tête d'Holopherne à sa suivante (Musée de Louviers et adaptation au Musée d'Ecouen), et, finalement, sur une armoire languedocienne du début

[78] Jacqueline Langlois, «Gravure et sculpture sur bois. Etude d'après des panneaux sculptés à l'église Sainte-Elisabeth».

[79] *L'Art du bois à Lyon au quinzième et au seizième siècles*, p. 2; sur l'influence de Salomon sur les arts appliqués, voir aussi Saunders, *The Sixteenth-Century French Emblem Book*, pp. 263-279; J. Adhémar, «L'estampe et la transmission des formes maniéristes».

du seizième siècle, la représentation de trois des quatre âges (l'Age d'Airain étant remplacé par La Création d'Adam)[80].

Le mobilier n'est pas le seul des arts appliqués à bénéficier de l'influence de Salomon. Les *Quadrins historiques* et la *Metamorphose d'Ovide figuree* (ainsi que les *Emblèmes* d'Alciat, les *Fables* d'Esope, les *Devises heroïques*, et les *Triomphes* de Pétrarque) ont souvent servi de source à des artistes et artisans en plusieurs autres domaines, notamment à des tapissiers, à des faïenciers, à des émailleurs, à des bijoutiers, à des orfèvres et à des verriers[81]. Saunders voit les livres d'emblèmes comme des livres de patron (albums d'échantillons), citant à l'appui une remarque de Barthélemy Aneau dans sa traduction d'Alciat de 1549 (ce qui rappelle et dépasse la remarque de Corrozet que nous avons citée en début de chapitre):

> il aura en ce petit livre (comme en ung cabinet bien garny) tout ce qu'il pourra, et vouldra inscripre, ou peindre aux murailles de la maison, aux verrieres, aux tapis, couvertures, tableaux, vaisseaulx, images, aneaulx, signetz, vestemens, tables, lictz, armes, brief à toute piece et ustensile, et en tous lieux[82].

L'influence de Salomon sur la tapisserie a été longtemps reconnue. Rolle cite de Bombourg qui écrivait: «A Saint-Paul, vous verrez des tapisseries fortbelles, du dessein du Petit Bernard, qui ont été données par Claude Buyatis, camérier de ladite église, et un parement d'autel du même dessein»[83]. Nous n'avons pas trouvé trace de ces tapisseries.

Cette influence se remarque d'abord dans l'emprunt de dessins géométriques, venus des livres de patron et des ornements comme on les voit dans les encadrements de Salomon, et ensuite par la présentation de fleurs, d'animaux et de personnages[84]. Il existe plusieurs ouvrages de tapisserie ou de broderie pour lesquels le lissier a trouvé son inspiration dans les gravures de Salomon entre autres. Il s'agit des illustrations pour la Bible, pour Ovide et pour les *Devises* de Paradin. Le premier exemple que nous ayons trouvé date du vivant de Salomon, et même de très tôt après la parution de la gravure: il s'agit d'une série consacrée à l'histoire de Moïse, commandée par Guglielmo Gonzaga et conservée au Museo del Duomo à Milan, où l'histoire de Judith et Holopherne, imitée de Salomon, orne par deux fois l'encadrement d'une tapisserie[85].

Yvonne Hackenbroch décrit deux séries de draperies de lit dans la collection d'Irwin Untermeyer, dont la première, d'origine française, imite, à des degrés

[80] Jacques Thirion, «Bernard Salomon et le décor des meubles civils français...», qui inclut d'utiles indications bibliographiques; et, du même auteur, *Le Mobilier du Moyen Age et de la Renaissance en France*, p. 123, pp. 199-201, p. 220, pp. 234-241.
[81] Rondot, pp. 48-51.
[82] Saunders, *op. cit.*, p. 264.
[83] «Bernard Salomon (Le Petit Bernard) Peintre et Graveur sur bois», p. 414.
[84] Rondot, *Les graveurs...*, pp. 106-107; Saunders, *op. cit.*, pp. 276-278.
[85] Voir Thomas P. Campbell, *Tapestry in the Renaissance. Art and Magnificence*, p. 493.

différents de fidélité, les gravures que Salomon a faites pour l'histoire de Moïse, tandis que la seconde (d'origine suisse, datée de 1604) se base sur six autres histoires du début de la *Genèse* interprétées selon le cas par Salomon, Lützelberger d'après Holbein, et Tobias Stimmer. Hackenbroch décrit la transformation dans les fonds, qui substituent des paysages boisés et familiers aux paysages fantastiques de Salomon, et la réduction du nombre de personnages, ce qui concentre l'attention sur la narration principale. Les personnages s'épaississent et, avec l'ajout du coloris, deviennent encore plus vivants[86]. Edith Standen mentionne par ailleurs un panneau conservé au Metropolitan qui présente sept scènes de l'histoire de Tobie qui trahissent l'influence de Salomon[87].

L'influence de la *Metamorphose d'Ovide figuree* se voit en outre dans deux ouvrages exécutés dans l'entourage de Marie Stuart[88]. Le premier est une partie de tenture (draperie de lit) au Metropolitan (Rogers Fund) que Margaret Swain attribue à la reine d'Ecosse. Cette tapisserie est un ouvrage sophistiqué sur satin jaune qui représente l'Enlèvement d'Europe, et d'autres sujets tirés de la *Metamorphose d'Ovide figuree* (Actéon, Jupiter et Sémélé, la Mort de Thisbé et l'histoire de Salmacis). Il existe deux autres parties du même ensemble, conservées au Musée Historique des Tissus de Lyon, représentant en tout dix épisodes supplémentaires qui s'inspirent des gravures ovidiennes de Salomon[89]. Edith Standen a suggéré que cet ouvrage est d'origine lyonnaise (à cause des guirlandes et des mascarons qui l'entourent rappelant fortement les encadrements de notre artiste) et même que c'est Salomon qui en aurait fait le dessin, auquel cas il ne s'agirait pas de l'imitation d'une gravure mais de la conception d'une tapisserie[90]. Le sujet de l'Enlèvement d'Europe a été repris par une amie de Marie Stuart, la comtesse de Shrewsbury, appelée «Bess of Hardwick»; cet ouvrage, ainsi que d'autres du même milieu, appartiennent au Victoria and Albert Museum, et sont maintenant conservés à Oxburgh Hall dans le Norfolk. D'autres broderies attribuées à Marie Stuart ou bien à Bess de Hardwick trouvent leur modèle dans les *Devises* de Paradin, par exemple, celle de Marguerite de Navarre, adoptée plus tard par la reine d'Ecosse (le souci qui se tourne vers le soleil accompagnant le motto *Non inferiora secutus*, fig. 33), et le choucas assoiffé avec le motto *Ingenii largitor* (fig. 37). D'autres devises royales qui apparaissent dans une série de tapisseries maintenant perdues ont été attribuées à cette reine au dix-septième siècle par le poète écossais William Drummond de

---

[86] Yvonne Hackenbroch, *English and other Needlework, Tapestries and Textiles in the Irwin Untermeyer Collection*, pp. lv-lvii, p. 58, pp. 66-67.

[87] Edith Standen, «A picture for every story», p. 175.

[88] Margaret Swain, *The Needlework of Mary Queen of Scots*, p. 18, pp. 25-28, pp. 64-65, pl. 20, pl. 26, pl. 57, *Scottish Embroidery, Medieval to Modern*, p. 24; Alison Saunders, *The Sixteenth-Century French Emblem Book*, pp. 276-279.

[89] Voir Pierre Arizzoli-Clémentel (éd.), *Le Musée des Tissus de Lyon*, p. 135, qui le date de «vers 1560» (Marie-Jo de Chaignon).

[90] *Loc. cit.*, p. 167; Swain, *The Needlework of Mary Queen of Scots*, p. 25.

Hawthornden[91]. Parmi d'autres tapisseries écossaises de cette époque on peut signaler six panneaux tirés des illustrations salomoniennes pour la *Genèse* dont deux se trouvent à New York et les autres dans des collections privées[92]. Nicole Dacos, par ailleurs, mentionne une autre série de tapisseries conservées au Museo degli Arazzi de Marsala qui s'inspirent de l'*Histoire de Flave Josèphe* (Lyon, 1562) dont l'illustration est de Salomon[93].

S'il est un domaine de l'influence de Salomon qui prime sur tous les autres, c'est celui qui englobe la majolique, la faïence, la poterie. A la fin du dix-neuvième siècle, Rondot avait commencé à étudier l'influence de Salomon sur la céramique de son temps, mais c'est Charles Damiron qui est le vrai fondateur des études consacrées à ce sujet[94]. Cet auteur fait remarquer que c'est en Italie d'abord que les peintres-céramistes ont copié les gravures de Marc-Antoine Raimondi, de Raphaël, de Jules Romain, de Véronèse et de Titien, en choisissant des sujets dans la mythologie, la Bible et chez Pétrarque. A partir du milieu des années 1550, presque dès la parution des gravures bibliques et ovidiennes de Salomon, on commence à détecter son influence en Italie, surtout à Faenza et à Urbino. On peut même savoir, grâce aux inscriptions, que le peintre se servait parfois de l'édition italienne de la Bible ou des *Métamorphoses* d'Ovide illustrées par Salomon[95]. Damiron fait remarquer qu'avant 1550, à peu près, les potiers travaillant à Lyon étaient surtout des Italiens et que c'est seulement dans la deuxième moitié du siècle que l'on y rencontre des Français travaillant pour un marché local. Tous les historiens de la céramique qui se sont penchés sur cette question admettent qu'à cette époque il est extrêmement difficile de distinguer la faïence lyonnaise de l'italienne. On cite comme seul exemple documenté provenant d'un atelier lyonnais un plat historié conservé au British Museum, représentant Aaron devant Pharaon, qui porte l'inscription « G.T.V.F. » le mot « leon » et la date de 1582[96]. En tout cas l'influence de Salomon n'est pas en

---

[91]   Saunders, édition des *Devises* (1989), qui cite Drummond, *The History of Scotland from the year 1420 until the year 1542*, Londres, 1655, pp. 263-265.

[92]   Standen, « Two Scottish Embroideries in the Metropolitan Museum », p. 196 ; Swain, *Scottish Embroidery*, p. 24.

[93]   « Pour l'Estampe au XVIe siècle », p. 193.

[94]   Rondot, *Les Potiers de terre italiens à Lyon au seizième siècle, Les Faïenciers italiens à Lyon au XVIe siècle* ; Charles Damiron, *La Faïence de Lyon XVIe-XVIIe siècle* ; voir aussi, Anna Rosa Gentilini (éd.), *L'Istoriato. Libri a stampa e maioliche*, qui contient aussi les articles suivants de Carmen Ravanelli Guidotti : « Maioliche 'istoriate' a modelli silografici », pp. 31-35, « Catalogo delle Maioliche : Selezione dalle racolte... », pp. 98-142, et *« Corpus Ovidianum* della maiolica datata », *ibid.*, pp. 225-236 ; et Jean Rosen (éd.), *Majoliques européennes : reflets de l'estampe lyonnaise : XVIe-XVIIe siècles*, Dijon, Faton, 2003, qui contient, entre autres, des articles d'Estelle Leutrat, « Bernard Salomon et la majolique : une circulation de formes au XVIe siècle », pp. 68-85, et Timothy H. Wilson, « Gironimo Tomasi et le plat marqué *1582 leon* du British Museum », pp. 86-101.

[95]   Bertrand Jestaz, « Les modèles de la majolique historiée », p. 236.

[96]   J.V.G. Mallet, « Maiolica at Polesden Lacey, p. 345 et Wilson, *loc. cit.*

cause, qu'il s'agisse de l'imitation d'un modèle précis ou de souvenirs mélangés. A titre d'illustration nous avons choisi un bol qui vient de l'atelier Fontana à Urbino, daté d'entre 1560 et 1570, qui se trouve maintenant au Musée National d'Ecosse et qui représente une scène de l'histoire de Tobie (figs 260 et 175)[97].

Nous nous proposons maintenant de rendre compte de la présence de l'influence de Salomon sur la majolique dans quelques grandes collections françaises et étrangères d'après les catalogues et travaux qui existent. Il est évident que beaucoup d'autres exemples ont survécu dans d'autres collections publiques et privées. Damiron avait répertorié vingt-cinq objets de faïence dont la décoration s'inspirait de notre artiste et qui se trouvaient dans sa propre collection, au Louvre, au Musée de Cluny ou ailleurs. Plus récemment Jeanne Giacomotti a publié un catalogue indispensable de la majolique française, couvrant les collections du Louvre, du Musée de Cluny, du Musée de Sèvres, et du Musée Adrien-Dubouché à Limoges[98]. Sa liste, plus détaillée, ajoute une vingtaine de pièces à celle de Damiron. Il s'agit, dans les deux cas, de plats, d'assiettes, de coupes et de gourdes, et de vases de plusieurs formes. Les sujets tirés de la Bible incluent la Création des animaux et de l'homme, la Tentation, Adam et Eve chassés du paradis, le Sacrifice d'Abraham, Isaac et Rebecca, la Naissance d'Esaü et de Jacob, Isaac bénissant Jacob, le Triomphe de Joseph, Judas et Tamar, Loth et sa Femme, les Filles de Loth, Moïse sauvé des Eaux, la Récolte de la Manne, la Reine de Saba, Samson et les Renards, et, pour le Nouveau Testament, la Guérison du Lépreux, le Christ devant Pilate, Ecce Homo, l'Apocalypse (chapitre 10). Dans les scènes tirées d'Ovide, qui sont plus rares, on compte Mercure et Argus, Apollon refusant de conduire le char du Soleil, Callisto, Actéon, Junon et les Furies, Andromède et Persée, Méléagre et Atalante, Esac métamorphosé en plongeon, Hercule et Omphale, la Guerre de Troie. Giacomotti cherche toujours à identifier le lieu d'origine de chaque pièce et même à préciser l'atelier (on notera surtout celui de la famille Fontana à Urbino entre 1560 et 1580) mais, dans cette dernière moitié du siècle, l'origine de beaucoup de faïences reste incertaine et on a du mal à distinguer la production italienne, lyonnaise et nivernaise. Car c'est à Nevers que la production lyonnaise s'est en partie transférée vers 1580 et il est curieux de noter que l'imitation des gravures de Salomon y continue au moins jusqu'au milieu du siècle suivant[99].

Rackham décrit, en se référant aux *Figure del Vecchio Testamento* de 1554, cinq objets de majolique inspirés par des gravures de Salomon conservés au Victoria et Albert Museum (il s'agit de faïence d'Urbino), deux articles de l'atelier des Fontana: un plat qui représente la mort de Nadab et d'Abiku datant de 1565 à 1570, et un plat ovale qui montre *La Récolte de la Manne* (1560-1570), accompagné de médaillons, et de compositions grotesques, elles aussi dans le goût de

---

[97] Voir Celia Curnow, *Italian Maiolica in the National Museums of Scotland*, n° 78, p. 71.

[98] *Catalogue des majoliques des musées nationaux.*

[99] Voir Jean Rosen, *La Faïence française du XIVe au XVIIIe siècle*, pour une mise au point de cette question.

Salomon, et trois autres de l'atelier des Patanazzi: une assiette qui représente Latona, avec Apollon et Diane, qui transforme des paysans en grenouilles, datant de 1580-1600, et peinte par Alfonso Patanazzi; le modèle est une gravure de la *Metamorphose*; un encrier, figurant les Evangélistes, daté de 1584 et un plat figurant *La Flagellation* qui lui aussi est de 1580-1600[100].

Estelle Leutrat a décrit deux majoliques françaises de la seconde moitié du XVIe siècle conservées au Musée des Beaux-Arts de Lyon qui imitent des gravures bibliques de Salomon[101]. Il s'agit d'une gourde plate qui représente Adam et Eve après la Chute, en deux images: Adam et Eve cachant leur nudité et Dieu les bannissant du Paradis, et d'un plat qui représente la reine de Saba devant le roi Salomon. Ces majoliques ont leur source dans des gravures spécifiques de Salomon, mais Leutrat signale d'autres éléments salomoniens puisés dans diverses gravures.

Julia E. Poole a recensé quelques objets influencés par Salomon qui sont conservés au Fitzwilliam Museum à Cambridge: un plat rond probablement de l'atelier des Fontana qui représente *La Traversée de la Mer Rouge* (1555-1570), et deux bols peu profonds dans le même style, *Aaron revêtu des vêtements du grand prêtre*, et *La Création d'Eve*, dont l'inspiration semble provenir des *Figure del Vecchio Testamento* de 1554, ainsi qu'un plat rond, également d'Urbino, qui figure *L'Ecorchement de Marsyas*, et imite une gravure de la *Vita e Metamorfoseo*[102]. Pierre Ennès a décrit deux autres plats de majolique, originaires de Nevers, entrés au Louvre en 1986, dont l'illustration est tirée des bois bibliques de Salomon; l'un d'entre eux représente *La pluie de cailles dans le désert* et l'autre *Moïse se portant au secours des filles de Jethro*. Ces plats, qui ne sont sans doute pas de la même main, sont fidèles au modèle, à quelques exceptions près: sur le premier, par exemple, le paysage salomonien se voit remplacer par une vue de ville typique de la majolique italienne[103]. En dernier lieu mentionnons trois exemples de panneaux formés de carreaux de faïence. Le premier est le grand panneau en triptyque conservé au château d'Ecouen. Cette œuvre de Masséot Abaquesne représente l'histoire du Déluge. Selon Jean Rosen elle a été exécutée «probablement d'après un modèle donné par Luca Penni»[104]; pourtant certains éléments de la composition rappellent deux des trois gravures que Salomon a préparées sur ce sujet, et l'ensemble de l'arche, ainsi que la plupart des détails de sa construction, sont presque identiques dans les deux cas. S'il a bien subi l'influence de Salomon, il faudrait lui assigner une date légèrement plus récente que celle que l'on lui donne habituellement. Le deuxième, également en triptyque,

---

[100]   Bernard Rackham, *Victoria and Albert Museum. Catalogue of Italian Maiolica*.

[101]   Estelle Leutrat, «Deux majoliques d'après Bernard Salomon au Musée des Beaux-Arts de Lyon», qui fournit par ailleurs une bibliographie spécialisée.

[102]   Poole, Julia E., *Italian Majolica and Incised Slipware in the Fitzwilliam Museum*, Cambridge, n°s 409, 418, 421 et 422.

[103]   Pierre Ennès, «Deux plats de majolique française au Musée du Louvre».

[104]   *Op. cit.*, pp. 36-41; illustrations dans Caracciolo, «Les *Métamorphoses* d'Ovide publiées à Lyon au XVIe siècle», fig. 9, p. 50.

l'œuvre de Cristobal de Augusta, se trouve à Séville, dans l'église du couvent Madre de Dios, et s'inspire des illustrations de Salomon pour l'Apocalypse[105]. Le troisième se trouve au Portugal au palais ducal de Vila Vicosa: il s'agit d'une frise de 1558, quatre panneaux où l'on peut lire l'histoire de Tobie, et dont un est inspiré de Salomon[106].

Ce bref aperçu de l'imitation abondante des gravures de Salomon dans la faïence française servira à évoquer sa présence, répertoriée ou non reconnue, dans d'autres collections, ainsi que tout ce qui a dû se perdre. Bertrand Jestaz s'interroge sur les raisons de cette popularité de Salomon devant la supériorité des gravures de Raimondi et de son école, et l'attribue au fait que les recueils de gravures de Salomon étaient à la fois abondants, nouveaux et peu coûteux[107].

Dans un domaine apparenté, le livre magistral de Sophie Baratte sur l'émaillerie peinte de la Renaissance française conservée au Louvre fait ressortir très clairement l'influence des gravures de Salomon[108]. A partir du milieu du seizième siècle, plusieurs œuvres ont copié ses illustrations bibliques, en émail polychrome ou en grisaille sur fond noir, le plus souvent avec des rehauts d'or et de rouge: trois plaques polychromes de Colin Nouailher (*Abraham et Melchisédech*, *La Récolte de la Manne*, *Les Noces de Cana*), une aiguière en grisaille rehaussée, de Jean III Penicaud (*La Purification*), une plaque de coffret de Pierre Penicaud (*L'Entrée dans l'arche de Noé*), quelques coupes peintes par Léonard Limosin (*Le sacrifice de Noé*, *Une apparition de Dieu à Abraham*), et des assiettes par des artistes de son entourage figurant l'histoire de Moïse, et surtout une importante collection de pièces décorées pendant le troisième quart du siècle par Pierre Reymond ou Raymond (1513-1584?). Baratte décrit entre autres une coupe en grisaille qui figure *L'Adoration du veau d'or*, trois aiguières, *Le Festin de Balthasar*, sujet qui se retrouve souvent ailleurs, *Joseph reçoit l'intendance d'Egypte*, *Abraham et Melchisédech*, et un vase balustre représentant le même sujet, ainsi que des assiettes (*Shaphan lisant devant Josias*, *Judith et Holopherne*) et des plats (*Moïse et Jethro*, *La Victoire de Gédéon sur les Madianites* et *La Mort de Joab*). Parmi les autres grands émailleurs de Limoges, Pierre Courteys est responsable d'un coffret magnifique qui figure plusieurs scènes copiées d'après les gravures de Salomon, en particulier l'histoire de la Création, et d'une coupe couverte (*Les Malheurs de Job*). Jean Miette est l'auteur de deux assiettes (*La Création d'Adam* et *Le Meurtre de Caïn*) et Jean Court dit Vigier d'un coffret illustrant *L'Histoire de Joseph*, sujet auquel il est souvent revenu[109]. Ce dernier émailleur est connu aussi pour avoir émaillé des assiettes avec quelques sujets tirés de la *Metamorphose d'Ovide figuree*, *L'Enlève-*

[105] Alfonso Pleguezelo, «Céramique et estampe en Espagne aux XVIe et XVIIe siècles: Un bilan provisoire», dans Jean Rosen (éd.), *Majoliques européennes*, pp. 164-179.

[106] Claire Dumortier, *Céramique de la Renaissance à Anvers. De Venise à Delft*.

[107] Bertrand Jestaz, *art. cit.*, p. 237.

[108] *Les Emaux peints de Limoges. Musée du Louvre. Département des objets d'art*, et du même auteur, *Léonard Limosin au Louvre*; voir aussi, Alfred Darcel, *Musée du Moyen Age et de la Renaissance. Notice des émaux et de l'orfèvrerie*.

[109] Voir aussi Betsy Rosasco, « A Sixteenth-Century Limoges *Tazza*... ».

ment d'Europe (faisant partie d'une dizaine d'assiettes conservées dans d'autres musées), *Minerve, Orphée, Le Roi Midas*, et une grande coupe plate en polychrome (*L'Entrée dans l'arche*). Citons en dernier lieu un « coffret en fer damasquiné or à couvercle bombé et serrure à moraillon » (France, vers 1570), décoré de scènes inspirées de Salomon : *Cadmus mué en serpent, Phebus et Marsyas, Cornix en corneille, Juppiter et Ganimede, Ascalaphe et Cyparisse en cipres*. La présence d'Ascalaphe indique que l'artiste s'est servi de l'édition italienne de 1559 et non pas de l'édition française de 1557. Ce coffret, proposé en vente dans le commerce de l'art à Paris[110], rappelle les coffrets en émail de Pierre Courtois.

Pour conclure cette vue d'ensemble de l'influence de Salomon sur les arts appliqués, nous ajouterons quelques indications sur l'argenterie, la bijouterie et la verrerie. L'influence de Salomon est visible dans la décoration de l'argenterie anglaise à l'époque de la reine Elizabeth. On signale une aiguière et son bassin, dorés à l'intérieur, et destinés à contenir de l'eau de rose, ainsi que douze assiettes, au Metropolitan Museum de New York, datant de 1567-1568. Ce magnifique service de table est décoré de scènes bibliques librement adaptées des gravures de Salomon. Ces assiettes portent le monogramme d'un orfèvre londonien, P M (P au-dessus de M), que l'on retrouve sur une autre série d'assiettes dans la collection de Francis E. Fowler, Jr., offerte à l'University College de Los Angeles en 1983. Il existe aussi un plat en argent datant de 1560 au Victoria et Albert Museum comportant seize scènes bibliques probablement inspirées de Salomon, et une aiguière avec son bassin (Musée des Beaux-Arts à Boston, anciennement dans la Morgan Collection) gravés de sujets bibliques d'après son illustration[111]. Salomon lui-même avait fourni au moins un dessin pour un coffre en argent doré qu'Henri II lui avait commandé[112].

Yvonne Hackenbroch a signalé deux exemples de bijouterie qui accusent l'influence de Salomon. Dans le premier cas il s'agit d'un dessin qu'on lui attribue, destiné à la création d'un pendentif et qui représente Bacchus en train de transformer les pirates tyrrhéniens en dauphins. Ce dessin précieux est conservé à Oxford (Ashmolean Museum). Dans l'autre cas il s'agit de deux gravures bibliques de notre artiste (*Le veau d'or*, et *Moïse avec les tables de la loi*) qui ont servi comme modèle à un fermail de chape émaillé en or, daté de 1562, qui est conservé à la basilique de Santa Barbara à Mantoue. Ce bijou aurait été offert à Vincenzo, futur duc de Mantoue, au moment de son baptême par sa tante Anna de Habsbourg à Munich. A ces deux bijoux importants il faut ajouter une bague qui figure un cerf blessé mâchant du dictame dont le dessin vient des *Devises* dans l'édition publiée par Plantin en 1567[113].

---

[110] Par Pierre-Richard Royer.

[111] Yvonne Hackenbroch, « A mysterious monogram » pp. 18-24 ; Max Engammare, « Les Figures de la Bible... », p. 589, et, du même auteur, *« Figures de la Bible* lyonnaises à la Renaissance »*, p. 35, n. 6.

[112] Voir *supra*, p. 25.

[113] Yvonne Hackenbroch, *Renaissance Jewellery*, pp. 100-101, p. 138, figs 255 et 349A ; le dessin rappelle en effet sa gravure pour *Nochers par Bacchus muez en dauphins* (*Métamorphoses*, 3).

La scène de la Résurrection figurée dans un vitrail de Saint-Etienne-du-Mont (vers 1585), l'œuvre du maître-verrier Nicolas Pinaigrier, imite de très près la gravure de Salomon dans la composition et dans le détail des personnages, mais le dessin du Christ est original. Leproux signale une Résurrection similaire qui se trouve à l'église de Saint-Gervais et qui est sans doute de la même main, ainsi que l'inventaire après décès de cet artiste qui comportait beaucoup de bibles illustrées[114]. Thirion signale deux autres exemples de vitraux imités de Salomon, *Joseph et la femme de Putiphar*, à Lhuître et à Ervy dans l'Aube[115].

Dans ce chapitre nous avons commencé par donner une idée de l'imitation plus ou moins fidèle des gravures de Salomon par d'autres illustrateurs de livres (sans oublier l'œuvre immense de Pierre Eskrich dont nous avons traité dans un autre chapitre). Il y a certainement d'autres exemples de cette imitation que nous n'avons pas recensés, par exemple une édition, des *Quadrins historiques de la Bible, tant du Vieil que du Nouveau Testament*, publiée par Foucher à Paris en 1558, dont nous n'avons pas trouvé trace[116]. Nous avons ensuite donné quelques exemples de graveurs plus célèbres, et exerçant eux-mêmes une influence plus grande sur l'art, Solis et Tempesta entre autres, pour encourager le même genre de recherches. Nous avons enfin donné quelques exemples de l'influence de Salomon sur la peinture, la sculpture et les arts appliqués, n'ayant d'autre ambition que d'établir l'état présent des études sur ce sujet et de suggérer les grandes lignes de recherches à venir. Notre espoir est que d'autres compléteront ce travail en fournissant d'autres éléments.

---

[114] Guy-Michel Leproux, *Recherches sur les peintres-verriers parisiens de la Renaissance (1540-1620)*, p. 47, p. 49.

[115] Jacques Thirion, « Bernard Salomon et le décor des meubles civils français... », p. 66, n. 23.

[116] Brunet, t. IV, 996.

IV.

TEXTE ET IMAGE

CHAPITRE IX

EMBLÉMATIQUE,
LITTÉRATURE, SCIENCE

Tout au long de cette étude, nous avons parlé de Salomon comme illustra-teur de livres et du rapport multiforme et changeant qui existe entre ses gravures et le texte qu'il illustre; il est maintenant temps d'en faire le bilan et d'analyser ce rapport plus en détail. Notre but dans les trois chapitres qui vont suivre sera de chercher à voir comment Salomon accorde ou adapte ses illus-trations au texte, et pour ce faire nous examinerons l'intention déclarée de l'éditeur là où elle existe dans les écrits liminaires, en y ajoutant à titre de comparaison, et parfois de corroboration, les témoignages de ses confrères contemporains, et l'intention de l'illustrateur telle qu'on peut la discerner d'après la nature du texte à illustrer et les gravures elles-mêmes. Salomon reste silencieux à ce sujet[1].

Nous commencerons par traiter de la littérature emblématique avec ses ten-dances complexes mais essentiellement moralisantes. Cela servira en effet à éclaircir dès le départ les problèmes des rapports entre texte et image, puisque

---

[1]   La bibliographie des études sur les rapports entre texte et image est vaste et nous ne pouvons donner que quelques indications qui concernent directement l'illustration de livres à la Renaissance. On peut consulter, parmi les nombreux ouvrages portant sur ce sujet à l'époque qui nous concerne, Meyer Schapiro, *Words and Pictures. On the Literal and the Symbolic in the Illustration of a Text*, et *Words, Script and Pictures. Semiotics of Visual Language*, traduction française, *Les Mots et les images*; plusieurs articles parus dans Henri-Jean Martin (éd.), *Le Livre conquérant*: Hélène Toubert, «Formes et fonctions de l'enluminure», pp. 87-130 (article sur le livre manuscrit, mais néanmoins très pertinent à nos préoccupations), Henri-Jean Martin, «Au commencement était le signe», pp. 463-478, Roger Laufer, «L'espace visuel du livre ancien», pp. 479-500, Michel Pastoureau, «L'illustration du livre: comprendre ou rêver?», pp. 501-529; voir aussi deux articles parus dans Martin, *et. al.*, (éds), *Mise en page et mise en texte du livre manuscrit*: Hélène Toubert, «La Mise en page de l'illustration», pp. 353-420, et Robert Marichal, «Texte ou image?», pp. 427-434; un article de Jean-Marc Chatelain et Lau-rent Pinon, «L'intervention de l'image et ses rapports avec le texte à la Renaissance», paru dans Martin (éd.), *Naissance du livre moderne*, pp. 234-269. On consultera aussi avec profit: Anne Anninger, *Parisian Book Illustration, 1530-1560*, pp. 160-253; Ruth Samson Luborsky, «Connections and disconnections between images and texts: the case of secular Tudor book illustration»; Véronique Gely, «Le livre et l'image en France au XVIe siècle. Eléments de bibliographie»; et Marie Madeleine Fontaine, «Des histoires qui ne disent mot», Nous don-nerons des indications plus spécialisées pour chaque catégorie d'illustration au cours de notre exposition.

l'étude de l'emblématique a beaucoup à y apporter[2]. Il est également utile de parler dès le début de l'illustration de la littérature pour établir un autre pôle de l'illustration, le plaisir esthétique, bien que manifestement il faille nuancer cette catégorisation par trop simplifiée.

Encore une fois nous incluons dans cette catégorie les *Emblèmes* d'Alciat, le *Theatre des bons engins*, les *Fables* d'Esope, les *Devises heroïques*, les *Hymnes du temps et de ses parties*, et les *Hymnes des Vertus*. Ce qui nous incite à considérer ensemble ces livres c'est précisément le rapport que l'on y trouve entre texte et image, mais ils ont d'autres points en commun, par exemple, le rapport entre moralisation et décoration, et le même mélange d'érudition et d'attrait populaire; et, bien que les gravures n'aient pas toujours les mêmes dimensions, on y voit souvent la même intention de la part de l'éditeur de leur donner une allure semblable. Cette recherche de l'uniformité et des ressemblances formelles dans la présentation typographique et artistique était sans doute destinée à attirer la clientèle.

Il ne faut pas oublier qu'Alciat lui-même ne considérait pas que l'illustration était essentielle à la compréhension de l'emblème et que certains de ses emblèmes parurent d'abord sans illustration, dans les *Selecta epigrammata* de 1529[3]. Mais dès 1531, date de parution de l'édition originale de Heinrich Steyner, les éditeurs se mirent d'accord, dans la majorité des cas, pour ajouter des images. Puisque le texte existait avant l'image, c'est donc l'image qui illustre le texte et non pas le contraire (ce qui peut sembler évident, mais n'est pas toujours le cas dans l'illustration du livre). Saunders décrit ainsi le fonctionnement de ces images:

> La figure elle-même est utilisée dans les premières éditions françaises d'Alciat soit pour représenter visuellement la scène qui est décrite dans la première partie du poème, avant d'être expliquée allégoriquement dans la deuxième partie, soit pour représenter visuellement un symbole allégorique plus statique dont les caractéristiques et les attributs sont décrits dans le poème, avant d'être expliqués en termes de leur signification morale[4].

---

[2]   Voici une bibliographie spécialisée sommaire du texte et de l'image dans l'emblème: Saunders, «*Picta Poesis*: The relationship between figure and text in the sixteenth-century French emblem book»; *The Sixteenth-Century French Emblem Book*, surtout pp. 21-28; «Word, image and illustration in sixteenth- and seventeenth-century emblems in France»; Laurence Grove et Daniel Russell, «Word and Image Theory», et «Iconographic Topoi», dans *The French Emblem. Bibliography of Secondary Sources*, pp. 32-38 et pp. 68-95, ainsi que les deux monographies de Daniel Russell, *The Emblem and Device in France*, et *Emblematic Structures in Renaissance French Culture*.

[3]   Hessel Miedema, «The term *Emblema* in Alciati», pp. 234-250; Saunders, *The Sixteenth-Century French Emblem Book*, pp. 97-98, et «Picta poesis: the relationship between figure and text in the sixteenth-century French emblem book», pp. 626-627; voir aussi Chatelain, *Livres d'emblèmes et de devises*, p. 23

[4]   Saunders, *The Sixteenth-Century French Emblem Book*, p. 145; c'est nous qui traduisons.

Le côté esthétique de l'ensemble qui en résulte peut fournir un aperçu des intentions éditoriales. En dehors de tout jugement de valeur sur la qualité artistique de chaque série de gravures on peut apprécier à travers le corpus de livres d'emblèmes une recherche de la beauté dans la disposition harmonieuse de l'image et du texte sur la page («inscription» ou devise, gravure et quatrain moralisateur); on peut également constater une recherche intellectuelle et morale dans l'écriture qui justifierait le jugement que l'ensemble, et non seulement le texte, se voudrait pédagogique.

Dans l'absence de préface aux *Emblèmes* d'Alciat publiés par Tournes, nous ne sommes pas en état de nous prononcer sur ses intentions et il faut avoir recours à d'autres éditeurs et auteurs de littérature emblématique pour recueillir des témoignages contemporains sur ce triple but d'explication, de persuasion et de décoration; nous en citons quelques-uns ici pensant que, dans l'illustration emblématique, Tournes et Salomon ne peuvent pas être très différents d'autres éditeurs et illustrateurs de leur époque. La dédicace que fait Barthélemy Aneau «à Jacques Conte d'Aran en Escoce» dans l'édition d'Alciat, publiée par Roville en 1549, réunit bien la variété des intentions, annonçant que le but de son livre est de

> vous délecter et [...] vous instruire [...] finalement pour vous exercer à la langue Françoise par vous aimée, et desirée. L'une des choses donnant facile voye à l'autre. C'est à savoir la lettre donnant à entendre la figure: et l'image declarant le sens de la parolle à veuë d'œil, et representant vive action de la lettre morte[5].

Gilles Corrozet, dans le poème qu'il met en tête de son *Hecatongraphie*, livre emblématique publiée par Janot en 1540, raconte que beaucoup de ses amis lui ont demandé de publier son livre,

> Pour le plaisir qu'on y pourra comprendre,
> Et pour le bien qu'on y pourra apprendre.
> Et pour autant que l'esprit s'esjouyst
> Quand avecq' luy de son bien l'œil jouyst
> Chascune hystoire est d'ymage illustrée...[6]

Il est difficile de ne pas conclure à la conjonction de tous ces buts dans l'harmonieuse réussite de l'ensemble.

Les *Fables* d'Esope, s'inscrivant dans une tradition encore plus longue, visent les mêmes buts que les livres d'emblèmes[7]. Elles semblent vouloir inculquer la morale à des niveaux différents tout en délectant le lecteur par l'agrément de la narration. Cette tradition se voit surtout dans les différentes éditions de l'Esope moralisé, avec ses commentaires moraux et scolastiques[8].

---

[5]   P. 2, voir Saunders, *op. cit.*, pp. 17-18.

[6]   Adams, *Hecatongraphie*, f. A3v°.

[7]   Voir Küster, *Illustrierte Aesop-Ausgaben, passim*.

[8]   Par exemple *Auctores octo*, Lyon, 1528 (f. C2r° «*Incipit liber fabularum Esopi*»).

L'illustration enrichit cette morale, la renforce et la rend encore plus persuasive. Tournes a bien vu que ses livres s'adressaient à des publics différents, ici comme dans d'autres publications, et c'est pour cela que la version française des *Fables*, destinée aux enfants (on trouve des exemplaires en partie coloriés au crayon)[9], aussi bien qu'au grand public adulte, côtoiera bientôt des éditions érudites en grec et latin, appuyées de commentaires savants. Esope est un des rares auteurs grecs à bénéficier d'une illustration importante dans la langue d'origine, les humanistes et érudits semblant mépriser les «supports visuels». Comme dans le cas des emblèmes d'Alciat, ces images ne sont pas normalement compréhensibles en soi, sauf dans un sens général qui rappelle la sagesse proverbiale, mais elles illustrent bien l'histoire racontée et l'insèrent dans un contexte et même un cadre familier (la vie et les travaux de la campagne); cela se produit en partie par des allusions contemporaines (architecture, habillement) et en partie par les liens qui se nouent entre les hommes et la nature, surtout entre les hommes et les animaux, comme dans les *Fabliaux*, et finalement entre les hommes et les dieux. Très souvent l'expression sensuelle de la vie des champs et du roulement des saisons, ici comme dans les emblèmes, crée des dessins mémorables. Dans l'édition bilingue gréco-latine, le texte de la fable contient sa propre morale, dans l'*Epimythion* ou *Affabulatio* («*Fabula significat...* ») qui la souligne souvent de façon plutôt banale. Il n'y a pourtant pas de rapport direct entre l'image et l'*affabulatio*; le seul rapport qui existe est celui qui unit l'image et la fable. L'image rend sensible ce qui est narré par la vivacité du dessin dont le souvenir reste longtemps dans l'esprit du lecteur. Par exemple, dans la fable *Du Chien et du Boucher* (fig. 18), l'image représente une devanture de boucherie où le boucher s'emporte contre le chien qui lui a volé un cœur: dans le texte de la fable le boucher assure le chien qu'il aura toujours l'œil sur lui, et que plutôt que de lui voler un cœur il lui en a donné un. L'*affabulatio* généralise l'incident en disant succinctement que ce qui nuit à l'homme peut aussi l'instruire («*saepe nucumenta hominibus documenta fieri*») – morale que l'on ne pourrait évidemment pas extraire de l'image seule[10]. Cependant, comme c'était le cas pour les emblèmes, les fables universalisent l'expérience, et les images, avec toute leur particularité, produisent le même effet, mais ne le livrent pas au premier regard. L'édition originale, qui contient la traduction en vers français de Corrozet, est beaucoup moins succincte: elle présente, en plus d'une sorte de *motto* qui accompagne le titre d'Esope, d'abord un quatrain moralisateur (que l'on peut appeler avec Aphthone *promythion* ou *antefabulatio*), ensuite la fable et l'*affabulatio*, toutes les deux plutôt prolixes et redondantes. Dans cette même fable *Du Chien et du Boucher* le *motto*, «Estre sage à ses despens», se voit répété dans le quatrain:

> Un homme qui a fait l'espreuve
> Et la certaine experience,

---

[9]   Edition de 1551, Beaux-Arts, Masson 920, édition de 1570, Université de Glasgow, Bb.4.36.

[10] Edition latine de 1570, n° 34, pp. 162-163. «*Nocumenta*» traduit «παθήματα» («accidents»).

> Croyez que plus sage il se treuve
> Et plus subtil en sa science

ainsi que par les six vers de la fin qui traduisent les cinq mots de l'*affabulatio* latine[11]. La fable elle-même, en dix-neuf vers (pour une quarantaine de mots dans le texte d'origine), est racontée de façon dramatique et mouvementée omettant le jeu de mots sur « cœur ». Corrozet est bien conscient de son manque de prétentions littéraires et érudites, appelant ces vers « petits traictés de basse poésie », ainsi que de l'aspect populaire de son travail : comme il le dit dans sa préface au dauphin Henri, les rois font construire des palais, le bas peuple des chaumières et des huttes. Pour lui, les fables d'Esope sont à la fois « pleines de sens, subtiles, delectables » et comportent une morale, toute banale qu'elle soit :

> Et par cela il adresse les mœurs
> A composer hommes prudents et meurs :
> A enseigner ce qui estoit de faire
> Pour vivre bien, et fuïr le contraire.

Les illustrations de Salomon captent le drame des fables, et leur économie de narration ; au plaisir du lecteur répond celui du spectateur, mais les images ne peuvent pas traduire toutes seules la morale inhérente[12].

Dans l'Epître dédicatoire du *Theatre des bons engins*, que La Perrière adresse à Marguerite de Navarre, et que l'on peut lire dans les éditions de Janot et de Tournes, l'auteur décrit ainsi le contenu de son livre : « Cent Emblemes moraulx accompaignez de cent dizains uniformes, declaratifz, et illustrez d'iceux », ce qui suggère à la fois la clarification et l'illumination, mais il est notable que dans ce cas c'est le texte qui illustre ou illumine l'image et non pas le contraire et parfois même il y a un manque de correspondance exacte entre texte et image. Cette Epître mentionne aussi que les Egyptiens anciens écrivaient « par figures et ymages » et que des écrivains anciens se sont mis à les expliquer (« exposer et donner l'intelligence desdictes figures Hieroglyphicques »). Ce que souhaite modestement La Perrière, c'est que la lecture de son poème « vous peult donner quelque honneste recreation », mais les poèmes sont néanmoins souvent moralisateurs et satiriques[13].

On retrouve cet aspect moralisateur dans les *Devises heroïques*, dont la portée est plus particulière et privée que celle des emblèmes, puisque la devise est

---

[11] Texte de Corrozet, cité d'après l'édition de 1583, n° 43, p. 94.

[12] Dorothy Coleman dans *An Illustrated Love « Canzoniere »...*, 1981, pp. 79-90, a déjà fait remarquer cet effet par rapport aux illustrations qui ornent la *Délie*.

[13] Janot, f. A2v°-f. A4v° ; nous citons d'après l'exemplaire Rés pYe 430 de la BnF. D'autres éditions contiennent quelques variantes, notamment « illustratifz d'iceulx » et « intelectuele » au lieu d'« honeste » (voir l'édition de Saunders) ; voir aussi, « Picta Poesis : the relationship between figure and text in the sixteenth-century French emblem book », pp. 632-633, et « Word, image and illustration in sixteenth- and seventeenth-century emblems in France », p. 177. Voir aussi Irene Bergal, « Distinctive strategies in early French emblem books », pp. 273-291, et Alison Adams et Stephen Rawles, « Jean de Tournes and the *Theatre des bons engins* ».

censée incarner les vertus personnelles de son propriétaire[14]. Pour cette raison, à sa première parution sans commentaires le livre des *Devises* était à l'évidence beaucoup moins compréhensible pour le lecteur non averti qu'en 1557. Il est clair aussi qu'en 1551, à l'exception de l'inscription, l'image existait avant le texte qui l'explique.

La deuxième épître que Claude Paradin écrit à Monsieur Theode de Marzé, datée du 15 janvier 1556, fait quelques ajouts à la première lettre-préface du 26 août 1551, et explique la raison d'être de la devise et ainsi le rapport entre l'image et le texte. Paradin commence par une justification et une valorisation de la peinture, qui apporte plaisir, récréation et moyens de «supporter les tresgrieves et quasi intollerables passions tant du corps que de l'esprit» (p. 3). Tous les rois et princes anciens ont compris qu'elle offrait de tels avantages et ont fait dresser des représentations des Idées de Vertu particulières qu'ils trouvaient en leurs propres esprits. Leur devise figurait donc cette Idée «par sa forme, nature, complexion, ou autrement». Le public ignorant les appelle «Armoiries» puisqu'on les voit normalement sur les armes, oubliant leur rôle de «vraye memoire de vertu». Ensuite, les rois et princes ont ajouté «aucuns mots à propos, servans à l'intelligence pour gens lettrez» (p. 4); cette nécessité est un indice de la complexité et de la difficulté d'interprétation de ces images, et explique le changement qui a eu lieu entre l'édition de 1551 et celle de 1557. Le but de ce texte est donc en premier lieu l'explication (le privilège, d'ailleurs l'appelle «leur Declaration»), mais étant donné que c'est la vertu qu'il explique, le but moral va de pair avec elle: «Desquelles comme l'Egipcien s'aydoit à exprimer son intencion, par ses lettres Hieroglifiques: quasi par mesme moyen, se pourra ayder le vulgaire à connoitre et aymer la Vertu, joint que davantage y pourra voir certeines petites Scholies sus icelles: selon la capacité de leur conjecture» (p. 5).

Dans ces commentaires, qui sont donc essentiels, Paradin identifie les propriétaires ou porteurs des «armoiries» et fournit ses sources, comme nous l'avons vu. Son but, comme celui de la plupart des emblématistes, est surtout didactique. Il explique qu'il cherche à présenter une sélection de devises appartenant à des princes anciens, ainsi qu'à des «Princes, Prelats, et grans Signeurs modernes»[15]. Il faudrait pourtant distinguer entre différentes sortes de devises, surtout celles qui se réfèrent à une personne désignée, soit ancienne soit contemporaine, et celles, plus transparentes, dont la portée est plus universelle. Comme le signale d'ailleurs Saunders, la morale peut être incertaine ou capable de plus d'une interprétation[16].

Dans les *Hymnes du temps* et les *Hymnes des Vertus*, deux livres qui sont apparentés par leurs thèmes et leur structure aux livres d'emblèmes, et qui se

---

[14]   Giraud, *L'Emblème à la Renaissance*, Paris, 1982, p. 8; Russell, *Emblem and Device*, pp. 142-160; voir Saunders, *éd. cit.*

[15]   Edition de 1557, p. 5.

[16]   Saunders, *éd. cit.*, pp. 6-8.

ressemblent par leur titre, leur sujet et leur illustration, le rapport entre texte et image est pourtant très différent[17].

Dans les *Hymnes du temps*, l'*énarration* (c'est-à-dire, explication ou commentaire) aide à établir ce rapport. Par exemple, dans l'«Hymne du temps», Guéroult, auteur aussi des hymnes qui accompagnent les images de ce livre, analyse le but de l'iconographie «poétique». L'Écriture Sainte, dit-il, dépeint Dieu comme s'il possédait un corps humain et ressemblait à un roi terrestre «a fin que par telles figures les yeux de la chair soyent faits plus capables de sa divinité»; de la même manière l'Antiquité classique et païenne, et surtout les poètes, ont figuré les dieux, ou plutôt les puissances célestes, ainsi que la Vertu et le Temps, «sous simulacres feints». C'est par ces moyens que notre esprit est aidé à s'élever «à la contemplation des choses célestes». Guéroult se met donc à donner les raisons qui «ont induit noz vieux pères à le figurer tel que nostre image le vous donne». Et si l'image dont il parle est surtout l'image verbale, contenue dans le poème, il y associe métaphoriquement dès le départ l'image visuelle en disant que le Temps est «peint comme un homme fort plein de jours, accroupi sus un vieux tronc». Guéroult énumère les attributs du Temps et ce qu'ils symbolisent: sa barbe chenue, ses ailes, ses «potences» (béquilles), ses pieds de cerf et le corbeau qui l'accompagne, comme les poètes ont attribué à tous les dieux et déesses leurs propres animaux[18]. Dans l'illustration de Salomon, le Temps (fig. 38) est représenté comme un vieillard ailé presque chauve avec une mèche proéminente, appuyé sur une souche, comme l'avait indiqué Guéroult, mais il est désigné aussi par sa faux et son sablier traditionnels que le poète n'avait pas mentionnés[19]. Salomon représente chacun des douze mois par un dieu ou une déesse avec leurs attributs, et par leurs signes du Zodiaque, mais ne dépeint ni les travaux des champs ni le changement des saisons comme cela se voit souvent chez Etienne Delaune. Le mois de janvier (fig. 43), par exemple, nous présente Janus portant ses deux clefs et tenant enroulé sur son bras un serpent qui se mord la queue (*ourobolos*), symbole de l'année, comme l'explique le récit; il est accompagné par une sirène qui verse une libation, mais qui ne figure ni dans l'énarration ni dans l'hymne.

Il est difficile de décider la façon exacte dont Guéroult et Salomon ont travaillé. En général les énarrations donnent beaucoup plus de détails que le poème ou l'image gravée, comme il fallait s'y attendre, puisque leur but est d'ajouter à

---

[17] Chatelain fait observer que les *Hymnes du temps* s'écartent des livres d'emblèmes dans le sens qu'il n'y a aucun souci de brièveté ni de mystère et que le poème est indépendant de la figure, *Livres d'emblèmes et de devises*, p. 68; Boccassini, *La parola riscritta...*, p. 169; sur les *Hymnes* voir surtout Saunders, «Which is male and which is female?».

[18] P. 5, f. A3r°.

[19] G. de Tervarent, *Attributs et symboles dans l'art profane*, p. 317 (sous «mèche»). Voir aussi pp. 64-65 («faux»), et pp. 70-71 («béquilles»). Comme beaucoup d'autres, Salomon et Guéroult confondent le Temps et l'Occasion, qui a une mèche flottante devant et est chauve derrière. On peut voir la belle statue de l'Occasion qu'il avait gravée pour le livret de l'Entrée d'Henri II (f. H2r°, fig. 139).

ce qui se trouve dans le poème. Il n'y a aucune raison, ni aucun indice, permettant de dire que Salomon avait eu connaissance de ces énarrations, et même on pourrait avancer qu'il ne les a pas du tout connues: dans le cas contraire il aurait certainement cherché à reproduire quelques-uns au moins des détails supplémentaires qu'elles présentent. Par exemple, l'énarration pour l'«Hymne de Janvier» met l'emphase sur le Temple que les Romains avaient consacré à Janus et les sacrifices qu'ils lui offraient. Il est curieux pour le moins que Salomon, qui s'intéressait tant à la représentation du temple comme élément iconographique et décoratif, ne l'ait pas dépeint ici[20].

Dans les *Hymnes des Vertus*, les énarrations manquent, et on manque de renseignements qui diraient si elles ont été perdues ou si elles n'ont jamais existé. Nous ne savons pas qui est responsable des poèmes mais il semblerait que ce n'était pas Guéroult; en tout cas, s'ils ne datent que des années 1580 comme le suggère Saunders, et que les bois sont bien de Salomon, ils sont tout à fait indépendants les uns des autres. En ce cas l'auteur tardif aurait vu les bois et s'en serait servi dans son travail[21]. Certains poèmes de ce deuxième recueil correspondent de près à l'image, par exemple, celui qui célèbre la Victoire (p. 89), mais le poème contient souvent d'autres éléments que l'illustrateur laisse de côté. Normalement le poème inclut l'explication des attributs et correspond donc à l'énarration qui manque. Parfois il ne contient rien qui soit lié de façon très proche à la gravure, par exemple l'image de la femme qui pêche à la ligne pour illustrer la Patience (p. 15, fig. 45), et celle qui éteint une bougie pour représenter la Parsimonie (p. 27), mais le rapport est évident. Dans d'autres images, l'artiste illustre le texte en prenant un exemple des bonnes œuvres qui y sont décrites. Dans l'image de la Promptitude (p. 32, fig. 47) le poème rappelle la femme vertueuse de la Bible[22], dont il énumère les vertus domestiques, choisissant de montrer sa façon de donner des ordres à sa servante. Cette image est à comparer avec celle de la Vigilance (p. 37, fig. 48), qui parle de la vertu en général, et de la vie publique, prenant comme exemple les travaux ménagers de la femme vertueuse. En ce qui concerne l'Assiduité, représentée par une femme en train de balayer (p. 42, fig. 48), le poème commence par une prière à Apollon implorant l'aide pour pouvoir louer cette vertu, pour parler ensuite des forces naturelles (comme l'eau qui fend le rocher), de la diffusion du savoir, de la littérature:

> Par toy Petrarque a chanté
> La beauté
> De sa Laure tant louable:
> Ronsard et Bartas ont quis
> Et acquis
> Lors de gloire inestimable.

---

[20] P. 32; voir Sharratt, «The imaginary city of Bernard Salomon» et «The image of the temple: Bernard Salomon, rhetoric and the visual arts».

[21] Saunders, *art. cit.*

[22] *Proverbes*, 31, 10 ss.

Jamais celuy ne faudra
Qui voudra
Congnoistre ta droite sente.
Je te salue orendroit
A bon droit,
Vierge, et ces vers te presente (pp. 46-47).

L'image de la femme qui balaye peut sembler un peu loin de cet éloge du travail artistique, mais le travail manuel symbolise bien la vertu que le poète est en train de chanter. Il y a en outre plusieurs autres poèmes où l'illustration est d'ordre très général: Persévérance (p. 59, fig. 48), Expérience (p. 72, fig. 46), Fidélité (p. 77), Détraction (p. 105). On peut conclure que dans les *Hymnes des vertus* le rapport entre texte et image n'est pas très proche, sauf parfois dans les scènes allégoriques[23].

Dans tous ces livres emblématiques, il y a une grande variété de rapports entre texte et image[24]; il y a presque toujours une intention double, celle d'instruire et celle de plaire, mais l'intention principale de chaque livre est morale et pédagogique; la figure n'est presque jamais purement décorative (quoique Boccassini voie la figure dans les *Hymnes du temps* comme une image mentale, et parle même du «caractère exclusivement décoratif des gravures»)[25], mais en même temps, c'est sa qualité esthétique qui lui donne son caractère de persuasion, rend mémorable la morale et garantit le plaisir intellectuel. Les faiseurs d'emblèmes recherchaient la cohérence entre représentation d'une idée, interprétation, description et explication, et l'illustrateur suivait comme il le pouvait. On peut difficilement démêler ces buts multiples, au point que, en favorisant l'un on risque de sous-estimer les autres. Si, par exemple, on réduit le rôle de la gravure à celui de rendre acceptable la leçon morale, on minimise son importance pour la compréhension de l'ensemble. En tout cas, l'illustrateur ne peut guère illustrer le côté moral en soi, c'est le poète ou le commentateur qui le fait ressortir.

La deuxième catégorie de livres illustrés par Salomon comprend la littérature d'imagination, soit des traductions du grec et du latin, soit des ouvrages littéraires en français ou en italien.

Comme avant, nous réserverons à un autre chapitre une analyse de l'illustration d'Ovide à cause de son importance et de son caractère spécial. Parmi les autres livres de l'Antiquité classique que Salomon s'était engagé à illustrer, il y en a deux dont l'illustration est de peu d'importance: les *Opuscules* de Plutarque qui ne contient que trois gravures, et le premier et second livre de la première décade de Tite-Live qui en ont cinq. Par ailleurs, ces deux livres ne sont pas exactement des œuvres de l'imagination mais plutôt des ouvrages philosophiques et

---

[23] Saunders, *op. cit.*
[24] Saunders, *The Sixteenth-Century French Emblem Book*, p. 167; Bergal, «Distinctive strategies in early French emblem books».
[25] *Op. cit.*, p. 176 (c'est nous qui traduisons).

historiques. La première gravure du Plutarque (fig. 77) illustre le premier texte,
le «Dialogue demonstrant que les bestes brutes ont l'usage de raison», qui
raconte l'histoire d'Ulysse et de ses compagnons: Ulysse demande à Circé de
retransformer en êtres humains ses compagnons changés en porcs, Circé lui
enjoint de demander d'abord l'avis de Grillus qui répond en affirmant la supériorité de l'état des animaux. La gravure présente les trois interlocuteurs, au
moment où Grillus répond aux questions d'Ulysse, dont on voit aussi le bateau
(p. 3). Les deux autres illustrent le troisième dialogue qui traite de nouveau du
pouvoir de raisonner des bêtes, et de la comparaison à cet égard entre les animaux terrestres et les animaux aquatiques. Dans une illustration (fig. 78) qui
représente les interlocuteurs, Moschion et Zeusippus, entourés de divers animaux dans un beau paysage, Salomon présente un petit échantillon de ces animaux, oiseaux et poissons. L'artiste a fait cependant un grand effort pour être
exact et représentatif; par exemple, en dépeignant le hérisson (pp. 150-151), il
fait une référence précise aux anecdotes racontées par Plutarque. Ce qui est
curieux c'est que Salomon fournit aussi une dernière illustration (p. 107, fig. 79)
pour ce troisième dialogue, qui donne toujours les interlocuteurs, Autobulus,
Soclarus, Optatus, Aristotimus, et Thedimus, avec leurs noms en banderolle, et
des animaux, mais de façon plus sommaire, sans la spécificité de la gravure précédente. L'illustration de ce petit livre de morale cherche donc seulement à agré-
menter le texte en fournissant le *locus amoenus* des dialogues et en rendant clairs
le nom et le rôle des personnages. Nul besoin de s'y attarder, ni de dire plus des
gravures que Salomon a préparées pour son Tite-Live (figs 80-83) puisqu'elles
illustrent toutes des événements historiques ou légendaires dans l'histoire de
Rome. Leur aspect narratif correspond parfaitement à la nature du livre.

Au moment même où il préparait la petite illustration pour le Tite-Live,
Salomon s'occupait d'un troisième petit livre de l'Antiquité classique, *L'Asne
d'or* d'Apulée, qui, lui, devait recevoir une illustration plus copieuse qui
cherche à transcrire en images toute une suite narrative sans pour autant vouloir reproduire en entier l'histoire qu'il raconte. Cela reste néanmoins un
résumé de ces éléments romanesques, d'autant plus que les soixante-quatre
images sont souvent composites, ce qui multiplie considérablement le nombre
de scènes représentées. On peut citer comme exemples deux gravures du Livre
VI qui illustrent plusieurs aspects d'une histoire: d'abord une image qui, dans la
source vénitienne, montrait une vieille femme tirant sur les rênes d'un âne et
une autre qui le monte, se transforme en une série de scènes contenues dans une
seule image (p. 344, fig. 93) où on voit l'âne en train de donner des coups de pied
à cette femme et de la renverser, une prisonnnière montée sur l'âne cherche à la
conduire dans la mer (ce qui ne correspond pas au texte) et, curieusement, on
voit Europa dans la mer et Arion assis sur le dauphin: ces deux dernières histoires ne font évidemment pas partie de la narration d'Apulée mais sont citées
par la prisonnière comme des parallèles mythologiques, une imbrication narra-
tologique qui rappelle les *Métamorphoses* d'Ovide; et la suite de l'histoire
(p. 351, absente de l'édition vénitienne) où l'on voit la vieille pendue à un
cyprès, deux brigands qui jettent son cadavre dans la rivière, et au fond la fille

qu'ils ont attachée à un arbre, et les brigands qui se mettent à table pour manger le repas préparé par la vieille. Il n'est pas vraiment dans les habitudes de Salomon de produire autant de scènes multiples et si compliquées. Ces images ne sont pas autosuffisantes, mais sont très utiles au lecteur pour saisir les histoires dans leur déroulement rapide. Ce que Salomon cherche à faire dans ce livre, c'est de choisir certaines scènes importantes dans toute leur complexité et de constituer ainsi une sorte de roman populaire alternatif, tout en soulignant l'aspect humain et l'intérêt psychologique mais sans chercher à faire ressortir une morale quelconque.

Un quatrième livre de l'Antiquité classique, les *Prodiges* de Jules Obséquent, a bénéficié aussi d'une illustration abondante; il ne peut guère être qualifié de littéraire mais il a des affinités frappantes avec des œuvres plus strictement littéraires par son côté merveilleux et fantastique. Le caractère même du livre des *Prodiges* dicte la seule façon possible de l'illustrer, c'est-à-dire qu'il est nécessaire à la fois de rendre vraisemblables ces apparitions monstrueuses et de créer une atmosphère mystérieuse. Salomon évoque cette atmosphère par deux moyens distincts, le réalisme du dessin ou bien une présentation emblématique, donc symbolique, par exemple, des flambeaux ou des serpents qui volent par les cieux. La préface de Jean de Tournes dans l'édition italienne (qui ne paraît pas dans l'édition française) nous rappelle que c'est en conjonction que l'utile, l'agréable et l'honnête ont la capacité d'émouvoir nos âmes; si on les sépare, l'effet peut croître ou diminuer. Il faut surtout éviter le risque d'un plaisir malhonnête et nuisible. Le présent livre se garde bien (dit le préfacier) dans son texte et dans ses images de la lascivité qui dépare les publications de l'époque. Voici comment il présente les *Prodiges* d'Obséquent:

> Outre les grands et nombreux plaisirs et délices qu'il vous fournit par ses matières curieuses et sa très belle variété, il sera utile à votre âme autant qu'à votre corps en beaucoup de domaines. Il suscitera votre admiration et votre respect plus que beaucoup d'autres livres à cause de ses sujets et discussions, élevés, résolus de façon claire et érudite en de jolis débats faits entre grands et nobles seigneurs[26].

A cause de la richesse de l'imagerie verbale que le texte offre au lecteur, et de sa pléthore d'exemples traités parfois très succinctement, Salomon a été obligé de pratiquer une sélection dans les incidents à illustrer. Normalement, il choisit un seul élément narratif, ou deux au plus, pris dans la liste ou suite d'événements que donne Obséquent: par exemple, au chapitre 25, le texte énumère plusieurs prodiges: le temple de la déesse Salus démoli par la foudre, un mur en partie détruit, trois loups qui amènent dans la cité un cadavre à demi dévoré; mais Salomon se contente de représenter les flammes sortant de la terre à Calène

---

26   «oltra i molti, e gran piaceri, e diletti, che per le curiosissime materie, e per la molta bella varietà ti porta: in cose innumerabili, non manco à l'anima, che a'l corpo ti sarà utile: e per le tanto alte materie, e questioni, dottamente, e chiaramente solute, ne' vaghi ragionamenti, tra' Nobili, e gran Signori, sopra molti altri libri, ti farà con amirazione honorare» (p. 4).

près de Capoue (p. 25). Une des meilleures gravures représente un bœuf qui grimpe un escalier extérieur (p. 31, fig. 99); on aperçoit aussi un enfant, sans doute celui qui crie « Triomphes », et des navires dans le ciel; tous les autres prodiges de ce chapitre sont laissés de côté. (La qualité de cette image attire l'attention sur l'inégalité du recueil et de l'exécution de la gravure.) Parfois, pourtant, cette simplicité se voit remplacer par une illustration beaucoup plus abondante. Dans le chapitre 6, par exemple, nous lisons l'histoire d'Andronus Coratius Latinus (p. 7, édition bâloise p. 6): les haruspices ont prédit que la première personne qui sacrifiera un veau énorme gagnera le contrôle de l'empire; lorsque le propriétaire, voulant en profiter, demande le conseil du prêtre et s'en va se laver avant le sacrifice, le prêtre profite de son absence pour offrir le sacrifice lui-même. Le graveur bâlois se contente de l'image de l'animal, mais Salomon a choisi d'illustrer une scène triple: l'homme qui se lave dans le Tibre, aidé par un prêtre, et d'autres prêtres qui préparent le sacrifice sur le mont Aventin, avec, au premier plan, un énorme animal qui ressemble plutôt à un bœuf. Dans une autre image composite très remplie (p. 35, fig. 100) Salomon réussit à inclure non pas certes tous les éléments d'un chapitre surchargé mais plus qu'un échantillon de ce chapitre. La scène représente des lieux différents: on voit surtout en Adrie l'autel, au ciel, entouré d'hommes vêtus de blanc, un essaim d'abeilles à Rome, à Lanvie des corbeaux qui avaient fait leur nid dans le temple de Junon la protectrice (Sospita) et des légions armées près du Janicule. (L'édition bâloise, plus sommaire, se présente sur deux niveaux: un paysage neutre en bas, et l'attroupement près de l'autel en haut.)

Certaines images, en entier ou en partie, arborent un caractère emblématique qui peut ajouter à l'atmosphère mystérieuse: au chapitre 30 (p. 29, édition bâloise p. 24) une belle image dépeint le ciel en feu, trois lunes (qui symbolisent aussi la nuit qui est toujours présente pendant la journée) et un fleuve de sang, représenté seulement par la force de l'eau et son caractère étrange, et au chapitre 105 (p. 104, fig. 102) une autre gravure montre une énorme torche ardente qui tombe du ciel tandis qu'un corps sphérique en forme de bouclier traverse le ciel d'Ouest en Est. Une image très complète illustre le chapitre 66 (p. 71) rassemblant ainsi des éléments appartenant à plusieurs récits différents: un enfant à deux têtes et un autre à une seule main, un arc tendu, dans le ciel, dirigé vers le temple de Saturne, trois soleils, des torches ardentes, un serpent poilu. Pour le même prodige l'édition de Bâle a quatre gravures différentes: deux garçons (dont un manchot) à deux têtes, un paysage de montagne avec maisons surmonté de trois soleils, et un autre paysage de montagne avec un petit groupe d'hommes gesticulant, surmonté d'un ciel rempli de torches ardentes (p. 64). La grande variété des histoires racontées se reflète ici dans la variété des techniques qu'emploie Salomon.

La gravure serait parfois incompréhensible si le texte manquait; la plupart du temps, en revanche, le texte est très clair en lui-même, et ce que l'image ajoute est une représentation visuelle des événements fantastiques qu'il raconte; tout en restant près du texte de départ, et en traduisant littéralement en images les détails de la narration, Salomon a su choisir l'essentiel dans ce foisonnement d'anecdotes prodigieuses et bien rendre ce milieu ambigu, imaginaire, onirique, énigmatique.

L'illustration salomonienne de Virgile[27], moins abondante que celle d'Apulée et d'Obséquent, est tout de même importante. Le principe qui est à sa base (nous en parlons comme si l'ensemble était de lui) est différent de celui que l'on rencontre dans tous les autres livres qu'il a illustrés. Les douze livres de l'*Enéide* reçoivent chacun une seule image préliminaire, qui contient une scène principale entourée de scènes secondaires correspondant à d'autres étapes de la même histoire. Ces douze images résument toutes les images individuelles éparpillées à travers les éditions illustrées qui ont précédé l'édition dont nous parlons, et en incorporent plusieurs scènes à chaque fois. Pour celui qui ne connaît pas l'histoire, l'illustration n'est pas compréhensible sans le texte, mais à la deuxième lecture elle sert de point de repère, de rappel et de support à l'imagination. On imagine facilement le lecteur de l'époque tourner les pages de temps en temps pour voir d'après la gravure comment chaque incident s'intègre à l'ensemble, comme c'est le cas d'ailleurs dans Apulée, mais à un moindre degré, puisque l'illustration y est plus copieuse. Comme le dit bien André Bellesort dans la préface de sa traduction moderne de Virgile, le poème de ce dernier est fondamentalement visuel: Virgile, dit-il, «compose presque toujours en tableau [...] Les livres de l'*Enéide* sont des galeries de tableaux dont l'éclat nous fait souvent songer à la somptuosité lumineuse des grands maîtres de la Renaissance»[28]. On voit facilement l'attrait que ce livre pouvait avoir pour Salomon.

La gravure qui précède le premier livre (p. 13, fig. 85) représente la scène où Junon demande à Eole de déchaîner la tempête sur la mer et les Troyens. On voit au fond à droite la cité de Carthage; Neptune, irrité par Junon, sort de l'eau avec ses chars et ses chevaux pour calmer les flots (I, vv. 124-143); en haut l'eurus et le zéphyr soufflent de droite et de gauche (v. 131); au premier plan le grand navire qui transporte Enée et ses compagnons, et, derrière, d'autres vaisseaux de sa flotte dispersée. Mais la scène ne se restreint pas à l'arrivée d'Enée; le couple sur la plage représente Junon en train de parler à Eole. Cette gravure initiale sert plutôt comme entrée en matière qu'autre chose: son sujet est le début du livre et non pas la suite des événements ou une scène ultérieure de ce premier livre. La troisième gravure (p. 125, fig. 86) contraste avec cette dernière et exemplifie le mode d'illustration de toutes celles qui suivent, puisque le principe de composition est partout identique; elle montre une image composite, peuplée de nombreuses figures humaines inidentifiables sans recours au texte. Au fond à droite on voit la mer et plusieurs vaisseaux qui abordent. En bas à droite Enée, en Thrace, essaie par trois fois de couper des branches, ou d'abattre des cornouillers et des myrtes (v. 23), pour tapisser l'autel en vue d'un sacrifice

---

27   Voir Bernadette Pasquier, *Virgile illustré de la Renaissance à nos jours...*.

28   P. xxii; Pasquier, qui le cite (p. 88), démontre comment des procédés techniques comme l'usage d'indices visuels («*ecce*», «*videmus*») constituent une invitation à regarder et un moment d'arrêt dans la narration (p. 92). L'édition de Bellesort nous a été très utile dans cette étude.

(dont on voit les feux sur le sommet de la colline) offert à sa mère et aux autres dieux. La scène principale à gauche représente Andromaque «offr[ant] à la cendre d'Hector les mets accoutumés et les présents funèbres»[29]; une ruine recouverte de touffes d'herbe et d'arbres; un groupe de femmes, dont une age- nouillée, comme Salomon aime les dessiner, prépare des vases et des bols devant un autel. A droite et au milieu nous voyons la rencontre entre Enée et Hélénus, fils de Priam, avec sa suite. Sur la colline s'élèvent d'autres sacrifices et les com- pagnons d'Enée s'exercent à la palestre (vv. 278-82). Le choix des sujets est sans doute un peu arbitraire, allant de la représentation relativement simple de la première scène à des tableaux composites qui mélangent des scènes tirées de tout un livre, mais en omettant certaines scènes à prime abord plus intéressantes et plus propices au dessin. Néanmoins, Salomon réussit par l'illustration limi- naire de chaque livre à donner une bonne idée du genre de l'histoire qui va suivre et incite donc à la lecture.

Le but de l'illustration dans l'édition de Tournes est narratif et explicatif. En choisissant de laisser de côté la possibilité de remplir le livre d'une abondance de petites scènes qui illustreraient les aventures d'Enée, et feraient pendant aux *Métamorphoses* d'Ovide, il a sans doute obéi aux consignes que Tournes lui avait données, mais en même temps par l'économie des moyens dont il s'est servi, il a fait preuve d'une grande maîtrise technique et artistique. La réussite esthé- tique de l'ensemble incite au plaisir de la lecture et à une nouvelle façon d'ap- précier la littérature.

Par la force des choses, ces cinq livres de littérature latine sollicitent une approche spécifique et différente selon les cas, pour représenter le monde ima- ginaire d'une culture ancienne: mythologique dans le cas de Virgile et de Plu- tarque (et, nous le verrons, d'Ovide), historique pour Tite-Live, fantastique pour Apulée et mystérieux pour Obséquent; ce sont les illustrations de Virgile et d'Apulée qui s'avèrent les plus narratives, et celles de Plutarque qui sont le plus explicitement moralisatrices. Dans chaque cas, pourtant, l'image, sans être indépendante du texte, commence à revêtir un caractère autonome.

Il convient de commencer notre analyse de la littérature en langue vulgaire par le *Petrarca* qui est un cas un peu à part, parce que, tout en étant une œuvre d'imagination, il rejoint, par un autre côté, les livres d'emblèmes. On aurait peut-être pu en effet classer les sept gravures qui ornent le petit livre des *Trionfi* de Pétrarque dans la littérature emblématique tant elles sont de nature allégo- rique et symbolique. Il n'y a ni narration ni réalisme anecdotique (non que ces qualités soient totalement absentes des livres d'emblèmes), mais une seule image symbolique en tête de chaque triomphe. Salomon n'illustre pas littéralement le texte de Pétrarque, où se trouve un foisonnement d'incidents narratifs, comme l'avaient fait certains de ses devanciers, mais suit une autre tradition réductrice établie de longue date, en faisant allusion à un cortège triomphal (fig. 106) qui se veut une allégorie de l'itinéraire de l'âme, dont la plus grande partie est

---

[29] Vv. 303-304, traduction d'André Bellesort.

étrangère à Pétrarque, et constitue une iconographie indépendante. Les premiers illustrateurs, suivant un commentateur ancien, sans doute Bernardo Lapini, choisirent de prendre comme point de départ l'indication que donnait Pétrarque dans le premier Triomphe, celui de l'Amour, pour représenter un char triomphal remorqué par un animal et conduit par un personnage allégorique, entouré d'une foule. Ils représentèrent ensuite un cortège pour chacun des Triomphes suivants, bien que cela ne correspondît pas du tout au texte de Pétrarque, et ils omirent d'illustrer le contenu spécifique de chaque Triomphe, et les événements et les personnages qui s'y trouvaient décrits.

Tout en présentant une seule gravure de cortège triomphal, Salomon suit la coutume consistant à se restreindre à une gravure par Triomphe, mélangeant l'allégorie à l'emblème, en se gardant bien d'entrer dans l'anecdotique (figs 106, 108-112). Son grand principe est de réduire les scènes à leur symbolisme de base et de simplifier les éléments qui les constituent. On reconnaîtra quelques affinités avec le principe qu'il allait choisir pour son *Enéide*, de préfacer chaque partie par une gravure, mais la grande différence est qu'il n'inclut pas des scènes individuelles afin d'en illustrer le contenu. Il a dû trouver, comme maints autres illustrateurs avant lui, que choisir entre toutes les anecdotes possibles aurait été arbitraire, et préférer la cohérence à la variété. L'aspect décoratif de ces vignettes est manifeste et elles contribuent pour beaucoup à la réussite esthétique de ce petit livre. Le plaisir visuel et intellectuel devient peu à peu aussi important que la morale qui est toujours implicite dans les triomphes.

On remarque la même évolution dans la *Suyte des Marguerites* de Marguerite de Navarre qui fournit un cas particulièrement fascinant pour l'étude de l'illustration et des rapports entre texte et image, déjà bien analysés, en ce qui concerne ce livre, par Robert Marichal[30]. Le lecteur se rappellera qu'en premier lieu la reine avait fourni aux miniaturistes qui devaient illustrer les manuscrits de son œuvre certaines indications précises pour compléter son texte dans le sens qu'elle souhaitait. En outre ces instructions ont survécu dans d'autres manuscrits non enluminés où on les voit substituées aux illustrations. C'est ensuite l'auteur royal qui aurait donné l'ordre au dessinateur, Salomon, (soit en personne soit par l'intermédiaire de son éditeur), de suivre les mêmes consignes. La reine cherchait à dépasser son texte, à le rendre plus poétique, plus dramatique, en y ajoutant ce qu'elle se savait, ou se disait, incapable de produire elle-même. *La Coche* constitue une discussion psychologique et morale entre dames devisant de l'amour et de la fidélité. La première image (fig. 115), idyllique, met en scène un joli pré, une pente ombragée, un château lointain, et deux groupes de personnes: à gauche, des courtisans qui discutent, et à droite, la reine qui parle à un paysan. Les courtisans, par leur façon de se mettre en groupe et leurs gestes, font penser à une pièce jouée sur scène. Le sens du drame et de l'atmosphère que projette ce livre est bien capté dans cette illustration qui le reflète en même temps qu'elle indique par contraste l'humeur paisible de la narratrice.

[30] Robert Marichal, «'La Coche' de Marguerite de Navarre» une édition de *La Coche*, 1971, et « Texte ou image?»; pour des indications plus complètes voir note 96, p. 98.

Voici comment Marguerite présentait ses instructions:

> Soit noté qu'en ce livre sont contenues unze hystoires jouxte le subject d'ice-luy, lesquelles hystoires sont devisées chascune en son endroict, Et icy est la premiere où est ung pré dedans lequel est une compagnie d'hommes et de femmes se esbatans. Au bout duquel pré est une femme acoustrée comme la Royne de Navarre, cheminant par une petite sente loin des autres. Et contre une haye qui est le long dudict pré est ung bon homme de village vestu de grix auquel parle ladicte dame[31].

Marichal en conclut que pour la reine texte et image étaient également néces-saires, tout en précisant que, pour elle, «une bonne peinture valait mieux qu'une description» et que l'illustration introduisait une sorte de didascalie qui «posait» le décor. Comme il l'affirme à propos des miniatures: «Ces images ont donc une valeur particulière, elles ne sont pas purement décoratives, extérieures au texte, mais pour la reine, elles en font substantiellement partie remplaçant réellement et avantageusement ses propres descriptions»[32]. Mais elles restent très près du texte puisque c'est l'auteur qui les a fournies, et elles aident à la créa-tion d'une «édition de luxe, composée avec soin, imprimée et illustrée avec goût»[33] mais tout de même destinée à un public assez large. Ces vignettes ser-vent en outre à indiquer les divisions structurelles de la narration et leur enchaî-nement, et à stimuler l'imagination. En ce qui concerne la gravure représentant les nymphes de Diane (fig. 114), on peut dire qu'elle illustre bien la scène en montrant deux moments de l'histoire: en arrière-plan les satyres qui jouent de la musique un peu en retrait, et les nymphes qui arrivent, heureuses et ne se sou-ciant de rien, et au premier plan, les satyres qui courent pour attraper les nymphes qui se transforment déjà en saules; on voit celles-ci à plusieurs étapes différentes de la transformation, tout à fait dans le style de l'illustration d'Ovide. Pour cette raison la gravure se place tout près du début du poème, et le lecteur peut s'y référer pendant le déroulement de la narration. La partie supérieure de l'image capte le côté ambigu de l'histoire: les satyres cherchent à tromper les nymphes sur leurs intentions, et les nymphes font semblant de ne rien comprendre (d'où le «Faux Cuyder» du titre alternatif), tandis que la par-tie inférieure dépeint la réalité plus brutale de la situation. Comme dans le *Petrarca*, texte et image se complètent admirablement, mais ici le texte rend encore plus explicite la morale.

Deux autres livres ressemblent à la *Suyte des Marguerites* par leur sujet cour-tois. Dans le *Petit traité de Arnalte et Lucenda*, la première gravure représente l'auteur de façon générale, comme dans les manuscrits du Moyen Age, et

---

[31]   Texte du manuscrit de Berne, cité par Marichal, *art. cit.*, p. 428.

[32]   Marichal donne d'autres exemples de ce rapport entre texte et image dans des manuscrits anté-rieurs où le maître d'œuvre compose son récit «tantôt en paroles, tantôt en images» pour montrer que Marguerite de Navarre est moins originale qu'elle ne le paraît (édition de *La Coche*, pp. 15-16).

[33]   Ruth Thomas, *éd. cit.*, p. x.

illustre le *Prologue de l'Autheur* (p. 7, fig. 119); deux scènes correspondent de façon plus spécifique à des moments précis de l'histoire (figs 121 et 123); et la scène du tournoi, bien que figurant dans l'histoire, reçoit une illustration tout à fait générale (fig. 122). Tournes ne semble pas s'être beaucoup intéressé (à quelques exceptions près) à ce genre de littérature dont la mode était en train de passer, et Salomon n'a pas eu souvent l'occasion de l'illustrer. En ce qui concerne les *Angoysses et remedes d'amour* de Jean Bouchet, les gravures de Salomon illustrent le livre de plusieurs façons différentes. Dans la première gravure, *L'amoureux transi sans espoir*, un homme caché regarde l'approche de l'Amant et de sa dame, une illustration qui n'est pas très apte puisque cette scène appartient à l'histoire de l'Amant, et non pas à celle de l'Auteur qui ne peut voir que « le povre desolé », narrateur de l'histoire (p. 11, fig. 126). Certaines images donnent une représentation exacte de la narration, par exemple, le beau chevalier qui sort d'un bocage conduisant « le coursier de Perseverance », qui vient parler à l'Amant – dans ce cas l'illustration est très pertinente, captant à merveille la lassitude de ce dernier (p. 16, fig. 131); de façon plus générale, *La Dame se complaignant de son desloyal Ami*, figure à la fois le temps présent et le passé d'un homme qui fait des promesses à une dame (p. 56, fig. 128). La gravure qui représente Pallas paraît trois fois, d'abord pour accompagner le discours de la déesse aux hommes, c'est-à-dire les lecteurs, « les folz amans, transiz, et despiteux » (p. 64, fig. 129), ensuite pour indiquer les « maux en general qui procedent de folle amour » (p. 66), et la fin de son discours (p. 131). Ce but moralisateur est souvent présent: pour montrer que la raison domine l'oisiveté (p. 111), ou pour tirer l'attention sur les séquelles repoussantes de l'ivresse, surtout chez les femmes (p. 35, fig. 127). La préface de Bouchet à « Monsieur Louis Seigneur d'Estissac » annonce un petit traité moral et psychologique contre la passion d'amour, « ceste furieuse, impatiente, et perilleuse maladie », qui souhaite aider les pauvres amoureux « par douces invectives et remonstrances attractives et veritables » (p. 3). Comme dans le *Petrarca* et les *Marguerites*, les gravures embellissent le livre tout en le structurant mieux, le rendant plus accessible au lecteur et attirant son attention sur l'apport pyschologique du texte.

L'illustration de la *Saulsaye* est sommaire (il n'y a que deux gravures): la première représente la métamorphose des nymphes dont nous venons de parler (fig.114), mais dans un autre contexte. Le rôle de l'histoire des nymphes dans ce livre a été discuté: est-elle centrale au livre ou étrangère à la narration? Dans ce dernier cas la scène et son illustration auraient un but esthétique, renforcer ou même rehausser le ton de la narration (et aussi tout simplement embellir le livre)[34]. La seule autre gravure de ce livre (fig. 125) représente les deux interlocuteurs, Philerme et Antire, dans un paysage mi-virgilien, mi-réaliste, dont le but est en partie d'illustrer l'histoire racontée dans le livre, et en partie de mettre en scène Lyon et la colline de Fourvière. Nous allons bientôt traiter de cette vue de Lyon, comme d'une œuvre « scientifique », appartenant à une série de vues et

---

[34] Françon, édition de la *Saulsaye*, pp. 166-168; Saulnier, *op. cit.*, t. I, pp. 313-314.

plans; dans le contexte présent son but est tout à fait autre, bien que le poème
fasse référence à un endroit précis, le confluent de la Saône et du Rhône: la *Saul-saye* est une œuvre de l'imagination et le sujet des gravures est donc le dialogue
des deux bergers. Il reste une certaine confusion sur l'identité de ces deux
hommes dont les gestes ne correspondent pas très clairement au texte[35], mais cela
nous semble de peu d'importance et ne fait que souligner l'indépendance créa-trice de Salomon. On peut comparer cette image de Lyon avec un autre docu-ment qui représente cette ville, un mélange semblable de scientifique et d'imagi-naire, le *Pinax Iconicus* de Pierre Woeiriot, paru en 1556, qui présente des scènes
de l'Antiquité classique sur le fond réaliste du paysage de Lyon[36].

Toutes ces illustrations «littéraires» de livres en langue vulgaire sont en pre-mier lieu d'ordre esthétique: elles enjolivent le livre, d'abord en elles-mêmes par
la beauté de leur présence, ensuite en entrecoupant le texte et en lui donnant un
apport visuel plus sensuel plutôt que d'expliquer ou de rendre plus clair le récit
qu'il contient. Seul le livre des *Marguerites* ajoute une illustration vraiment et
uniformément narrative. L'illustration littéraire se distingue en ceci de l'illus-tration emblématique que l'aspect esthétique domine sur l'aspect moral, et l'as-pect narratif est naturellement plus présent, bien qu'un emblème individuel
raconte souvent une histoire (ce qui s'applique encore plus clairement aux
Fables d'Esope). Ces deux fonctions, morale et narrative, sont complètement
absentes des livres plus techniques de la troisième catégorie dont nous allons
maintenant traiter.

Dans la *Paraphrase de l'Astrolabe*, toutes les gravures scientifiques, ainsi que
les diagrammes géométriques et astronomiques qui les accompagnent, expli-quent le texte plus clairement, le rendent plus visuel et plus compréhensible.
Dans la préface qu'il adresse à son ami, «maître Noël Alibert Lyonnois, valet de
chambre du Roy», Jacques Focard ne parle pas de l'illustration de son livre; il
n'y a pas de préface de l'éditeur, et Bassantin, qui en a préparé la deuxième édi-tion, n'en parle pas non plus. Mais dans le livre lui-même on peut glaner au
moins ce que pensait Focard au sujet de la gravure comme support visuel. Il y
revient à maintes reprises, se référant à la figure comme utile à la claire com-préhension d'une matière parfois difficile, écrivant par exemple, «Et pour plus
facile intelligence de ce, tu as icy la figure protraicte au vif»[37]. C'est dans la
même intention qu'il explique comment assembler les pièces mobiles de la gra-vure qui illustre la partie intérieure, ou la face de l'Astrolabe:

> Et pource que la figure est tres necessaire en toutes choses, qui requierent
> demonstration, icelle t'ay icy mise avec toutes ses parties, qui sont quatre,
> dont la premiere, & plus inferieure, est le Miroir, ou mape monde, laquelle

[35] Françon, *éd. cit.*, pp. 165-166.
[36] *Pinax iconicus antiquorum ac variorum in sepulturis rituum ex Lilio Gregorio excerpta*, Lyon,
     Clément Baudin, 1556, BnF Rés G 2674.
[37] P. 125; voir aussi p. 13, p. 89, p. 109, p. 117.

doit estre appliquee à la concavité de l'Astrolabe, comme les autres tables: et par dessus toutes icelles, quand on s'en veult servir: et sur iceluy Miroir, l'Aranea, sur l'Aranea la petite Roüe, à laquelle sont marquees les 24. heures avec la ligne de Mydi, & par dessus tout, l'index ou regle, à laquelle sont marqués les degrés de la latitude Meridionale, ou Septentrionale[38].

La figure et son mode d'emploi forment partie intégrante du livre et soulignent les intentions de l'auteur. Dans les traités sur l'astrolabe, comme l'a démontré Isabelle Pantin, il y a deux sortes d'illustrations, celles, très précises, qui servent à la fabrication de l'instrument, et celles qui montrent aux arpenteurs et autres comment s'en servir[39].

Il convient d'ajouter à titre comparatif deux autres témoignages de l'époque. D'abord Jacquinot, un des prédécesseurs immédiats de Focard, qui écrit dans la préface de son livre, adressée en 1545 à «ma dame Katherine, Daulphine de France»:

J'ay prins la hardiesse [...] de traicter soubz votre nom, & mettre en langage Françoys l'usaige & utilité de l'Astrolabe, en reigles autant faciles & brieves qu'il m'a esté possible de les donner, y adjoustant plusieurs figures, et exemples, affin qu'il soyt congneu, & manifeste à un chacun[40].

La technique de la gravure sur bois se prête très bien à cette recherche de la clarté et de la facilité dans les textes d'astronomie; elle s'accorde aussi très bien avec le grand intérêt que prenaient les contemporains de ces astronomes à l'idée de la méthode. Nous pensons aux débats suscités à partir de 1543 par la publication des ouvrages de Pierre de La Ramée (Petrus Ramus) sur la dialectique et la rhétorique, et au changement sémantique subi par le terme «méthode»: ce qui au début signifie la manière d'enseigner une discipline se transforme au cours du seizième siècle en une heuristique, pour devenir la base de toute recherche scientifique. L'illustration scientifique figure ce qui est censé exister réellement et en donne une description précise, et cela fait toujours partie de ses buts, mais il y a aussi de plus en plus l'intention de fournir une conception de la réalité qui se renouvelle perpétuellement, et qui mènera à d'autres découvertes.

Ensuite Bassantin qui, dans l'*Astronomique Discours*, publié par de Tournes, en 1557, mais, à notre avis, pas illustré par Salomon, rend très explicite sa conception du rapport entre texte et image, disant par exemple à propos des gravures qui accompagnent la description du mouvement de la lune:

---

[38] Pp. 181-182. Voir Cartier, p. 203: «De plus la figure de la p. 30, soit la partie intérieure de l'Astrolabe, est répétée p. 181, où elle doit être accompagnée de celles de la p. 32 (Aranea) et de la p. 34 (Mappemonde), qui sont des pièces découpées et mobiles, fixées à la première au moyen d'un fil passant par leur centre. Toutefois, dans quelques exemplaires, elles ont été laissées telles quelles par le relieur, sur le feuillet encarté où l'imprimeur les avait tirées en dehors de la pagination».

[39] «Les problèmes de l'édition des livres scientifiques: l'exemple de Guillaume Cavellat», pp. 246-247.

[40] F. A3v°.

Quant à l'intelligence des choses mentionnées en ces trois textes, tout est assez clairement exposé selon les textes mesmes, fors qu'il nous a semblé bon d'en faire icy l'exemple à veuë d'œil, pour mieux entendre la correspondance & rapport des mouvements qui se treuvent des susdits orbes de la Lune, au mouvement du Soleil.

Dans les phrases qui suivent il se sert de plusieurs termes qui soulignent ce désir de clarté : « Ainsi clairement appert que », « vous est manifeste », « Davantage vous voyez evidemment que », « Ainsi que manifestement l'on peut voir »[41]. Ce qui compte surtout c'est cette clarté de vision qui aide à la compréhension. Mais ailleurs dans le même livre il signale l'autre but de l'illustration scientifique, la mise en pratique :

> Par cy devant (amis Lecteurs) nous vous avons exposé le plus brievement que possible nous a esté ce qui concerne les Theoriques du mouvement des Cieux : & pource que toutes Theoriques semblent estre privees de leur principal but & utilité, si elles ne sont bien practiquees, avons estimé faire chose à tous aggreable, & qui peut relever d'une moult ennuyeuse peine, si nous demonstrions la maniere de pouvoir trouver & supputer tels mouvements par instruments, & ce pour ne rien oublier qui me puisse acquerir part en vos bonnes graces[42].

Dans sa préface « Aux Amateurs de la science astronomique » Bassantin avait déjà démontré que l'intérêt de ces figures à parties mobiles réside à la fois dans l'économie de travail qu'elles représentent (« autant de soulagement de la peine & difficulté, qu'on pourroit avoir à y proceder par prolixes calculations »), et dans le plaisir et le profit que texte et image peuvent apporter « à tous ceux qui prendront plaisir à recercher les secrets contenus en ceste sublime & plaisante science astronomique »[43].

Quant au *De Architectura* de Vitruve, pour les préfaciers contemporains (Dossena, Philandrier), c'est justement la difficulté de compréhension du texte qui rend essentielle l'illustration pour que le texte devienne lisible. Le commentaire de Philandrier fait peu référence aux gravures, mais puisque son but était la clarté de l'exposition, on peut être certain qu'il les approuvait, surtout celles de l'édition de Tournes, plus exactes, en dépit de quelques infidélités[44]. Il vaut la peine de s'attarder un instant sur les belles gravures qui représentent des scènes de banquet car cela fournit un aperçu de la manière dont travaillaient Philandrier et Salomon. Après un long passage où l'auteur discourt sur le texte de Vitruve et sur les textes classiques qui traitent de ce sujet, il fait profiter le lecteur de ses propres expériences de voyage à Venise, à Rome et à Modène, des *triclinia* qu'il y a vus (statues ou bien salles), et des discussions qu'il a eues avec

---

[41]   *Astronomique Discours*, 1613, pp. 94-95.

[42]   *Ibid.*, p. 176.

[43]   *Ibid.*, p. 3.

[44]   Voir Lemerle, édition des *Annotations*, pp. 38-39.

Paul Jove. Il cite plusieurs sources classiques, par exemple, Martial, pour la coutume de se servir de mie de pain après un repas au lieu d'une serviette pour se nettoyer les mains, et ensuite de la jeter aux chiens. Il justifie l'inclusion des gravures représentant des sculptures qui se trouvent à Rome à l'hôpital du Latran[45], et à Modène (figs 66 et 67) «parce qu'elles paraissaient très belles et donc très aptes à prouver ce que voulait l'auteur, bien que celles-ci soient presque obsolescentes et délabrées et celle-là entièrement»[46]. Philandrier a ajouté ce passage après l'édition de 1545; c'est donc de Philandrier lui-même que Salomon a dû tenir l'information, sans doute avec l'aide supplémentaire d'un dessin ou d'une gravure de Pirro Ligorio. Chez l'éditeur, le commentateur et l'artiste, il y a une vraie tentative de représenter de façon exacte l'architecture et la sculpture antiques[47].

La *Chiromance*, en conformité avec son sujet, mélange l'illustration «scientifique» avec des images mythologiques. Les diagrammes des mains, les têtes physiognomoniques (figs 55 et 56) qui servent à déterminer le caractère, et les tables astronomiques, ont un but classificateur et explicatif et rendent ainsi plus clairs au lecteur les mots du texte; en revanche, les sept belles vignettes qui représentent les planètes par des dieux et des déesses (figs 57-61) ont en partie le but d'appuyer l'argument de l'auteur, mais elles sont mythologiquement allusives et surtout littéraires et décoratives: si elles expliquent quoi que ce soit, ce serait la mythologie plutôt que l'astrologie.

Quant à la topographie, dans l'*Epitome de la Corographie d'Europe* les vues de ville (Lyon, Tivoli et Naples) et le plan de Paris, et peut-être d'autres encore, rappellent l'intérêt qu'éprouvait Salomon pour l'architecture et le paysage, et, malgré leur charme, leur but est documentaire: il s'agit de rendre présente la ville et de rendre plus clair le texte narratif. Il suffit de citer le cas du Plan de «La Ville et Cité et Université de Paris» (1553, p. 7, fig. 69) et de la Vue de Lyon (après la p. 12, fig. 70) qui se voient accompagnés par une légende qui détaille les lettres gravées sur le plan pour fournir «les lieux principaux notez de la presente ville de Paris [Lyon]» (pp. 8-12). En ce qui concerne la première gravure de Lyon, celle de 1547 parue dans la *Saulsaye* (fig. 125), les historiens et critiques littéraires n'ont pas toujours été d'accord pour juger si l'illustration correspond bien au récit de Scève et, pour essayer de trancher la question, ils se sont interrogés sur l'endroit d'où la vue est prise. Les bergers se trouvent-ils sur la rive gauche de la Saône, dans l'île d'Ainay, près du confluent des deux rivières, comme le pensaient Marcel Françon et Enzo Giudici, ou bien, comme le pensait Saulnier, sur la rive gauche du Rhône, à l'emplacement de la Faculté des

---

«*Romae vidimus in D. Joannis Lateranensis, valetudinario, sive id sit nosocomium, sive xenodochium, nam hospitale vocant*» (p. 233).

46 «*Lateranensis, et Mutinensium, quod pulcherrima videbantur, id est probandae rei accommodatissima, quanquam obsolescentia tamen et detrita pene haec, illud integrius*» (p. 235).

47 Sur l'illustration d'une autre édition de Vitruve voir Luciana Motto, «Le Vitruve traduit, commenté et illustré de Daniele Barbaro (1556)».

Lettres? Le problème est compliqué par le déplacement du confluent à travers les siècles[48]. Il est vrai, comme le fait observer Françon, que le texte dit: «en ce champestre/ Lieu solitaire, où la Saulsaye espaisse/ Soubs doulce horreur est de mort une espece» (vv. 12-14), qu'il s'agit bien du confluent de la Saône et du Rhône (v. 117-8), et que le poème se termine sur l'exhortation de Philerme, «Voy tout autour la Daulphiné à l'umbre/ Pour le Soleil, qui delà la riviere/ S'en va coucher oultre le mont Forviere» (v. 728-30)». Tout cela semble en effet très précis, mais il y a une dichotomie entre le rôle de cette image dans le texte et l'existence qu'elle a comme document en partie réaliste.

Pour cette première gravure, et encore plus en ce qui concerne sa deuxième vue de Lyon, Salomon a dû subir l'influence du grand intérêt propre à ces années-là pour tout ce qui concernait la représentation de la ville. Comme le dit Jean Boutier, «Dans cette perspective, les années 1540-1550 constituent un temps décisif d'émergence urbaine lourde d'avenir»[49]. Dans le cas de Lyon, en gravure, le résultat le plus important de ce mouvement est sans conteste le *Grand Plan scénographique*, publié entre 1544 et 1553 au moment même où Salomon préparait ses deux plans[50]. Ce mouvement mélange un sentiment historique pour le passé de la ville, une nouvelle prise de conscience et une fierté civique renouvelée. Pierre Woeiriot, lui aussi, fait partie de ce mouvement, disant dans son *Pinax iconicus* que le spectateur reconnaîtra la vraie correspondance qui existe entre la ville et la gravure[51]. Salomon s'est vivement intéressé à la représentation de la ville, non seulement de Lyon, mais de Paris, et de certaines villes italiennes, et nous pensons qu'il est aussi responsable de quelques cartes bibliques. Cela montre à la fois sa propre conception de l'espace (ce qui influe évidemment sur tous ses dessins) et son appartenance au mouvement dont nous venons de parler, une prise de conscience nationale doublée d'un sentiment d'enracinement[52]. On peut ajouter qu'il partage l'intérêt croissant pour la vraie description scientifique qui est en voie de remplacer la rhétorique habi-

---

[48]   Voir Saulnier, t. I, pp. 313-315; Giudici, pp. 745-748; Françon, pp. 163-165.

[49]   Jean Boutier, «Cartographies urbaines dans l'Europe de la Renaissance», dans *Le Plan de Lyon vers 1550*, p. 26 (voir note suivante).

[50]   On a longtemps pensé que c'était Maurice Roy et Louis Pesnot qui l'avaient édité, mais Jeanne-Marie Dureau a rejeté cette attribution pour la raison qu'ils étaient peu importants et non pas taille-douciers. D'après les études de Gérard Bruyère il s'avère que le graveur était Georges Reverdy; *Plan scénographique de la ville de Lyon au XVIᵉ siècle*. Fac-similé 2684. La Société de Topographie historique, Lyon, 1872-6; Jeanne-Marie Dureau *et al.*, (éds), *Le Plan de Lyon vers 1550*, Edition critique des 25 planches originales du plan conservé aux archives de la ville de Lyon, Archives Municipales de Lyon, 1990, en particulier, Gérard Bruyère, «Notes sur les ornements du Plan de Lyon au 16ᵉ siècle», pp. 47-60.

[51]   *«sic, ut quisquis eam viderit facile agnoscat»*; *«adeo artificiosè exculpsit, ut in plano rem extantem spectator videat»*, ff. C3r° et C4r°-v°.

[52]   Tom Conley, *The Self-Made Map: Cartographic Writing in Early Modern France*, et Alexandre Doroszlaï, «Une composante inédite de l'illustration d'un texte littéraire: la carte géographique»; Henri-Jean Martin, «La naissance de la cartographie moderne», dans Martin, *La Naissance du livre moderne*, pp. 329-338.

tuelle de la topographie médiévale[53]. L'imprimeur le dit bien dans sa lettre aux lecteurs de l'*Épitome de la Corographie d'Europe*, quand il déclare que son but avait été de «corriger les villes qui ne seroyent de prime face mises en leur naturel» (f. A2r°). Mais en même temps une description de cette sorte n'est jamais neutre, et ses vues de ville ne font pas exception. Comme le dit bien Jacques Rossiaud à propos du Grand Plan de Lyon:

> une perspective urbaine, à l'instar d'une carte ou d'un traité, certes décrit mais elle démontre, met en scène et théâtralise: elle mêle la fable au réel, fait ressurgir des éléments disparus, anticipe ou invente: même lorsque son auteur sait regarder, retenir et traduire; car il n'est pas si aisé d'observer: on détaille assez mal ce que l'on a quotidiennement sous les yeux; l'exceptionnel et le pittoresque retiennent l'attention, la monotonie l'égare[54].

Autrement dit, malgré le côté réaliste de son dessin, il y une idéalisation sous-jacente qui confine à la recherche d'une utopie[55].

Dans d'autres livres d'intention documentaire, l'imagination de l'artiste entre plus en scène. La *Cosmographie de Levant* (qui, d'après Lestringant, parut «d'abord comme un livre d'images rehaussées d'un commentaire»)[56] contient des illustrations qui sont censées figurer ce qu'André Thevet a vu lors de son voyage en Egypte et en Asie Mineure; celui-ci cherchait à fournir une représentation exacte de l'expérience qu'il avait eue de première main («le plus prés de la verité qu'a esté à moy possible», p. 5), mais de même que le texte du livre qui raconte son expérience est rempli de longues citations de Pline, de Solin et de récits modernes de voyages à Jérusalem, de même les gravures de Salomon, qui n'avait pas participé au voyage, puisent dans sa propre expérience en Europe, ainsi que dans son imagination ou dans ses souvenirs artistiques, mais sont aussi en partie livresques. Son image de la mosquée du Caire (p.143, fig. 75) correspond d'assez près au texte de Thevet, comme le fait par certains détails sa recréation du Bain Turc à Tripoli au Liban (p. 194, fig. 76), mais l'architecture, qui correspond en gros à la description textuelle, est purement imaginaire, et l'image la dépasse. Dans les deux cas le résultat est une image romanisée, fantastique, faussement exotique. Il y a là une vraie recherche mais un échec au moins partiel.

Salomon essaie de rendre vivants les animaux étranges que décrit Thevet: un âne sauvage (p. 69), une girafe (p. 146), un crocodile (p. 140, fig. 74), et un éléphant (p. 70), ces deux derniers plus convaincants. (Salomon les avait-il vus au zoo royal ou dans l'un des zoos privés qui existaient à Lyon?). Il représente

---

[53] Voir un article de Juergen Schultz «Jacobo de' Barbari's View of Venice», cité et commenté par Boutier, *op. cit.*, p. 26.

[54] Jacques Rossiaud, «Du réel à l'imaginaire; la représentation de l'espace urbain dans le Plan de Lyon de 1550», pp. 29-45, dans *Le Plan de Lyon*; voir aussi, au même endroit, pp. 25-27

[55] Voir Biot, *Barthélemy Aneau*, pp. 59-60.

[56] André Thevet, *Cosmographie de Levant*, éd. Frank Lestringant, p. lxvii; voir tout ce chapitre, «Figures et pourtraits», pp. lxvii-lxxii.

aussi des personnages exotiques: le Grand Turc (fig. 73), un Patriarche d'allure plutôt ultrarhénane que bellifontaine, et de toute façon pas orientale. Dans le cas des animaux et des personnages, ainsi que dans celui de l'architecture, Salomon essaie de réconcilier l'image avec le texte et il a dû y avoir une collaboration entre artiste et auteur: ce qu'il souhaitait c'était «la comparaison de l'image quasi vive avec la lettre demimorte», ou du moins c'est ce que dit Thevet sur leur projet commun (p. 14)[57]. Lestringant suggère que «la plupart des gravures [ont] été commandées par l'auteur et même qu'elles [ont] été dessinées et taillées sous son contrôle... » (p. lxvii). Nous ne savons pas si Thevet était artiste; il est possible qu'il ait fourni des esquisses (ou bien des gravures) de ce qu'il avait vu. Mais en dépit donc de l'aspect «scientifique» des illustrations, une bonne part est laissée à l'imagination de l'artiste, beaucoup plus que dans les vrais livres scientifiques comme l'*Astrolabe* de Focard ou le *De architectura* de Vitruve. Si dans ces textes-ci l'illustration éclaire le texte d'origine, dans la *Cosmographie*, elle ajoute quelque chose au texte tout en l'expliquant. Pour Lestringant la langue de l'époque n'était pas capable de décrire ces animaux inconnus (crocodile, girafe) et pour lui «l'image supplée alors le défaut de l'écrit» (p. lxix); en ce cas l'image est plus autonome que d'autres images dont la «fonction n'est que de donner corps au contenu de l'écrit, sans livrer, par rapport à celui-ci, d'informations supplémentaires.» (p. lxviii) On pourrait suggérer cependant que l'image non plus n'est pas vraiment à la hauteur de la description. De plus, Lestringant y voit un aspect emblématique: par exemple, la figure de la girafe, symbole de l'homme docte (on penserait à une devise plutôt qu'à un emblème) est accompagnée par un texte et même une rubrique explicative:

> Une telle fable interprétative, empruntée à Ange Politien, mais transposée ici dans la forme complexe et triple de l'emblème – figure, intitulé, déclaration – indique suffisamment que le rapport du texte à l'image, dans un ouvrage de curiosités comme celui de Thevet, est loin de s'offrir de manière univoque. Les gravures s'y réduisent rarement [...] à un rôle de pure illustration. (pp. lxix-lxx)

Le but primordial des images scientifiques qui constituent notre troisième catégorie (diagrammes géométriques, dessins d'architecture, cartes et plans, «cosmographie», c'est-à-dire images zoologiques et botaniques d'animaux et plantes exotiques, archéologie) est la clarté de l'exposition: les images classent, expliquent, enseignent, disent quelque chose mieux dans leur langage graphique qu'on ne pourrait le faire par des mots.

La présence de l'imagination dans l'écriture et l'illustration de la *Cosmographie de Levant* souligne que même dans des ouvrages en partie scientifiques elle a aussi sa part et qu'elle est même nécessaire pour assurer que l'agrément de la présentation facilite la compréhension. Cette recherche d'harmonie aide à

---

[57]   Pour ce lieu commun voir Aneau, *Imagination poétique*, p. 6, et Marie Madeleine Fontaine, édition d'*Alector*, p. xcxix.

imprimer le texte dans l'esprit et le profit qu'on en tire est d'ordre moral, intellectuel et spirituel.

Notre analyse de ces trois catégories, emblématique, littéraire et documentaire, nous a fait découvrir que les trois buts, d'instruire, d'émouvoir et de
plaire, sont rarement complètement absents dans les différentes sortes d'illustration mais que l'intensité de leur présence varie selon le livre à illustrer.

CHAPITRE X

INTERLUDE 2 :
ENTRE ESTHÉTIQUE ET POLITIQUE

Après les livres d'emblèmes, et les ouvrages scientifiques et littéraires, vient une quatrième catégorie, qui, tout en affichant des qualités documentaires, revêt en même temps un caractère littéraire et emblématique: il s'agit des Entrées triomphales. Les livrets commémoratifs de ces Entrées témoignent d'une intention plus ou moins explicite de présenter au lecteur un programme, soit politique, soit moral, qu'ils cherchent à faire passer par les procédés rhétoriques habituels, en ajoutant une imagerie abondante qui devient partie intégrante de l'ensemble. Cet art pourtant a toujours un but pratique d'explication ou de persuasion et ne cherche jamais uniquement à plaire.

L'Entrée à Lyon a été amplement commémorée dans le livret de Maurice Scève. Cette publication, qui remplace consciemment des récits fautifs et manquant d'autorité, vise à reconstituer la fête et à en établir une relation historique exacte avec une représentation visuelle des tableaux et de certains personnages et incidents. Ce livret raconte en détail des faits réels et précis tout en faisant allusion à leur caractère irréel. Un tel mélange de précision et d'émerveillement subvient parfaitement aux besoins encomiastes de l'entreprise[1].

On peut distinguer dans le livre illustré par Salomon cinq types d'illustration qui concourent tous aux deux buts communs, politique et esthétique[2]. D'abord les deux premières gravures représentent chacune un personnage, « La figure du Capitaine à pied » et « La figure du Capitaine à cheval » (figs 132 et 133). Or ces deux gravures, en dépit d'un certain schématisme, semblent être de vrais portraits, pris sur le vif, l'un de Claude Laurencin de Raveyrie, dit Dijon, et l'autre de Jacques Doillon, baron de Servières, et s'apparentent aux autres portraits en buste dessinés par Salomon. On remarquera la finesse des traits, l'expression des visages et le port majestueux des sujets, aussi bien que la somptuosité des vêtements militaires. Mais ce n'est pas uniquement l'authenticité des traits qui compte car ce sont beaucoup plus que des portraits. Ces gravures ont

---

[1]   Voir Jean Jacquot, (éd.) *Les Fêtes de la Renaissance, passim*, et surtout l'article de l'éditeur, « Présentation », t. III, pp. 7-51.

[2]   Voir Cooper, *éd. cit.*, surtout chap. 5 « Architecture and iconography » (pp. 44-62) et chap. 6: « Inscriptions » (pp. 62-78); voir aussi pp. 134-138, où il parle des illustrations selon une autre classification que la nôtre.

plusieurs buts distincts : l'évocation du monde chevaleresque et militaire, une
indication de la dignité et de la splendeur des participants, et de la richesse de
leur habillement, ce qui aide à honorer le roi, la reine et la ville de Lyon, l'établissement d'une présence humaine avant la présentation des monuments et de
tout le cadre architectural, et le symbolisme métonymique où le chef signifie
tous ses hommes. De plus, les arabesques qui ornent la cuirasse, et font penser
aux encadrements de Salomon, ajoutent une note abstraite qui est soulignée par
le raffinement décoratif des parures. Dans le texte les détails des vêtements et
des armes foisonnent ; l'illustration complémente le texte tout en le rendant
plus clair, plus personnel et plus vivant.

L'auteur de ce texte ne se contente pas de raconter mais commente et justifie
son propre récit en attirant plus d'une fois l'attention du lecteur sur son aspect
merveilleux : au sujet du Capitaine à pied, par exemple, il déclare : « je vous laisse
à penser, lequel estoit plus grand, ou le contentement ou l'esbaissement de chascun de tous ceulx, qui en les regardant leur sembloit perdre la veue en l'admiration d'une chose incroyable », et de même, à propos du Capitaine à cheval, parle
de « tel, qui en les voyant ne sçavoit s'il songeoit, ou vivoit. Car à la verité c'estoit
plus tost une droicte faerie, que chose vraysemblable ». En somme, toute l'Entrée,
avec ses événements et ses personnages, était « un Paradis de plaisir à regarder »[3].

Une deuxième sorte de gravures représente certains monuments statiques
érigés lors de cette manifestation ; ils n'encadrent pas d'événements précis mais
sont là comme symboles de la grandeur du roi, et du passé romain de la ville de
Lyon, ou préconisent la concorde. Dans cette catégorie il faut placer le grand
obélisque dressé au-dessous du château de Pierre-Scize et dédié à Henri II (D4r°,
fig. 134), et la colonne couronnée d'une grande Victoire, dressée dans la place de
l'Archevêché (f. H3v°, fig. 140) dont les personnages humains qui l'entourent
relient la gravure à la vie réelle de façon programmatique, exprimant par leurs
gestes l'admiration des Lyonnais devant toute cette panoplie de pouvoir, même
si tout le monde savait bien que cette admiration était de circonstance et certainement pas universellement partagée. Le Portail de Pierre-Scize lui-même
(f. E2r°), richement décoré et présentant des colonnes torses à chapiteaux corinthiens, met en scène dans le fronton un tableau figurant deux femmes qui s'embrassent, que le texte de Scève identifie comme la Fidélité et l'Obéissance qui se
jurent un soutien mutuel. Un élément important nous semble être la présence
du double monogramme royal en bas à droite : or Scève dit que le parc était
« environné d'une cloison des chiffres & devises Royalles entrelassees d'une subtile grace bien à propos controuvee » (f. E1v°). L'auteur du texte, et de l'iconographie d'origine, ne cherche-t-il pas à mettre bien en évidence, dans cette image
de deux femmes qui s'embrassent, le double monogramme ambigu des souverains ? Il ne s'agit pas d'un choix entre la maîtresse royale et la reine, mais de la
figuration des deux à la fois[4].

---

[3]   F. C3v°, f. D1r°, f. D2v°.
[4]   Mais voir Cooper qui fait observer que le livret de Scève cherchait à flatter Catherine et ne
      mentionne nulle part sa rivale (p. 88).

L'Arc du Temple d'Honneur et de Vertu (f. G3r°, fig. 137), dressé à Saint-Eloy[5], est surmonté d'une grande tour carrée dont la frise représente le triomphe d'Honneur, et, de l'autre côté, le triomphe de Vertu, et constitue par ailleurs une mise en abyme de toute l'Entrée triomphale.

La gravure intitulée «Le Port de l'Archevêché» (f. I1r°, fig. 141), la dernière de cette série d'images statiques, représente l'embarcadère du logis. Entre deux tours à créneaux (une seule existait déjà à l'époque de l'Entrée, datant du onzième siècle, et l'autre venait d'être construite pour lui faire pendant)[6], on avait érigé une colonnade dorique en demi-cercle d'où seize marches descendaient vers la rivière, «les huict premiers suyvantz la ceincture du demy centre, devalantz sur une petite platte forme ronde reprenant son centre en autres huict ordres de degrez forgettez en rond jusques sur l'eau» (f. H4v°). En regardant la gravure on voit bien la frise où alternent métopes et triglyphes, mais les personnages qui occupent les niches ne sont pas très clairement dessinés: d'après le récit il s'agirait en chaque cas d'un «Dieu fluvial et maritime, comme Portumnus tenant son tymon»[7]. La colonnade classique devait relier le logis archiépiscopal et un port artificiel qui abritait un bucentaure et d'autres vaisseaux. Cette illustration fournit un bon exemple du mélange de l'imaginaire et du réel présent à la fois dans le récit de Scève et dans le travail de Salomon; cela correspond en outre à un des buts de toute l'entreprise de l'Entrée, qui était d'apporter aux Lyonnais une nouvelle vision artistique et architecturale[8].

Une troisième sorte d'illustration est moins statique puisque ces gravures figurent toute une suite de scènes «narratives», par exemple l'illustration qui correspond au double arc du Port saint-Paul (f. F4v°, fig. 136) rappelle un thème cher à Scève auteur de la *Délie*, et reproduit bien la description qu'il en donne dans son récit. Un groupe sculptural de deux grandes figures toutes rondes en stuc de marbre représente la Saône et le Rhône (dont le confluent s'apercevait du port) sous un double arc antique[9]: la Saône semble endormie, sa tête appuyée sur sa main gauche, sa main droite tenant des ajoncs pour montrer la fertilité de ses bords; sous son bras gauche se trouve un vase antique (une sorte d'amphore que l'on déterrait à Lyon de temps en temps) d'où coule du vin rouge, et dans l'ouverture gauche le Rhône semble la regarder; il tient un timon antique pour indiquer que le fleuve est navigable, et s'appuie sur un autre vase qui déverse du vin blanc. Le texte décrit sa «face terrible et furieuse, selon sa nature» mais la

[5] Voir Sharratt, «The image of the temple... »; voir aussi Henri Hornik, (éd.), Jean Lemaire de Belges, *Le Temple d'Honneur et de Vertus*, 1957.

[6] Cette tour ancienne se voit sur une planche de Guillaume Le Roy qui représente Pierre Sala en train d'offrir un de ses livres à François Ier dans son jardin de l'Antiquaille (BnF Ms Fonds fr. 10420); voir la reproduction en couleur dans Martin, *La Naissance du livre moderne*, p. 210.

[7] Comme le fait remarquer Cooper, p. 61, le texte italien donne à la fois la liste des statues du Belvédère et quatre noms au lieu de deux pour les dieux fluviaux.

[8] Voir Sharratt, «The imaginary city», pp. 39-40.

[9] Cooper fait observer qu'il s'agit en réalité d'une grotte ou d'une fontaine et non pas d'un arc (p. 51).

gravure montre un vieillard barbu, plutôt paisible. Les deux arcs reposent « sur une base en forme de berseau antique representant son vase, ou cueve de fontaine » qui fait penser à un *cassone* italien de la Renaissance. Les détails techniques de l'architecture témoignent du fait que Salomon et Scève tous deux se passionnaient pour l'architecture et s'y connaissaient à merveille. Et même si l'artiste propose des masques et festons là où le poète voit des « guileschis », c'est que plus d'une fois l'illustrateur remplace un élément décoratif par un autre, sans doute plus conforme à la décoration d'origine[10]. A l'Arc de Bourgneuf (f. E4 v°, fig. 135), des niches contenaient plusieurs personnages allégoriques et mythologiques : Bellone, surmontée par la Paix, et la Victoire surmontée par la Concorde ; ensuite, dans l'entablement, Mars et Jupiter, qui entourent une inscription accueillant Henri dans sa ville, ancienne colonie romaine, lui demandant d'assurer la paix perpétuelle ; et dans le fronton, Diane et ses nymphes. Le récit de Scève décrit ce qui entourait l'arc (un mur rustique en ruines, une colline broussailleuse et des satyres et des faunes jouant d'instruments de musique), mais rien de cela ne peut paraître sur la gravure à cause de la schématisation, qui fait penser pour ainsi dire à un bleu d'architecte.

Une quatrième sorte d'illustration est constituée par la gravure qui représente « La Perspective du Change » (f. G4r°, fig. 138) érigée dans la place de ce nom, qui est *sui generis* parce qu'elle servait de toile de fond à un vrai tableau vivant ou *mystère*, qui figure aussi sur la gravure[11]. La célèbre Place du Change, qui, curieusement, n'est pas nommée sur le *Grand Plan Scénographique*, bien qu'elle y soit facilement repérable, était située à l'extrémité sud du pont de Saône ; elle servait comme centre de change et pour toutes les opérations financières, sans toutefois bénéficier d'un bâtiment approprié à ces transactions qui devaient avoir lieu tant bien que mal dans des échoppes érigées en plein air[12]. Cet endroit est lié à des événements importants dans l'histoire de Lyon et toutes les Entrées y attachent une importance considérable. Lors de cette Entrée d'Henri et de Catherine, les organisateurs y avaient construit « une persepective d'une place de ville refigurant Troye » (f. G3v°) ; le récit en italien de façon plus appropriée l'appelle Athènes, mais Scève voulait suggérer les origines troyennes de la France[13]. Cette gravure, plus que d'autres, exige les explications que fournit le texte de Scève, sans lesquelles il est difficile de savoir comment la lire. D'autres gravures donnent une version simplifiée de ce qu'on voyait sur place ; celle-ci est composite car une partie seulement représente l'énorme toile en trompe-l'œil tendue comme une toile de fond sur un échafaud, ou peut-être contre des bâtiments, que Salomon avait suspendue dans la Place du Change pour suggérer « la perspective de ville ». L'emplacement exact de cette toile et

---

[10]   Pour les connaissances architecturales de Scève, voir *Microcosme* 3.

[11]   Cooper, pp. 83-5.

[12]   Voir Adolphe Vachet, *A Travers les Rues de Lyon*, p. 118 ; Gilbert Gardes, t. III, pp. 68-70 ; Marius Audin, *La Loge du Change à Lyon*, Sharratt, « The imaginary city », pp. 37-39 ; voir *Le Plan de Lyon vers 1550*.

[13]   Voir R.E. Asher, *National Myths in Renaissance France*.

son orientation ne sont pas connus; nous avons pensé un moment qu'elle se dressait pour être vue du pont de Saône contre la colline de Fourvière, mais Cooper suggère la possibilité qu'elle ait été située pour être vue de loin dans la rue de Flandres pendant que le défilé approchait[14]. Cette perspective figurait des bâtiments imaginaires (un immense temple rond, des palais)[15] entre lesquels des personnages se promenaient, deux d'entre eux accompagnés d'un chien, et la gravure représente en même temps ce qui existait réellement devant cette toile, c'est-à-dire, une grande estrade et un petit escalier en bois. Celui qui regarde la gravure doit se rendre compte que la partie inférieure où évoluent deux grands personnages était donc en trois dimensions. On y voit deux plates-formes: à gauche près d'un rocher se trouve Neptune avec son trident et sa couronne «à poinctes»; à droite de la gravure «une bien belle jeune fille, l'armet en teste, riche et reluisant de pierrerie: sa robe troussee, descouvrant ses bottines et le tout couvert d'une merveilleuse richesse: en la main une lance, s'appuyant de l'autre sur un pavoys, auquel estoit la teste de Meduse» (f. G3v°). Le récit nous explique qu'il s'agit d'un conflit entre Neptune et Pallas pour savoir lequel des deux créerait la chose la plus utile à l'homme. Pendant l'Entrée, lors du passage du roi, Neptune frappe le roc de son trident, et un cheval automate en sort «tout ainsi que s'il fust vif». Au même moment l'acteur qui joue Neptune déclame un poème:

> De mon trident ce Cheval je procree
> Non tant pour estre à l'homme familier,
> Que pour servir cest heureux Chevalier,
> Qui tout ce Siecle à son venir recree

et Pallas, tout en enfonçant dans le sol sa lance qui se transforme en olivier fleurissant, répond par un autre poème qui annonce son espoir de la paix. Pour bien lire cette gravure, il faut se rappeler que la toile est tendue derrière les plates-formes pour laisser la place aux deux acteurs, et surtout au «cheval», pour qu'il puisse sortir de son roc; il lui faut beaucoup d'espace pour se déplacer, encore que si la gravure est exacte, il semble plus probable que ce soit seulement la tête et la poitrine du cheval qui sortent du roc, puisque la lance de Pallas s'est déjà transformée en arbre alors que le cheval n'est qu'à moitié sorti. Le texte est donc tout à fait essentiel à la compréhension de cette gravure, sauf peut-être pour une élite savante capable de reconnaître une histoire tirée de Virgile ou d'Apollodore[16]. En outre, il faut savoir que cette perspective est doublement

---

[14] Sharratt, *art. cit.*, p. 37, Cooper, p. 55.

[15] Cooper cite le récit de Conegrani qui dit que le temple était dédié à Mercure, en tant que dieu du commerce, et que devant le temple (c'est-à-dire devant la toile) se trouvait une vraie femme (ou peut-être une statue) assise qui représentait le destin, la chance ou la bonne fortune que Mercure offrait au roi (p. 56); Jacques Rossiaud fait observer que «le péristyle en rotonde surmontée d'une coupole» de ce temple correspondait à la rotonde de Saint-Nizier en voie de construction de l'autre côté de la rivière («Du réel à l'imaginaire», p. 38), ce qui constituait donc une représentation visuelle à la fois réaliste, transposée, et tournée vers l'avenir.

[16] Cooper, p. 83.

imaginaire car la grande rue large qu'elle nous présente, bordée de palais à l'italienne, ce carrefour important autour d'une belle fontaine (la taille de l'homme à cheval en indique la grandeur), et surtout le grandiose temple rond, ne représentent en aucune manière la Place du Change en 1548 ni à aucun autre moment[17]. La Perspective du Change est donc fictive, visionnaire, une façon de demander au roi d'intervenir dans la dispute entre le Consulat et les banquiers florentins afin de réaliser la construction d'un beau bâtiment digne à la fois de Lyon et de la France[18], et un moyen pour Salomon de présenter sa vision d'un futur paysage urbain de *palazzi* italiens à toit plat et au rez-de-chaussée à colonnades.

La cinquième sorte de gravures, qui en comprend trois en tout, représente les spectacles nautiques qui ont eu lieu devant le Port de l'Archevêché[19]. La gravure la plus importante met en scène le *bucentaure* («un gran barcone») (f. L2v°) où se trouvait, dans un château ou pavillon, une grande salle de banquet richement tapissée, avec des portes et des fenêtres à l'antique, entre lesquelles se dressaient des pilastres cannelés, et une frise à métopes, tout à fait dans le style italianisant de l'Entrée. Il était possible pour les participants d'accéder au toit qui était entouré d'une balustrade. A l'arrière se dressait une plate-forme surélevée sous un dais où le roi s'asseyait pour voir ce qui se passait dans la salle ou bien autour de lui sur la rivière. Parmi les autres bateaux se trouvaient les deux galères (f. L1v°, f. L2r°, figs 142 et 143). Cooper a raison de souligner l'importance accordée par Scève et Salomon à la description et à la représentation de ces bateaux où se lit une connaissance à la fois de vaisseaux romains et contemporains, avec en plus certaines touches imaginaires[20]. On pourrait ajouter que chez Salomon cela correspond à une vraie passion puisqu'il se plaît très souvent ailleurs à dessiner des bateaux dans tous les détails de leur gréement.

Nous sommes entré en détail dans notre analyse des images qui ornent ce livret parce qu'il fournit un exemple très clair des rapports entre le texte et

[17]   Voir Sharratt, *art. cit.*, pp. 37-39. Il existait au seizième siècle à cet endroit une «Maison Ronde», qui ne peut pas être sans rapport avec le temple peint imaginaire, mais qui n'ajoute rien à la compréhension de la gravure.

[18]   D'après Marius Audin (*La Loge du Change à Lyon*), à l'origine les marchands et changeurs effectuaient leurs opérations dans «la place de draperie au rond des Changes». Pendant le premier tiers du XVIe siècle, il fut proposé de construire un bâtiment approprié, mais il n'y eut pas d'accord sur le site à bâtir. En 1551 Henri II voulait le faire construire sur le pont et Serlio dressa des plans (Livre 7, chapitre 73, «D'una loggia dei mercanti per negotiare»). A ce sujet Serlio dit: «Per la qual cosa mi fu dato la misura d'un bel sito isolato, nel più bello, e più commodo luogo della Città», mais la Loge ne devait être construite que beaucoup plus tard. Henri Estienne fait une comparaison entre les différentes sortes de «changeurs», les courtisans du Louvre, les alchimistes, et les cambistes de la Place du Change à Lyon, tous disciples du dieu Mercure (*Deux Dialogues du nouveau langage françois italianizé*, éd. Pauline M. Smith, Genève, Slatkine, 1980, p. 210).

[19]   Saulnier, t. I, p. 350.

[20]   Pour le rôle de ces bateaux et de la naumachie, voir surtout Cooper, pp. 20-24, pp. 93-95 and pp. 121-125.

l'image. L'Entrée avait été conçue comme un ensemble artistique où paroles, musique, danse, théâtre et images de toutes sortes, qui correspondaient très fidèlement aux poèmes et récits du programme établi par Scève, formaient une composition très harmonieuse dont le but était de souligner un projet politique. L'aspect iconique et emblématique de certaines illustrations, leur apport symbolique ou allégorique, ainsi que leur caractère parfois décoratif, renforcent cette recherche du beau.

En ce qui concerne l'Entrée du cardinal de Farnèse dans la ville de Carpentras, il faut distinguer d'emblée entre le texte italien, direct et presque scientifique, et le texte francais, poétique et allusif. Dans le premier cas le rapport entre le texte et l'image est d'ordre documentaire, puisque le texte donne d'autres précisions explicatives, fournissant la clef des personnages mythologiques: par exemple, dans la gravure qui montre Didon présentant à Enée la ville de Carthage, il faut entendre que c'est par affection (*Amorevolezza*) que Carpentras s'offre au Cardinal Légat, qui a tant veillé et fait la guerre de Parme; la gravure qui représente Orphée, Sisyphe et les petites-filles de Bélus qui voulaient transporter de l'eau dans un tamis, symbolise le fait que l'arrivée joyeuse du Légat a mis fin aux travaux des citoyens de Carpentras, ce qui ne semble pas évident en soi; ou bien, dans une autre gravure, l'artiste éclaircit le sens des allégories (les garçons déguisés en nymphes qui symbolisaient à la fois l'obéissance et la libéralité)[21]. Parfois le texte attire l'attention du lecteur sur la fiction de l'entreprise. La magnifique statue équestre (fig. 151), qui fait croire que le cavalier immobile est aussi artificiel que son cheval, avait un but à la fois artistique et politique: susciter l'émerveillement du peuple afin de mettre en avant tout un programme diplomatique, qui est peut-être la raison d'être de cette Entrée. Car la statue et son cavalier représentaient l'obéissance de la ville de Carpentras au Pape, à travers le mors miraculeux, possession précieuse et symbole de la ville. (D'après la légende ce mors était formé d'un clou ayant servi à la crucifixion du Christ.)[22] Il est vrai que le texte français parle d'obéissance non pas au Pape mais au roi Henri II, mais cela semble plutôt une explication rétrospective. L'auteur du texte italien fait observer que la statue du cheval avec son cavalier vivant reproduit celle qui se trouve à Rome au Capitole. Cette statue célèbre de Marc-Aurèle a survécu là où d'autres statues païennes ont disparu, pour la simple raison qu'au Moyen Age on croyait qu'elle représentait l'empereur chrétien Constantin. Elle revêt une importance considérable pour l'Entrée de Carpentras à cause de son association avec le pape Paul III, le grand-père du cardinal. En 1538 il l'avait fait enlever du Latran pour la faire installer au centre de la Piazza del Campidoglio nouvellement reconstruite par Michel-Ange (malgré de nombreuses protestations dont celle de l'architecte lui-même). En représentant une œuvre d'art réelle, l'artiste la porte directement à la connaissance des spectateurs lyonnais qui n'auraient pas eu l'occasion de la voir sur place.

---

[21] F. E4r°, f. F3r°, f. D3v°.
[22] F. F4v°.

Le long poème français que Blégier publia sur cette Entrée n'ajoute presque rien à notre compréhension des événements, et ne les décrit qu'à travers un écran de mythologie d'ordre plutôt général. Dans la version italienne Jean-Baptise Centenar, écrivant à Giovanni Antonio Capisucco, dénigre ses propres compositions latines: «Je vous les envoie telles qu'elles sont et dans toute leur pauvreté, car elles sont écrites dans un style populaire et négligé»[23], mais, dans la version française, Blégier, écrivant à Farnèse, se flatte de façon franchement risible: «j'ay descrit le tout si en grave et fluide style, qu'à bon droit ta magnificence se poura vanter, que premier suis qui ay escrit plus hautement, (au moins il n'appert pas par escriz d'aucuns) que ne feit oncq Poëte Françoys». Le poète se distancie des illustrations, se restreignant à une appréciation des arcs eux-mêmes et à l'illusion de vérité qu'ils avaient créée. Il rehausse son récit par des *topoi* sur la création artistique en faisant appel aux histoires de Mercure et de Zeuxe, d'Apelle et de Timanthès et revient souvent à la représentation et au rapport entre l'art et la nature, s'extasiant surtout au sujet du cavalier immobile:

> Son beau visage alors ne se mussoit,
> Ne les sourcils ne la sienne poictrine:
> Celà doré d'une grace divine.
> Bronze sembloit naturel, & non feinct,
> Si bien Zeuxis l'avoit vifvement teint
> Lors voyoyt on ces parties dorées
> Luire trop mieux, que perles desirées,
> Et icelluy sur le cheval assis,
> Se soubstenir roide, ferme et rassis.
> Si qu'on eust dit, à le veoir en monture,
> Que l'art subtil dheust imiter Nature:
> Et toutesfois Nature imitait l'art
> Au chevalier, tout desguisé de fard[24].

On peut s'interroger non seulement sur le rapport entre texte et image dans une Entrée comme celle de Carpentras ou celle de Lyon, mais aussi sur le rapport entre l'ensemble du livre et la fête qui lui a donné lieu. L'essor des livres commémoratifs illustrés est en partie le résultat de l'intérêt humaniste pour l'architecture renaissante et classique. Comme le dit McAllister Johnson, cela s'ajoute à la complexité grandissante des fêtes pour assurer une intensification du côté abstrait de l'illustration[25]. En effet, les gravures deviennent conceptuelles, idéalisées, simplifiées. Cela fait que les gravures qui représentent le déroulement d'une grande fête comme celle de Lyon ne peuvent être que

[23] *«Eáque qualiacunque sint, ad te mitto, parva quidem illa (sunt enim neglecto, vulgari stylo conscripta)»*, f. 2v°.

[24] F. G1r°.

[25] McAllister Johnson, «Essai de critique interne des livres d'Entrées français au XVIe siècle», dans *Les Fêtes de la Renaissance*, t. III, Paris, CNRS, 1975, p. 195, p. 197; Jean Jacquot, *art. cit.*, pp. 45-51.

partielles : elles figurent les hauts points du défilé et une sélection des échafauds et tableaux dressés le long de la route. Comme le dit Jean Jacquot, « Sans doute l'événement vécu et sa description sont-ils incommensurables : un livre n'est pas une Entrée »[26]. L'édition parisienne de Benoist de Gourmont, plus populaire[27], le capte exactement en disant de l'Entrée : « La magnificence de laquelle ne se peult si bien descrire comme elle a esté veue, tant aux choses ingénieusement inventées par grands et souverains espritz à celle fin de recréer le roy, qu'aux richesses, merveilleuses et somptueuses pompes de la ville d'un costé et de la court de l'autre »[28].

L'aspect schématique est souligné par le manque de correspondance entre les mesures des parties respectives d'un monument et leur description textuelle (par exemple, Le grand Obélisque, L'Arc de Bourgneuf, et La Colonne de Victoire) et cela avec l'intention de mettre en valeur les parties les plus importantes. Il y a beaucoup de choses qu'elles ne peuvent pas montrer : les échafauds ont été évidemment conçus en trois dimensions (il s'agissait parfois d'arches de plusieurs mètres de profondeur par où on pouvait passer à cheval) et comportaient donc une face cachée également ornée de motifs architecturaux, de statues et d'inscriptions. Le texte peut décliner les éléments architecturaux dans tout leur détail, décrire l'iconographie des peintures et des sculptures, transcrire toutes les inscriptions, mais une seule gravure ne suffit pas pour cerner un monument en trois dimensions. Il aurait fallu doubler ou même quadrupler le nombre de gravures car parfois les faces latérales et l'intérieur de l'arc étaient aussi richement décorés.

Les inscriptions (les mots dans la sculpture, ou dans l'architecture) constituent un problème à part. Cooper a bien analysé l'ensemble de celles ayant été présentées au cours de cette Entrée, et que les trois humanistes, Scève, Du Choul et Aneau, avaient choisies, pour conclure qu'elles sont plutôt d'ordre littéraire qu'épigraphique[29]. En effet ces « mots dans la gravure » relient l'art et la littérature du spectacle et lui garantissent sa propre unité. On peut ajouter que grâce à la petitesse des gravures (même si celles de Lyon sont anormalement grandes dans l'œuvre gravé de Salomon) la transcription visuelle détaillée de tous les écriteaux paraissant sur les échafauds est exclue. Salomon résout de trois façons différentes ce problème de textes manquants : soit il omet tout simplement de transcrire un texte, comme l'inscription sur le piédestal du grand obélisque de Pierre-Scize dédié à Henri II, appelée par le texte (f. D3v°, fig. 134), soit

[26] *Ibid.*, p. 45 ; voir aussi ce que dit Yves Pauwel sur l'Entrée à Paris : « De la réalité des édifices mis en place à l'occasion, nous ne pouvons plus vraiment juger. Il est évident que les planches arrangent et modifient les choses » (« Propagande architecturale et rhétorique du sublime... », p. 222) ; voir aussi Martin, *La Naissance du livre moderne*, pp. 211-215.

[27] *Le grand triumphe faict à l'Entrée du Treschrestien et tousjours victorieux Monarche, Henry second de ce nom Roy de France, en sa noble ville et cité de Lyon*, Paris, B. Gourmont, 1548 (BnF Lb³¹ 13), Cooper, pp. 153-154 et, réimpression du texte, pp. 277-299.

[28] Guigue, p. 123.

[29] Cooper, pp. 62-78.

il dessine un écusson pour le laisser en blanc, soit il suggère l'écriture par des traits griffonnés.

La réduction de l'illustration au noir et blanc est une autre source d'inadéquation: la couleur des livrées, des habits somptueux et des tableaux peints ajoutait énormément à l'effet sensuel de ces Entrées, fournissant éclat, richesse, contraste et harmonie; à Saint-Paul, par exemple, tout était rehaussé d'or et d'argent, et les figures principales étaient hautes en couleur, la Saône légèrement vêtue de linge bleu et le Rhône de pourpre. Le graveur sur bois cherche, bien sûr, à suppléer au manque de couleur par la variété de ses techniques[30], et il ne faut pas trop insister sur les limites de ses procédés; en tout cas un livret de ce genre pouvait avoir un rayonnement beaucoup plus grand qu'une peinture qui n'était accessible qu'à une élite. McAllister Johnson estime que la gravure ne peut pas rendre le mouvement des scènes vivantes (théâtre ou mystère) et que l'artiste doit se contenter de tableaux fixes représentant des phases intermédiaires, de la progression *vers* quelque chose[31]; cependant, Salomon était un maître de la représentation du mouvement dans le dessin, et s'il se concentre ici sur des tableaux fixes, c'est peut-être dans le souci de rendre plus permanents des monuments très élaborés dont l'iconographie et le texte avaient été si soigneusement étudiés, plutôt que de chercher à mettre en scène des événements éphémères.

On peut supposer que c'est Scève, avec l'accord de Roville, qui était responsable du choix des illustrations, ou au moins l'avait imposé à l'artiste par son texte; mais, lorsqu'il écrivait, avait-il devant lui le dessin qui allait servir à la gravure, ou bien un état antérieur du dessin destiné à la construction des tableaux et échafauds, et est-ce que Salomon avait devant lui pendant qu'il dessinait le récit de Scève ou bien les instructions originelles ayant servi aux artistes de l'Entrée? Le texte de Scève a les mêmes intentions politico-culturelles que les événements eux-mêmes: commémoration, éloges, propagande, et un témoignage sur le pacte conclu entre le roi et son peuple, surtout à Lyon, le tout transformé par son talent d'écrivain. Les mêmes intentions ont dû être présentes à Carpentras. En illustrant ces deux événements comme ils se sont déroulés, en employant toutes les ressources dramatiques à sa disposition, Salomon non seulement témoigne de sa versatilité et de sa capacité à créer une illusion théâtrale, mais assume cette propagande culturelle et politique, aidant ainsi à faire entrer l'événement dans l'histoire[32]. Nous avons qualifié l'illustration de ces Entrées comme «quasi-scientifique» puisqu'elle cherche à capter la réalité des événements passés, et à la présenter de façon véridique, mais cette réalité est très complexe, surtout à cause du programme politique et culturel. Il ne faudrait pas non plus minimiser l'aspect littéraire et rhétorique non seulement du texte mais aussi de l'illustration elle-même.

---

[30]   Voir *supra*, p. 173.

[31]   *Art. cit.*, p. 196.

[32]   Voir Frances Yates, «Poètes et artistes dans les Entrées de Charles IX et de sa reine à Paris en 1571», où elle analyse les différentes techniques de l'illusion; voir aussi Saunders, *The Sixteenth-Century French Emblem Book*, pp. 279-292 sur le rôle de l'emblème dans les festivités de Cour.

CHAPITRE XI

LA BIBLE
ET LA *METAMORPHOSE* FIGURÉES

Nous traiterons de nouveau en parallèle les illustrations de la Bible et celles des *Métamorphoses* d'Ovide, notre cinquième grande catégorie, proches à la fois par la quantité des images et par la perfection de l'ensemble, exemplifiant l'art de Salomon dans toute sa maturité; notre but sera de faire ressortir les ressemblances aussi bien que les différences, ce qui nous fournira l'occasion de conclure sur les rapports entre texte et image dans l'ensemble de son œuvre.

1. LES BIBLES FIGURÉES[1]

On peut traiter rapidement de la bible in-folio de 1551 qui contenait dix-huit grandes planches, recopiées sur celles de la bible latine de Robert Estienne (fig. 152). Le but de ces gravures est évident: l'explication et l'éclaircissement; et c'est par ce côté documentaire qu'elles ressemblent aux gravures paraissant dans les livres scientifiques. Dans son Epître au lecteur, Estienne avait déclaré cette intention pédagogique, demandant à Vatable «qu'il mette devant vos yeux la très difficile et très obscure construction du Tabernacle de Moïse, du temple de Salomon et de leur principal ameublement». L'illustration doit servir comme aide visuelle à la compréhension de l'ordonnance des différentes parties. Estienne ajoute que cela aidera à la compréhension du Nouveau Testament (l'épisode où le Christ chasse les marchands du Temple ainsi que celui de l'offrande de Zacharie et du déchirement du rideau)[2]. Puisque ces gravures sont spécifiques, et restreintes à certains chapitres de la Bible, il n'y a pas besoin qu'on s'y attarde, d'autant plus que Salomon a suivi de très près une série qui existait

---

[1] Sur la spécificité de l'illustration biblique à l'époque voir surtout Max Engammare, «Les Figures de la Bible... », et, du même auteur, «Les représentations de l'Ecriture dans les Bibles illustrées du XVIᵉ siècle... », et *«Figures de la Bible* lyonnaises à la Renaissance»; voir aussi, Philipp Schmidt, *Die Illustration des Lutherbibel 1522-1700*, Bâle, F. Reinhardt, 1962, et Bart A. Rosier, *The Bible in Print*, 1997, surtout t. I, ch. 9, pp. 84-91, «Visual Traditions» et le chapitre 10, pp. 92-115, «Word and Image», et Robert Baron, « Emblem and narrative in Bernard Salomon's illustrations to the Old Testament ».

[2] *«[ut]... vobis ob oculos poneret Tabernaculi Mosaici, Templi Salomonis et praecipui eorum instrumenti difficillimam et obscurissimam constructionem»* (f. *ii r°).

déjà et qui sera souvent imitée à l'avenir (au point que leur présence s'imposera presque obligatoirement dans certaines bibles, surtout de tendance protestante) et que par leur format et leur contenu elles se situent à l'écart des autres illustrations bibliques de notre artiste.

Nous arrivons maintenant à celles que l'on associe normalement avec le nom de Salomon, la Petite et surtout la Grande Suite. Rappelons que la Petite Suite de 1553 illustre le texte intégral de l'Ancien Testament, bien qu'il y ait, comme toujours, certains livres qui ne soient ornés d'aucune image, et que la première apparition de la Grande Suite soit constituée d'un Nouveau Testament pour compléter la Petite Suite et, en même temps, des *Quadrins historiques de la Bible* et des *Quadrins historiques d'Exode* où l'image est accompagnée par des vers populaires. Tout de suite après, pourtant, Tournes s'est mis à publier le texte intégral de la Bible en latin ou en français avec les mêmes illustrations.

La meilleure étude d'ensemble qui existe sur l'illustration biblique de Salomon est la thèse de Herta Schubart, soutenue il y a plus de soixante-dix ans. Ce travail cherche à situer Salomon dans le contexte de l'histoire intellectuelle et de l'histoire de l'art. Ce sont ses travaux sur l'illustration de la Bible aux Pays-Bas, dans le dernier tiers du seizième siècle et dans la première moitié du dix-septième, qui ont amené Schubart à l'étude de Salomon, puisqu'elle avait vu partout l'influence de notre illustrateur, non seulement aux Pays-Bas mais aussi en France, en Italie (surtout à Venise) et en Allemagne. Schubart, qui écrivait avant la publication de la bibliographie de Cartier, semble pourtant vouloir se limiter à une discussion des *Quadrins* qu'elle a étudiés surtout dans l'édition espagnole, *Quadernos ystoricos de la Biblia*. Cela a une certaine importance, car dans sa recherche d'une définition de l'illustration biblique elle ne s'adresse qu'à la paraphrase populaire de la Bible, et laisse de côté l'idée d'une bible intégrale illustrée. Pour elle, Salomon se distingue de ses prédécesseurs par l'organisation intérieure et la fermeté du dessin. Elle met l'accent sur l'idée qu'à l'origine Tournes devait envisager une publication plus importante (mais toujours dans le domaine de la paraphrase) puisque les deux premiers livres de la Bible reçoivent une illustration richissime tandis que les suivants en reçoivent beaucoup moins, même parfois presque rien du tout. Il y aurait donc eu, sans nul doute, un changement de plan au cours de la préparation des *Quadrins historiques de la Bible* de 1553, et elle en conclut que l'intention originelle de l'éditeur était d'illustrer la Bible entière de cette façon très abondante (mettant toujours ensemble gravures et poèmes populaires), mais que pour des raisons que l'on ne connaît pas, ce projet a été abandonné. Cette hypothèse est tentante et on peut l'accepter mais avec quelques réserves. Certains livres de la Bible se prêtent beaucoup plus que d'autres à l'illustration: même dans les livres historiques, qui par leur côté narratif semblent faciles à illustrer, certains moments de la narration sont mieux connus et ont toujours attiré l'attention des illustrateurs; par ailleurs les livres prophétiques appellent rarement l'illustration[3]. En cela les

---

[3] Pour un avis contraire sur ce dernier point, voir ce qu'en dit André Chastel: «Surtout il y a un développement nouveau de thèmes bibliques. L'intérêt pour les trois langues de l'Ecriture

bibles illustrées par Salomon ne font que suivre une tradition déjà bien établie. Il est difficile en outre de comprendre pourquoi Tournes, s'il avait bien eu cette idée au départ, n'y serait pas revenu plus tard, surtout au vu du fait que dans d'autres bibles il a ajouté parfois d'autres bois à cette série biblique.

Le grand travail de Schubart dissimule un peu la grande variété des publications bibliques tournésiennes. Tournes s'est servi en fait de ces mêmes gravures dans bien d'autres bibles de plusieurs formats différents, et le nombre de gravures s'est accru au fil des ans sans toutefois qu'elles apparaissent toutes dans chaque nouvelle édition. Ces différentes bibles visaient chacune un public différent : si les petites bibles (les in-seize et les in-octavo), et surtout les *Quadrins* et les *Figures du Nouveau Testament* qui les accompagnaient, s'adressaient à un public très étendu, et ont dû servir à tout le monde pour la dévotion et la méditation, pour l'instruction des enfants et pour le voyage, les grandes bibles intégrales de format in-folio ou in-quarto, en latin ou en français, devaient servir à des prêtres, des pasteurs, ou des érudits, pour leur propre lecture studieuse ou pieuse ou bien pour une lecture publique, surtout dans le temple protestant. On peut ainsi chercher à établir les différentes intentions de l'éditeur selon la structure et le format de ses publications. Cependant, puisque les mêmes illustrations servaient dans chaque cas, cela ne nous apprend rien en soi sur les intentions de l'artiste.

Si nous cherchons à voir le problème du point de vue de ce dernier et à caractériser l'illustration biblique de Salomon, il faudrait trouver des qualités qui s'appliqueraient à toutes ses images indépendamment du contexte où elles se trouvent. Le côté documentaire, presque scientifique, des premières grandes illustrations de 1551 se voit reflété à deux égards dans les petites illustrations qui les ont suivies. En premier lieu, cette illustration se caractérise par son aspect narratif, le désir de raconter une histoire, ou plutôt l'histoire biblique elle-même. La manière d'illustrer de Salomon est essentiellement narrative dans le sens où elle suit l'histoire biblique et en reproduit les événements essentiels. Comme le fait remarquer Schubart, dans les *Quadrins* les gravures se suivent selon la logique de l'histoire, surtout dans les deux premiers livres de la Bible, sans exclure les interruptions d'une histoire par une autre. Les épisodes de l'histoire de Hagar, par exemple, sont interrompus par un groupe de gravures qui racontent celle de Sodome et Gomorrhe. Les huitains, qui suivent les gravures en montrant la filiation des événements, soulignent cette continuité générale par deux moyens : le remplacement de noms propres par des pronoms, et l'utilisation de conjonctions de temps comme «puis» et «lors»[4]; mais cela relève du poète et non pas de l'artiste. Après la fin du livre de l'*Exode* tout change. L'illustration devient moins systématique, plus fragmentaire, ne cherchant pas

---

et le travail d'exégèse ont orienté de bonne heure les esprits vers les scènes du 'Livre des Rois' et des 'Livres Prophétiques'. Le renouvellement du programme d'illustration des Livres d'Heures vers 1550 se fait en ce sens.», *Fontainebleau: Formes et Symboles*, p. 22. Ce n'était pas le cas, pourtant, chez Salomon et dans son entourage.

4   Pp. 21-22

à couvrir tous les événements de la narration biblique ; certaines histoires reçoivent une illustration abondante tandis que d'autres sont passées sous silence.
Schubart cite le cas de David : l'histoire de ses rapports avec Saül est relativement complète, mais les histoires de Goliath, Jonathan, Bethsabé et des ennemis
de David manquent dans l'illustration. L'histoire de Bethsabé risquait de cho-
quer, et il y a ailleurs une certaine censure des événements, comme dans l'histoire de Suzanne au bain, de Dalilah et Samson, et du viol de Thamar[5]. A cause
de ces lacunes, on ne peut pas reconstituer toute l'histoire et on est parfois
réduit à des événements précis racontés hors contexte.

Du point de vue technique, la narration se fait parfois par l'utilisation de
scènes multiples, par exemple, dans la scène de *Genèse* 7 qui représente l'entrée
des animaux dans l'arche (fig. 165), on voit en même temps Dieu qui parle à
Noé et les nuages qui s'amoncellent, et dans *La Tentation du Christ* (*Matt.* 4, fig.
180), on voit les quatre étapes de l'histoire dont deux sont plus « imaginaires »
que les autres (le diable qui tend des pierres au Christ, le Christ sur le haut du
temple, et sur la montagne, et le diable qui s'envole), ou bien dans l'histoire du
Christ et des disciples à Emmaüs *(Luc* 23, fig. 187), où on les voit sur le chemin
et, au fond, en train de manger ensemble. (Dans ces deux dernières images qui
sont à la fois pieuses et d'une grande énergie grâce à la représentation pitoyable
du Christ, on remarquera que Salomon joignait à ses dons de narrateur et d'historien celui d'émouvoir par le pathétique de ses propos graphiques.) La technique qui consiste à se servir de scènes multiples, pourtant, est plutôt rare chez
Salomon qui se concentre normalement sur un moment signifiant de l'épisode.
Les paraboles se présentent selon le même schéma narratif, bien que le but ici ne
puisse pas être « réaliste » ou historique mais reste allégorique et symbolique. La
parabole du semeur en est un bon exemple (*Matt.* 13, fig. 183) : Salomon prend
un seul aspect de la parabole et le montre de façon littérale (tandis que d'autres
éditions françaises de la Bible, comme celles de Regnault ou de Gryphe en illustrent chacune trois aspects). Dans les *Figures du Nouveau Testament* le poème de
Charles Fontaine décrit l'image et non pas toute la parabole du Semeur (qu'il
explique cependant) :

> L'oiseau qui mange la semence
> A cil qui seme par la voye,
> C'est le malin, plein de nuisance
> Qui vient dans notre conscience
> Ravir, tout ainsi qu'une proye,
> Le pur grain de doctrine vraye[6].

---

[5]   Schubart, *loc. cit.*; voir Engammare, *art. cit.*, p. 569, qui donne ces exemples et signale par
      contre la présence d'autres scènes du même genre : ivresse de Noé, inceste de Loth, la femme
      de Putiphar. Salomon a dû s'affronter au même problème dans l'illustration d'Apulée, voir
      supra, p. 88.

[6]   F. B8r°.

Salomon s'était contenté d'illustrer un des éléments de la parabole et c'est cela que Fontaine a choisi de décrire. Mais c'est la Bible que l'artiste a illustrée et non pas les vers médiocres qui parfois accompagnaient ses images. S'il est vrai, comme le dit Estelle Leutrat, que «Les gravures de Bernard Salomon s'articulent donc avec les vers de Claude Paradin, les deux modes d'expression souvent rivalisant ensemble, au point que parfois on ne sait plus lequel est l'illustration de l'autre»[7], il n'y aucun doute qu'à l'origine c'était en fait les poèmes qui illustraient les images et non l'inverse.

Même dans ces images des *Quadrins*, il reste un élément que l'on peut appeler «scientifique», l'attention portée aux détails architecturaux et vestimentaires. Au moment où Salomon travaillait, l'illustration de la Bible (ainsi que celle de la littérature classique) subissait un changement profond. C'est de l'Italie qu'est venue une nouvelle attitude à l'égard de la représentation exacte du monde ancien, une tentative de reconstitution de l'architecture et des modes vestimentaires. En France et en Allemagne, cela s'est produit plus tard, et au début du seizième siècle les illustrateurs continuaient encore à faire évoluer leurs personnages dans un décor et dans des vêtements qui étaient ceux de leur vie quotidienne. Petit à petit les attitudes changent, et vers le milieu du siècle quand l'humanisme s'est déjà bien installé dans l'esprit des artistes, ils s'adonnent souvent à une vraie recherche d'exactitude historique dans les décors. Salomon participe en tant qu'humaniste à l'intérêt des gens de la Renaissance pour l'Antiquité classique (et pour le monde de la Bible également, puisque les érudits voulaient appliquer à leurs recherches bibliques les mêmes principes de rigueur scientifique) et il cherche donc à reproduire une vérité historique. Schubart a raison de signaler chez Salomon une sensibilité à la grande variété d'habitations des peuples bibliques, par exemple: des abris de circonstance faits de branches suivis par des huttes de terre primitives dans les premiers temps ou, dans la captivité en Egypte, des campements de tentes dans le désert, enfin des cités, des palais et des temples de plusieurs styles selon la civilisation dont il s'agit. D'après Schubart, l'inspiration vient du Vitruve dans la traduction de Jean Martin parue en 1547. Cela est possible, mais il y a d'autres sources plus proches, notamment les travaux de Serlio que Salomon connaissait bien, et ses propres illustrations pour l'Entrée d'Henri II et de Catherine, et celles pour le *De Architectura*, parues peu avant. Et, comme le dit bien Schubart, si on regarde de près ces bâtiments classiques on s'aperçoit vite que Salomon ne s'intéressait pas beaucoup à la recherche archéologique en elle-même et n'a pas vraiment cherché à faire la distinction entre les époques et les civilisations différentes (sauf de façon très sommaire et peu convaincante); et il est tout de même de son temps dans le sens où le monde qu'il représente est construit selon l'idéal architectural nouvellement passé d'Italie en France et dans une certaine mesure correspond plus à l'architecture de la Renaissance qu'à celle de l'Antiquité classique. Cependant il n'aurait pas pu en être autrement. Car même si les «antiquaires» de son entourage, comme Ligorio

---

[7] «Deux majoliques d'après Bernard Salomon... », p. 24.

ou Du Choul, s'intéressaient ardemment à l'architecture romaine, et commen-
çaient à publier leurs recherches[8], comment Salomon aurait-il pu avoir une
connaissance exacte et correcte de l'architecture grecque, sans parler de l'architecture babylonienne, égyptienne et ainsi de suite? Nous avons parlé ailleurs du
temple rond pour illustrer ces tentatives archaïsantes chez Salomon: le temple
philistin couvert d'une coupole, orné de son beau porche classique, avec deux
colonnes ioniques de chaque côté, sous un fronton triangulaire, qui voisine avec
le palais d'Abimélech de style renaissance (*Genèse* 20), et un autre, plus bizarre,
et plus massif, en deux corps soutenus inutilement par des arcs-boutants (*Genèse*
26). Pour illustrer l'histoire de Joseph en Egypte, il se sert d'une ziggourat (bâtiment plutôt babylonien), qui ressemble à certaines illustrations de la Tour de
Babel (*Genèse* 34). Dans le Nouveau Testament, le temple de Jérusalem paraît
sous deux formes différentes: l'illustration pour l'histoire de Zacharie (*Luc* 1), un
bâtiment aveugle, sous une coupole, monté sur des marches, décoré de grands
pilastres corinthiens et d'une frise et d'une corniche sculptées, et précédé d'un
porche, avec des pilastres jumelés et un fronton sculpté; et le bâtiment figurant
dans la *Tentation du Christ* (*Mat.* 4, fig. 180), moins convaincant, qui ressemble à
celui de *Genèse* 26 dont nous venons de parler, avec l'ajout d'un étage, et accompagné par un colisée en ruine[9]. D'autres éléments archaïsants de ce genre (aque-
ducs, amphithéâtres, palais, temples, obélisques, tours fortifiées) sont tout à fait
classiques en dépit de leur fenestration de style renaissant. Il semble pourtant que
ce que Salomon finit par évoquer ne soit qu'un monde biblique ou classique de
convenance, où il ne fait pas de distinction, par exemple, entre l'Ancien et le
Nouveau Testament. Il serait plus exact de parler de «vraisemblance historique»,
ce qui s'accorderait très bien à la nouvelle adoption de ce terme dans la critique
littéraire au cours de ces même années[10].

Engammare a signalé un commentaire très intéressant de la part de Jean de
Tournes sur cette recherche d'objectivité archéologique. Dans *La Sainte Bible* de
1554, en parlant de la gravure qui représente le «Parvis du Tabernacle» (*Exode*
27) il avertit le lecteur:

> Selon les mesurements escris au precedent chapitre, le Parvis du Taber-
> nacle est plutost en forme quarrée que pyramidale. Tu attribueras
> donq au peintre ce que tu vois ceste figure avoir la forme plus pyra-
> midale que quarrée; qui l'ha voulu faire selon la perspective, craignant
> d'estre reputé ignare en son art[11].

---

[8] Voir Cooper, «Humanistes et antiquaires à Lyon», pp. 161-174.

[9] Voir Sharratt, «The imaginary city of Bernard Salomon»; voir aussi Leutrat, «Deux majoliques», p. 27.

[10] Schubart, pp. 27-28; voir Marie Madeleine Fontaine, édition d'*Alector*, p. ciii, où elle dit
qu'Aneau imagine un «faux réel antique».

[11] F. 83r°; Engammare fait remarquer que Guillaume Roville emprunte ce commentaire pour
accompagner les gravures qu'Eskrich a copiées sur celles de Salomon: *Figures de la Bible
illustrées de huictains françoys, pour l'interprétation et intelligence d'icelles*, Lyon, Roville,
1564, f. H8r°, «Les représentations de l'Ecriture dans les Bibles illustrées du XVIe siècle»,

Cela montre, en effet, à la fois le désir de Tournes et de Salomon de transcrire visuellement ce que dit le texte biblique et de s'adapter aux normes esthétiques courantes.

Cependant, il est évident que l'illustration de la Bible ne peut et ne doit pas se limiter au schéma réducteur de la transcription littérale des événements et cela pour deux raisons : d'abord parce que la Bible est la parole de Dieu, et ensuite parce que ceux qui cherchent à la faire connaître ont recours à des procédés rhétoriques de persuasion. L'illustrateur, lui aussi, cherche à convaincre le lecteur de la vérité spirituelle du texte sacré et à l'aider à en tirer un enseignement moral ; le but n'est donc pas simplement d'expliquer ou d'enseigner, mais de persuader et d'émouvoir.

Mais un recueil de vers populaires ne peut aucunement remplacer la Bible. Max Engammare fait observer pertinemment que « les *Figures de la Bible* ont exclu de fait la Parole de Dieu, dans son économie de salut pour les hommes, dans l'espace même de sa représentation »[12]. Cependant, ce résultat n'est pas celui que visait Paradin, auteur des *Quadrins*, qui espérait que le lecteur serait amené à accepter la sainte parole de Dieu, comme nous allons bientôt le voir. Pour lui au moins, les *Figures de la Bible* seraient donc non pas un remplacement de la lecture de la Bible mais une étape préparatoire. En outre, si l'on prend en compte toutes les autres éditions de la Bible publiées par Tournes, il devient clair que ce n'était pas non plus l'intention de l'éditeur.

On considère le plus souvent, nous l'avons vu, Tournes comme un protestant prudent et Salomon comme un bon catholique[13], mais il serait dangereux de chercher à classer les publications de Tournes ou les illustrations de Salomon selon des critères confessionnels[14]. Certes, Tournes a publié plusieurs livres susceptibles d'éveiller l'intérêt des censeurs, et le texte de ses bibles avait d'abord revêtu, à partir de 1551, une empreinte protestante, pour ensuite, à partir de 1563, prendre un caractère franchement protestant, superficiellement compensé par un paratexte orthodoxe. Mais cela ne nous renseigne pas forcément sur ses intentions à l'égard de l'illustration biblique. Comme le fait observer Herta Schubart, dans les *Quadrins* il n'y a pas de référence spécifique au dogme : les rares fois où le texte inclut une morale, elle est générale ; et le livre ne manifeste pas l'intention de participer activement au conflit religieux ; il y a peut-être une intention de propagande religieuse (la diffusion de la parole de Dieu), mais non de sectarisme[15]. Et chez Salomon il est presque impossible de discerner une intention autre que la simple illustration de la Bible, même si toute illustration

---

p. 142. Engammare décrit aussi la *Biblia* de 1551 où Sébastien Châteillon met les illustrations dans les notes, et parfois commente l'image et non pas le texte, évaluant ainsi la pertinence de l'illustration, p. 139.

[12]   « Figures de la Bible », p. 591.

[13]   Voir *supra*, p. 23.

[14]   Voir Rosier, t. I, p. 117.

[15]   Schubart, p. 10 ; voir aussi Engammare, « Les Figures de la Bible », pp. 572-573.

biblique, comme toute traduction de la Bible, constitue une interprétation et
une exégèse.

Mais il y a une autre raison qui influe sur la publication de la Bible en plusieurs formats. Comme le dit Engammare, «l'illustration de la Bible est également, sinon avant tout, une entreprise financière» qui dépend souvent de la rentabilité de bois existants[16]. L'illustration ajoute évidemment à l'attrait du livre et
le rend plus vendable, et la présentation en forme emblématique contribue à
cette popularité. La mise en page des *Quadrins historiques* rappelle les livres
d'emblèmes, puisque chaque page contient une gravure surmontée de sa référence biblique, et accompagnée d'un quatrain en français composé par Claude
Paradin, ou d'un sizain de Charles Fontaine. Ces «Figures de la Bible» ont paru
ensuite en plusieurs autres langues, agrémentées toujours par la même série de
gravures, mais en nombre variable. Cette illustration se destinait donc à un
public très large dans plusieurs pays, de confession catholique ou protestante,
comme le choix de langues le suggère. L'illustration constitue l'élément le plus
important de l'attrait du volume aux yeux du public acheteur.

Mais ce qui est encore plus fondamental c'est que l'illustration elle-même
comporte une forte charge rhétorique qui contribue en grande partie à la persuasion du lecteur. Claude Paradin, dans son épître à Jeanne de la Rochefoucauld, abbesse de Notre Dame de Saintes, qui préface les *Quadrins historiques*,
met l'accent sur le lieu commun de la dépendance réciproque de la peinture et
de la poésie:

> Ceux qui ont assiz bon jugement sus toutes choses (tresreverente Dame) ont
> escrit la Peinture et la Poësie avoir telle contraction et contrectation d'affinité
> ensemble, qu'ilz disent la Peinture estre muette Poësie: et aussi la Poësie estre
> Peinture parlante. L'une est le corps, et l'autre est l'ame. Et à la verité l'une et
> l'autre ont quasi un mesme effect et proprieté. Attendu que toutes deux
> resjouissent, repaissent, consolent, et animent l'esperit à choses vertueuses: et
> d'avantage peuvent esmouvoir les passions et affections, avec si grande vehe-
> mence, qu'il est impossible de pouvoir trouver plus ardans et affectionnez
> aguillons, que ceux qui incitent à la mort. Laquelle ha esté causee à plusieurs,
> tant par Peinture que Poësie[17].

Paradin illustre sa pensée en donnant des exemples tirés de l'histoire pour
montrer la très grande puissance affective de la poésie et de la peinture lorsqu'elles se trouvent réunies, avant de conclure que:

> pour l'importance des Saintes Histoires, qui est si grande, qu'elles ne
> devroient estre ignorees de personne: nous avons choisi certeins adminicules
> de Peinture, accompaignez de QUADRINS Poëtiques, sortis du livre de
> GENESE, pour graver en la table des affections, l'amour des Sacrees HIS-
> TOIRES, à celle fin que un chacun fust induit à l'amour de ce SEUL
> et UNIQUE NECESSAIRE, qui est la sainte parole de Dieu. Esperant que

---

[16] «Les représentations de l'Ecriture dans les Bibles illustrées du XVIᵉ siècle... », p. 122, n. 7.
[17] *Quadrins historiques*, 1553, f. A2 r°-v°; voir Chatelain, *Livres d'emblèmes et de devises*, p. 65.

l'ingenieux artifice de la docte main du Peintre, suppliera à l'imperfection
desdits QUADRINS, et que le subjet, assez de soy recommandable, couvrira
les fautes de tous deux.

Tournes, pour sa part, dans la préface, qu'il adresse au lecteur, déclare que ce
qu'il recherche c'est illustrer la langue «Gallique» et faire retenir au lecteur les
œuvres et miracles de Dieu; dans ce but, dit-il,

> j'ay tasché de te plaire en cestui labeur, qui est la representation de la sainte
> Bible, à celle fin que, si tu n'as le loisir de lire et jouir de la lettre comme tu
> desirerois, tu puisses pour le moins tapisser les chambres de ta memoire des
> figures d'icelle, et plus honnestement, selon nous, que tu ne fais les chambres
> et salles de ta maison des histoires ethniques, parainsi mal convenantes à
> fidèles. Et quand ce ne seroit que pour tesmoignage, et te reduire à memoire,
> que tout le vieil testament n'estoit que l'image, et figure de celui, que nous
> tenons, je le t'ay bien voulu figurer ici: à celle fin aussi, que ayant souvent
> devant tes yeux l'histoire de la vie des saints Patriarches, tu puisses si bien
> conformer la tienne à leur exemple, qu'elle soit à l'accompliment de la
> volunté de Dieu, et de ton salut. Ainsi soit[18].

Même si une des motivations d'origine était l'illustration de la langue française, le vrai but de cette «representacion» de la Bible est une nouvelle façon de
meubler la mémoire d'images sacrées, en rejetant toutes les «histoires eth-
niques» inconvenantes, en vue du salut de chacun. Mais Tournes, comme
d'autres éditeurs, et Salomon comme d'autres dessinateurs et graveurs de
l'époque, passaient sans problème de cette représentation historique de la Bible
à l'illustration de textes païens. Autrement dit, ce rejet apparent de la sensualité
n'est qu'un lieu commun éditorial[19].

Dans l'épître qu'il adresse au lecteur des *Figures du Nouveau Testament*
Tournes déclare:

> Les choses d'instruction qui sont représentees à la veüe, et par icelle ont
> entree en l'apprehension, et de là en avant en l'entendement, et puis en la
> memoire, esmeuvent et incitent davantage, et demeurent plus fermes et
> stables, que celles qui ont leur seule entree par l'oreille.

Cela rend encore plus manifeste sa façon d'envisager le processus psychologique par lequel les images nous affectent. Les images présentes, qui concernent
«les principaux articles, mysteres et points de nostre salut, et sainte Foy Chre-
tienne et Catolique» fournissent, avec les vers qui constituent «l'exposition»,

---

[18] *Quadrins historiques*, f. A3v°, f. A5r°. J.P. Perry fait remarquer comment cela est en accord
avec les idées de Cicéron et de Quintilien sur la psychologie de l'image («des images efficaces,
bien définies, distinctes») et fait le lien avec l'*Ars memorativa* médiévale où chaque cadre
constitue un «locus» ou topos pour une image distinctive et une situation dramatique, «Jean
de Tournes the Elder... », pp. 379-395.

[19] Voir Engammare, *art. cit.*, pp. 569-570. Sur le rôle de la mémoire, voir Rosier, t. I, chap. 12,
pp. 123-128, «Bible illustration as memory aids».

«recreation à l'œil, ayde à la memoire, et contentement à l'esprit»[20]. Et Charles Fontaine, dans son «Avertissement» au même livre, justifie la simplicité et la pauvreté de ses vers en invoquant d'abord les contraintes de brièveté qui lui ont été imposées, pour déclarer ensuite: «j'estime tousjours la rime devoir, comme chambriere, soy humilier, et obeïr au sens: joint que j'ayme naturellement une douceur et facilité pour estre de tous leu, et entendu». C'est donc pour arriver à un style d'historien qu'il a suivi surtout saint Luc[21].

La préface que Peter Derendel adresse à sir William Pickering dans l'édition en anglais des figures de la Bible, *The true and lyvely historyke purtreatures of the Woll Bible*, contient un commentaire très ample sur l'illustration biblique. L'auteur répond à trois objections. D'abord, à ceux qui disent qu'il n'y aucun besoin d'illustration puisque l'on possède les histoires bibliques elles-mêmes, et que la vérité pure et intégrale qu'elles fournissent est bien supérieure à une présentation incertaine et aléatoire, il répond que les images peuvent néanmoins être profitables en constituant un moyen rapide et facile à la compréhension de l'ensemble, surtout pour l'éducation des enfants. La figure et la lettre forment un tout harmonieux et l'image rend présente à l'esprit l'histoire déjà passée. Ensuite, à ceux qui lui objectent que la loi divine interdit de se servir d'images, pour la raison que si les vrais fidèles ont assez de force, les simples et les plus faibles sont en danger, il répond que le tort ne vient pas des figures mais est imputable aux faibles eux-mêmes. Et enfin, à ceux qui affirment que l'ouïe et la lecture de la parole suffisent au salut, il répond que la vue aide aussi à la connaissance de la gloire de la création et de Dieu[22].

Pour situer l'illustration biblique de Tournes, de Salomon et de leurs poètes dans le contexte de leur temps, on peut commencer par examiner le livre d'un de leur devanciers. Dans la préface aux *Icones* de Holbein (qui avait eu une certaine influence sur Salomon, comme nous l'avons vu), François Frellon, signataire de la préface latine, exhorte le lecteur à renoncer à se complaire dans le spectacle d'images luxurieuses de Vénus, de Diane et des autres déesses qui «enferment l'âme dans l'erreur ou bien la ruinent par la turpitude» pour choisir plutôt la contemplation d'images sacrées qui enseignent la vraie religion et incitent le lecteur ou le spectateur à l'amour de Dieu[23]. Frellon est bien conscient de la puissance à la fois sensuelle et intellectuelle des images et de leur pouvoir de persuasion. Il est manifeste que le préfacier parle ici des gravures et non des images poétiques, et qu'il désire désigner aussi la différence entre la littérature sainte et la littérature païenne. Dans un poème en l'honneur du peintre Holbein dans le même volume Nicolas de Bourbon aussi dénonce «les adultères honteux de la déesse cyprienne» et déclare que Holbein, dépassant ainsi tous les grands artistes grecs, a représenté dans ses images ce que Moïse et d'autres

---

[20]   *Les Figures du Nouveau Testament*, 1554, f. A2r° et f. A2v°.

[21]   *Ibid.*, f. G3v°.

[22]   Ff. A2r°-A3v°.

[23]   «*animum vel errore impediunt, vel turpitudine labefactant*», f. A1v°.

auteurs du Livre Saint avaient écrit de façon mystérieuse[24]; l'image visuelle, autrement dit – et Bourbon se sert volontiers d'expressions ayant un rapport à la vue – fait appel à l'intelligence et fournit un éclaircissement à ce que la Bible avait laissé dans l'obscurité. Corrozet, dans son poème «Aux lecteurs», souligne ce plaisir visuel qui conduit à l'amour de Dieu:

> Ces beaulx portraictz serviront d'exemplaire,
> Monstrant qu'il fault au seigneur Dieu complaire:
> Exciteront de luy faire service,
> Retireront de tout peché, et vice:
> Quand ilz seront insculpez en l'esprit,
> Come ilz sont painctz, et couchez par escrit.

Lui aussi, de son côté, demande que l'on se débarrasse de toutes «painctures salles»

> Ostez Venus, et son fils Cupido,
> Ostez Heline, et Phyllis, et Dido,
> Ostez du tout fables et poesies,
> Et recevez meilleures fantasies[25].

Que Salomon ait bien connu les images de Holbein contenues dans ce livre ne veut pas nécessairement dire qu'il se trouvait d'accord avec les opinions de ces auteurs; loin s'en faut, surtout qu'il allait bientôt publier les gravures de la suite ovidienne qui met en scène toute la mythologie classique en toute sensualité. Néanmoins, on est en droit de penser que Tournes et Salomon partageaient ces sentiments très sérieux d'un contemporain sur la puissance persuasive de l'image, et la sobriété et la retenue exigées par l'illustration biblique. Leur pratique, par ailleurs, en constitue la preuve.

Engammare cite un livre fort intéressant de Joannes Molanus (Jan Vermeulen), censeur de Philippe II pour les Pays-Bas, publié à Louvain en 1570, *De picturis et imaginibus sacris liber unus*, qui dresse la liste de dix fonctions de l'image sacrée: la doctrine, la mémoire, la confession de la foi, l'amour du Christ, l'imitation, l'invocation, l'honneur de Dieu, la suppression de l'hérésie, le culte, la représentation de la vie future[26]. Pour Engammare, seuls les buts mnémotechniques et l'imitation comptent vraiment dans les recueils de *Figures* du seizième siècle, bien que le divertissement et la récréation y soient toujours présents. Il est bien vrai que la plupart de ces buts ne peuvent y figurer que de façon très indirecte. Pourtant, ce qui s'applique incontestablement aux livres à figures est moins vrai en ce qui concerne les autres bibles publiées par Tournes, où on peut détecter à des degrés variables les autres fonctions établies par Vermeulen. Et selon une autre optique, plus générale, on peut ajouter que dans les autres bibles

---

[24]   «*cypriae turpia furta deae*» et «*arcano[...] volumine*».

[25]   F. A3°r.

[26]   Voir l'édition et traduction moderne, *Traité des saintes images*, par F. Bœspflug *et al.*

de format différent dans lesquelles paraissent ces mêmes images, l'illustration biblique a toujours plusieurs buts: informer, faciliter la compréhension des difficultés, persuader, aider la mémoire, inspirer, et délecter. Ces buts ne sont pas contradictoires, mais se renforcent mutuellement, cherchant à guider le lecteur vers l'amour de Dieu, car malgré les tensions du sectarisme et des guerres de religion qui s'annonçaient de façon insistante, le milieu où travaillait Salomon était encore croyant et profondément religieux. Consciemment ou pas, il a dû chercher à atteindre chacun de ces buts, dont le fil conducteur est l'enseignement, compris dans un sens très large, non pas simplement d'information mais d'éducation ouverte.

2. LA *METAMORPHOSE* D'OVIDE

Au Moyen Age et à la Renaissance les *Métamorphoses* d'Ovide fournissent le répertoire le plus copieux de la mythologie classique[27]. Les illustrations de Salomon s'approprient cette richesse littéraire et philosophique en soulignant la présence immédiate de la mythologie pour ses contemporains, à une époque où l'on voit une évolution dans l'approche critique de l'œuvre d'Ovide, comme nous l'avons déjà constaté: on passe d'un commentaire allégorique et moralisateur à une recherche esthétique plus en accord avec l'esprit du temps. L'illustration du poème d'Ovide, incarnant le nouveau style de la Renaissance, a dû beaucoup contribuer à ces changements d'attitude[28].

Il est vrai que tous les auteurs qui commentent l'illustration ovidienne de Salomon se concentrent sur la *Metamorphose d'Ovide figuree*, comme l'on a coutume de se concentrer sur les *Quadrins historiques de la Bible*. Cette approche partielle se justifie dans un cas comme dans l'autre par le rayonnement dont ont joui ces deux livres ou séries de livres, et par le rôle primordial qu'ils ont donc exercé dans l'histoire de l'illustration du livre. Mais il faut encore une fois dire avec insistance que les illustrations de Salomon et tout jugement au sujet de ses intentions sont forcément indépendants de l'utilisation qu'on a pu faire de son travail. Dans les deux cas ses dessins et gravures sont antérieurs aux textes populaires qui les accompagnent. Nous rappelons que certaines illustrations que Salomon a faites pour son *Ovide figuré* étaient à l'origine destinées à l'illustration d'une traduction d'Ovide par Marot, et qu'ensuite, dans le cas de la

---

[27] Pour des précisions bibliographiques sur la spécificité de l'illustration d'Ovide, voir *supra*, la note 53 p. 151; l'ouvrage d'Amielle est indispensable dans ce contexte, et nous lui devons beaucoup; voir du même auteur, «Traduction picturale et traduction littéraire des *Métamorphoses* d'Ovide, en France, à la Renaissance». Voir aussi Alpers, *The Decoration of the Torre de la Parada*, pp. 82-86. Pour l'aspect emblématique voir Amielle, pp. 232-235, B. Guthmuller, «Picta Poesis Ovidiana»; Françoise Bardon, «Les *Métamorphoses* d'Ovide et l'expression emblématique», Joanna A. Tomicka, «Ovidian *Metamorphoses* of the Queen of Sins», et les travaux de Saunders *passim*.

[28] Ann Moss, *Poetry and Fable, passim*.

Metamorphose, Salomon avait préparé ses bois d'abord en vue d'une traduction intégrale du texte, projet qui a avorté à mi-travail à la mort du traducteur[29]. La publication des deux premiers livres dans la traduction de Marot et la parution tardive de la traduction intégrale du texte des *Métamorphoses* (1582) sont en réalité plus proches de sa propre compréhension de ce qu'on lui avait demandé de faire que ne l'est la *Metamorphose* de 1557.

Ce qui ressort de cette histoire complexe est très significatif: d'abord, pour les illustrations du texte de Marot, lorsque Salomon travaillait, il avait sans doute devant lui la traduction des deux premiers livres, mais pour les autres livres de la *Metamorphose*, ce n'est pas à partir des huitains qu'il a travaillé, pour la simple raison qu'ils n'existaient pas encore au moment où il gravait ses bois. Il se référait donc à d'autres éditions d'Ovide en latin ou en français parmi lesquelles se trouvait en premier lieu le *Grand Olympe*. On peut s'imaginer qu'Antoine du Moulin, le premier traducteur engagé par Tournes, travaillait indépendamment de Salomon puisqu'il n'avait aucun besoin des illustrations de l'artiste pour pouvoir comprendre Ovide; Salomon par contre a bien pu profiter des conseils du traducteur, s'il en avait besoin, pour la compréhension de quelques détails. En revanche, l'auteur des huitains recueillis dans la *Metamorphose* a dû avoir les gravures sous les yeux pendant qu'il composait ses poèmes.

Le privilège parle de «l'exposition des figures par huitains»[30]. Comme dans le cas des *Quadrins historiques*, les poèmes expliquent les gravures, mais pas toujours en entier, et leur but est de les rendre claires à celui qui ne connaît par cœur ni Ovide ni la mythologie classique, par l'identification de certains personnages et le récit sommaire de leurs exploits. Cela se voit confirmer par la préface de Jean II de Tournes à la traduction intégrale de 1582 où, en se référant à l'édition originale, il parle des «huictains au dessous comprenans succintement le sommaire de l'histoire»[31].

Comment caractériser l'illustration de Salomon vis-à-vis du texte d'Ovide? Comme dans ses illustrations bibliques, il s'agit en premier lieu de suivre l'ordre narratif du texte d'Ovide et de raconter cette histoire de façon graphique et plus ou moins égale à travers les quinze livres des *Métamorphoses*, les deux premiers livres en ayant légèrement plus que les autres (19 et 17 gravures), et les livres 12 et 15 n'en ayant que cinq.

D'abord, l'artiste ne prend que ce qui est essentiel dans la fable à illustrer; il nous montre souvent dans une seule gravure plusieurs étapes de la transformation: «Cette façon de juxtaposer symboliquement le présent et le passé est héritée de la conception spatiale du Moyen Age, au cours duquel l'image faisait office de substitut de l'écrit»[32]. Il se sert de la perspective pour montrer des différences dans le temps en coupant parfois l'image en deux et y consacrant deux gravures de suite.

---

[29] Voir *supra*, pp. 152-156.
[30] Privilège général dans *Devises*, 25 janvier, 1556.
[31] Edition de 1597 f. o//3r°, (Londres, BL C38.a.30).
[32] Amielle, pp. 214-215, et surtout pp. 39-40, n. 135 et n. 136; voir aussi pp. 195-196.

L'illustration d'Ovide ressemble en outre à celle de la Bible dans la mesure où elle cherche à reproduire le décor et l'atmosphère d'un monde ancien et non pas ceux du monde contemporain, surtout en ce qui concerne l'architecture et les vêtements; de la même manière que dans ses illustrations bibliques, Salomon se révèle historicisant et archaïsant, mais sans grande recherche archéologique, et sans pouvoir se défaire de la nouvelle architecture de l'époque. Par exemple, dans la gravure qui représente Phaéton dans le char du Soleil (fig. 215), on se trouve dans un monde antique sans la distraction de trop de détails classicisants dans l'architecture ou les vêtements. L'illustration d'Ovide diffère à cet égard de celle de la Bible puisqu'en réalité elle dépeint moins l'architecture de la Renaissance[33].

L'œuvre de Salomon se place dans la grande tradition de la transmission des *Métamorphoses* d'Ovide, qu'ont étudiée entre autres, Henkel, Moss, Amielle et Moisan. C'est surtout Amielle qui a situé l'illustration des éditions de Tournes et de Roville (notamment les *Trois premiers livres* de 1556, illustrés par Eskrich) dans l'histoire de l'illustration ovidienne, traçant l'évolution des rapports entre texte et image dans les différentes éditions et adaptations d'Ovide depuis l'âge des incunables. Ces rapports varient selon le statut du texte à illustrer: traduction proprement dite ou adaptation (la *Bible des poetes*, le *Grand Olympe* et la *Metamorphose d'Ovide figuree*), et en outre on peut détecter à travers ces différentes éditions des glissements dus à la nouvelle orientation culturelle et intellectuelle. Amielle voit déjà dans le *Grand Olympe* les débuts de cette transformation:

> A la modernisation du vocabulaire dans le texte du *Grand Olympe* et au renoncement à voir dans les *Métamorphoses* une vaste métaphore des valeurs sociales et intellectuelles médiévales, correspond sur le plan pictural une liberté créatrice, une émancipation qui tente de retourner aux sources.

Elle décrit ainsi la fonction des bois dans l'édition que Janot a publiée en 1539:

> [ils] offrent un résumé clair et précis des fables. Avec une économie de moyens notable, ils symbolisent les situations ovidiennes. L'étude de modèles classiques a permis d'éviter des erreurs par trop criantes, notamment dans la mise vestimentaire[34].

En dépit de tout cela pourtant l'illustration, dans certains cas, est fragmentaire et arbitrairement liée au texte, que très peu de ces images illustraient vraiment. Amielle parle de l'«autosuffisance», l'autonomie croissante qui allait caractériser l'illustration d'Ovide à partir de la publication des éditions illustrées par Salomon et Eskrich. L'illustration des *Trois premiers livres* de 1556 et celle de la *Metamorphose* de 1557 sont très différentes de celle du *Grand Olympe*

---

[33]   Henkel, *op. cit.*, pp. 79-80.
[34]   Amielle, *op. cit.*, p. 109, pp. 125-126.

dans le sens où leurs images sont conçues plus littéralement et représentent plus directement le texte d'Ovide[35]. C'est l'ensemble de l'image et du poème qui constitue le résumé visuel d'Ovide, bien que le traducteur et l'artiste présentent tous deux une série de récits individuels, non liés entre eux comme l'étaient ceux d'Ovide[36].

Il est nécessaire de parler brièvement des deux autres versions de ce livre en d'autres langues, parues au même moment ou peu de temps après, puisqu'elles se servent des mêmes images, mais avec un texte et un point de vue différents. Le texte flamand n'est pas une traduction du français, mais lui doit beaucoup, constituant, comme lui, une description poétique de ce qu'on voit dans l'image de Salomon, tout en tenant compte pourtant du texte d'Ovide; il fournit, comme le texte français, un résumé de l'histoire, des liens entre les différents passages à travers des renvois visuels, la structure du poème et la ligne narrative de fond, et même parfois la phraséologie. Guillaume Borluyt a dû connaître la version française assez longtemps à l'avance pour pouvoir produire si rapidement ses 1424 vers. Recevait-il une copie du texte français au fur et à mesure que le poète français le composait, ou ce texte, et l'illustration, étaient-ils prêts bien avant la date de publication? Le texte italien de Gabriel Simeoni ne constitue pas non plus une traduction du texte français, bien que quelques indices montrent qu'il l'a eu sous les yeux et qu'il l'a même parfois suivi de près, allant jusqu'à emprunter de temps en temps un vers ou deux qu'il traduit mot à mot. Il arrive au poète italien aussi d'avoir recours au texte originel d'Ovide, et d'identifier des personnages que le poète français laisse anonymes. Les auteurs de ces poèmes (français, flamands, italiens) traitent parfois la même image de façon différente. Par exemple, le poème français sur l'âge d'or (fig. 208)[37] ajoute quelques vers sur l'innocence de l'amour idyllique que l'on ne trouve ni chez Ovide, ni dans le *Grand Olympe*, tandis que le poème italien se tourne vers la tradition ovidienne de l'harmonie rustique et l'absence du besoin de travailler. Le texte français ne moralise que rarement, tandis que l'italien ajoute parfois une morale générale, par exemple en faisant preuve d'une certaine misogynie qui reproche aux femmes leur avarice et leur infidélité. Dans l'image qui illustre *Europe ravie* (fig. 217), Salomon représente le moment où Europe, au contraire de ses compagnes, ne s'est pas encore rendu compte de ce qui lui arrive. Le texte français prend le point de vue d'Europe pour proclamer son innocence; le texte italien, de façon plus agressive, se situe du point de vue de Jupiter et se réjouit de sa conquête sexuelle. Si les trois traducteurs présentent le même rapport entre texte et image, le même désir de résumer la fable d'origine et d'en faire une sorte de symbole, ces exemples de différence dans l'interprétation témoignent d'une certaine individualité dans la composition poétique[38].

---

[35]   Voir aussi Moss, *Poetry and Fable...*, pp. 87-90.

[36]   Alpers, *op. cit.*, p. 83, voir également Amielle, *passim*.

[37]   F. a4r°.

[38]   Pour une analyse du texte de Simeoni voir Renucci, *op. cit.*, pp. 190-193.

Dans la préface à l'édition des *Trois premiers livres* de 1556, illustrés par Eskrich, Barthélemy Aneau déclare au lecteur ce qu'il souhaite : « Pour embellir et enrichir l'œuvre est apposée à chescune histoire ou fable l'image figurée d'icelle tant pour plus grande evidence, et plaisir à l'œil : que pour plus facile intelligence et recreation à l'esprit » (f. c6v°), ce qui unit les buts pédagogique et artistique. Il faut croire qu'Aneau, l'auteur supposé des huitains de la *Metamorphose*, a envisagé cette nouvelle entreprise littéraire de la même façon, et que l'illustrateur, Salomon, s'y est associé de tout cœur. En fin de compte l'illustration ovidienne de Salomon constitue une interprétation indépendante, une version parallèle, qui aide à façonner les nouveaux critères littéraires et artistiques. La réussite esthétique de la *Metamorphose d'Ovide figuree* est d'abord due à la beauté des vignettes en elles-mêmes, mais elle doit beaucoup aussi au rapport entre gravure et texte, ainsi qu'à la mise en page et aux trente encadrements différents (comportant des arabesques, des grotesques et des histoires) ; le rapport entre la gravure et le texte, ainsi que toute la mise en page, ajoutent au caractère décoratif du livre et à sa beauté. La préface à la *Metamorphose*, adressée à « monsieur de la Rivoire, Aumônier de Monsigneur le Dauphin », met bien en valeur « Cette poësie muettement parlante a la recreacion des yeus aus figures vainement se paissans, et delectacion de l'esprit aus mythologies de la filozofie si ingenieusement cachee ». On reconnaîtra les mêmes *topoi* que dans la préface de Claude Paradin aux *Quadrins historiques*.

Il n'y a évidemment pas dans le cas d'Ovide la charge spirituelle présente dans toute illustration biblique. Cependant, même si la Renaissance est en train de rejeter les buts purement moralisateurs des anciens commentateurs et illustrateurs, on peut y détecter la présence d'une édification inhérente. Comme le dit Pierre Maréchaux, « les gravures de Salomon ont donc agi comme des exercices spirituels parce qu'elles avaient partie liée avec l'usage méditatif de la Fable, et surtout parce qu'elles visaient à hisser l'âme à un degré de conscience éthique et spirituel supérieur »[39].

Parmi ceux qui élèvent la voix sur les buts d'un ouvrage – auteurs, préfaciers, éditeurs – beaucoup font appel non pas précisément à des critères esthétiques, car ni la critique d'art, ni la critique littéraire, n'a alors affirmé son vocabulaire, mais au langage de la rhétorique classique. Leur intention proclamée de suivre le précepte triple d'enseigner, émouvoir et plaire, devient rapidement un programme incontournable, bien que certaines catégories d'écriture (et donc d'illustration) se prêtent plus facilement à l'un ou l'autre de ces buts, l'idéal le plus souvent recherché étant leur réunion dans une harmonie heureuse.

L'illustration de la Bible et des *Métamorphoses* d'Ovide constitue la pleine réalisation de l'œuvre graphique de Salomon et l'épanouissement de son art, mais elle contient également en elle tous les éléments que nous avons déjà relevés dans les autres livres qu'il avait illustrés. Les ouvrages scientifiques et docu-

---

[39]   Pierre Maréchaux, « La Fable morte. La chute de Phaéton à travers l'essor de l'iconographie et de l'herméneutique ovidiennes aux XVe et XVIe siècles », p. 180.

mentaires ont ceci en commun avec la Bible et les *Métamorphoses* qu'ils fournissent l'enseignement d'une matière précise et c'est leur but essentiel; l'illustration leur est nécessaire pour faire comprendre ce qui sans elle serait obscur ou complexe, mais ce qui importe là, c'est la représentation de la réalité, et non pas d'un monde en partie humain et en partie surnaturel, que ce soit biblique ou mythologique. L'intention de l'illustration d'ouvrages documentaires n'est qu'indirectement d'émouvoir. L'auteur et l'illustrateur s'évertuent à convaincre le lecteur, et s'ils cherchent à plaire, c'est uniquement dans ce but. Parmi les ouvrages illustrés par Salomon il y a trois catégories qui, tout en informant le lecteur et celui qui regarde les images, semblent plus moralisatrices que les autres: les livres à emblèmes, les Entrées triomphales et surtout la Bible, en dépit de son caractère historique et objectif.

Nous avons parlé de l'autonomie croissante de l'illustration dans certains livres illustrés par notre artiste. En ce qui concerne les œuvres littéraires, il serait trop simpliste d'imaginer que le but principal soit le plaisir esthétique, d'abord parce qu'à l'époque où travaillait Salomon tout était en ébullition à cet égard, et ensuite parce que la littérature, tout en perdant au cours du siècle son rôle moralisateur, ne récuse jamais son rôle éducatif. Cependant, ce qui caractérise le plus l'évolution de l'illustration des livres à cette époque, c'est en fin de compte qu'elle se libère de la servitude du texte, comme le dit si bien Anne Anninger[40], et qu'elle aide à façonner une nouvelle appréciation de la littérature et à former une nouvelle approche critique.

---

[40] *Parisian Book Illustration: 1530-1560*, p. i.

CATALOGUE
(APPENDICE)

Liste des ouvrages souvent cités dans ce catalogue et leur désignation :

Adhémar : Adhémar, Jean, *Inventaire du fonds français. Graveurs du seizième siècle* t. II, (Levert-Woeriot), Paris, 1938, pp. 95-101.

Audin : Audin, Marius, Introduction à la *Bibliographie des éditions des de Tournes : imprimeurs lyonnais* par Alfred Cartier (voir ci-dessous).

Baron : Baron, Robert A., *Bernard Salomon Project*, consultable à http://www.studiolo.org/BSProject/BSindex.htm.

Baudrier : Baudrier, Henri, *Bibliographie lyonnaise*, Lyon, H. Brun, Paris, F. de Nobèle, 1895-1921, réédition 1965, 13 tomes.

BFEB, Adams, Alison, Stephen Rawles et Alison Saunders, *A Bibliography of French Emblem Books*, t. I, Genève, Droz, 1999, t. II, 2002.

Bouzonnet Stella : Bouzonnet Stella, Claudine, *Testament et inventaire*, dans *Nouvelles Archives de l'Art français*, F. de Nobele, Librairie de la Société, Paris, 1887 ; réimpression, 1973.

Brun : Brun, Robert, *Le Livre français illustré de la Renaissance*, Paris, Eds A. et J. Picard, 1969.

Cartier : Cartier, Alfred, *Bibliographie des éditions des de Tournes : imprimeurs lyonnais, mise en ordre avec une introduction et des appendices par Marius Audin ; et une notice biographique par E. Vial*, Paris, Editions des Bibliothèques nationales de France, 1937-8 ; Genève, Slatkine, 1970.

DH : Delaveau, Martine et Denise Hillard, *Bibles imprimées du Xve au XVIIIe siècle conservées à Paris*, Paris, Bibliothèque nationale de France, 2002.

Firmin-Didot, *ET* : Firmin-Didot, Ambroise, *Essai typographique et bibliographique sur l'histoire de la gravure sur bois*, Paris, Firmin-Didot frères, 1863.

Firmin-Didot : *Catalogue* : Firmin-Didot, Ambroise, *Catalogue raisonné des livres de la bibliothèque de M. Ambroise Firmin Didot. I. Livres avec figures sur bois : Solennités : Romans de chevalerie*. Paris, Firmin-Didot, 1867 (n°s 492-531).

Grangette : Grangette, Emile, *Bernard Salomon*, Diplôme dactylographié, Lyon, 1963.

Mortimer : Mortimer, Ruth, *Harvard College Library. Department of Printing and Graphic Arts. Catalogue of Books and Manuscripts. 1. French Sixteenth-Century Books*, 2 t., Cambridge, Mass., 1964.

Papillon : Papillon, Jean-Michel, *Traité historique et pratique de la gravure en bois*, Paris, Pierre Guillaume Simon, 1766 ; réédition, préface de Maxime Préaud, Editions des Archives Contemporaines, Conservatoire National des Arts et Métiers, 1985.

Rondot : Rondot, Natalis, *Bernard Salomon*, Lyon, Mougin-Rusand, 1897.

La première tentative pour dresser une liste des œuvres de Salomon date de la fin du dix-septième siècle; on peut en prendre connaissance dans le *Testament et inventaire* de Claudine Bouzonnet Stella, «rédigés et écrits par elle-même 1693-1697». Cette pionnière était peintre et graveur. Au siècle suivant Papillon établit une liste plus détaillée, lui aussi en homme de métier et bon connaisseur de la gravure. Comme il le déclare lui-même: «Soixante années d'étude et d'application continuelle peuvent être garantes que la réputation que j'ai acquise est fondée sur les secours que je me suis heureusement procurés, et que je n'aurois pu y parvenir si mes préceptes n'avoient pas répondu à mes idées et à mes vues de perfection.»[1] Il se rendait déjà compte du problème posé par la distinction entre le travail de Salomon et celui de ses imitateurs, faisant observer qu'à son époque ceux qui possédaient de petites bibles ou d'autres petites gravures pensaient qu'elles étaient toutes de lui et ne se rendaient pas compte qu'il s'agissait souvent d'imitations[2].

Firmin-Didot, écrivant un siècle plus tard, est toujours utile, à ceci près que dans son *Catalogue raisonné* il se restreint, naturellement, à ce qui existait dans sa propre bibliothèque. Les grands catalogues dressés en 1878 et 1879 après sa mort regroupent parfois des œuvres attribuées à Salomon, mais se fondent généralement sur le *Catalogue raisonné* du bibliophile[3]. A la même époque Auguste Bernard dans son livre sur Tory cherche à distinguer entre l'œuvre de celui-ci et l'œuvre de Salomon:

> Beaucoup de gravures des imprimeurs de Lyon, attribuées jusqu'ici à Salomon Bernard, dit le Petit Bernard, sortent de l'atelier de Tory. Il serait en effet à désirer qu'on déchargeât le Petit Bernard de cette masse énorme de gravures qu'on lui attribue faute de renseignements, mais qui rend douteuse l'attribution de celles qui lui appartiennent plus certainement.

Mais Bernard ne donne qu'une liste très courte des œuvres «qui appartiennent certainement à Salomon Bernard», c'est-à-dire, *Les Figures de la Bible*, *Les Devises*, *La Metamorphose d'Ovide figurée*, *Les Hymnes du temps*, *L'Énéide* (1560)[4]. Ce travail d'épuration que demandait Bernard a été complété dans ses grandes lignes avant la fin du dix-neuvième siècle. Vers la fin de sa monographie sur Salomon, Rondot donne «un dernier aperçu de l'œuvre» mais un aperçu qui manque de détails et n'en constitue pas une liste complète ou exacte, puisqu'il ne signale que «les principales étapes de la marche du petit Bernard», et renferme en plus quelques livres dont on n'attribue plus l'illustration à Salomon[5]. Il parle comme si le catalogue en était déjà établi et connu tout en discutant sommairement parfois le bien-fondé de certaines de ces attributions. Cet aperçu consti-

---

[1] *Traité historique et pratique de la gravure en bois*, pp. ix-x.

[2] *Op. cit.*, p. 215, p. 208. Cette tendance à attribuer à un artiste connu presque tout ce qui a été fait dans son entourage s'applique surtout à la gravure. Un autre exemple serait celui de Lucas de Leyde dont Jacobowitz dit: «Lorsqu'il s'agit de l'attribution à Lucas d'illustrations de livre, on a eu tendance à accepter automatiquement comme de lui toute gravure de haute qualité publiée à Leyde ayant une certaine ressemblance avec son style». (Ellen S. Jacobowitz et Stephanie Loeb Stepanek, *The Prints of Lucas van Leyden and his Contemporaries*, p. 38, n. 21 (C'est nous qui traduisons)).

[3] Firmin-Didot, *Catalogue illustré des livres précieux...*, 1879, n°s 430-450, et 1882, n°s 411-426.

[4] Auguste Bernard, *Geoffroy Tory*, p. 336. Il faut ajouter qu'il lui attribue aussi deux livres, l'*Astronomique Discours* (1557) et *La Diversité des termes* (1572), que nous écartons du canon.

[5] Rondot, pp. 71-80.

tue en partie une récapitulation de ce qu'il attribue à Salomon, en partie une sélection des meilleures œuvres et des meilleures gravures à l'intérieur de ces œuvres, et en partie une vue d'ensemble stylistique. En outre, il déclare qu'il n'a pas mentionné les livres «dans lesquels il [c'est-à-dire Salomon] a introduit des planches grandes ou petites, des bandeaux, des encadrements, des lettres historiées, des culs-de-lampe, etc., mais qui n'ajoutent rien à ce qu'on sait des procédés de composition et de travail de ce maître», et il n'inclut pas non plus les pages de titre in-folio avec la représentation par exemple de la Justice et des vieillards ou bien de l'Ignorance et de Midas[6]. Nous pouvons maintenant compléter son travail par des corrections et précisions, surtout en ce qui concerne des exemplaires de livres qui ne lui étaient pas accessibles. Brunet, qui parle souvent dans son *Manuel du libraire et de l'amateur de livres* des ouvrages que Salomon a illustrés, ne nomme que rarement l'artiste. Même Audin, dans sa présentation de la *Bibliographie* de Cartier, reste un tant soit peu ambigu. Au milieu d'une discussion du travail qu'a fait Salomon pour Jean de Tournes, il donne une «sommaire analyse» des livres illustrés par lui, sans prévenir que c'est cela qu'il est en train de faire, et sans préciser pour chaque livre individuel que Salomon en est responsable, même pour des cas comme les *Fables* d'Esope où il n'y a pas le moindre doute. Cependant ses intentions sont normalement discernables, surtout si l'on compare sa liste avec les articles détaillés rédigés par Cartier pour la *Bibliographie* qu'Audin est en train de présenter[7]. Cartier, qui, normalement, n'hésite pas à donner son opinion sur l'attribution des gravures, se limite bien sûr aux publications tournésiennes; pour compléter la liste il faut consulter ce que dit Baudrier sur les autres imprimeurs et éditeurs lyonnais. En général Mortimer répète sans discussion les attributions de Cartier, tout en ajoutant des précisions très utiles, mais ne s'occupe que de ce qui est conservé à la bibliothèque de Harvard. La liste établie par Grangette est utile mais incomplète et sujette à caution. Très récemment Robert A. Baron a inauguré en ligne une première étape partielle de son *Bernard Salomon Project*. Son but n'est pas de discuter l'attribution de chaque image ni même de chaque recueil; il se concentre sur les livres comme recueils d'images et sur leur évolution, et souhaite fournir un catalogue illustré de l'ensemble des œuvres qui lui ont été attribuées. Nous ne le citerons pas à chaque fois, pour trois raisons: parce que son projet en est à un stade embryonnaire, parce que, comme nous écrivons ces lignes, il ne traite que des *Fables* d'Esope, et parce qu'il préfère ne pas trancher lui-même.

Nous essaierons de donner ici une liste complète par ordre chronologique, sans avoir la prétention d'établir un vrai catalogue raisonné qui indiquerait la première apparition de chaque image et de sa présence ou absence dans toutes les éditions ultérieures, mais en fournissant des arguments pour l'établissement d'un canon salomonien. Notre propre point de départ est l'attribution directe à Salomon par Jean I de Tournes des *Hymnes du temps* de 1560, la seule attribution que l'on connaisse qui soit datée du vivant de l'artiste; à cela il faut ajouter une tradition qui remonte au seizième siècle de lui attribuer la Grande Suite de la Bible et la *Metamorphose d'Ovide figuree*, attributions jamais contestées dans l'ensemble. Pour le reste nous nous fions d'abord aux ressemblances stylistiques mais en tenant compte du consensus des experts. Dans un domaine où la certitude fait souvent défaut, il paraît en effet prudent de prendre en considération l'avis de ceux qui ont passé si longtemps à regarder ces images et à les comparer avec celles d'autres dessinateurs et graveurs, surtout lorsque ces critiques et commentateurs étaient

---

[6]   *Ibid.*
[7]   Pp. 12-15

parfois graveurs eux-mêmes, bien qu'ils ne soient pas toujours d'accord entre eux. Le lecteur trouvera donc à leur place les jugements de ces historiens de la gravure ou du livre qui ont contribué à la formation du canon, c'est-à-dire surtout Bouzonnet Stella, Papillon, Firmin-Didot, Rondot, Baudrier, Cartier, Audin, Brun et Mortimer; nous indiquerons à leur place d'autres ouvrages spécialisés qui fournissent des précisions sur quelques-uns des livres illustrés par Salomon. Nous rappelons que notre conviction de base est que Salomon était à la fois le dessinateur de ces images et, en règle générale, le graveur, tout en précisant qu'il existe certaines images, et même certains recueils où il y a un décalage entre le travail du dessinateur et celui du graveur.

Nous nous sommes limité à la présentation de l'édition originale de chaque série de gravures de Salomon, et nous ne donnons pas un recensement systématique et détaillé de toutes les nombreuses éditions où ces gravures réapparaissent. Le lecteur peut se référer à la *Bibliographie* de Cartier pour les éditions des Tournes et à celle de Baudrier pour toutes les autres publications lyonnaises. Cependant nous signalerons d'autres éditions lorsqu'elles contiennent de nouvelles gravures. Pour la localisation d'exemplaires, nous signalons ceux qui sont conservés à la Bibliothèque nationale de France, et dans quelques autres bibliothèques parisiennes, à la Bibliothèque Municipale de Lyon, à la British Library, à Harvard, et à Genève. Nous indiquerons, le cas échéant, des ouvrages spécialisés qui donnent la localisation d'autres exemplaires.

1. *Le Theatre des bons engins, Auquel sont contenuz cent Emblemes moraulx. Composé par Guillaume de la Perrière Tholosain*, Lyon, Jean de Tournes, 1545. In-16° (Cartier, n° 40, *BFEB*, F 370). 100 gravures.

BnF, Beaux-Arts.

Tournes réimprimera ce livre, en 1546, 1547, 1549 et 1553, et son fils Jean II en 1580 et 1583 (Voir *BFEB*, F. 371, 372, 374, 378, 381 et Cartier, n° 608.)

En ce qui concerne l'attribution, Firmin-Didot, citant l'édition de 1583, signale «100 emblèmes trop grossiers d'exécution pour être du Petit Bernard»[8]. Rondot ne le mentionne pas. Voici ce qu'en dit Cartier:

> Malgré la taille assez rude et fort sommaire de ces figures, on y peut cependant reconnaître la main d'un dessinateur habile. Nous fondant sur certains détails de style (fonds de paysages, airs de tête, coiffure et voile des personnages féminins), nous avons cru pouvoir attribuer ces planches au Petit Bernard, dont ce serait ici le début, du moins dans l'officine tournésienne, comme vignettiste. L'infériorité d'exécution de ces planches sur celles des *Emblèmes d'Alciat* et des *Fables d'Esope*, qui parurent deux ans plus tard, en 1547, provient vraisemblablement de ce que le célèbre artiste n'avait pas encore eu le temps de former les remarquables graveurs auxquels on doit les chefs-d'œuvre ultérieurement exécutés pour les éditions de Jean de Tournes et de quelques autres de ses confrères[9].

---

[8]   Firmin-Didot, *Catalogue*, n° 533.
[9]   Cartier, pp.195-196.

Brun, par contre, est plutôt sceptique, n'y voyant ni l'élancement ni la perfection des gravures de Salomon, mais trouvant la taille «sobre et expressive». Grangette lui attribue et le dessin et la gravure, disant à ce propos: «Les tailles pour ombrer sont rares, quand elles existent elles sont épaisses et peu nombreuses»[10]. Nous nous rallions volontiers à l'opinion de Cartier selon lequel ces gravures sont au moins du dessin de Salomon pour les raisons qu'il avance. On peut proposer quelques raisons supplémentaires d'attribuer l'ensemble des gravures à Salomon: il y a des paysages marins d'où surgissent des îlots bâtis (9), des soleils dont jaillissent des rayons (72, 89). Il y a aussi plusieurs exemples de ces arbres tordus souvent garnis de feuilles qui semblent sortir directement du tronc, soit comme partie intégrante du paysage (34), soit comme vrai sujet de la gravure (80 et 82), des bâtiments de style renaissant (grande entrée avec arc et pilastres, et temple rond, 73, fig. 6), des scènes d'intérieur (avec ouverture vers le paysage) qui ont des parois dessinés par des traits horizontaux et des sols dallés ou carrelés, parfois en perspective (4, fig. 1). On remarquera aussi les animaux: des aigles magnifiques (32, 52), un rossignol sur une branche (34) et une confrontation de lions et de cerfs (39), qui annoncent les *Fables* d'Esope. Il y a en revanche certaines gravures du *Theatre* que Cartier ne mentionne pas ici mais qu'ailleurs il exclut de l'œuvre de Salomon; lorsqu'il parle de l'attribution de l'illustration des *Fables* d'Esope, il signale la présence de trois gravures dans l'édition de 1551 qu'il refuse d'attribuer à notre artiste:

Les fig. *Auceps et galerita* (fable 46), *Corvus et Serpens* (fable 100), *Camelus* (fable 118), sont les seules qu'il soit impossible d'attribuer au Petit Bernard. Elles sont d'un faire très différent, d'un dessin très sommaire et lâché qui semble plutôt une esquisse inachevée qu'une planche terminée. – On peut comparer à ce sujet les fig. des fables 32 et 46, dont les motifs sont analogues[11].

Il s'agit de planches qui paraissent dans le *Theatre* sous des titres différents, numérotées 54, 56, 69: «Le Prince doibt eviter les flatteurs», «Par trop manger, plus meurent que par glaive» (fig. 5), et «L'ignorant hayt Eloquence et Sçavoir». En effet ces gravures sont moins fines que l'ensemble du recueil, surtout *Auceps et galerita* (qui n'est pas à confondre avec une autre gravure portant le même titre). Mais il y a dans chacune de ces petites images assez de traces de la main de Salomon pour indiquer sa présence. Le corbeau noir aux ailes éployées «en teinte plate» est de la même main que celui des *Devises* (*Ingenii largitor*, p. 141, fig. 37) et celui du nourrissement d'Elie (3 *Rois* 17). Nous ne les excluons donc pas du corpus; il y en a d'ailleurs encore d'autres dans le *Theatre* qui semblent de la même facture: elles pourraient être des survivantes d'une étape antérieure de la formation artistique et professionnelle de notre artiste. Il est vrai que les gravures qui ornent ce petit livre sont inférieures à certains égards à celles que Salomon produira bientôt; elles sont souvent sommaires et manquent de détails. Bien que certaines femmes aient la grâce et l'élégance que l'on associe avec Salomon (Minerve, 2, Vénus qui met son pied sur la tortue, 18, une jeune femme assise sur une boule, 68) et que les poses et les gestes des personnages soient généralement convaincants (le soldat qui tend son épée au feu, 7), ils sont souvent plus ramassés, presque sans cou, surtout les hommes (à moins que Salomon ne fasse parfois ainsi une différence entre le paysan et l'aristo-

[10] Brun, 1930, p. 231, 1969, p. 92, Mortimer, n° 338; Grangette, p. 157.
[11] Cartier, p. 305.

crate), et avec une confusion ou une noirceur dans les traits du visage, que Cartier a sûrement raison d'attribuer à un manque de compétence de la part du graveur ou des graveurs. Il se peut que Salomon ait donné ses dessins à d'autres qui les auraient transférés sur le bois; il est également possible que ce soit Salomon le seul dessinateur et le seul graveur, et à ce moment-là toute insuffisance lui serait attribuable personnellement. Il ne semble pas que l'on puisse attribuer uniquement au graveur le style lourd de certains personnages (29, 30, 48, 66), assez proches d'ailleurs de quelques gravures de chez Janot. Grangette, pour sa part, n'y voit pas de problème, estimant que ces «personnages ramassés sur eux-mêmes, aux membres lourds» constituent une caractéristique salomonienne, au moins dans ses débuts[12].

2. *Paraphrase de l'Astrolabe, Les Principes de Geometrie. La Sphere. L'Astrolabe, ou, declaration des choses celestes. Le Miroir du Monde, ou, exposition des parties de la Terre.* [par Jean Focard], Lyon, Jean de Tournes, 1546. In-8° (Cartier, n° 54). 21 gravures (et plusieurs figures).

BnF (3); Sainte-Geneviève; Paris, Beaux-Arts, Arts et Métiers; Lyon (2); Londres; Harvard (2).

Tournes fit paraître une nouvelle édition de ce livre en 1555[13], revue et corrigée par l'Ecossais Jacques Bassantin «avec une Amplificacion de l'Usage de l'Astrolabe par luimesme ajoutee» qui contient les mêmes gravures, à l'exception de la dernière.

Rondot l'inclut dans l'œuvre de Salomon, ajoutant que «quelques bois portent la date de 1545. Le dessin est bon, la taille est d'une façon nouvelle. La planche du *Puits* (p. 143) et celle des *Ruines* (p. 145) sont dignes de remarque.» Cartier, qui donne la liste complète des gravures, dit simplement, et sans s'engager trop, en parlant des gravures rectangulaires, «cette seconde série de planches appartient au style le plus caractéristique de Bernard Salomon, par l'élégance maniérée des figures et le charme pittoresque des paysages», et Brun et Mortimer aussi se concentrent sur ces bois qui présentent des personnages dans un paysage[14]. On est en droit d'attribuer avec certitude à Salomon ces quinze planches rectangulaires pour les raisons que donne Cartier, auxquelles on pourrait ajouter son intérêt pour l'architecture et la satisfaction évidente que la présentation de motifs architecturaux lui procure. Un exemple superbe se trouve à la page 119 (fig. 53) où l'on voit une église surmontée d'une flèche centrale, et un bâtiment rond qui lui est adjacent, dans un paysage urbain qui ressemble à s'y méprendre à celui de Lyon avec ses immeubles tout en hauteur, et un clocher au fond. A la planche suivante (p. 121, fig. 54), la colline où figurent des arbres et un château devant des montagnes lointaines rappellent bien le paysage salomonien, bien que quelques doutes subsistent: les buissons semblent anormalement abondants, les montagnes plus à pic que d'habitude, et les hachures plus prononcées. Grangette (qui par ailleurs classe cette image parmi les sept ou huit dont il attribue la gravure à un autre artiste que Salomon à cause de différences dans l'épaisseur de la taille) se demande si cette scène ne représente pas «tout simplement un des coudes de la Sâone en amont du quartier de Vaise»[15].

---

12   Grangette, p. 38 et pp. 60-61.
13   BnF, Mazarine, Sainte-Geneviève, Beaux-Arts.
14   Rondot, pp. 71-72; Cartier, p. 203; Brun, p. 191, Mortimer, n° 234.
15   Grangette, p. 48 et p. 157.

3. *Opuscules de Plutarche Cheronee. Traduictz par maistre Estienne Pasquier Recteur des Escholes de Louhans*, Lyon, Jean de Tournes, 1546. In-8° (Cartier, n° 67). 3 gravures.

BnF (exemplaire défectueux contenant une seule gravure); Sainte-Geneviève.

Rondot attribue à Salomon les trois gravures de ce petit livre, disant qu'avec la *Paraphrase de l'Astrolabe*, il donne « la date des premiers rapports de Bernard Salomon avec Jean de Tournes », ajoutant pourtant « Notre maître ne montre pas dans ces livres la manière si libre à laquelle il a dû sa célébrité »[16]. Cartier lui attribue au moins implicitement la première des trois gravures puisqu'elle figurera de nouveau dans le « Recueil de figures sur bois » de 1556 et 1557 (*Pourtraits divers*) qu'il considère dans son entier l'œuvre de Salomon. Grangette semble les accepter mais avec certaines réserves, quelques maladresses du dessin, surtout des personnages, étant compensées par la façon salomonienne de les mettre en page[17]. Nous les lui attribuons sans grande hésitation. Dans la première (p. 3, fig. 77), les personnages ressemblent aux siens, surtout par la pose et les gestes de Circé, assise sur son trône, à droite, en dépit de ces maladresses; Grillus rappelle d'autres cochons ou sangliers dans son œuvre, et le bateau aux voiles gonflées à gauche est caractéristique de sa manière, comme l'est la façon de marquer la séparation entre terre et mer; dans la deuxième (p. 57, fig. 78), nous relevons comme éléments stylistiques salomoniens, les arbres, les oiseaux et les poissons, et les collines du fond; dans la troisième (p. 107, fig. 79), surtout un arbre tordu à branches rabougries et à grandes feuilles.

4. *Clarissimi Viri D. Andreae Alciati Emblematum libri duo*. Lyon, Jean de Tournes et Guillaume Gazeau, 1547. In-16° (Cartier, n° 72, *BFEB*, F. 019). 113 gravures.

Londres.

Cette édition latine de 1547 fut rééditée en 1549 (BnF), et 1554. Tournes fit paraître en 1548, 1549 et 1555 une édition en français, reprise par Jean II de Tournes en 1570 et 1615. A partir de 1556 Tournes publia une autre série d'éditions en latin, complétée par les commentaires de Sébastien Stockhammer et rééditée par la maison en 1561, 1580 et 1594[18].

Pour l'attribution, Firmin-Didot hésite d'abord (« Les planches, élégantes et bien gravées, paraissent être l'œuvre de Bernard Salomon ») mais finit par les lui attribuer plus fermement[19]. Rondot, sans être très enthousiaste, penche plutôt dans l'ensemble pour l'attribution à Salomon:

> Les vignettes des *Emblèmes* d'Alciat n'ont pas, à nos yeux, la même valeur que celles des *Marguerites*, ou plutôt l'œuvre est inégale. Si l'on reconnaît le crayon et l'outil du petit Bernard dans une partie des pièces qui sont très jolies, d'autres sont d'un dessinateur ayant moins de distinction ou plutôt peut-être d'un graveur qui a mal reproduit le dessin de l'inventeur[20].

Pour Cartier cependant il n'y a plus de doute:

---

[16]   Rondot, p. 72.
[17]   Grangette, p. 43.
[18]   Pour l'histoire des éditions des Tournes, voir *BFEB*, pp. 4-5.
[19]   Firmin-Didot, *ET*, col. 234; *Catalogue*, n° 492.
[20]   Rondot, pp. 72-73.

Rappelons seulement que les 113 vignettes accompagnant le livre I constituent l'une des premières suites exécutées pour Jean de Tournes par Bernard Salomon et qu'elles inscrivent, par leur style comme par l'habileté de la gravure, une date importante dans l'histoire des ouvrages à figures[21].

Ailleurs, en parlant de l'édition de 1556 qui contient la même suite de gravures Cartier dit explicitement que c'est le dessin qu'il attribue à Salomon sans parler de la gravure[22]. Il semble néanmoins y avoir un consensus de voix positives[23]. Pour notre part nous n'hésitons pas à lui attribuer à la fois le dessin et la gravure de ces jolies images. Parfois le paysage est tout à fait de son style (la mer et les collines au fond dans le n° 16, *In occasionem*, fig. 10, comme le sont les arbres (n° 23, *Ex arduis perpetuum nomen*, fig. 11), les bâtiments vernaculaires dans une rue pavée (n° 26, *In parasitos*, fig. 12), un moulin à vent (n° 68, *In momentaneam felicitatem*). Parfois on voit un bâtiment « classique » bien salomonien, comme par exemple le temple rond avec balustrade, pilastres, et colonnes torsadées (n° 42, *Custodiendas virgines*, qui reparaissent dans le n° 79, *Illicitum non sperandum*). Il y a assez de parenté entre ces bois et ceux du *Theatre des bons engins* pour les attribuer au même artiste. On peut constater un certain progrès: par exemple, si l'on compare la gravure *In occasionem* de l'Alciat (fig. 10) avec un sujet similaire dans le *Theatre* (n° 63, « Ne refusons Fortune, quand à nous se presente »), en dépit de toutes les ressemblances de thème, on voit que celle de l'Alciat est beaucoup plus détaillée et d'une technique plus subtile. En dernier lieu il est intéressant de noter la petite carte du duché de Milan (n° 103, p. 107) qui pourrait bien être de lui (voir, par exemple, la banderole), *Tumulus Joannis Galeacii Vicecomitis primi Ducis Mediol.*, ce qui montrerait que Salomon était bien capable dès le début de dessiner ce genre de cartes.

5. *Les Fables d'Esope Phrygien, mises en Ryme Françoise. Avec la vie dudit Esope extraite de plusieurs autheurs par M. Antoine du Moulin Maconnois*, Lyon, Jean de Tournes et Guillaume Gazeau, 1547. In-16° (Cartier, n° 71, Küster, n° 245). 100 gravures [dont une répétée].

Harvard.

Cette édition fut réimprimée en 1549 et la nouvelle édition est aussi rare que l'originale, et de nouveau en 1551 et en 1583 (cette dernière renfermant 123 illustrations)[24]. En 1551 parut aussi une édition en grec et latin, *Aesopi Phrygis Fabulae elegantissimis eiconibus veras animalium species ad vivum adumbrantes.* Celle-ci contient 150 fables d'Esope illustrées par quarante bois seulement, dont la plupart de Salomon. En 1556, Tournes et Gazeau publièrent une autre édition latine *Aesopi*

---

[21] Cartier, p. 218.

[22] *Ibid.*, p. 410.

[23] Audin, p. 13, Adhémar, n° 2, p. 96, Mortimer, n° 17, p. 18, Brun, p. 107; voir aussi Grangette, pp. 69-72 et p. 157, qui lui en attribue sans hésitation et le dessin et la gravure.

[24] Le travail de Robert Baron sera indispensable à toute personne désireuse de distinguer entre les éditions des *Fables* d'Esope, et la publication en ligne de l'édition de 1547 rend maintenant possible une vraie étude comparative des images. Jusqu'ici pour y avoir accès en France on a dû se contenter d'un exemplaire défectueux de l'édition de 1551 (Beaux-Arts) ou de celle de 1583, conservée à l'Arsenal, qui la reproduit, mais avec ajouts et changements, ce qui faisait que l'on n'était jamais sûr de la filiation exacte des autres éditions.

Phrigis, et aliorum Fabulae, in-16°, qui contient 350 fables traduites par plusieurs traducteurs différents; elle était illustrée de «101 figures sur bois, dont 94 de la suite des de Tournes pour les *Fables* d'Esope et 7 de celle des Emblèmes d'Alciat»[25]. Tournes la publia à nouveau en 1564. En 1570 parut chez le même éditeur une nouvelle édition bilingue (en grec et latin) augmentée par les *Fables* d'Avianus et avec vingt et un bois de plus qu'en 1551, soit soixante et un en tout pour les *Fables* d'Esope, et il la réimprima en 1582. Une autre édition distincte parut en 1571, et fut rééditée en 1579, *Fabulae Aesopiacae, Plures quingentis, et aliae quaedam narrationes*, éditée par Joachim Camérarius le Jeune, avec 110 bois. Trois gravures de l'édition originale paraissaient au même moment dans l'Alciat et une autre avait été publiée dans le *Theatre* de La Perrière en 1545. Cartier signale plusieurs autres ré-éditions entre 1583 et 1609 et la tradition ne s'est même pas arrêtée là. Le nombre de gravures varie entre 40 et 123, et la présentation du texte varie selon la langue dans laquelle il est écrit (le livre contenant parfois le texte grec aussi bien que sa traduction latine).

Au dix-huitième siècle, Papillon voulait attribuer ces illustrations à Jean Cousin, et au dix-neuvième Firmin-Didot le suivit en attribuant au même artiste le dessin de ces «cent charmantes gravures sur bois très-délicatement exécutées»[26]. Rondot, associant ces bois avec ceux des Emblèmes, parus à la même date, considérait que certains d'entre eux étaient du dessin de Salomon, encore que d'autres, moins réussis, fussent d'un autre dessinateur ou graveur; il décelait dans les *Fables* une inégalité plus grande que dans les *Emblèmes*[27]. Encore une fois Cartier, tout en émettant quelques réserves sur la qualité de la gravure, est plus positif et plus enthousiaste:

> Elles paraissent [...] incontestablement dues au crayon du Petit Bernard, et constituent, avec les Emblèmes d'Alciat, la première œuvre où son talent et sa manière s'accusent d'une façon bien marquée. Ces planches, comme toutes les suites du même genre, sont d'une taille fort inégale, les unes offrant une exécution pleine de fini et de souplesse, les autres au contraire dénotant une facture lâchée et assez grossière [...] Par l'intérêt de l'ouvrage lui-même, et la correction du texte revu par Antoine du Moulin, comme par l'exécution matérielle et l'extraordinaire beauté d'un tirage donnant aux planches de Bernard Salomon toute la valeur dont elles sont susceptibles, la présente édition est une des perles de la collection tournésienne[28].

Mortimer semble accepter l'attribution à Salomon. Brun suit Firmin-Didot à la lettre et accepte l'attribution à Salomon des bois de 1547. Il ajoute par contre: «Encadrement de titre genre cuir découpé avec masques et deux enfants nus, d'une facture assez lourde qui n'est pas de la main de Bernard Salomon»[29]. Pour l'ensemble des illustrations des *Fables* nous acceptons l'attribution à notre artiste. Dans un espace très réduit on voit des scènes rustiques ou urbaines, souvent narratives,

[25] Cartier, p. 409; Baron précise qu'il n'y en a que six qui viennent de l'Alciat.
[26] Firmin-Didot, *ET*, col. 235.
[27] Rondot, p. 73.
[28] Cartier, pp. 215-216; voir aussi pp. 673-674.
[29] Mortimer, n° 5, Brun, p. 184, Adhémar, n° 6.

où s'activent des personnages souples et gracieux. Par la nature du recueil, on voit les animaux qui incarnent les histoires, souvent finement dessinés, évoluant dans un cadre naturel de champs labourés, de bosquets d'arbres touffus, de bords de rivière ou d'étang, devant un paysage de collines lointaines. On reconnaît l'intérêt que montrait Salomon pour l'architecture urbaine traditionnelle (*Du Chien et du Boucher*, fig. 18) et les travaux des champs, ainsi que pour les métiers différents: le boucher (*ibid.*), le foulon et le charbonnier (fig. 22), le cuisinier (*Des deux adolescens*, fig. 24), ainsi que deux représentations de la chasse aux oiseaux (*De l'Oiseleur et du Serpent*, *Du Rossignol et de l'Oiseleur*).

6. *Il Petrarca*, Lyon, Jean de Tournes, 1547. In-16° (Cartier, n° 99, Ley, n° 168). 10 gravures.

Lyon. Pour la localisation d'autres exemplaires voir Nicole Bingen, *Philosaune*, n° 545.

Ce livre fut réédité en 1550 avec les mêmes gravures[30].

Il y a sept gravures qui illustrent les *Triomphi* (figs 106, 108-112), un médaillon sur la page de titre qui se présente en forme de cœur (fig. 105) et contient les portraits de Laure et de Pétrarque avec Cupidon, ainsi que l'image d'un arbre et les armoiries venant du tombeau supposé de Laure[31]. Lorsqu'il décrit ces mêmes gravures dans les *Pourtraits divers*, Papillon ne mentionne pas Pétrarque et ne semble pas les avoir identifiées, mais il les attribue tout de même à notre artiste: «un Char de Trophées d'armes. Plus six petits Sujets emblématiques dans des ovales; ces six piéces sont ce que Bernard Salomon a dessiné et gravé de plus précis et de plus délicat.» Firmin-Didot ne mentionne pas dans le cas de ce livre le nom de Salomon, mais Rondot l'appelle «le premier livre dans lequel on voit avec certitude la main de Bernard Salomon», contredisant ce qu'il dit ailleurs sur la *Paraphrase de l'Astrolabe* et les *Opuscules* de Plutarque; on se souviendra que c'est ce que dit Cartier des *Emblèmes* et des *Fables*. Comme le dit Rondot ailleurs: «Dans *Il Petrarca* de 1547, il s'est produit avec beaucoup d'originalité. Les portraits de Pétrarque et de Laure, les sept médaillons des *Trionfi* (la vignette du *Trionfo di Castita* et celle du *Trionfo di Morte*) sont d'un dessin et d'une taille excellents.» Cartier, en le comparant avec l'édition qu'avait publiée Tournes en 1545, le décrit ainsi: «A en juger par le style de la première, ces figures doivent être de la main du Petit Bernard». Mortimer dit simplement que ces gravures sont attribuées à Salomon mais Audin est plus positif, et Grangette lui donne et le dessin et la gravure[32]. Nous acceptons volontiers cette attribution à Salomon des sept gravures principales, d'abord à cause du paysage de la première d'entre elles, et ensuite parce qu'on peut y déceler des parallèles avec certaines gravures de l'Esope, et de l'Alciat. Salomon aime bien aussi présenter des scènes sur deux registres, la terre et le ciel, dont la division est marquée par des nuages; la présence de cadavres gisant par terre est également un motif fréquent chez lui (par exemple dans les *Prodiges* d'Obséquent, figs 95 et 97). Les autres gra-

[30]   BnF; Mazarine; Beaux-Arts; Lyon; Genève; Harvard; Bingen, *Philausone,* n° 546.

[31]   F. 5r° et 5v°.

[32]   Papillon, p. 214, Firmin-Didot *ET*, col. 234, Rondot, p. 42, et pp. 71-72, Cartier, p. 240, Mortimer, n° 427, Audin, p. 12, Grangette, p. 157; Ley, *Die Drucke...*, cite d'autres avis sur le manque d'exactitude dans les caractères et l'impression qui nuit à la beauté de l'ensemble.

vures contenues dans cette édition, qui reprennent en les modifiant celles de 1545, y compris le portrait double (fig. 105), sont elles aussi l'œuvre de Salomon. Ces portraits (Cartier, n° 99) remplacent celui de Pétrarque seul qui illustre l'édition de 1545 mais qui n'est pas de la main de Salomon. Le poète et sa bien-aimée paraissent à l'intérieur d'un cœur, comme on le voyait souvent, Pétrarque, habillé en moine et portant une couronne de lauriers, et Laure portant un corsage serré, que surmonte un collier à trois rangs, et coiffée d'un chapeau ou voile retenu par un bandeau paré de bijoux. Laure regarde vers le bas, les paupières baissées, et Pétrarque la regarde directement, deux personnages bien différenciés et individuels. La source de ces portraits est à chercher dans la tradition des gravures qui illustrent les œuvres de Pétrarque, interprétée par l'esprit de notre artiste[33].

7. *Marguerites de la Marguerite des Princesses, tresillustre Royne de Navarre*, et *Suyte des Marguerites de la Marguerite des Princesses tresillustre Royne de Navarre*, 2 t., Lyon, Jean de Tournes, 1547. In-8° (Cartier, n°105). 11 gravures, plus celle de la page de titre.

BnF; Arsenal; Mazarine; Beaux-Arts; Lyon (2); Londres (2); Harvard (3)[34].

Dans son *Essai typographique*, Firmin-Didot ne donne pas d'attribution, mais attribue ces bois à Salomon dans son *Catalogue*. Rondot en parle d'abord en disant que ce livre «doit en partie son renom aux vignettes charmantes d'un art tout à fait nôtre» qu'il attribue ensuite à Salomon. Pour Cartier, «Elles sont tout à fait dans la manière du *Petit Bernard* auquel on peut les attribuer avec assurance, mais elles sont d'une facture lâchée et paraissent avoir été gravées hâtivement, aussi sont-elles bien loin d'avoir la finesse et le charme des bois de la Métam. ou des Emblèmes d'Alciat»; Audin dit d'abord que l'illustration est de notre artiste, mais à la page suivante ajoute la qualification qu'elle est «sans doute de B. Salomon»; et Mortimer dit seulement «ces bois ont été attribués à Bernard Salomon». Pour Adhémar elles sont de lui[35]. Ces hésitations correspondent peut-être seulement à la qualité de la gravure, comme le dit Cartier. Brun est plus précis, suggérant que Salomon est responsable du dessin, mais a gravé seulement la première:

> Le tome II seulement est illustré; p. 5, une jolie vignette de B. Salomon illustre l'*Histoire des satyres et nymphes de Diane* (51 x 70). Le conte intitulé *La Coche* est illustré de 10 vignettes (45 x 71) de B. Salomon. La première, figurant une assemblée de seigneurs, et de dames, dans un paysage étendu, est un chef-d'œuvre de la gravure sur bois par la finesse étonnante des tailles, la science des feuillages, l'équilibre des plans, mais les autres présentent des tailles plus épaisses et n'ont sans doute pas été gravées par l'artiste lui-même[36].

---

[33] Malcolm Quainton, «The Liminary Texts of Ronsard's *Amours de Cassandre* (1552): Poetics, Erotics, Semiotics», montre l'appartenance de ces portraits à une tradition d'illustration. Pour une description des portraits de Pétrarque et de Laure dans les éditions de Tournes (1545) et Roville (1550), voir Brun, *Le Livre illustré en France au XVIᵉ siècle* (1930), p. 282

[34] Il y au moins deux états différents de l'édition originale (voir Thomas, édition de *La Coche*, p. xii).

[35] Firmin-Didot, *ET*, col. 234, *Catalogue*, n° 495; Rondot, p. 42, p. 72; Cartier, pp. 257-260; Audin, p. 12; Mortimer, n° 365; Adhémar, n° 4.

[36] Brun, p. 245.

Grangette, qui lui en attribue le dessin, à cause de la «science du groupement des personnages», de la lourdeur des jambes du personnage que l'auteur rencontre (fig. 115), de l'expressivité des différents visages, de l'éclairage qui vient de la gauche, distingue lui aussi, pour ce qui est de la gravure, entre la première et les autres où il voit la main de plus d'un graveur: «Les neuf autres ont une gravure hâtive, sans nuance ni habileté.» [37] Pour notre part nous n'avons aucun mal à les inclure toutes, pour des raisons stylistiques, dans le catalogue des illustrations de Salomon, tout en reconnaissant le bien-fondé des doutes émis au sujet de la taille des bois. Il faut en effet distinguer entre certaines gravures très fines («Les Nymphes de Diane» (p. 5, fig. 114), la première scène dans le pré (p. 265, fig. 115), les scènes où paraît le coche, (p. 308 et p. 309, figs 117 et 118)), et d'autres plus rudes (la plupart des autres scènes dans le pré). La page de titre est en outre ornée d'une vignette de l'Amour (fig. 113). Dans un cadre ovale on voit Cupidon ailé avec son arc et son carquois qui semble voler à travers une pluie de flammes, sous un soleil rayonnant qu'il montre du doigt; il est entouré d'une banderole où se lit la phrase «Per ipsum facta sunt omnia». Cette vignette est certainement due au crayon de Salomon, bien que presque personne n'en parle explicitement. Elle rappelle de très près les illustrations ovales que fit Salomon la même année pour les *Trionfi* de Pétrarque: la forme, la taille et la bordure avec sa décoration, sont presque identiques; les flammes d'ailleurs reproduisent celles du «Trionfo d'Amore» (fig. 106). Une confirmation indirecte de cette nouvelle attribution vient d'une remarque faite par Audin, qui décrit de façon erronée les six gravures du *Petrarca* contenues dans les *Pourtraits* de 1557, les appelant «six figures de la série du motif qui orne le titre des *Marguerites*, et que Montfalcon a pris pour une marque de de Tournes.»[38] On notera aussi que Salomon est responsable de la devise de Marguerite «Non inferiora sequutus», illustrée par le souci en face du soleil, qui paraîtra quatre ans plus tard dans les *Devises heroïques* de Claude Paradin (fig. 33).

8. *Saulsaye. Eglogue de la vie solitaire* [par Maurice Scève], Lyon, Jean de Tournes, 1547. In-8° (Cartier, n° 102). 2 gravures.

BnF (2); Arsenal; Lyon; Harvard.

L'une de ces deux gravures, qui représente la métamorphose en saules des nymphes de Diane, figure dans la *Suyte des Marguerites* (fig. 114) que nous venons de décrire et d'attribuer à Salomon. L'autre est la célèbre vue de Lyon (fig. 125). Firmin-Didot n'en fait pas l'attribution à Salomon dans son *Essai typographique*, et ne mentionne pas son nom dans son *Catalogue*; pourtant Rondot, Cartier, Audin, Adhémar, Mortimer et Grangette[39] les lui attribuent tous, et à juste titre. Les deux bergers assis, entourés de leurs moutons (la cornemuse est un attribut tout à fait typique du berger qui reparaîtra dans la scène du Nouveau Testament où les anges annoncent la Nativité), témoignent de l'intérêt de Salomon pour les travaux de la campagne, rappelant certains bois des *Fables* d'Esope, par exemple *Pastor* (1570, n° 123, fig. 29) et même si le paysage est plus fouillé que d'ordinaire, cela s'explique

---

[37]   Grangette, pp. 60-61 et p. 158.

[38]   Audin, p. 15.

[39]   Firmin-Didot, *ET*, col. 234, Rondot, p. 72, Cartier, p. 244, Audin, p. 11, Adhémar, n° 3; Mortimer, n° 485, Grangette, p. 157.

par la proximité du spectateur, par une certaine recherche de réalisme, et par le fait qu'il constitue le vrai sujet de l'image.

9. *Petit traité, de Arnalte et Lucenda, ... traduit ... Par le Seigneur des Essars Nicolas de Herberay*, Lyon, Jean de Tournes, 1547. In-16° (Cartier, n° 101). 4 gravures.

Beaux-Arts.

Une de ces gravures (p. 7, fig. 119), qui représente un homme lisant, paraît aussi dans les *Emblèmes* d'Alciat, publiés par Tournes en 1547; deux autres gravures: deux personnages avec un chien sous un porche et un troisième qui leur fait signe (p. 18, avec répétition p. 81 et p. 127 (fig. 123)), et une scène de tournoi en présence de la cour, p. 145 (fig. 122), reparaîtront dans les *Pourtraits divers*. La quatrième représente deux femmes (p. 31 fig. 121). Cartier attribue implicitement à Salomon les deux gravures qui figurent dans les *Pourtraits*; Grangette le dit plus explicitement, ajoutant qu'un «certain étirement des corps, l'accumulation des personnages dans les tribunes de la gravure du tournoi peuvent faire penser à lui». En revanche il trouve que «l'emploi de tailles longues, parallèles et régulières, surtout sur les murs, donne une impression de monotonie et d'absence de couleur.»[40] Cette dernière caractéristique, il faut le dire, se trouve souvent ailleurs dans des œuvres qui lui sont attribuées. Ces gravures sont en effet à attribuer à Salomon pour des raisons de style et de sujet: celle qui figure les hommes sous le porche présente un jeu savant de murs et de couloirs, et de niveaux de sols différents, avec un contraste de traits horizontaux et croisés, qu'humanisent la pose et les gestes des personnages, tout à fait dans la manière de ses meilleures vignettes architecturales, et la scène du tournoi ressemble bien à d'autres de ses illustrations par la finesse du dessin et la manière dont le groupe des spectateurs ressort de l'obscurité des tribunes. Et il n'y aurait aucune raison de lui refuser la quatrième gravure, dans le même style.

10. *La Magnificence de la Superbe et Triumphante Entree de la noble et antique Cité de Lyon faicte au Treschrestien Roy de France Henry deuxiesme de ce nom, et à la Royne Catherine son Espouse, le xxii. de Septembre M.D.XLVIII*, Lyon, Guillaume Roville, 1549. In-4° (Baudrier, t. IX, pp. 161-164). 15 gravures.

BnF; Arsenal (2); Beaux-Arts; Lyon; Londres.

La Magnifica et Triumphale Entrata del Christianiss. Re di Francia Henrico secondo di questo nome, fatta nella nobile et antiqua Città di Lyone, à luy et à la sua serenissima consorte Chaterina alli 21. di Septemb. 1548. Colla particolare descritione della Comedia che fece recitare la Natione Fiorentina à richiesta di Sua Maesta Christianissima, Lyon, Guillaume Roville, 1549. In-4° (Baudrier, t. IX, pp. 164-165). 15 gravures.

BnF (2); Arsenal; Sainte-Geneviève; Beaux-Arts; Lyon; Londres (2); Harvard (2). Pour la localisation d'autres exemplaires, voir Bingen, *Philausone*, n° 602.

L'éditeur était Guillaume Roville, mais il y a des raisons de croire que c'est Tournes qui s'occupa de l'impression du livre. D'après Baudrier, certaines initiales dans l'édition italienne sont de lui; pourtant, comme le signale Mortimer, elles ne figurent pas dans le livre de Cartier[41].

---

[40] *Ibid..*, p. 54.
[41] Baudrier, t. IX, p. 163, Mortimer, n° 201.

Dibdin parle de ces gravures sans les attribuer à Salomon. Firmin-Didot ne fait pas d'attribution dans son *Essai typographique,* mais dans son *Catalogue* il fait observer que «les compositions sont remarquables, et nous savons qu'elles sont dues à Bernard Salomon par les comptes des conseillers échevins de la ville de Lyon [...] La gravure est un peu plus grossoyée que celle des autres ouvrages de cet artiste». Rondot aussi les lui attribue: «15 planches gravées sur bois. Les 'ystoires et figures' ont été dessinées par Bernard Salomon». Cartier n'en parle pas puisque c'était Roville qui en était l'éditeur et non pas Tournes, bien qu'il le lui attribue implicitement ailleurs. Baudrier lui en attribue seulement le dessin: «Cet ouvrage renferme les 15 vignettes [...] gravées d'après les dessins de Bernard Salomon [...] Bernard Salomon, qualifié de conducteur de l'œuvre de paincterie de cette entrée, est incontestablement l'auteur de ces dessins.» Adhémar pense qu'on peut lui attribuer «au moins le dessin des planches», et Mortimer semble accepter cette attribution. Pour Brun il était «certainement l'auteur des dessins», ce qui aurait constitué «probablement sa seule infidélité» à Tournes. Pour Saulnier, «Les planches sont de Bernard Salomon: c'est une des œuvres qu'on peut lui attribuer avec le plus de certitude». Hugh W. Davies pourtant y met un point d'interrogation. Grangette lui en attribue et le dessin et la gravure. Pour Henri Zerner, Salomon a «très vraisemblablement» illustré le livret de Scève et Cooper le lui attribue[42]. On a pourtant pu attribuer les gravures de ce livret à d'autres artistes: Tory, Cousin, Goujon et Serlio[43]. Cependant il n'y a aucune raison d'enlever à Salomon cette belle partie de son œuvre. (Firmin-Didot va trop loin en disant que les Registres municipaux les lui attribuent, car lorsqu'ils parlent de sommes payables à l'artiste, c'est en récompense des «six jours qu'il a vacqué aus dits ouvraiges, à trasser et faire portraits»[44], c'est-à-dire dans la préparation de l'Entrée et non pas du livre.)

Il ne peut pas y avoir de doute sur l'attribution de ces gravures à Salomon, responsable du côté artistique de cette Entrée en collaboration étroite avec Maurice Scève. Il aurait été par trop surprenant qu'on n'ait pas fait appel à lui: il avait déjà mené à bon terme les travaux artistiques de l'Entrée, ce qui le qualifiait mieux que

---

[42]   Dibdin, *The Bibliographical Decameron,* t. I, p. 127. Firmin-Didot, *Catalogue,* n° 496; Rondot, *L'Art et les Artistes,* p. 238; voir Rondot, p. 73 où il attire l'attention sur «les figures du capitaine à pied et du capitaine à cheval»; Baudrier, t. IX, pp. 162-163; Adhémar, n° 5, Mortimer, n° 201; Brun, p. 80; Saulnier, t. II, p. 148; Davies dans *Catalogue... Fairfax Murray,* t. I, n° 151; Zerner, *L'Art de la Renaissance en France,* p. 300; Grangette, p. 178; Cooper, pp. 134-138; pour l'opinion de Cartier, voir ce que nous disons à propos de l'entrée de Carpentras, *infra,* n° 29, pp. 294-295.

[43]   Firmin-Didot, *ET,* col. 244: «L'élégance du dessin et l'habileté de l'exécution des belles planches sur bois dont il est orné, les avaient fait attribuer, mais à tort, à Geoffroy Tory (voir col. 178). La marque de l'imprimeur, placée sur le titre et reproduite dans le *Manuel du libraire,* 2, col. 996, est dans le goût italien; mais les gravures du livre sont d'un dessin fluet et d'une taille grasse, qui constitue une manière distincte.» Audin en dit ceci: «On a souvent attribué à Jean Cousin les dessins de l'*Entrée de Henri II,* parce qu'il est de règle chez certains amateurs de mettre toujours un nom connu sur une œuvre; seulement si l'on veut bien songer à ceci, que Lyon avait alors des artistes célèbres, le Petit-Bernard et Cornélis de la Haye, dit Corneille de Lyon. Il n'y a point lieu d'aller chercher à Paris ou à Rome l'auteur de ces illustrations» (*Impressions de Louis Perrin,* p. 46); pour l'attribution à Goujon, voir David Bland, *The Illustration of Books,* 1962, p. 49; pour Serlio, voir W.B. Dinsmoor «The Literary Remains of Sebastiano Serlio», pp. 72-77.

[44]   Voir Rolle, «Bernard Salomon (le Petit Bernard), peintre et graveur sur bois», p. 425.

tout autre pour l'illustration du livret commémoratif. Il est vrai que la grande taille des gravures est peu commune dans l'œuvre de notre artiste (quelques planches pour la grande bible de 1551, d'autres pour la *Cosmographie de Levant* dépassent les étroites dimensions de ses vignettes habituelles), vrai aussi que son imagination a été restreinte par les conditions de la commande, mais il s'y donne visiblement de tout cœur. La finesse des arabesques qui ornent les cuirasses des deux capitaines (figs 132 et 133) rappelle bien ses encadrements célèbres; la vigueur et le mouvement de la monture du Capitaine à cheval, les détails des éléments architecturaux, qui annoncent bien son *Vitruve* de 1552, par exemple ceux du double arc du Port Saint-Paul (pilastres, frise, corniche, fig. 136); le paysage urbain, tout artificel et utopique qu'il soit («La Perspective du Change», fig. 138), les personnages élancés (encore le Port Saint-Paul) et gesticulants («La Colonne de Victoire», fig. 140); le dessin des navires (figs 142 et 143) – tout cela concourt à nous convaincre que Salomon en est sans l'ombre d'un doute le dessinateur. Quant à la qualité de la gravure, Salomon était bien capable d'adapter sa technique et même son style aux exigences de cette publication luxueuse et programmatique.

11. *Chiromance et Physiognomie par le regard des membres de Lhomme, faite par Jean de Indagine. Plus dudit, La diffinition des faces des Signes. Reigles Astronomiques du jugement des maladies. Lastrologie Naturelle. La cognoissance de la complexion des hommes selon la domination des Planettes. Le tout mis en François par Antoine du Moulin Masconnois, Valet de chambre de la Royne de Navarre,* Lyon, Jean de Tournes, 1549. In-8° (Cartier, n° 141). 83 gravures.

BnF; Harvard.

Jean de Tournes a publié d'autres éditions de ce livre, en 1551 et 1556 (avec l'ajout d'un portrait de Jean de Hayn), et son fils une quatrième en 1571; les *Introductiones apotelesmaticae elegantes in chiromantiam*, Lyon, Jean de Tournes, 1582, contiennent les mêmes gravures[45].

On peut supposer que c'est de ce livre que parle Claudine Bouzonnet Stella lorsqu'elle signale «un livre, figure [*sic*] de *petit* Bernard, de plusieurs choses entre autre [*sic*] de Physionomie in 8°»[46]. Pourtant elle mentionne aussi ailleurs les gravures qui représentent les planètes en les attribuant à Salomon. Dibdin le lui attribuait; Firmin-Didot le mentionne mais ne fait pas d'attribution, et Rondot cite Bouzonnet Stella avec approbation. Cartier est plus circonspect, et ne le lui attribue qu'indirectement, en lui accordant explicitement au moins les planches qui réapparaissent dans le «Recueil de figures sur bois» de 1556; Audin pourtant dans son introduction signale «83 figures de Bernard Salomon». Brun y voit de «jolies vignettes dans la manière de B. Salomon [...] représentant Vénus, Jupiter, Saturne, Apollon, Mercure, Diane et Mars». Mortimer accepte l'attribution à Salomon, mais Grangette réduit sa participation aux images des sept planètes et à une paire de têtes, et suggère la présence de plusieurs graveurs. Pour lui, la facture des planètes constitue le sommet de son maniérisme et suggérerait un voyage en Italie au début de l'année précédente[47]. Les sept dieux planétaires accompagnés des signes du Zodiaque sont bien de lui, et

---

[45]   Cartier, n° 333 et n° 628 (1582); Brun, p. 225.

[46]   Bouzonnet Stella, n° 133, p. 67; voir aussi n° 134.

[47]   Dibdin, *op. cit.*, t. I, p. 151; Firmin-Didot, *ET*, col. 235, Rondot, p. 45 et p. 74; Cartier, pp. 433-434, Audin, p. 13, Brun, *loc. cit.*, Mortimer, n° 325, Grangette, p. 80, p. 85 et p. 200.

constituent un bon exemple de ce travail à la fois allégorique et emblématique dans lequel il excellait. La représentation de Vénus (p. 72, fig. 57) dans son char tiré par des colombes est visiblement due à sa main ainsi que l'emblème dans le ciel d'un cœur ailé transpercé d'une flèche. On peut dire la même chose du dessin de Jupiter (p. 81), de Saturne dans son char tiré par des dragons dont les queues sont identiques à d'autres dessinées par notre artiste (p. 88, fig. 58); les chevaux caracolants d'Apollon, ainsi que les arabesques qui ornent son char sont tout à fait de son style (p. 93, fig. 59), et l'élégant corps allongé de Diane portant arc et carquois (p. 102, fig. 61) ne laisse aucun doute. Les deux autres gravures (représentant Mercure (p. 97, fig. 60) et Mars, (p. 105)) sont du même artiste. Les illustrations de mains pourraient bien être de lui mais il ne peut pas y avoir de preuves. Pour les onze dessins de têtes doubles (figs 55 et 56), on peut les lui attribuer comme une sorte d'apprentissage ou entraînement pour les portraits.

12. *Les Œuvres de Clement Marot, de Cahors, Vallet de Chambre du Roy.* Lyon, Jean de Tournes, 1549. Pet. in-16° (Cartier, n° 147). 22 gravures.

BnF (2); Mazarine; Beaux-Arts (2); Genève; Harvard.

Tournes a réédité ce livre en 1553, 1558, 1559, 1570, 1573, 1579, 1585, 1589.
A part la dernière gravure pour l'*Histoire de Léander et Héro*, et le bois plus petit de Phaéton qui sera remplacé[48], tous ces bois seront inclus dans la *Metamorphose d'Ovide figuree* de 1557 (n° 39, *infra*). Pour cette raison la plupart des historiens, même s'ils ne mentionnent pas explicitement le nom de Salomon à propos de ce livre, le lui attribuent de fait[49].

13. *Erreurs amoureuses.* [Par Pontus de Tyard] Lyon, Jean de Tournes, 1549. In-8° (Cartier, n° 154). 1 gravure.

Arsenal; Lyon.

Ce livre contient le premier beau portrait-médaillon de la maîtresse du poète (fig. 229). Firmin-Didot mentionne bien les *Erreurs Amoureuses*, sans faire d'attribution, mais Rondot l'inclut dans les œuvres de Salomon, «un très joli portrait de femme ('l'ombre de ma vie')». Ailleurs il le décrit plus en détail:

> Au verso du titre est un portrait de femme gravé sur bois; la face est tournée à gauche. La femme était très jolie, le portrait est charmant. Il a été peint par Corneille. Pontus de Tyard l'a dit dans plusieurs sonnets [...] Bernard Salomon a gravé sur bois ce portrait.

Voici ce qu'en dit Cartier: «Ce portrait, fort bien gravé sur bois, est tout à fait dans le style du médaillon de Philandre de l'éd. du Vitruve» (dont il attribue à Salomon l'illustration, mais non pas spécifiquement celle du portrait (fig. 226)[50]. Un

---

48   Mortimer, n° 366

49   Firmin-Didot, *ET*, col. 235, ne fait pas d'attribution des gravures pour les *Œuvres* de Marot, mais ailleurs il les donne à Salomon (voir *Catalogue*, n° 529); Cartier, pp. 284-285, Rondot, p. 78, Mortimer, n° 366.

50   Firmin-Didot, *ET*, col. 238; Rondot, pp. 73-74, *L'Art et les artistes*, pp. 236-237; Cartier, p. 288; voir Gusman, *La Gravure sur bois et d'épargne sur métal du XIVᵉ au XXᵉ siècle*, p. 187.

autre portrait (fig. 230) est inclus dans la *Continuation des Erreurs amoureuses*, 1551 (Cartier, n° 207, BnF, Arsenal), et reparaît dans les *Erreurs amoureuses, Augmentees d'une tierce partie. Plus, Un Livre de Vers Liriques*, 1555, In-8° (Cartier n° 315, BnF (2), Lyon, Londres). Il semble plus utile de traiter de ces deux portraits ensemble, surtout qu'il existe parfois une confusion entre eux dans l'esprit des auteurs. Il faut distinguer entre le premier portrait de profil à gauche, inscrit dans un cadre rond, orné de godrons et de galons, tenant une bague de la main gauche, et celui, légèrement plus grand, de profil à droite dans un cercle où se lit la devise «L'ombre de ma vie». Le poète raconte qu'il avait lui-même demandé à Corneille de La Haye de peindre le portrait de sa maîtresse:

> J'estois pensif, melancolic et sombre,
> Comme vexé de maint present dommage,
> Quand, «Pourtrais (dy-je au Flaman) ceste image,
> Pour m'estre saint recours à tout encombre.»[51]

mais le tableau qui est à l'origine de cette première gravure ne figure pas dans le Catalogue préparé par Anne Dubois de Groër, même comme sujet anonyme (il n'y a aucun portrait de femme tenant un anneau). Le deuxième ne ressemble pas non plus à un tableau connu de ce peintre. On ne peut donc pas savoir si les gravures sont des copies d'un tableau ou bien si le portrait a été pris sur le vif. Le deuxième portrait, en profil droit, qui orne la *Continuation des Erreurs amoureuses*, imite et adapte le premier en légèrement plus grand. On peut attribuer à Salomon le dessin et la gravure de ces deux portraits à cause de la finesse de l'ensemble, de l'attention aux détails de la parure, et de la luminosité; Grangette attire l'attention aussi sur «l'adroite mise en valeur des traits du visage, la taille de ce bois bien gravé», et surtout la ressemblance stylistique avec le portrait de Philandrier[52]. On peut se demander pourquoi Tournes a voulu en 1551 renoncer au beau portrait de 1549. Le sujet est certainement le même; la seule différence importante est la disparition de la bague. Est-il possible que Corneille de La Haye n'ait pas apprécié cette imitation de son portrait? A titre de comparaison nous tenons à signaler une certaine ressemblance stylistique entre ce premier portrait et le portrait d'une jeune fille italienne, Constance Bocchi, fille d'Achille Bocchi, dessiné et gravé par Woeiriot: là le visage est vu de profil, mais légèrement courbé vers l'arrière. Mais il n'y a pas de raison d'attribuer le portrait de la maîtresse de Tyard à cet artiste[53]. On remarquera aussi une ressemblance avec un autre portrait célèbre gravé par Woeiriot, celui de Louise Labé, mais il s'agit plutôt de parallèles d'ordre vestimentaire: le chapeau avec sa traîne, le collet et le collier double. En 1554 la veuve de l'imprimeur G. Le Bret a publié à Paris l'ouvrage de Tyard et cette édition incluait des copies maladroites inversées des deux gravures lyonnaises où l'habillement de la femme est tout à fait différent[54].

---

[51] *Les Erreurs amoureuses*, éd. John McLelland, sonnet 82 [lxvi].

[52] Grangette, p. 85.

[53] *Constantia Bocchia Virgo Achillis. F. Ann. aet. xviiI MDLVIII*, dans BnF Estampes Ed. 5b Rés. n° 40 (Inv. 9, Robert-Dumesnil 275).

[54] BnF Rés. Z 357 (36).

14. *Les Angoisses et Remedes d'Amours, Du Traverseur en son adolescence* [par Jean Bouchet] Lyon, Jean de Tournes, 1550. In-16° (Cartier, n° 159). 11 gravures [dont une répétée trois fois].

Mazarine.

Sept de ces gravures reparaissent dans le «Recueil de figures sur bois» de 1556. L'édition originale de ce texte rare, qui n'a pas souvent attiré l'attention des historiens, a été publiée à Poitiers par Jean et Enguilbert de Marnef en 1536. Cartier ne fait pas l'attribution des gravures lorsqu'il décrit le livre mais les attribue implicitement à Salomon dans ses commentaires sur le «Recueil» de 1556. Grangette y relève quelques inexactitudes qu'il attribue au graveur à moins que le tout ne soit fait par quelqu'un de l'atelier de Salomon, tout en admirant le «délicat sentiment de nature»[55]. Ces gravures sont de la main de Salomon: on reconnaît sa manière dans la finesse des personnages, par exemple dans *L'amoureux transi sans espoir* (fig. 126), et dans *La Dame se complaignant de son desloyal Ami* (fig. 128); on décèle aussi la main du maître dans le dessin de certains animaux (par exemple, des chevaux, fig. 131, un chien, fig. 127). Les paysages aussi sont de lui: le lac avec un petit bateau, les collines lointaines, une ouverture lumineuse (figs 130 et 131), le temple à toit voûté et aux pilastres dans *Pallas autrement appellee Raison* (fig. 129), et on reconnaît partout son style dans les arbres, le mouvement des personnages et leurs gestes. Ces gravures rappellent souvent les *Marguerites* de trois ans auparavant. Nous n'avons donc aucune hésitation à attribuer toutes ces gravures à notre artiste.

15. *La Saincte Bible. Avec les figures et Pourtraits du Tabernacle de Moyse, et du Temple de Salomon, et maison du Liban*, 3 t., Lyon, Jean de Tournes, 1551. In-fol. (Cartier, n° 186, Chambers, n°153, DH, n° 359). 18 gravures.

Mazarine; Lyon; Genève; Londres. Pour la localisation d'autres exemplaires, voir Chambers et DH.

Ce livre contient dix-huit grandes illustrations pour l'Ancien Testament que Rondot attribue à notre artiste. Lorsqu'il présente cette édition de 1551, Cartier ne fait pas d'attribution, mais en parlant de l'édition de 1557, qui contient une planche de plus, représentant la Vision d'Ezéchiel, il dit qu'«elle est incontestablement due, comme les autres, au crayon du Petit Bernard»[56]. Cette attribution à Salomon est justifiée. Certaines de ces gravures sont des copies assez exactes, parfois réduites, de celles de la bible d'Estienne, par exemple, *Le Parvis, le Tabernacle, les Offrandes et Sacrifices* (p. 91, fig. 152) et *La Table des Pains de Proposition* (p. 70); d'autres ont été redessinées, par exemple *L'Arche de Noé* (p. 6), et Salomon en est responsable, bien qu'il existe d'autres gravures où il a su mieux dessiner la pluie, à commencer par un bois dans la *Suyte des Marguerites* (fig. 117), et celui qu'il allait consacrer au *Déluge* dans les *Quadrins historiques* de 1553 (fig. 166). Il est vrai que l'imitation est très étroite mais il n'y avait pas lieu de s'éloigner d'un modèle qui avait été si soigneusement établi, surtout s'agissant de gravures qui cherchent à suivre littéralement une description textuelle. Néanmoins, on reconnaît bien le travail de Salomon: les arabesques de l'*Accoustrement du*

---

55   Voir Jennifer Britnell, *Jean Bouchet*, pp. 325-326, pour les différentes éditions; Grangette, p. 89.

56   Rondot, *Graveurs*, p. 69; Cartier, p. 439.

Grand Pontife (p. 76), les grands personnages du *Cuveau d'Aerain* (p. 81) qui ressemblent à ses portraits en pied des apôtres dans le Nouveau Testament, et surtout les petits personnages de la multitude de scènes de métiers qui ornent *Le Parvis, le Tabernacle, les Offrandes et Sacrifices* (p. 91, fig. 152), notamment des groupes de bergers qui rappellent ceux des *Fables* d'Esope (figs 27 et 29).

16. *Devises heroïques, Par M. Claude Paradin, Chanoyne de Beaujeu*, Lyon, Jean de Tournes et Guillaume Gazeau, 1551. In-16° (Cartier, n° 201, *BFEB*, F 460). 118 gravures.

Sainte-Geneviève ; Harvard.

Ce livre sera réédité avec des ajouts en 1557 (voir plus bas n° 41).

Bien qu'Auguste Bernard eût déjà attribué ces gravures à Salomon en 1857[57], son avis n'a pas été suivi sans hésitation par tous les historiens. Cartier notamment, tout en appréciant la qualité du travail, dit simplement que «ces planches sont du même maître auquel on doit les *Illustres observations antiques* de Simeoni, 1558», et bien qu'il signale deux des gravures de ce livre qui proviennent du *Vitruve*, où il avait déjà reconnu le travail de Salomon, il n'attribue pas l'ensemble de l'illustration à notre artiste. En ce qui concerne les *Devises* Mortimer aussi hésite, mais Grangette, tout en acceptant que certaines gravures, qu'il signale, par exemple, *La Salamandre*, soient bien de lui, les attribue en gros à un artiste qu'il aurait formé[58]. Pour Christopher Smith, l'illustrateur est anonyme et Saunders considère que l'illustration est probablement le travail de Salomon, mais qu'il n'y a pas de certitude. Audin suggère qu'il s'agit de notre artiste, mais avec un point d'interrogation[59]. Ces réserves ne sont pas justifiées. Un examen détaillé des illustrations corrobore fermement l'attribution à Salomon. Ce genre d'illustration s'annonçait déjà dans les *Emblèmes* d'Alciat, par exemple, le casque de l'emblème *Ex bello pax* (n° 45) ou la flèche et la vipère du n° 52, *Maturandum*. Par ailleurs la technique du dessin des deux colonnes corinthiennes, devise de l'Empereur Charles V (fig. 32), est identique à celle que l'on trouve sur l'Arc de Bourgneuf (fig. 135) dans l'Entrée d'Henri et de Catherine, surtout les ombres contre-hachées à droite de chaque colonne. Dans la première devise (fig. 30) *Nullis praesentior aether*, une main qui tient un étendard sort de nuages qui ressemblent tout à fait à d'autres nuages dessinés par Salomon, par exemple les nuages de fumée du chapitre 20 de l'Apocalypse (l'Ange qui porte la clé de l'abîme, et le serpent). Quant à la composition, il y a une suite des *Devises* qui est très proche de ce que fit Salomon pour illustrer les *Triomphes* de Pétrarque, la page de titre des *Marguerites de la Marguerite* (fig. 113), et aussi les *Prodiges* de Jules Obséquent (figs 95 et 103) : il s'agit d'abord de deux scènes où des nuages déversent les langues de feu de la Pentecôte (fig. 31), ou le don de la manne (fig. 34) ; à ces scènes il faut comparer le joug qui déverse l'huile (p. 63) et le Phénix qui fait voler des étincelles en s'élevant hors du feu (p. 34). En dernier lieu il y a quelques petits parallèles, sinon de composition, au moins de geste : par exemple, la devise qui montre saint

---

57 Auguste Bernard, *Geoffroy Tory*, p. 336, Firmin-Didot, *ET*, col. 239, aucune attribution pour l'édition de 1557 ; aucune attribution dans *Catalogue*, n° 500 – éd. de 1551 ; 500*bis* – éd. de 1557.

58 Cartier, pp. 315-316 et pp. 480-481 ; Mortimer, n° 409, Grangette, p. 90, p. 147 et p. 161.

59 Smith, *éd. cit.*, 1971, p. ix ; Saunders, *éd. cit.*, p. 4, Audin dans Cartier, p. 15.

Paul avec le serpent (p. 125) ressemble à cette partie de la scène biblique dessinée par
Salomon (Actes 28) ainsi qu'à la scène qui représente le bâton de Moïse qui se transforme miraculeusement en serpent (*Exode* 4). On peut la comparer avec la marque
aux Chimères qui orne l'édition latine d'Alciat de 1547, où l'enlacement des queues
est ressemblant[60], ou à la devise *Vindice fato* (la fronde de David) (p. 68). On voit
souvent, dans l'œuvre de Salomon, ce genre d'enlacement. Sur tous ces indices l'attribution à Salomon nous semble donc tout à fait justifiée. Certains animaux font
penser à l'Esope, comme la grenouille (p. 48, fig. 35), et d'autres sont proches de
l'Apocalypse, comme la salamandre, (p. 17); et la façon de traiter les écailles d'un
serpent ou d'un dragon (p. 62) est très salomonienne.

17. *De l'Amour* [Par Léon Hebrieu], Lyon, Jean de Tournes, 2 t., 1551. In-8° (Cartier,
n° 197). 1 gravure.

BnF.

Pour cette traduction française des *Dialoghi d'Amore* de Leone Ebreo (1535), par
Pontus de Tyard, Rondot signale sur la page de titre de chaque volume «une
vignette d'une taille savante: l'Amour contemplant le ciel» qu'il attribue à Salomon. Dibdin, qui inclut cette gravure dans les marques de Tournes, ne la lui attribue pourtant pas explicitement, Cartier non plus[61]. Cette belle image (fig. 124) est
certainement son œuvre. Elle est «encadrée» de chaque côté par un distique en italiques, «Pour voir ce Ciel auquel je prins naissance, /Ferme devient ma legere
inconstance», et Salomon montre l'Amour qui regarde le Ciel en se protégeant les
yeux. Un arbre tordu à gauche, et des arbres touffus au second plan, un ensemble
de bâtiments, avec tours et flèches d'église, devant des collines, ainsi que les animaux du premier plan – tout se retrouve ailleurs chez Salomon, dessiné et taillé de
façon identique. Le ciel où l'on voit soleil, lune et étoiles, rappelle les gravures des
Prodiges de Jules Obséquent. Puisque nous n'en parlons pas ailleurs, il est nécessaire
de signaler que Salomon a cherché à résumer dans cette gravure quelques thèmes
néoplatoniciens que présente le livre d'Ebreo, que Perry décrit comme «l'une des
voies principales par lesquelles le platonisme italien est entré dans la littérature française»: le soleil comme image visible de l'esprit divin, et l'œil comme image de l'esprit humain, et les deux niveaux, physique et spirituel, de la réalité et de la connaissance; la lune correspondrait à l'âme du monde et aux âmes humaines[62]. Tournes dit
dans sa lettre au lecteur qu'il n'a eu aucun exemplaire en main à part l'édition aldine
de 1546, et il semble que Salomon n'a pas eu de source graphique pour son image.
Le sujet était à la mode, car au cours de la même année 1551 Roville, en association
avec Thibaud Payen, fit paraître la *Philosophie d'Amour de M. Leon Hebreu*, dans la
traduction de Denys Sauvage, qui contient une belle page de titre attribuée à
Eskrich[63]. Si cette attribution est justifiée, cela témoigne encore une fois de la

---

[60]   Illustrée dans Cartier, p. 217.

[61]   Rondot, p. 74, Dibdin, *op. cit.*, t. I, p. 133, Cartier, n° 197.

[62]   T. Anthony Perry, (éd.), *Dialogues d'Amour de Léon Hébreu*, p. 9, pp. 21-22, et, du même
       auteur, *Erotic Spirituality: The Integrative Tradition from Leone Ebreo to John Donne*, Ala-
       bama, University of Alabama Press, 1980.

[63]   Baudrier, t. IX, p. 193, et voir illustration, p. 183 (*Boccace des Dames de renom*, 1551).

parenté entre ces deux artistes (dessin du Cupidon ailé qui est à comparer avec celui de la page de titre des *Marguerites* (fig. 113)).

18. *Aesopi Phrygis Fabulae*, Lyon, Jean de Tournes, 1551. In-16° (Cartier, n° 183, Küster, n° 190). 40 gravures.

BnF; Lyon; Genève.

Cette édition contient six gravures nouvelles dans cette série d'Esope, dont quatre avaient déjà paru soit dans le *Theatre* de 1545 soit dans l'Alciat de 1547. Firmin-Didot parle de « 39 vignettes dues à plusieurs graveurs différents, et dont quelques-unes seulement peuvent être du Petit Bernard. Les autres paraissent empruntées à une édition publiée à Paris par Denis Janot en 1542 ». En ce qui concerne les bois ajoutés, ici et dans d'autres éditions jusqu'en 1570, il les trouvait « très-inférieures » aux autres[64]. Cartier reconnaît la présence en 1551 de quelques gravures venues d'ailleurs, et rejette les trois gravures qui avaient déjà servi dans le *Theatre*[65]. Il y a par ailleurs une autre gravure qui fait sa première apparition en 1551 et qui semble assez loin du travail de Salomon dans les détails du paysage; il s'agit de *Lignator et Mercurius* (n° 103) – ce recueil contient deux représentations de ce dieu qui ne réapparaîtront pas dans les recueils postérieurs (n°s 44 et 103). Le meilleur des deux ajouts au canon salomonien est la belle image de *Testudo et Aquila* (n° 61, p. 193, fig. 28) à la fois à cause du dessin de l'aigle et de la tortue, et du paysage admirable que ces derniers survolent.

19. *Les Quatre Premiers livres de l'Eneïde de Virgile translatez de Latin en François par M. Loys des Masures, Tournisien*, Lyon, Jean de Tournes, 1552. In-4° (Cartier, n° 236). 4 gravures.

BnF (2); Beaux-Arts.

Pour les quatre gravures de cette édition originale de 1552, il existe un accord général (mais non pas total) en faveur de l'attribution à Salomon, mais pour l'édition de 1560 le statut des huit nouvelles gravures se discute; il semble préférable de traiter dès maintenant de l'attribution générale de l'ensemble puisque c'est ainsi que font plusieurs historiens, et de revenir plus tard à la question des gravures postérieures pour en discuter plus en détail. Papillon déclare sans ambages que l'édition de 1560 est « ornée de douze Vignettes historiques, dessinées et gravées en bois par Bernard Salomon; [...] les plus belles et délicatement travaillées sont celles des quatre premiers Livres ». Nagler (qui voyait Salomon uniquement comme graveur) pensait que Salomon avait dû travailler avec d'autres dessinateurs que ceux avec qui il travaillait d'habitude, puisque pour lui ces bois ne correspondent pas à ses illustrations bibliques. Pour Auguste Bernard les gravures de 1560 font partie de celles qui sont certainement de Salomon, et Georges Duplessis aussi les lui attribue toutes[66]. Firmin-Didot commence en 1863 par attribuer toutes les gravures à notre artiste: « Chaque chant est orné d'une composition historique du Petit Bernard [...] Les quatre premières sont les plus belles », mais avant la publication de son *Cata-*

---

[64]   Firmin-Didot, *Catalogue,* n° 498.

[65]   Cartier, p. 305; voir, *supra,* p. 269.

[66]   Bernard, *Geoffroy Tory,* p. 336; Duplessis, *Histoire de la gravure,* p. 27.

logue quatre ans plus tard il change d'avis: «Cette édition [celle ce 1560] contient, outre les quatre gravures de l'édition de 1552, les huit dernières, qui n'ont pu être exécutées que de l'année 1557, date de la publication des livres V à VIII, à 1560. Elles ne paraissent pas, comme les premières, dues à Bernard Salomon.» Rondot, en parlant de l'édition de 1552, introduit une autre nuance: «Les compositions sont plus grandes, un peu confuses, mais habilement ordonnées; celles des trois premiers livres ont le caractère bien marqué des œuvres du maître». Curieusement, Cartier ne parle pas du tout de l'attribution de ces gravures, mais Audin, dans son introduction à la bibliographie de Cartier, signale les «12 figures de Bernard Salomon»; Adhémar parle des «4 vignettes de Bernard Salomon» de 1552; et pour l'édition de 1560 il déclare: «aux quatre vignettes on a joint huit autres dans le goût de Bernard Salomon». Mortimer, comme souvent, est plus circonspecte, disant (et cela même pour l'édition de 1552): «Ces bois ont été attribués à Bernard Salomon», mais Grangette est plus positif, tout en s'interrogeant sur la technique de la gravure de la deuxième planche avec ses nombreuses tailles croisées[67].

Dans les quatre premières gravures en dépit des avis partagés des historiens, on reconnaît bien l'œuvre de Salomon: la composition et tous les traits distinctifs de l'exécution sont bien de lui, et il en va de même pour plusieurs détails, par exemple les ciels, les paysages, les feux, la fumée et les navires, et surtout le groupement et les gestes des personnages. Un excellent exemple se trouve dans la troisième gravure (p. 125, fig. 86): un groupe de femmes, dont une agenouillée, qui préparent des vases devant un autel, telles que Salomon aime les dessiner. Dans le cas des quatre premiers livres il n'y a aucun doute sur l'attribution à Salomon; nous reviendrons sur l'attribution de l'illustration des huit autres livres (voir n° 47).

20. *M. Vitruvii Pollionis De Architectura libri decem ad Caesarem Augustum [...] Gulielmi Philandri Castilionii, civis Romani annotationes castigatiores, & plus tertia parte locupletiores [...] Epitome in omnes Georgii Agricolae de mensuris & ponderibus libros, eodem autore...*, Lyon, Jean de Tournes, 1552. In-4° (Cartier, n° 237). 83 gravures[68].

BnF (6); Arsenal; Mazarine; Sainte-Geneviève; Beaux-Arts; Lyon; Londres; Harvard (2 défectueux).

Le livre fut réédité à Genève, et «à Cologny, près de Genève» (fausse adresse pour Genève), par Jean II de Tournes en 1586 (Lemerle signale une édition de 1582), et en 1618 et 1628 dans la traduction de Jean Martin.

Rondot inclut ce livre dans son aperçu de l'œuvre de Salomon et attire l'attention sur le portrait de Guillaume Philandrier. Cartier prend soin de donner des exemples de gravures qu'il attribue avec certitude à Salomon:

> Les 10 livres de Vitruve sont ornés de nombreuses figures sur bois: machines, détails d'architecture, plans, etc. On peut avec certitude attribuer le dessin des principales au Petit Bernard. La main de cet artiste se décèle incontesta-

---

[67]   Papillon, p. 216; Nagler, *Monogrammisten*, n° 1854, pp. 799-800; Firmin-Didot, *ET*, col. 240; *Catalogue*, n°ˢ 503 et 504; Rondot, pp. 74-75; Audin, p. 15; Adhémar, n°ˢ 7 & 7a, p. 97; Mortimer, n° 540, Grangette, p. 93 et p. 160.

[68]   Ce chiffre, qui inclut gravures et diagrammes mais exclut les tables, est un peu arbitraire: parfois l'illustrateur ajoute l'agrandissement de la modénature, parfois il insère deux images distinctes dans une seule gravure.

blement dans les personnages des planches reproduites, par exemple pp. 115 et 116, de même que dans les 4 figures du Cirque, pp. 178 et 179 [figs 64 et 65], et dans les 3 bois représentant des triclinia d'après les marbres de Latran et de Modène [figs 66 et 67] [...] Ce sont les planches les plus importantes de l'ouvrage avec les 4 figures du Cirque[69].

Mortimer suit Cartier dans cette attribution mais attire l'attention sur la suggestion de Dinsmoor que l'artiste était Serlio, le maître de Philandrier[70]. Le portrait de ce dernier qui se trouve dans un médaillon rond (fig. 226) n'est pas le premier portrait connu de l'humaniste, puisque Titien l'avait peint en 1536-1538 (*Georges d'Armagnac et son secrétaire Philandrier*). Il n'y a aucune raison de supposer que le graveur connaissait ce tableau, mais certaines ressemblances du visage, surtout de la chevelure, suggèrent que Philandrier a posé pour les deux portraits. En tout cas, d'après Lemerle, ce portrait gravé est à la base d'autres portraits de Philandrier gravés par Philippe Galle, Robert Boissard et Léonard Gaultier[71]. Comme Rondot, Cartier s'intéresse au beau portrait du commentateur, mais ne l'attribue pas explicitement ici à Salomon ; il signale seulement le rapport stylistique entre ce portrait et celui de la maîtresse de Tyard. Grangette, qui ne partage pas la certitude de Cartier sur le reste du livre, accepte l'attribution du portrait[72]. La comparaison se justifie : le portrait de la femme est entouré d'un cadre rond presque identique, et les vêtements noirs se profilent contre le fond blanc dans les deux cas ; la différence de style s'explique peut-être par la différence des personnalités et de physionomies et n'indique pas deux artistes différents. Il y a plusieurs raisons pour attribuer l'illustration de tout le livre à Salomon. On peut commencer par accepter l'avis de Cartier sur les deux représentations de la sonnette (« Fistuca machina », pp. 115-116, fig. 63) à cause de la pose et du mouvement des travailleurs qui enfoncent les pieux, et sur les quatre gravures du Cirque (pp. 178-179, figs 64 et 65) puisque la finesse de l'ensemble, l'élan énergique des auriges, des chevaux et des fauves, ainsi que l'agencement des éléments architecturaux des colisées, tout cela à une petite échelle, indiquent le travail de notre artiste. Grangette pourtant les trouve « assez sèches » et y voit plutôt « un travail d'atelier, exécuté sous sa direction ». Les trois scènes de banquet (la pose des banqueteurs, la musicienne, les enfants qui jouent avec un chien, les supports de table sous forme d'un animal, pp. 235-236) rappellent maintes gravures de Salomon. Les gravures plus techniques (des façades, pp. 144-145, une imposte composite finement dessinée, p. 251, des voûtes, pp. 268-269), témoignent de la connaissance et de la virtuosité qui sont caractéristiques de sa manière.

21. *Premier livre des Figures et pourtraitz des villes plus illustres et renommées d'Europe, avec les descriptions d'icelles, Mises en Françoys Par Guillaume Gueroult*, Lyon, Balthazar Arnoullet, 1552. In-fol. (Baudrier, t. X, pp. 104-105, pp. 133-134, Pastoureau,

---

[69]   Cartier, pp. 340-341.

[70]   Mortimer, n° 550, citant Dinsmoor, *art. cit.*, n° 492, p. 76 ; voir Lemerle, *éd. cit.*, p. 39.

[71]   Lemerle, *éd. cit.*, p. 20 ; Harold E. Wethey, *The Paintings of Titian*, t. II, *The Portraits*, p. 33, p. 78, Catalogue, n° 8, Pl. 135 ; Michel Jaffé, « The picture of the secretary of Titian », pp. 114-126.

[72]   Rondot, p. 7 ; Mortimer (n°s 492 et 550) suit Cartier dans l'attribution ; Grangette, pp. 92-93.

Les Atlas français, pp. 225-227, Boutier, *Les Plans de Paris*, n° 6. Ab). 9 gravures (2 cartes et 7 plans de villes).

Beaux-Arts.

Cette première édition rarissime (Baudrier croyait son propre exemplaire unique)[73], que l'imprimeur appelle « une espreuve et premiere monstre »[74], contient deux cartes, l'Europe et l'Allemagne, imprimées par Jérôme de Gourmont à Paris, et datées de 1552, et sept plans ou vues de villes (Rome, Constantinople, Venise, Paris, Genève, Francfort et Naples) imprimés par Balthazar Arnoullet, datés de 1551 (le privilège étant du 5 décembre, 1550). La gravure du plan de Paris (fig. 69) est à attribuer à Salomon (malgré la suggestion de certains historiens qu'Arnoullet en était probablement le graveur)[75]. Voici ce qu'en dit Rondot :

> Le plan de Paris, qui est dans l'édition de 1552, est le plus anciennement connu. Il est orné à la partie supérieure, d'une banderole avec le nom de *Parisy* à gauche d'un écusson aux armes de France supporté par deux anges aux ailes éployées, et, à droite, d'un écusson aux armes de Paris, supporté par un ange également aux ailes éployées. Ces écussons et ces anges ont été dessinés, et peut-être même gravés, par Bernard Salomon[76].

Ce plan gravé de Paris n'est pas « le plus anciennement connu », et le dessin original n'est pas de Salomon, puisqu'il figure déjà dans Münster, mais Rondot, et Baudrier qui partage son avis, ont raison sur l'attribution à notre artiste du dessin nouveau et de la gravure : les anges et les écussons du plan « La Ville Cité et Université de Paris » (1553, p. 7) accusent le travail de notre artiste. Nous avons hésité devant la vue de Rome. Ce plan est une copie exacte de celui de Münster ; le graveur lyonnais inclut même les lettres qui servent de renvois aux monuments tout en en ajoutant d'autres (pp. 150-151). Mais si c'est Salomon qui a copié le modèle bâlois, il l'a fait de façon tellement fidèle qu'il n'a pas imposé son propre style aux pentes boisées qui semblent davantage appartenir à l'artiste qui a redessiné le plan de la ville de Berne (p. 25), que nous ne pouvons pas attribuer à Salomon. L'attribution de la vue de Naples (1553, p. 46, fig. 72), absente du livre de Münster, semble juste : les bateaux en mer, les petits personnages très détaillés sur la plage, les ombres du bâtiment rond, rappellent beaucoup de ses dessins ; la banderole où est inscrite le nom de «NAPOLI» ressemble fort à celle de Tivoli (dont nous allons bientôt parler),

---

[73] Baudrier, t. X, p. 134. Marius Audin, *Bibliographie Iconographique*, II, t. 2, p. 23 ; c'est Boutier qui signale l'exemplaire des Beaux-Arts.

[74] L'Imprimeur aux Lecteurs, lettre datée « ce 3. Janvier 1553 », f. A2r°.

[75] Voir Valentin Dufour, *Munster, Du Pinet et Braun. Plant et portrait de la ville, cité et université de Paris*, 1883, pp. vii-xxx, citée par Jean Dérens, *L'image de Paris au XVIᵉ siècle* ; Brun, 1969, p. 205.

[76] Rondot, *L'Art et les artistes*, p. 209 ; voir aussi, *Graveurs*, p. 47 et « Pierre Eskrich, peintre et tailleur d'histoires à Lyon au XVIᵉ siècle », p. 337. Les plans de Rome, de Constantinople et de Paris figurent également dans les *Chroniques et gestes admirables des Empereurs avec les effigies d'iceulx*, Lyon, Balthazar Arnoullet, 1552 (Boutier, n° 6. Aa) mais à titre décoratif seulement puisqu'ils n'illustrent pas le texte : ce n'est donc pas dans les *Chroniques* qu'ils font leur première apparition. (BnF Rés. 8° Le Senne 13370 et Rés. J 2999, voir Baudrier, t. X, p. 105, p. 134.)

par le rapport entre les hachures et l'espace blanc, par son emplacement relatif aux nuages, et par ses extrémités fines. Il est à rappeler que cette image ne figure pas dans Münster avant l'édition de 1572, mais a souvent été copiée[77].

22. *Epitome de la Corographie d'Europe, illustré des pourtraitz des Villes plus renommees d'icelle* [Mis en françoys par Guillaume Guéroult], Lyon, B. Arnoullet, 1553. In-fol. (Baudrier, t. X, pp. 105-106, pp. 137-140, Boutier, n° 6. Ac). 21 gravures (6 cartes et 15 plans ou vues de villes).

BnF (2); BHVP; Londres; Harvard.

Il y en eut une réimpression chez Barthélemy Bonhomme en 1557 qui n'existe que dans des exemplaires défectueux: *Premier livre des figures et pourtraitz des villes plus illustres et renommees d'Europe*[78].
L'édition de 1553 contient huit nouveaux bois qui représentent Lyon, Tours, Perpignan, Trèves, Berne, Tivoli, Calario et Pavie et dont certains sont à attribuer à notre artiste[79]; ceux de Lyon, Tours, Perpignan et Tivoli ne figurent pas dans la *Cosmographie* de Münster avant l'édition de 1572. La «Vue de Lyon» (après la p. 12, fig. 70) lui est attribuée par Baudrier et Rondot encore que Rondot est un tant soit peu hésitant: «Le style est à peu près celui du petit Bernard; il y a moins d'élégance et de finesse que dans la vue de Paris»[80]. Ces réserves ne sont pas justifiées. On peut suivre aussi le jugement de Baudrier et de Rondot selon lequel la Vue de Tivoli («Tivel Ville fort ancienne», p. 36, fig. 71) est l'œuvre de Salomon. La déesse dans les nuages à droite est tout à fait de lui, comme l'est l'arbre tordu à gauche, avec ses branches courtes et ses touffes de feuilles, ainsi que la pièce d'eau au premier plan, et l'ensemble de la composition est bien de sa facture. La vue de Tours (p. 11) que Baudrier attribue à Salomon à cause d'une affinité de traitement des supports des écussons dans les plans de Lyon et de Paris[81], est pourtant le travail d'un autre artiste. Si les nuages sont assez proches de ce qu'il fait d'habitude, les collines et la ligne de l'horizon, ainsi que les bâtiments et surtout les églises, sont d'une autre manière. Il n'est pas nécessaire de passer en revue les autres gravures qui sont souvent très éloignées de son style et ne peuvent pas être de lui. Certaines d'entre elles ont été attribuées à d'autres artistes; par exemple, Baudrier considère que la vue de Genève (p. 20) est l'œuvre d'Eskrich, à qui d'ailleurs est attribuée la marque de l'hippocampe d'Arnoullet qui figure ici[82].

23. *Metamorphose, autrement, L'asne d'or de L. Apulee de Madaure Philosophe platonique. Traduite de Latin en nostre Vulgaire par George de la Bouthiere Autunois*, Lyon, Jean de Tournes et Guillaume Gazeau, 1553. In-16° (Cartier n° 239). 64 gravures.

BnF; Beaux-Arts; Genève.

---

[77]   Boutier, *op. cit.*, p. 87.
[78]   Baudrier, t. X, p. 184, Boutier, n° 6.B.
[79]   *Ibid.*, pp. 138-139 *quater*, reproduit les vues de Perpignan, Tivoli, Lyon, Genève et Tours.
[80]   Rondot, *L'Art et les artistes*, p. 209, qui suit Valentin Dufour.
[81]   Baudrier, t. X, p. 105.
[82]   *Ibid.*; marque n°1 *bis*; voir Mortimer, n° 264, et Adhémar, n° 8, qui signalent sans discussion l'attribution à Salomon des vues de Lyon et de Tivoli.

Tournes réédita ce livre en 1556.

Firmin-Didot le mentionne dans son *Essai typographique*, mais sans faire d'attribution. Pour Cartier il n'y a pas de doute: «La composition est des plus gracieuses du Petit Bernard, mais [...] l'exécution est malheureusement assez médiocre». Brun estime que les gravures sont «certainement de Bernard Salomon»[83]. On reconnaît bien à la fois les thèmes préférés de Salomon et son style: des paysages où l'on voit des montagnes de l'autre côté de l'eau (p. 344, fig. 93), une scène de campagne avec des animaux et un arbre tordu (p. 542; p. 157, fig. 92), des scènes de rue pavée avec des groupes de gens (p. 50, p. 105, p. 149), un temple rond avec des contreforts et une tour surmontée d'une flèche (p. 97). Les personnages gesticulants aussi (p. 21, fig. 88) sont bien de son œuvre: de même des femmes élancées avec les cheveux ou les voiles au vent (p. 147, p. 344, fig. 93); le conseil des dieux rappelle bien celui de la *Metamorphose*. On voit, comme souvent, la même disposition des personnages, détaillés au premier plan, schématiques dans le lointain, et par moments la scène est divisée verticalement en deux parties distinctes par un mur central, comme on le voit ailleurs (p. 532). Ces gravures ont la simplicité relative de celles de la première époque de Salomon (les *Emblèmes* d'Alciat et les *Fables* d'Esope), simplicité qui peut parfois sembler excessive au point de pouvoir faire douter de l'authenticité de la gravure (p. 316). Nous maintenons cependant fermement l'attribution à Salomon.

24. *La Sainte Bible*, Tom I [-IV]. Lyon, Jean de Tournes, 1553. In-16° (Cartier, n° 240, Chambers, n°177, DH, n° 362). 75 gravures.

BnF; Arsenal; Beaux-Arts (t. II, *Les quatre livres des Rois... Le livre de Hester*); Londres (incomplet); Lyon (t. II); Genève.

Pour la localisation d'autres exemplaires, voir Chambers, et DH.

Voici la deuxième étape de l'illustration biblique, la Petite Suite, qui est représentée par deux éditions seulement, celle-ci et celle de 1561 (voir *infra*, n° 49). Lorsque Firmin-Didot discute de cette bible, il n'attribue pas les bois à Salomon, mais il les inclut implicitement ailleurs avec ceux de la Grande Suite. Rondot ne parle pas de cette édition séparément. Cartier les donne spécifiquement à Salomon et nous n'hésitons pas à nous ranger derrière lui, bien que Grangette en attribue la gravure à une autre main[84]. Ces gravures, souvent plus chargées que celles de la Grande Suite, sont à attribuer à Salomon pour des raisons stylistiques. Les exemples sont abondants: il suffit de regarder *La Création d'Eve* (p. 4, fig. 153), ou *La Tentation d'Eve* (p. 8, fig. 154), pour la pose et l'élégance des personnages, *La Tour de Babel* (p. 30, fig. 155) pour l'architecture exotique, *Joseph et ses frères* (p. 151, fig. 157) pour l'architecture renaissante, *Le Sacrifice d'Abraham* (p. 61, fig. 156) pour le feu et la fumée. Sont à signaler deux gravures peu communes: *Deux figures de la maison qui estoit au bois de Liban, autrement dite la maison des Colomnes, ou la maison Royale des champs*, qui s'étendent sur toute la longueur de la page de ce petit livre (t. II, p. 240 et p. 241, figs 158 et 159). Ce sont des réductions en très petit de gravures parues dans *La Saincte Bible* de 1551 (n° 15 *supra*). La première représente cette maison sans

---

[83]   Firmin-Didot, *ET*, col. 238, Cartier, p. 342, Brun, p. 113.

[84]   Firmin-Didot, *ET*, cols 236-237; Grangette, p. 156; Thirion, dans «Bernard Salomon et le décor des meubles civils français... », p. 58, ne les attribue pas directement à Salomon, et semble même sceptique.

ses murs pour révéler les soixante colonnes de cèdre du rez-de-chaussée et les qua-rante-cinq de l'étage; la deuxième, une autre vue extérieure de la même maison. Salomon fait preuve encore une fois dans ces images très fines de son intérêt pour l'architecture.

25. *Le Nouveau Testament de nostre Seigneur Jesus Christ*, Lyon, Jean de Tournes, 1553. In-16° (Cartier, n° 241, Chambers, n° 185, DH, n° 363). 107 gravures.

BnF; Arsenal; Beaux-Arts; Genève; Londres. Pour la localisation d'autres exem-plaires, voir Chambers.

Ce livre forme le cinquième volume de cette bible et annonce en même temps la troisième étape de l'illustration biblique de Salomon, puisqu'il constitue l'édition originale des planches de la Grande Suite, qui sera complétée, au cours de la même année, par les *Quadrins historiques*. Nous discuterons ensemble l'attribution des planches de l'Ancien et du Nouveau Testament. Ici sur 107 gravures il y en a plu-sieurs en double de sorte qu'il n'y a que 86 bois différents. Pour l'attribution de ces illustrations bibliques il est nécessaire aussi de considérer ensemble toutes les édi-tions différentes des gravures de la Grande Suite. Nous citerons plus bas certaines éditions importantes qui renferment de nouvelles gravures à leur première appari-tion (dont quelques-unes sont d'authenticité douteuse). Mais il semble plus logique de donner d'abord les détails de publication des deux volumes de l'Ancien Testa-ment parus très peu de temps après le Nouveau Testament dont nous venons de par-ler et de traiter ensuite de l'attribution de l'ensemble.

26. *Quadrins historiques de la Bible.* Lyon, Jean de Tournes, 1553. In-8° (Cartier, n° 242, DH, n° 1271). 74 gravures.

BnF (3); Sainte-Geneviève; Beaux-Arts; Lyon (2). Pour la localisation d'autres exemplaires, voir DH.

27. *Quadrins historiques d'Exode*, Lyon, Jean de Tournes, 1553. In-8° (Cartier, n° 243, DH, n° 1272). 125 gravures.

BnF (4); Sainte-Geneviève; Lyon (2). Pour la localisation d'un autre exemplaire, voir DH.

Ces deux volumes de *Quadrins historiques* qui sont souvent reliés ensemble et que l'on pourrait considérer comme une seule œuvre, contiennent une très grande partie des bois de la Grande Suite de Salomon pour l'Ancien Testament. Jean de Tournes les a réédités en 1555 (avec 231 bois), édition reproduite en 1558 et 1560, et ensuite son fils a publié en 1583 une édition augmentée à 247 gravures. En 1680 Samuel de Tournes a publié une édition qui contient 259 gravures.

Les illustrations de la Bible qui font partie de cette troisième suite sont parmi les premières que l'on ait attribuées à Salomon et cela dès le seizième siècle, car Du Ver-dier en parle avec enthousiasme[85]. Et depuis ce sont très souvent ces illustrations qui forment le point de repère pour d'autres attributions.

Il est nécessaire d'examiner en détail ce que dit Papillon sur l'édition originale des gravures de la Grande Suite:

---

[85] *La Bibliothèque française d'Antoine Du Verdier.*

La première Edition de cette petite Bible est d'environ l'an 1550, chez Jean de Tournes à Lyon; elle est *in-douze*, et ne contient que l'Ancien Testament en deux cent quarante Estampes ou environ, avec des quatrains François sous chacune. La seconde Edition est de 1555 (c'est la meilleure) elle est amplifiée de quelques Estampes, car elle en contient deux cens cinquante-une; j'ai cette Edition...[86]

Dibdin a suivi Papillon, et Firmin-Didot répète cette datation (vers 1550) tout en signalant qu'il la croit erronée, mais on la rencontre encore parfois de nos jours[87]. Il est toujours possible que Papillon ait connu des exemplaires maintenant perdus d'une édition inconnue, et qui peuvent ressurgir d'un jour à l'autre, mais il est beaucoup plus probable qu'il se soit trompé sur la date de l'édition originale. Curieusement, il considérait que cette bible était très rare: il avait eu du mal à en trouver des exemplaires «complets» et la décrit donc de façon peu précise. Pour la supposée édition originale, il n'avait pas entre les mains d'exemplaire complet de sa page de titre puisqu'il dit qu'elle est «d'environ l'an 1550», à moins qu'il ne s'agisse d'une édition parue sans indication de date. Puisqu'il estime que la deuxième édition était de 1555, cela indiquerait peut-être que les exemplaires incomplets qu'il avait consultés dataient de 1553 et non pas de 1550. En tout cas, Papillon inclut sans hésitation les illustrations de la Bible dans les œuvres de Salomon. Firmin-Didot aussi les lui attribue à plusieurs reprises, par exemple en parlant des gravures du Nouveau Testament de 1553: «Ce volume, très-bien imprimé en lettres rondes, est orné de charmantes petites compositions de Salomon Bernard»; en ce qui concerne les illustrations des *Quadrins historiques* de la même année, il dit qu'«elles sont excellentes et sont généralement attribuées à Bernard Salomon»; et à propos de l'ensemble de l'œuvre biblique de Salomon, il ajoute ailleurs:

> Ces compositions de l'Ancien et du Nouveau Testament sont très-remarquables et placent Bernard Salomon au nombre des artistes qui font honneur à la France. La gravure est même en général tellement satisfaisante, qu'à en juger par quelques-unes, on ne serait pas étonné que les mêmes artistes eussent été capables d'exécuter les bois de plusieurs des beaux dessins que Hans Holbein a composés pour sa célèbre suite de la Danse des Morts ou du moins pour les Figures de la Bible, imprimées par les Trechsel[88].

Pour Rondot ces bois sont manifestement de Salomon, pour Cartier aussi qui parle ainsi du Nouveau Testament de 1553: «Ce volume est orné de 107 figures sur bois de la suite du Petit Bernard, qui paraissent ici pour la première fois», et des *Quadrins historiques* de la même année, disant qu'il s'agit ici de la «première et rare édition des planches sur bois dessinées par le Petit Bernard pour les éditions tournésiennes de la Bible et tant de fois rééditées par nos imprimeurs avec des augmen-

---

[86]   Papillon, p. 209.

[87]   Dibdin, *op. cit.*, p. 182, Firmin-Didot, *ET*, col. 235; Nagler donne la date erronée de 1551 pour *The true and lyvely historyke purtreatures of the Woll Bible* (*Neues allgemeines Künstler-Lexicon*, 1844, p. 220).

[88]   Firmin-Didot, *ET*, cols 236 et 237, *Catalogue*, nᵒˢ 505-512.

tations successives et texte en différentes langues»[89]. Il n'y a nul besoin de s'attarder sur cette attribution qui est universellement acceptée même si parfois il y a confusion entre l'œuvre de Salomon et les *Figures de la Bible*, publiées par Roville et illustrées par Eskrich[90]. On reconnaît la manière de Salomon partout, par exemple, dans *La Tentation d'Eve* (fig. 164) : la forme et la pose gracieuses des corps allongés, la chevelure d'Eve qui flotte au vent, l'arbre tordu au milieu avec son feuillage épais, la richesse de la nature qui environne les personnages ; pour le Nouveau Testament, il suffit de regarder la gravure qui représente *Le Semeur* (fig. 183), dont les gestes et l'habit rappellent bien notre artiste, comme le fait aussi le cadre rustique.

28. *Le premier et second livre de la première décade de Tite-Live [...] traduit de Latin en François par Jaques Gohori Parisien*, Lyon, Balthazar Arnoullet, 1553 [imprimé à Vienne par B. Arnoullet]. In-8° (Baudrier, t. X, pp. 141-142)[91]. 5 gravures.

Mazarine.

Baudrier pense qu'il y a trois gravures de Salomon (p. 10, p. 20 et p. 141), une d'Eskrich (p. 23) «identique à celle de la suite de l'Exode dans les *Quadrins* de J. de Tournes», et une autre dont il n'attribue pas la paternité[92]. Adhémar le suit en parlant de «vignettes de Bernard Salomon». Audin attribue à Salomon les gravures parues dans l'édition procurée par Bonhomme en 1563, et Grangette ne tranche pas[93]. On peut en effet attribuer quatre de ces gravures à Salomon, mais sous quelques réserves : le paysage de la gravure qui représente Romulus et Rémus allaités par la louve (l'arbre, un pont et des bâtiments) ainsi que les bergers, sont salomoniens, mais la louve (p. 10, fig. 80) ne ressemble pas beaucoup aux loups qu'il dépeint d'habitude, par exemple dans les *Fables* d'Esope ; on détecte, au moins en ce qui concerne le sujet, l'influence d'une gravure de Lafréry, intitulée «Lupae Romulum et Remum Urbis Conditores, lactantis antiquum ac aeneum in capitolio signum» et datée de 1552. La gravure du Tite-Live qui montre le roi Tarquin sur un trône écoutant la lecture dans un cadre architectural (p. 20, fig. 81) rappelle certaines gravures bibliques de Salomon, et celle qui représente Lucrèce qui se suicide en tombant sur une épée (p. 141, fig. 82) est convaincante par sa pose et son voile flottant, et par la pièce où elle se trouve avec ses doubles fenêtres ouvertes donnant

---

[89] Rondot, pp. 42-43, p. 75 ; Cartier, p. 345 et p. 347, et voir ce qu'en dit Audin, pp. 15-16 : «Les *Métamorphoses* ou les *Figures de la Bible* peuvent être prises pour type des illustrations des livres de Jean de Tournes ; du moins sommes-nous sûr qu'elles appartiennent à Bernard Salomon». Voir aussi Bernard, *Geoffroy Tory*, p. 336 ; Audin, pp. 13-14 ; Adhémar, nᵒˢ 12-13, «vignettes gravées par B. Salomon», et nᵒˢ 15-18, Mortimer, nᵒˢ 80-89. Brunet, ce qui est rare pour lui, fait une attribution explicite à Salomon, t. IV, cols 995-996.

[90] Steyert, «Note sur Perrissin, Tortorel et quelques autres artistes lyonnais du XVIᵉ siècle», p. 185, attribue quarante-cinq des bois pour les *Quadrins historiques* à «Moni», c'est-à-dire Eskrich d'après les autres livres qu'il lui attribue (voir Rondot, «Pierre Eskrich, peintre et tailleur d'histoires à Lyon au XVIᵉ siècle», p. 341). Audin semble approuver, mais sans entrer dans les détails, cette suggestion qui nous paraît aberrante (Audin, p. 21).

[91] Ce livre est signalé dans le *Répertoire bibliographique des livres imprimés en France au XVIᵉ siècle* sous la direction de Jean-Marie Arnoult, mais sans mention d'exemplaires, Baden-Baden, Editions Valentin Koerner, 1975, 21ᵉ livraison, 163, Vienne, p. 94.

[92] Baudrier, t. X, p. 142.

[93] Audin, dans *Dictionnaire des peintres lyonnais*, p. 197 ; Adhémar, nᵒ 10, p. 98, Grangette, p. 83.

sur des collines au loin ; la gravure que Baudrier attribue à Eskrich (p. 23 du second livre, fig. 83) qui représente Caie Muce devant le roi des Etrusques est plutôt de notre artiste. La cinquième (p. 31), plus petite, qui représente Romulus qui se bat contre Metius, est d'une autre facture, plus sommaire, et n'est pas de la main de Salomon. On a pu attribuer à Eskrich certaines autres gravures parues dans *Les Decades qui se trouvent, de Tite-Live, mises en langue françoise*, avec les annotations de Blaise de Vigenère, publiées à Paris par Nicolas Chesneau en 1583. Mais il n'y a pas de rapport entre ces dernières et les illustrations dont nous traitons.

29. *La Magnificque et Triumphante Entree de Carpentras, faicte à tres illustre et trespuissant prince Alexandre Farnes, Cardinal, Legat d'Avignon Vichancelier du S. Siege Apostolique, Nouvellement mise en rithme Françoise par M. Antoine Blegier*, Avignon, Macé Bonhomme, 1553. In-8° (Baudrier, t. X, pp. 232-233). 15 gravures.

Avignon.

L'Intrata dell'illustris. Cardinal. Farnese fatta in Carpentrasso. principal Citta del Contado di Venissa nella sua Legatione d'Avignone, con la dichiaratione delle figure, statue, versi, e detti Latini, posti su gli archi triomphali, et altri luoghi della Citta. Composée aussi in rime Françoyse par M. Antoine Blegier de Carpentras. Additis quibusdam Epigrammatis, Avignon, Macé Bonhomme, 1553. In-8° (Baudrier, t. X, pp. 233-235, Bingen, *Philosaune*, n° 139). 15 gravures.

Avignon ; Carpentras. (Bingen signale un autre exemplaire à Rome, Biblioteca Angelica.)

Ce livre rarissime ne figure pas généralement dans les listes de livres attribués à Salomon. Pour Baudrier ces deux éditions sont « ornées de 15 vignettes dessinées par Bernard Salomon »[94]. Plusieurs autres historiens acceptent ce jugement de Baudrier avec plus ou moins d'enthousiasme. Cartier n'en parle pas dans sa *Bibliographie* puisqu'il ne s'agit pas d'un ouvrage de Tournes, mais Grangette a découvert dans la correspondance inédite de Cartier avec Julien Baudrier une lettre qui indique clairement ce qu'il en pensait : « Si vous les comparez avec celles de l'Entrée de Henri II, vous ne douterez pas qu'elles soient de Bernard Salomon. » Adhémar dit seulement que ces gravures sont attribuées à Salomon sans se prononcer là-dessus ; Audin, lui, est plus convaincu : « En 1553, Salomon dirigea de même, à ce qu'il semble, l'exécution des décorations entreprises à Carpentras pour l'Entrée du Cardinal Farnèse ; il a du moins dessiné les 15 vignettes de la relation de cette Entrée. » Lieure les inclut dans les œuvres de Salomon mais Brun est moins certain[95].

Lorsque l'on se met à l'étude détaillée de l'ensemble des illustrations de Carpentras, on constate tout de suite que stylistiquement certaines gravures font penser à Salomon, par exemple l'image de « Prudence la subtile », au-dessus d'un portail, qui porte un serpent dans une main et un miroir dans l'autre, selon l'iconographie traditionnelle (version française f. E3v°, fig. 149) ; une autre qui dépeint Apollon en

---

[94] Baudrier, t. X, p. 191 ; voir ce qu'il dit sur l'*Enfer de Cupido par le seigneur des Coles* qui contient certaines de ces gravures, *ibid.*, p. 245.

[95] Adhémar, n° 9, Audin, *Dictionnaire des peintres lyonnais*, p. 197, Lieure, *La gravure en France au XVIe siècle*, p. 50, Brun, p. 168, p. 180, p. 199 ; Grangette, p. 179, qui signale que cette lettre appartenait alors à Maurice Audin.

train de parler à Alexandre (c'est-à-dire à Farnèse), et la prêtresse Phoebas qui lui prédit la réussite de ce qu'il entreprendra (f. F2r°, fig. 148). D'autres gravures semblent moins finement exécutées que celles qu'il fait d'habitude, au point qu'on pourrait avoir envie de les attribuer à une autre main (la scène où est représenté Portumnus qui regarde Alexandre devant un paysage un peu flou : la moitié de cette image est d'ailleurs très sombre et surchargée (f. F1v°, fig. 147), mais il est vrai que Salomon lui aussi aime dépeindre l'obscurité). Contre l'attribution de l'ensemble de l'œuvre à Salomon on peut citer non seulement les gravures plus rudimentaires, mais aussi une nette différence de technique dans certaines gravures que nous ne retrouvons nulle part ailleurs dans son œuvre. Il s'agit de la façon dont l'artiste indique soit le profil d'un élément architectural, soit l'ombre qui le définit, en se servant de contre-hachures. Et en dernier lieu, il y a parfois un manque de définition dans les paysages de l'arrière-fond, qui n'est pas de son style. Comment donc concilier toutes ces indications contradictoires? Il faut se rappeler le manque de temps dont disposaient les organisateurs, et même l'éditeur, puisqu'un livre de ce genre doit paraître presque obligatoirement dans les mois qui suivent les événements, ou même plus rapidement, pour profiter de l'intérêt pour l'actualité. La solution que nous proposons est la suivante : Salomon aurait fait ses dessins très vite, peut-être à Lyon, soit sur papier soit directement sur bois, et les aurait donnés à un copiste ou à un graveur de son atelier à Lyon ou à quelqu'un d'autre sur place à Avignon, pour compléter le travail. (Tout cela est indépendant des peintures ou dessins qui étaient destinés à la préparation de la fête ou qui figuraient dans l'Entrée elle-même.) Il n'est pas concevable que celui qui en 1548 ou 1549 était capable de produire les planches architecturales de l'Entrée d'Henri II ou les gracieuses illustrations du Nouveau Testament ait été le graveur des illustrations pour l'Entrée de Carpentras, mais la présence de Salomon semble certaine.

30. *Figure del Vecchio Testamento, con versi toscani, per Damian Maraffi nuovamente composti, illustrate*, Lyon, Jean de Tournes, 1554. In-8° (Cartier, n° 268, Bingen, n° 428, DH, n° 1276). 228 gravures, plus un portrait de Maraffi.

BnF (3); Sainte-Geneviève; Beaux-Arts; Lyon; Genève; Londres.

Nous faisons mention à part de cette édition parce qu'elle renferme vingt-huit nouvelles gravures, également de la main de Salomon. Il faut signaler aussi deux autres éditions de cette série, parues à la même époque, qui contiennent certaines gravures qui y font leur première apparition : *Moïse monte sur la montagne de Nébo* dans *True and lively historyke purtreatures* (1553) et *Jacob enfouit les faux dieux, mort de Rachel, Les frères de Joseph conspirent sa mort,* et *Raab cache deux espions*, dans *Quadrins historiques* (1555). Nous les incluons ici par commodité.

Cartier ne fait pas d'attribution du portrait (fig. 234), et Audin en parle ainsi : « Ce portrait, à tailles croisées, n'est évidemment pas de la même main que les bois de l'intérieur; il est d'ailleurs très beau et fort expressif ». Grangette l'attribue à Salomon[96] : il ressemble en effet beaucoup à celui de Philandrier (fig. 226) et pourra s'ajouter au canon salomonien.

---

[96]   Audin, dans Cartier, p. 16; Grangette, p. 124.

31. *Les Figures du Nouveau Testament*, Lyon, Jean de Tournes, 1554. In-8° (Cartier, n° 269, DH, n° 1275). 95 gravures.

BnF; Beaux-Arts. Pour la localisation d'un autre exemplaire, voir Bingen.

Tournes réédita cette publication en 1556, 1558, 1559 et 1579.

Ce volume, comme la version italienne qui sortit en même temps avec les huitains de Damiano Maraffi, renferme 95 bois, soit neuf de plus que l'édition de 1553. Cartier (p. 366) indique qu'il contient la «suite complète» des gravures pour le Nouveau Testament, mais en réalité la suite intégrale se compose de 102 gravures. Nous en comptons plutôt quatorze de plus, auxquelles il faut ajouter toutes celles de l'édition de 1553 qui ne figurent pas dans celle de 1554. Elles sont cinq en tout: *Les Apôtres sont remplis du saint Esprit* et quatre autres qui représentent les auteurs des Epîtres.

32. *Giulio Ossequente de' Prodigii. Polidoro Vergilio de' Prodigii Lib. III. Per Damiano Maraffi, fatti Toscani*, Lyon, Jean de Tournes, 1554. In-8° (Cartier, n° 281, Bingen, n° 497). 44 gravures (avec le portrait de Maraffi, fig. 234).

BnF (3); Arsenal (2); Mazarine (2); Sainte-Geneviève; Beaux-Arts; Londres; Harvard; Genève.

Ce livre, traduit en français, reparaîtra avec des ajouts en 1555 (voir n° 34).

Firmin-Didot, parlant de l'édition française de 1555, dit que «les figures paraissent dessinées par le Petit Bernard, mais ne sont pas ses meilleures compositions»; et Cartier et Mortimer sont exactement du même avis. Audin y met un point d'interrogation, mais pour Adhémar il n'y a pas de doute, tandis que Grangette estime que l'on peut seulement lui en attribuer le dessin[97]. Mais en dépit d'une certaine simplicité et d'une certaine rudesse, la composition et le dessin lui sont néanmoins attribuables. Les nombreuses scènes de pluie (de sang, p. 9, fig. 95, de pierres, p. 11, de chair, p. 21, fig. 103, de terre, p. 27) rappellent bien d'autres scènes de la Bible (les fléaux), du *Petrarca*, de la page de titre de la *Suyte des Marguerites* (fig. 113), et la représentation de la peste (fig. 95) rappelle la *Metamorphose* (*Mortalité en Egine*, f. f5v°); l'architecture des villes italiennes antiques, bien en évidence, fait penser à la Bible ou à l'Entrée d'Henri II, surtout les grandes places ouvertes où des groupes de petits personnages courent ou marchent entre des bâtiments imposants, ou à l'arrivée du coche dans la *Suyte des Marguerites* (p. 319, fig. 118), les paysages ressemblant de près a ceux d'autres livres, par exemple, le fleuve en courbe du chapitre 30 répond à celui de l'enfant Moïse dans le fleuve (*Exode* 2, fig. 172), et les objets et animaux emblématiques, paraissant souvent dans les cieux, rappellent à la fois le *Petrarca* et les *Devises*. Nous ne parlons pas là seulement de rappprochements thématiques mais de la composition de l'image, du rapport entre différents registres, et de détails narratifs et descriptifs. L'illustration de ce livre est sans aucun doute de la main de Salomon.

---

[97]   Firmin-Didot, *ET*, col. 238, *Catalogue*, n° 513; Cartier, p. 370, Audin, p. 14, Adhémar, n°s 14 et 14a, Mortimer, n° 388, Grangette, p. 161.

33. *Cosmographie de Levant, Par F. André Thevet d'Angoulesme*, Lyon, Jean de Tournes et Guillaume Gazeau, 1554. In-4° (Cartier, n° 287). 25 gravures (avec les armes de La Rochefoucauld, et un portrait de Thevet).

BnF (3); Londres (2); Harvard. Pour la localisation d'autres exemplaires on peut consulter l'édition de Frank Lestringant.

Une seconde édition augmentée est parue en 1556 (voir n° 36).

Firmin-Didot le mentionne mais ne fait pas d'attribution et Rondot ne le mentionne pas. Cartier est on ne peut plus clair:

> Le dessin de ces bois est incontestablement du Petit Bernard et présente les détails les plus caractéristiques de sa manière: Surélancement des figures (p. 26), airs de tête et coiffure relevée sur la nuque pour les femmes, avec long voile formant une sorte d'arc de cercle (pp. 63 et 110), extrémités à angle vif des personnages d'arrière-plan (p. 79); obélisque terminé par une boule (p. 63); il peut être intéressant de remarquer que le personnage le plus à droite de la Ire pl. (p. 26) porte exactement la même coiffure ornée de deux hautes plumes que la Ire pl. de la Chasse [fig. 251] dans les *Pourtraits divers* de 1556-57 (f. 27).

Ce jugement nous semble tout a fait exact. Mais peut-on attribuer à Salomon l'ensemble de l'illustration? Brun reste sceptique et il est curieux de constater le manque d'intérêt d'autres critiques. Mortimer cependant semble suivre l'attribution à Salomon, tandis que Grangette, qui attribue catégoriquement le dessin à Thevet, voit tout de même la possibilité que ce dernier ait parfait les dessins de l'auteur, et semble hésiter sur l'attribution de la gravure, discernant la présence de sa main dans presque toutes les planches, mais ne l'y voyant pas par exemple dans «Crocodilie poursuivant un homme», «Mosquée du Caire» et «Bains turcs à Tripoli» (figs 74, 75, et 76)[98]. Lestringant aussi profère un jugement nuancé:

> Inégalement fouillées et inégalement maîtrisées, les gravures illustrant la *Cosmographie de Levant* ne proviennent sans doute pas toutes de la même main. Si certaines sont empreintes d'un élégant et discret maniérisme, comme la cueillette des dattes (p. 138) ou le combat des Pygmées contre les grues (p. 149), et révèlent par là même une indéniable aisance stylistique, d'autres apparaissent en revanche plus frustes. La Colonne de Pompée (p. 131) se réduit à sa plus simple expression de colonne lisse et nue, sans arrière-plan et sans espace, avec pour tout ornement un bucrane découpé sur son socle. Affectant la même raideur géométrique, la Pyramide (p. 153) n'est qu'un schéma grossier dépourvu de perspective et sommairement relevé ici et là de quelques excroissances végétales. Il s'agit là, selon toute vraisemblance, de l'œuvre de «spécialistes» cantonnés à un domaine bien particulier. A côté du graveur d'antiquités, au trait schématique, il y aurait le «botaniste», le peintre d'animaux au style plus affirmé, l'auteur enfin de compositions ambitieuses aux figures surélancées évoluant dans un décor de théâtre à l'antique. Ce dernier, qui est peut-être aussi le maître d'œuvre, paraît pouvoir être iden-

---

[98] Firmin-Didot, *ET*, col.. 238, Cartier, p. 377, Brun, p. 80; Mortimer, n°s 515 et 516, Grangette, p. 122 et pp. 160-161; les deux derniers exemples viennent de l'édition de 1556.

tifié avec quelque certitude. Il s'agirait de Bernard Salomon, surnommé «le Petit Bernard»[99].

Il y a en effet une différence de facture entre toutes ces gravures, mais ne correspond-elle pas plutôt à une différence de sujet et donc d'approche? Salomon, nous le savons, était capable de s'adapter à plusieurs genres, et les gravures plutôt «emblématiques» dont parle Lestringant ne sont-elles pas proches des Entrées et des Devises illustrées par Salomon? On peut penser à «La Colonne de Victoire» (f. H3v°, fig. 140) ou au «Trophée du Griffon» (f. F3r°) de l'Entrée d'Henri II. Pour les Devises on peut signaler un rapprochement entre les deux colonnes de Charles V (Devises, p. 29, fig. 32) et la colonne, mémorial de César, chez Thevet (p. 80), l'image du chat sur un rocher qui se détache sur un fond blanc (Devises, p. 62) et celle de l'âne sauvage (Cosmographie, p. 69); et même certains détails du dessin se répètent, par exemple, les écailles ovales du Crocodile, le pourtour de la bouche, les joints supérieurs des pattes (devise de l'empereur Auguste, p. 68, fig. 36, et Cosmographie, p. 140, fig. 74). Cela ne constitue donc aucun obstacle véritable à la paternité de Salomon. D'autres gravures de la Cosmographie rappellent des illustrations pour les Emblèmes d'Alciat, par exemple, quelques détails de l'éléphant, la courte queue tronquée, les poils dorsaux, les pieds, de la gravure «In illaudata laudantes» (n° 36, fig. 14) se retrouvent dans la Cosmographie (p. 70). Cependant, nous sommes plus déconcertés par la grossièreté relative de certains personnages. Salomon n'avait pas l'habitude de travailler à cette échelle relativement grande, et là où il le fait, par exemple dans l'illustration de l'Entrée d'Henri II, le résultat est beaucoup plus fin. Est-ce à dire que pour la Cosmographie il confiait la taille des bois (ou même certaines parties du dessin) aux gens de son atelier? Le problème des très grands personnages (et même de certains grands animaux exotiques) est à résoudre autrement. Dans ce cas il s'agirait de dessins tout faits fournis par Thevet lui-même ou tirés d'une source inconnue, qu'il fallait ensuite copier. Enfin, nous sommes tout à fait prêt à voir dans ce livre l'œuvre de Salomon, à cause de la composition, des gestes des personnages, du dessin des animaux familiers et des arbres familiers et exotiques, et à cause des ciels qui lui sont caractéristiques: celui, par exemple, de la gravure qui représente les Athéniens tirant sur un loup attaché à un arbre (p. 26) ressemble beaucoup à celui de la «Perspective du Change» dans l'Entrée d'Henri Deux à Lyon (fig. 138). Il y a par ailleurs une parenté entre cette dernière gravure et une autre gravure du livre de Thevet qui représente le Grand Turc allant à la Mosquée de Constantinople (édition de 1556, p. 60, fig. 73): l'obélisque qui clôt la perspective, les petits arcs qui la voisinent, les hachures des bâtiments à l'ombre.

Il y a dans ce livre deux autres belles gravures importantes que l'on ne lui attribue pas normalement, les armes de La Rochefoucauld et le portrait de Thevet (fig. 227). Cartier décrit ainsi la première:

> P. [2], Armes de La Rochefoucauld, l'écu soutenu par deux [sauvages nus] armés de massues, surmonté d'un timbre posé de face avec lambrequins et cimier représentant une femme ailée élevant au-dessus de sa tête une couronne comtale. Le dessinateur de ce bois [...], a obéi, sans doute, à des

---

Pp. lxx-lxxi; («La cueillette des dattes» est la seule de ces gravures à appartenir à l'édition de 1556.)

considérations esthétiques en remplaçant par une figure ailée la Mélusine à double queue dans un baquet, qui constitue le cimier des armes de La Rochefoucauld[100].

Cette gravure serait encore une fois à comparer avec les *Devises* que Salomon a illustrées et peut-être aussi avec quelques gravures de l'Ovide. Les deux sauvages semblent être de notre artiste. Stylistiquement le portrait de Thevet est un peu lourd mais on peut l'attribuer à Salomon par analogie avec ceux de Philandrier (fig. 226) et de Maraffi (fig. 234). Il semble pris sur le vif, et Salomon a pu le dessiner lorsque l'auteur était de passage à Lyon. Un portrait très différent de Thevet se trouve dans le *Promptuaire des Medailles* de Guillaume Roville[101].

34. *Jules Obsequent des Prodiges. Plus Trois Livres de Polydore Vergile sur la mesme matiere. Traduis de Latin en François par George de la Bouthiere Autunois*, Lyon, Jean de Tournes, 1555. In-8° (Cartier, n° 306). 51 gravures.

BnF (7); Arsenal; Mazarine; Sainte-Geneviève (2); Beaux-Arts; Lyon; Londres; Genève; Harvard.

(Cartier, n° 280, signale un exemplaire de l'édition en français datant de 1554, conservé à Bordeaux.) Jean II de Tournes publia une édition en latin à Genève en 1589, *Julii Obsequentis Prodigiorum liber* (BnF; Sainte-Geneviève; Londres), qui contient les mêmes cinquante-et-une gravures que cette édition française. Cette dernière contient 45 gravures pour le livre d'Obséquent mais ce ne sont pas tout à fait les mêmes que dans l'édition italienne: il y en a quarante-trois qui avaient déjà paru en 1554, et deux nouvelles: le bœuf qui vomit des flammes et l'aigle qui se pose sur le toit du Prétoire (p. 80 et p. 125), qui sont à attribuer à Salomon. Il manque une gravure de l'édition italienne, le petit bouclier de bronze qui tombe du ciel dans les mains de Numa Pompilius (ital. p. 10). Le livre de Polydore Vergile, sans illustration dans la version italienne, est maintenant orné de six gravures dont la première (p. 213) vient de la Petite Suite de la Bible de 1553 in-16°.

35. *Solitaire second, ou Prose de la Musique*, Lyon, Jean de Tournes, 1555. In-4° (Cartier, n° 318). 14 figures plus un portrait.

BnF; Mazarine; Lyon; Londres; Harvard (2).

Le portrait de Pontus de Tyard (fig. 228) figure aussi dans *Discours du temps, de l'An, et de ses parties*, 1556 (Cartier, n° 350), *L'Univers, ou, Discours des parties, et de la nature du monde*, Jean de Tournes et Guillaume Gazeau, 1557 (Cartier, n° 384), *Mantice, ou, Discours de la verité de Divination par Astrologie*, Jean de Tournes et Guillaume Gazeau, 1558 (Cartier, n° 422)
L'éditeur avait été obligé de faire regraver les planches schématiques illustrant la théorie musicale parce que la réduction de l'échelle avait faussé les proportions. Il n'est pas possible de savoir qui était responsable du dessin, ni de la gravure et de la regravure. Il se peut que Salomon ait dessiné les planches, mais Tournes suggère qu'à chaque fois c'était un autre. En ce qui concerne le portrait qui, d'après l'ins-

---

[100] Cartier, p. 376.
[101] Edition de 1581, p. 298.

cription, représente Tyard «en son an 31» et date donc d'environ 1552, il est à attribuer à Salomon. Firmin-Didot mentionne ce livre dans son *Essai typographique* mais ne fait pas d'attribution. Rondot l'inclut parmi ses œuvres et pour Cartier l'attribution ne pose pas le moindre problème: «Ce portrait, dessiné par un maître qui ne nous paraît pouvoir être que le Petit Bernard, est gravé avec une largeur et une souplesse remarquables.» Pour Grangette, «La taille soignée et fine, le dessin des sourcils et des narines en font vraisemblablement une œuvre de Bernard Salomon»[102]. La composition du portrait dans son cadre et la pureté et la luminosité du visage nous suggèrent aussi qu'il est de notre artiste. Il aurait d'ailleurs été étonnant que Tournes ne fasse pas appel à celui qui venait de faire à deux reprises le portrait de la maîtresse du poète. Le portrait de Tyard s'inscrit dans une bordure ovale qui porte l'inscription «SOLITUDO MIHI PROVINCIA EST» et est à comparer avec le célèbre portrait de Ronsard, faisant face à Cassandre, dans *Les Amours* (Paris, chez la veuve Maurice de la Porte, 1552). La composition de l'ensemble, le visage, de profil à droite, dans un cadre ovale contenant une inscription, est traditionnelle. Dans chaque cas le poète est vêtu d'une toge retenue à l'épaule par une fibule; on notera la ressemblance du drapé. Le fond est différent pourtant puisque Ronsard (et Cassandre) se trouvent entourés de hachures pour donner du relief, tandis que Tyard se détache sur un fond entièrement blanc[103]. Une autre version du portrait de Tyard, en beaucoup plus petit, a été incluse dans les pièces ajoutées au *Promptuaire des Medailles* de Guillaume Roville; il semble s'agir d'une copie de la gravure de Salomon[104].

36. *Cosmographie de Levant, Par F. André Thevet d'Angoulesme. Revue et augmentée de plusieurs figures*, Lyon, Jean de Tournes et Guillaume Gazeau, 1556. In-4° (Cartier, n° 349). 34 gravures.

BnF; Arts et Métiers; Mazarine (2); Lyon; Harvard (2).

Ce livre renferme les mêmes gravures qu'en 1554 et en ajoute neuf autres. Cartier est aussi explicite qu'auparavant: elles sont «dues également au crayon de Bernard Salomon»[105]. Nous acceptons ce jugement tout en rappelant au lecteur les réserves de Lestringant à ce sujet comme nous l'avons déjà fait pour l'édition de 1554.

37. [*Recueil de figures sur bois.*] Lyon, Jean de Tournes, 1556, in-8° (Cartier, n° 353). 62 gravures.

BnF; Londres.

---

[102] Firmin-Didot, *ET*, col. 236; Rondot, p. 77; Cartier, pp. 404-405, Mortimer, n° 539, Grangette, p. 124.

[103] Voir Malcolm Quainton, «The Liminary Texts of Ronsard's *Amours de Cassandre* (1552)... ».

[104] Voici ce qu'en dit Roville dans son commentaire: «Pontus de Thiard Masconoys, est digne d'estre mis au rang des hommes illustres de ce temps, pource me trouvant son effigie en main je n'ay voulu faillir à la mettre en se [*sic*] petit livre, encore qu'il soit digne d'estre nommé en des plus grands». Nous citons d'après l'édition de 1581, p. 290.

[105] Cartier, p. 377 et p. 430. Voir également Audin, p. 15 et Mortimer, n° 515 (1554) et n° 516 (1556).

On ne peut pas traiter de ce *Recueil* sans titre sans mentionner aussi la seconde édition, parue en 1557, qui, elle, porte un titre, *Pourtraits divers*, que l'on donne très souvent également à l'édition originale:

Pourtraits divers, Lyon, Jean de Tournes, 1557. In-8° (Cartier, n° 387). 62 gravures.

Arts et Métiers; INHA (Bibliothèque Jacques Doucet); Lyon; Harvard.

Ce livret charmant présente sur chaque page une gravure sur la page blanche, sans texte ni titre. Firmin-Didot donne la date de 1551 pour l'édition originale (mais est-ce seulement possible?) qu'il appelle «Spécimen de gravures sur bois»[106]. La description du recueil reste assez problématique parce que les exemplaires ne contiennent pas toujours le même nombre de gravures et pas dans le même ordre. Le recueil complet doit en compter soixante-deux: vingt-deux scènes de théâtre, une gravure qui représente deux chiens sous une loggia, les Nymphes de Diane, Ulysse, Circé et Grillus, deux scènes de chasse, une vue de Lyon, sept représentations de planètes, onze têtes (Cartier signale, sans doute par erreur, un exemplaire avec douze têtes), sept scènes de triomphes, une scène de tournoi et une autre qui montre trois hommes et un chien, et sept scènes diverses (que Cartier compte à tort comme huit). Mortimer se demande si les variations dans l'ordre des gravures indiquent une vraie seconde édition ou si cela dépend simplement de la reliure de feuillets non signés; elle mentionne aussi Brunet, qui signale un exemplaire avec le titre en bordure mais sans indication de date. Firmin-Didot parle même d'un exemplaire de 63 gravures et Audin le suit. Nous n'avons pas pu trouver trace d'un tel exemplaire. Il est clair que l'on arrive à ce chiffre seulement en comptant la page de titre, comme le fait Brunet, bien qu'Audin parle de «l'illustration» de la page de titre de l'exemplaire de Charles Nodier, comme s'il s'agissait de quelque chose de plus que l'encadrement habituel à l'Autruche. L'exemplaire de la Bibliothèque Jacques Doucet[107] a bien 63 pages mais l'une d'entre elles est blanche et le livre ne contient que 62 gravures. Firmin-Didot parle aussi d'un exemplaire incomplet qui contient en outre deux gravures provenant des *Hymnes du temps*[108]. Cet exemplaire défectueux et agrandi à la fois existe-t-il encore?
Il est nécessaire de diviser ces bois en deux groupes: ceux qui proviennent de livres dont nous attribuons ailleurs la paternité à Salomon, et ceux dont on n'a pas trouvé la trace dans d'autres livres, c'est-à-dire principalement les scènes de théâtre. En ce qui concerne l'attribution pourtant, il est de coutume de parler de ce petit recueil comme d'un ensemble, mais de se concentrer sur les gravures de théâtre, ce qui fait que l'on ne sait pas toujours si l'auteur parle d'une partie de l'illustration ou de son ensemble. L'exemplaire de la National Library of Scotland[109] porte une inscription ancienne, «Le Petit Bernard Lyonnois. Ex libris fr. Marietz», de la fin du

---

[106]   Firmin-Didot, *ET*, col. 235.
[107]   12° Rés. 75.
[108]   Mortimer, n° 446, citant Brunet, *Supplément*, t. IV, p. 285; Firmin-Didot, *Catalogue*, n° 514; Brunet, t. IV, col. 850; Audin, p. 15, citant l'exemplaire de la Bibliothèque de la Ville de Lyon, mais voir aussi un article intitulé «Pourtraicts divers» dans *Causeries typographiques*, 1, Lyon, M. Audin et Cie, 1946, n.p.: cet article, que l'auteur appelle un pastiche, présente quatorze portraits contemporains gravés sur page blanche.
[109]   NG.1346. d. 23, édition de 1557.

dix-septième siècle. Papillon attribue le recueil à Salomon. Dans son *Essai typogra-phique*, Firmin-Didot ne fait pas d'attribution, mais en 1867 il le donne en entier à Salomon, comme le fait Cartier: «Ces bois ravissants et admirablement gravés sont dans la meilleure manière du Petit Bernard et rappellent surtout les Emblèmes d'Al-ciat». Dans la *Bibliographie* de Cartier, Audin les inclut dans sa liste (mais sans les attribuer spécifiquement à Salomon); Mortimer considère que la plupart d'entre eux peuvent lui être attribués, mais sans indiquer les cas qui lui semblent douteux. Adhémar est moins certain: «Ils semblent tous au moins de l'atelier de B. Salo-mon»[110].

Dans le premier groupe se trouvent les deux bois de la *Saulsaye* de Maurice Scève (1547) (figs 114 et 125); sept gravures (figs 106-112) appartiennent au *Petrarca* de la même date, et les sept gravures des Planètes et les onze têtes dou-blées viennent de la *Chiromance* de 1549 (figs 55-61). La gravure qui représente Ulysse, Circé et Grillus transformé en cochon (fig. 77) vient des *Opuscules de Plu-tarche* (1546). Deux gravures (une scène de tournoi et deux hommes et un chien sous un porche, avec un autre homme (figs 122 et 123)) viennent du *Petit Traité, de Arnalte et Lucenda*, (1547). Sept gravures (figs 126-131) viennent des *Angoisses et remedes d'amours* de Jean Bouchet, 1550. Tout cela fait déjà partie du canon salo-monien ou du moins lui a déjà été attribué. Dans le deuxième groupe il y a les bois dont on ne connaît ni la provenance ni même s'ils avaient déjà figuré dans d'autres livres: les vingt-deux scènes de théâtre qui constituent un groupe à part (figs 245-248), deux scènes de chasse (un chasseur de canard, et un piqueur avec un lévrier, figs 250 et 251), et une autre qui montre deux chiens sur une terrasse (fig. 249). Cartier attribue plus spécifiquement à Salomon le dessin de celle du chasseur de canard (p. 433), mais il estime que celle qui figure le piqueur est une «planche moins finement gravée que la précédente» sans identifier le dessinateur ou le gra-veur. Grangette ne voit pas assez d'indices dans ces trois bois pour en attribuer avec certitude la gravure à Salomon bien qu'il accepte la possibilité que le dessin soit de lui[111]. Nous estimons tout de même qu'elles contiennent assez de traces pour les attribuer à Salomon: la composition de la chasse aux canards et son pay-sage (roseaux, moulin à eau, geste du chasseur), le bâtiment à droite, les collines et les nuages de la scène de terrasse, les bâtiments et les arbres de l'autre scène de chasse, encore que le lévrier soit d'une taille disproportionnée – tout cela lui appartient en propre.

Les scènes de théâtre (dont la gravure, selon Papillon, «n'a rien d'extraordi-naire») méritent un traitement à part. Disons tout de suite que T.E. Lawrenson, qui a consacré à cette suite théâtrale une étude détaillée, pense que la présence de la croix de Lorraine, bien visible sur une gravure, indiquerait clairement que Geof-froy Tory en était responsable[112]. Cette attribution, déjà proposée par Auguste Ber-nard en 1857, peut surprendre, car Tory est mort en 1533; il serait difficile d'expli-quer, bien que son atelier ait continué à travailler pendant plus de vingt ans après sa mort, comment Tournes se serait emparé de cette série de bois, et pour quelle

---

[110]   Papillon, p. 214, Firmin-Didot, *ET*, cols 235-236 et col. 238, *Catalogue*, nᵒˢ 514, 515, Cartier, p. 434, Audin, p. 15, Adhémar, nᵒ 18, Mortimer, nᵒ 446.

[111]   Grangette, pp. 128-130.

[112]   Lawrenson, «Ville imaginaire. Décor théâtral et fête. Autour d'un recueil de Geofroy Tory».

raison il aurait voulu les publier en 1556[113]. La présence de la croix est en effet étrange, surtout si l'on maintient l'attribution à Salomon qui nulle part ailleurs ne s'est servi de cette signature, exception faite peut-être de deux des encadrements[114]. Pour Brun, le fait que cette croix n'apparaisse que rarement à Lyon (dans les encadrements en question et dans les *Pourtraits divers*) indique «la présence à cette époque, chez Jean de Tournes, d'un artiste ou d'un graveur nouveau, peut-être parisien, habitué à faire usage de ce signe»[115]. Lawrenson voit une «ressemblance nette» entre ces scènes théâtrales et la «Perspective du Change» (fig. 138) de l'Entrée d'Henri II; nous abondons dans son sens mais en concluons que toutes ces gravures sont à attribuer à Salomon[116]. Ces bois théâtraux sont effectivement (pour des raisons stylistiques) antérieurs aux autres bois du recueil, et sans pour autant vouloir les faire remonter jusqu'à la période active de Tory, nous envisageons facilement qu'ils datent du milieu des années 1540. On remarquera les longs traits parallèles, quelques hachures seulement, et une excellente utilisation des espaces blancs. (Grangette, par contre, trouve que «le dessin est souvent sec, la taille monotone et raide», et ne trouve rien de pareil dans l'œuvre de Salomon)[117]. En tout cas ces bois doivent certainement quelque chose à la tradition de l'illustration de Térence qui remonte à l'édition de Josse Bade, parue en 1492, ou à celle de Trechsel qui est sortie un an après. Pourtant, il est pour le moins étrange que Tournes ait publié en 1558 une édition non illustrée du théâtre de Térence un an après la seconde édition des *Pourtraits*. Pourquoi ne s'est-il pas servi alors de cette belle illustration si elle était vraiment destinée à accompagner l'œuvre du dramaturge latin[118]? S'ils sont de Salomon, et c'est ce que nous pensons, ils représenteraient le premier travail du jeune artiste qui faisait ses débuts dans un atelier qui signait de la croix de Lorraine. Ce serait le premier indice de son intérêt pour sa propre ville puisque certains éléments de ces scènes théâtrales correspondent à ce qui existait réellement à Lyon: le port et le palais de Roanne entre autres[119]. C'est en effet principalement à cause de leur façon de présenter l'environnement urbain que nous les attribuons à Salomon.

Ces vingt-deux bois théâtraux ont été copiés fidèlement par un artiste inconnu et publiés à Lyon en 1614 en plus petit (55 mm. de large sur 43 de haut au lieu de 72 sur 45), *P. Terentii Comœdiae sex Elegantissimae*; ce livre renferme trente-neuf bois dont vingt différents et justifie la théorie de Cartier et d'autres selon lesquels ceux du recueil de 1556 étaient destinés à illustrer une édition de Térence. En parlant des bois réduits, Cartier (p. 702) dit, curieusement, «le dessin en est certainement dû au Petit Bernard».

---

[113]   Auguste Bernard cite trois autres scènes de Térence qu'il faudrait prendre en considération dans ce contexte puisqu'elles ont été attribuées également à Tory: il s'agit de gravures (33 mm de hauteur sur 55 de largeur) citées par Varlot dans son *Illustration de l'ancienne imprimerie troyenne*, 1850, dont une est signée GT, et une autre, publiée à Troyes dans l'Esope de Baudot, qui proviendraient d'une édition inconnue de Térence de petit format (*Geoffroy Tory*, p. 229).

[114]   Voir *infra*, p. 307.

[115]   Brun, édition de la *Métamorphose* de 1933, n. p.

[116]   Lawrenson, *op. cit.*, pp. 428-429.

[117]   Grangette, p. 128.

[118]   Voir aussi une édition de 1583, signalée par Cartier, n° 646, et les deux articles de Lawrenson cités dans notre bibliographie.

[119]   C'est l'avis de F.-R. Cottin, cité par Rossiaud, dans *Le Plan de Lyon vers 1550*, p. 41.

Il est nécessaire d'ajouter quelques mots sur le but de ce recueil puisque nous n'en parlons pas ailleurs. L'édition originale de 1556 ne comporte pas de titre comme si son but était évident à celui qui le feuilletait, et le titre de la seconde édition, parue l'année suivante, *Pourtraits divers*, n'est pas beaucoup plus explicite, puisque «portrait» a ici le sens de «dessin». Papillon l'appelle tout simplement «un Recueil d'autres gravures de Bernard Salomon». Brunet cite un exemplaire «sous le titre factice d'*Epreuves choisies* de bons maîtres» (sans doute dans un catalogue de vente ou de libraire). La description de Firmin-Didot, «spécimen de gravures sur bois», suggère une sorte de livre d'échantillons de l'artiste préféré de Tournes, et cette hypothèse a été largement suivie. Cependant, cela ne constitue pas vraiment une explication. Tournes cherchait sans doute à convaincre les gens de la qualité artistique de sa maison d'édition. Qui étaient ces gens? Jean Adhémar émet l'hypothèse que «Jean de Tournes a réuni ici des épreuves de certains de ses bois pour les proposer aux libraires, acheteurs éventuels». Mais si le but était publicitaire, combien mieux aurait-il valu ajouter un échantillon du texte, d'abord pour présenter des livres conçus comme des ensembles artistiques et typographiques, et combien plus simple, si le but était purement commercial, de donner une liste des œuvres disponibles. Cherchait-il un appui financier de la part de quelque mécène? Cela nous semble peu probable. Marius Audin a avancé l'hypothèse d'une «sorte de *Thesaurus* où Jean de Tournes aurait réuni les vignettes les plus intéressantes des ouvrages qu'il avait publiés jusqu'à cette époque». Mais à ce moment-là pourquoi ne pas inclure l'Esope et l'Alciat, les gravures ovidiennes dans la traduction de Marot, et surtout la Bible? Si le but était publicitaire ou commercial, pourquoi pas donner un échantillon du travail récent de Salomon? La seule explication possible serait que le choix était sans doute en partie gouverné par la disponibilité des bois, ce qui expliquerait peut-être l'absence des bois pour la Bible et pour l'Ovide, couramment en chantier ou bien sous presse. Cartier a émis l'idée qu'il s'agirait d'un *Album amicorum* comme le *Thesaurus amicorum* de Tournes lui-même pour lequel le propriétaire peut solliciter des contributions à ses amis[120]. Cette suggestion se voit confirmée dans le cas de l'exemplaire de la National Library of Scotland, puisque plusieurs gravures sont accompagnées par des poèmes manuscrits latins contemporains (fig. 249). Une autre particularité de l'exemplaire écossais est qu'il renferme non seulement cinquante-deux bois du recueil tournésien (il manque six gravures pour Pétrarque et quatre têtes), mais d'autres séries de gravures qui ont été collées sur des pages blanches dans la deuxième partie du volume. Il s'agit entre autres de quelques pages provenant d'une édition latine de la *Chiromance,* et de nombreuses gravures ovidiennes notamment pour les «Epistres des heroines». Nous n'avons pas pu encore identifier la source de ces gravures dont certaines ressemblent au travail de notre artiste. (Ne trouve-t-on pas ici, dans l'ajout de gravures venues d'ailleurs, l'explication des gravures provenant des *Hymnes du temps* dans un exemplaire recensé par Firmin-Didot, et les têtes supplémentaires de la *Chiromance* dont parle Cartier?) Autrement on pourrait penser que c'était un travail d'apprentissage, où un imprimeur-débutant s'entraînait à la pratique de son métier, ou bien qu'il s'agissait tout bonnement d'un joli objet dont Tournes récompensait ses auteurs ou ses employés[121]. La date de 1551, signalée par Firmin-

---

[120]   Voir *infra*, n° 6b, p. 330.

[121]   Papillon, p. 214; Brunet, t. IV, col. 850; Firmin-Didot, *ET*, col. 235; Adhémar, n°19; Mortimer, n° 446, Audin, *Bibliographie iconographique du Lyonnais* II, t. 2, Fasc. I: Plans et Vues Générales, Lyon, 1910, Cartier, p. 434.

Didot, conviendrait beaucoup mieux au contenu du livre (bien que nous ne connaissions aucun exemplaire de cette date), puisque tous les bois qui paraissent dans d'autres livres imprimés sont datés de 1546 à 1550. L'hypothèse d'une édition antérieure à celle de 1556 est très tentante.

38. *Aesopi Phrigis, et aliorum Fabulae*, Lyon, Jean de Tournes et Guillaume Gazeau, 1556. In-16° (Cartier, n° 320, Küster, n° 177). 101 gravures.

BnF; Londres.

Cette édition sera publiée à nouveau en 1564 (Cartier, n° 500).

Elle contient trois gravures n'ayant jamais paru dans la série pour Esope mais qui viennent des *Emblèmes d'Alciat* de 1547. Trois autres, déjà parues dans l'Esope, viennent de la même source. Baron signale que la seule nouvelle gravure est *Leo et Lupus* (p. 93)[122].

39. *La Metamorphose d'Ovide figuree*, Lyon, Jean de Tournes, 1557. Pet.-in-8° (Cartier, n° 376). 178 gravures.

BnF (3); Arsenal; Beaux-Arts; Londres (2); Harvard (2).

Il y eut au même moment une édition en langue flamande; la version française dont nous parlons fut rééditée en 1564, et, avec de légères modifications, en 1583 (Cartier, n° 643).

L'attribution à Salomon de la *Metamorphose d'Ovide figuree* ne fait aucun doute. Dans l'Ovide de 1582, Jean II de Tournes la lui attribue indirectement. Bouzonnet Stella, à la fin du dix-septième siècle, l'accepte dans sa liste. Papillon avait beaucoup apprécié ce livre: «toutes les Estampes sont très-bien dessinées et gravées en bois, dans le goût de la petite Bible». Brunet estime que les images ont été «gravées par le Petit Bernard»; Auguste Bernard les lui attribue directement et Firmin-Didot parle de «ces charmantes gravures dessinées par le Petit Bernard»[123]. Rondot en parle souvent en la lui attribuant sans la moindre hésitation et avec grand enthousiasme. Audin et Adhémar sont catégoriques: ces bois sont de Salomon. Cartier ne croit même pas nécessaire de mentionner le nom de l'artiste lorsqu'il présente la *Metamorphose*, tellement ce livre était connu comme étant l'œuvre de Salomon, mais il en parle pour les autres éditions, par exemple l'édition flamande:

> Les ff. a3-m3 renferment 178 fig. du Petit Bernard, soit une à chaque page avec les célèbres encadrements du même artiste, au nombre de 26 différents [...] Ce sont d'ailleurs exactement les mêmes planches et dans le même ordre que celles de l'édition française de la même année[124].

Brun est du même avis mais se fie à un argument en partie faible: «Les vignettes de la *Métamorphose* ne sont pas signées, mais leur similitude de facture avec des

---

[122] *Bernard Salomon Project*.

[123] *Olympe, ou Metamorphose d'Ovide*, 1582, f. o//3r°-v°; Bouzonnet Stella, p. 67; Papillon, p. 212; Brunet, *Supplement*, t. II, col. 116; Bernard, *Geoffroy Tory*, p. 336; Firmin-Didot, *ET*, cols 239-240 et *Catalogue*, n° 522.

[124] Rondot, p. 20, p. 43, pp. 77-78. Cartier, p. 451; voir aussi Audin, p. 15; Adhémar, n° 20. Mortimer, n° 403, est trop réticente.

œuvres authentiques de Bernard Salomon, telles que les *Quatrains [sic] historiques* ou les *Hymnes des Vertus*, est trop évidente pour que l'attribution puisse être contestée.» Grangette lui en attribue le dessin, mais y discerne la main de plusieurs graveurs différents dans la majeure partie des gravures, sans pour autant entrer dans le détail[125]. On peut cependant y trouver tous les traits de l'œuvre de notre artiste : personnages élégants, ici dieux et déesses d'une grâce exceptionnelle, souvent aux voiles flottants (*Europe ravie*, f. c4v°, fig. 217, et *Mort de Procris*, f. f7v°, fig. 223). Il s'agit souvent de gens qui courent (*Apolon et Daphne* f. b1r°, fig. 211, et *Hippomene et Atalante*, f. i3r°), ou qui sont en pleine transformation (*Daphné en Laurier*, f. b1v°, fig. 212). Le cadre naturel est souvent très riche (*L'aage d'Or*, f. a4r°, fig. 208, *Caliston deçue par Jupiter*, f. b7r°, *Salmacis et Hermaphrodit*, f. d4r°, *Vénus et Adonis*, f. i2v°) avec des arbres touffus et noueux, dans un vaste paysage ; une mer agitée, parsemée d'îles, ou de rochers, des montagnes se profilant à l'horizon (*Europe ravie*, f. c4v°), *Perseüs combattant pour Andromeda*, (f. d7r°, fig. 221), *Venus et Pluton*, (f. e2r°, fig. 222) ; il y a des scènes de nuit (*Jupiter et Iö*, f. b2r°, *Tysbé espouuantée de la Lionne*, f. d2r°, *Descripcion du lieu du Songe*, f. k1v°) et des paysages sous la pluie (*Le Deluge*, f. a7r°), des scènes de combat (*Bataille des Grecs à Troye*, f. k3v°). Egalement caractéristiques du travail de Salomon sont la présence et le traitement des nuages (*Lyncus en un Lynx*, f. e4r°) qui trouvent leur pendant dans le traitement du feu et de la fumée (*Iphigenie au sacrifice*, f. k3r°). Comme souvent chez Salomon, une scène intérieure contient une ouverture qui donne sur l'extérieur (*Lycaon mué en loup*, f. a6v°). On reconnaît son intérêt pour l'architecture : temples ronds (*Jason requiert Medee*, f. f1r°, *Philemon et Baucis*, f. g5v°), bâtiments de style antique ou renaissant, mais interprétés de façon fantastique (*Lycaon mué en loup*, f. a6v°, *Philemon et Baucis*, f. g5v°), bateaux (*Nochers par Bacchus muez en dauphins*), ou mobilier (*Tereus force Philomele*, f. c7r°) ; chevaux (*Phaëton conduisant le char du Soleil*, f. b5r°, fig. 215), *Venus et Pluton*, f. e2r°, et d'autres animaux (*Orpheee Harpeur excellent*, f. h6r°) et les nombreuses métamorphoses en animaux.

Il était nécessaire de parler un peu plus longuement des traits caractéristiques de ce recueil : il ne s'agit pas seulement des sujets qui sont en grande mesure dictés par le livre à illustrer, mais des préférences de l'artiste et de sa façon de les traiter – pour la simple raison qu'au regard du caractère indiscutable de son attribution, ce livre sert souvent de point de repère privilégié pour l'attribution des œuvres de Salomon.

40. *Les encadrements*

Firmin-Didot, se référant aux encadrements dans ce livre, déclare : «Cette édition originale présente, pour la première fois, dans leur suavité et leur délicieuse liberté, les entourages du Petit Bernard»[126]. D'autres aussi les ont attribués à Salomon d'abord parce que leur qualité indique le travail d'un artiste de son envergure et parce qu'il est raisonnable de supposer qu'il était responsable de la création du livre dans son entier et non seulement des gravures (figs 208, 209, 213, 224). Rondot choisit de ne pas en parler en détail mais croit tout de même que ces encadrements sont l'œuvre de Salomon. Audin dans son introduction les lui attribue (au moins certains d'entre eux), lorsqu'en parlant de l'*Illustratione* de Simeoni il

---

[125]   Ed. de 1933, non paginée. Voir pourtant ce que nous disons à propos des *Hymnes des Vertus* aux pages 316-318, n° 54 *infra*; Grangette, p. 137 et p. 161.

[126]   Voir aussi *supra*, pp. 60-62.

déclare: «de Tournes y utilise plusieurs des cadres qui lui avaient servi l'année précédente dans ses *Métamorphoses* d'Ovide, et il faut voir avec quel art suprême, quelle suprême science de la répartition des blancs les compositions sont insérées dans les bordures si belles du petit Bernard». Ailleurs, il les attribue très clairement à Salomon. Pour Gusman ces encadrements, «d'une grande finesse d'exécution, avec scènes pleines de passion et d'allure», sont bien l'œuvre de Salomon, et Mortimer accepte cette attribution à son tour. Grangette estime qu'ils «ont dû sortir entièrement de la main de Bernard Salomon»[127]. Il faut tout de même signaler le fait que certains auteurs ont cherché à les attribuer à d'autres artistes. En premier lieu, Auguste Bernard voulait les donner à Tory, se fondant principalement sur la présence de la croix de Lorraine[128].

D'autres semblent hésiter sur l'attribution, au moins exclusive, à notre artiste. MacRobert voulait la partager entre Granjon et Salomon, ajoutant que Tournes luimême avait un rôle dominant dans la conception et la composition du livre intégral, et rassemblait parfois ses matériaux à partir de plus d'une source; Mégret aussi y voit le travail de plus d'un artiste, et notamment de Tournes. Renucci, pour sa part, pense que Pierre Eskrich en était responsable[129]. Il n'y a aucun témoignage contemporain pour nous venir en aide. Pourtant, et en dépit de tous les avis contraires que nous venons de citer, l'attribution à Salomon est justifiée. Chaque fois qu'il illustre un livre pour Tournes, il est raisonnable de lui attribuer la responsabilité de la composition artistique du livre entier, et de la mise en page, en collaboration bien sûr avec Tournes; ensuite il aurait été étonnant de voir confier à un autre le dessin de ces bordures en particulier, l'élément typographique le plus important. En plus, on peut encore une fois faire appel à des critères stylistiques pour essayer de détecter la main de notre artiste. La plupart des encadrements historiés sont tout à fait dans son style: par exemple, le Cadre au Midas (Audin dans Cartier, *Bibliographie*, p. 65), encore qu'il pourrait à la rigueur être le travail de Reverdy, le Cadre à l'Aigle (p. 66) qui rappelle sa façon de représenter ailleurs cet oiseau, le Cadre à la Galerie (p. 67) qui fait penser à l'Entrée d'Henri II, le Cadre au Neptune (p. 73) qui fait penser aux illustrations pour l'Ovide. D'autres pourraient également être de lui, sans que l'on puisse avoir une certitude absolue (pp. 69-72, pp. 74-75). Il y en a deux ou trois où les personnages sont trapus, raccourcis et un peu trop lourds pour être entièrement de son travail: le Cadre aux Enfants (p. 68), le Cadre à l'Autruche (p. 76), le Cadre aux Nains (p. 77), le Cadre à l'Ane (p. 78). Mais c'est sans doute le sujet ou le genre qui dicte le style dans ces cas. Enfin, en ce qui concerne les arabesques, nous serions inclin à les lui attribuer en bloc à cause de leur élégance, de leur légèreté et de la maîtrise dans la taille, et de la présence fréquente de cet élément décoratif ailleurs dans son œuvre.

---

[127] Rondot, p. 80, Audin, dans Cartier, p. 10 et dans «La croix de Lorraine dans les bois de la Renaissance», pp. 44-46; Gusman, p. 186, Mortimer, n° 403, p. 505, Grangette, p. 161.

[128] Auguste Bernard, *Geoffroy Tory*, p. 332.

[129] MacRobert, *Motif*, 2 p. 11, Mégret, «Jean de Tournes, Imprimeur lyonnais», pp. 298-300, Renucci, *Un Aventurier des lettres au XVIᵉ siècle*, pp. 188-189.

41. *Devises heroïques, Par M. Claude Paradin Chanoine de Beaujeu*, Lyon, Jean de Tournes et Guillaume Gazeau, 1557. In-8° (Cartier, n° 379, *BFEB*, F 461). 182 gravures.

BnF (3); Beaux-Arts (2); Londres; Harvard.

Ce livre renferme 104 des images déjà parues en 1551 avec soixante-dix nouvelles gravures, et en omet six. Huit autres ont été redessinées, ou adaptées, par exemple, *Servitus libera* (1551, p. 78, 1557, p. 128) où l'artiste a substitué une tête tout à fait différente, ou *Vel in ara* (1551, p. 80, 1557, p. 132) où il a donné à un tableau une autre bordure. Les gravures sont maintenant accompagnées d'un texte[130]; elles sont tout à fait dans le même genre que celles du recueil de 1551, et de la même facture; nous les attribuons donc à Salomon sans hésitation.

42. *La Sainte Bible*, Lyon, Jean de Tournes, 1557. In-fol. (Cartier, n° 360, Chambers, n° 233, DH, n° 373). 279 gravures.

BnF (2); Sainte-Geneviève; Lyon; Genève. Pour la localisation d'autres exemplaires, voir Chambers et DH.

Cette édition contient une nouvelle grande planche, *La Vision d'Ezechiel*, p. 286, dont Cartier dit, «Elle est incontestablement due, comme les autres, au crayon du Petit Bernard»[131]. On peut en effet la lui attribuer, car malgré une taille par endroits très rude et quelques traits inhabituels dans la représentation de la mer, la pose et le drapé de la gravure intitulée «La similitude estant sur le Throsne, comme semblance d'un homme» sont bien de lui, de même que le paysage à gauche du premier plan et un village lointain.

43. *Le Nouveau Testament de Nostre Seigneur Jesus Christ*, Lyon, Jean de Tournes, 1558. In-16° (Cartier, n° 392, Chambers, n° 252, DH, n° 4020). 112 gravures (94 différentes).

Londres; Genève.

Nous mentionnons cette édition séparément: elle contient quelques nouvelles gravures stylistiquement tout à fait pareilles aux autres.

44. *Clement Marot*, Lyon, Jean de Tournes, 1558. In-16° (Cartier, n° 409). 22 gravures (et un portrait).

Lyon; Londres.

Cette édition contient en plus des illustrations pour la traduction d'Ovide un portrait en médaillon de Clément Marot (fig. 235), nu-tête, le front découvert et avec une longue barbe, portant une cape sur une veste boutonnée, qui reparaît en 1559, 1573, 1579 et 1589; il a été attribué à Salomon par Jacques Pannier, et on peut le suivre dans cette attribution. Ce portrait posthume représente le poète de profil à droite et porte la légende «Clément Marot, L.M.N.M». Cartier considère que ce portrait «présente de nombreuses analogies» avec le portrait du poète qui avait

---

[130]　Voir Mortimer, n° 410, p. 511.

[131]　Cartier, p. 439.

appartenu à Théodore de Bèze, «mais ne paraît cependant pas en être la copie»[132]. Le portrait que publie Tournes paraît douze ans après la mort de Marot; il n'est évidemment pas impossible que Salomon ait connu le poète mais il est très peu probable que ce dernier ait posé pour lui; et s'il l'avait fait, le portrait serait sans doute apparu dès 1549. Nous fondons notre attribution sur le regard vif du sujet, la finesse du travail, le contraste excellent des tons noirs, gris et blancs et une similarité avec le portrait de Beaulaigue (fig. 236).

45. *La Vita et Metamorfoseo d'Ovidio, Figurato & abbreviato in forma d'Epigrammi da M. Gabriello Symeoni. Con altre Stanze sopra gl'effetti della Luna: il Ritratto d'una Fontana d'Overnia: & un' Apologia generale nella fine del libro*, Lyon, Jean de Tournes, 1559. In-8° (Cartier, n° 446, Bingen, *Philosaune*, n° 637, Renucci, n° 17). 188 gravures.

BnF (2); Arsenal (2); Mazarine (2); Beaux-Arts; Lyon; Londres (2); Harvard. Pour la localisation d'autres exemplaires, voir Bingen.

Ce livre fut réimprimé en 1584 (Cartier, n° 649).

L'illustration des *Métamorphoses* dans cette édition, parue deux ans après les éditions française et flamande, contient dix-sept gravures de plus que l'édition en français dont deux remplacent d'autres gravures (*Médée se vengeant de Jason* et *Hercule brûlant*) avec en outre un médaillon liminaire qui représente le chaos, ainsi que neuf autres gravures pour accompagner la deuxième partie du livre. Cartier, traitant de cette édition de 1559, ne parle pas de l'attribution des nouvelles gravures, mais il revient à la question lorsqu'il traite des éditions tardives qui contiennent à la fois les gravures d'origine, les nouvelles gravures et les pièces retranchées: l'*Olympe, ou Metamorphose d'Ovide* de 1582 (et, sous un autre titre, 1583), 1597 et 1609. (Nous ne traitons pas ici de ces éditions, malgré le grand intérêt que représentent la traduction intégrale et son illustration, pour la simple raison que cette illustration était déjà établie et complète dans l'édition italienne de 1559.) Voici ce qu'en dit Cartier:

> Les seize figures ajoutées dans les éditions italiennes et dans l'*Olympe*, ainsi que les deux planches remplacées, ne sont point de Bernard Salomon, mais d'un artiste inconnu et assez médiocre qui a exécuté une partie des planches des *Illustres Observations antiques* de Gabriele Symeoni (*Lyon, de Tournes*, 1558, in-4°) et celles du *Dialogo delle imprese militari* de Giovio, avec les *Imprese eroïche e morali* du même Symeoni, *Lyon, Rouillé*, 1559, in-4°, ou 1574, in-8°; texte français, 1561, in-4°[133].

Firmin-Didot, qui parle de l'édition de 1609 ornée des mêmes gravures, ne fait pas d'attribution mais les commente ainsi: «Ce qu'il y a de remarquable, c'est que ces dix-sept gravures nouvelles sont en général supérieures aux autres, autant du

---

[132] Jacques Pannier, «Les portraits de Clément Marot. Notes...», pp. 167-168. Pannier fait observer que Jean Poupy a reproduit ce portrait à Paris en le réduisant. Pour un autre portrait de Marot voir Dominic Bentley-Cranch, «A Portrait of Clément Marot by Corneille de Lyon...». Voir Cartier, p. 469.

[133] Cartier, p. 609; Trautner, «Ovidausgaben von Jean I. und Jean II. de Tournes», p. 153, suit Cartier de près; voir aussi Steyert, *Revue du Lyonnais*, 1868, p. 185, qui refuse à Salomon les «dix-sept gravures ajoutées à l'édition italienne de la *Métamorphose figurée*».

moins qu'on en peut juger dans la détestable impression de Genève.»[134] Alpers estime qu'il «est très possible que le dessin et la taille des nouvelles gravures soient d'une autre main que celle de Salomon»[135]. Amielle est plus prête que les autres historiens à les attribuer à Salomon: «Dans ces dernières impressions, la suite de Salomon a été augmentée. Les nouvelles gravures semblent être pour la plupart de la main du peintre lyonnais.» (Il est important de noter qu'elle inclut dans son tableau des gravures contenues dans ces éditions celles de l'édition de Marnef et Cavellat de 1587 qu'elle reconnaît être une contrefaçon.)

Une gravure à la page de titre de la *Vita et Metamorfoseo* (fig. 232) présente dans un ovale un portrait de Simeoni au-dessus d'une bande demi-circulaire contenant certains signes du Zodiaque à l'intérieur de laquelle on voit Vénus et Cupidon, Apollon et Mercure. Il se peut bien que le portrait soit de la main de Salomon, mais la représentation des dieux semble d'une facture différente. Renucci signale l'existence de neuf portraits de Gabriel Simeoni dont six à la page de titre d'un livre. Ceux qui paraissent dans les *Commentarii [...] sopra alla tetrarchia di Vinegia, di Milano, di Mantova, e di Ferrara*, BnF Rés. K 8731), et dans les *Tre parti del Campo dei primi studi* (BnF Yd 5848) tous les deux parus à Venise chez Da Trino en 1546, celui qui décore son monument funéraire dans le *Dialogo pio et speculativo* (1560, BnF Rés. Z 910(1)), ainsi qu'un quatrième qui orne *I Mondi* d'Anton Francesco Doni (Venise, Marcolini, 1552, BnF Rés. P Z 603), et un portrait peint, ne sont pas de Salomon et ne peuvent nous concerner ici[136]. En revanche, celui qui figure dans l'*Epitome de l'origine et succession de la Duché de Ferrare*, publiée par Gilles Corrozet en 1553[137], présente des ressemblances frappantes avec celui qui paraît sur la page de titre de la *Vita et metamorfoseo*. Ce portrait en buste (43 cm. sur 38 cm.), qui se détache sur la page sans bordure ni fond, se présente entre la devise «Non est mortale quod opto» et la phrase «Invidia virtute parata, gloria non invidia putanda est»; le sujet est vêtu d'un pourpoint au-dessus d'une chemise dont la collerette dépasse. La tête est légèrement inclinée vers l'avant, tandis que celle de la *Vita* penche vers l'arrière, mais, à cela près, elles sont presque identiques. Pour les autres portraits de Simeoni, voir plus bas, n° 4a, pp. 323-325.

Au verso de la page de titre de la *Vita* (p. 2) un médaillon qui représente Diane de Poitiers aux attributs de Diane chasseresse, avec au loin le château d'Anet (fig. 238), rappelle bien le style de Salomon, surtout dans la représentation du cerf. Cette image, comme le signale Renucci, imite la sculpture de Goujon, la *Diane au cerf*, pour la Fontaine de Diane au château d'Anet[138].

Les nouvelles gravures qui illustrent les *Métamorphoses* posent en effet quelques problèmes. La gravure initiale du Chaos, une image presque abstraite, ressemble

---

[134] Firmin-Didot, *ET*, col. 242; voir *Catalogue*, n°s 525 et 526 (*Olympe ou metamorphose d'Ovide*, 1597 et 1609), qui pensait que les dix-sept nouvelles gravures faisaient ici leur première apparition.

[135] Alpers, *The Decoration of the Torre de la Parada*, p. 85; voir la liste d'Amielle, pp. 199-207 et les notes p. 215 et p. 217.

[136] Renucci, n° 5; «Iconographie de Gabriel Symeoni» dans *Un Aventurier des lettres au XVIe siècle*, pp. xxii-xxiii; Renucci ne cherche pas à établir des rapports entre ces portraits, plutôt indépendants les uns des autres.

[137] BnF Rés. K 8732.

[138] Renucci, *op. cit.*, p. xi.

assez à la façon de Salomon de représenter nuages, flamme et fumée. Il est vrai pourtant que dans les nouvelles gravures certains détails sont loin de sa manière habituelle, et surtout à cette date tardive. On peut penser surtout aux ciels, parfois un peu sommaires, mais on peut trouver des parallèles ailleurs dans son œuvre. Dans *Cygno mutato nell'uccello del suo nome* (p. 36) le personnage principal ressemble au corbeau dessiné par Eskrich en 1556, mais il pourrait s'agir d'un emprunt de la part de Salomon, et si quelques personnages des nouvelles gravures semblent disgracieux, on peut toujours en trouver de semblables ailleurs dans son œuvre. Dans certains cas l'attribution à Salomon semble acquise, par exemple dans *Figliuole di Pierio mutate in Gazzere* (p. 28, fig. 224), on reconnaît la manière de Salomon dans le groupe des filles. Cependant plusieurs gravures sont trop rudes et pas assez détaillées, avec des personnages lourdement conçus, pour être attribuables à Salomon, par exemple *Polidette Re di Serifo, infamatore di Perseo, mutato in Sasso* (p. 77), *Hercole si veste la camiscia di Nesso, et s'abrucia* (p. 127), *Compagni di Diomede mutati in Uccelli marini* (p. 187). On peut se demander pourquoi elles ne figuraient pas dans les éditions française et flamande de 1557; n'étaient-elles pas prêtes, ou Salomon (ou bien Tournes) avait-il préféré les exclure pour une raison ou une autre pour les restituer après la réussite évidente du livre? Mais pourquoi alors a-t-on supprimé six gravures dans les éditions italiennes?

Les neuf gravures de la deuxième partie du livre, *La natura et effetti della luna nelle cose humane* et *Apologia generale di M. Gabriello Symeoni*, comportent trois petites gravures de médailles de Jules et Auguste César, *La Fontana di Roiag in Overnia* (de Royat en Auvergne) (f. A7r°, fig. 242) deux médailles et deux statues de Mithra, plus une devise de l'auteur «sous les traits d'Héracle terrassant l'envie» comme le dit Cartier[139]. Ces dernières illustrations ne semblent pas lui appartenir, au moins en entier, bien que l'on puisse penser à des parallèles avec des personnages des *Prodiges* d'Obséquent ou à la *Cosmographie* de Thevet. La gravure intitulée *La Fontana di Roiag in Overnia*, qui occupe presque toute la page, est particulièrement difficile à attribuer. Dans son *Essai typographique* Firmin-Didot, parlant de l'édition de 1584, mentionne cette gravure mais sans l'attribuer à Salomon. Adhémar semble attribuer toutes les gravures de cette partie (ainsi que celles de la *Metamorphose)* à notre artiste[140]. Pourtant les arbres qui entourent la fontaine de Royat ne sont pas de sa main et les personnages, surtout celui qui est en train de graver l'inscription (mais qui n'a aucune prise sur le rocher et reste bizarrement suspendu à ses outils), ne sont pas de sa facture.

46. *Chansons nouvelles*, par Barthélemy Beaulaigue, Lyon, Robert Granjon, 1558, 1559. In-8° oblong (Baudrier, t. II, p. 56 et p. 429). 2 gravures.

BnF (Département de Musique) (2); Londres.

L'une des deux gravures de ce livre rare, imprimé en caractères de civilité, présente un portrait de Beaulaigue (fig. 236), et l'autre représente Diane chasseresse (fig. 240). Rondot attribue à Salomon seulement le portrait du musicien mais sans exclure explicitement que l'autre soit de lui: «Il y a deux bois, un portrait d'homme et une Diane chasseresse. Le portrait, pris sur le vif, est charmant, et l'on peut,

139 Cartier, n° 446, p. 501.
140 Firmin-Didot, *ET*, cols 241-242, Adhémar, n° 20.

d'après l'exécution, l'attribuer à Bernard Salomon, qui était, nous le rappelons, le beau-père de Granjon.»[141] Ces deux gravures sont de la main de Salomon. Le portrait, qui est très bien dessiné et assez distinctif pour être ressemblant, le montre aux cheveux courts et épais, peignés vers l'avant, aux lèvres sensuelles, et au regard fixe. Ce portrait est à comparer avec celui de Thevet: il y a une ressemblance dans les traits qui indiquent l'ombre à la tempe gauche, et sur le front, et les hachures croisées du fond[142]. La gravure qui représente Diane et le cerf est son œuvre: l'arbre à droite est tout à fait de lui – tordu et avec des touffes de feuilles poussant près du tronc. L'attitude de Diane, avec sa coiffure soignée et son voile flottant, indique l'œuvre de Salomon.

47. *L'Eneïde de Virgile, Prince des Poëtes latins, Translatée de Latin en François, par Louis des Masures Tournisien*, Lyon, Jean de Tournes, 1560. In-4 (Cartier, n° 467). 12 gravures.

BnF; Arsenal; Mazarine; Sainte-Geneviève; Beaux-Arts; Lyon; Londres (2); Harvard (2 défectueux).

Dans cette traduction intégrale, parue huit ans après l'édition originale (voir *supra*, n° 19), les huit gravures ajoutées aux quatre premières sont pourtant d'une autre facture; si elles sont certainement de la même école, elles ne semblent pas toutes sortir de la main du maître. Grangette va encore plus loin en disant qu'elles «sont bien empreintes de l'esprit de Bernard Salomon, [mais] ce ne sont pas des œuvres de son atelier car jamais elles n'atteignent à la perfection des premières»[143]. En faveur de l'attribution à Salomon, on peut avancer le fait que c'est lui qui avait exécuté les illustrations pour les quatre premiers livres et il aurait été tout à fait normal que Tournes fasse appel à lui pour compléter son travail. Cependant les seules traces certaines de sa présence que nous ayons trouvées se réduisent à la composition et à quelques détails de la sixième gravure (p. 275, fig. 87), la meilleure d'entre elles (représentant des grottes au fond d'un bois, avec un groupe de femmes à l'intérieur et d'autres au-dessus; des hommes qui abattent des arbres, une scène de sacrifice, une lutte et quelques navires). La composition de la dixième gravure (p. 495) rappelle aussi bien Salomon (la scène de l'assemblée des dieux fait penser au *Conseil des dieux* dans la *Metamorphose*, f. a6r°). Mais même dans cette gravure de l'*Eneïde* les détails – faudrait-il dire de la gravure ou du dessin? – ne sont pas toujours assez fins pour être de sa main, et c'est ce que nous trouvons ailleurs dans le recueil: la cinquième (Enée, au premier anniversaire de la mort de son père verse des libations sur ses restes, et les jeux se préparent, p. 217), est moins bien dessinée que celles des quatre premiers livres et même incompréhensible en ce qui concerne les rapports entre ses différentes parties (par exemple, la mer et la cité); le visage féminin de la huitième (p. 391) ne semble pas être le travail de Salomon: le sujet (Vénus, accom-

---

[141]   Rondot, pp. 25-26; voir aussi p. 79, où il lui attribue plus fermement «le portrait du musicien Barthélemy Beaulaigue». Voir Antoine Auda, *Barthélemy Beaulaigue, poète et musicien prodigue*, et Claude Dalbanne, «Robert Granjon, imprimeur de musique».

[142]   Voir n° 33; la seule chose qui nous retient c'est la plénitude des lèvres, ce qui suggérerait plutôt Reverdy; voir Gérard Bruyère, «Notes sur les ornements du Plan de Lyon au 16e siècle», pp. 55-59.

[143]   Grangette, p. 93.

pagnée de Cupidon, apporte des armes à Enée) devrait rappeler les dessins mytho-logiques de la *Metamorphose* ou bien les *Triomphes* de Pétrarque, mais il n'en est rien; les bâtiments de la neuvième gravure (p. 439) sont beaucoup moins sophisti-qués et moins bien dessinés que ceux qu'il dessine d'habitude, l'arbre de la onzième (p. 555), une gravure qui n'est pas sans mérite, ne semble pas être de lui, les collines de la dernière (p. 611) sont plus abruptes que les siennes et le tout manque de finesse. C'est dans ces détails que l'on croit reconnaître une main moins expérimentée que celle de Salomon. Il n'est pas totalement impossible que Salomon ait été respon-sable des dessins, mais qu'il ne les ait pas gravés lui-même et qu'il ait été mal servi par son graveur, ou bien que l'on soit en présence d'un déclin du talent de l'artiste. Ce livre est en cela à comparer avec les *Hymnes du temps* de la même date et avec les *Hymnes des Vertus*, livre qui ne sortira que bien après sa mort.

48. *Hymnes du temps et de ses parties* [par Guillaume Gueroult], Lyon, Jean de Tournes, 1560. Pet. in-4 (Cartier, n° 456). 17 gravures.

BnF (2 défectueux); Arsenal; Mazarine; Beaux-Arts; Lyon (exemplaire remonté).

Il faut rappeler dès l'abord que l'attribution de l'illustration de ce livre avec ses dix-sept figures sur bois est on ne peut plus solidement établie puisque la préface de Tournes l'énonce clairement: «J'espere que tu y prendras quelque delectation, pour estre le tout sorti de bonne main: car l'invention est de M. Bernard Salomon Peintre autant excellent qu'il y en ayt point en nostre Hemisphere, la lettre de M. Guillaume Gueroult» (p. 3). Les historiens se sont bien sûr accrochés à ce témoi-gnage important de la part de l'éditeur, et la paternité de Salomon n'a jamais été sérieusement mise en doute; nous ne mentionnons donc pas tous ceux qui, depuis Du Verdier, lui attribuent sans discussion et le dessin et la gravure. Papillon fait remarquer en outre la ressemblance stylistique avec la Bible et l'Ovide en s'enthou-siasmant pour la bonne qualité du travail; Brunet juge que «Cet ouvrage est curieux, parce qu'il renferme des fig. gravées en bois par le Petit Bernard» en citant à l'appui la préface et montrant par là comment il comprenait le mot «inven-tion».[144] Firmin-Didot accepte l'attribution à Salomon mais au début s'était mon-tré peu enthousiaste devant cette série de gravures: «La forme est un ovale entouré d'un encadrement au trait qui n'est pas d'un goût très pur. La gravure, d'un ton monotone, n'est pas non plus des meilleures.»[145] Rondot, aussi exprime sa décep-tion devant ce livre,

> où l'on ne trouve ni la même délicatesse ni la même élégance, mais où le petit Bernard a décoré le texte avec sa vivacité ordinaire. Les sujets sont encadrés de moresques. On voit le mieux dans ce livre comme notre maître a changé son faire à la fin de sa vie; il faut attribuer à de nouvelles influences, et qui sait? peut-être à la fatigue, le caractère de plusieurs planches[146].

---

[144] *La Bibliothèque française d'Antoine Du Verdier*, 1585, pp. 480-481; Papillon, *op. cit.*, t. I, p. 207, et pp. 208-209: «la Gravure en est très-belle, et ne dément point les autres Ouvrages qui sont sortis des mains de Bernard Salomon»; Brunet, *op. cit.*, t. II, col. 1791.

[145] Firmin-Didot, *ET*, cols 240-241.

[146] Rondot, p. 79, voir aussi pp. 64-65. Cet auteur déclare que plusieurs de ces planches ont été gravées bien avant 1560, mais sans révéler la source de ses informations.

Cartier l'attribue à Salomon d'après la préface, mais curieusement il n'en dit presque rien, se contentant de trois lignes, y compris une citation, bien que l'on soit en droit de supposer qu'il ait bien connu ce livre[147]. Lui aussi aurait-il eu des réserves non pas sur le bien-fondé de l'attribution mais sur la qualité du travail? En effet certaines des images des *Hymnes* semblent moins raffinées que ce que l'on attendrait de Salomon à cette période de sa carrière. On peut se demander s'il faut encore une fois les attribuer à un autre dessinateur que lui ou à un autre graveur, ou bien lui en laisser la paternité mais en faisant appel à la fatigue comme le fait Rondot, suivi par Lonchamp, ou (pourquoi pas?) à une baisse de sa vue (ce qui pourrait effectivement justifier et même exiger l'appel à un autre graveur). Pourtant, malgré le changement de style que Rondot et d'autres discernent dans ces gravures, et malgré le manque de raffinement de certaines, elles sont bel et bien l'œuvre de Salomon et on a le droit de s'en servir rétrospectivement pour détecter sa main ailleurs. Dans «L'Hymne des Heures» (p. 27, mal paginée, fig. 42), le cortège de femmes qui traversent les nuages présente des personnages tout différents les uns des autres par leur pose et leurs gestes, comme l'on voit souvent chez Salomon. Le fort contraste de la lumière rayonnante de «L'Hymne du Jour» (p. 16, fig. 40) (l'espace blanc qui entoure Apollon, et le mouvement énergique de ses chevaux) avec les différents degrés d'obscurité de «L'Hymne de la Nuit» (p. 22, fig. 41) qui révèlent petit à petit ce qui est caché, par exemple des hiboux, a son pendant dans maintes autres œuvres de Salomon. La déesse gracieuse à voile flottant, devant un paysage montagneux avec bâtiments en ruine, qui illustre «L'Hymne de Juillet» (p. 60), ainsi que celle de «L'Hymne de Septembre» (p. 70, fig. 44) à la tête et chevelure si raffinées, sont tout à fait caractéristiques de notre artiste. Somme toute, cette attribution est plus certaine que celle de l'*Eneïde* de 1560.

49. *La Bible qui est toute la sainte Escriture, à savoir le vieil et nouveau Testament*, 1561. In-4° (Cartier, n° 470, Chambers, n° 274, DH, n° 386). 81 gravures (y compris quatre cartes).

BnF; Genève. Pour la localisation d'autres exemplaires, voir Chambers et DH.

Pour cette édition (la seconde de la *Petite Suite* de l'Ancien Testament de 1553, voir n° 24 *supra*) qui contient 76 bois pour l'Ancien Testament, Cartier signale qu'il y manque une gravure qui était présente dans l'édition originale (*Le Rapt de Diana*, t. I, p. 107), mais il ajoute qu'en 1561 il y a deux gravures de plus (*Le Songe de Jacob*, p. 24 et *La Mort de Jesabel*, p. 307: (là il s'est trompé de nom, il s'agit de Sennacherib – la mort de Jesabel figure bien dans les deux éditions)[148]. Deux gravures (p. 1 et p. 2) viennent de la suite ovidienne: *La Création du monde*, et *La Création de l'homme* (*Metamorphose*, 1557, ff. a3r° et v°). Il y a aussi une grande planche (*La Vision d'Ezéchiel*, t. II, p. 257), copie de celle de la bible in-folio de 1557. Cette bible comporte en plus quatre cartes: Exode (p. 140), *Partage de la terre de Chanaan fait aux enfants d'Israel*, qui s'étend sur deux pages pliantes mais sans remplir toute la page (p. 186), *Description de la Terre Sainte et lieux mentionnés aux quatre Evangelistes* sur une page et tiers pliante (t. III, p. 2), *La Méditerranée orientale* (*Description des païs et lieux*

---

[147]   Cartier, p. 504; Adhémar, n° 21.
[148]   Catherine Delano-Smith, et Elizabeth Morley Ingram, *Maps in Bibles 1500-1600*, p. 55; André Linzeler, *Inventaire du fonds français. Graveurs du XVI* siècle, t. I, p. 354; Cartier p. 513.

mentionnés *au livre des Actes*, t. III, p. 108). Ces cartes feront une autre apparition dans les deux Nouveaux Testaments de 1563, in-quarto et in-octavo. Presque personne ne cherche à savoir qui en est l'auteur, ce qui est bien compréhensible puisqu'elles contiennent peu d'éléments utiles pour pouvoir les attribuer à un dessinateur ou à un graveur. Pour Delano-Smith, qui ne mentionne pas le nom de Salomon, la carte de Canaan pourrait bien être le travail d'Eskrich qui avait fait d'autres cartes et plans pour d'autres éditeurs[149]. Elle reconnaît que cette carte ne montre pas certains des traits qui caractérisent les autres qu'il a signées, mais puisque l'œuvre d'Eskrich est d'une qualité variable, elle ne l'exclut pas et elle serait même prête à lui accorder ces dernières en plus[150]. La carte de Canaan est pourtant bien de Salomon (voir surtout les sirènes se terminant en arabesques qui soutiennent le cartouche du titre) et les trois autres cartes semblent être son tout dernier travail. La copie de *La Vision d'Ezéchiel* pourrait être d'Eskrich ou bien de Salomon.

50. *La Sainte Bible*, Lyon, Jean de Tournes, 1561. In-folio (Chambers, n° 273, DH, n° 385).

BnF ; Beaux-Arts. Pour la localisation d'autres exemplaires voir Chambers et DH.

Dans un article publié récemment sur Internet Robert Baron a démontré que cette édition contient six gravures de Salomon pour illustrer le livre de Josué qui paraissent ici pour la première fois. Jusqu'ici on avait pensé que trois d'entre elles faisaient leur première apparition dans l'édition de 1583 (n° 9b, *infra*)[151]; une quatrième était connue seulement parce que le bois gravé lui-même existe encore à Genève.

51. *Aesopi Phrygis Fabulae*, Lyon, Jean de Tournes, 1570. In-16° (Cartier, n° 535, Küster, n° 191). 61 gravures.

BnF ; Lyon ; Londres ; Genève ; Harvard.

Cette édition, qui renferme vingt et une images nouvelles, sera rééditée en 1582 (Cartier, n° 624 ; BnF).

La plupart de ces gravures sont à attribuer à Salomon. Certaines d'entre elles viennent d'ailleurs, soit du *Theatre* de 1545 soit des *Emblèmes* de 1547. Celle parmi les nouvelles qui représente les deux grenouilles près d'un puits (*Ranae*, n° 19, p. 143) contient plusieurs traces évidentes de sa main (les roseaux et l'arbre, par exemple), et la gravure intitulée *Pastor et Mare* (n° 49, p. 185, fig. 27) figure un beau bateau toutes voiles dehors comme il aime bien les dépeindre. Cette gravure représente également un berger et ses moutons, un sujet qu'il reprend dans *Pastor* (n° 123, p. 257, fig. 29), rappelant de près certains de ses bois bibliques. La finesse de cette dernière gravure se voit dans l'attitude des moutons qui lèvent la tête pour regarder le berger qui a grimpé dans un chêne pour cueillir des glands, facilement discernables par terre. D'autres parmi elles sont moins bien faites, par exemple, la sorcière dans *Mulier venefica* (n° 90, p. 217) est démesurément grande, les brancards de son

---

[149] Voir *supra*, p. 44.

[150] Delano-Smith et Ingram, *op. cit.*, p. 160 ; Rondot, *Graveurs sur bois à Lyon au 16ᵉ siècle*, p. 47, citant l'autorité de Mariette.

[151] « Emblem and narrative in Bernard Salomon's illustrations to the Old Testament ».

chariot ne sont pas au bon angle par rapport au cheval et le paysage est plus sommaire que d'habitude. Cette gravure est d'une autre main. La gravure qui représente
Lignator et Mercurius (n° 44, p. 177) manque de finesse et le personnage du bûche-
ron est ramassé, mais là d'autres éléments du paysage rappellent Salomon. Dans
Homo et Satyrus (n° 126, p. 260), la pose des personnages est maladroite et le
feuillage de l'arbre anormalement pointu, mais l'attribution à Salomon n'est pas à
exclure. On constate dans *Medicus et Aegrotans* (n° 31, p. 159, fig. 25) une erreur de
dessin plutôt que de taille (une confusion de plans où les pieds d'un lit s'imbriquent
dans les jambes d'un personnage debout) mais l'illustration est tout à fait dans le
style de Salomon. Dans *Mulier et Gallina* (n° 24, p. 150) la femme qui nourrit sa
poule est bien de Salomon; pourtant si l'ouverture dans le mur à droite est de lui,
cela doit résulter d'une erreur dans la taille du dessin.

52. *Fabulae Aesopicae*, Lyon, Jean de Tournes, 1571. In-16° (Cartier, n° 543, Küster,
n° 212). 110 gravures.

BnF; Lyon; Londres (2).

Cette édition, qui contient sept gravures nouvelles à l'Esope, dont cinq n'ayant
jamais paru auparavant, sera publiée à nouveau en 1579 (Cartier, n° 592, BnF). *Fletus
et risus* figure dans l'Alciat de 1547 et *Inimici* dans la *Metamorphose* de 1557[152]. Dans
Vulpes et Ciconia (n° 208, p. 247), non pas la version de 1547 où l'on voit la cigogne
insérer son bec dans le vase, mais celle où elle cherche maladroitement à boire dans
une flaque d'eau, la forme du renard est bien de Salomon, et d'autres détails, comme
le bec ouvert de l'oiseau, font penser à lui. L'attribution de certaines autres gravures
est moins sûre, par exemple *De avicula et messe* (n° 488, p. 470) qui figure un homme
avec un rateau pourrait être de lui, mais un autre personnage assis qui est trop trapu,
et, bien que l'arbre soit plutôt convaincant, le ciel et le paysage ne lui appartiennent
pas.

53. *Les Fables d'Esope*, Lyon, Jean de Tournes, 1583. In-16° (Cartier, n° 634, Küster,
n° 252). 123 gravures.

Arsenal.

Cette édition contient en plus de la réédition de celle de 1547 une suite de vingt-
trois gravures dont une répétition. A une exception près toutes ces gravures ont
paru dans l'une ou l'autre des éditions précédentes. La seule gravure nouvelle *Du
Laboureur et de ses Filz* (p. 208) remplace une autre gravure de Salomon pour cette
fable.

54. *Hymnes des vertus, representees au vif par belles et delicates figures*, Genève, Jean de
Tournes, 1605. In-8° (Cartier, n°721). 20 gravures.

BnF; Arsenal; Londres.

Les gravures sur bois qui ornent ce livre font tout de suite penser à celles des
Hymnes du temps, et plusieurs personnes, s'appuyant sur la préface de ce livre, l'attribuent à Salomon, parce que Jean de Tournes semble y faire référence: «t'asseu-

---

152   Voir Baron, *Bernard Salomon Project*.

rant que si je vois que tu les [c'est-à-dire les vers de Guéroult,] reçoives en bonne part, je te feray voir en bref quelques autres semblables livrets, lesquels j'espere que tu verras de bon œil» (p. 3). Le seul de ces livrets projetés à avoir vu le jour (ou au moins à avoir survécu) parut presque un demi-siècle plus tard. Bouzonnet Stella l'inclut dans sa liste des œuvres de Salomon. Voici ce qu'en dit Rondot qui cite cet auteur à l'appui: «Les figures des Hymnes des Vertus [...] sont en effet, non seulement dans le genre de celles des *Hymnes du temps*, mais le mode d'exécution est le même»[153]. Si Rondot est quelque peu hésitant, Cartier, lui, est sûr de l'attribution, au moins en ce qui concerne le dessin:

> En tête de chacune de ces hymnes, se trouve une figure sur bois, soit vingt en tout, du même artiste et de la même époque que celles des *Hymnes du temps* (1560). Pour un motif quelconque, Jean Ier ne publia pas cette seconde suite que son fils emporta à Genève et pour laquelle un poète anonyme composa, en 1605, les présentes hymnes. On sait que dans l'avis au lecteur du volume de 1560, Tournes annonce expressément que le dessin des figures est de la main de Bernard Salomon. Il est donc certain également que celles des *Hymnes des vertus* ont été exécutées par le Petit Bernard[154].

Pour Brun elles sont «dignes en tout point du talent de Bernard Salomon», et Saunders est d'avis que Salomon est probablement responsable au moins du dessin[155]. On peut cependant avoir quelques hésitations devant la lourdeur et même la grossièreté de certains traits sans pour autant se désolidariser complètement de cette attribution. Dans ce recueil nous retrouvons le style de Salomon: quelques détails du dessin sont bien de lui, et même certaines techniques – par exemple, les ombres du visage dans «L'Hymne de la Modération» (p. 3, fig. 48) ressemblent à la technique employée dans les Hymnes de février et d'avril dans les *Hymnes du temps*; et les traits courts de chaque côté des bras dans «La Promptitude» (p. 32, f. D4v°, fig. 47) rappellent «L'Hymne de Juillet». Il y a cependant quelques maladresses qui ne peuvent guère lui être attribuées, surtout à cette date tardive dans sa carrière. La qualité de la gravure, et même parfois du dessin, est inégale. Regardons brièvement quelques exemples pour essayer d'établir ce qui peut appartenir à Salomon. Dans l'illustration de «La Promptitude», le personnage de la femme qui soulève le couvercle d'une marmite est lourdement conçu et la pose maladroite, mais certains détails, comme les chiens de la cheminée, bien dessinés, rappellent notre artiste. Dans les autres gravures il y a beaucoup d'autres détails qui sont certainement de sa main, par exemple, dans l'image de «La Persévérance» la haute maison avec des gens devant elle (p. 59, fig. 48), ou bien la scène extérieure que l'on aperçoit dans la gravure qui figure «L'Expérience» (p. 72, fig. 46). Mais la représentation de «La Diligence», (p. 47, fig. 48) qui dépeint une femme assez mal dessinée ne peut guère être attribuée à Salomon. L'image suivante, «La Sollicitude» (p. 52, fig. 48), représente une femme qui scie du bois; les tréteaux sont mal dessinés et on les regarde

---

153 Bouzonnet Stella, n° 132, p. 67; Rondot, p. 79.

154 Cartier, pp. 667-668.

155 Brun, p. 81; voir aussi p. 231: «Leur facture offre beaucoup de similitude avec celle des bois de B. Salomon pour les *Hymnes du temps*.» Voir aussi Brun, édition de la *Metamorphose* (1933, non paginée); Saunders, «The sixteenth-century French emblem-book: writers and printers», p. 183 et «Which is male and which is female?».

d'un point de vue impossible à réaliser : ils ne pourraient absolument pas tenir debout. Or on sait par maintes autres images de Salomon que sa maîtrise technique, ainsi que ses pouvoirs d'observation et ses connaissances pratiques de l'agriculture et de tout ce qui concernait la vie des champs, étaient d'un niveau très élevé. Que la femme soit maladroite ou incompétente, et coupe le bois à l'intérieur des tréteaux et non pas à l'extérieur comme le bon sens l'exige (si elle arrivait à scier son bois, les tréteaux tomberaient par terre), pourrait être un trait réaliste, mais cette suggestion semble difficilement se justifier. La femme qui représente « La Providence » (p. 65) a un air trop emprunté pour être de lui ; la longueur de son cou dépasse même les normes de l'école de Fontainebleau. Les collines et les arbres de « La Détraction » (p. 105) ne sont pas tout à fait du style normal de Salomon. Dans « L'Astuce » (p. 112) la femme qui tient un renard sur ses genoux a une tête anormalement grande, ce qui rappelle d'autres gravures de ce recueil, mais non le style mûr de notre artiste. Pourtant dans cette image l'arbre à gauche et le paysage maritime semblent être de lui. Que faut-il donc penser de ce mélange d'adresse artistique et d'incompétence ? Il est tout à fait possible que Salomon ait laissé quelques dessins qui auraient été gravés plus tard, sans doute longtemps après sa mort, ou bien quelques ébauches qui auraient été achevées par un de ses disciples. Mais il est impossible d'accepter avec enthousiasme l'attribution intégrale à notre artiste. Néanmoins, nous les rangeons parmi ses gravures en raison de leur parenté avec celles des *Hymnes du temps* et parce que la présence de Salomon sous une forme ou sous une autre est indéniable. Il est curieux de noter que dans son édition de l'Ovide, publiée en 1933, lorsque Brun attribuait à Salomon la *Metamorphose d'Ovide figuree* en se fondant sur la « similitude de facture » de ces gravures aux *Quadrins historiques* et aux *Hymnes des Vertus*, il pensait sans doute aux *Hymnes du Temps*, comme d'ailleurs a dû le faire Audin qui l'incluait, avec l'Ovide et la Bible, parmi les œuvres les plus remarquables de Salomon[156].

55. *Traité de Perspective.*

Nous n'avons trouvé aucun signe de la survie de ce manuscrit perdu, livre qui aurait certainement contenu des illustrations, mais nous signalons le fait qu'il a existé dans l'espoir qu'il refera son apparition un jour[157].

56. *Miniature de saint Antoine* (frontispice)

Il s'agit de la lettrine qui orne le livre de comptabilité des recteurs-trésoriers, *Compte de recettes et de dépenses*, de l'Aumône générale de Lyon, daté de 1549-1551[158].

Rondot pour sa part l'attribue directement à Salomon :

> Salomon a fait aussi œuvre de miniaturiste ; nous ne le savons que par un seul ouvrage, mais cette seule preuve nous suffit [...] Le décor d'un jet facile est

---

[156]   Brun, édition de la *Metamorphose*, 1933, Audin, *Histoire de l'imprimerie*, p. 153.

[157]   Du Verdier, *La Bibliothèque Française*, 1585, p. 119 ; voir *supra*, p. 30.

[158]   Voir *supra*, pp. 26-27 et frontispice.

tout à fait dans la manière du petit Bernard, et l'on trouve dans son œuvre le même type de vieillard, toutefois avec moins de noblesse. Notre maître est d'ordinaire moins sévère, moins appliqué à sa tâche; s'il n'est pas toujours correct, il était plus habile qu'il ne s'est montré ici dans l'emmanchement de ses personnages. Quoi qu'il en soit, nous n'hésitons pas à attribuer à Bernard Salomon cette peinture très intéressante; ni le style ni l'exécution ne contredisent notre attribution. Au surplus nous ne sommes pas le seul de cette opinion: M.A. Steyert, qui avait remarqué cette miniature il y a une trentaine d'années, avait reconnu alors le faire de notre maître. Celui-ci est, des peintres et des enlumineurs de cette époque, celui qui avait la nature de talent que comporte un petit ouvrage de ce genre si séduisant[159].

Grangette y voit «une œuvre possible» de notre artiste, jugeant que «la manière est manifestement celle de Bernard Salomon», mais en l'absence d'autre miniature pour servir de comparaison, il décide prudemment qu'il faut la considérer comme une œuvre dans son style[160]. Cette prudence est excessive et on peut l'attribuer fermement à notre artiste. La pose de saint Antoine, la forme élancée du personnage, le drapé et le mouvement de ses vêtements, la finesse d'exécution des doigts et des pages du livre, ainsi que les détails fins de l'animal (défenses, poils) sont bien de Salomon. Les arabesques font tout de suite penser aux encadrements qu'il a dessinés pour Jean de Tournes, et on peut voir une certaine ressemblance dans la bordure qui entoure la marque du Semeur dans la Bible in-quarto de 1561 (voir couverture). Ce qu'il y a de plus proche dans l'œuvre gravé de Salomon serait, dans la Bible, l'image de Dieu créant le monde, ou bien les dessins d'apôtres et de disciples de Jésus-Christ dans les Epîtres du Nouveau Testament: saint Paul avec son épée et sa tête barbue ressemble de très près à cette représentation de saint Antoine, et saint Jacques avec sa barbe et son bâton de pèlerin, saint Pierre avec sa clef, et sa toge dont les pans correspondent presque exactement à ceux de la robe de saint Antoine, et saint Jude avec son énorme masse, fournissent tous des parallèles convaincants. Nous pouvons discerner dans ces détails la preuve concluante que la miniature est de Salomon. S'il y a besoin de confirmation de cette attribution, nous la trouvons dans une comparaison du porc, compagnon iconographique de saint Antoine[161], avec celui qui figure dans la scène de la création de l'homme dans la Bible (fig. 162): le même animal paraît vu de profil et coupé au milieu par la bordure de la gravure; la seule petite différence est que les pattes ne sont pas écartées. Une autre raison pour attribuer cette miniature à Salomon serait précisément sa qualité graphique qui fait penser tout de suite à un dessinateur, et même à un graveur, plutôt qu'à un peintre. Cette qualité est du même genre que celle qu'Auguste Bernard avait trouvée dans certaines miniatures attribuées à Geoffroy Tory (par exemple, dans les *Triomphes de Pétrarque* et les *Commentaires de César*):

Dans les deux ouvrages, les dessins ont le même aspect: ils se distinguent de ceux des miniaturistes de profession, par une sobriété de couleur très-caractéristique. Ils sont d'ailleurs d'une délicatesse et en même temps d'une netteté qui ne peuvent provenir que de la main d'un graveur. Or ce graveur ne peut

---

[159]   Rondot, pp. 63-64.
[160]   Grangette, p. 167.
[161]   Pour une référence contemporaine de Salomon, voir *Gargantua*, chapitre 17.

être un autre que Tory, dont on retrouve là les écussons et jusqu'aux arabesques antiques[162].

57. *Varia.*

Un recueil de gravures préservé dans le Cabinet d'Estampes de la BnF (Est Ed 7 Rés. Petit folio) contient plusieurs échantillons de l'œuvre de Salomon. Il s'agit des ouvrages suivants: les onze paires de têtes de la *Chiromance*, les *Figures du Nouveau Testament* (1556), dans un exemplaire démonté et recollé sur les feuilles du recueil, les *Quadrins historiques* (1558), les *Hymnes du temps* (sans le texte), la *Metamorphose d'Ovide figuree* (1564) quelques planches du Virgile de 1560 (V, VI, IX, X), et du *Thesaurus amicorum*, et une scène de théâtre. Ces gravures sont généralement en bon état, certaines insérées dans des feuilles de papier de sorte que l'on en voie les deux côtés à la fois. Tout cela a déjà été publié par Tournes dans d'autres éditions, et le recueil ne contient que des exemplaires démontés dont les pages ont été recollées ici. Les bords de ces gravures présentées ainsi « en fenêtre » ne sont pas toujours visibles. Dans le cas du *Thesaurus* il n'y a rien au verso. Il y a en plus un échantillon curieux des *Hymnes des Vertus* (fig. 48) (deux feuilles de 30,9 cm. x 21,7 cm., chacune contenant six planches sans texte, dans une impression excellente: Assiduité, Vigilance, Diligence, Modération, Sollicitude, Perséverance: et Magnanimité, Parsimonie, Société, Promptitude, Vanité, Providence). De même il y a deux exemplaires d'une feuille simple (27,7 cm x 19,2 fig. 225), imprimée d'un seul côté, qui contient quinze bois dont la plupart de Salomon: neuf de la suite ovidienne, une gravure qui vient des *Angoisses et Remèdes d'Amour*, et qui reparaît dans les *Pourtraits divers*, un miroir sous forme de devise, deux représentations de Pégase, et deux autres figurant des soldats. Ces trois feuilles composites semblent constituer des essais d'encrage et d'impression. Ce recueil contient en outre quelques pièces «attribuées à Bernard Salomon» qui proviennent d'un Missel: il s'agit de 126 bois en longueur tirés du Nouveau Testament, surtout des paraboles, et d'un calendrier (travaux des mois) sur une seule feuille, mais qui ne sont pas de lui. A la bibliothèque de l'Arsenal il existe un autre recueil qui inclut des œuvres de Salomon (Est. 171): par exemple, la première planche des *Opuscules* de Plutarque, les deux planches de la *Saulsaye*, une représentation de Saturne, dix scènes de théâtre et les deux scènes de chasse qui viennent des *Pourtraits divers*, six scènes ovidiennes qui semblent être des copies fidèles et non pas des originales, et quatre gravures des *Hymnes des Vertus*[163].

ATTRIBUTIONS POSSIBLES OU DOUTEUSES

1a. *Juris prudentia A primo et divino sui ortu, ad nobilem Biturigum Academiam deducta*, Lyon, au Sagittaire, 1554. In-4° (Baudrier, t. IV, pp. 315-316). 20 gravures.

BnF (2).

Ce livre de Barthélemy Aneau, un ouvrage érudit et littéraire sur l'histoire et la théorie du droit et la *prisca theologia*, publié peut-être par l'auteur lui-même, se

---

[162] Bernard, *op. cit.*, pp. 191-192.

[163] Voir Gaston Schéfer, *Catalogue des estampes, dessins, et cartes de la Bibliothèque de l'Arsenal.*

transforme vers la fin en un mini-livre d'emblèmes, puisqu'il contient une suite de pages avec gravure, poème et inscription de dédicace à l'éloge de quelques grands juristes. Selon Baudrier, qui y voit la présence de plusieurs artistes, «toutes les figures paraissent appartenir à l'école de Bernard Salomon et plusieurs sont certainement son œuvre». Pour Brun, en dehors du portrait de Marguerite de France (fig. 253) qu'il pense être de la main d'Arnoullet, il y a une suite de six bois à double filet «dans le goût de Bernard Salomon» (surtout Minerve et le dragon, p. 16), et d'autres qui sont d'Eskrich (les trois derniers) ou dans sa manière (l'Hercule gaulois, p. 60). Nous signalons l'hypothèse de Marie Madeleine Fontaine qui se demande si l'on ne peut pas détecter l'œuvre de Woeiriot plutôt que d'Eskrich (cela concerne surtout l'image de Marguerite)[164]. Mais avant de chercher à savoir lesquelles de ces gravures pourraient être l'œuvre de Salomon il faudrait éliminer celles qui ne le sont certainement pas, ayant déjà figuré dans d'autres livres et que d'un accord commun on attribue maintenant à Eskrich. Il s'agit de trois d'entre elles qui viennent du Marot de Roville (1550) et allaient refigurer dans Les Trois premiers livres (1556) (dont deux paraissent également dans L'Imagination poétique), et neuf qui proviennent des Emblèmes publiés par Roville en 1548. Certaines gravures n'appartiennent pas du tout à notre artiste : la grande image de la Justice (p. 10), et une autre grande image d'un personnage qui tient une tablette où sont inscrits les mots «Discite Justitiam Moniti» (p. 47). En revanche, il y en a d'autres qui peuvent être attribuées à Salomon. La page de titre (p. 1, fig. 252) est tout à fait dans son style : la marque de l'imprimeur figure le sagittaire qui tire vers le soleil, et un serpent qui se mord la queue, et dans la bordure à gauche Apollon qui joue du luth écrasant Python, à droite Mercure debout sur le corps d'Argus, Minerve dans l'eau qui agite la main (pour guider le navire des Argonautes) – Marie Madeleine Fontaine signale l'identification avec Marguerite de France, fille de François I[er][165] ; en haut à gauche la Fortune et à droite un vieillard qui représente le droit canon, et tout en haut la Justice. Au verso de la page de titre, la devise de Marguerite, à qui Aneau dédie son livre, pourrait bien être de Salomon, et certaines autres des gravures sont de lui ou de son atelier ou bien copiées sur ses dessins. La très belle image de la reine Marguerite qui se tient debout sur le Sphinx (p. 36, fig. 253), que Brun attribue à Jean Arnoullet, est attribuable à Salomon mais la gravure intitulée «Disputationes anniversariae» est plutôt l'œuvre d'Eskrich. (p. 48).

2a. *L'Enfer de Cupido, Par le Seigneur des Coles*, Lyon, Macé Bonhomme, 1555. In-8° (Baudrier, t. X, p. 245). 24 gravures.

BnF ; Beaux-Arts (2) ; Harvard.

Ce livre inclut quelques images qui appartiennent en propre à l'Entrée du cardinal Farnese à Carpentras dont Baudrier attribue le dessin à Salomon. Il s'agit de cinq gravures (p. 8, p. 11, p. 34, p. 35, p. 43). Brun semble moins sûr de leur attribution[166].

---

[164] Biot, *op. cit.*, p. 140, pp. 349-363 ; Baudrier, t. IV, p. 316, Brun, p. 111. Voir Marie Madeleine Fontaine, *Alector ou Le Coq*, t. I, pp. xxxii-xl, t. II, pp. 903-908.

[165] *Ibid.*, t. II, p. 907.

[166] Baudrier, t. X, p. 245, voir pp. 188-189 pour le texte de la préface ; Brun, p. 168 ; Brunet décrit ce livre comme un «Petit poëme très-médiocre sur les tribulations que fait éprouver l'amour», t. II, col. 612 ; voir *supra* n° 29.

Nous les avons déjà acceptées comme appartenant au canon salomonien. Parmi les autres images la plupart sont de la main d'Eskrich. Trois (Cupidon dans son char, p. 5, Ulysse et les Sirènes, p. 7, la Prudence, p. 35) avaient paru dans les *Emblèmes* de 1548 publiés par Roville, et dix (p. 10, p. 12, p. 17, p. 27, p. 32, p. 33, p. 38, p. 44, p. 44, p. 45) dans l'*Imagination poétique* de 1552, dont les trois premiers avaient aussi paru dans le Marot de Bonhomme de 1550 et allaient paraître avec deux autres en 1556. Les gravures dont l'éditeur a fait remploi sont parfois bien choisies (l'image d'Atlas, p. 8), parfois moins bien adaptées au texte de Choles, par exemple le bâtiment où se trouvaient les soldats à Carpentras (f. D ij r°, fig. 146) représente maintenant «Des infernaux en leur obscur manoir» (p. 11, f. Avi r°), et l'arc de Carpentras qui contient les statues des quatre vertus cardinales (f. Fiv r°, fig. 150) sert maintenant (p. 43, f. Cvi r°) pour illustrer un temple infernal. D'autres sont tout à fait impropres, comme la figure de Némésis, ou celle de Justice. Parmi les autres gravures certaines sont attribuables à Salomon (Faux-Semblant, p. 13, deux gravures, le Tombeau de Sophocle, p. 15).

3a. *Les XXI. Epitres d'Ovide. Les dix premieres sont traduites par Charles Fontaine Parisien : le reste est par lui revù, et augmenté de Préfaces. Les amours de Mars et Vénus, et de Pluton vers Proserpine, imitacion d'Homère et d'Ovide* [trad. par Joachim du Bellay], Lyon, Jean de Tournes et Guillaume Gazeau, 1556. In-16° (Cartier, n° 341). 13 gravures.

BnF ; Arsenal ; Londres ; Harvard.

Les XXI. Epistres d'Ovide. Les dix premieres sont traduites par Charles Fontaine Parisien : le reste est par luy reveu et augmenté de prefaces. Les amours de Mars et Venus, le ravisement de Proserpine, imitation d'Homere et d'Ovide : et le combat d'Hercule avec Achelois, Lyon, Jean de Tournes, 1573. In-16° (Cartier, n° 559). 19 gravures (y compris le portrait).

BnF ; Arsenal ; Sainte-Geneviève ; Beaux-Arts ; Harvard.

Dans sa description de l'édition des *Epîtres* de 1556, Cartier ne précise pas le nombre des gravures, mais en parlant de l'édition de 1573 il annonce par erreur que l'édition originale en contient dix-huit. L'exemplaire de la Bibliothèque nationale de France, et celui de l'Arsenal, n'en contiennent que treize, ce qui est corroboré par la description que fait Mortimer de l'exemplaire de Harvard[167]. Firmin-Didot le décrit mais sans attribuer les gravures[168]. Cartier dit simplement à propos de l'illustration de l'édition de 1556 : «Avec fig. s. bois attribuées au Petit Bernard». Pour ajouter à la confusion, à propos de l'édition de 1573 il discute l'attribution à Salomon dans les termes suivants :

> Les planches originales de cette édition, soit les figures des épîtres 1 à 6, 9 à 11, 13, 17, 18, 20, ne sont certainement pas de Bernard Salomon ; les statures sont plutôt ramassées, les têtes rondes, les lignes de fond sont indiquées par des traits continus, les chevaux ne sont pas dessinés d'après l'antique, mais d'après les modèles vivants que le peintre avait sous les yeux et le dessin des arbres à tronc épais et droit est tout différent. Ces figures doivent être

---

[167]   Mortimer, n° 402.

[168]   Firmin-Didot, *ET*, col. 238.

l'œuvre d'un dessinateur anonyme, mais d'ailleurs habile et dont la manière procède certainement de celle du Petit Bernard[169].

Mortimer signale qu'en 1556 un des treize bois est légèrement plus grand que les autres, celui qui figure Médée (f. o7r°); il vient de l'Alciat de 1547 et réapparaîtra dans la *Metamorphose* de 1557, sous le titre *Medée se venge de Iason* (f. f4r°)[170]. Cartier fait observer que la seconde édition ajoute la planche pour le combat d'Hercule qui vient de la *Metamorphose* de 1557, mais ne semble pas avoir remarqué que d'autres gravures de cette édition viennent du même endroit: *Sappho escrit à Phaon*, qui en 1557 devait illustrer *Hiries en Lac* (p. 390), *La Fable des Amours de Mars et de Venus*, dont le titre était alors *Mars et Venus surpris par Vulcan* (p. 410, fig. 220), et *Le Ravissement de Proserpine*, autrefois *Pluton et Proserpine* (p. 419), et celle de *Leander et Hero* (1556, p. 333, 1573, p. 318, déjà présente en 1549). Il se peut que Cartier n'ait eu qu'une connaissance indirecte de l'édition de 1556, peut-être par l'intermédiaire d'un correspondant, et qu'il ait été induit en erreur à l'égard de l'illustration, même pour l'édition de 1573 qu'il a certainement eue entre les mains. Sa conclusion sur la paternité des autres gravures est sans doute juste. On pourrait penser que le dessinateur anonyme était quelqu'un qui travaillait chez Tournes, dans l'atelier de Salomon, qui l'aurait aidé ou «corrigé» dans son dessin. Il reste possible pourtant que certains des bois soient plus directement de lui. Nous voyons par ailleurs une ressemblance entre certains de ces bois et les bois théâtraux des *Pourtraits divers*, publiés en 1556, mais conçus et dessinés avant.

4a. *Illustratione de gli Epitaffi et Medaglie Antiche*, [par Gabriel Simeoni], Lyon, Jean de Tournes, 1558. In-4° (Cartier, n° 419, Renucci, n° 14, Bingen, n° 628, *BFEB*, F 525). 48 médaillons, 25 gravures.

BnF (7); Mazarine; Sainte-Geneviève; Beaux-Arts (2); Arts et Métiers; Lyon (2); Genève; Londres; Harvard. Pour la localisation d'autres exemplaires, voir Bingen.

Les Illustres observations antiques du seigneur Gabriel Symeon Florentin. En son dernier voyage d'Italie l'an 1557, Lyon, Jean de Tournes, 1558, Pet. in-4 (Cartier, n° 420, Renucci, n° 13, *BFEB*, F 526). 35 médaillons, 19 gravures.

BnF (2), Mazarine, Sainte-Geneviève (4), Beaux-Arts (2); Lyon (5); Londres (2); Harvard.

Selon Papillon, «On a tout lieu de croire que ces Estampes en bois, (vu leur délicatesse et leur propreté) ont été gravées par Bernard Salomon, aussi bien que toutes celles qui sont dans la Description de la Limagne d'Auvergne du même Auteur, qu'Antoine Chappuis traduisit et publia en Français en 1561». Firmin-Didot ne les lui attribue pas dans son *Essai typographique* mais dans son *Catalogue* il inclut ce livre dans les œuvres de Salomon, s'enthousiasmant pour la qualité des gravures, mais accompagnant son commentaire d'un point d'interrogation. Rondot entre plus en détail mais se montre très sceptique et plutôt négatif:

---

[169] Cartier, p. 567. Trautner suit ici Cartier de près («Ovidausgaben von Jean I. und Jean II. de Tournes», pp. 148-149.)

[170] Mortimer, *loc. cit.*

On reconnaît le faire de Salomon dans une partie des vignettes dont quelques-unes avaient été faites pour d'autres ouvrages. La fontaine d'Anet [fig. 237] et l'encadrement du titre sont dans le style primaticien; sont-ils de la main du petit Bernard? On peut en douter. S'il en a donné le dessin, le graveur ne l'a pas reproduit suivant le procédé ordinaire. Chaque édition présente un portrait différent de Symeoni, l'un et l'autre excellents, dont l'exécution donne à penser que les portraits sont d'un autre artiste que Salomon plus correct et plus sévère que celui-ci. Bref, le petit Bernard paraît avoir travaillé assez peu à ce livre pour hésiter de laisser à son actif les *Observations antiques* de Simeoni dont l'illustration est faite pour nous étonner.

Audin est cependant beaucoup plus accueillant: «Figures et médailles de B. Salomon». Renucci donne son appui à cette attribution: «Les deux ouvrages sont richement illustrés par le Petit Bernard, peintre et graveur ordinaire de Jean de Tournes». Cartier complique le sujet en disant que les gravures de ce livre sont du même artiste que celui qui a fait les *Devises*, et en rappelant que deux d'entre elles dans la version italienne (le Cirque) viennent de l'édition de *Vitruve* dont il a déjà attribué au moins les principales gravures à Salomon, et nommément celles-ci. Il aurait pu ajouter que la gravure de Diane et Actéon (édition française, p. 97) est celle de la *Metamorphose d'Ovide figuree*. Mais il est clair qu'il n'attribue pas à Salomon l'ensemble de l'illustration du livre dont nous parlons. Grangette y voit un travail d'atelier, tandis que Nicole Bingen affirme que les gravures sont de Georges Reverdy[171]. Que faut-il conclure? Les encadrements d'arabesques sont de Salomon. Aux autres gravures que nous venons de mentionner qui font déjà partie du canon salomonien, il faudrait ajouter la gravure de Diane tirée dans son char par deux cerfs, qui surmonte la dédicace à Alphonse d'Este (f. A2r°, fig. 239). Certains des bois figurant des médaillons, des pierres tombales et des socles antiques qui contiennent des inscriptions, ne semblent pas être du travail de Salomon: la médaille de Laure en Avignon (p. 13), la maison de Pétrarque à Vaucluse, (p. 29, fig. 243), la représentation d'un couple assis sur un lit, où les personnages et le mobilier sont visiblement le travail d'un autre artiste (p. 40), Pallas (p. 41), Bacchanale (où l'ombrage des contours est fort prononcé) (p. 42), l'«Origine de Rome» (p. 85), «Motte des Sarazins» (p. 95), «Figura di Bronzo di Diana» (édition en italien, p. 111, f. o4r°), «Marmo antico à S. Hireneo» (édition en italien, p. 138, s1 v°). En ce qui concerne la «Fontaine d'Anet qui parle» (p. 96, fig. 237), le château ressemble beaucoup à celui d'un médaillon du même sujet que nous avons déjà attribué à Salomon, mais le personnage de Diane est trop raide pour qu'on puisse le lui attribuer[172]. La «Devise morale de Diane» (p. 102, fig. 241) rappelle Salomon par certains côtés (le paysage et le mouvement) mais la composition de cette gravure ainsi que le travail des tailles sont d'un autre artiste. En ce qui concerne la gravure de Vaucluse, Renucci estime qu'elle a été dessinée sur les indications de Simeoni lui-même d'après trois croquis méticuleux pris de points de vue différents que l'archéologue aurait faits sur place, selon ses habitudes. Dans sa

---

[171] Papillon, p. 349, Firmin-Didot, *ET*, col. 240, *Catalogue*, nᵒˢ 527 et 528, Rondot, pp. 78-79, Audin, p. 15, Renucci, p. x; Cartier, pp. 340-341; Mortimer cite les jugements de Rondot, Cartier (et Audin) n° 497; John Cunnally, *Images of the Illustrious* (p. 111) a accepté l'attribution à Salomon, s'appuyant sans discussion sur Mortimer; Grangette, p. 145 et p. 161; Nicole Bingen, *Philausone*, n° 628, p. 349.

[172] Voir *supra*, n° 45, p. 310.

préface au cardinal Charles de Lorraine, l'auteur précise que son but est de porter témoignage («mon rapport véritable»); il nous fait pourtant savoir qu'il a fait «peindre», c'est-à-dire dessiner, la scène par quelqu'un d'autre[173].

Il y a deux portraits différents de Simeoni dans les *Illustratione degli Epitaffi* et sa traduction en français, les *Illustres observations antiques* (1558). Dans la version italienne, au verso de la page de titre, on le voit en profil gauche, habillé en toge, placée au-dessus d'un casque gravé d'un dessin, qui repose sur un livre (fig. 233); dans les *Illustres observations* (fig. 231) il est vêtu en pourpoint et manteau de fourrure et entouré par un bois figurant des dieux et déesses et les signes du Zodiaque qui décorent la page de titre de la version italienne. Rondot n'attribue ni l'un ni l'autre de ces deux portraits à Salomon. Renucci lui attribue celui de la version française[174]. Il n'est pas impossible que tous les deux lui soient attribuables par analogie avec celui de la *Vita et Metamorfoseo*. Notre seule hésitation concerne certaines ressemblances entre ce portrait et celui de Léonard Fuchs, qui paraît dans son *De historia stirpium*, publié par Arnoullet en 1549, dont on sait qu'il est de Clément Boussy[175].

5a. *Plantz, pourtraitz et descriptions de plusieurs Villes et Forteresses tant de l'Europe, Asie, et Afrique, que des Indes, et terres neuves: Leurs fondations, antiquitez, et manieres de vivre: Avec plusieurs Cartes generales et particulieres, servans à la Cosmographie, jointes à leurs declarations: Deux tables fort amples, l'une des chapitres, et l'autre des matieres contenuës en ce present livre. Le tout mis par ordre, Region par Region, par Antoine du Pinet*, Lyon, Jean D'Ogerolles, 1564. In-fol. (Baudrier, t. X, p. 106, p. 137 et p. 184, Pastoureau, *Les Atlas français*, pp. 131-133, Boutier, *Les Plans de Paris*, n° 6.C). 62 gravures.

BnF (3); Mazarine; Beaux-Arts; Arts et Métiers; Lyon (2); Londres; Harvard.

Cette édition de 1564 contient tous les bois déjà parus dans l'*Epitome* de 1553, dont certains de Salomon, ainsi que plusieurs nouvelles gravures, y compris celles de Montpellier, Poitiers, Bordeaux, Gênes et Florence[176]. Nous savons qu'en 1553 Arnoullet se proposait de publier un recueil plus complet «dans un an». Mais, comme il l'explique,

> Ne fut certains usurpateurs de nostre labeur comme ennemys de tout bien, n'ayans en leur cœur que ceste avarice ruyneuse du bien public, je vous eusse rendu la presente œuvre plus illustree de figures, mais je les ay retenues encor jusques à l'œuvre entiere et accomplie: et aussi que j'aye diverty leur meschante entreprise (f. A2r°).

Est-il possible que ce livre de 1564 contienne de nouveaux bois de Salomon, déjà prêts en 1553, ou commandés après cette date? Nous suggérons que le Plan de Bordeaux (p. 39), daté de 1563 (mais qui existait sans doute séparément dans un état

---

[173] Renucci, *op. cit.*, pp. 134-135.
[174] *Ibid.*, p. xxiii.
[175] Voir reproduction dans Baudrier, t. X, p. 129.
[176] Du Pinet, *Plant Pourtraict et Description de la Ville de Lyon au XVIᵉ siècle*, 1844; Mortimer, n° 191. Mireille Pastoureau rappelle qu'elles viennent du fonds d'Arnoullet et ne figurent pas dans Münster (*Les Atlas français, XVIᵉ-XVIIᵉ siècle*, p. 131).

antérieur) et ne figurant pas chez Münster avant 1572, lui soit attribué à cause de la présence de deux navires qui paraissent de façon identique dans la vue de Naples, sans que nous sachions laquelle des deux gravures copie l'autre. La vue de Florence (p. 161, une copie de celle de l'édition de Münster parue en 1550) lui est attribuable (Baudrier la décrit comme «dénotant le faire de Salomon»): les anges qui portent une couronne et les femmes gracieuses qui tiennent un écusson ressemblent de très près à son travail. Et en dernier lieu la gravure de «Marcus Curtius» (p. 181) peut lui être attribuée. Ce livre contient également quelques autres gravures de Salomon: les cirques et les gladiateurs (p. 159) et «Une louve allaitant Romulus et Remus» (p. 180) qui viennent respectivement du *Vitruve* de 1552 (de Tournes) et du *Tite-Live* (d'Arnoullet) de 1553[177]. Brun semble vouloir minimiser le rôle de Salomon. Il mentionne la possibilité que certains bois soient de lui mais se demande si Jean Arnoullet n'en est pas responsable: «Cet artiste de grande valeur, qui ne paraît pas avoir signé d'autres bois, a dû graver bien des vignettes attribuées d'ordinaire à Bernard Salomon»[178]. Cette hypothèse ne nous semble pas soutenable.

ATTRIBUTIONS REJETÉES

Sous cette rubrique nous examinons des livres dont l'illustration a été attribuée à Salomon souvent dans le passé et l'est parfois encore de nos jours, mais qui, à notre avis, ne sont pas de lui.

1b. *Il Petrarca*, Lyon, Jean de Tournes, 1545. Pet. in-16 (Cartier, n° 44, Ley, n° 158). 3 gravures.

BnF; Arsenal; Mazarine; Lyon; Genève; Londres; Harvard (2). Pour la localisation d'autres exemplaires voir Nicole Bingen, *Philosaune*, n° 544.

Il y a eu parfois confusion entre cette édition et l'édition de 1547 illustrée par Salomon. Le présent livre comporte comme seule décoration: un médaillon rond représentant Pétrarque, un monogramme et un arbre qui viennent du manuscrit trouvé dans le tombeau de Laure (p. 7) ainsi que les armes de Laure (p. 8). La confusion est déjà présente dans l'esprit de Brunet et de Firmin-Didot[179]. Ces illustrations ne sont pourtant pas de Salomon. C'est au cours de cette même année qu'il a fait ses premiers travaux pour Tournes mais rien dans la facture de ces dessins ne suggère notre artiste. Grangette propose le nom de Reverdy[180].

2b. *Le premier livre des emblemes* [par Guillaume Guéroult], Lyon, Balthazar Arnoullet, 1550. In 8° (Baudrier, t. X, p. 123, *BFEB*, F. 280). 28 gravures.

---

177 Voir *supra*, n°s 20 et 28.

178 Baudrier, t. X, p. 141; Pastoureau, *op. cit.*, p. 133 estime que ce sont «des copies de bois attribués à Bernard Salomon»; Brun, *Le Livre illustré en France au XVIe siècle*, p. 114.

179 Brunet, t. IV, col. 550; Firmin-Didot, *ET*, col. 234; voir aussi ce qu'il dit dans son *Catalogue* sur *Alciati Emblematum libri duo* de 1547 (n° 492): «une des premières productions du Petit Bernard, qui paraît avoir débuté par le Pétrarque de 1545»; Gusman, *op. cit.*, p. 186, Lonchamp, *op. cit.*, p. 173; Deonna, *Anciens bois*, p. 164.

180 *Op. cit.*, p. 42.

BnF (2); Arsenal (2); Beaux-Arts; Lyon; Harvard.

Ce recueil contient vingt-neuf emblèmes, dont un seul n'est pas illustré, et il y a trois gravures répétées. Firmin-Didot le mentionne dans son *Essai typographique* mais sans attribution; dans son *Catalogue* il met un point d'interrogation, suggérant que quelques-uns des bois «ont pu être dessinés par Bernard Salomon». Baudrier et Brun en parlent mais sans attribution[181]. De Vaux de Lancey fait observer que la marque de l'imprimeur est l'œuvre d'Eskrich et qu'une des marques utilisées par Tournes est contenue dans l'emblème n° 10 «De la Vipère et du Serpent», mais il avoue ne rien pouvoir dire sur les autres qu'il «n'a pas trouvées dans des ouvrages antérieurs». On peut ajouter que la marque d'Arnoullet pourrait au contraire être de Salomon par la précision et la finesse du dessin, les écailles de la queue de l'hippocampe, sa tête et sa crinière, mais il s'agit d'un élément qui vient du matériel de l'éditeur. Il est possible que la marque de la Vipère soit aussi de lui, mais dans le cas présent nous pensons qu'il s'agit plutôt d'une copie[182]. Certaines de ces gravures font en effet penser à l'œuvre de Salomon: parmi elles se trouvent des illustrations pour les *Fables* d'Esope (n° 2, *Fable du Coq et du Regnard*, n° 11, fig. 254, *Du Lyon, du Regnard, et de la Brebis*, celle-ci mal adaptée au texte puisqu'elle illustre une fable différente, n° 21, *Du Vieux Chien et de son Maistre*). D'autres images rappellent parfois le dessin de Salomon, par exemple *La femme prudente* (n° 6, fig. 255). Pourtant le style de ces gravures, et de toutes les autres, est très loin de celui de notre artiste; par exemple, dans le n° 4, *Embleme d'un paisant et d'un avaricieux* (reproduit dans Mortimer, n° 262), bien que certains éléments du paysage – l'arbre central, le lac avec son bateau, la ville lointaine – puissent rappeler Salomon, l'ensemble du paysage et les personnages d'allure empruntée, ne sont pas de lui; et le n° 13, *Les deux éléphants et les fourmis*, n'est pas de son œuvre: les fourmis ressemblent plutôt à des cloportes ou à des mille-pattes, tandis que Salomon les dessine avec beaucoup plus d'exactitude. La rude simplicité des traits de l'emblème n° 8, *D'un paintre amoureux d'une Dame*, laisse des blancs là où Salomon ne l'aurait jamais fait, et la disproportion des personnages du n° 26 (*Les Princes doivent fuyr les flateurs come le poison*) indique le travail d'un autre.

3b. *Epitome du Thresor des Antiquitez. C'est-à-dire, Pourtraits des vrayes Medailles des Empp. tant d'Orient que d'Occident. De l'estude de Jaques de Strada Mantuan Antiquaire. Traduit par Jean Louveau d'Orleans*, Lyon, Jean de Tournes pour Jacques de Strada et Thomas Guérin, 1553. In-4° (Cartier, n° 259, Baudrier, t. X, p. 366). 390 gravures (ou 485 si l'on inclut les rondelles sans portraits portant seulement le nom des empereurs).

BnF (3); Sainte-Geneviève; Londres; Harvard (2). Voir Baudrier pour la localisation d'autres exemplaires.

Epitome Thesauri Antiquitatum, hoc est, Impp. Rom. Orientalium & Occidentalium Iconum, ex antiquis Numismatibus quam fidelissime deliniatarum. Ex Musaeo Jacobi de Strada Mantuani Antiquarii, Lyon, Jean de Tournes pour Jacques de Strada et

---

[181] *ET*, col. 242, *Catalogue*, n° 497; Baudrier, *loc. cit.*, Brun, p. 204; Mortimer, n° 262; Adams et al., *BFEB*, t. I, pp. 536-537.

[182] Voir *supra*, p. 61; Mortimer, n° 262; MacRobert, p. 10.

Thomas Guérin, 1553. In-4 (Cartier, n° 260, Baudrier, t. X, pp. 365-366). 391 (ou 485) gravures.

BnF (3); Mazarine; Sainte-Geneviève; Beaux-Arts; Lyon (4); Londres; Harvard. Voir Baudrier pour la localisation d'autres exemplaires.

Il est à signaler que ce livre a été réédité à Zurich en 1557 par André Gesner.

Ces deux textes, ornés de portraits (blancs sur fond noir) des empereurs, ont été publiés par l'auteur lui-même (archéologue mantouan qui habitait à Vienne, et qui connaissait bien les collections de Guillaume du Choul et de Jean Grollier)[183], en collaboration avec Thomas Guerin, et c'est Jean de Tournes qui les a imprimés, même si la version française ne porte pas son nom, et que la version latine le nomme seulement à la fin du volume, «*Lugduni, Excudebat Joannes Tornaesius*». Certains historiens de la gravure ou de l'histoire du livre ont pu attribuer ces médailles à Salomon, par exemple, Papillon, Nagler, et Duplessis[184]. Papillon lui attribue aussi le frontispice qui porte la marque de Guerin (un crabe et un papillon) et au verso un autre cartouche ovale qui contient les armes de Jean-Jacques Fugger, dédicataire de la préface: «on y reconnoît facilement le goût de Bernard Salomon»[185]. Firmin-Didot, semble le suivre. Baudrier a un peu hésité: il décrit d'abord des «spécimens des vignettes dessinées par Jacques de Strada d'après les originaux anciens et gravés sur bois par les tailleurs d'histoires de Bernard Salomon», mais plus loin il signale ces

> 485 reproductions de médailles, figures et revers, sur fond noir très délicatement gravées sur bois par Bernard Salomon [...] L'œuvre de Strada est doublement intéressante au point de vue de la numismatique et de la gravure, elle a été gravée sur bois sous la direction de Bernard Salomon, par ses meilleurs tailleurs d'histoires

et il continue en décrivant le «Second tirage des vignettes dessinées par Jacques de Strada, archéologue, et par Bernard Salomon». Plus récemment, Jean Seznec a donné son appui à cette attribution en disant que «le Petit-Bernard, de sa pointe la plus délicate, incisait sur fond noir des profils d'empereurs pour le *Thesaurus* de Strada», et Horst Kunze est du même avis[186]. Baudrier a parfaitement raison de dire que le dessinateur de ces médaillons est l'auteur du texte, Jacques Strada lui-même. Cartier fait observer qu'il s'agit ici d'un épitomé d'un grand ouvrage qui n'a jamais été publié, mais qu'il existe à Vienne et à Gotha de grands recueils de dessins de Strada, qui comptait publier son travail en quatre volumes[187]. Ce dernier, pour sa part, décrit soigneusement son propre rôle dans l'illustration de son livre, sans nommer pourtant les tailleurs de bois à qui a été confiée la gravure: dans l'épître qu'il adresse «A Tresillustre seigneur le comte de Kirchberg et Weissenhorn, Seigneur Jean Jaques Foucre» il écrit:

---

[183]   Sur Strada voir Cunnally, *op. cit.*, pp. 26-33.

[184]   Papillon, p. 233; Nagler, *Neues allgmeines Künstler-Lexicon*, p. 221; Duplessis, *Histoire de la gravure*, p. 28.

[185]   Papillon, *ibid.*; voir la description de ces belles gravures dans Cartier, pp. 357-358.

[186]   Baudrier, t. X, p. 366; Seznec, «Erudits et graveurs au XVIᵉ siècle», p. 123; Kunze, *Geschichte der Buchillustrationen in Deutschland*, p. 540.

[187]   Cartier, *loc. cit.*, citant «Freytag, II, 1046».

Parquoy j'ay voulu seulement te montrer pour le present ce peu d'images, lesquelles sont vrayes et loyalles, et à la mienne volunté que le Graveur les eust
aussi bien observees, comme je les avois de ma main propre pourtraites et
tirees au vif : car en tel office je ne me suis voulu fier à autrui.

Strada poursuit son argument ainsi :

Aucunefois est aduenu qu'il ha mis ou changé une lettre pour autre, comme
vous trouverez en ce nom de Heliogabalus, au lieu duquel il ha mis HELEO-
GABALUS, En quoy je m'excuse envers les doctes et prudens, leur promettant
et assurant, qu'il n'y ha eu si legiere faute, dequoy je ne me sois aperceu, et
n'ha point tenu à moy, mais il estoit trop tard d'y pouvoir remedier, car si
ainsi est qu'un homme seul fait une faute, à plus forte raison plusieurs en peuvent faire davantage[188].

Malgré tous ses soins, Strada lui-même a mal décrit la coquille puisque l'inscription de la médaille se lit «HELEAGAB.», et de toute façon Baudrier a tort de dire que
Strada en rend Salomon responsable. Il est clair que Strada est l'auteur des dessins
puisqu'il nous le dit. Mais est-il possible que Salomon soit responsable de la gravure ? Rondot, tout en étant très appréciateur, conclut : «Quant à nous, nous
n'avons pas reconnu la manière de Salomon dans ces étranges petits médaillons qui
ont à l'apparence quelque chose du nielle florentin» (l'idée est empruntée à Duplessis). Cartier précise : «La gravure est bonne, mais rien ne permet de l'attribuer au
Petit Bernard, comme l'a fait M.G. Duplessis, et l'on peut même contester cette
attribution par plusieurs motifs», et Ruth Mortimer est du même avis. Grangette
détecte la main de plusieurs graveurs et pense que le dessin est peut-être de Salomon[189]. Pour notre part nous ne voyons aucune raison pour accepter cette attribution.

4b. *Discours sur la Castrametation et discipline militaire des Rommains [...] Des bains et
antiques exercitations Grecques et Romaines. De la religion des anciens Romains* [par
Guillaume du Choul], Lyon, Guillaume Roville, 1555. In-fol. (Baudrier, t. IX,
p. 220, voir Renucci, n° 8). 550 médaillons et 47 gravures architecturales et sculptu-
rales (d'après Cunnally[190]).

BnF (2) ; Lyon (2 dont un incomplet) ; Harvard (incomplet).

Ce livre sera réédité en 1556, 1557, 1581 et 1672, et connaîtra plusieurs éditions
italiennes (entre 1555 et 1571, selon Bingen, n° 241) et une espagnole (1579).

Dans une lettre-préface Roville s'excuse de l'absence de la partie consacrée à la
religion des Romains, qui résulte de «La raisonnable tardivité des ouvriers es pourtraits et tailles des figures».

Discours de la religion des anciens romains [par Guillaume du Choul], Lyon,
Guillaume Roville, 1556. In-fol. (Baudrier, t. IX, pp. 229-230, Renucci, n° 15)

BnF ; Lyon, (7) ; Mazarine (2) ; Londres ; Harvard.

---

[188]   Strada, *Epitome du Thresor des Antiquitez*, ff. bb2v°-3°r.
[189]   Rondot, p. 76, Cartier, p. 358, Mortimer, n° 502, Grangette, p. 120.
[190]   *Op. cit.*, p. 188.

Ce livre aussi connaîtra plusieurs éditions italiennes.

Ni Firmin-Didot ni Baudrier ne font d'atrribution. Cunnally cite l'attribution à Eskrich. Jean Seznec a suggéré l'attribution à Salomon[191], mais elle est à rejeter. En ce qui concerne les médailles, il n'est pas impossible que certaines soient de lui mais il n'y a pas de preuve. Dans les gravures plus grandes les personnages sont plus substantiels, plus larges; il y a moins de variété dans la pose qui est souvent peu gracieuse et moins énergique. On peut voir aussi une grande différence dans la façon de dessiner, par exemple les cheveux ou bien les serpents. Dans le livre sur la castramétation les grandes planches qui figurent des soldats à pied ou à cheval sont beaucoup moins fines que celles de l'Entrée d'Henri II, et le style en est tout à fait différent. Les cous sont moins allongés et les visages, quand il s'agit de personnages plus petits, ont encore moins d'expressivité que chez Salomon.

5b. *Astronomique discours, Par Jaques Bassantin Escossois*, Lyon, Jean de Tournes, 1557. In-fol. (Cartier, n° 357). 175 gravures.

BnF (2); Arsenal; Sainte-Geneviève; Beaux-Arts; Arts et Métiers; Lyon (2); Londres; Harvard (2).

Tournes venait de publier une réédition de la *Paraphrase de l'Astrolabe* de Bassantin; l'*Astronomique discours* parut à Lyon en 1559 sous le titre *Astronomia. Opus absolutissimum I. Bassantani*, et de nouveau à Genève en 1599. Une seconde édition en français vit le jour seulement en 1613 à Genève (BnF, Sainte-Geneviève).

Pour Bernard il est certainement de Salomon. Rondot ne le mentionne pas. Cartier, qui donne une liste des bois, et des dessins géométriques et astronomiques, et signale les «19 grandes figures ou cadrans avec pièces mobiles», ne fait pas d'attribution[192]. Pour Grangette il n'y a pas de doute, elles sont de lui: «Le style de Bernard Salomon est perceptible dans les personnages qui surmontent des cadrans et leur servent d'attache.»[193] On serait peut-être en droit de supposer que celui qui a illustré la *Paraphrase de l'Astrolabe* soit aussi responsable de ce livre-ci, surtout après que Bassantin l'a réédité, mais il n'y a aucune raison plus positive d'en attribuer l'illustration à Salomon, bien que le livre contienne quelques fleurons et lettrines de sa main. Mais le style de la grande planche circulaire (25,7 de diamètre, p. 196) qui figure des personnages et des animaux plutôt lourds et trapus n'est pas le sien.

6b. *Thesaurus amicorum. Variis iconibus iisque perelegantibus illustratus*, Jean de Tournes [sans date, 1557 et 1559?]. In-8° (Cartier, n° 794). 96 gravures.

BnF (3 dont un incomplet).

Insignium aliquot virorum icones, Lyon, Jean de Tournes, 1559. In-8° (Cartier, n° 442). 145 gravures.

BnF (3); Sainte-Geneviève (2); Beaux-Arts; Lyon; Londres (2); Harvard.

---

191   Firmin-Didot, *Catalogue*, n° 574, Baudrier, t. IX, pp. 229-230; Seznec, *art. cit.*, p. 123, suivi par Lestringant, *op. cit.*, p. lxxi.
192   Bernard, *op. cit.*, p. 336; Cartier, p. 698.
193   Grangette, p. 130.

    Il est nécessaire de parler de ces livres ensemble puisqu'ils renferment en partie
la même illustration, bien que certains sujets soient très différents[194]. Le *Thesaurus*,
un *album amicorum* destiné à recevoir les signatures ou poèmes d'amis, n'est pas
daté mais il est sans doute à peu près de la même période que la parution de l'Ovide
et des *Pourtraits divers*. Tournes a reproduit dans ce livre la série des encadrements
parus dans la *Metamorphose d'Ovide figuree*. Dans certains exemplaires ces bordures
entourent des médaillons qui reparaissent dans les *Insignium aliquot virorum icones*
de 1559 «avec les noms des personnages et les devises extraites de leurs maximes ou
livres, en grec, en latin, en français ou en allemand»[195]. Les encadrements, comme
nous venons de le voir, font partie du canon salomonien, mais qui est responsable
des médaillons? Marius Audin, qui a étudié en détail les exemplaires du *Thesaurus*[196], distingue trois éditions différentes mais sans pouvoir les dater ni même les
ranger par ordre chronologique, sauf pour dire qu'il les croit l'œuvre de Jean I de
Tournes et non pas de son fils: (i) Le premier exemplaire est en deux parties, 104 ff
(208 pp.), contenant 208 encadrements, et ensuite 96 ff. (192 pp.) toujours avec encadrements, mais contenant au verso un portrait en médaillon et une devise[197]; (ii) un
exemplaire sans titre, dit «de Jean Durant» d'après une note manuscrite de Cartier,
est composé de 188 ff. (376 p.); il n'y a pas de portraits et l'ordre des encadrements
n'est pas le même[198]; (iii) une autre édition avec titre, 104 ff. (208 pp.) et 96 ff. mais
où les médaillons sont imprimés au recto[199]. Il serait raisonnable de croire que l'édition originale était celle où manque la série de portraits. Nous suivons cette suggestion de Cornelia Kemp sans savoir pourquoi elle date cette édition de 1557[200]. Elle
a sans doute raison pourtant de dater la deuxième édition, celle où paraissent les
portraits, de 1559: la confirmation se trouve peut-être dans une lettre parue dans les
Insignium aliquot virorum icones de cette année, datant du «II Cal. Aprilis, 1559».
Jean II de Tournes, s'adressant à «G. Tuffano Gymnasiarchae Nemausensi viro eru-
ditiss.», explique que cela fait longtemps que son père possède les bois sans s'en servir[201]. Ce livre, qui constitue une sorte de «médaillier», appartient à une tradition
en plein essor: les *Illustrium Imagines* d'Andrea Fulvio (Rome, 1517, Lyon, 1524),
les *Imperatorum et caesarum vitae* (Arnoullet, 1550), les *Chroniques et gestes admi-*

---

[194]   Mortimer, n°s 514 et 527.

[195]   Firmin-Didot, *ET*, cols 238-239.

[196]   M. Audin, *Le* Thesaurus amicorum *de Jean de Tournes*, Lyon, Les Deux-Collines, 1927, p. 7.

[197]   BnF Rés. G 2640.

[198]   Cet exemplaire, celui de la Bibliothèque Rothschild (3368) (t. V 155-158) contient beaucoup
        de textes manuscrits. L'exemplaire de Harvard contient 415 pages d'encadrements, mais sans
        médaillons; voir Mortimer n° 514, p. 268, qui signale que les encadrements viennent tous de
        la *Metamorphose* avec l'ajout d'un encadrement historié (Cartier «Trône»).

[199]   BnF Rés. p G 8, provenant de la bibliothèque Didot (*Catalogue*, 1867, n° 196, *Catalogue*,
        1879, n° 444) et de la Bibliothèque A. Rosset à Lyon.

[200]   «Vita corneliana: Das emblematische Stammbuch von Theodor de Bry bis Peter Rollo»,
        p. 54, n. 2; cet article fournit (p. 53) des indices bibliographiques sur l'Album amicorum.

[201]   «*Cum pater jandudum haberet hasce icones inutiles, ne omnino perirent, haec pauca, quae huic
        opusculo insunt, ex variis auctoribus accumulavi*». Une lettre adressée à la jeunesse studieuse
        cependant fait savoir que l'éditeur a ajouté après coup le texte aux images: «*Hoc igitur opus-
        culum in lucem emisi: in quo iconibus annexui nonulla de eorum, quos exprimunt, vita, et
        genere: insuper aetatem qua quisque vixit.*» (ff. A2 r°, A3 r°).

rables des empereurs, avec les effigies d'iceux de Guéroult (1552), *Le promptuaire des médailles des plus renommées personnes*, publié par Roville, avec des gravures de Georges Reverdy, sans doute d'après des dessins ou des peintures de Corneille de La Haye (Lyon, 1553)[202], l'*Epitome du Thresor des Antiquitez* de Jacques Strada (également Lyon, 1553) les *Imperatorum Romanorum Imagines* de Gesner avec des portraits par Wyssenbach and Schweitzer[203] (Zurich, 1559), les *Icones* de Théodore de Bèze (Genève, 1580), et la *Prosopographie ou Description des hommes illustres, et autres renommez, divisée en 3 tomes*, (Lyon, 1603)[204].

Firmin-Didot, dans son *Catalogue,* inclut le *Thesaurus* et les *Insignium aliquot virorum icones*, parmi les œuvres de Salomon sans préciser s'il le croit également responsable des bordures et des portraits, et Auguste Bernard les attribue à Tory. Mortimer fait remarquer que la qualité du travail est inégale et elle y décerne la main de plus d'un artiste, et Brunet considère que la médiocrité de la gravure égale celle du texte[205]. Tout ce que l'on peut en dire c'est qu'il n'y a aucune raison de les attribuer à Salomon. Il en aurait été bien sûr capable, mais même s'il était l'illustrateur principal de Jean de Tournes, il y en avait d'autres. La gravure et le dessin nous semblent bons dans l'ensemble, mais ni le style ni la taille ne sont de lui; il y a un aspect archaïsant dans le dessin (peut-être à cause du modèle que suit l'artiste), et la façon de souligner les têtes par des ombres n'a rien de lui.

7b. *Dialogo pio et speculativo, con diverse sentenze Latine & volgari di M. Gabriel Symeoni Fiorentino*, Lyon, Guillaume Roville, 1560. In-4° (Baudrier t. IX, pp. 266-268, *BFEB*, F. 529, Renucci, n° 20b). 60 gravures.

BnF (3), Arsenal (4), Mazarine, Sainte-Geneviève, Lyon (5); Londres (2); Harvard.

Description de la Limagne d'Auvergne en forme de Dialogue, [traduite par Antoine Chappuys], Lyon, Guillaume Roville, 1561. In-4°. (Baudrier, t. IX, pp. 276-277 Renucci, n° 21). 60 gravures.

BnF (3), Lyon (3), Londres (3).

Papillon attribue à Salomon l'illustration de ce dialogue italien et de sa traduction française, tandis que Baudrier l'attribue en partie à Eskrich et en partie au «Maître à la Capeline». Firmin-Didot range l'illustrateur dans la catégorie des artistes anonymes[206]. Il suffit de regarder la sculpture en pierre dorée du lion couronné, emblème de la cité de Florence (p. 44) ou la chimère en bronze trouvée dans la région d'Arezzo (p. 45) pour avoir des doutes sur l'attribution à Salomon, et la

---

[202] Certaines de ces gravures sont attribuées à Eskrich et d'autres à d'autres artistes; voir *supra*, pp. 41-42.

[203] Rondot, pp. 76-77; Bliss, *A History of Book Illustration*, pp. 147-148; voir Jean Guillemain, «L'antiquaire et le libraire... », qui donne un arbre généalogique de ces éditions.

[204] Sur les rapports entre la numismatique et la gravure, voir Richard Cooper, «Collectors of Coins and Numismatic Scholarship... » (qui fournit une bibliographie excellente), et John Cunnally, *op. cit.*

[205] Firmin-Didot, *Catalogue*, n°s 516 et 517; Bernard, *op. cit.*, pp. 333-334, Mortimer, n° 527; Brunet, t. III, col. 400.

[206] Papillon, p. 349, Firmin-Didot, *Catalogue*, n° 557. Il existe une édition moderne en fac-similé de ce livre, procurée par Renucci, mais sans illustration, Paris, Didier, 1943.

testudo en pleine page (p. 171) pour rejeter complètement au moins cette gravure. Il y a une vraie ressemblance de composition entre la gravure qui représente «le chasteau de Polygnac en Velai» (p. 117, fig. 244)[207], et celle qui figure la Maison de Pétrarque à Vaucluse dans les *Illustres Observations Antiques* du même auteur (p. 29) (fig. 243): le Templum Apollonis au centre de l'image, avec le village en bas, et Le Puy à droite. Cela ressemble à l'œuvre de Salomon, mais dans les deux cas il faudrait rejeter ces images du canon. Dans le cas présent la façon de présenter les nuages n'est pas tout à fait la sienne, et les arbres surtout sont d'un autre dessinateur; dans l'autre cas c'est la forme des collines qui nous pousse à lui refuser la paternité de l'œuvre. Certains exemplaires, dont un de ceux de la Bibliothèque nationale de France (Rés. pZ 131), contiennent en outre une très belle carte pliante, dédiée à la reine Catherine de Médicis, («La Limagna d'Overnia. Divae Katarinae Mediceae») mais qui ne fournit aucune justification de l'attribution à Salomon. Certaines gravures ressemblent beaucoup à celles des *Devises*, par exemple, p. f. 51v°, p.138 (la foudre, *Devises*, f. i1v°, p. 130), ce qui indiquerait au moins l'influence de Salomon.

8b. *Œuvre de la diversité des termes dont on use en Architecture, reduicts en ordre* [de Hugues Sambin], Lyon, Jean Durant, 1572. (Baudrier, t. I, p. 139). 19 gravures.

BnF; Arsenal; Mazarine (3); Sainte-Geneviève (2); Beaux-Arts (2); Harvard.

Papillon l'attribue à Salomon, le commentant ainsi:

> Un Livre de Thermes au nombre de 18 ordres, imprimé à Lyon par Jean Marcorelle en 1572, au dixime Therme il y a un Ange ou plutôt un Genie qui grave sur un écusson, et qui a déja fait la premiere lettre du nom propre de B. Salomon qui est une S.

G.-K. Nagler et Auguste Bernard suivent ces remarques de Papillon, et cette attribution a persisté longtemps et figure même dans la réimpression du *Dictionnaire* de Bénézit (1976), mais Rondot a eu raison de la rejeter. En tout cas Sambin était lui-même graveur et le S serait donc sa propre signature[208].

9b. *Quadrins historiques de la Bible. Reveus, et augmentés d'un grand nombre de Figures,* Lyon, Jean de Tournes, 1583. In-8° (Cartier, n° 637, DH, n° 1307). 247 gravures.

BnF; Arsenal; Lyon; Londres.

Comme l'a démontré récemment Robert Baron, cette édition contient treize gravures inédites, deux pour le livre de Josué qui accompagnent les trois gravures parues pour la première fois en 1561 (n° 50, *supra*), et onze pour *Nombres*[209]; les mêmes illustrations apparaissent (avec une substitution et deux ajouts) dans les *Icones Historicae Veteris et Novi Testamenti, Carminibus Latinis et Gallicis illustratae,*

---

[207] Reproduit dans Baudrier, t. X, p. 267.

[208] Papillon p. 215, Nagler, *Neues allgemeines Künstler-Lexicon*, p. 221; Bernard, *loc. cit.*, Rondot, p. 81n, Bénézit, s.v. Pour une discussion de ce livre voir Bibliothèque nationale de France, *La Gravure française à la Renaissance*, p. 161.

[209] Baron, «Emblem and narrative in Bernard Salomon's illustrations to the Old Testament».

publiées à Genève par Samuel de Tournes en 1680 et 1681[210]. Cartier ne connaissait pas l'édition in-folio de 1561, ce qui fait qu'il a pu écrire, «Les planches ajoutées sont celles des *Nombres*, onze figures fort belles et cinq figures pour le livre de *Josué* qui, jusqu'ici, n'en renfermait qu'une». Il faudrait noter que l'édition publiée par Samuel de Tournes contient cinq autres gravures nouvelles pour le livre de *Josué*, ainsi que quelques autres gravures non recueillies par Renée Loche. Il est possible que certaines d'entre elles avaient déjà paru ailleurs dans des éditions non encore répertoriées des *Quadrins historiques* ou dans d'autres recueils[211]. L'attribution de ces bois posthumes est moins sûre que celle des bois publiés du vivant de Salomon. Cartier ne fait pas d'attribution, mais Audin, dans son introduction à la *Bibliographie*, déclare qu'«on sait aussi qu'[Eskrich] dessina huit figures pour l'édition des *Quadrins* de 1583» sans pourtant préciser lesquelles. Mortimer aussi considère qu'elles sont d'une autre main. Loche est de l'avis contraire:

> Ces planches, contestées, parfois, peuvent être attribuées avec certitude à Bernard Salomon. Les bois originaux comparés à ceux des éditions précédentes sont en tout point semblables et la facture même du dessin, la composition et la précision des détails, révèlent d'une manière éclatante la personnalité de Bernard Salomon[212].

D'après son analyse détaillée des nouvelles gravures, Baron rejette, pour des raisons stylistiques, l'idée de l'homogénéité de ces bois; pour lui, les trois bois nouveaux de 1561 pour *Josué*, et les deux qui paraissent ici, sont visiblement de la main de Salomon, mais la plupart des autres ajouts, nettement plus grossiers, ne peuvent pas lui être attribués. Il est vrai qu'il est possible d'y trouver des éléments qui rappellent notre artiste, mais nous sommes d'accord qu'ils ne sont pas de lui. Il suffit de regarder quelques images pour en être convaincu: par exemple, dans la scène où les Amalécites s'attaquent au peuple d'Israël pour l'empêcher d'entrer dans la terre promise, l'artiste présente une ville, dont les contours sont peu précis, construite en bas d'une colline lointaine, des crêtes de montagne très accidentées, des soldats sans rapport réel avec le paysage où ils se trouvent (*Nombres* 14, f. N3 v°, fig. 177), et ce sont là des éléments qui ne peuvent pas être de notre artiste. Dans la «La prise de Jéricho» (*Josué*, 6, f. N6 r°), une flèche qui surmonte un temple rond et des toits de bâtiments en courbe, et, dans la scène de massacre qui suit la prise de la ville (*Josué*, 6, f. N7 r°, fig. 178), des personnages figés et de nouveau une architecture peu convaincante, nous font conclure que, en dépit de quelques ressemblances certaines, Salomon n'est pas l'auteur de ces gravures tardives. Max Engammare pour sa part fait remarquer sur deux de ces ajouts la présence du tétragramme qui représente Dieu, «ce que Salomon n'avait jamais fait»; Eskrich, par contre, s'en servait souvent[213].

---

[210] BnF (2); Sainte-Geneviève; Beaux-Arts (2); Londres.

[211] Cartier, p. 613; Firmin-Didot, *Catalogue*, n° 512, pour les *Icones* de 1681.

[212] *Catalogue illustré*, t. I, n° 282, Firmin-Didot, *ET*, col. 242, Audin, p. 21, Mortimer, n° 81; Renée Loche, dans *Bernard Salomon. Peintre et tailleur d'histoires. Illustrations pour l'Ancien Testament*, p. xiii.

[213] «*Figures de la Bible* lyonnaises à la Renaissance», pp. 32-33 et p. 36, n. 43.

CONCLUSION

Plus d'un siècle après Natalis Rondot, nous avons cherché à faire de nouveau le point sur Bernard Salomon en passant en revue les nombreux ouvrages qui lui ont été attribués, afin d'essayer d'établir à quels recueils il a participé, dans quelle capacité et dans quelle mesure. Nous en avons conclu que Salomon gravait probablement lui-même ses propres dessins. Le point de départ reste le critère stylistique fourni par trois œuvres fondamentales, les *Quadrins historiques*, la *Metamorphose d'Ovide figuree* et les *Hymnes du Temps et de ses parties*. Sur ces bases, on peut détecter la présence du même dessinateur, Bernard Salomon, identifié dans la lettre-préface des *Hymnes*, dans la plupart des autres livres que nous avons recensés dans cette étude. C'est essentiellement sur l'harmonie du travail accompli que nous fondons notre conviction qu'il était en même temps inventeur ou concepteur et graveur de l'image. Cela ne veut manifestement pas dire qu'il exerçait toujours ce métier double, ni que chaque image dans chaque recueil porte la marque de son crayon ou de son outil de graveur. Parfois, de toute évidence la qualité de la gravure n'est pas au niveau de celle du dessin, parfois même le dessin semble d'une autre main. Il est aisé d'imaginer un travail d'atelier ou d'équipe, ce qui aide à expliquer, si besoin est, à la fois l'inégalité et la rapidité de la production. Dans l'état actuel de nos connaissances, il nous semble à proprement parler impossible de démêler sans risque d'erreur la part exacte de chaque artiste, ouvrier, ou artisan d'une époque lointaine dans cette opération complexe qu'est l'illustration d'un livre par la gravure sur bois. Pourtant il existe un *corpus* de gravures que la tradition a donné à cet artiste, tout en l'épurant et en le raffinant à travers les âges. Nous avons été amené à écarter du canon salomonien quelques ouvrages dont l'attribution semble injustifiable, et à émettre des doutes sérieux sur l'attribution à Salomon d'un petit nombre de livres que l'on a eu tendance à lui attribuer.

Tout au début de sa carrière d'illustrateur de livres Salomon a beaucoup imité une série de petits ouvrages publiés à Paris par Denis Janot et par ses héritiers. Plusieurs de ces livres accusent l'influence de Jean Cousin ou au moins de ses disciples. Au cours des années et au fil des commandes, Salomon a élargi son champ d'intérêt et de «lectures», s'inspirant de gravures, parfois de l'œuvre de grands maîtres comme Holbein, parfois de celle de petits maîtres anonymes, exécutées à Paris, en Allemagne, ou en Italie. En même temps, il s'est montré parfaitement capable de créer des images tout à fait nouvelles, qu'il s'agisse d'ouvrages qui ressortent de sa propre observation, par exemple, la première vue de Lyon et celle de Tivoli, et les portraits d'auteur, ou d'autres, pris sur le vif, ou de livres plus originaux, comme les *Devises* de Paradin ou les *Hymnes du temps* de Guéroult, et les deux Entrées triomphales, ou bien les illustrations de la Bible et des *Métamorphoses*, qui, tout en s'insérant dans une longue tradition iconographique, et en prenant comme point de départ une grande variété de gravures déjà existantes, restent néanmoins tout à fait originales dans l'«invention», c'est-à-dire dans la conception et la composition de l'illustration. Si, au début de sa carrière, certains de ses recueils suivent de près ses modèles choisis, cela ressortit à la pratique de l'artiste de la Renaissance et à son désir de s'insérer dans une tradition d'illustration en copiant plus ou moins fidèlement des images déjà publiées. Dans l'ensemble de son œuvre, là où il n'invente pas, non seulement il transforme stylistiquement tout ce qu'il touche, mais il se distingue par la fertilité de son imagination et la grande richesse et la variété de ses dons de narrateur tout en faisant preuve d'une vraie innovation créatrice.

Nous avons présenté une vue d'ensemble de l'influence de Salomon, sur la gravure, la peinture, la sculpture et sur les arts appliqués, et notamment le mobilier, la faïence et l'émail, et la tapisserie, tout en étant conscient de tout ce qui reste à faire dans ce domaine.

Le catalogue en ligne de Robert A. Baron fournira un jour un outil précieux pour tenter d'établir un canon plus fiable, et les techniques de reproduction électronique (élargissement, comparaison, classification) donneront d'autres possibilités pour identifier les traits habituels et la manière de notre artiste. (Il serait à souhaiter par ailleurs que le même genre de traitement s'étende un jour à l'œuvre d'Eskrich et de Cousin entre autres.) Ce catalogue aidera de plus à élargir le champ d'études au-delà du domaine universitaire et de celui des catalogues de bibliothèques et de musée.

Nous avons constaté la difficulté qu'il y a à attribuer des intentions précises à cet illustrateur qui ne nous parle qu'à travers ses images, mais nous avons pu parfois nous servir de témoignages d'éditeurs, ou de l'auteur dans le texte, et même de ses confrères artistes; nous avons en outre pu arguer de la nature du texte à illustrer ainsi que des gravures elles-mêmes pour conclure à une fonction différente de chaque classe d'images, qu'il s'agisse de la décoration, du plaisir esthétique, de la morale, de la persuasion, de l'inspiration, de l'explication, de la documentation, de la propagande ou de l'enseignement. On pourrait peut-être finir par caractériser toutes ses images par leur *enargeia*, leur force lumineuse de représentation. Ces images nous livrent non pas exactement une représentation du monde de l'époque, puisqu'elles sont souvent loin de tout réalisme, mais nous montrent la façon dont notre artiste interprétait, devant le public qui achetait ces livres, le monde ancien, le monde mythologique et biblique, et de temps en temps le monde contemporain: l'influence du monde visuel créé par Salomon et ses confrères dans la vie – et l'écriture – des gens de l'époque, en élargissant leur champ de vision et en affinant leur goût, est sans doute incalculable, mais elle est indéniable.

Bernard Salomon reste un témoin-clé du rayonnement de l'art de Fontainebleau qu'il a rendu accessible à un public plus large; ce faisant il a aidé à former et à éduquer les connaissances esthétiques de toute une époque en lui transmettant la tradition dont il était tributaire, marquée de sa propre empreinte.

BIBLIOGRAPHIE

1. BERNARD SALOMON

(Nous mettons sous d'autres rubriques deux séries de livres qui eux aussi traitent directement de Salomon: les éditions modernes des livres qu'il a illustrés et les ouvrages dont le sujet est son influence. Un petit nombre de livres paraissent sous plus d'une rubrique pour faciliter la consultation de cette bibliographie.)

AMIELLE, Ghislaine, «Io, une métamorphose d'Ovide illustrée au XVIe siècle en France», dans *Revue Française d'Histoire du Livre*, 64-65 (1989), pp. 245-259.

- *Recherches sur des traductions françaises des* Métamorphoses *d'Ovide, illustrées et publiées en France à la fin du XVe siècle et au XVIe siècle*, Paris, Jean Touzot, 1989.

AUDIN, Marius, et Eugène Vial, *Dictionnaire des artistes et ouvriers d'art du Lyonnais*, Paris, Bibliothèque d'Art et d'Archéologie, 1918-1919, pp. 196-197.

- voir Cartier, Alfred, *Bibliographie des éditions des de Tournes: imprimeurs lyonnais*.

BARON, Robert A., *Bernard Salomon Project*, (2002), consultable à http://www. studiolo.org/BSProject/BSindex.htm.

- «Bernard Salomon's Emblems for the Triumphs of Petrarch. A summary of research in progress», (1991), *http://www.pipeline.com/~rabaron/TRIONFI.htm*

- «Emblem and narrative in Bernard Salomon's illustrations to the Old Testament (as revealed by recently discovered Joshua illustrations)» (2004), http://www. studiolo.org/BSProject/BIBLE/JOSHUA/BSJoshua.htm

CARTIER, Alfred, *Bibliographie des éditions des de Tournes: imprimeurs lyonnais; mise en ordre avec une introduction et des appendices par Marius Audin; et une notice biographique par E. Vial*, Paris, Editions des Bibliothèques Nationales de France, 1937-8; Genève, Slatkine, 1970.

GRANGETTE, Emile, *Bernard Salomon*, Faculté des Lettres, Diplôme dactylographié, Lyon, 1963 (Exemplaire dans la Bibliothèque municipale de Lyon).

LEUTRAT, Estelle, «Bernard Salomon et la majolique: une circulation de formes au XVIe siècle», dans Jean Rosen (éd.), *Majoliques européennes*, pp. 68-83.

LOCHE, Renée, (éd.), *Bernard Salomon. Peintre et tailleur d'histoires. Illustrations pour l'Ancien Testament*, Genève, Bibliothèque d'Art et d'Archéologie, Imprimerie E. Braillard, 1969, 2 tomes.

ROLLE, F., «Bernard Salomon (le Petit Bernard), peintre et graveur sur bois», dans *Archives de l'Art français*, 2e série, t. 1, 1861, pp. 413-436.

RONDOT, Natalis, *Bernard Salomon, peintre et tailleur d'histoires à Lyon, au XVIe siècle*, Lyon, Imprimerie de Mougin-Rusand, 1897.

SCHUBART, Herta, *Die Bibelillustration des Bernard Salomon. Dissertation zur Erlangung der Doktorwürde des Philosophischen Fakultät des Hamburgischen Universität vorlegt von Herta Schubart*, Hambourg, G. Volkhardtsche Drückerei, 1932. Un exemplaire du texte intégral dactylographié de cette thèse se trouve à la bibliothèque municipale de Lyon (BnF 8° «Theta» Hamb.ph.81; Londres, BL, 3130). Ce livre suit le texte original, à quelques corrections et ajouts près, pendant une trentaine de pages, et ensuite en fait un résumé; il lui manque surtout les pages 114-172 de la thèse où Schubart décrit 324 bois gravés de Salomon, ainsi que la bibliographie, et le deuxième tome consacré à l'illustration.

SHARRATT, P., «The imaginary city of Bernard Salomon», dans Philip Ford et Gillian Jondorf, (éds.), *Intellectual Life in Renaissance Lyon*, pp. 38-48.

– «The image of the temple: Bernard Salomon, rhetoric and the visual arts», dans Jelle Koopmans *et. al.*, (éds.), *Rhetoric – Rhétoriqueurs – Rederijkers*, pp. 247-267.

2. BERNARD SALOMON, ÉDITIONS MODERNES

Il existe plusieurs éditions modernes en fac-similé d'ouvrages illustrés par Bernard Salomon. Nous en donnons ici la liste par ordre de parution de l'édition originale.

Marguerite de Navarre, *La Coche*, éd. Frédéric Edouard Schneegans, Strasbourg, Heitz, 1936.

– *Marguerites de la Marguerite des Princesses, Tresillustre Royne de Navarre*, éd. Ruth Thomas, East Ardsley, Mouton Editeur, 1970.

Scève, Maurice, *Saulsaye*, éd. Marcel Françon, Schœnhof's Foreign Books, Inc., Cambridge, Mass, 1959.

– *La Magnificence de la Superbe et triumphante entree de la noble et antique Cité de Lyon Faicte au Treschrestien Roy de France Henry deuxiesme de ce nom, Et à la Royne Catherine son espouse le xxiii. de Septembre M.D.XLVIII.* Relations et documents contemporains, éd. Georges Guigue, Lyon, 1927.

– *The Entry of Henri II into Lyon. September 1548*, A facsimile with an Introduction by Richard Cooper, Medieval and Renaissance Texts and Studies, Tempe, Arizona, Vol. 160. Renaissance Triumphs and Magnificences, New Series, t. 5, 1997.

Vitruve, *De Architectura*, Fac-similé de l'édition de 1552 dans Lemerle, Frédérique, *Les* Annotations *de Guillaume Philandrier sur le* De Architectura *de Vitruve. Livres I à IV*, Paris, Librairie de l'Architecture et de la Ville, Picard, 2000.

The Holy Bible. The Authorized or King James Version of 1611, now reprinted with the Apocrypha. In three vols. with reproductions of 105 of the Sixteenth-century woodcuts of Bernard Salomon, Londres, The Nonesuch Press New York, Random House Inc., 1963. (Sous la direction de Francis Meynell, imprimé par Vivian Ridler, University Press, Oxford, (t. 1 et t. 2), et Brooke Crutchley, University Press, Cambridge, 1963 (t. 3)).

Quadrins historiques de la Bible. Quadrins historiques d'Exode, Lyon, Jean de Tournes, 1553, édition en fac-similé, Paris, Le Delta, [1967]. Tiré à 999 exemplaires numerotés pour «les Bibliophiles de l'Originale», et 20 exemplaires destinés aux animateurs de l'Association, imprimés sur les presses de l'imprimerie Graphoprint, Paris. Après le tirage il a été procédé à la destruction des clichés de cette édition (Londres, BL, X.100/6299).

Bernard Salomon. Peintre et tailleur d'histoires. Illustrations pour l'Ancien Testament, (éd.), Renée Loche, Genève, Bibliothèque d'Art et d'Archéologie, Imprimerie Etienne Braillard, 1969, 2 tomes. (Coll. Le Prisme I, Texte français extrait de *La Sainte Bible* et le texte latin de la *Biblia Sacra* publiées à Lyon par Jean de Tournes en 1554, xiv-318 pp., 248 ill. II Tirage sur papier Chine de quarante bois gravés appartenant au Musée de Genève. Tiré sur Ingres d'Aches à la forme ronde à 390 exemplaires numerotés et dix autres hors commerce.) Arsenal, MS D3, Genève, Rés Zt 3437 1.

Cosmographie de Levant, éd. Frank Lestringant, Genève, Droz, 1985.

La Metamorphose d'Ovide figuree, éd. Robert Brun, Editions des Bibliothèques Nationales de France, Collection d'Unica et de Livres Rares, 1933. (Exemplaire Rothschild).

Paradin, Claude, *Devises heroïques*, Lyon, Jean de Tournes et Guillaume Gazeau, 1557, éd. C.N. Smith, Scolar Press, 1971.

– éd. Alison Saunders, Scolar Press, 1989.

L'Enéide de Virgile, éd. Ruth Thomas, Paris, Mouton, 1972.

Plusieurs livres illustrés par Salomon sont accessibles sur le site Gallica.bnf.fr. Il existe d'autres ressources électroniques qui augmentent de jour en jour, notamment Baron, Robert A., *Bernard Salomon Project* (en cours).

3. GÉNÉRALITÉS

Actes du 112ᵉ Congrès des Sociétés Savantes. Lyon, cité des savants, Paris, éd. du C.T.H.S., 1988.

ADHÉMAR, Jean, *Le Dessin français au XVIᵉ siècle*, Lausanne, Mermod, 1954.

– « L'Estampe et la transmission des formes maniéristes », dans *Triomphe du maniérisme européen*, Catalogue de l'Exposition du Conseil d'Europe, Amsterdam, Rijksmuseum, 1955, pp. 34-36.

– « Ronsard et l'Ecole de Fontainebleau », dans *Bibliothèque d'Humanisme et Renaissance*, 20 (1958), pp. 344-348.

– « Les portraits dessinés du XVIᵉ siècle au Cabinet des Estampes », dans *Gazette des Beaux-Arts*, 82 (1973), pp. 121-198.

ALLEN, D.C., *Mysteriously Meant: The Rediscovery of Pagan Symbolism and Allegorical Interpretation in the Renaissance*, Baltimore et Londres, Johns Hopkins Press, (1970), 1976.

AMIELLE, Ghislaine, « Tradition picturale et tradition littéraire des *Métamorphoses* d'Ovide, en France, à la Renaissance », dans *Bulletin de l'Association Guillaume Budé*, 1969, pp. 280-293.

ANEAU, Barthélemy, *Alector ou le Coq*, éd. Marie Madeleine Fontaine, 2 t., Genève, Droz, 1996.

ASHER, R.E., *National Myths in Renaissance France: Francus, Samothes and the Druids*, Edimbourg, Edinburgh University Press, 1993.

AUCLAIR, Valérie, *et. al.*, *L'Art du manuscrit de la Renaissance en France*, Exposition au Musée Condé, Paris, Somogy Editions d'Art, 2001.

AUDA, Antoine, *Barthélemy Beaulaigue, poète et musicien prodigue*, Bruxelles, 1957.

BABELON, Jean-Pierre, *Nouvelle Histoire de Paris. Paris au XVIᵉ siècle*, Paris, Hachette, 1986.

– *Le Château en France*, Paris, Berger-Levrault, 1986; nouvelle édition, *Châteaux de France au siècle de la Renaissance*, Paris, Flammarion/Picard, 1989.

BACKHOUSE, Janet, *Renaissance Painting in Manuscripts*, New York, Hudson Hills Press, 1983.

BARDON, Françoise, *Diane de Poitiers et le mythe de Diane*, Paris, Presses Universitaires de France, 1963.

– «Les *Métamorphoses* d'Ovide et l'expression emblématique», dans *Latomus*, 35 (1976), pp. 71-90.

BARDON, Henri, «L'Enéide et l'art, xvi-xviiiᵉ siècles», dans *Gazette des Beaux-Arts*, 37 (1950), pp. 77-98.

BASTIN, J., Claude Dalbanne, et Eugénie Droz, *Les Subtiles Fables d'Esope [1487]. Notice par J. Bastin. Etude de l'illustration et des fables*, Lyon, Association Guillaume Le Roy, Paris, C. Eggimann, 1926.

BÉGUIN, Sylvie, *L'Ecole de Fontainebleau. Exposition du Grand Palais*, Paris, Réunion des Musées Nationaux, 1972.

– Jean Guillaume, et Alain Roy, *La Galerie d'Ulysse à Fontainebleau*, Paris, Presses Universitaires de France, 1985.

BELLENGER, Yvonne, «Les poètes français et la peinture: la ressemblance comme critère esthétique au XVIᵉ siècle», *Mélanges Franco Simone*, Genève, Slatkine, 1980, t. I, pp. 427-448.

BÉNÉZIT, E., *Dictionnaire critique et documentaire des peintres, sculpteurs, dessinateurs et graveurs*, Paris, Librairie Gründ, 1911-1923, nouvelle édition, 1976.

BENTLEY-CRANCH, Dominic, «A Portrait of Clément Marot by Corneille de Lyon», *Bibliothèque d'Humanisme et Renaissance*, 25 (1963), pp. 174-177.

BIOT, Brigitte, *Barthélemy Aneau, régent de la Renaissance lyonnaise*, Paris, Champion, 1996.

BLUNT, Anthony, *Art and Architecture in France, 1500-1700*, Harmondsworth, Penguin, 1953, éd. révisée par Richard Beresford, Newhaven/London, Yale University Press, 1999; traduction française, Monique Chatenet, Paris, Macula, 1983.

BOCCASSINI, Daniela, *La parola riscritta. Guillaume Gueroult, poeta e traduttore nella Francia della Riforma*, Florence, La Nuova Italia, 1985.

BOUTIER, Jean, Jean-Yves Sarazin et Marine Sibille, *Les Plans de Paris des origines (1493) à la fin du XVIIIᵉ siècle*, Paris, Bibliothèque nationale de France, 2002.

BRITNELL, Jennifer, *Jean Bouchet*, Edimbourg, Edinburgh University Press, 1986.

BRUGEROLLES, Emmanuelle, et David Guillet, (éds), *Le Dessin en France au XVIᵉ siècle. Dessins et miniatures des collections de l'Ecole des Beaux-Arts*, Paris, ENSBA, 1995.

BRUYÈRE, Gérard, «Notes sur les ornements du Plan de Lyon au 16ᵉ siècle», dans Jeanne-Marie Dureau (éd.), *Le Plan de Lyon vers 1550*, pp. 47-60.

BURMEISTER, Karl Heinz, *Sebastian Münster: Eine Bibliographie*, Wiesbaden, Guido Pressler, 1964.

CALDER, Ruth, (éd.), *L'Amour de Cupido et de Psiché*, New York, S.R. Publishers Ltd., Johnson Reprint Corporation, La Haye, Mouton, 1970.

CARACCIOLO ARIZZOLI, Maria Teresa, «Bibliographie générale», (d'études portant sur Lyon au XVIᵉ siècle), dans *Travaux de l'Institut d'Histoire de l'Art de Lyon*, 16 (1993), pp. 203-237.

CARNICELLI, D.D., (éd.), *Lord Morley's «Tryumphes of Fraunces Petrarcke»*, Cambridge (Mass.), Harvard University Press, 1971.

CARTIER, Alfred, et Adolphe Chenevière, «Antoine du Moulin, valet de chambre de la Reine de Navarre», dans *Revue d'Histoire Littéraire de la France*, (2)1895, pp. 469-490, et (3) 1896, pp. 90-106 et pp. 218-244.

CASSANI, Sylvia, (éd.), *All'ombra del Vesuvio: Napoli nella veduta europea dal Quattrocento all'Ottocento*, Naples, Electa, 1990.

CASTOR, Grahame, *Pléiade Poetics*, Cambridge, Cambridge University Press, 1964; *La Poétique de la Pléiade*, trad. Yvonne Bellenger, Paris, Champion, 1998.

CAZAURAN, Nicole, et James Dauphiné (éds.), *Marguerite de Navarre 1492-1992. Actes du Colloque international de Pau (1992)*, Mont-de-Marsan, Editions Interuniversitaires, 1995.

CÉARD, Jean, *La Nature et les prodiges: L'insolite au XVIᵉ siècle en France*, Genève, Droz, 1977 (1996).

CHASTEL, André, (éd.), *Actes du colloque international sur l'art de Fontainebleau, 1972*, Paris, Editions du CNRS, 1975.

– *Fables, formes, figures*, 2 t., Paris, Flammarion, 1978 (2000).

– et Jean Guillaume, *et al.*, *La Maison de ville à la Renaissance*, Paris, Picard, 1983.

– *Fontainebleau. Formes et symboles*, Paris, Réunion des Musées Nationaux, 1991.

– «Les traités d'architecture à la Renaissance: un problème», dans Jean Guillaume, (éd.), *Les Traités d'architecture de la Renaissance*, pp. 7-18.

CHESNEAU, Jean et André Thevet, *Voyages en Egypte des années 1549-1552*, éd. Frank Lestringant, Le Caire, Institut Français d'Archéologie Orientale, Paris, Diffusion SEVPO, 1984.

CHOISY, Albert, *Notice sur la famille Salomon*, Lausanne, Imprimerie de Pache-Varidel et Bron, 1907.

CIFARELLI, Paola, *Second livre des fables d'Esope. Gilles Corrozet*, Genève/Paris, Slatkine, 1992.

– *Catalogue thématique des fables ésopiques françaises du XVIᵉ siècle*, Paris, Champion, 1993.

COFFIN, David Robert, *The Villa d'Este at Tivoli*, Princeton, Princeton University Press, 1960.

COLEMAN, Dorothy, *An Illustrated Love Canzoniere. The «Délie» of Maurice Scève*, Genève, Slatkine, 1981.

COLOMBIER, P. du, *Jean Goujon*, Paris, A. Michel, 1949.

CONLEY, Tom, *The Self-Made Map: Cartographic Writing in Early Modern France*, Minneapolis/Londres, University of Minnesota Press, 1997.

COOPER, Richard, «Collectors of Coins and Numismatic Scholarship in Early Renaissance France», dans M.H. Crawford, C.R. Ligota et J.B. Trapp, (éds), *Medals and Coins from Budé to Mommsen*, London, Warburg Institute, 1990, pp. 5-19.

– «L'antiquaire Guillaume Du Choul et son cercle lyonnais», dans Gérard Defaux (éd.), *Lyon et l'illustration de la langue française*, ENS éditions, 2003, pp. 261-286.

CORDELLIER, Dominique, et Bernadette Py, (éds.), *Raphaël, son atelier, ses copistes*, Paris, Réunion des Musées Nationaux, 1992.

CORROZET, Gilles, *Esope. Les Fables [...] mises en rithme françoise*, éd. Marquis de Queux de St-Hilaire, Paris, Cabinet du Bibliophile, 1882.

COTTIN, F.-R., «Philibert de l'Orme et le portail de l'église de Saint-Nizier de Lyon», dans *Actes du 112ᵉ Congrès National des Sociétés savantes*, Lyon, éd. du C.T.H.S., 1988.

COUSIN, Jean, (fils), *Le Livre de Fortune. Recueil de deux cents dessins inédits de Jean Cousin, Publié d'après le manuscrit original de la Bibliothèque de l'Institut (1568)*, éd. Ludovic Lalanne, Paris, Librairie de l'art, 1883.

- *L'Art de dessiner*, (Reprod. en fac-similé), Paris, Inter-livres, 1987.

CUNNALLY, John, *Images of the Illustrious: The Numismatic Presence in the Renaissance*, Princeton, Princeton University Press, 1999.

DACOS, Nicole, *Le Logge di Raffaello*, Rome, Libreria dello Stato, 1977 (1986).

DAL, Erik, et Povl Skårup, *The Ages of Man and the Months of the Year*, Copenhague, Munksgaard, 1980.

DALBANNE, Claude, «Robert Granjon, imprimeur de musique», dans *Gutenberg Jahrbuch*, 1939, pp. 226-232.

DEFAUX, Gérard, et Michel Simonin, *Clément Marot, «Prince des poëtes françois» 1496-1996*, Paris, Champion, 1997.

DELANO-SMITH, Catherine, et Elizabeth Morley Ingram, *Maps in Bibles 1500-1600. An Illustrated Catalogue*, Genève, Droz, 1991.

DELAVEAU, Martine, et Denise Hillard, *Bibles imprimées du XVe au XVIIIe siècle conservées à Paris*, Paris, Bibliothèque nationale de France, 2003.

DE L'ORME, Philibert, *Traités d'architecture. Nouvelles Inventions pour bien bastir et à petits fraiz (1561). Premier Tome de l'Architecture (1567)*, éd. Jean-Marie Pérouse de Montclos, Paris, Léonce Laget, 1988.

DÉRENS, Jean, *L'Image de Paris au XVIᵉ siècle*, Exposition Hôtel de Ville de Paris, 1980.

- *Le Plan de Paris par Truschet et Hoyau, 1550, dit plan de Bâle, 1552-1559*, Zurich, Zeefels, 1980.

Dessins de la Renaissance. Collection de la Bibliothèque nationale de France, Paris, Bibliothèque nationale de France, Fundació Caixa Catalunya, 2003.

DEXTER, Greta, «Guillaume de la Perrière» dans *Bibliothèque d'Humanisme et Renaissance*, 17 (1955), pp. 56-73.

- «*L'Imagination poétique* (à propos de Barthélemy Aneau)», dans *Bibliothèque d'Humanisme et Renaissance*, 37 (1975), pp. 49-62.

DI MAURO, Leonardo, «La 'gran mutatione' di Napoli. Trasformazioni urbane e committenza publica 1465-1840», dans Sylvia Cassani (éd.), *All'ombra del Vesuvio*, pp. 81-94.

DIMIER, Louis, *Le Primatice, peintre, sculpteur et architecte des rois de France*, Paris, E. Leroux, 1900, Albin Michel, 1928.

- *Les Beaux-Arts et la maison d'Este. Le Cardinal de Ferrare en France*, Fontainebleau, Maurice Bourges, Imprimeur, 1903, (voir Venturi, A.).

- *Dessins français du XVIᵉ siècle*, Paris, Alpina, 1937.

DINSMOOR, W.B., «The Literary Remains of Sebastiano Serlio», dans *The Art Bulletin*, 24 (1942), pp. 55-91, et pp. 115-154.

DOBBINS, Frank, *Music in Renaissance Lyons*, Oxford, Clarendon Press, 1992.

DOROSZLAÏ, Alexandre, « Une composante inédite de l'illustration d'un texte litté-raire: la carte géographique », dans Michel Plaisance (éd.), *Le livre illustré italien au XVIe siècle. Texte/Image*, pp. 177-193.

DREI, Giovanni, *I Farnese. Grandezza e decadenza di una dinastia italiana*, Rome, La Libreria dello Stato, 1954.

DUBOIS DE GROËR, Anne, *Corneille de La Haye dit Corneille de Lyon (1500/1510-1575)*, Paris, Arthena, 1996.

DUCHÉ-GAVET, Véronique (éd), *Petit Traité de Arnalte et Lucenda (1546)*, Paris, Champion, 2004.

DUFOUR, l'abbé Valentin, *Munster, Du Pinet et Braun. Plant et pourtrait de la ville, cité et université de Paris* (Collection des anciennes descriptions de Paris, t. 8), Paris, A. Quantin, 1883.

DU PINET, Antoine, *Plant Pourtraict et Description de la Ville de Lyon au XVIe siècle, par Antoine du Pinet, de nouveau mis en lumiere par P.-M. Gonon*, Lyon, Imprimerie de L. Boitel, 1844.

DUPUIGRENET DESROUSSILLES, François, *Dieu et son royaume. La Bible dans la France d'autrefois. XIIIe-XVIIIe siècles*, Paris, Bibliothèque Nationale, Editions du Cerf, 1991.

DU VERDIER, Antoine, *La Bibliothèque françoise d'Antoine Du Verdier*, Lyon, Barthé-lemy Honorat, 1585.

EHRENSTEIN, Theodor, *Das Alte Testament im Bilde*, Vienne, A. Kende, 1923.

ENGELS, Joseph, *Etudes sur l'Ovide Moralisé*, Groningue, J.B. Wolters, 1945.

ESPEZEL, Pierre d', *Les Illustrateurs français de la Bible depuis les origines de l'imprime-rie, 1499-1950*, Paris, Club Bibliophile de France, (1928), 1950.

ESSLING, le Prince de, et Eugène Müntz, *Pétrarque. Ses études d'art, son influence sur les artistes, ses portraits et ceux de Laure. L'illustration de ses écrits*, Paris, Gazette des Beaux-Arts, 1902.

FONTAINE, Charles, *Ode de l'Antiquité et Excellence de la ville de Lyon, 1557*, éd. William Poidebard, Lyon, Société des Bibliophiles Lyonnais, 1889.

FONTAINE, Marie Madeleine, (éd.), «*Alector*, de Barthélemy Aneau, ou les aventures du roman après Rabelais», dans *Mélanges sur la littérature de la Renaissance, à la mémoire de V.-L. Saulnier*, Genève, Droz, 1984, pp. 547-566.

– « Dédicaces lyonnaises aux Guise-Lorrain », dans *Le Mécénat et l'influence des Guises*, éd. Yvonne Bellenger, Paris, Champion, 1997, pp. 39-65.

– voir Aneau, Barthélemy, *Alector*.

Fontainebleau, l'art en France 1528-1610, 2 t., Catalogue d'Exposition, Galerie nationale du Canada, Ottawa, 1973.

FORD, Philip J., *Ronsard's Hymnes. A Literary and Iconographical Study*, Medieval and Renaissance Texts and Studies, vol. 157, Tempe, Arizona, 1997.

FOWLER, Mary, *Catalogue of the Petrarch collection bequeathed by Willard Fiske*, Oxford, H. Milford, 1916.

GABRIELE, Mino, « La grande construction pyramidale de l'*Hypnerotomachia Poli-phili*: reconstruction et confrontation des dimensions architecturales », dans Michel Plaisance (éd.), *Le livre illustré italien au XVIe siècle. Texte/Image*, pp. 39-50.

GALAND-HALLYN, Perrine, et Fernand Hallyn, *Poétiques de la Renaissance*, Genève, Droz, 2001.

GERIG, John L., «Barthélemy Aneau: A Study in Humanism», *Romanic Review*, 1 (1910), pp. 181-207, 279-289 et 395-410. *Ibid.* 2 (1911), pp. 163-185. *Ibid.* 4 (1913), pp. 27-57 (traduction française partielle dans *Revue de la Renaissance*, 1910 et 1911).

GIRAUD, Yves, *La Fable de Daphné*, Genève, Droz, 1968.

– (éd.), *Le Paysage à la Renaissance*, Editions universitaires, Fribourg, Suisse, 1988.

GOLSON, Lucille M., «Luca Penni, a pupil of Raphaël et the court of Fontainebleau», dans *Gazette des Beaux-Arts*, 50 (1957), pp. 17-36.

– «Landscape prints and landscapists of the school of Fontainebleau, c.1543 - c.1570», dans *Gazette des Beaux-Arts*, 73 (1969), pp. 95-110.

GREEN, Henry, *Holbein's Icones Historiarum Veteris Testamenti*, fac-similé de l'édition lyonnaise de 1547, Londres, Holbein Society, 1869.

GRISARD, Jacques-Jules, *Notice sur les plans et vues de la ville de Lyon, de la fin du XVe au commencement du XVIIIe siècle*, Lyon, Imprimerie Mougin-Rusand, 1891; (fac-similé, Lyon, R. Georges, 1998).

GRISÉ, Catherine M., et C.D.E. Tolton, *Crossroads and Perspectives: Studies in Honour of Victor E. Graham*, Genève, Droz, 1986.

GRODECKI, Catherine, *Histoire de l'art au XVIe siècle*, 2 t., Paris, Archives nationales, Imprimerie nationale, 1985-6.

GUILLAUME, Jean, (éd.), *Les Traités d'Architecture de la Renaissance* (Colloque de Tours, 1981), Paris, Picard, 1988.

GUILLEMAIN, Jean, «L'antiquaire et le libraire. Du bon usage de la médaille dans les publications lyonnaises de la Renaissance», dans *Travaux de l'Institut d'Histoire de l'Art de Lyon*, 16 (1993), pp. 35-66.

GUILLO, Laurent, *Les Editions musicales de la Renaissance lyonnaise*, Paris, Klincksieck, 1991.

HALE, David G., «Aesop in Renaissance England», dans *The Library*, 27 (1972), pp. 116-125.

HANTZSCH, Viktor, *Sebastian Münster: Leben, Werk, Wissenschaftliche Bedeutung*, Nieuwkoop, B. de Graaf, 1965 (réimpression de l'édition de Leipzig, 1898).

HAWKINS, Richmond Laurin, *Maistre Charles Fontaine Parisien*, Cambridge, (Mass.), Harvard University Press, 1916; Kraus reprint, New York, 1966.

HIGMAN, Francis M., *Piety and the People: Religious printing in France, 1511-1551*, (St. Andrews Studies in Reformation History), Aldershot, Scolar Press, 1996.

– «'Without great effort, and with pleasure', Sixteenth-century Genevan Bibles and reading practices», dans Orlaith O'Sullivan (éd.), *The Bible as Book. The Reformation*, The British Library and Oak Knoll Press in association with The Scriptorium Center for Christian Antiquities, 2000, pp. 115-122.

JAMES, Montague Rhodes, *The Apocalypse in Art*, Londres, Oxford University Press, 1931.

JOUKOVSKY, Françoise, «Lyon ville imaginaire», dans A. Possenti et G. Mastrangelo, (éds.) *Il Rinascimento a Lione*, pp. 421-439.

JULLIAN, René, «Sur les maisons lyonnaises de la Renaissance», dans A. Possenti et G. Mastrangelo, (éds.), *Il Rinascimento a Lione*, pp. 445-453.

LAVEDAN, Pierre, *Représentation des villes dans l'art du Moyen Age*, Paris, Van Oest, 1954.

LAVIGNE, Maryannick, *Inventaire monumental îlot 18. Quartier Saint-Jean. Thèse de 3ᵉ cycle,* Université de Lyon, II, 1973 (Exemplaire dans la Bibliothèque municipale de Lyon).

- «Lyon, le quartier Saint-Jean», dans André Chastel et Jean Guillaume, (éds)., *La Maison de Ville à la Renaisance*», 1983, pp. 37-41.

LAVIN, Irving, «Cephalus and Procris: transformations of an Ovidian myth», dans *Journal of the Warburg and Courtauld Institutes,* 17 (1954), pp. 260-287.

LAZARD, Madeleine, «Un Franc-Comtois à Lyon: Antoine du Pinet, sieur de Noray, pasteur humaniste», dans A. Possenti et et G. Mastrangelo, (eds.), *Il Rinascimento a Lione,* pp. 591-606.

LEE, Rensselaer Wright, *Ut pictura poesis: the humanistic theory of painting,* New York, W.W. Norton, 1967 (1980), (tiré de l'*Art Bulletin,* 22 (1940), pp. 197-272); *Ut pictura poesis: humanisme et théorie de la peinture,* trad. Maurice Brock, Paris, Macula, 1991.

Le Grant Kalendrier et Compost des Bergiers, éd. Pierre Champion, Paris, 1926.

LEMAIRE DE BELGES, Jean, *Le Temple d'Honneur et de Vertus,* éd. Henri Hornik, Genève, Droz, 1957.

- *La Concorde des deux langages,* éd. Jean Frappier, Genève, Droz, 1947.

LEMERLE, Frédérique, «Philandrier et le texte de Vitruve», dans *Mélanges de l'Ecole Française de Rome,* 106 (1994), pp. 517-529.

- *Les* Annotations *de Guillaume Philandrier sur le* De Architectura *de Vitruve. Livres I à IV,* Paris, Fac-similé de l'édition de 1552, Librairie de l'Architecture et de la Ville, Paris, Picard, 2000.

LESTRINGANT, Frank, *André Thevet, Cosmographe des derniers Valois,* Genève, Droz, 1991.

LIGORIO, Pirro, *Ichnographia Villae Tiburtinae Hadriani Caesaris olim a Pyrrho Ligorio Celeberrimo Architecto et Antiquario delineata et descripta. Postea a Francisco Continio Architecto summa cura recognita, et publici juris facta,* Rome, typogr. Apollinea, 1751.

- *Libro di M. Pyrrho Ligori Napolitano, delle Antichità di Roma, nel quale si tratta dei Circi, Theatri, Anfitheatri,* Rome, Michele Tramezzino, 1553; éd. Daniela Negri, Rome, E. et A. Editori Associati, 1989.

MCGOWAN, Margaret M., *Ideal Forms in the Age of Ronsard,* Berkeley, Los Angeles, London, University of California Press, 1985.

- *The Vision of Rome in Late Renaissance France,* New Haven et Londres, Yale University Press, 2000.

MANDOWSKY, Erna et Charles Mitchell, *Pirro Ligorio's Roman Antiquities,* London, Warburg Institute, 1963.

MARÉCHAUX, Pierre, «La Fable morte. La chute de Phaéton à travers l'essor de l'iconographie et de l'herméneutique ovidiennes aux XVᵉ et XVIᵉ siècles», dans Philippe Hoffmann et Paul-Louis Rinuy (éds), *Antiquités imaginaires: La référence antique dans l'art moderne de la Renaissance à nos jours,* Presses de l'Ecole Normale Supérieure, Paris, 1996.

MARGUERITE DE NAVARRE, *La Coche,* éd. R. Marichal, Genève, Droz, 1971.

- *Marguerites de la Marguerite des Princesses,* 2 t., éd. Ruth Thomas, Londres, Mouton, 1970.

- 'L'Heptaméron' *de Marguerite de Navarre*, éd. Nicole Cazauran, Paris, SEDES, 1977 (1991).

MARICHAL, Robert, «'La Coche' de Marguerite de Navarre», dans *Humanisme et Renaissance*, 5 (1938), pp. 37-99 et pp. 247-296.

MAROT, Clément, *Œuvres poétiques*, 2 t., éd. Gérard Defaux, Paris, Garnier, 1990-1993.

MARTINDALE, Charles, *Ovid Renewed: Ovidian Influences on Literature and Art from the Middle Ages to the Twentieth Century*, Cambridge, Cambridge University Press, 1988.

MATHIEU-CASTELLANI, G., (éd.), *La Métamorphose dans la poésie baroque française et anglaise: variations et résurgences: Actes du colloque international de Valenciennes (1979)*, Tübingen, Paris, G. Narr et J.-M. Place, 1980.

MATTINGLY, Harold, *Coins of the Roman Empire in the British Museum*, t. 3 et t. 5, Londres, 1936, 1950.

- et Edward A. Sydenham, *The Imperial Roman Coinage*, t. II et t. IV, Londres, Spink, 1926, 1936.

MEIER, Hans Heinrich, «A Pre-reformation Biblical paraphrase», dans *The Innes Review*, 17 (1966), pp. 11-23.

MIOTTO, Luciana, «Le Vitruve traduit, commenté et illustré de Daniele Barbaro (1556)», dans Michel Plaisant, (éd.), *Le Livre illustré italien au XVIe siècle. Texte/Image*, pp. 233-246.

MOISAN, Jean-Claude, «Préparation de voie à la lecture et intelligence de la *Métamorphose* d'Ovide et de tous poètes fabuleux par Barthélemy Aneau», dans *Etudes littéraires*, Université de Laval, Québec, 20 (1987-8), pp. 119-147.

- (éd.), avec la collaboration de Marie-Claude Malenfant, *Les Trois Premiers Livres de la* Métamorphose *d'Ovide*, trad. par Clément Marot et Barthélemy Aneau, Paris, Champion, 1997

MOMBELLO, Gianni, *Le raccolte francesi di favole esopiane dal 1480 alla fine del secolo XVI*, Genève, Slatkine, 1981.

MOSS, Ann, *Poetry and Fable. Studies in Mythological Narrative in Sixteenth-Century France*, Cambridge, Cambridge University Press, 1984.

MURATORE, Giorgio, *La città rinascimentale. Tipi e modelli attraverso i trattati*, Milan, G. Mazzotta, 1975

NAGLER, Georg-Kaspar, *Neues allgemeines Künstler-Lexikon*, Munich, E.A. Fleischmann, 22 t., 1835-1852.

ORTH, Myra D., «Manuscrits pour Marguerite», dans Nicole Cazauran et James Dauphiné (éds.), *Marguerite de Navarre 1492-1992*, pp. 85-105.

- et al., *Livres d'Heures royaux: la peinture de manuscrits à la cour de France au temps de Henri II*, Paris, Réunion des Musées Nationaux, 1993.

Ovide moralisé: poème du commencement du XIVe siècle, publié d'après tous les manuscrits connus, C. de Boer, (éd.), 5 t., Amsterdam, J. Müller, 1915-38.

PACIFICI, V., *Ippolito II d'Este, Cardinale di Ferrara*, Tivoli, Società di Storia e d'Arte in Italia, 1920.

PANNIER, Jacques, «Les portraits de Clément Marot. Notes iconographiques et historiques», dans *Bibliothèque d'Humanisme et Renaissance*, 4 (1944), pp. 144-170.

PÉRICAUD, Antoine, *Notice sur Hippolyte d'Este, cardinal-archevêque de Lyon, 1540-1551*, Paris, M. Julien; Lyon, Auguste Brun, 1865.

PÉROUSE, Gabriel-André, «Claude de Taillemont, Lyonnais», dans son édition de *La Tricarite*, Genève, Droz, 1989.

PÉROUSE DE MONTCLOS, Jean-Marie, *L'Architecture à la française: du milieu du XVe siècle à la fin du XVIIIe siècle*, Paris, Picard, (1982) 2001.

– *Histoire de l'architecture française. De la Renaissance à la Révolution*, Mengès, Caisse Nationale des Monuments Historiques et des Sites, 1989.

PERRY, T. Anthony, (éd.), *Dialogues d'Amour de Léon Hébreu*, Chapel Hill: University of North Carolina Press, 1974.

– *Erotic Spirituality: The Integrative Tradition from Leone Ebreo to John Donne*, Alabama, University of Alabama Press, 1980.

PICOT, E., *Les Français italianisants*, 2 t., Paris, Champion, 1906-7.

POSSENTI, Antonio et Giulia Mastrangelo, *Il Rinascimento a Lione*, 2 t., Rome, Edizioni dell'Ateneo, 1988.

PRESCOTT, Anne Lake, et A. Kent Hieatt, «Contemporizing Antiquity: The *Hypnerotomachia* and its Afterlife in France», dans *Word and Image*, 8 (1992), pp. 291-321.

Primatice, Maître de Fontainebleau. 1504-1570, Paris, Réunion des Musées Nationaux, 2004.

QUAINTON, Malcolm, «The Liminary Texts of Ronsard's *Amours de Cassandre* (1552): Poetics, Erotics, Semiotics», dans *French Studies*, 53 (1999) pp. 257-278.

RENUCCI, Toussaint, *Un Aventurier des lettres au XVIe siècle. Gabriel Symeoni florentin (1509-1570)*, Paris, Didier, 1943.

ROBERTSON Clare, *'Il Gran Cardinale'. Alessandro Farnese, Patron of the Arts*, Yale, New Haven et Londres, 1992.

ROMIER, Lucien, *La Carrière d'un favori. Jacques d'Albon de Saint-André, Maréchal de France (1512-1562)*, Paris, Librairie Académique, Perrin et Cie, 1909.

RONDOT, Natalis, *Les Artistes et les maîtres de métier étrangers ayant travaillé à Lyon*, Paris, Impr. de A. Quantin, 1883.

– *L'Art et les artistes à Lyon du XIVe au XVIIIe siècle. Etudes posthumes de M. Natalis Rondot*, publiées par Alfred Cartier et Léon Galle, Lyon, Bernoux, Cumin et Masson, 1902.

ROSSIAUD, Jacques, «Du réel à l'imaginaire; la représentation de l'espace urbain dans le Plan de Lyon de 1550», dans Jeanne-Marie Dureau, (éd.), *Le Plan de Lyon vers 1550*, pp. 29-45.

ROY, Maurice, *Artistes et monuments de la Renaissance en France*, 2 t., Paris, Honoré Champion, 1929.

SALOMON, Emile, *Les Châteaux historiques du Lyonnais et du Beaujolais*, 2 t., Lyon, Editions de la «République Lyonnaise», 1936; Marseille, Laffitte, 1979.

SAULNIER, Verdun-Louis, *Maurice Scève, ca. 1500-1560*, 2 t., Paris, Klincksieck, 1948-9; Genève-Paris, Slatkine, 1981.

SCÈVE, Maurice, *Œuvres complètes*, éd. P. Quignard, Paris, Mercure de France, 1974.

– *Le Opere minori di Maurice Scève*, éd. Enzo Giudici, Parma, Guanda, 1958.

SCHULTZ, Juergen, «Jacopo de' Barbari's View of Venice: Map Making, City Views, and Moralized Geography Before the Year 1500», dans *Art Bulletin*, 60 (1978), pp. 425-474.

SEZNEC, Jean, «Erudits et graveurs au XVIe siècle», dans *Mélanges d'Archéologie et d'Histoire, Ecole française de Rome*, 47 (1930), pp. 118-137.

STONE, D., «La *Métamorphose figurée* de Bernard Salomon: quelques sources», *Nouvelle Estampe*, Paris, 1974, pp. 10-12.

SZONYI, György E., (éd.), *European Iconography East and West*, Leyde, Brill, 1996.

TERRIS, Jules de, *Les Evêques de Carpentras, étude historique*, Avignon, Seguin Frères, 1886.

TERVARENT, Guy de, *Attributs et symboles dans l'art profane*, Genève, Droz, 1958 (1997).

THOEN, P., «Aesopus Dorpii. Essai sur l'Esope latin des temps modernes», dans *Humanistica Lovaniensia*, 19 (1971), pp. 241-316.

TINGUELY, Frédéric, *L'Ecriture du Levant à la Renaissance. Enquête sur les voyageurs français dans l'empire de Soliman le Magnifique*, Genève, Droz, 2000.

TRICOU, Jean, «Un archevêque de Lyon au XVIe siècle: Hippolyte d'Este», dans *Revue des études italiennes*, (1958), pp. 147-166.

TYARD, Pontus de, *Œuvres poétiques complètes*, éd. John C. Lapp, Paris, Marcel Didier, 1966.

- *Erreurs amoureuses*, éd. John McLelland, Genève, Droz, 1967.

- *Solitaire second*, éd. Cathy M. Yandell, Genève, Droz, 1980.

VARILLE, Mathieu, *Les Antiquaires lyonnais de la Renaissance*, Lyon, Imprimerie Audin, 1924.

VASSELIN, M., «L'Antique dans le paysage de l'Ecole de Fontainebleau», dans *Le Paysage à la Renaissance*, Yves Giraud (éd.), Editions universitaires, Fribourg, 1985, pp. 281-296

VENTURI, A., «Les Triumphes de Pétrarque dans l'art représentatif», dans *Revue de l'art ancien et moderne*, 20 (1906), pp. 81-93 et pp. 209-221.

- «L'arte e gli Estensi: Ippolito II di Ferrara in Francia», dans *Rivista Europea*, Rome et Florence, 1881, pp. 22-37 (voir Dimier, L.)

VIRGILE, *Enéide*, édition et traduction par André Bellesort, 2 t., Paris, Les Belles Lettres, 1925.

ZERNER, Henri, *L'Art de la Renaissance en France: l'invention du classicisme*, Paris, Flammarion, 1996, réédition, 2002.

4. HISTOIRE DE LYON

AUDIN, Marius, *Bibliographie iconographique du Lyonnais*, 3 t., Lyon, Impr. de A. Rey, 1910-1913.

- *La Loge du Change: histoire d'un monument*, Lyon, Cumin et Masson, 1917.

BAYARD, Françoise, et Pierre Cayez, (éds), *Histoire de Lyon: des origines à nos jours*, t. 2, Le Coteau, Horvath, 1990.

BOUCHER, Jacqueline, *Lyon et la vie lyonnaise au XVIe siècle*, Lyon, Editions Lyonnaises d'Art et d'Histoire, 1992.

BOURGEOIS, Louis, *Quand la Cour de France vivait à Lyon, 1491-1551*, Paris, Fayard, 1980.

BRÉGHOT DU LUT, Claude, *Mélanges biographiques et littéraires, pour servir à l'his-toire de Lyon*, Lyon, Impr. de J.-M. Barret, 1828.

- *Nouveaux mélanges biographiques et littéraires pour servir à l'histoire de la ville de Lyon*, Lyon, Impr. de J.-M. Barret, 1829-1831.

CHARPIN-FEUGEROLLES, H.A.S., Le Comte de, *Les Florentins à Lyon*, Lyon, Association Typographique, 1889.

CLERJON, P., et Jérôme Morin, *Histoire de Lyon*, Lyon, T. Laurent, 6 t., 1829-1837.

COLONIA, Dominique de, *Histoire littéraire de la ville de Lyon*, Lyon, Rigollet, 1728-1730, 2. t., réédition, Genève, Slatkine, 1970.

COOPER, Richard A., «Humanistes et antiquaires à Lyon», dans A. Possenti et G. Mastrangelo, (éds), *Il Rinascimento a Lione*, pp. 161-174.

- «Humanism and Politics in Lyon in 1533», dans P. Ford and G. Jondorf (éds.), *Intellectual Life in Renaissance Lyon*, Cambridge, Cambridge French Colloquia, 1993, pp. 1-32.

DOUCET, R., «Des origines à 1595», dans Kleinclausz, *Histoire de Lyon*, t. I, pp. 357-549.

GARDES, Gilbert, *Le Palais archiépiscopal de Lyon, le Palais Saint-Jean et le Château d'Ouillins*, Lyon, Conseil d'architecture, d'urbanisme et de l'environnement du Département du Rhône, 1980.

- *Le Monument public français. L'exemple de Lyon*, Thèse de Doctorat, 1986, Sorbonne (Exemplaire dans la Bibliothèque municipale de Lyon).

- *Lyon, l'Art et la ville*, 2 t., Paris, CNRS, 1988.

GASCON, R., *Grand Commerce et vie urbaine au XVIᵉ siècle. Lyon et ses marchands*, 2 t., Paris/La Haye, Mouton, 1971.

GUÉRAUD, Jean, *La Chronique lyonnaise (1536-1562)*, éd. Georges Tricou, Lyon, Imprimerie Audinienne, 1929.

GUTTON, Jean-Pierre, (éd.), *Les Lyonnais dans l'Histoire*, Toulouse, Privat, 1985.

KLEINCLAUSZ, Arthur (éd.), *Histoire de Lyon, t. I, Des origines à 1595*, Lyon, Pierre Masson, 1939, Marseille, Laffitte, 1978.

LE LABOUREUR, Claude, *Les Masures de L'Isle-Barbe lès Lyon*, Lyon, Imprimerie C. Galbit, 1665, Paris, 1682; M.C. Guigue, [...] Georges Guigue, et le comte de Charpin-Feugerolles, (éds.), Lyon, Vitte et Perrussel, 1887-1895, réimpression Lyon, R. Georges, 1997.

PARADIN, Guillaume, *Mémoires de l'histoire de Lyon*, Lyon, A. Gryphius, 1573, fac-similé, Roanne, 1973.

PÉRICAUD, Antoine, Notes *et documents pour servir à l'histoire de Lyon, 1547-1560*, Lyon, Impr. de Mougin-Rusand, 1841.

PERNETTI, Jacques, *Recherches pour servir à l'histoire de Lyon ou Les Lyonnois dignes de mémoire*, Lyon, Les frères Duplain, 1757.

ROLLE, Fortuné, *et al.*, *Collection des inventaires-sommaires des archives communales antérieures à 1790. Ville de Lyon*, 2 t., Paris, P. Dupont, 1865-1875.

RUBYS, Claude de, *Histoire veritable de la ville de Lyon*, Lyon, Bonaventure Nugo, 1604.

SPON, Jacob, *Recherche des antiquités et curiosités de la ville de Lyon*, Lyon, Impr. de J. Faeton, 1673; nouvelle édition, Lyon, Impr. de J. Perrin, 1857.

STEYERT, André, *Nouvelle Histoire de Lyon*, 4 t., Lyon, Bernoux et Cumin, 1895-1899.

VACHET, Adolphe, *A Travers les Rues de Lyon*, Lyon, Bernoux, Cumin et Masson, 1902 (Marseille, J. Laffitte, 1982).

VAISSIERE, Pierre de, *Le Baron des Adrets*, Paris, Firmin-Didot, 1930.

Ville de Lyon. Expositions du Bimillénaire. Lyon antique. Aspects de Lyon au XVIe siècle. L'urbanisme à Lyon, Lyon, 1958.

5. LA GRAVURE; L'HISTOIRE ET L'ILLUSTRATION DU LIVRE

ADHÉMAR, Jean, *Inventaire du fonds français. Graveurs du seizième siècle*, t. II, [Levert-Woeriot], Paris, Bibliothèque Nationale, 1938, reproduction en fac-similé, 1971.

ANNINGER, Anne, *Parisian Book Illustration, 1530-1560: The decades of liberation*, Ann Arbor, Michigan, UMI, 1994.

AQUILON, P., «Notes sur quelques éditions de la bible au XVe siècle», dans *Bibliothèque d'Humanisme et Renaissance*, 34 (1972), pp. 105-112.

ARMSTRONG, Elizabeth, *Robert Estienne, Royal Printer*, Cambridge, Cambridge University Press, 1954, éd. révisée, s.l., The Sutton Courtenay Press, 1986.

ASCARELLI, Fernanda, *La tipografia cinquecentina italiana*, Florence, Sansoni Antiquariato, 1950.

- *La tipografia del '500 in Italia*, Florence, L.S. Olschki, 1989.

AUDIN, Marius, et Maurits Sabbe, *Les Caractères de civilité de Robert Granjon et les imprimeurs flamands*, Lyon, Impr. de M. Audin, 1921.

- *Impressions de Louis Perrin et quelques livres lyonnais du XVIe siècle*, Lyon, Audin, 1923.

- *Le livre, son architecture, sa technique*, Lyon, M. Audin, Paris, G. Crès et Cie, 1924; réédition, Mane, R. Morel, 1969.

- «Les Jean de Tournes, imprimeurs lyonnais», dans *La Revue du Lyonnais*, 13 (1924), pp. 5-43.

- *Le livre: son illustration, sa décoration*, Lyon, M. Audin; Paris, G. Crès et Cie, 1926.

- *Le Thesaurus amicorum de Jean de Tournes*, Lyon, Les Deux-Collines, 1927.

- *Histoire de l'imprimerie par l'image*, 4 t., Paris, Henri Jonquières, 1928-1930.

- «La croix de Lorraine dans les bois de la Renaissance», dans *Arts et Métiers Graphiques*, n° 32 (1932), pp. 44-46.

- voir Cartier, Alfred, *Bibliographie des éditions des de Tournes: imprimeurs lyonnais*.

- *Somme typographique*, 2 t., Lyon, M. Audin; Paris, Paul Dupont, 1947-1949.

AUDIN, Maurice, *Les peintres en bois et les tailleurs d'histoires. A propos d'une collection de bois gravés conservés au Musée lyonnais de l'imprimerie et de la banque*, Lyon, Musée de l'Imprimerie et de la Banque, (1968) 1980.

- «Bernard Salomon et la collection de bois gravés du Musée de l'Imprimerie à Lyon», dans *Gutenberg Jahrbuch*, 1969, pp. 239-245.

- *Histoire de l'imprimerie: radioscopie d'une ère, de Gutenberg à l'informatique*, Paris, A. et J. Picard, 1972.

BARBIER, Frédéric, *et al.*, (éds.), *Le Livre et l'historien: études offertes en l'honneur du Professeur Henri-Jean Martin*, Genève, Droz, 1997.

BARBIERI, Edoardo, *Le Bibbie italiane del Quattrocentro e del Cinquecento*, Editrice Bibliographica, Milan, 1991.

BARIELLE, Jean-François, «Le graveur Jean Duvet et l'Apocalypse», dans *Estampille*, 97 (1978), pp. 56-59.

BARTSCH, Adam, *Le Peintre-graveur*, 21 t., Vienne, J.V. Degen, 1803-1821; nouvelle édition, 22 t., Nieuwkoop, B. de Graaf, 1982.

BAUDRIER, Henri, *Bibliographie lyonnaise*, Lyon: H. Brun, Paris, F. de Nobèle, 1895-1921, réédition, Mayenne, Imp. J. Floch, 1965, 13 t.

BERNARD, Auguste, *Geoffroy Tory, peintre et graveur, premier Imprimeur royal, réformateur de l'orthographe et de typographie sous François Ier*, Paris, Librairie Tross, (1857) 1865; rééd., Nieuwkoop, B. de Graaf, 1963.

BERSIER, Jean-Eugène, *La Gravure: les procédés; l'histoire*, Paris, La Table Ronde, (1948); 4e éd. Berger-Levrault, 1984.

BETZ, Jacques, *Bibliotheca Bibliographica Aureliana. Répertoire bibliographique des livres imprimés en France au seizième siècle*. 6e livraison, n° 14 Avignon, Baden-Baden, Librairie Heitz, 1970.

BIBLIOTHÈQUE NATIONALE DE FRANCE, *La Gravure française à la Renaissance*, Exposition de la Bibliothèque Nationale de France, 1995.

BINGEN, Nicole, *Philausone. Répertoire des ouvrages en langue italienne publiés dans les pays de langue francaise de 1500 à 1600*, Genève, Droz, 1994.

BLAND, David, *The Illustration of Books*, Londres, Faber et Faber, (1951) 1962.

- *A History of Book Illustration, the Illuminated Manuscript and the Printed Book*, Londres, Faber et Faber, 1958.

BLISS, Douglas Percy, *A History of Wood Engraving*, Londres, J.M. Dent, 1928, Spring Books, 1964.

BLUM, André, *et. al.*, *Le Livre français des origines à la fin du Second Empire (Exposition du Pavillon de Marsan 1923)*, Paris, G. Van Oest, 1924.

- *Les Origines du livre à gravures en France. Les incunables typographiques*, Nancy, Berger-Levrault, Paris et Bruxelles, G. Van Oest, 1928; *The Origin and Early History of Engraving in France*, trad. J. Shaw, New York, E. Weyhe, 1930, Hacker Art Books, 1978.

BŒSPFLUG, François, Olivier Christin et Benoît Tassel (éds), *Molanus: Traité des saintes images*, Paris, Editions du Cerf, 1996.

BONGI, Salvatore, *Annali di Gabriel Giolito de' Ferrari da Trino di Monferrato: stampatore in Venezia*, Rome, Presso i Principali Librai, 1890-97; (fac-similé, Mansfiels Centre, Conn., Martino, 2000).

BOORSCH, Suzanne, (Introduction), *The Engravings of Giorgio Ghisi*, New York, The Metropolitan Museum of Art, 1985.

- «Les gravures de l'Ecole de Fontainebleau», dans Bibliothèque Nationale de France, *La Gravure française à la Renaissance*, pp. 79-93.

BOUTIER, Jean, «Cartographies urbaines dans l'Europe de la Renaissance», dans Jeanne-Marie Dureau (éd.), *Le Plan de Lyon vers 1550*, pp. 25-28.

BRULLIOT, François, *Dictionnaire des monogrammes*, nouvelle édition, Munich, J.G. Cotta, 1832-4.

BRUN, Robert, *Le Livre illustré en France au XVIe siècle*, Paris, Librairie Félix Alcan, 1930.

– « La croix de Lorraine et son emploi dans l'illustration du livre au XVIe siècle », dans *Arts et Métiers Graphiques*, n° 30 (1932), pp. 11-17.

– *Le Livre français illustré de la Renaissance*, Paris, Editions A. et J. Picard, 1969 (réimpression du livre précédent, même introduction, texte différent).

– *Le Livre français*, Paris, Larousse, 1848; Paris, Presses Universitaires de France, 1969.

– *La Typographie en France au seizième siècle*, Paris, Editions des Bibliothèques Nationales, 1938.

BRUNET, Jacques-Charles, *Manuel du libraire et de l'amateur de livres*, Paris, Firmin-Didot frères, 1860-1880; 6 t., 2 suppléments, réimpression Genève, Slatkine, 1990.

CALOT, Frantz, Louis-Marie Michon, Paul Angoulvent, *L'Art du livre en France des origines à nos jours*, Paris, Delagrave, 1931.

CARTER, Harry, et H.D.L. Vervliet, *Civilité Types*, Oxford, Oxford University Press, 1966.

CARTIER, Alfred, *Bibliographie des éditions des de Tournes: imprimeurs lyonnais; mise en ordre avec une introduction et des appendices par Marius Audin; et une notice biographique par E. Vial*, Paris, Editions des Bibliothèques Nationales de France, 1937-8; Genève, Slatkine, 1970.

CAZAURAN, Nicole, Jacques Bailbé, Robert Aulotte, *Le Livre et l'image en France au XVIe siècle*, Cahiers V.-L. Saulnier, 6, Paris, Presses de l'Ecole Normale Supérieure, Paris, 1989.

CHAMBERS, Bettye Thomas, *A Bibliography of French Bibles: Fifteenth- and Sixteenth Century: French-Language Editions of the Scriptures*, Genève, Droz, 1983.

– *A Bibliography of French Bibles, II: Seventeenth Century*, Genève, Droz, 1994.

CHASTEL, André, *La Grottesque*, Paris, Le Promeneur, 1988.

CHATELAIN, Jean-Marc, et Laurent Pinon, « L'intervention de l'image et ses rapports avec le texte à la Renaissance », dans Henri-Jean Martin (éd.), *La Naissance du livre moderne*, pp. 234-269.

CLAUDIN, Anatole, *Histoire de l'imprimerie en France au XVe et au XVIe siècles*, 4 t., Paris, 1900-04, réimpression Nendeln, Kraus-Thomson, 1971.

COELEN, Peter van der, *De Schrift verbeeld, Oudtestamentische prenten uit renaissance en barok*, Nimègue, Nijmegen University Press, 1998.

COURBOIN, François, *Bibliothèque Nationale. Département des Estampes. Catalogue sommaire des gravures et lithographies composant la Réserve*, 2 t., Paris, G. Rapilly, 1900-01.

– *Histoire illustrée de la gravure en France*, 4 t., Paris, M. Le Garrec, 1923-9.

– et Marcel Roux, *La Gravure française: Essai de bibliographie*, 3 t., Paris, M. Le Garrec, 1927-8.

COUSIN, Jean, (père), *Livre de perspective*, Paris, Jean Le Royer, 1560.

DALBANNE, Claude, *Livres à gravures imprimés à Lyon au XVe siècle. Les Subtiles fables d'Esope, Lyon, Mathieu Husz, 1486. Notice de J. Bastin. Etude sur l'illustration des fables, par Claude Dalbanne et E. Droz*, Lyon, Association Guillaume Le Roy, Paris, C. Eggimann, 1926.

DAVIES, Hugh W., *Catalogue of a Collection of Early French Books in the Library of C. Fairfax Murray*, 2 t., Londres, 1910; Londres, The Holland Press, 1961.

DAVIES, Martin et John Goldfinch, (éds.), *Vergil: A Census of Printed Editions 1469-1500*, Londres, The Bibliographical Society, 1992.

DAVIS, Nathalie Zemon, «Holbein's Pictures of Death at Lyons», dans *Studies in the Renaissance*, 1 (1954), pp. 97-130.

– «Publisher Guillaume Rouillé, Businessman and Humanist», dans R.J. Schoeck, (éd.), *Editing Sixteenth-Century Texts*, Toronto, University of Toronto Press, 1967, pp. 72-112.

– «Le monde de l'imprimerie humaniste: Lyon», dans Henri-Jean Martin, (éd.), *Le Livre conquérant*, pp. 255-278.

DEONNA, W., «Bois gravés de l'ancienne imprimerie de Tournes à Genève», dans *Genava*, 14, (1936), pp. 114-220, et 17, (1939), pp. 95-104.

DIBDIN, Thomas Frognall, *The Bibliographical Decameron*, Londres, G. et W. Nichol, 1817.

DUNAND, Louis, *Catalogue des estampes du seizième siècle*, Lyon, Bibliothèque Municipale, Imprimerie Nouvelle Lyonnaise, 1969.

– (éd.), *Estampes de l'Ecole de Fontainebleau*, Lyon, Musée des Beaux-Arts, 1973.

DUPLESSIS, Georges, *Histoire de la gravure en France*, Paris, Rapilly, 1861.

– *Catalogue illustré des livres précieux, manuscrits et imprimés, faisant partie de la Bibliothèque de M. Ambroise Firmin-Didot. Belles-Lettres – Histoire*, Paris, Librairie Firmin-Didot et Cie, 1878.

– *Catalogue illustré des livres précieux manuscrits et imprimés faisant partie de la bibliothèque de M. Ambroise Firmin-Didot. Théologie-Jurisprudence-Sciences-Arts-Beaux-Arts*, Paris, Librairie Firmin-Didot et Cie, 1879 et 1882.

– *Histoire de la gravure, en Italie, en Espagne, en Allemagne, dans les Pays-Bas, en Angleterre et en France*, Paris, Hachette, 1880.

– *Essai bibliographique sur les différentes éditions des* Icones Veteris Testamenti *d'Holbein*, Nogent-le-Rotrou, Impr. de Daupeley-Gouverneur,1884.

– et Henri Bouchot, *Dictionnaire des marques et monogrammes de graveurs*, Paris, J. Rouam, 1886.

– *Essai bibliographique sur les différentes éditions des œuvres d'Ovide ornées de planches publiées au XVe et XVIe siècles*, Paris, Léon Techener, 1889.

DUREAU, Jeanne-Marie *et. al.*, (éds), *Le Plan de Lyon vers 1550*, Edition critique des 25 planches originales du plan conservé aux Archives de la ville de Lyon, Lyon, Archives Municipales de Lyon, 1990.

DUVET, Jean, *Lapocalypse figuree*, fac-similé, Londres, Eugrammia Press, 1962; (Michael Marqusee, éd.), *The Revelation of St. John. Apocalypse, engravings by Jean Duvet*, New York et Londres, Paddington Press, 1976 (fac-similé de l'édition de 1561).

EISLER, Colin, *The Master of the Unicorn: the life and work of Jean Duvet*, New York, Abaris Books, 1979.

ENGAMMARE, Max, «Cinquante ans de révision de la traduction biblique d'Olivétan: les bibles réformées genevoises en français au XVIe siècle», dans *Bibliothèque d'Humanisme et Renaissance*, 53 (1991), pp. 347-77.

- «Les Figures de la Bible. Le destin oublié d'un genre littéraire en image (XVIe-XVIIe s.)», dans *Mélanges de l'Ecole Française de Rome: Italie et Méditerranée*, 106 (1994), pp. 549-591.

- «Les représentations de l'Ecriture dans les Bibles illustrées du XVIe siècle. Pour une herméneutique de l'image imprimée dans le texte biblique», dans *Revue Française d'Histoire du Livre*, 86 (1995), pp. 119-189.

- «*Figures de la Bible* lyonnaises à la Renaissance. Un demi-siècle de préponderance européenne (1538-1588)», dans Jean Rosen (éd.), *Majoliques européennes: reflets de l'estampe lyonnaise, XVIe-XVIIe siècles*, Dijon, Faton, 2003, pp. 24-39.

FALK, Tilman, (éd.), *The Illustrated Bartsch. 11. Sixteenth-Century German Artists. Hans Burgkmair, the Elder, Hans Schäufelein, Lucas Cranach, the Elder*, New York, Abaris Books, 1980.

- *Hans Holbein the Younger*, dans *Hollstein's German Engravings, Etchings and Woodcuts*, 14, 14a et 14b, Roosendaal, Koninklijke van Poll, 1988.

FEBVRE, Lucien, et Henri-Jean Martin, *et. al.*, *L'Apparition du livre*, Paris, Albin Michel, 1957, (1971, 1999).

FIRMIN-DIDOT, Ambroise, *Essai sur la typographie*, Paris, Firmin-Didot frères, 1851 et 1855.

- *Essai typographique et bibliographique sur l'histoire de la gravure sur bois*, Paris, Firmin-Didot frères, 1863.

- *Etude sur Jean Cousin, suivie de notices sur Jean Leclerc et Pierre Woeiriot*, Paris, A. Firmin-Didot, 1872, Genève, Slatkine Reprints, 1971.

- *Catalogue raisonné des livres de la bibliothèque de M. Ambroise Firmin-Didot. I Livres avec figures sur bois. Solennités. Romans de Chevalerie*, Paris, Firmin-Didot, 1867 (nos 492-531).

FONTAINE, Marie Madeleine, «Des histoires qui ne disent mot», dans Bibliothèque Nationale de France, *La Gravure française à la Renaissance*, pp. 59-77.

FOURNIER, Pierre-Simon, *Dissertation sur l'origine et les progrès de l'art de graver en bois*, Paris, Imprimerie de Barbou, 1758.

FUHRING, Peter, «Estampes d'ornement de la Renaissance», dans Bibliothèque nationale de France, *La Gravure française à la Renaissance*, pp. 153-168.

GAULLIEUR, Eusèbe H., Genève, 1855, *Etudes sur la typographie genevoise*, extrait du *Bulletin de l'Institution national genevois*, 2, 1855.

GEISBERG, Max, *Die deutsche Buchillustration in der ersten Hälfte des XVI. Jahrhunderts*, 2 t., Doornspijk, Davaco, 1987.

GÉLY, Véronique, «Le livre et l'image en France au XVIe siècle. Eléments de bibliographie», dans Nicole Cazauran, (éd.), *Le Livre et l'image en France au XVIe siècle*, pp. 157-172.

GRIVEL, Marianne, «La Réglementation du travail des graveurs en France au XVIe siècle», dans Nicole Cazauran, (éd.), *Le Livre et l'image en France au XVIe siècle*, pp. 9-27.

- «Les graveurs en France au XVIe siècle», dans Bibliothèque nationale de France, *La Gravure française à la Renaissance*, pp. 33-58.

GRÜNINGER. *La Gravure d'illustration en Alsace au XVIe siècle. I. Jean Grüninger*, Strasbourg, Presses Universitaires de Strasbourg, 1992.

GÜLTLINGEN, Sybille von, *Bibliographie des livres imprimés à Lyon au seizième siècle.* (Complément de Baudrier), 8 t., Baden-Baden, Bouxwiller, V. Koerner, 1992-2002.

GUSMAN, Pierre, *La Gravure sur bois et d'épargne sur métal du XIVe au XXe siècle*, Paris, R. Roger et F. Chernoviz, 1916.

HARTHAN, John, *The History of the Illustrated Book: The Western Tradition*, Londres, Thames et Hudson, 1981.

HÉBERT, Michèle, *Inventaire des gravures de l'école du Nord, 1450-1550*, 2 t., Paris, Bibliothèque Nationale, Département des Estampes, 1982-3.

HERBERT, Félix, «Les graveurs de l'Ecole de Fontainebleau», dans *Annales de la Société historique et archéologique du Gatinais*, 14 (1896), pp. 56-102, 17 (1899), pp. 1-53, 18 (1900), pp. 293-355, 20 (1902), pp. 55-86; Fontainebleau, M. Bourges, 1896-1902. Réimpression Amsterdam, B. M. Israel, 1969.

HIGMAN, Francis, *Censorship and the Sorbonne: a bibliographical study of books in French censured by the Faculty of Theology in the University of Paris, 1520-1551*, Genève, Droz, 1979.

HIND, Arthur M., *An Introduction to a History of Woodcut*, 2 t., Londres, Constable, 1935, New York, Dover Publications, 1963.

- *Engraving in England in the Sixteenth and Seventeenth Centuries*, 4 t., *I. The Tudor Period*, Cambridge, Cambridge University Press, 1952-1964; fac-similé, éd. San Francisco, Alan Wofsy Fine Arts, 2000.

HOBSON, Anthony R. A., *Humanists and Bookbinders*, Cambridge, Cambridge University Press, 1992.

HODNETT, Edward, *English Woodcuts, 1480-1535*, Londres, The Bibliographical Society, 1935, Oxford, Oxford University Press, 1973.

- *Aesop in England: The Transmission of Motifs in Seventeenth-Century Illustrations of Aesop's Fables*, Charlottesville, University of Virginia Press, 1979.

HOLLSTEIN, F.W.H., *Dutch and Flemish Etchings Engravings and Woodcuts ca. 1450-1700*, 28 t., Amsterdam, Menno Hertzberger, et ensuite Van Gendt, 1954-.

- *German Engravings Etchings and Woodcuts ca. 1400-1700*, 28 t., Amsterdam, Menno Hertzberger, et ensuite Van Gendt, 1954-

- *Dutch and Flemish Etchings Engravings and Woodcuts 6, Cranach-Drusse*, éd. K.G. Boon et R.W. Scheller, Amsterdam, Menno Hertzberger, s.d. [Cranach the Elder, 1-120]

HOURS, Henri, Henri-Jean Martin, Maurice Audin et Jean Toulet (éds.), *Le Siècle d'or de l'imprimerie lyonnaise*, Paris, Editions Du Chêne, 1972.

HÜLSEN, Christian, *Saggio di bibliografia ragionata delle piante iconografiche e prospettiche di Roma dal 1551 al 1748*, Rome, Bardi Editore, 1969.

IVINS, William M., Jr., *Prints and Visual Communication*, Londres, Routledge et Kegan Paul, 1953, Cambridge, (Mass.), M.I.T. Press, (1969), 1973.

JACOBOWITZ, Ellen S., James Marrow et Stephanie Loeb Stepanek, *The Illustrated Bartsch, 12. Sixteenth-Century German Artists. Hans Baldung Green, Hans Springinklee, Lucas van Leyden*, New York, Abaris Books, 1981.

- *The Prints of Lucas van Leyden and his Contemporaries*, Washington (D.C.), National Gallery of Art, et Princeton University Press, 1983.

JOHNSON, A.F., *French Sixteenth-Century Printing*, Londres, E. Benn, 1928.

- « A distinguished sixteenth-century Lyons printer : Jean de Tournes », dans *The Linotype and printing machines record*, Londres, 1929.
- « A short history of printing in the sixteenth century », dans Muir, *Selected Essays on Books and Printing*, pp. 41-82.
- « Books printed at Lyon in the sixteenth century », dans Muir, *op. cit.*, 1970, pp. 123-145.
- « Some French Bible illustrations, sixteenth century », dans *Gutenberg Jahrbuch*, 1935, pp. 190-192. (Réimprimé sous le titre « Some French Bible illustrations in the sixteenth century », dans Muir, *op. cit.*, pp. 161-165.)

KALLENDORF, Craig, *A Bibliography of Venetian Editions of Virgil, 1470-1599*, Florence, Leo S. Olschki, 1991.
- *A Bibliography of Renaissance Italian Translations of Virgil*, Florence, Leo S. Olschki, 1994.

KÄSTNER, Manfred, *Die Icones Hans Holbeins des Jüngeren. Ein Beitrag zum graphischen Werk des Künstlers und zur Bibelillustration. Ende des 15. und in der ersten Hälfte des 16. Jahrhunderts*, 2 t., Heidelberg, Esprint Verlag, 1985.

KNAPPE, Karl-Adolf, *Dürer: The Complete Engravings, Etchings and Woodcuts*, Londres, Thames et Hudson, New York, Harry N. Abrams, 1965 (Paris, Arts et Métiers, 1964); traduit de l'allemand.

KOCH, Robert A., *The Illustrated Bartsch 15. Early German Masters. Barthel Beham, Hans Sebald Beham*, Abaris Books, New York, 1978.

KOEPPLIN, Dieter, et Tilman Falk, *Lukas Cranach. Gemälde - Zeichnungen - Druckgraphik*, 2 t., Bâle et Stuttgart, Birkhäuser Verlag, 1974.

KOLB, Albert, *Bibliographie des Französischen Buches im 16. Jahrhundert. Druck. Illustration. Einband. Papiergeschichte*, Wiesbaden, Otto Harrassowitz, 1966.

KRISTELLER, Paul, *Gravures sur bois: Illustrations de la Renaissance florentine*, Paris, L'Aventurine, 1996.

KUIPER-BRUSSEN, L.C., et P.N.G. Pesch, « De collectie geïllustreerde 16⁰ eeuwse Lyonese drukken, aangeschaft tijdens het bibliothecariaat van dr. D. Grosheide », dans H.F. Hofman, *et. al.*, *Uit Bibliotheektuin en Informatieveld*, Universiteits Bibliotheek Utrecht, 1978, pp. 172-198.

KUNZE, Horst, *Geschichte der Buchillustration in Deutschland. Das 16. und 17. Jahrhundert*, 2 t., Francfort, Insel Verlag, 1993.

KURTH, Willi, *The Complete Woodcuts of Albrecht Dürer*, New York, Dover Publications, 1963.

KÜSTER, Christian Ludwig, *Illustrierte Aesop-Ausgaben des 15. und 16. Jahrhunderts*, 2 t., Thèse de doctorat, Hambourg, 1970.

LA FONTAINE VERWEY, H. de, « Les Caractères de civilité et la propagande religieuse », dans *Bibliothèque d'Humanisme et Renaissance*, 26 (1964), pp. 7-27.

LAMARQUE, H., et A. Baïche, (éds.), *Ovide en France dans la Renaissance*, Toulouse, Université de Toulouse- Le Mirail, 1981.
- « L'Edition des œuvres d'Ovide dans la Renaissance française », dans H. Lamarque, et A. Baïche, (éds.), *Ovide en France dans la Renaissance*, pp. 13-40.

LANDAU, David, et Peter Parshall, *The Renaissance Print, 1470-1550*, Londres, New Haven, Yale University Press, 1994.

LAWRENSON, T.E., et Helen Purkis, «Les éditions illustrées de Térence dans l'histoire du théâtre», dans Jean Jacquot, (éd.), *Le Lieu théâtral à la Renaissance*, Paris, CNRS, 1986, pp. 1-23.

Le livre à Lyon des Origines jusqu'à nos jours, Lyon, Edition du Cercle des Relations Intellectuelles (préface de Charles Touzot), 1933.

LESTRINGANT, Frank, «Une cartographie iconoclaste: 'La Mappe-Monde Nouvelle Papistique' de Pierre Eskrich et Jean-Baptiste Trento (1566-1567)», dans Monique Pelletier (éd.), *Géographie du monde au Moyen-Age et à la Renaissance*, Paris, Editions du C.T.H.S., 1989, pp. 99-120.

LEY, Klaus, Christine Mundt-Espín et Charlotte Krauss, *Die Drucke von Petrarcas «Rime» 1470-2000*, Hildesheim/Zürich/New York, Georg Olms Verlag, 2002.

LIEURE, J., *La Gravure en France au XVIᵉ siècle. La gravure dans le livre et l'ornement*, Paris, Librairie Nationale d'Art et d'Histoire, G. Vanost, Editeur, 1927.

- *L'Ecole française de gravure, des origines à la fin du XVIᵉ siècle*, Paris, La Renaissance du Livre, s.d.[1928]

LINZELER, André, *Inventaire du fonds français. Graveurs du seizième siècle*. t. 1, [Androuet du Cerceau – Leu], Paris, Bibliothèque Nationale, (1932) 1967.

LLEWELLYN, Nigel, «Illustrating Ovid», dans Martindale, *Ovid Renewed*, pp. 151-166.

LONCHAMP, F.-C., *Manuel du bibliophile français (1470-1920)*, 2 t., Paris, Librairie des Bibliophiles, 1927.

LUBORSKY, Ruth Samson, «Connections and disconnections between images and texts: the case of secular Tudor book illustration», dans *Word and Image*, 3 (1987), pp. 74-85.

- et Elizabeth Morley Ingram, *A Guide to English Illustrated Books, 1536-1603*, Medieval and Renaissance Texts and Studies, Tempe, Arizona, 1998.

LUIJTEN, Ger, *et. al.*, *The New Hollstein Dutch and Flemish Etchings, Engravings and Woodcuts 1450-1700. Lucas van Leyden*, Rotterdam, Sound and Vision Interactive, 1966.

MACROBERT, T.M., «Jean de Tournes», *Motif*, 2 (1959), pp.10-23.

MANDACH, Conrad de, «La gravure à l'époque de la Renaissance», dans André Michel, (éd.), *Histoire de l'Art. t. V. La Renaissance dans les pays du Nord*, Paris, Armand Colin, 1912, pp. 381-422.

MARICHAL, Robert, «Texte ou image?», dans Henri-Jean Martin et Jean Vezin (éds.), *Mise en page et mise en texte du livre manuscrit*, pp. 427-434.

MARIETTE, Pierre-Jean, *Abécédario*, éd. Ph. de Chennevières et A. de Montaiglon, Paris, J.-B. Dumoulin, 1851-1860, 6 t.; réimpression en fac-similé, Paris, F. de Nobele, 1966.

MAROLLES, Michel de, *Catalogue de livres d'estampes et de figures en taille douce*, Paris, t. I, Frédéric Léonard, 1666, t. II, Jacques Langlois, 1672.

- *Le Livre des peintres et graveurs*, éd. Georges Duplessis, Paris, Daffis, 1862.

MARQUSEE, Michael, (éd.), *Images from the Old Testament. Historiarum Veteris Testamenti Icones, by Hans Holbein*, Londres, New York; et Londres, Paddington Press, 1976 (fac-similé de l'édition des frères Frellon, Lyon, 1543).

MARTIN, André, *Le Livre illustré en France au XVᵉ siècle*, Paris, Félix Alcan, 1931.

MARTIN, Henri-Jean, «L'apparition du livre à Lyon», dans Hours, Henri, *et. al.*, (éds.), *Le Siècle d'or de l'imprimerie lyonnaise*, 1972, pp. 31-111.

– et Roger Chartier, *Histoire de l'édition française*, Paris, Promodis, 4 t., 1983-1986, (t. I, *Le Livre conquérant. Du Moyen Age au milieu du XVIIe siècle*, 1983); Paris, Fayard et Cercle de la Librairie, 1989-91.

– et Jeanne-Marie Dureau, «Années de transition: 1500-1530», dans *Le Livre conquérant*, pp. 217-225.

– et Pierre Aquilon, (éds), *Le Livre dans l'Europe de la Renaissance*, Paris, Editions du Cercle de la Librairie et Promodis, 1988.

– *Pour une Histoire du livre: XVe-XVIIIe siècle: cinq conférences*, Lezioni della Scuola di studi superiori in Napoli, 8, Naples, Bibliopolis, 1987.

– Jean Vézin, *et. al.*, *Mise en page et mise en texte du livre manuscrit*, Paris, Cercle de la Librarie et Promodis, 1990.

– *et. al.*, *La Naissance du livre moderne: mise en page et mise en texte du livre français (XVIe-XVIIe siècles)*, Paris, Editions du Cercle de la Librairie, 2000.

– «La naissance de la cartographie moderne», dans Martin, *La Naissance du Livre moderne*, pp. 329-338.

MARTIN, Jean-Baptiste, *Bibliographie lyonnaise*, Lyon, 1922.

MAYER, C.A., *Bibliographie des éditions de Clément Marot publiées au XVIe siècle*, Paris, Nizet, 1975.

MÉGRET, Jacques, «Jean de Tournes, imprimeur lyonnais», dans *Arts et Métiers Graphiques*, 1 (1927-8), pp. 293-301.

– «Geoffroy Tory», dans *Arts et Métiers Graphiques*, 25 (1931-2), pp. 7-15.

MELOT, Michel, *L'illustration; histoire d'un art*, Genève, Skira, 1984.

MEYNELL, F., et S. Morison, «Printers' flowers and arabesques», dans *The Fleuron*, 1 (1923), pp.1-43.

MINKOWSKI, Helmut, *Aus dem Nebel der Vergangenheit steigt der Turm zu Babel. Bilder aus 1000 Jahren*, Berlin, Rembrandt-Verlag, 1960

MONTENAY, Georgette de, *Emblemes ou Devises Chrestiennes*, éd. C.N. Smith, Menston, Scolar Press, 1973.

MOREL, Philippe, *Les Grotesques: figures de l'imaginaire dans la peinture italienne de la Renaissance*, Paris, Flammarion, 1997, 2001.

MORISON, Stanley, *Four Centuries of Fine Printing*, Londres, Ernest Benn, (1924) 1960.

– et Kenneth Day, *The Typographic Book, 1540-1935*, Londres, Ernest Benn, 1963.

MORTIMER, Ruth, *Harvard College Library. Department of Printing and Graphic Arts. Catalogue of Books and Manuscripts. 2 t., I. French Sixteenth-Century Books*, Cambridge, (Mass.), Harvard University Press, 1964.

– *Harvard College Library. Department of Printing and Graphic Arts. Catalogue of Books and Manuscripts. II. Italian Sixteenth-Century Books*, Cambridge, (Mass.), Harvard University Press, 1974.

MOSS, Ann, *Ovid in Renaissance France. A Survey of the Latin Editions of Ovid and Commentaries Printed in France before 1600*, Londres, The Warburg Institute, 1982.

MUIR, P. H., (éd.), *A.F. Johnson. Selected Essays on Books and Printing*, Amsterdam, Van Gendt et Cie, Londres, Routledge et Kegan Paul, 1970.

NAGLER, Georg-Kaspar, *Die Monogrammisten*, fortgesetzt von Dr. A. Andresen und C. Clauss, Munich, sans date; 5 t., Nieuwkoop, B. de Graaf, 1966 (1991).

OBERHUBER, Konrad, *The Illustrated Bartsch*, 26 et 27. *The Works of Marcantonio Raimondi and of his School*, Abaris Books, New York, 1978.

O'DELL-FRANKE, Ilse, *Kupferstiche und Radierungen aus der Werkstatt Des Virgil Solis*, Wiesbaden, Franz Steiner, 1977.

PANSIER, P., *Histoire du livre et de l'imprimerie à Avignon du XIVe au XVIe siècle*, Nieuwkoop, B. de Graaf, 1966.

PANTIN, Isabelle, *Imprimeurs et libraires parisiens du XVIe siècle. 3, Fascicule Cavellat, Marnef et Cavellat d'après les ms. de Philippe Renouard*, Paris, Bibliothèque Nationale, 1986.

– «Les problèmes de l'édition des livres scientifiques: l'exemple de Guillaume Cavellat», dans Henri-Jean Martin (éd.), *Le Livre dans l'Europe de la Renaissance*, pp. 240-252.

PAPILLON, Jean-Michel, *Traité historique et pratique de la gravure en bois*, Paris, P.G. Simon, 1766; réédition, préface de Maxime Préaud, Editions des Archives Contemporaines, Conservatoire National des Arts et Métiers, 1985.

PARENT-CHARON, A., *Les Métiers du livre à Paris au XVIe siècle (1535-60)*, Genève, Droz, 1974.

PASQUIER, Bernadette, *Virgile illustré de la Renaissance à nos jours en France et en Italie*, Paris, Jean Touzot, 1992.

PASSAVANT, Johann-David, *Le Peintre-graveur*, Leipzig, Rudolph Weigel, 6 t., 1860-64; New York, Burt Franklin, 1965.

PASTOUREAU, Michel, «L'illustration du livre: comprendre ou rêver?», dans Henri-Jean Martin, (éd.), *Histoire de l'édition française. T.1. Le livre conquérant*, Paris, pp. 501-529.

– *Figures et couleurs: études sur la symbolique et la sensibilité médiévale*, Paris, Le Léopard d'or, 1986.

– «La couleur en noir et blanc (XVe-XVIIIe siècle)», dans Frédéric Barbier, (éd.), *Le Livre et l'historien*, pp. 197-207.

PASTOUREAU, Mireille, *Les Atlas français (XVIe - XVIIe siècle)*, Paris, Bibliothèque Nationale, 1984.

PAULI, Gustav, *Hans Sebald Beham. Ein kritisches Verzeichnis seiner Kupferstiche, Radierungen und Holzschnitte*, Strasbourg, Heitz et Mündel, 1901; Baden-Baden, Valentin Koerner, 1974.

PERRY, J.P., «Jean de Tournes, the Elder, a French Printer of Illustrated Books, 1504-64», dans *Harvard Library Bulletin*, 23 (1975), pp. 379-395.

PETERS, Jane S., *The Illustrated Bartsch*, 19/1. *German Masters: 1550-1600. Virgil Solis: Intaglio Prints and Woodcuts*, New York, Abaris Books, 1987.

PLAISANCE, Michel, (éd.), *Le Livre illustré italien au XVIe siècle. Texte/Image*, Paris, Klincksieck, Presses de la Sorbonne Nouvelle, 1999.

Plan scénographique de la ville de Lyon au XVIe siècle. Fac-similé 2684, La Société de Topographie Historique, Lyon, 1872-6.

POPOFF, M., *L'Edition lyonnaise au XVIe siècle: approche bibliométrique*, Villeurbanne, E.N.S.B., 1975.

RABB, T. K., « Sebastian Brant and the first illustrated Edition of Vergil », dans *The Princeton University Library Chronicle*, 21 (1960), pp. 187-199.

RAIMONDI, Marcantonio, *Incisioni scelte e annotate da Antony de Witt*, Florence, La Nuova Italia, 1968.

RAWLES, Stephen, *Denis Janot, Parisian Printer (fl. 1529-1544) A Bibliographical Study*, 2 t., Ph.D. Thesis, University of Warwick, 1976 (Exemplaire dans les Usuels de la Réserve, BnF).

RENOUVIER, Jules, *Des Types et des manières des maîtres graveurs*, Montpellier, Impr. de Boehm, 1853-6.

RIGGS, Timothy A., *Hieronymus Cock, 1510-1570, Printmaker and Publisher*, New York et Londres, Garland Publishing, 1977.

RIS-PAQUOT, Oscar-Edmond, *Dictionnaire encyclopédique des marques et monogrammes*, 2 t., Paris, H. Laurens, 1893.

ROBERT-DUMESNIL, A.P.F., *Le Peintre-graveur français*, 11 t., Paris, Bouchard-Huzard, 1835-1871 ; réimpression Paris, F. de Nobele, 1967.

RONDOT, Natalis, *L'Art du bois à Lyon au quinzième et au seizième siècle*, Paris, Typographie E. Plon, Nourrit et Cie, 1889.

– *Les Graveurs sur bois et les imprimeurs à Lyon au XVe siècle*, Lyon, Mougin-Rusand, 1896.

– *Graveurs sur bois à Lyon au 16e siècle*, Paris, G. Rapilly, 1898.

– « Pierre Eskrich, peintre et tailleur d'histoires à Lyon au XVIe siècle », dans *Revue du Lyonnais*, 21 (1901), pp. 241-61, pp. 321-354.

ROSIER, Bart A., *The Bible in Print. Netherlandish Bible Illustration in the Sixteenth Century*, 2 t., traduit du hollandais par Chris. F. Weterings, Leyde, Foleor Publishers, 1997.

ROY, Maurice, *Les deux Jehan Cousin, 1490-1560, 1522-1594*, Sens, Duchemin, 1909.

SANDER, Max, *Le Livre à figures italien depuis 1467 jusqu'en 1530*, 5 t., Milan, U. Hoepli, 1942, réimpression en fac-similé, Lodi, G. Zazzera, 1996.

SATTENTAU, John Sebastian, *Recueil d'impressions des bois de Salomon*, Cabinet des Estampes, Genève, s.d. (Tiré à quatre exemplaires seulement.)

SAUNDERS, Alison, « Franco-Dutch Publishing Relations. The Case of Christopher Plantin », dans, *De Steen van Alciato. Literatuur en visuele cultuur in de Nederlanden. The Stone of Alciato. Literature and Visual Culture in the Low Countries*. Essays in Honour of Karel Porteman, sous la direction de Marc van Vaeck, Hugo Brems, Geert H.M. Classens, Louvain, Peeters, 2003, pp. 957-975.

– « Sixteenth-century book illustration : the classical heritage », dans Gerald Sandy (éd.), *The Classical Heritage in France*, Leyde, Brill, 2002.

SCHAPIRO, Meyer, *Words and Pictures. On the Literal and the Symbolic in the Illustration of a Text*, Mouton, La Haye, 1973.

– *Words, Script and Pictures. Semiotics of Visual Language*, New York, George Braziller, 1996 ; traduction française par Pierre Alfieri, *Les Mots et les images ; sémiotique du langage visuel*, Paris, Macula, 2000.

SCHÉFER, Gaston, *Catalogue des estampes, dessins et cartes... de la bibliothèque de l'Arsenal*, Paris, Aux bureaux de *L'Artiste*, 1894.

SCHMIDT, Philipp, *Die Illustration des Lutherbibel 1522-1700*, Bâle, F. Reinhardt, 1962.

SCHOCH, Rainer, et Ursula Mielke, *Erhard Schön* dans *Hollstein's German Engravings, Etchings and Woodcuts*, 47-48, (2 t.), Rotterdam, Sound and Vision Publishers, 2000.

SHESTACK, Alan, *The Complete Engravings of Martin Schongauer*, New York, Dover Publications, 1969.

SHOEMAKER, Innis H., and Elizabeth Broun, *The Engravings of Marcantonio Raimondi*, Lawrence, Spencer Museum of Art, University of Kansas, 1981.

STEYERT, André, «Note sur Perrissin, Tortorel et quelques autres artistes lyonnais du XVIe siècle», dans *Revue du Lyonnais*, 3e série, t. 6 (1868), pp. 181-195.

STRACHAN, James, *Early Bible Illustrations*, Londres, Cambridge University Press, 1957.

STRAUSS, W. L., *The Illustrated Bartsch*, 10 (2 t.). *Sixteenth-Century German Artists. Albrecht Dürer*, New York, Abaris Books, 1981.

STROHM, Stefan (éd.), *Deutsche Bibeldrucke 1466-1600 (Die Bibelsammlung der Württembergischen Landesbibliothek Stuttgart 2/1)*, Stuttgart, Frommann-Holzboog, 1987.

SZYKULA, Krystyna, «Une mappe-monde pseudo-médiévale de 1566», dans Monique Pelletier (éd.), *Géographie du monde au Moyen-Age et à la Renaissance*, Paris, Editions du C.T.H.S., 1989, pp. 93-98.

TOUBERT, Hélène, «Formes et fonctions de l'enluminure», dans H.-J. Martin, (éd.), *Le Livre conquérant*, pp. 87-130.

– «La Mise en page de l'illustration», dans Henri-Jean Martin, Jean Vézin et. al. (éds), *Mise en page et mise en texte du livre manuscrit*, 354-434.

TRAUTNER, Hans-Joachim, «Ovidausgaben von Jean I. und Jean II. de Tournes», dans *Gutenberg Jahrbuch*, (1978), pp. 145-155.

UPDIKE, Daniel Berkeley, *Printing Types. Their History, Forms and Use. A Study in Survivals*, 2 t., Cambridge, (Mass.), Harvard University Press, 1922, 4e édition, New Castle, DE, Oak Knoll Press, Londres, British Library, 2001.

VAGANAY, Hugues, «Le Livre à Lyon au seizième siècle», dans *Le Livre à Lyon des origines jusqu'à nos jours*, 1933.

VELDMAN, Ilja M., *Profit and Pleasure. Print Books by Crispijn de Passe*, traduction anglaise par Michael Hoyle, Rotterdam, Sound and Vision Publishers, 2001.

WEIGEL, Rudolph, *Holzschnitte berühmter Meister*, Leipzig, R. Weigel, 1851-4.

WEIGERT, Roger-Armand, *Illustrations et illustrateurs de la Bible en France*, Cahors, A. Coueslant, 1951.

– *Les Peintres de la Bible en France aux XVIe et XVIIe siècles*, s. l., 1955.

WINN, Mary Beth, *Anthoine Vérard, Parisian Publisher 1485-1512*, Genève, Droz, 1997.

WIRTH, Jean, «Théorie et pratique de l'image sainte à la veille de la Réforme», dans *Bibliothèque d'Humanisme et Renaissance*, 48 (1986), pp. 319-358.

ZERNER, Henri, «Graveurs lyonnais du XVIe siècle», dans *L'Œil*, 1967, n° 150, pp. 12-19.

– *Ecole de Fontainebleau*, Paris, Arts et Métiers Graphiques, 1969; traduction anglaise par Stanley Baron, *The School of Fontainebleau. Etchings and Engravings*, Londres, Phaidon Press, 1969.

- *The Illustrated Bartsch* 32 et 33. *Italian Artists of the Sixteenth-Century. School of Fontainebleau*, 2 t., New York, Abaris Books, 1979.
- «Du mot à l'image: le rôle de la gravure sur cuivre», dans Jean Guillaume, (éd.), *Les Traités d'architecture de la Renaissance*, pp. 281-295.

6. EMBLÈMES

ADAMS, Alison, et Anthony J. Harper, (éds), *The Emblem in Renaissance and Baroque Europe: Tradition and Variety*, Leyde, Brill, 1992.
- (éd.), *Emblems in Glasgow*, Glasgow, University of Glasgow French and German Publications, 1992.
- (éd.), *Emblems and Art History. Nine Essays*, Glasgow, 1996.
- avec Stephen Rawles et Alison Saunders, A *Bibliography of French Emblem Books of the sixteenth and seventeenth centuries*, (*BFEB*), Genève, Droz, 1999-2002.
- «*Les Emblesmes ou devises chrestiennes* de Georgette de Montenay: édition de 1567», dans *Bibliothèque d'Humanisme et Renaissance*, 62 (2000), pp. 637-639.
- «Georgette de Montenay's *Emblesmes ou devises chrestiennes*, 1567: new dating, new context», dans *Bibliothèque d'Humanisme et Renaissance*, 63 (2001), pp. 567-574.
- avec Stephen Rawles, «Jean de Tournes and the *Theatre des bons engins*», dans Peter M. Daly, *et.al.*, (éds), *Emblems from Alciato to the Tattoo*, Imago Figurata Studies, vol. 1c, Turnhout, Brepols, 2002, pp. 21-51.
ALCIATI, Andrea, *Emblemas*, fac-similé de l'édition espagnole de 1549, éd. Manuel Montero Vallejo, Madrid, Editora Nacional, 1975.
- *Emblemata*, Lyon, Roville, 1550, éd. et trad. Betty I. Knott, avec une introduction de John Manning, Aldershot, Scolar Press, 1996.
- *Emblèmes*, Lyon, Bonhomme, éd. Pierre Laurens, Paris, Klincksieck, 1997.
BALAVOINE, Claudie, «Le Statut de l'image dans les livres emblématiques en France de 1580 à 1630», dans Jean Lafond et André Stegmann, (éds), *L'Automne de la Renaissance 1580-1630*, Paris, Vrin, 1981.
- «Les Emblèmes d'Alciat: sens et contresens», dans Yves Giraud, (éd.), *L'Emblème à la Renaissance*, pp. 49-59.
BALMAS, Enea, «Le cas de Guillaume Guéroult», dans Yves Giraud, (éd.), *L'Emblème à la Renaissance*, pp. 127-135.
BARDON, Françoise, «Les *Métamorphoses d'Ovide* et l'expression emblématique», *Latomus*, 35 (1976), pp. 71-90.
BERGAL, Irene, «Distinctive strategies in early French emblem books», dans György E. Szónyi, (éd.), *European Iconography East and West*, pp. 273-291.
CHATELAIN, Jean-Marc, *Livres d'emblèmes et de devises. Une anthologie (1531-1735)*, Paris, Klincksieck, 1993.
- «Livres d'emblèmes et livre du monde», dans *Revue Française d'Histoire du Livre*, 86 (1995), pp. 87-104.
CORNILLIAT, François, «De l'usage des images muettes. *Imagination poétique* de Barthélemy Aneau», dans *L'Esprit Créateur*, 28/n° 2 (1988), pp. 78-88.

CORROZET, Gilles, *L'Hecatongraphie (1544) et Les Emblemes du Tableau de Cebes (1543)*, Reproduits en fac-similé avec une étude critique par Alison Adams, Genève, Droz, 1997.

DALY, Peter M., *Literature in the Light of the Emblem: Structural Parallels between the Emblem amd Literature in the Sixteenth and Seventeenth Centuries*, Toronto, University of Toronto Press, 1979, rééd. 1998.

– (éd.) *Andreas Alciatus*, 2 t., Toronto, University of Toronto Press, 1985.

– (éd.) *Andrea Alciato and the Emblem Tradition: Essays in Honor of Virginia Woods Callahan*, New York, AMS Press, 1989.

DUPLESSIS, Georges, *Les Emblèmes d'Alciat*, Paris, Librairie de l'Art, J. Rouam, 1884, (Extrait des Mémoires de la Société Nationale des Antiquaires de France, t. 45).

GIRAUD, Yves, (éd.), *L'Emblème à la Renaissance*, Paris, SEDES, 1982.

GREEN, Henry, *Andreae Alciati Emblematum Fontes quatuor*, Londres, Trübner, 1870.

– *Andrea Alciati and his Book of Emblems*, Londres, Trübner, 1872.

GROVE, Laurence, et Daniel Russell, *The French Emblem. Bibliography of Secondary Sources*, Genève, Droz, 2000.

GUÉROULT, Guillaume, *Le Premier Livre des Emblèmes*, éd. De Vaux de Lancey, Rouen, Imprimerie Albert Laine, 1937.

HENKEL, Arthur, et Albrecht Schöne, *Emblemata. Handbuch zur Sinnbildkunst des XVI. und XVII. Jahrhunderts*, Stuttgart, J.B. Metzler, 1967 (1976), réimpression 1996.

HESSEL, Miedema, «The term *Emblema* in Alciati», dans *Journal of the Warburg and Courtauld Institute*, 31 (1968), pp. 234-250.

JONES-DAVIES, M.T., *Emblèmes et devises au temps de la Renaissance*, Paris, Jean Touzot, 1981.

LA PERRIÈRE, Guillaume de, *Le Theatre des Bons Engins*, Menston, Scolar Press, éds John Horden et Alison Saunders, 1973; *Le Theatre des Bons Engins. La Morosophie*, Aldershot, 1993.

MATHIEU-CASTELLANI, G., «Lisible/visible. Problématique de la représentation dans les emblèmes», dans Nicole Cazauran, (éd.), *Le Livre et l'image en France au XVIe siècle*, pp. 135-145.

MESNARD, Jean, «Les traductions françaises des Emblèmes d'Alciat», dans Catherine M. Grisé et C.D.E. Tolton (éds.), *Crossroads and Perspectives*, pp. 101-120.

RAWLES, Stephen, «The earliest editions of Guillaume de la Perrière's *Theatre des bons engins*», dans *Emblematica*, 2 (1987), pp. 381-386.

– «The Full Truth about Daedalus: Denis de Harsy's Introduction of Emblem Books to the Lyons Market», dans *Emblematica*, 7 (1993), pp. 205-215.

– «The Daedalus Affair: The Lyon Piracy of the *Theatre des bons engins*», dans Philip Ford et Gillian Jondorf (éds.), *Intellectual Life in Renaissance Lyon*, pp. 49-61.

– «An unrecorded edition of Jacques Lefevre's Translation of Alciati, with new translations of emblems from the 'Venice' collection», dans *Emblematica*, 9 (1995), pp. 209-216.

RUSSELL, Daniel S., *The Emblem and Device in France*, Lexington, Kentucky, French Forum Publications, 1985.

– *Emblematic Structures in Renaissance French Culture*, Toronto, University of Toronto Press, 1995.

- « Alciati's emblems in Renaissance France », in *Renaisssance Quarterly*, 34, (1981), pp. 534-554.
- « Directions in French emblem studies », dans *Emblematica*, 5 (1991), pp. 129-150.
- SAUNDERS, Alison, « The influence of Ovid on a sixteenth-century emblem book: Barthélemy Aneau's *Imagination poétique*», dans *Nottingham French Studies*, 16 (1977), pp. 1-18.
- « Emblem books for a popular audience? Gilles Corrozet's *Hecatomgraphie* and *Emblemes*», dans *Australian Journal of French Studies*, 17 (1980), pp. 5-29.
- *The Sixteenth-Century Blason Poétique*, Bern, Peter Lang, 1981.
- « Picta Poesis: the relationship between figure and text in the sixteenth-century French emblem book », dans *Bibliothèque d'Humanisme et Renaissance*, 48 (1986), pp. 621-652.
- « The sixteenth-century French emblem-book: writers and printers », dans *Studi Francesi*, 92 (1987), pp. 173-190.
- *The Sixteenth-Century French Emblem Book. A Decorative and Useful Genre*, Genève, Droz, 1988.
- « The long and the short of it: structure and form in the early French emblem book », dans B. Scholz, M. Bath et D.Weston (éds), *The European Emblem*, Leyde, Brill, 1990, pp. 55-83.
- « The bifocal emblem book: or, how to make one work cater for two distinct audiences », dans A. Adams, (éd.), *Emblems in Glasgow*, pp. 113-133.
- « When is it a device and when is it an emblem: Theory and practice (but mainly the latter) in sixteenth- and seventeenth-century France », dans *Emblematica*, 7 (1993), pp. 239-257.
- « Word, image and illustration in sixteenth- and seventeenth-century emblems in France » dans György Szónyi, (éd.), *European Iconography East and West*, pp. 175-189.
- « Paris to Lyon and back again: trends in emblem publishing in the mid-sixteenth Century in France », dans Philip Ford and Gillian Jondorf, (éds), *Intellectual Life in Renaissance Lyon*, pp. 63-79.
- *The Seventeenth-Century French Emblem: a Study in Diversity*, Genève, Droz, 2000.
- « Which is male and which is female?: allegorical representations in Guéroult's *Hymnes du temps* and *Hymnes des vertus*» (à paraître).
- TIEMANN, Barbara, *Fabel und Emblem. Gilles Corrozet und die französische Renaissance-Fabel*, Munich, Wilhelm Fink, 1974.
- TOMICKA, Joanna A., « Ovidian *Metamorphoses* of the Queen of Sins », dans Adams, (éd.), *Emblems and Art History* 1996, pp. 115-134
- WETHEY, Harold E., *The Paintings of Titian*, II, *The Portraits*, Londres, Phaidon Press, 1971.

7. FÊTES ET ENTRÉES

BROOKE, J.M., *Documents concerning the entry of Henry II of France into Lyon, 1548*, M.A. thesis, Université de Toronto, 1975.

CAILLET, Robert, *Spectacles à Carpentras*, Valence, Imprimeries Réunies, 1942.

CHARTROU-CHARBONNEL, Josèphe, *Les Entrées solennelles et triomphales à la Renaissance (1484-1551)*, Paris, Presses Universitaires de France, 1928.

CLOULAS, Ivan, *Henri II*, Paris, Fayard, 1985 (1996).

COOPER, Richard, (éd.), Maurice Scève, *The Entry of Henri II into Lyon. September 1548*, Medieval and Renaissance Texts and Studies, Tempe, Arizona, Vol. 160. Renaissance Triumphs and Magnificences, New Series, t. 5, 1997.

– «Jean Martin et l'entrée de Henri II à Paris», dans *Jean Martin. Un traducteur au temps de François Ier et de Henri II*, Cahiers V.-L. Saulnier, Paris, Presses de l'Ecole Normale Supérieure, 1999, pp. 85-111.

Entrées royales et fêtes populaires à Lyon du XVe au XVIIIe siècle, éd. D. Muzerelle *et al.*, introduction de Henri-Jean Martin, Bibliothèque Municipale, 1970.

FAYARD, E., *Souvenir des entrées des Souverains de la France dans la ville de Lyon*, Lyon, Giraudier, 1860.

GRAHAM, Victor E., «L'humanisme lyonnais à travers les entrées triomphales au XVIe siècle», dans *L'Humanisme lyonnais au XVIe siècle*, Grenoble, Presses Universitaires de Grenoble, 1974, pp. 185-199.

– et W. McAllister Johnson, *The Royal Tour of France by Charles IX and Catherine de' Medici: Festivals and Entries, 1564-6*, Toronto, University of Toronto Press, 1979.

– «The triumphal entry in sixteenth-century France», dans *Renaissance and Reformation*, 22 (1986), pp. 237-256

GUENÉE, Bernard, et Françoise Lehoux, *Les Entrées royales françaises, de 1328 à 1515*, Paris, CNRS, 1968.

GUIGUE, Georges, (éd.), *L'Entrée de François Ier, roy de France, en la cité de Lyon, le 12 juillet 1515*, Lyon, Société des Bibliophiles Lyonnais, A. Rey, 1899.

– (éd.), Maurice Scève, *La Magnificence de la Superbe et triumphante entree de la noble et antique Cité de Lyon Faicte au Treschrestien Roy de France Henry deuxiesme de ce nom, Et à la Royne Catherine son espouse le xxiii. de Septembre M.D.XLVIII. Relations et documents contemporains*, Lyon, Société des Bibliophiles Lyonnais, 1927.

JACQUOT, Jean, (éd.), *Les Fêtes de la Renaissance*, 3 t., Paris, CNRS, 1956, 1960, 1975.

– «Présentation», dans *Les Fêtes de la Renaissance*, t. I, pp. 7-51.

– (éd.), *Le Lieu Théâtral à la Renaissance*, Paris, CNRS, 1964.

LAWRENSON, T.E., «Ville imaginaire. Décor théâtral et fête. Autour d'un recueil de Geofroy Tory», dans *Les Fêtes de la Renaissance*, t. I, pp. 425-430.

MCALLISTER JOHNSON, W., «Essai de critique interne des livres d'entrées français du XVIe siècle», dans Jacquot (éd.), *Les Fêtes de la Renaissance*, t. III, pp. 187-200.

MCFARLANE, I.D., (éd.), *The Entry of Henri II into Paris, 16 June, 1549*, Medieval & Renaisssance Texts & Studies, Tempe Arizona, vol. 7. Renaissance Triumphs and Magnificences, New Series, t. 2, 1982.

MCGOWAN, Margaret, (éd.) *L'Entrée de Henri II à Rouen 1550*, Amsterdam, Theatrum Orbis Terrarum Ltd., Johnson Reprint Corp., 1974.

PAUWELS, Yves, «Propagande architecturale et rhétorique du sublime: Serlio et les 'Joyeuses Entrées'de 1549», dans *Gazette des Beaux-Arts*, 137 (2001), pp. 221-235.

SCHNEIDER, René, «Le thème du triomphe dans les entrées solennelles en France à la Renaissance», dans *Gazette des Beaux-Arts*, 9 (1913), pp. 85-106.

YATES, Frances A., «Poètes et artistes dans les entrées de Charles IX et de sa reine à Paris en 1571», dans Jean Jacquot (éd.), *Les Fêtes de la Renaissance*, t. I, pp. 61-84.

8. L'INFLUENCE DE BERNARD SALOMON

ALPERS, Svetlana, *The Decoration of the Torre de la Parada*, Corpus Rubenianum Ludwig Burchard, t. IX, Londres, New York, Phaidon Press, 1971.

ARIZZOLI-CLÉMENTEL, Pierre, «Une Boiserie peinte et dorée du début du XVIIᵉ siècle au Musée des Arts décoratifs de Lyon: exemple de l'influence du graveur lyonnais Bernard Salomon sur les arts mineurs», dans *Bulletin des Musées et Monuments lyonnais*, 2 (1990), pp. 7-9.

- *Le Musée des Tissus de Lyon*, Paris, Albin Michel, 1990.

BARATTE, Sophie, *Léonard Limosin au Musée du Louvre*, Paris, Réunion des Musées Nationaux, 1993.

- *Les Emaux peints de Limoges. Musée du Louvre. Département des objets d'art*, Paris, Réunion des Musées Nationaux, 2000.

BEAUJEAN, Dieter, «Jan Brueghel d'Ä., Peter Paul Rubens und Bernard Salomon. Zur Entstehungsgeschichte des *Paradiesbildes* im Haager Mauritshuis», dans *Zeitschrift für Kunstgeschichte*, 59 (1996), pp. 123-127.

BERTIER DE SAUVIGNY, Reine de, *Jacob et Abel Grimmer. Catalogue raisonné*, Paris, La Renaissance du Livre, 1991.

BLUNT, Anthony, *Nicolas Poussin*, Londres, Pallas Athene, 1995 (Phaidon, 1967).

BOZO, Dominique, «Les peintures murales du Château du Lude», *Gazette des Beaux-Arts*, 66 (1965), 6ᵉ période, pp. 199-218.

BUFFA, Sebastian, *The Illustrated Bartsch*, 35-37. *Antonio Tempesta*, New York, Abaris Books, 1983-4.

CAMPBELL, Thomas P., *Tapestry in the Renaissance. Art and Magnificence*, Metropolitan Museum of New York, New York; Yale University Press, New Haven et Londres, 2002.

CARACCIOLO ARIZZOLI, Maria Teresa, «Pour l'estampe au XVIᵉ siècle», dans *Travaux de l'Institut d'Histoire de l'Art de Lyon*, 16 (1993), pp. 187-202.

- «Les *Métamorphoses d'Ovide*, publiées à Lyon au XVIᵉ siècle», dans Jean Rosen (éd.), *Majoliques européennes*, pp. 40-67.

CHONÉ, Paulette, *Emblèmes et pensée symbolique en Lorraine (1525-1633)*, Paris, Klincksieck, 1991.

CLAIR, Colin, *Christopher Plantin*, Londres, Cassell & Co., 1960

COLLIN-ROSET, Simone, «Emprunts lorrains à Bernard Salomon, dessinateur et graveur lyonnais du XVIᵉ siècle. I - Montbras et Louppy-sur-Loison. II - La pompe funèbre de Charles III», dans *Lotharingia. Archives Lorraines d'Archéologie, d'Art et d'Histoire*, 3 (1991), pp. 309-325.

CURNOW, Celia, *Italian Maiolica in the National Museums of Scotland*, Edimbourg, National Museums of Scotland, 1992.

DACOS, Nicole, «Peeter de Kempeneer/ Pedro Campaña as a draughtsman», dans *Master Drawings*, 25 (1987), pp. 359-389.

DAMIRON, Charles, *La Faïence de Lyon. XVIᵉ - XVIIᵉ siècle*, Paris, Dorbon-Aîné, 1926.

DARCEL Alfred, *Musée du Moyen Age et de la Renaissance, Notice des émaux et de l'orfèvrerie*, Paris, 1867.

DUMORTIER, Claire, *Céramique de la Renaissance à Anvers. De Venise à Delft*, Paris, Editions Racine, 2002.

ECONOMOPOULOS, « Un ciclo di dipinti con le storie di Giueseppe di Theodoro Pulakis », dans *Thesaurismata. Bolletino dell' Istituto Ellenico di Studi Bizantini e Postbizantini*, 27 (1997), pp. 23-40.

EHRMANN, Jean, *Antoine Caron, peintre à la cour des Valois, 1521-1599*, Genève, Droz, 1955 : Paris, Flammarion, 1986.

ENAUD, François, « Peintures murales de la seconde moitié du XVIe siècle découvertes au château de Villeneuve-Lembron (Puy-de-Dôme) », dans André Chastel, (éd.), *Actes du colloque international sur l'art de Fontainebleau, 1972*, pp. 185-197.

ENNÈS, Pierre, « Deux plats de majolique française au Musée du Louvre », dans Timothy Wilson, (éd.), *Italian Renaissance Pottery. Papers Written in Association with a Colloquium at the British Museum*, Londres, British Museum Press, 1991, pp. 247-252.

ERLANDE-BRANDENBURG, Alain, *et. al.*, *Hugues Sambin : un créateur au XVIe siècle*, Paris, Réunion des Musées Nationaux, 2001.

FÉDOU, R., *et al.*, *Cinq Etudes lyonnaises*, Genève, Droz, 1966.

FINNEY, Paul Corby, (éd.), *Seeing beyond the Word: Visual Arts and the Calvinist Tradition*, Grand Rapids, Michigan, Cambridge, U.K., William B. Eerdmans Publishing Company, 1999.

FIRMIN-DIDOT, Ambroise, *Etude sur Jean Cousin, suivie de notices sur Jean Leclerc et Pierre Woeiriot*, Paris, A. Firmin-Didot, 1872, Genève, Slatkine Reprints, 1971.

GENTILINI, Anna Rosa, *L'Istoriato. Libri a stampa e maioliche italiane del Cinquecento*, Faenza, Gruppo Editoriale Faenza Editrice, 1993.

– « Circolazione libraria e commitenza artistica nel Cinquecento : ricerche su tradizione libraria ceramica di Livio e di Ovidio », *Ibid.*, pp. 11-29.

– « Edizioni della storia romana di Tito Livio e delle Metamorfosi di Ovidio », dans Gentilini (éd.), *Ibid.*, pp. 52-85.

GIACOMOTTI, Jeanne, *Catalogue des majoliques des musées nationaux*, Paris, Ministère des Affaires Culturelles, Éditions des Musées Nationaux, 1974.

GRANGETTE, Emile et Anne Sauvy, « A propos des influences de Bernard Salomon : Recherches sur une série de peintures des *Métamorphoses* d'Ovide », dans R. Fédou, *et al.*, *Cinq Etudes lyonnaises*, pp. 69-76.

HACKENBROCH, Yvonne, *English and other Needlework, Tapestries and Textiles in the Irwin Untermyer Collection*, Londres, Thames et Hudson, 1960.

– « A mysterious monogram », dans *Bulletin of the Metropolitam Museum of Art*, New Series 19, (1960), pp. 18-24.

– *Renaissance Jewellery*, New York, Sotheby Park-Bernet, 1979.

HÄRTING, Ursula, *Frans Francken der Jüngere (1581-1642). Die Gemälde mit kritischem Œuvrekatalog*, Freren, Luca-Verlag, 1989.

HELD, Julius S., « Achelous' Banquet », dans *The Art Quarterly*, 4 (1941), pp. 122-133.

– *The Oil Sketches of Peter Paul Rubens. A Critical Catalogue*, 2 t., Princeton, Princeton University Press, 1980.

HENKEL, M.D., «Illustrierte Ausgaben von Ovids Metamorphosen im XV., XVI., und XVII. Jahrhundert», dans *Vorträge der Bibliothek Warburg*, 6 (1926-7), pp. 58-144.

IWAÏ, Mizué, *L'œuvre de Pierre Woeiriot (1532-1599)*, thèse dactylographiée de l'Université de Paris-IV Sorbonne, Institut d'Art, 1985. (Exemplaire dans la Bibliothèque de Paris IV.)

JAFFÉ Michel «The picture of the secretary of Titian», *Burlington Magazine*, 107, n° 756 (1966), pp. 114-126.

JAMOT, Paul, «Shakespeare et Vélazquez», *Gazette des Beaux-Arts*, 6ᵉ série, 11 (1934), pp. 122-123.

JESTAZ, Bertrand, «Les modèles de la majolique historiée: bilan d'une requête», dans *Gazette des Beaux-Arts*, 6ᵉ série, 79 (1972), pp. 215-240.

LANGLOIS, Jacqueline, «Gravure et sculpture sur bois. Etude d'après des panneaux sculptés à l'église Sainte-Elisabeth», dans *Nouvelles de l'Estampe*, 145 (1996), pp. 25-35.

LEE, Rensselaer W., «Ariosto's *Roger and Angelica* in sixteenth-century art: some facts and hypotheses», dans Irving Lavin et John Plummer (éds), *Studies in Late Medieval and Renaissance Painting in Honor of Millard Meiss*, New York, New York University Press, 1977, pp. 302-323.

LEPROUX, Guy-Michel, *Recherches sur les peintres-verriers parisiens de la Renaissance (1540-1620)*, Genève, Droz, 1988.

LEUTRAT, Estelle, «Deux majoliques d'après Bernard Salomon au Musée des Beaux-Arts de Lyon», dans *Bulletin des Musées et Monuments Lyonnais*, 4 (1997), pp. 22-29.

–   «Bernard Salomon et la majolique: une circulation de formes au XVIᵉ siècle», dans Jean Rosen (éd.), *Majoliques européennes*, pp. 68-83.

LOIRE, Stéphane, «Le mythe de Persée et Andromède dans la peinture italienne du XVIIᵉ siècle», dans Siguret et Laframboise, *op.cit.*, pp. 111-141.

LOISEL-LEGRAND, Catherine, «De l'imitation à la recherche du naturel: l'*Andromède* d'Annibale Carracci», dans Françoise Siguret et Alain Laframboise (éds), *Andromède ou le héros à l'épreuve de la beauté*, pp. 87-107.

LÓPEZ-REY, José, *Vélazquez. Catalogue raisonné*, 2 t., Cologne, Taschen Wildenstein Institute, 1996.

MALLET, J.V.G., «Maiolica at Polesden Lacey – II. *Istoriato* Wares and figures of birds», dans *Apollo*, 92 (1970), pp. 340-345.

MAROT, Pierre, *Recherches sur les pompes funèbres des ducs de Lorraine*, Nancy, Paris, Strasbourg, Berger-Levrault, 1935.

–   «L'Edition des *Icones xxxvi ad sacrae historiae fidem compositae*», dans *Gutenberg Jahrbuch*, 1952, pp. 136-145.

MARTIN, John Rupert, *The Farnese Gallery*, Princeton, Princeton University Press, 1965.

MARZIK, Iris, *Das Bildprogramm der Galleria Farnese in Rom*, Berlin, Gebr. Mann Verlag, 1986.

MOREL, Philippe, «La chair d'Andromède et le sang de Méduse. Mythologie et rhétorique dans le *Perseé et Andromède* de Vasari», dans Siguret et Laframboise, *op. cit.*, pp. 59-76.

NATIVEL, Colette, « Andromède aux rivages du Nord, *Persée délivrant Andromède* de Joachim Wtewael », dans Siguret et Laframboise, *op.cit.*, pp. 145-171.

ORSO, Stephen N., *Vélazquez, Los Borrachos and Painting at the Court of Philip IV*, Cambridge, Cambridge University Press, 1993.

PLEGUEZELO, Alfonso. « Céramique et estampe en Espagne aux XVIe et XVIIe siècles : Un bilan provisoire », dans Jean Rosen (éd.), *Majoliques européennes*, pp. 164-179.

POOLE, Julia E., *Italian Majolica and Incised Slipware in the Fitzwilliam Museum, Cambridge*, Cambridge University Press, 1995.

POORTER, Nora de, *The Eucharist Series.* Corpus Rubenianum Ludwig Burchard, 2 t., Bruxelles, Arcade Press, Londres, Harvey, Miller, Philadelphia, Heyden, 1978.

PRÉVERT, Alain, « Œuvre authentique. Œuvre hypothétique. De la main de l'artiste aux recettes d'atelier », dans Alain Erlande-Brandenburg, *Hugues Sambin : un créateur au XVIe siècle*, pp. 101-106.

RACKHAM, Bernard, *Victoria and Albert Museum. Catalogue of Italian Maiolica*, Londres, HMSO, (1940), édité par J.V.G. Mallet, 1977.

RAVANELLI GUIDOTTI, Carmen, « Maioliche 'istoriate' ispirate a modelli silografici », dans Anna Rosa Gentilini (éd.), *L'Istoriato...*, pp. 31-35.

- « Catalogo delle Maioliche : Selezione dalle racolte del Museo Internazionale delle ceramiche in Faenza e dei Civici Musei- Pinacoteca in Brescia », dans Anna Rosa Gentilini (éd.), *L'Istoriato...*, pp. 98-142,

- « *Corpus Ovidianum* della maiolica italiana datata », dans Anna Rosa Gentilini (éd.), *L'Istoriato...*, pp. 225-236.

ROBERTS-JONES, Françoise, « Quelques sources iconographiques d'Abel Grimmer », dans *Bulletin des Musées Royaux des Beaux-Arts de Belgique, Miscellanea Henri Pauwels*, 1989-1991 (1-3), pp. 265-282.

RONDOT, Natalis, *Les Peintres de Lyon du XIVe au XVIIIe siècle*, Paris, Typographie de E. Plon, Nourrit et Cie, 1888.

- *Les Potiers de terre italiens à Lyon au XVIe siècle*, Lyon, A. Rey, 1892.

- *Les Faïenciers italiens à Lyon au XVIe siècle*, Lyon, Imprimerie Mougin-Rusand, 1895.

ROOSES, Max, *Christophe Plantin. Imprimeur anversois*, Anvers, Jos. Maes, 1883.

ROSASCO, Betsy, « A Sixteenth-Century Limoges Enamel *Tazza* Illustrating the Judgment of Moses », dans Paul Corby Finney (éd.), *Seeing beyond the Word*, pp. 231-242.

ROSEN, Jean, *La faïence française du XIVe au XVIIe siècle*, Paris, Editions Faton, 2000.

- (éd.), *Majoliques européennes. Reflets de l'estampe lyonnaise : XVIe-XVIIe siècles*, Dijon, Faton, 2003.

SCHÉLE, Sune, *Cornelis Bos. A Study of the Netherland Grotesque*, Stockholm, Almqvist et Wiksell, 1965.

SCHLODER, John, « A propos d'un dessin de Toussaint Dubreuil », dans *La Revue du Louvre*, 30 (1980), pp. 6-9.

SIGURET, Françoise, et Alain Laframboise, *Andromède, ou, le héros à l'épreuve de la beauté*, Paris, Klincksieck, Musée du Louvre, 1996.

- « La figure d'Andromède, du maniérisme au baroque. Problématique d'un corpus » dans Emmanuèle Baumgartner et Laurence Harf-Lancner (éds), *Images de l'antiquité dans la littérature française: le texte et son illustration*, Paris, Presses de l'Ecole Normale Supérieure, 1993, pp. 103-114.

SORIA, Martin S., « Some Flemish Sources of Baroque Painting in Spain », dans *The Art Bulletin*, 30 (1948), pp. 249-259.

STANDEN, Edith, « A picture for every story », dans *Bulletin of the Metropolitan Museum of New York*, 15 (1956-7), pp. 165-175.

– « Two Scottish embroideries in the Metropolitan Museum », dans *Connoisseur*, 139, (1957), pp. 196-200.

STEADMAN, J., « Perseus upon Pegasus and *Ovid moralized* », dans *Review of English Studies*, 9 (1958), pp. 407-410.

SWAIN, Margaret, *Historical Needlework. A Study of Influences in Scotland And Northern England*, Londres, Barrie et Jenkins, 1970.

– *The Needlework of Mary Queen of Scots*, New York, Van Nostrand Reinhold Company, 1963, Carlton, Bedford, Ruth Bean, 1986.

– *Scottish Embroidery, Medieval to Modern*, Londres, Batsford, 1986.

TERVARENT, Guy de « Le véritable sujet du *Paysage au Serpent* de Poussin à la National Gallery de Londres », dans *Gazette des Beaux-Arts*, 40 (1952), pp. 343-350.

THIRION, Jacques, « Bernard Salomon et le décor des meubles civils français à sujets bibliques et allégoriques », dans Fédou *et. al.*, *Cinq Etudes lyonnaises*, pp. 55-68.

– *Le Mobilier du Moyen Age et de la Renaissance en France*, Dijon, Editions Faton, 1998.

TOLLON, Bruno, « Ovide dans le 'cabinet de quatrains': un décor peint identifié dans le château de Pibrac », dans *Mémoires de la Société Archéologique du Midi de la France*, 56 (1995-6), pp. 303-306.

UBISCH, Eduard Edgar von, *Virgil Solis und seine biblischen Illustrationen für den Holzschnitt*, Leipzig, Ramm et Seemann, 1889.

VOET, Leon, *The Golden Compasses. A History and Evaluation of the Printing and Publishing Activities of the Officina Plantiniana at Antwerp*, 2 t., Amsterdam, Vangendt et Cie; Londres, Routledge et Kegan Paul, New York, Abner Schram, 1969-1972.

– et J. Voet-Grisolle, *The Plantin Press. 1555-1589. A Bibliography of the Works Printed and Published by Christopher Plantin at Antwerp and Leiden*, 6 t., Amsterdam, Van Hoeve, 1980-1983.

WILSON, T.H., « Gironimo Tomasi et le plat marqué *1582 leon* du British Museum », dans Jean Rosen (éd.), *Majoliques européennes*, pp. 86-101.

WYSS, Edith, « Matthäus Greuter's engravings for Petrarch's triumphs », dans *Print Quarterly*, 17 (2000), pp. 347-363.

INDEX

Cet index dresse une liste des noms de lieu, des noms de tous les personnages historiques, littéraires, mythologiques et bibliques, ainsi que des noms des critiques mentionnés dans le texte et, dans les notes, lorsqu'il s'agit d'un complément d'information et non pas d'une simple référence.

ILLUSTRATIONS

1. *Fol en plaisir s'egare trop auant*

2. *Experience corrige l'homme*

3. *Ce qu'est requis en la femme prudente*

4. *En tous endroits flatteurs sont dangereux*

5. *Par trop manger, plus meurent, que par glaiue*

6. *Traistre et flatteur disent l'un et l'autre*

Sauf indication contraire, les gravures se présentent au plus près possible de leur grandeur réelle.

La Perrière, *Le Theatre des bons engins*, Lyon, Tournes, 1545.

7. Pourquoy voit on un homme en sa ieunesse

8. Flateurs de court tiennent la paste aulx mains

9. En tel estat que voyez

La Perrière, *Le Theatre des bons engins*, Paris, Janot, 1540.

8   ANDREAE ALCIATI

In occasionem.   XVI.

Lyſippi hoc opus eſt , Sycion cui patria : tu quis?
    Cunčla domans capti temporis articulus.
Cur pinnis ſtas ? vſque rotor . talaria plantis
    Cur retines ? paßim me leuis aura rapit.
In dextra eſt tenuis dic vnde nouacula ? acutum
    Omni acie hoc ſignum me magis eſſe docet.
Cur in fronte coma? occurrens vt prendar. at heus tu
    Dic cur pars calua eſt poſterior capitis?
Me ſemel alipedem ſi quis permittat abire,
    Ne poßim apprenſo poſtmodò crine capi.
Tali opifex nos arte, tui cauſa, edidit hoſpes,
    Vtq; omnes moneam, pergula aperta tenet.

10. *In occasionem*

11. *Ex arduis perpetuum nomen*

12. *In parasitos*

Alciat, *Emblemata*, Lyon, Tournes, 1547 (n° 10); 1556.

13. *Quae supra nos, nihil ad nos*

14. *In illaudata laudantes*

15. *In fidem uxoriam*

16. *In temerarios*

17. *In temerarios*

Alciat, *Emblemata*, Lyon, Tournes, 1556; Paris, Wechel, 1535 (n° 17).

18. *Le chien et le boucher*

19. *Le loup et la grue*

20. *Le chien et le boucher*

21. *Le loup et la grue*

22. *Le foulon et le charbonnier*

23. *Le vieillard et la mort*

Ésope, *Fabulae*, Lyon, Tournes, 1570; *Fables*, Paris, Janot, 1539 (n°s 20 et 21).

398

24. *Les deux adolescents*

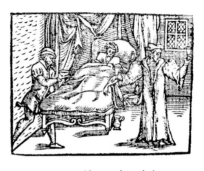

25. *Le médecin et le malade*

26. *Le prophète*

27. *Le pasteur et la mer*

28. *La tortue et l'aigle*

29. *Le pasteur*

Ésope, *Fabulae*, Lyon, Tournes, 1570.

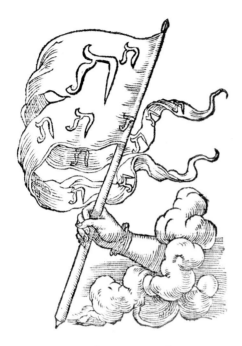

30. *Nullis praesentior aether*

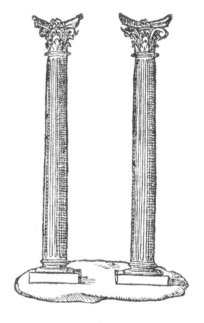

32. *Plus outre*

31. *Animis illabere nostris*

Paradin, *Devises heroïques*, Lyon, Tournes, 1557.

400

Non inferiora sequutus.

La feuë Royne de Nauarre Marguerite de France,
Princeße treßilluftre : portoit la fleur du Souci en Deui-
se.Qui eft la fleur ayant plus d'afinité auec le Soleil que
point d'autre, tant en fimilitude de fes rayons,es fueilles
de ladite fleur , que à raifon de la compagnie qu'elle lui
fait ordinairement , fe tournant de toutes pars là ou il
va : depuis Orient iufques en Occident , s'ouurant aufßi

C ß ou

33. *Non inferiora sequutus*

Paradin, *Devises heroïques*, Lyon, Tournes, 1557.

Non quæ ſuper terram.

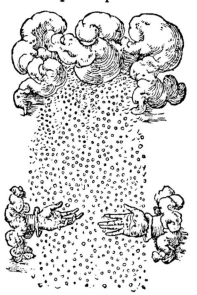

La nourriture & aliment de l'ESprit, eſt le Pain ce-
leſte, ou ſaint Sacremẽt de l'Autel, deſigné par la Man-
Exode 16. ne tombant des cieus aus Iſraëlites, Miſtere porté au-
iourdhui en Deuiſe, par M. le R. Cardinal de Tournon.

34. *Non quae super terram*

Paradin, *Devises heroïques*, Lyon, Tournes, 1557.

35. *Mihi terra, lacusque*

37. *Ingenii largitor*

36. *Colligauit nemo*

Paradin, *Devises heroïques*, Lyon, Tournes, 1557.

HYMNE DV TEMPS.

CHOEVR *Aonien si onq de voz faveurs*
I'ay pù gouster à gré les succrees saveurs,
A ce coup eslancez en ma froide poitrine
Voz brandons flamboyans vostre fureur divine:
Si que pour ceste fois de vostre ardeur espris
Ie donne heureuse fin à mon euvre entrepris.
Et vous qui le lirez, que j'ay voué de mettre
Commencement & fin à mon humble & bas metre,

 Recevez

38. *Hymne du Temps*

Guéroult, *Hymnes du temps et de ses parties*, Lyon, Tournes, 1560.

39. *Hymne de Lucifer*

Guéroult, *Hymnes du temps et de ses parties*, Lyon, Tournes, 1560.

40. *Hymne du Jour*

Guéroult, *Hymnes du temps et de ses parties*, Lyon, Tournes, 1560.

41. *Hymne de la Nuit*

Guéroult, *Hymnes du temps et de ses parties*, Lyon, Tournes, 1560.

42. *Hymne des Heures*

Guéroult, *Hymnes du temps et de ses parties*, Lyon, Tournes, 1560.

43. *Hymne de Janvier*

Guéroult, *Hymnes du temps et de ses parties*, Lyon, Tournes, 1560.

44. *Hymne de Septembre*

Guéroult, *Hymnes du temps et de ses parties*, Lyon, Tournes, 1560.

45. *Patience*

Hymnes des Vertus, Genève, Tournes, 1605.

411

72　　　H Y M N E S

Ie la vous pleuui bonne,
Ie ne dis pas combien:
Mais j'ose bien promettre
Qu'elle conserue en estre
Ce grand val terrien.
On a bien loy de dire
Aux fredons d'une lyre
Les larrecins des Dieux:
Comme le Tonnant darde
Son feu, s'il nous regarde
D'un courroux odieux.
Ou Iunon punissante

La

46. *Experience*

Hymnes des Vertus, Genève, Tournes, 1605.

412

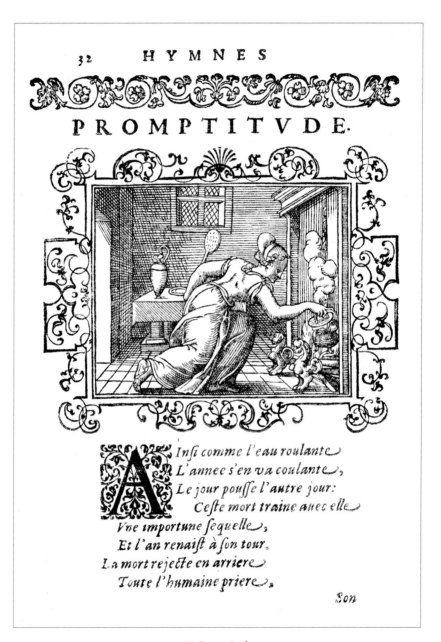

47. *Promptitude*

Hymnes des Vertus, Genève, Tournes, 1605.

ASSIDVITE.

VIGILANCE.

DILIGENCE.

MODERATION.

SOLICITVDE.

PERSEVERANCE.

48. Feuille d'épreuve.

Hymnes des Vertus, Feuille d'épreuve. 70%

414

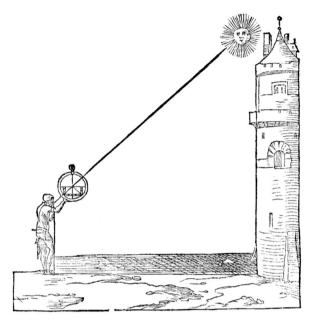

49. P. 73

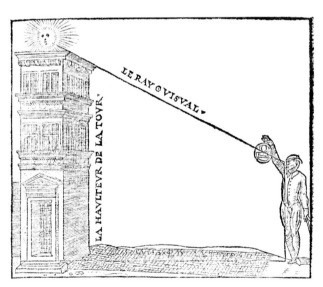

50. *Pour sauoir la haulteur d'une Tour, ou autre chose, par l'ombre d'icelle*

Jacquinot, *L'Usaige de l'Astrolabe*, Paris, Gazeau, 1545; Focard, *Paraphrase de l'astrolabe*, Lyon, Tournes, 1555.

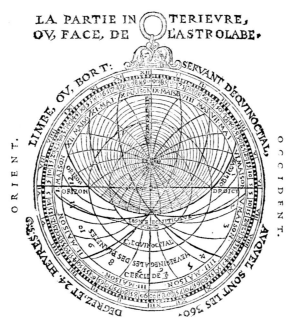

51. *La partie interieure, ou, face de l'Astrolabe*

A R A N E A.

52. *L'Aranea*

Focard, *Paraphrase de l'astrolabe*, Lyon, Tournes, 1555.

53. P. 102

54. *Pour trouuer la hauteur de toutes choses accessibles*

Focard, *Paraphrase de l'astrolabe*, Tournes, 1555.

55. P. 118

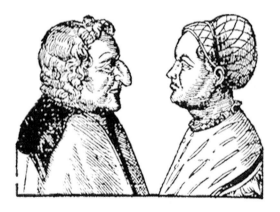

56. Têtes physiognomoniques

Jean de Hayn, *Chiromance*, Lyon, Tournes, 1549.

418

57. *Vénus*

58. *Saturne*

Jean de Hayn, *Chiromance*, Lyon, Tournes, 1549.

59. *Apollon*

60. *Mercure*

Jean de Hayn, *Chiromance*, Lyon, Tournes, 1549.

61. *Diane*

62. *Diane*

Jean de Hayn, *Chiromance*, Lyon, Tournes, 1549; *Chiromantia*, Paris, Regnault, 1543.

Fiſtuca machina.

63. *La sonnette*

Vitruve, *De architectura*, Lyon, Tournes, 1552.

Metarum & obelifci deformatio.

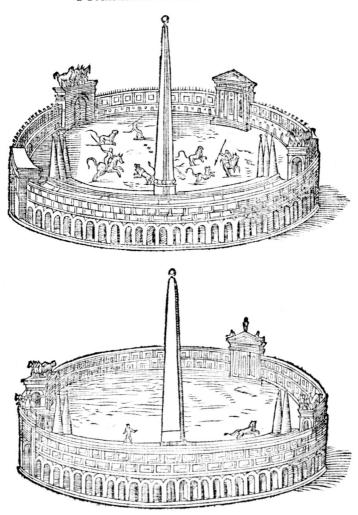

64. Cirques et gladiateurs

Vitruve, *De architectura*, Lyon, Tournes, 1552.

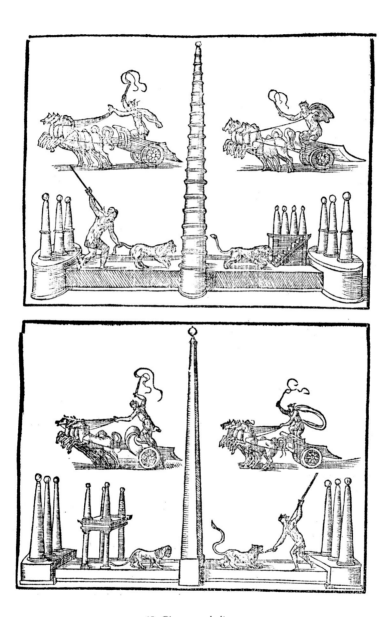

65. *Cirques et gladiateurs*

Vitruve, *De architectura*, Lyon, Tournes, 1552.

Lateranensis & Mutinensium marmorum formæ.

66. *Triclinia*

Vitruve, *De architectura*, Lyon, Tournes, 1552.

67. *Triclinia*

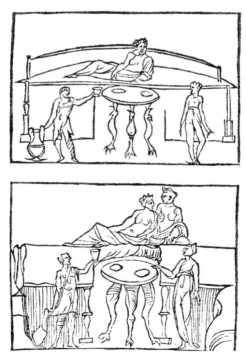

68. *Triclinia*

Vitruve, *De architectura*, Lyon, Tournes, 1552; Paris, Fezendat, 1545.

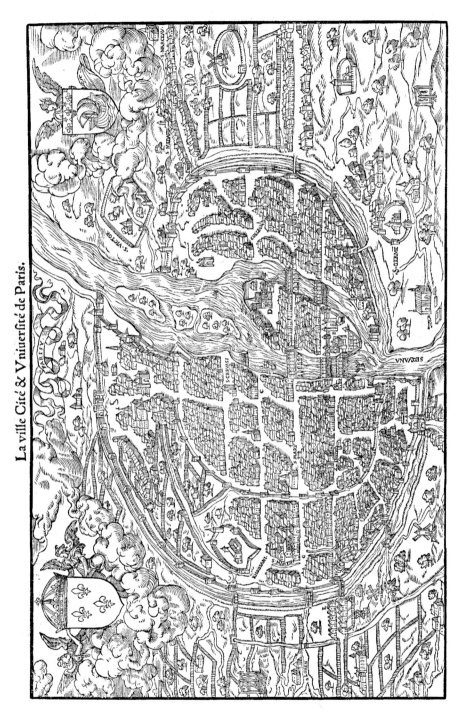

Guéroult, *Epitome de la Corographie d'Europe*, Lyon, Arnoullet, 1553. 70%.

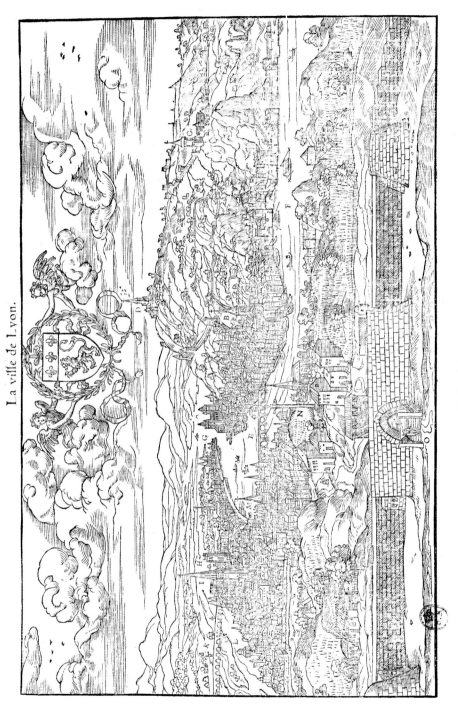

La ville de Lyon.

70. *Vue de Lyon*

Guéroult, *Epitome de la Corographie d'Europe*, Lyon, Arnoullet, 1553. 70%.

428

Tiuel Ville fort ancienne, d'ou le
Tybre fort, & edifiee 300. ans auant Rome.

71. *Vue de Tivoli*

Guéroult, *Epitome de la Corographie d'Europe*, Lyon, Arnoullet, 1553. 70%.

429

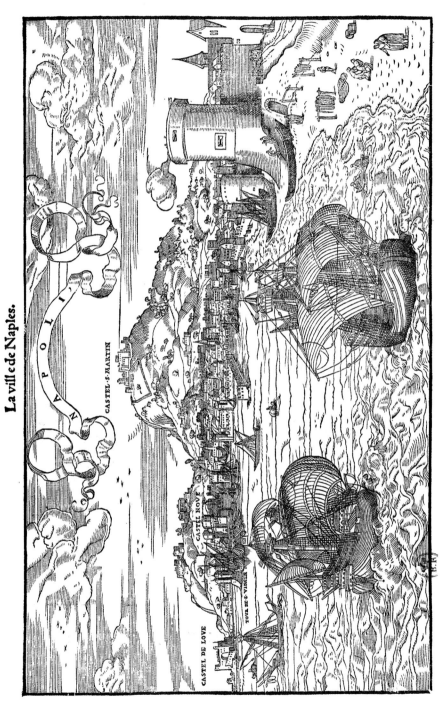

Guéroult, *Epitome de la Corographie d'Europe*, Lyon, Arnoullet, 1553. 80%.

73. *Le Grand Turc*

Thevet, *Cosmographie de Levant*, Lyon, Tournes, 1556.

74. *Le crocodile*

Thevet, *Cosmographie de Levant*, Lyon, Tournes, 1556.

75. *La Mosquée du Caire*

Thevet, *Cosmographie de Levant*, Lyon, Tournes, 1556.

76. Le bain turc

Thevet, *Cosmographie de Levant*, Lyon, Tournes, 1556.

DIALOGVE³

DEMONSTRANT

QVE LES BESTES

BRVTES ONT

LVSAGE DE

RAISON.

✳

Les interloquuteurs.

VLYSSES, CIRCE, GRILLVS.

EN VERITE, ô Circe, il me semble que iay bien aprins cela, & croy quil men souuiendra à laduenir. Mais ie vouldrois bien que tu me disses si tu detiens point icy quelques autres Grecz

a 3   *auec*

77. Dialogue demonstrant que les bestes brutes ont l'usage de raison

Plutarque, *Opuscules*, Lyon, Tournes, 1546.

78. *Dialogue... du moyen de garder sa senté*

79. *Dialogue des bêtes aquatiques et terrestres*

Plutarque, *Opuscules*, Lyon, Tournes, 1546.

80. *Romulus et Remus allaités par la louve*

81. *Tarquin*

Tite-Live, *La premiere decade*, Lyon, Arnoullet, 1553.

82. *Lucrèce*

83. *Caie Muce*

Tite-Live, *La premiere decade*, Lyon, Arnoullet, 1553.

438

84. *Junon et Eolus*

85. *Le premier livre de l'Eneïde de Virgile*

Virgile, *Quatre premiers livres de l'Eneyde*, Paris, Janot, s.d. ; *Les quatre premiers livres de l'Eneïde*, Lyon, Tournes, 1552.

86. *Le III. livre de l'Eneïde de Virgile*

87. *Le VI. livre de l'Eneïde de Virgile*

Les quatre premiers livres de l'Eneïde, Lyon, Tournes, 1552; *L'Eneïde,* Lyon, Tournes, 1560.

88. P. 21

89. *Apuleo volgare*

90. P. 245

91. *L'Amour de Cupido et de Psiché*

Apulée, *Metamorphose ou l'Asne d'or*, Lyon, Tournes, 1553; *Apuleo volgare del'asino d'oro*, Venise, Bartholomeo l'imperadore,1544 (n° 89); Maugin, *L'Amour de Cupido et de Psiché*, Paris, Marnef, 1546 (n° 91).

92. P. 157

93. P. 344

94. P. 611

Apulée, *Metamorphose ou l'Asne d'or*, Lyon, Tournes, 1553.

442

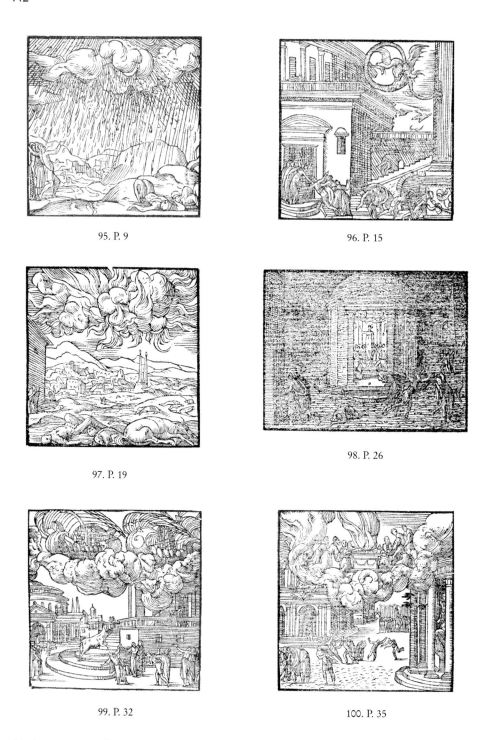

95. P. 9

96. P. 15

97. P. 19

98. P. 26

99. P. 32

100. P. 35

Obséquent, *De' prodigii*, Lyon, Tournes, 1554.

101. P. 58

102. P. 82

103. P. 21

104. *Prodigiorum liber*, p. 53

Obséquent, *De' prodigii*, Lyon, Tournes, 1554; *Prodigiorum liber*, Bâle, Oporin, 1552 (n° 104).

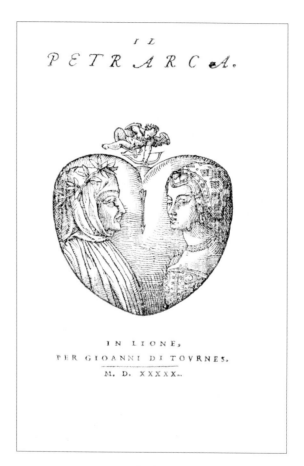

105. *Portrait de Pétrarque et Laure*

Pétrarque, *Il Petrarca*, Lyon, Tournes, 1550.

445

106. 'I Trionfi' et 'Trionfo d'Amore'

Pétrarque, *Il Petrarca*, Lyon, Tournes, 1550.

107. *Les Triumphes Petrarque*, page de titre

108. *Trionfo di Castità*

109. *Trionfo di Morte*

Pétrarque, *Les Triumphes Petrarque*, Paris, Janot, 1538 (n° 107); *Il Petrarca*, Lyon, Tournes, 1550.

447

110. *Trionfo di Fama*

111. *Trionfo di Tempo*

112. *Trionfo di Divinità*

Pétrarque, *Il Petrarca*, Lyon, Tournes, 1550.

448

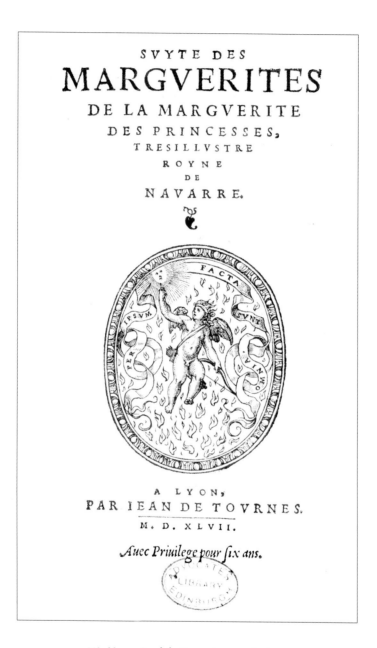

113. *Marguerites de la Marguerite*, page de titre

Marguerite de Navarre, *Marguerites de la Marguerite*, Lyon, Tournes, 1547.

VN iour trefcler,que le Soleil luyfoit,
   Et fa clarté vn chacun induyfoit
Chercher les boys,haults,fueilluz, & efpais,
Pour repofer à la frefcheur,en paix.
Faunes des boys,Satyres,Demydieux,
Sceurent pour eux tresbien choifir les lieux
Si bien couuerts,que le chault en rien nuire
Ne leur pouuoit,tant fceuft le Soleil luyre.
Sur le lict mol,d'herbette,efpeffe & verte,
Se font couchez, ayans pour leur couuerte,
Vne efpeffeur de branchettes,yffues
Des arbres verds,iointes comme tyffues,
Et aupres d'eux(pour leur foif eftancher)
Sailloit dehors d'vn criftallin rocher,
Douce & claire eau,trefagreable à voir,

a 3   Qui

114. *L'Histoire des Satyres et Nymphes de Diane*

Marguerite de Navarre, *Marguerites de la Marguerite*, Lyon, Tournes, 1547.

115. P. 265

116. P. 267

Marguerite de Navarre, *Marguerites de la Marguerite*, Lyon, Tournes, 1547.

117. P. 308

118. P. 319

Marguerite de Navarre, *Marguerites de la Marguerite*, Lyon, Tournes, 1547.

L'AVTHEVR.

Y ant en ceſt Eſté
paſsé, entreprinsvn
voyage (plus pour
la neceſsité dau-
truy, que de mon
bon gré) pour lequel faire me
conuenoit de ce païs grandemēt
eſlōgner, & apres auoir par long
temps

119. *L'Autheur*

120. *L'Autheur*

121. P. 31

122. P. 145

123. P. 18

Diego de San Pedro, *Petit Traité de Arnalte et Lucenda*, Lyon, Tournes, 1547 (nᵒˢ 119 et 121); Paris, Marnef, 1546 (nᵒ 120); *Pourtraits divers*, Lyon, Tournes, 1557 (nᵒˢ 122 et 123).

LEON HE-
BRIEV DE
L'AMOVR.

SECOND TOME.

Pour noir ce Ciel, auquel ie prins naiſſance,

Ferme deuient ma legere inconſtance.

A LYON,
PAR IEAN DE TOVRNES

M. D. LI.

Auec Priuilege du Roy pour cinq ans.

124. *De l'Amour*, page de titre

Ebreo, *De l'Amour*, Lyon, Tournes, 1551.

454

125. *Vue de Lyon*

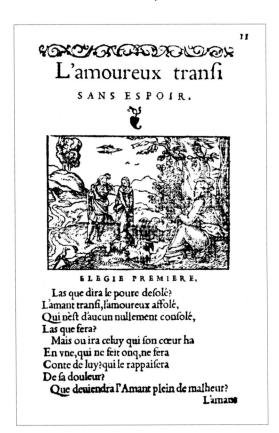

126. *L'Amoureux transi sans espoir*

Scève, *Saulsaye*, Lyon, Tournes, 1547; Bouchet, *Les angoysses et remedes d'amour*, Lyon, Tournes, 1550.

455

127. *De gourmandise et sobriété*

128. *La Dame se complaignant
de son desloyal Ami*

129. *Pallas autrement appellée Raison*

130. *L'Enfant banni, qui ayme par honneur*

131. *Le coursier de perseverance*

Bouchet, *Les angoysses et remedes d'amour*, Lyon, Tournes, 1550.

132. *La figure du Capitaine a pied*

Scève, *La Magnifica et Triumphale Entrata*, Lyon, Roville, 1549.

La figura del Ca-
pitano a Cauallo.

133. *La figure du Capitaine a Cheual*

Scève, *La Magnifica et Triumphale Entrata*, Lyon, Roville, 1549.

L'obelisco.

A man

134. *L'obelisque*

Scève, *La Magnifica et Triumphale Entrata*, Lyon, Roville, 1549.

135. *L'arc de Bourgneuf*

Scève, *La Magnifica et Triumphale Entrata*, Lyon, Roville, 1549.

460

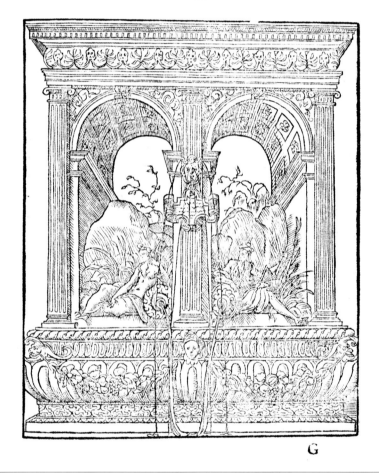

136. *Le double arc du port sainct Pol*

Scève, *La Magnifica et Triumphale Entrata*, Lyon, Roville, 1549.

137. *L'arc triumphal du Temple d'Honneur et Vertu*

Scève, *La Magnifica et Triumphale Entrata*, Lyon, Roville, 1549.

138. *La Perspectiue du Change*

Scève, *La Magnifica et Triumphale Entrata*, Lyon, Roville, 1549.

La figura d'Occafione

ch'era al gran Pales.

VISTO

139. Occasion du grand Palais

Scève, *La Magnifica et Triumphale Entrata*, Lyon, Roville, 1549.

140. *La Colonne de Victoire en la place de l'Arceuesché*

Scève, *La Magnifica et Triumphale Entrata*, Lyon, Roville, 1549.

465

Il Porto del Arci-
uefcouado.

I L

141. Le Port de l'Arceuesche

Scève, *La Magnifica et Triumphale Entrata*, Lyon, Roville, 1549.

La Galera bianca

nera & roſſa.

142. *La Gallere blanche noire et rouge*

Scève, *La Magnifica et Triumphale Entrata*, Lyon, Roville, 1549.

La Galera bianca & verde.

L 2

143. *La Gallere blanche et verte*

Scève, *La Magnifica et Triumphale Entrata*, Lyon, Roville, 1549.

144. *Porte*

Colonna, *Hypnerotomachia*, Paris, Kerver, 1546. 70%.

145. *Enlèvement d'Europa*

Colonna, *Hypnerotomachia*, Paris, Kerver, 1546.

146. F. D2r°

147. F. F1v°

148. F. F2r°

Blégier, *La Magnificque et Triumphante Entree de Carpentras*, Avignon, Bonhomme, 1553. 86-90%.

471

149. F. E3vº

150. F. F4rº

151. F. D3rº

Blégier, *La Magnificque et Triumphante Entree de Carpentras,* Avignon, Bonhomme, 1553. 86-90%.

472

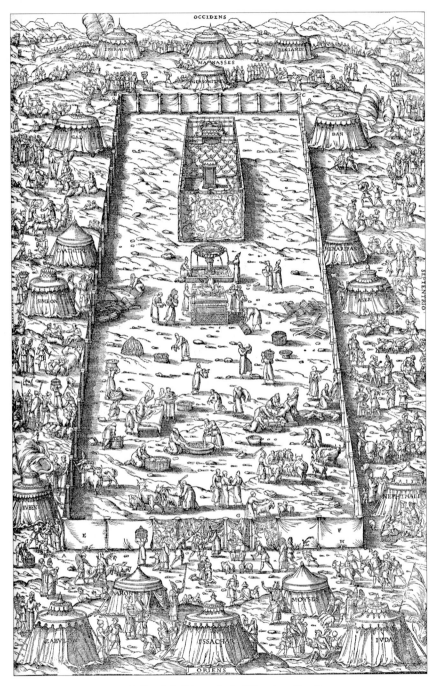

152. *Le Parvis, le Tabernacle, les Offrandes et Sacrifices*

La Saincte Bible, Lyon, Tournes, 1551. 80%.

153. *La Création d'Eve*

154. *La Tentation d'Eve*

155. *La Tour de Babel*

156. *Le Sacrifice d'Abraham*

157. *Joseph et ses frères*

La Sainte Bible, Lyon, Tournes, 1553.

Deux figures de la maiſon qui eſtoit au bois de Liban, autrement dite la maiſon
des Colomnes, ou la maiſon Royale des champs.

En ceſte premiere figure, ayant oſté le mur, ſont demontrees les ſoixante colomnes
de cedre de l'eſtage bas, & les quaranteecinq de l'eſtage hault.

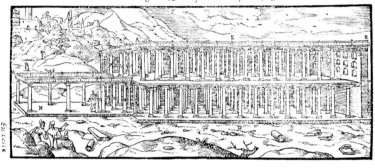

158. *La Maison des Colonnes*

En ceſte ſeconde figure eſt demontree la paroy de la maiſon Royale, & trois autres rengees de
fineſtres de l'eſtage d'enhault. Car il y auoit aux deux coſtez de l'eſtage d'enhault plu-
ſieurs rengees de feneſtres diuiſees par trois.

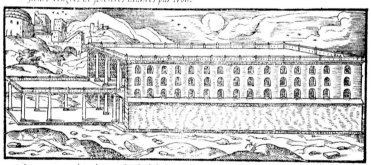

Salomon ayant acheue le Temple, il ediſia la maiſon Royale au bois de Liban pour y demourer
en temps d'eſte, laquelle auoit deux eſtages, celui d'embas auoit ſoixante colomnes de cedre,
par ce qu'il ſupportoit plus grand fardeau que celui d'enhault, lequel n'auoit ſeulement que
quaranteecinq colomnes. L'eſtage d'enhault auoit tant grand nõbre de feneſtres, pour receuoir
les vents de tous coſtez plus aiſement. Ce bou de Liban, ou fut ediſiee ceſte maiſon Royale

159. *La paroy de la maison royale*

La Sainte Bible, Lyon, Tournes, 1553.

GENESE XI.

Du bon Noé la generacion,
Dreſſant la Tour Babel tant merueilleuſe,
En ſon parler tombe en confuſion:
Dieu empeſchant l'entrepriſe orguilleuſe.

160. *La Tour de Babel*

Quadrins historiques de la Bible, Lyon, Tournes, 1558.

476

161. *La Création du monde*

162. *La Création d'Adam*

The true and lyuely historyke purtreatures of the vvoll Bible, Lyon, Tournes, 1553.

163. *La Création d'Eve*

164. *La Tentation d'Eve*

The true and lyuely historyke purtreatures of the vvoll Bible, Lyon, Tournes, 1553; *Biblia Sacra*, Lyon, Tournes, 1558.

478

165. *L'Arche de Noé*

166. *Le Déluge*

The true and lyuely historyke purtreatures of the vvoll Bible, Lyon, Tournes, 1553.

479

167. *Melchisédech*

168. *Le Sacrifice d'Abraham*

The true and lyuely historyke purtreatures of the vvoll Bible, Lyon, Tournes, 1553.

480

169. *Esau et Jacob*

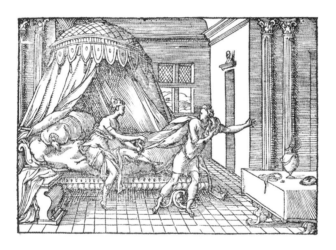

170. *La Femme de Putiphar*

The true and lyuely historyke purtreatures of the vvoll Bible, Lyon, Tournes, 1553.

171. *Le Triomphe de Joseph*

172. *Moïse dans le fleuve*

The true and lyuely historyke purtreatures of the vvoll Bible, Lyon, Tournes, 1553.

173. *Les Ténèbres*

174. *L'Ange Exterminateur*

The true and lyuely historyke purtreatures of the vvoll Bible, Lyon, Tournes, 1553.

175. *Tobie*

176. *Héliodore*

Biblia Sacra, Lyon, Tournes, 1558; *The true and lyuely historyke purtreatures of the vvoll Bible*, Lyon, Tournes, 1553.

177. *Israel est mis en fuite*

178. *Massacre de Jericho*

Quadrins historiques de la Bible, Lyon, Tournes, 1583.

179. *La Nativité*

180. *La Tentation du Christ*

181. *Le Mariage à Cana*

182. *La paille et la poutre*

Les Figures du Nouueau Testament, Lyon, Tournes, 1554.

486

183. *Le Semeur*

184. *Le Fils Prodigue*

185. *Lazare et l'homme riche*

186. *La Flagellation*

Les Figures du Nouueau Testament, Lyon, Tournes, 1554.

187. *Les Disciples sur le chemin d'Emmaüs*

188. *La Délivrance de saint Pierre*

189. *Le Fils de l'Homme*

190. *Les quatre cavaliers*

Les Figures du Nouueau Testament, Lyon, Tournes, 1554.

191. *Le deuxième ange sonne de la trompette*

192. *Jean mange le livre*

193. *Jean mange le livre*

194. *Jean mange le livre*

Les Figures du Nouueau Testament, Lyon, Tournes, 1554 (n°s 191 et 192); Maugin, *Figures de l'Apocalipse*, Paris, Groulleau, 1547 (n° 193); Beham, *Imaginum in Apocalypsi Ioannis descriptio*, Francfort, Egenolph, 1548, 80% (n° 194).

195. *La Création d'Eve*

196. *La Tentation d'Eve*

197. *Le Semeur*

198. *Le mauvais riche et le pauvre*

199. *Le Mariage à Cana*

200. *Le mauvais riche et le pauvre*

Holbein, *The Images of the Old Testament*, Lyon, Frellon, 1549 (n°s 195 et 196); *Testamenti Novi editio vulgata*, Lyon, Gryphe, 1542 (n[os] 197 et 198); Corrozet, *La Tapisserie de l'Eglise chrestienne*, Paris, Groulleau, s.d. (n[os] 199 et 200)

201. *La Tour de Babel*

202. *La Tentation du Christ*

Guéroult, *Figures de la Bible*, Lyon, Roville, 1564; Pontoux, *Figures du Nouveau Testament*, Lyon, Roville, 1570.

203. *Le Semeur*

204. *Les Disciples sur le chemin d'Emmaüs*

205. *La Tentation du Christ*

Biblia Sacra, Lyon, Roville, 1567 ; *La Saincte Bible*, Lyon, Michel, 1581 (n° 205).

206. *La Création d'Eve*

207. *La Tentation d'Eve*

La Saincte Bible, Lyon, Michel, 1581.

L'età dell' Oro. 3

Toſto che l'huomo in ſi felice ſtato
Aperſe gl' occhi, & quei riuolſe al Cielo,
Fu il ſuo ſommo Fattor da lui creato,
Che ſentir non gli fea caldo ne gielo.
Non ſeme al campo, non ruſcello al prato
Vuopo era, & l'huom mai non cangiaua pelo.
Tutto per ſe naſcea, ſenza lauoro,
In quella dolce prima Età dell' Oro.

208. *L'aage d'or*

Simeoni, *Vita et Metamorfoseo d'Ovidio*, Lyon, Tournes, 1559.

494

L'aage d'Argent.

Par laps de tems ſuruint l'aage d'Argent,
Pire que l'Or, & meilleur que l'Erein.
Lors Iupiter puniſſeur de la gent
Qui ſe forfait, comme Dieu ſouuerein,
Du long Printems, le cours dous & ſerein
Tot abregea : & fit que les humeins
Pour chatiment de leur depraué trein,
Viuroient deſlors du trauail de leurs mains.

209. *L'aage d'argent*

La Metamorphose d'Ovide figuree, Lyon, Tournes, 1557.

210. *Reparacion du genre humein*

211. *Apolon et Daphné*

212. *Daphne en laurier*

La Metamorphose d'Ovide figuree, Lyon, Tournes, 1557.

213. *Syringue muee en cannes*

La Metamorphose d'Ovide figuree, Lyon, Tournes, 1557.

214. *Phaeton priant Apolon*

215. *Phaeton conduisant le char du soleil*

216. *Phaeton occis par foudre*

217. *Europe ravie*

218. *Actéon mué en cerf*

La Metamorphose d'Ovide figuree, Lyon, Tournes, 1557.

219. *Actéon dévoré par ses chiens*

220. *Mars et Venus surpris par Vulcan*

221. *Perseus combatant pour Andromeda*

222. *Venus et Pluton*

223. *Mort de Procris*

La Metamorphose d'Ovide figuree, Lyon, Tournes, 1557.

224. *Figliuole di Pierio mutate in Gazzere*

Simeoni, *Vita et Metamorfoseo d'Ovidio*, Lyon, Tournes, 1559.

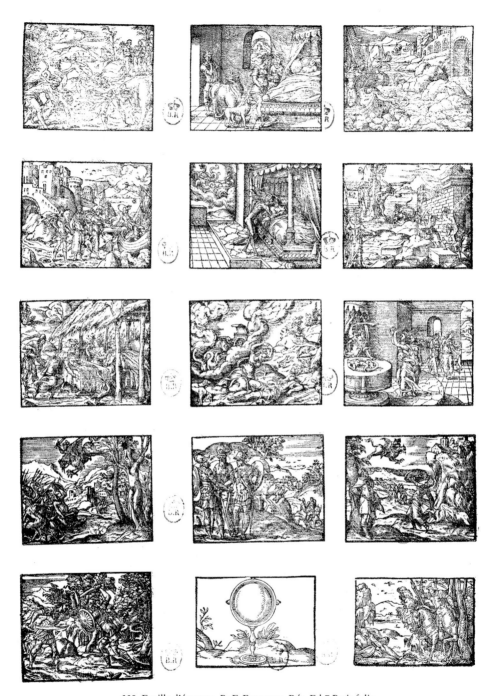

225. Feuille d'épreuve. BnF, Estampes, Rés. Ed 7 Petit folio.

La Metamorphose d'Ovide figuree, Lyon, Tournes, 1557, Feuille d'épreuve. 63%.

226. *Portrait de Guillaume Philandrier*

227. *Portrait d'André Thevet*

Vitruve, *De architectura*, Lyon, Tournes, 1552 ; Thevet, *Cosmographie de Levant*, Lyon, Tournes, 1556.

228. *Portrait de Pontus de Tyard*

Pontus de Tyard, *Solitaire second*, Lyon, Tournes, 1555.

229. Portrait de sa maîtresse

230. Portrait de sa maîtresse

Pontus de Tyard, *Erreurs amoureuses,* Lyon, Tournes, 1549; *Continuation des erreurs amoureuses,* Lyon, Tournes, 1551.

SIC NATI VIDEMVR
VT CONTEMPLEMVR.

231. *Portrait de Simeoni*

Simeoni, *Les illustres observations*, Lyon, Tournes, 1558.

232. *Portrait de Simeoni*

233. *Portrait de Simeoni*

Simeoni, *Vita et Metamorfoseo d'Ovidio*, Lyon, Tournes, 1559; *Illustratione de gli Epitaffi*, Lyon, Tournes, 1558.

234. *Portrait de Damien Maraffi*

235. *Portrait de Clément Marot*

236. *Portrait de Barthélemy Beaulaigue*

Obséquent, *De' prodigii*, Lyon, Tournes, 1554; Marot, *Les Traductions*, Lyon, Tournes, 1558; Beaulaigue, *Chansons nouvelles*, Lyon, Granjon, 1558.

237. *La Fontaine d'Anet qui parle*

238. *Médaillon de Diane*

239. *Diane dans son char*

Simeoni, *Les illustres observations*, Lyon, Tournes, 1558; *Vita et Metamorfoseo d'Ovidio*, Lyon, Tournes, 1559; *Illustratione de gli Epitaffi*, Lyon, Tournes, 1558.

240. *Diane chasseresse*

241. *Devise morale de Diane*

Beaulaigue, *Chansons nouvelles*, Lyon, Granjon, 1558; Simeoni, *Les illustres observations*, Lyon, Tournes, 1558.

242. *La Fontaine de Royag en Auvergne*

Simeoni, *Vita et Metamorfoseo d'Ovidio*, Lyon, Tournes, 1559.

510

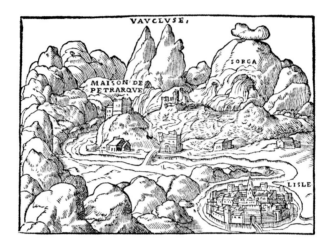

243. *La maison de Pétrarque à Vaucluse*

244. *Le Chasteau de Polygnac en Velai*

Simeoni, *Illustratione de gli Epitaffi*, Lyon, Tournes, 1558; *Description de la Limagne d'Auvergne*, Lyon, Roville, 1561.

245. *Scène de théâtre*

246. *Scène de théâtre*

247. *Scène de théâtre*

Pourtraits divers, Lyon, Tournes, 1557.

248. Scène de théâtre

Aliorum sedè ne insidias

Infidit Auzado minua [...] molossm
   Pulnillo : [...]
Cui Cauia : Isto [...] Communia, [...]
   Hinc fugian : propriam [...]

249. Deux chiens sur une terrasse

Pourtraits divers, Lyon, Tournes, 1557.

513

250. *Chasseur avec chien*

251. *Chasseur de canards*

Pourtraits divers, Lyon, Tournes, 1557.

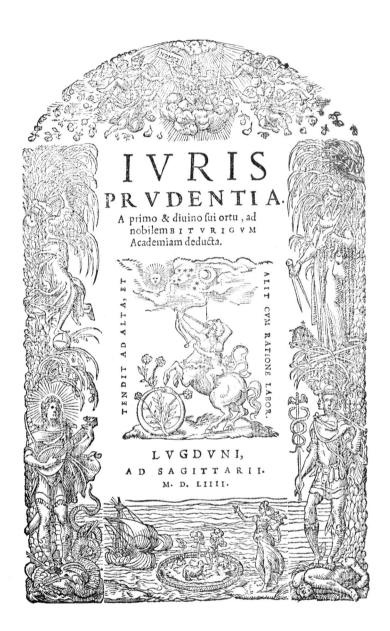

252. *Jurisprudentia*, page de titre

Aneau, *Iurisprudentia*, Lyon, Sagittaire, 1554.

253. *Marguerite de France*

254. *Fable du Coq et du Renard*

255. *La femme prudente*

Aneau, *Iurisprudentia*, Lyon, Sagittaire, 1554; Guéroult, *Le premier livre des emblemes*, Lyon, Arnoullet, 1550 (nᵒˢ 254 et 255).

256. *Enlèvement d'Europa*

Rubens, *L'Enlèvement d'Europa*, Madrid, Museo del Prado.

257. *Reddition de Bréda*

Velázquez, *La Reddition de Bréda*, Madrid, Museo del Prado.

518

258. *Délivrance de saint Pierre*

Raphaël, *La Délivrance de saint Pierre*, Rome, Museo del Vaticano.

259. *Andromède et Persée*

Annibal Carrache, *Andromède et Persée*, Rome, Galleria Farnese.

260. Tobie

Bol en majolique (Histoire de Tobie), Edinburgh, National Museums of Scotland.

LISTE DES ILLUSTRATIONS

Abréviations

BnF: Bibliothèque nationale de France
B.Ars: Bibliothèque de l'Arsenal
B.Maz: Bibliothèque Mazarine
BSG: Bibliothèque Sainte-Geneviève
BMA: Bibliothèque municipale d'Avignon
BML: Bibliothèque municipale de Lyon
BPUG: Bibliothèque publique et universitaire de Genève
ENSBA: Bibliothèque de l'École nationale supérieure des Beaux-Arts
NLS: National Library of Scotland
GUL: Glasgow University Library
EUL: Edinburgh University Library

Plat de couverture. Marque du Semeur. *L'Astronomique Discours*, Lyon, Tournes, 1557. NLS, H33a.

Pages de garde. *Vue de Lyon* agrandie, *Saulsaye*, Lyon, Tournes, 1547 (voir fig. 125).

Frontispice. *Saint Antoine et son attribut*. Musée des Hospices Civils de Lyon. Archives de la Charité, E. 162, p. 394. 1549-1551.

Guillaume de La Perrière, *Le Theatre des bons engins*, Lyon, Tournes, 1545. BnF, Rés p Ye 430.

1. *Fol en plaisir s'egare trop auant* (f. A7r°, n° 4)
2. *Experience corrige l'homme* (f. B3r°, 12)
3. *Ce qu'est requis en la femme prudente* (f. B6r°, n° 18)
4. *En tous endroits flatteurs sont dangereux* (f. D3v°, n° 45)
5. *Par trop manger, plus meurent, que par glaiue* (f. E1r°, n° 56)
6. *Traistre et flatteur disent l'un et l'autre* (f. F1v°, n° 73)

Guillaume de La Perrière, *Le Theatre des bons engins*, Paris, Janot, 1540. BnF, Rés Z 2556; GUL, SM 686 (n° 9).

7. *Pourquoy voit on un homme en sa ieuesse* (f. C1v°, n° 12)
8. *Flateurs de court tiennent la paste aulx mains* (f. K6v°, n° 73)
9. *En tel estat que voyez* (f. C7v°, n°18)

Alciat, *Emblemata*, Lyon, Tournes, 1547, BnF, Rés Z 2518 (n°10); Lyon, Tournes, 1556, GUL, SM 36.

10. *In occasionem* (f. B1v°, n° 16)
11. *Ex arduis perpetuum nomen* (p. 41, n° 22)
12. *In parasitos* (p. 46, n° 26)
13. *Quae supra nos, nihil ad nos* (p. 49, n° 28)
14. *In illaudata laudantes* (p. 63, n° 36)
15. *In fidem uxoriam* (p. 103, n° 61)
16. *In temerarios* (p. 109, n° 64)

Alciat, *Emblemata*, Paris, Wechel, 1535, GUL, SM 22.

    17. *In temerarios* (f. Eii v°, p. 68)

Ésope, *Fabulae*, Lyon, Tournes, 1570. GUL, Bb 4.36 et Collection particulière; *Fables*, Paris, Janot, 1539, BnF, Rés Yb 1003 (n°ˢ 20 et 21).

    18. *Le chien et le boucher* (p. 163, n° 34)
    19. *Le loup et la grue* (p. 281, n° 44)
    20. *Le chien et le boucher* (C3v°, n° 44)
    21. *Le loup et la grue* (B5v°, n° 6)
    22. *Le foulon et le charbonnier* (p. 136, n° 12)
    23. *Le vieillard et la mort* (p. 144, n° 20)
    24. *Les deux adolescents* (p. 152, n° 26)
    25. *Le médecin et le malade* (p. 159, n° 31)
    26. *Le prophète* (p. 171, n° 40)
    27. *Le pasteur et la mer* (p. 185, n° 49)
    28. *La tortue et l'aigle* (p. 198, n° 61)
    29. *Le pasteur* (p. 257, n° 12)

Claude Paradin, *Devises heroïques*, Lyon, Tournes, 1557. GUL SM 816.

    30. *Nullis praesentior aether* (p. 7)
    31. *Animis illabere nostris* (p. 15)
    32. *Plus outre* (p. 29)
    33. *Non inferiora sequutus* (p. 41)
    34. *Non quae super terram* (p. 56)
    35. *Mihi terra, lacusque* (p. 63)
    36. *Colligauit nemo* (p. 68)
    37. *Ingenii largitor* (p. 141)

Guillaume Guéroult, *Hymnes du temps et de ses parties*, Lyon, Tournes, 1560. ENSBA, Masson 946.

    38. *Hymne du Temps* (p. 7)
    39. *Hymne de Lucifer* (p. 12)
    40. *Hymne du Jour* (p. 16)
    41. *Hymne de la Nuit* (p. 22)
    42. *Hymne des Heures* (p. 27)
    43. *Hymne de Janvier* (p. 32)
    44. *Hymne de Septembre* (p. 70)

Hymnes des Vertus, Genève, Tournes, 1605. B. Ars., 8° BL 10984.

    45. *Patience* (p. 15)
    46. *Experience* (p. 72)
    47. *Promptitude* (p. 32)
    48. Feuille d'épreuve   BnF, Estampes Rés Ed 7 Petit folio.

Dominique Jacquinot, *L'Usaige de l'Astrolabe*, Paris, Gazeau, 1545. BnF Rés PV 705.

    49. p. 73

Tite-Live, *La premiere decade*, Lyon, Arnoullet, 1553. B. Maz 32432.

> 80. *Romulus et Remus allaités par la louve* (t. 1, p. 10)
> 81. *Tarquin* (t. 1, p. 20)
> 82. *Lucrèce* (t. 1, p. 141)
> 83. *Caie Muce* (t. 2, p. 23)

Virgile, *Quatre premiers livres de l'Eneyde*, Paris, Janot, s.d. ; B. Ars., BL 613 Rés.

> 84. *Junon et Eolus* (f. Aiii v°)

Les quatre premiers livres de l'Eneïde, Lyon, Tournes, 1552. BnF, Résac Yc 630 ; *L'Eneïde*, Lyon, Tournes, 1560. BnF, Résac Yc 616 (n° 87).

> 85. *Le premier livre de l'Eneïde de Virgile* (p. 13)
> 86. *Le III. livre de l'Eneïde de Virgile* (p. 125)
> 87. *Le VI. livre de l'Eneïde de Virgile* (p. 275)

Apulée, *Metamorphose de l'Asne d'or*, Lyon, Tournes, 1553. BPUG, Hd 1562 Rés ; *Apuleo volgare del'asino d'oro*, Venise, Bartholomeo l'imperadore,1544, BnF, Rés R 1794 (n° 89) ; Maugin, *L'Amour de Cupido et de Psiché*, Paris, Marnef, 1546, BnF, Rés Y 95 (n° 91).

> 88. p. 21
> 89. *Apuleo volgare* (f. 1r°)
> 90. p. 245
> 91. *L'Amour de Cupido et de Psiché* (p. 8)
> 92. p. 157
> 93. p. 344
> 94. p. 611

Jules Obséquent, *De' prodigii*, Lyon, Tournes, 1554. GUL, Af.f.1.

> 95. p. 9
> 96. p. 15
> 97. p. 19
> 98. p. 26
> 99. p. 32
> 100. p. 35
> 101. p. 58
> 102. p. 82
> 103. p. 21

Jules Obséquent, *Prodigiorum liber*, Bâle, Oporin, 1552, BnF, Résac J 20127.

> 104. p. 53

Pétrarque, *Il Petrarca*, Lyon, Tournes, 1550. GUL, SM 843 ; *Les Triumphes Petrarque*, Paris, Janot, 1538, BnF, Rés p Yd 88 (n° 107).

> 105. *Portrait de Pétrarque et Laure* (page de titre)
> 106. *'I Trionfi' et 'Trionfo d'Amore'* (pp. 316-317)
> 107. *Les Triumphes Petrarque*, page de titre (f. 1r°)

139. *Occasion du grand Palais* (f. H2v°)
140. *La Colonne de Victoire en la place de l'Arceuesché* (f. H4r°)
141. *Le Port de l'Arceuesche* (f. I1v°)
142. *La Gallere blanche noire et rouge* (f. L1r°)
143. *La Gallere blanche et verte* (f. L2r°)

Francesco Colonna, *Hypnerotomachia*, Paris, Kerver, 1546. NLS, AE.3.9.

144. *Porte*
145. *Enlèvement d'Europa*

Antoine Blégier, *La Magnificque et Triumphante Entree de Carpentras*, Avignon, Bon-homme, 1553. BMA, 8° 26586.

146. f. D2r°
147. f. F1v°
148. f. F2r°
149. f. E3v°
150. f. F4r°
151. f. D3r°

La Saincte Bible, Lyon, Tournes, 1551. BML, Rés 20079.

152. *Le Parvis, le Tabernacle, les Offrandes et Sacrifices* (p. 91)

La Sainte Bible, Lyon, Tournes, 1553. BPUG, Bb 531; ENSBA, Masson 924 (n°s 158 et 159).

153. *La Création d'Eve* (t. 1, p. 4)
154. *La Tentation d'Eve* (t. 1, p. 8)
155. *La Tour de Babel* (t. 1, p. 30)
156. *Le Sacrifice d'Abraham* (t. 1, p. 61)
157. *Joseph et ses frères* (t. 1, p. 151)
158. *La Maison des Colonnes* (t. 2, p. 241)
159. *La paroy de la maison royale* (t. 2, p. 242)

Quadrins historiques de la Bible, Lyon, Tournes, 1558. GUL, SM 825.

160. *La Tour de Babel* (p. 11)

The true and lyuely historyke purtreatures of the vvoll Bible, Lyon, Tournes, 1553. NLS, Cwn 283 (1); *Biblia sacra*, Lyon, Tournes, 1558, BnF, Résac A 5678 (n° 164) et collection particulière (n° 175).

161. *La Création du monde* (f. A7r°)
162. *La Création d'Adam* (f. A7v°)
163. *La Création d'Eve* (f. A8r°)
164. *La Tentation d'Eve* (p. 4)
165. *L'Arche de Noé* (f. B3r°)
166. *Le Déluge* (f. B4r°)
167. *Melchisédech* (f. B8v°)
168. *Le Sacrifice d'Abraham* (f. C6r°)
169. *Esau et Jacob* (f. D1r°)
170. *La Femme de Putiphar* (f. E3r°)

Guillaume Guéroult, *Figures de la Bible*, Lyon, Roville, 1564. NLS, RB.s.2116.

    201. *La Tour de Babel* (f. B2r°)

Claude Pontoux, *Figures du Nouveau Testament*, Lyon, Roville, 1570. NLS, RB.s.2115.

    202. *La Tentation du Christ* (f. Aa8r°)

Biblia sacra, Lyon, Roville, 1567. NLS, BCL A 508.

    203. *Le Semeur* (p. 980)
    204. *Les Disciples sur le chemin d'Emmaüs* (p. 997)

La Saincte Bible, Lyon, Michel, 1581. BPUG, Bd 2209.

    205. *La Tentation du Christ* (Mat. 4)
    206. *La Création d'Eve* (Gen. 2)
    207. *La Tentation d'Eve* (Gen. 3)

Gabriele Simeoni, *Vita et Metamorfoseo d'Ovidio*, Lyon, Tournes, 1559. EUL, JA 2219.

    208. *L'aage d'or* (p. 3)

La Metamorphose d'Ovide figuree, Lyon, Tournes, 1557. GUL, Bd.1.g.27.

    209. *L'aage d'argent* (f. A4v°)
    210. *Reparacion du genre humein* (f. A8r°)
    211. *Apolon et Daphné* (f. B1r°)
    212. *Daphne en laurier* (f. B1v°)
    213. *Syringue muee en cannes* (f. B3v°)
    214. *Phaeton priant Apolon* (f. B4v°)
    215. *Phaeton conduisant le char du soleil* (f. B5r°)
    216. *Phaeton occis par foudre* (f. B5v°)
    217. *Europe ravie* (f. C4v°)
    218. *Actéon mué en cerf* (f. C6v°)
    219. *Actéon dévoré par ses chiens* (f. C7r°)
    220. *Mars et Venus surpris par Vulcan* (f. D3r°)
    221. *Perseus combatant pour Andromeda* (f. D7r°)
    222. *Venus et Pluton* (f. E2r°)
    223. *Mort de Procris* (f. F7v°)

Gabriele Simeoni, *Vita et Metamorfoseo d'Ovidio*, Lyon, Tournes, 1559. EUL, JA 2219.

    224. *Figliuole di Pierio mutate in Gazzere* (p. 80)

La Metamorphose d'Ovide figuree, Lyon, Tournes, 1557. BnF, Estampes Rés. Ed. 7 Petit folio.

    225. Feuille d'épreuve

Vitruve, *De architectura*, Lyon, Tournes, 1552. NLS, Nna H 108.

    226. *Portrait de Guillaume Philandrier* (f. A8v°)

CRÉDITS PHOTOGRAPHIQUES

TABLE DES MATIÈRES

SECTION I

BERNARD SALOMON
ET LE MONDE DE L'IMPRIMERIE

SECTION II

LES SOURCES

SECTION III

STYLE ET INFLUENCE

SECTION IV

TEXTE ET IMAGE

Mise en pages:
Atelier Perrin – CH-2014 Bôle

IMPRIME
RIE MEDE
CINE M.H
HYGIENE
GENEVE
SUISSE

juillet – 2 0 0 5

Imprimé à Genève - Suisse